Regine Gildemeister · Günther Robert

Geschlechterdifferenzierungen
in lebenszeitlicher Perspektive

D1729660

Hagener Studientexte zur Soziologie

Herausgeber:
Heinz Abels, Werner Fuchs-Heinritz
Wieland Jäger, Uwe Schimank

Die Reihe „Hagener Studientexte zur Soziologie" will eine größere Öffentlichkeit für Themen, Theorien und Perspektiven der Soziologie interessieren. Die Reihe ist dem Anspruch und der langen Erfahrung der Soziologie an der FernUniversität Hagen verpflichtet. Der Anspruch ist, sowohl in soziologische Fragestellungen einzuführen als auch differenzierte Diskussionen zusammenzufassen. In jedem Fall soll dabei die Breite des Spektrums der soziologischen Diskussion in Deutschland und darüber hinaus repräsentiert werden. Die meisten Studientexte sind über viele Jahre in der Lehre erprobt. Alle Studientexte sind so konzipiert, dass sie mit einer verständlichen Sprache und mit einer unaufdringlichen, aber lenkenden Didaktik zum eigenen Studium anregen und für eine wissenschaftliche Weiterbildung auch außerhalb einer Hochschule motivieren.

Regine Gildemeister
Günther Robert

Geschlechter-
differenzierungen
in lebenszeitlicher
Perspektive

Interaktion – Institution – Biografie

VS VERLAG FÜR SOZIALWISSENSCHAFTEN

Bibliografische Information der Deutschen Nationalbibliothek
Die Deutsche Nationalbibliothek verzeichnet diese Publikation in der
Deutschen Nationalbibliografie; detaillierte bibliografische Daten sind im Internet über
<http://dnb.d-nb.de> abrufbar.

1. Auflage 2008

Alle Rechte vorbehalten
© VS Verlag für Sozialwissenschaften | GWV Fachverlage GmbH, Wiesbaden 2008

Lektorat: Frank Engelhardt

VS Verlag für Sozialwissenschaften ist Teil der Fachverlagsgruppe
Springer Science+Business Media.
www.vs-verlag.de

Umschlaggestaltung: KünkelLopka Medienentwicklung, Heidelberg
Druck und buchbinderische Verarbeitung: Krips b.v., Meppel
Gedruckt auf säurefreiem und chlorfrei gebleichtem Papier
Printed in the Netherlands

ISBN 978-3-531-16223-2

Inhaltsverzeichnis

1 Einleitung

1.1 Differenzen und Differenzierungen

Wenige Unterscheidungen treffen wir im alltäglichen Leben mit solcher Selbstverständlichkeit wie diejenige der Feststellung eines Geschlechts. Da die Geschlechterdifferenz sichtbar ist, sich „auf den ersten Blick" körperlich manifestiert, liegt es nahe, sie auch als eine solche, eben körperliche, zu verstehen. Doch genau dagegen wird seit langem aus wissenschaftlicher wie auch aus politischer Perspektive Einspruch erhoben. Wenn überhaupt von einem Unterschied gesprochen werden könne, so eine frühe These, sei dieser nur klein, habe aber unverhältnismäßige Folgen. Die Kategorie Geschlecht strahlt so gesehen aus, sie liegt weit reichenden sozialen Differenzierungen zugrunde bzw. wird durch diese selbst erst bestimmt.

Eine solche These wechselt die Betrachtungsweise recht grundsätzlich und zwingt so zum Nach- wie zum Umdenken. Darüber etwa, wie scheinbar offensichtlich körperliche Unterschiede sozial behandelt werden. Vielleicht sogar, wie sie weitestgehend sozial erst hergestellt, konstruiert werden? Mit solchen Fragen wird eine Perspektive angesprochen, die weite Teile dieses Lehrbuches als dessen analytische Systematik bestimmt. Und da diese, wie eingangs gesagt, gerade mit Hinblick auf das Geschlecht oftmals unvertraut ist, illustrieren wir sie eingangs zunächst und mit Absicht in Beschreibungen anderer Gegenstände. Auch hier finden wir ähnliche Phänomene sozialer Differenzierung und Konstruktion. Auch hier lässt sich zeigen, wie etwa körperliche Merkmale erst in sozialen Prozessen wichtig, relevant gemacht werden. Und wie sie auch kontrafaktisch für Unterscheidungen nutzbar bleiben, z.B. vor dem Hintergrund sozialen Wandels, in dessen Folge sie ihre sozialen Gestalten ändern, dennoch aber weiter „grundlegende Unterschiede erklären".

Die einleitenden Beispiele aus anderen Bereichen werden im Weiteren nicht verfolgt. Auf dem Umweg über diese Themen sollen vielmehr erste wichtige Elemente der *Systematik* der Betrachtung dieses Textes sichtbar und zugleich vermieden werden, dass der eigentliche Gegenstand diese bereits beim Einstieg verdeckt, wie dies bei Geschlechterfragen häufig der Fall ist. Eingestimmt wird auf diese Weise auf das Lernziel, nicht primär nach der Essenz von Unterschieden zu fragen sondern für die sozialen Praktiken des Unterscheidens zu sensibilisieren, in deren Folge diese erst das werden, was sie zu Beginn bereits zu sein scheinen.

Regenbogenfamilien

Die Tänzerin Josephine Baker hatte in den 20er Jahren des vergangenen Jahrhunderts einige internationale Berühmtheit erlangt. Ausgedehnte Reisen führten sie in viele Länder der Welt. Ihre Aufenthalte dort nutzte sie u.a. auch dazu, verwaiste oder von den Eltern dafür freigegebene Kinder zu adoptieren, insgesamt waren es 12. Unter wechselnden Umständen bemühte die Künstlerin sich, ihnen ein förderliches und ungestörtes Aufwachsen zu ermöglichen. Auf einem Schloss in Südfrankreich schuf sie für die Kriegswaisen und Armutsopfer so für einige Jahre eine kleine „Welt in der Welt" (Cramer 2005).

Erwachsen geworden gingen die Kinder ihre Wege, die so unterschiedlich waren, wie es auch in anderen Familien mit einer derart großen Zahl von Kindern unter modernen gesellschaftlichen Verhältnissen üblich geworden ist. Als zu einem späteren Zeitpunkt die „Kinder der Josephine Baker" sich trafen, sie nebeneinander standen und verglichen werden konnten, wurde eine entsprechende Vielfalt ihrer Lebensschicksale und Biografien sichtbar. Aus den Mitgliedern der von ihrer Gründerin so genannten „Regenbogenfamilie" waren im Laufe ihres Lebens ganz unterschiedliche Personen geworden. Das wiederum überrascht nicht, noch weniger, wenn man die besonderen Hintergründe ihres Aufwachsens in Rechnung stellt. Was jedoch überraschte und zum Gegenstand weiterer Beobachtungen werden soll, war der Umstand, dass ihre jeweiligen persönlichen Besonderheiten sie als Individuen kennzeichneten, darin aber keine weitere Typik als sie wesentlich mitkonturierend durchschien. Denn aufgrund ihrer jeweiligen ethnischen Herkunft hatten sie alle eine unterschiedliche Hautfarbe.

Unterschiedliche Hautfarben stellen *körperliche* und dabei *sichtbare* Besonderheiten von Menschen dar. Anders als etwa die Haarfarbe gilt die Hautfarbe – teilweise heute noch – als wichtiger Unterschied, als eines der zentralen Merkmale zur Identifizierung und Abgrenzung von Rassen. Diese wiederum wurden (und werden) aber beschrieben durch eine Fülle von weiteren „typischen" Besonderheiten wie etwa Mentalitäten und Charakterstrukturen, für die die Hautfarbe so gesehen lediglich einen „Indikator" darstellt. Die Besonderheiten einer Rasse gelten entsprechend als körperlich, biologisch verankert. Überraschend in unserem Beispiel war nun, dass diese als prägnante und nicht nebensächliche verstandenen genetischen Prägungen bei den Kindern der Josephine Baker nicht ebenso prägnant durchschlugen. Aus ihnen waren keine entsprechenden, eindeutig zuzuordnenden „Typen" geworden, sie standen nicht für wie immer geartete Besonderheiten von Rassen, sieht man von ihrer Hautfarbe und einigen weiteren Merkmalen der körperlichen Konstitution ab.

Wenn es aber, wie in Rassentheorien unterstellt, eine derart wirkmächtige biologische Prädisposition geben soll, warum schlug diese nicht durch? Wurde sie durch das sozialisierende Umfeld unterdrückt? Etwa weil sie einfach nicht beachtet bzw. für nicht wichtig erklärt wurde, wie dies wohl absichtsvoll der Fall war? Oder aber führte, umgekehrt gesehen, der weitgehende Verzicht auf das Unterscheiden nach dem Kriterium der ethnischen und rassischen Herkunft vielleicht selbst dazu, dass deren „typischen" Unterschiede als solche gar nicht erst entstanden und sich zu einer in dieser Dimension zweifelsfrei identifizierbaren Gestalt verfestigten, nämlich des „typischen Mitglieds einer Rasse"? Wäre dann dieses, das Unterscheiden, konsequent bedacht vielleicht der Ausgangspunkt des Prozesses, der Unterschied aber die Folge? Und inwiefern wäre dieser dann noch relevant, wenn ja: für was?

„Warum hast du mir das nicht gesagt"?

Stellen wir uns vor, ein Mensch steht in einem brieflichen Kontakt mit einer anderen Person, die er/sie persönlich nicht kennt, vielleicht über das Internet. Es entwickelt sich ein anregender und reizvoller Austausch, ein persönliches Interesse. Die beiden treffen sich in der Folge zum ersten Mal und sehen dann, dass ihr Gegenüber von anderer Hautfarbe ist. In diesem Moment entsteht der oben erwähnte Fall als Test: Was mag wohl in ihren Köpfen vorgehen? Sind sie überrascht, „es" nicht zuvor bemerkt zu haben? Denken sie vielleicht darüber nach, warum er/sie das nicht erwähnt hat? Sind sie eventuell sogar gekränkt darüber? Und: Hätte er/sie das sagen *müssen*? In diesen Fällen würde eine – zunächst einmal äußere und noch nicht gewichtete – Verschiedenheit für sie von Bedeutung. Sie würde von ihnen relevant gemacht werden und strahlte damit auf die Wahrnehmung des Gegenübers aus. Sie begännen zu unterscheiden: „Er/sie ist anders", auch wenn sich das bislang nicht zum Ausdruck brachte und zudem keineswegs notwendig negativ bewertet sein muss. Die neu eingeführte Unterscheidung fließt als schwer ignorierbare Konnotation in ihren Kontakt, ihre weiteren Interaktionen ein. Unter Umständen führt sie in der Folge sogar zu einer Reinterpretation des bisherigen Austausches, etwa in der „Feststellung", das wichtige Merkmal sei strategisch gezielt verborgen worden (Goffman 2001). Die Praxis des Unterscheidens würde in der Folge aus einer Verschiedenheit einen Unterschied machen und diesen u.U. zunehmend untersetzen und verfestigen.

Das muss allerdings nicht zwangsläufig so sein. Die Beteiligten sind nicht entsprechend determiniert, zu solchen Reaktionen gezwungen. Vielmehr tritt neben ihre im Grundsatz autonome Entscheidung der soziale Kontext, in dem sie leben, und der ihren Umgang mit einer Situation wie der beschriebenen maßgeblich mit beeinflusst.

„Sind Sie katholisch?"

Vor nicht allzu langer Zeit war es in katholisch geprägten Gegenden im Verlauf der Anbahnung einer Partnerschaft wichtig, möglichst bald die Frage der Konfessionszugehörigkeit zu klären. U.a. galt es, „Mischehen" zu vermeiden. Nur so konnte der weitere Weg der Etablierung einer Paarbeziehung störungsfrei gegangen und die Hürde der kirchlichen Trauung als legalisierende Statuspassage genommen werden. Die Konfessionszugehörigkeit diente im Alltag zur mehr oder weniger ernsthaft gemeinten Markierung von Grenzen. „Evangelische Ratten, in Zucker gebacken, mit Honig beschmiert, zum Teufel geführt", skandierten etwa Kinder einer katholische Volksschule zur Provokation der evangelischen Kinder auf dem angrenzenden Schulhof deren Konfessionsschule – was verboten war und sanktioniert wurde. Zugleich waren mit der Feststellung des Bekenntnisses potentiell weit reichende Zuschreibungen verbunden. Man „kennt sie", die „(„streng") Katholischen", „(„frömmelnden") Pietisten" und derlei Typen mehr.

Nicht alle möglichen Paare ließen sich allerdings davon abschrecken. Für sie waren die unterstellten tief greifenden Differenzen im konkreten Kontakt nicht immer und eindeutig festzustellen, schienen oft allenfalls arbiträr und überlagert von wichtigeren Dingen zu sein. Dass der kirchliche Ort der Taufe nicht notwendig eine für die Paarbeziehung essentielle Differenz konstituiert, war erfahrungsnah zu überprüfen. Entsprechend modifizierte Umgangsweisen („Toleranz") waren Teil einer gesellschaftlichen Veränderung, eines Wandels, in dessen Folge in vielen gesellschaftlichen Bereichen die Religions- und Konfessionszugehörigkeit als Merkmal der Person nicht weiter als ausschlaggebend betrachtet wurde. Es vollzog sich eine Herabstufung seiner Relevanz, eine „Entdramatisierung": „Hauptsache sie heiraten überhaupt noch", bis hin zu einer vollständigen Neutralisierung als Kennzeichnung, „wirklich überhaupt nicht wichtig" zu sein sowie entsprechenden Umgangsweisen.

Ein solcher Prozess hat, wie wir wissen, für die Hautfarbe nicht stattgefunden bzw. falls doch, in einem weitaus geringeren Maße. Daher bleibt für diese die Frage aktuell, ob es sich bei ihr nicht doch um das Kennzeichen eines wichtigen, vielleicht essentiellen Unterschieds handelt. Immerhin stellt sie ein *körperliches* Merkmal dar. Beim Versuch einer Antwort darauf treten aber weitere nicht zu übergehende Schwierigkeiten auf. Was etwa folgt daraus, wenn die Träger des gleichen Merkmals auf anderen Ebenen untereinander recht verschieden sind, zugleich aber große Ähnlichkeiten mit Menschen anderer Hautfarbe aufweisen, vielleicht gar derjenigen des Betrachters?

„Schwarz sein in Bayern"

In der Nachkriegs- und damit Besatzungszeit ergaben sich in nennenswertem Ausmaß intime Beziehungen zwischen Soldaten der Besatzungstruppen und deutschen Frauen. Nicht wenige der Kinder trugen daher die – „andere" – Hautfarbe eines entsprechenden Vaters. Wuchsen sie – auch oder allein – bei der Mutter auf, waren sie in wichtigen Punkten in einer ähnlichen Situation wie die eingangs erwähnten „Kinder der Josephine Baker". Sie lebten, zumindest teilweise, in einer gemessen an ihrer Hautfarbe „anderen" Welt. Bei vielen von ihnen erschien der körperlich bestimmte Unterschied deshalb in einer gleichsam gebrochenen Form. Sie bildeten in der Folge neue, bislang unbekannte „Typen", etwa denjenigen „(körperlich) schwarzer Kinder mit akzentfreiem bayrischen Idiom und Vorlieben für die regionale Küche".

Der Einfluss des sozialen Umfelds, in dem sie heranwuchsen, ging dabei weit über Äußerlichkeiten hinaus. Entsprechend wurde sichtbar, dass sie sich zum einen vom Typus des Afrikaners als der unterstellten „Normalform" des „Schwarzen" unterschieden, zum anderen in wichtigen ihrer Züge derjenigen z.B. des Bayern sehr nahe kamen, viele mit diesen verwandte Besonderheiten aufwiesen. Aufgrund des sichtbaren Merkmals ihrer Hautfarbe hatten sie es aber äußerst schwer, als solcherart „Verwandte(!)" zu gelten. So litten sie in vielen Situationen unter Zuschreibungen und typisierten Erwartungen, die aufgrund ihrer Hautfarbe an sie gerichtet wurden. Zum Beispiel wurde (und wird) ihnen etwa unterstellt, „wie allen Schwarzen", besonders gut und besonders gern zu tanzen. Traf dies wie bei vielen Bayern auch bei ihnen nicht zu, was ebenfalls nicht selten vorkommt, konnte es Verblüffung auslösen: Die erwartete Ausstrahlung des Merkmals der Hautfarbe war ausgeblieben und dies verlangte nach Gründen. Gegen alle Evidenzen wurde damit die Wahrnehmung einer konkreten Person gefiltert durch ein auf die unterstellten Charakteristika einer Rasse bezogenes Stereotyp. Nicht, wie im Falle der Konfessionszugehörigkeit, dieses selbst, sondern die *Abweichung* von ihm wurde befragt. Ballettlehrerinnen hingegen bestätigen, dass die Hautfarbe von Kindern keinen generalisierbaren Unterschied in deren Befähigung zum Tanzen noch ihrer Art der Bewegung oder der Freude daran anzeigt.

„Wenn ihr euch streitet, sucht was euch verbindet" (Paulus)

Die Betonung des Unterschieds und die Ausblendung des Gemeinsamen müssen dabei keinen im Körperlichen liegenden Bezugspunkt haben. Trotz langjähriger gemeinsamer Geschichte und vielen weiteren Verbindungen überwog nach der

Wende bei vielen Deutschen und dabei auf beiden Seiten der bisherigen Grenze die Entdeckung der Differenz die Bestätigung einer Verwandtschaft bei weitem. Und auch wenn die den meisten zugängliche Primärerfahrung des Familientreffens veranschaulicht, dass und wie gerade Verwandte dazu neigen, sich tief voneinander abzugrenzen, sollte die Typologie des „Ossis" und „Wessis" in vielen Bereichen und für einige Zeit geradezu Wesenseigenheiten kennzeichnen: Sie ging von der Unterstellung des Tatbestandes kaum überbrückbarer, essentieller Differenzen aus.

Etablierung, Verfestigung und Funktionen solcher weit reichender Konstruktionen als Rahmungen der Wahrnehmung und des Handelns sowie deren Folgen ließen sich mithin während der Nachwendezeit im Stadium des Entstehens anschaulich beobachten. Im Ergebnis blieben Typisierungen, denen das gegenständlich Greifbare weitgehend abhanden gekommen war. Ein Großteil der zugeschriebenen Merkmale ließ sich ohne weiteres und durchaus verbreitet auch „auf der anderen Seite" finden oder verschwand „wie von selbst" in neuen sozialen Rahmen. Zugespitzt ließ sich damit konstatieren, dass die Essenz des Unterschiedes wohl weniger in seinen jeweiligen Gehalten denn in der Praxis der Typisierung als solcher liegen müsse, einer auch affektbasierten Konstruktion von Differenzstereotypien. Ganz gleich worum es geht, es ist „halt typisch Ost/West" bzw. lässt sich bei Bedarf dazu machen (Robert 1997).

„Wann ist ein Mann ein Mann?"

Viele dieser an anderen Beispielen entwickelten Perspektiven und Argumente können wir ebenfalls mit Gewinn nutzen und fruchtbar machen, wenn wir darüber nachdenken, was in unserer Gesellschaft die Geschlechtlichkeit, die „Kategorie des Geschlechts" ausmacht und bezeichnet. So bezieht sie sich zunächst, zumindest dem Anschein nach eindeutig, auf biologische Tatbestände, die zudem zumeist sichtbar sind. Aus diesen werden Schlussfolgerungen abgeleitet, die weitere Wahrnehmungen und soziales Handeln beeinflussen. Sie führen zu meist nicht reflektierten, iterativen Praktiken des Unterscheidens oder auch des Sichtbarmachens, Symbolisierens der Differenz, z.B. in der Kleidung.

Auf diese Weise kann die ursprüngliche Verschiedenheit von Körpermerkmalen in ihrer Relevanz heraufgestuft, zu einem Unterschied, zu Ungleichheit werden. Ein Zirkel entsteht, an dessen Ende das Ergebnis der Unterscheidungen als deren Ausgangspunkt erscheint und so verfestigt wird. Aus Bildern werden Stereotypien, aus Gewohnheiten Erwartungen. Normalformen sozialen Handelns entstehen, die als Institutionalisierungen der Unterscheidung Strukturen setzen: Wie z.B. durch die Trennungen der Rassen in Systemen der Apartheid bilden sich feste Grenzen, die im Alltag verankert und oftmals mit elaborierten Begründungen versehen, als natürliche erscheinen. Denn getrennt wird doch nach den Kriterien der Natur: „Frauen gehören – „natürlich (!)"– nicht an eine Universität".

Wie schon die „Entdramatisierung der Konfessionszugehörigkeit" zeigt auch dieses Beispiel dabei zugleich die Möglichkeit sozialen Wandels an. Die Zahlen wie die Erfolge der Frauen im System der Wissenschaften lassen, so sollte man erwarten, die naturalisierenden Begründungen von deren früherem Ausschluss in sich zusammenfallen. Doch so einfach ist es auch weiterhin nicht. Denn trotz allen Wandels und damit unberührt von der Entleerung der Gehalte vieler Stereotypien bleibt der Typus als solcher bestehen, markiert auch weiterhin zunächst die Differenz, hat weit reichende Folgen und gilt, denken wir auch an die Situation farbiger Deutscher, auch heute oft und noch und „letztlich" als Natur.

Worum es also geht

Genau darum soll es aber in diesem Studienbrief gehen: Wir zeichnen nach, wie kleine Unterschiede nicht zuletzt durch die Praktiken des Unterscheidens großen Folgen (Schwarzer 1975) zeitigen. Wie diese sich dabei immer wieder wandelnde Bilder von den Geschlechtern konstituieren. Wie Routinen, Institutionalisierungen, soziale Strukturen und soziale Ungleichheit aus diesen entstehen und zurückwirken auf soziales Handeln. Wie Interaktionen entsprechend gerahmt und bestimmt werden, aber auch selbst ein konstituierendes Medium von Konstruktionsprozessen ist. Und schließlich, in welcher Weise Selbstverständnisse von Individuen, nicht zuletzt biografische Selbstthematisierungen zu einem wesentlichen Element der so entstehenden *Konstruktions- und Strukturierungszirkel von Geschlecht* werden. Die Grundzüge und einige Grundlagen dieser Ausführungen sollen im Folgenden nochmals und weiter systematisierend vorgestellt werden.

1.2 Gleichzeitigkeit von Differenz und Gleichheit

Soziale Differenzierungen nach dem Kriterium des Geschlechts sind gesellschaftlich geradezu allgegenwärtig. Ihre Bedeutungen aber sind variabel. Das zeigt nicht nur ein Blick in die Geschichte oder ein interkultureller Vergleich, sondern auch die Betrachtung aktueller (inner)gesellschaftliche Konstellationen. So hat die Geschlechterdifferenzierung im Kontext der katholischen Kirche einen anderen Stellenwert und auch andere Folgen als im bundesdeutschen Parlament. In der katholischen Kirche wird die natur- und gottgewollte Unterschiedlichkeit der Geschlechter betont und daraus u.a. die Folgerung gezogen, Frauen aus dem Priesteramt auszuschließen. Die Katholische Kirche verfügt dazu über eine elaborierte, zugleich biologisch wie transzendental sich verankernde Theorie des Unterschieds und Praxis des Unterscheidens.

Im Bundestag hingegen wird vor dem Hintergrund einer vernunftrechtlich begründeten Verfassung die Gleichheit der Geschlechter festgestellt und nach gesetzlichen Wegen gesucht, die Präsenz von Frauen in Politik und Öffentlichkeit zu erhöhen. Im ersten Kontext entsteht eine soziale Bewegung „Kirche von unten", die u.a. ein Mehr an Gleichheit der Geschlechter einfordert, im zweiten macht die zunehmende Präsenz von Frauen einen offenen Wettbewerb um die (wenigen) Macht- und Führungspositionen zwischen Männern und Frauen erst möglich. Mit und über die Konkurrenz werden geschlechterdifferenzierende Mechanismen und Praktiken auf neuer Stufe sichtbar.

Die historischen Hintergründe für diese aktuell verstärkt zu beobachtende *Gleichzeitigkeit von Differenz und Gleichheit* im gesellschaftlichen Geschehen der westlichen Industrienationen sind vielfältig. Einerseits wurden mit dem Übergang von der vorindustriellen zur industriellen Gesellschaft im 18. Jahrhundert immer mehr Bereiche gesellschaftlichen Lebens im Bezug auf die „natürlichen Unterschiede" der Geschlechter organisiert und konstituiert. Prägnantester Ausdruck dafür ist die systematische Trennung von Familie und Erwerbsarbeit. Andererseits haben sich parallel dazu in der Folge der Aufklärung auf Universalisierung angelegte normative Orientierungen – Gleichheitspostulate – verbreitet, die eben diese Differenzbildung in Frage stell(t)en und die daraus resultierende „Geschlechterordnung" de-legitimier(t)en.

Die Parallelität dieser zutiefst widersprüchlichen Entwicklungen führt zu Ungleichzeitigkeiten nicht zuletzt im Hinblick auf die von uns in den Blick genommenen Strukturierungsebenen von Interaktion, Institution und Biografie. Institutionelle Strukturen sind ja gerade durch ihre Dauerhaftigkeit und immanenten Trägheitsmomente gekennzeichnet, in Interaktionen werden situative Logiken relevant, die nicht in institutionellen Vorgaben aufgehen und Handlungsspielräume sichtbar machen. In biografischen Kontexten brechen sich Lebensentwürfe an institutionellen Strukturen, gleichzeitig realisieren sich hier u.U. über ihre Zeit hinausweisende Lebensläufe und -modelle, die als prototypische „alternative" Formungen für andere orientierungswirksam werden können. Die vielfach konstatierten „Gender troubles" resultieren aus eben diesen Entwicklungen; sie sind „eigentlich" kein Problem, sondern sie zeigen an, dass sich institutionelle Strukturen und Handlungsmodi überlebt haben und nach neuen Wegen

gesucht wird, nach Wegen, für die (noch) keine oder doch zu wenig Modelle
bereitstehen.

1.3 Naturalisierung: Wahrnehmung, Deutung und Legitimation

Das sich mit der Industrialisierung entfaltende und durch Gleichheitspostulate
bedrohte „Arrangement der Geschlechter" basiert im Kern auf der „Naturalisierung" der Geschlechterdifferenz, i.e. der Annahme, dass alle Unterschiede zwischen den Geschlechtern in der „Natur" bzw. modern gesprochen: in der Biologie begründet sind. Mit der Naturalisierung werden zwei Geschlechterklassen
gesetzt, denen Eigenschaften, Fähigkeiten, Ausdrucksformen und vieles weitere
mehr zugeordnet werden. Erving Goffman hat eine solche Denkweise bereits in
den 70er Jahren als „Eimermodell" benannt und kritisiert. Mit der Aufteilung in
zwei Geschlechterklassen sei die Existenz einer Personenkategorie angedeutet,
die im Grunde durch biologische Aspekte definiert wird und auch so *definierbar*
ist. „Haben wir uns erst einmal auf die Definition einer Klasse von Personen
geeinigt, in unserem Fall auf die des Geschlechts, dann erscheint uns leicht jedes
passende Etikett, das wir ihren Mitgliedern anheften (...) zur Charakterisierung,
Symbolisierung und erschöpfenden Abbildung dieser Klasse angemessen. So
erklärt man eine Eigenschaft zum Eimer, in den die anderen Eigenschaften lediglich hineingeleert werden" (Goffman 1994, 112f).

Die Kritik an Konzepten, die die Kategorie Geschlecht als einen solchen
„Eimer" oder auch als Bündel vergleichsweise statischer Eigenschaften, Fähigkeiten und Verhaltensweisen verstanden, führte zu der Frage, *wie* es denn zu der
sozial so folgenreichen Unterscheidung von „weiblich" und „männlich" kommt,
derzufolge ja nicht nur Menschen, sondern auch Objekten, Räumen, Territorien,
Tätigkeiten, Berufen und vielem anderen mehr ein Geschlecht zugeschrieben
wird, sie – wie es heute heißt – „vergeschlechtlicht" werden. „Eigentlich" ist ein
solches zweigeschlechtliches Klassifikationssystem sozial gesehen sehr voraus-
setzungsvoll und unwahrscheinlich, müssen doch tagtäglich Brüche, Ungereimtheiten und „Ausnahmen" in ein äußerst unterkomplexes Modell integriert werden. In verschiedenen darauf bezogenen kritischen Theoretisierungen wird daher
immer wieder darauf hingewiesen, dass weibliche und männliche Verhaltensweisen und Eigenschaftszuweisungen „fiktiv" sind. Das bedeutet, dass in der alltäglichen Praxis Personen nicht dem einen oder anderen Geschlecht zugewiesen
werden, wenn sie die entsprechenden Eigenschaften und Verhaltensweisen unter
Beweis gestellt haben, sondern dass *umgekehrt* ihnen diese Eigenschaften vorab
unterstellt werden und ihr Verhalten dann nach Maßgabe ihrer Geschlechtszugehörigkeit bewertet wird. Insofern gibt es kein „einfaches", objektivierbares Ver-

halten einer Person in sozialen Situationen, vielmehr bilden Verhalten, Bewertung und Reaktion darauf eine untrennbare Einheit. In dem Maße aber, in dem wir diese „dichotome Optik" (Hagemann-White 1988) erwerben, sind wir zugleich auch von ihr erfasst· In einer Welt, in der die Polarisierung von zwei Geschlechtern allgegenwärtig ist, gibt es keine Chance für eine Selbstverortung jenseits der Geschlechtskategorien. Wohin wir auch kommen, in welche Situation wir uns auch begeben, wir sehen stets nur Frauen und Männer, Mädchen und Jungen und – wir stellen uns selbst in einen Bezug dazu.

Die dennoch auftretenden Brüche, Ungereimtheiten und Ausnahmen werden vor allem in den vielfältigen Formen und Versuchen des Unterlaufens der strikten zweigeschlechtlichen Differenzierung sichtbar. Dennoch stellen diese die Zweigeschlechtlichkeit nicht in Frage. Im Gegenteil: Die verschiedenen Formen des Unterlaufens weisen vielmehr darauf hin, dass auch die „verkehrten Welten" des Geschlechtertauschs, des Transvestismus, der Transsexualität etc. an die zweigeschlechtlich strukturierte soziale Welt gebunden sind, ja, durch sie hervorgebracht werden. Vor diesem Hintergrund hat Garfinkel (1967) von der Zweigeschlechtlichkeit als einem „moralischen Tatbestand" (eben keinem „natürlichen") gesprochen, einem „institutionalized moral fact", über den alles, was von dem strikt zweigeschlechtlichen Modell abweicht, zu etwas „abnormalem", „pathologischem" oder eben „unnatürlichem" gemacht wird.

Die Geschlechterdifferenzierung als ein „moralisches Faktum" zu betrachten, ist ein wesentlicher Ausgangspunkt der Perspektive einer „sozialen Konstruktion von Geschlecht". In dieser geht es vor allem darum, die vielfach, z.B. auch in der Unterscheidung von „Sex" und „Gender", unzulässig vereinfachende Entgegenstellung von „Natur" und „Kultur und Gesellschaft" zurückzuweisen. Der konstruktionstheoretische Ansatz insistiert vielmehr darauf, dass eine solche kategoriale Scheidung deren Verhältnis nicht angemessen erfasst, es eine derartige Trennlinie zwischen „Natur" und „Kultur und Gesellschaft" nicht geben *kann*. Die Relation muss vielmehr reflexiv gedacht werden; denn was wir als „Natur" wahrnehmen, bestimmen oder sogar messen, ist ohne Zweifel durch die Denkweisen und Denkwelten von Kulturen vorstrukturiert. In diesem Sinne hat auch die Naturwissenschaft keinen unmittelbaren Zugriff auf ihren Gegenstand, hat z.B. die Biologie keinen unvoreingenommenen, sozial unverstellten Blick etwa auf „den Körper". Vielmehr ist auch sie in ihrer Wahrnehmung geprägt durch Konstrukte und Modelle, die wiederum nachweislich auch durch das jeweils zeitgenössische Alltagswissen z.B. zur Geschlechterdifferenz beeinflusst sind (Studien dazu im Überblick: Wetterer 2004).

1.4 Begriffliche Klärungen

Wenn wir vor dem so skizzierten Hintergrund „Geschlecht" *nicht* als ein Merkmal von Personen ansehen (können), sondern vielmehr als Ergebnis einer Differenzierung, die sozial erst hervorgebracht werden muss, um Wirksamkeit zu entfalten, dann reicht das oben genannte „Eimermodell" des Hineinfüllens von Eigenschaften und Haltungen in eine vordefinierte Klasse von Personen (Frauen, Männer) ersichtlich nicht aus. „Geschlecht" erscheint in der von uns zu entwickelnden Sichtweise vielmehr als ein Ergebnis mehrschichtiger und aufeinander verweisender sozialer Prozesse. Es wird dabei zu einer (im Sinne des Wortes) *basalen*, das Soziale spezifisch dimensionierenden Kategorie. Als solche ist sie im gleichen Maße nicht nur Ergebnis sondern zugleich auch Ausgangspunkt und Medium der kontinuierlichen Vorgänge ihrer Herstellung und Konstitution. Dies lässt sich, wie oben bereits angesprochen, verstehen als ein Wirkungszirkel.

Um aber diesen Prozess, in dem erst Menschen zu Frauen und Männern werden, einer präziseren Analyse und Reflektion zuführen zu können, müssen wir das, was bislang sehr allgemein als „Kultur" und „Gesellschaft" benannt wurde, analytisch weiter aufgliedern. In der hier eingenommenen Perspektive geschieht diese Differenzierung im Bezug auf die Ebenen der Interaktion, der Institution und der Biografie.[1]

„*Interaktion*" stellt den kleinsten Baustein des Sozialen dar, bildhaft gesprochen seine molekulare Einheit (Molekül: die kleinste Einheit einer chemischen Verbindung). In einer Minimaldefinition ist die Grundlage von Interaktion bestimmt durch Anwesenheit und wechselseitige Wahrnehmbarkeit: „Soziale Interaktion im engeren Sinne geschieht einzig in sozialen Situationen, d.h. in Umwelten, in denen zwei oder mehr Individuen körperlich anwesend sind, und zwar so, dass sie aufeinander reagieren können" (Goffman 1994, 55).[2] Wenn diese Reaktionen nicht, wie bei Tieren, genetisch weitgehend vorgeformt sind, liegt in der Situation ein Überschuss an Möglichkeiten vor, der nach Abstimmung verlangt. Da alle Beteiligten im Prinzip „so", aber auch „anders" handeln könnten, lässt sich ihr Handeln nicht ohne weiteres erwarten, es entsteht das Grundproblem „doppelter Kontingenz". Diese aber zeigt die grundsätzliche Offenheit sozialer Situationen ebenso an, wie sie auf die Notwendigkeit praktischer und kommunikativer Lösungen verweist, etwa als „Aushandlung einer Situationsdefinition". Die Beteiligten verständigen sich unterschiedlich explizit auf einen Situationstypus und die in diesem angelegten Handlungsmöglichkeiten bzw. entwickeln

---

[1]   Damit ist eine grundlegende Entscheidung für eine Theorierichtung verbunden, nämlich diejenige einer interaktionstheoretisch begründeten Wissenssoziologie.

[2]   Telefonieren, Briefe oder Emails schreiben und Chatten stellen abgeleitete und eingeschränkte Varianten dieses ursprünglichen Phänomens dar.

einen solchen neu. Interaktion in diesem Sinne ist damit nicht einfach ein Medium, in dem gleichsam vorsozial gedachte oder sozial bereits vollständig geprägte
Personen (etwa als „Frauen" oder als „Männer") handeln, sondern stellt einen
formenden Prozess eigener Art dar.

Mit diesem werden dabei aber Vorgaben und Rahmungen aufgerufen, die
der soziale Ort und kulturelle Kontext der Beteiligten mehr oder weniger nachdrücklich nahe legen. In der Notwendigkeit zur „Definition der Situation" sowie
der dieser oft impliziten kategorialen und individuellen Identifikation der Inter-
aktionsteilnehmer wird so nicht zuletzt die Geschlechtszugehörigkeit der Beteiligten konstatiert. Diese „Feststellung" legt eine bestimmte Verhaltensreaktion
zwar nicht fest, bestimmt aber einen Rahmen, der die Möglichkeiten zur Konkretisierung und zu weiteren Aushandlungen begrenzt. In diesem *doppelten* Sinne –
bestimmt durch soziale Rahmen als Vorgaben des Handelns sowie durch Kontingenz als Möglichkeit zu Neuem – stellt Interaktion daher eine *eigenständige,
nicht ableitbare Analyseebene* auch für die Geschlechterforschung dar.

Nicht zuletzt Interaktionen verdeutlichen damit die *prinzipielle* Offenheit,
die Spielräume sozialen Handelns, ebenso, wie sie auf dessen dauerhaft zu bear-
beitende Störanfälligkeit verweisen. Die angesprochenen Vorgaben dienen daher
als Entlastungen von dieser Offenheit und Störanfälligkeit, denn diese erschweren die Ausbildung von Alltagsroutinen und selbstverständlich gehaltenen Orien-
tierungsmustern. Der genannte wechselseitige Zwang zur Definition der Situation sowie zur Identifikation der Teilnehmer etwa nutzt zuhandene, den beteiligten
Individuen *vorgängige Gehalte ihres Alltagswissens*. Diese aber sind in gesellschaftlichen Wirklichkeitskonstruktionen angesiedelt, die sich nicht zuletzt in
Institutionalisierungen zum Ausdruck bringen und sich als *Institutionen* verfestigen, objektivieren.

Institutionen zeigen vereinfacht gesprochen die Art und Weise an, wie etwas in bestimmten Feldern des sozialen Lebens „normalerweise" getan wird
oder werden muss. Solche Standards und Regeln entlasten im oben genannten
Sinne. In vielen gesellschaftlichen Bereichen haben sie dabei eine unverzichtbare
Funktion, etwa im Straßenverkehr. In der Soziologie werden mit dem Begriff der
Institution bzw. der Institutionalisierung die regulativen Muster sozialen Handelns und menschlichen Zusammenlebens thematisiert, die durch eine Verankerung in den Handlungsorientierungen und Sinngebungsmustern der Gesellschaftsmitglieder gekennzeichnet sind.[3]

In der interaktionstheoretischen Wissenssoziologie wird das Entstehen von
Institutionen als die reziproke Typisierung habitualisierter Handlungsmuster

---

[3] Ehe, Familie, Verwandtschaft oder das Recht auf Eigentum sind dafür häufig verwendete Beispiele, jedoch sind auch weniger augenfällige Regulativmuster damit angesprochen, etwa die für
die Ausführung eines Kirchgangs oder Spielkasinobesuchs erforderlichen Handlungsmuster.

verstanden (Berger/Luckmann 2004, 58). Verhaltensmuster werden zur – mitunter auch mit Macht durchgesetzten bzw. Spuren von Machtverhältnissen transportierenden – Gewohnheit, sie werden als solche identifiziert und anerkannt – typisiert und legitimiert – und so verfestigt und auf Dauer gestellt. In der Folge machen diese reziprok typisierten Verhaltensmuster es möglich, dass im Bezug auf sie situativ angemessenes Handeln *zuverlässig erwartbar* werden kann. Darin zeigt sich eine *Doppelheit* des Institutionenverständnisses: Sie entstehen aus sozialem Handeln, gehen diesem aber ebenso als Orientierungshilfe und normativer Erwartungsfahrplan voraus. Dem entspricht die Unterscheidung der Begriffe der Institutionalisierung als Prozess und der Institution als (Struktur-) Vorgabe. Damit werden in ihnen *einerseits* die Handlungsperspektive der Beteiligten und ihre Autonomie angesprochen. *Andererseits* repräsentieren gerade sie die der „autonomen" Verfügbarkeit entzogene Ebene „sozialer Struktur".[4]

Der Begriff der Institution verweist damit vor allem auch auf die Qualität der Konstanz sozialer Ordnung. Institutionen stellen soziale Formungen und Formen auf *Dauer*. Wie aber dies geschieht und wie Institutionen sich andererseits wandeln, bezeichnet eine auch in unserem Zusammenhang wichtige Grundfrage soziologischen Denkens, stellt gerade für die Analyse der Geschlechterverhältnisse ein erklärungsbedürftiges Phänomen dar.

In institutionelle „Regulativmuster" menschlichen Handelns sind Typisierungen und Klassifikationen von Handelnden jeweils eingelassen. Wir nehmen Akteure nicht nur als solche, sondern zugleich als jung oder alt, weiblich oder männlich, vertraut oder fremd wahr. Ordnungsmuster wie die genannten des Alters, des Geschlechts, der sozialen Zugehörigkeit oder Nichtzugehörigkeit kommen dabei „komplexitätsreduzierend" zur Anwendung. Dies geschieht allerdings zumeist nicht unmittelbar. Institutionelle Arrangements organisieren das Wissen um jeweils angemessene und zum Teil normativ erwartete Verhaltens- und Handlungsmuster. In diesen stecken die klassifizierenden Elemente als organische Bestandteile, etwa wenn die Stimmigkeit oder Nicht-Stimmigkeit einer Situation empfunden wird. So lachen wir z.B., wenn etwas im „falschen" Rahmen geschieht, z.B. der Tramp mit dem Habitus des „feinen Mannes" im „vornehmen Salon" auftritt. Das Lachen zeigt einen Abgleich des jeweiligen Verhaltens mit „erweiterten Normalformen" an, die etwa das Alter, die soziale Herkunft oder eben das Geschlecht ebenfalls in Rechnung stellen. Ein institutionalisiertes Handlungsmuster wird so etwa mit dem Alter der es realisierenden Person in Zusammenhang gebracht: „Dazu bist Du noch zu jung!" oder: „Bist du dafür

---

[4] Ein so gefasstes Institutionenverständnis wird von den Theorien zur Makroebene der Gesellschaft kritisiert. Aus dieser Sicht entstehen nicht alle Strukturvorgaben des Handelns aus Interaktionen, etwa das Geld, der Warentausch oder auch „Systeme". Wir können diese Kritik hier nicht entfalten und uns mit ihr auseinandersetzten, wir wollen sie aber auch nicht verschweigen.

nicht schon ein bisschen zu alt?" Damit wird zugleich das gesellschaftliche Modell und die inhaltlichen Füllungen der unterschiedenen Altersklassen aktualisiert *und* hergestellt. Institutionen sind mithin keineswegs „neutral". Sie initiieren vielmehr *umgekehrt* und permanent Klassifikationsprozesse und zwar auf dem Wege der Aktualisierung der in ihnen quasi selbstverständlich enthaltenen Typologien von Akteuren und der Prüfung von Passungsverhältnissen. Erving Goffman benennt dies – bezogen auf Geschlecht – als „Genderismen".

Zugleich entwickelte er in diesem Zusammenhang das Konzept der „institutionellen Reflexivität" (Goffman 1994, 107ff). Verstehen wir Institutionalisierungen wie oben als Resultate praktischen und kommunikativen Handelns, so beschreibt dieses Konzept eine auf den ersten Blick paradox wirkende Gleichzeitigkeit. Im Zuge der Entstehung von Modellen dafür, wie in einer Situation miteinander gehandelt werden kann und soll, was etwa normal und/oder Norm sein soll, werden zugleich *Typen von Akteuren* entwickelt bzw. mitkonstruiert. Diese Definitionen werden der Institution, z.B. einer Familie, aber teilweise vorgelagert. Sie bezieht sich auf diese Typen von Akteuren als ihr „Personal", in diesem Fall: Frauen und Männer, die hier Mütter und Väter sind. Diese scheinbar vorgelagerten Bestimmungen wirken aber auf die Konstitution der Institution selbst zurück bzw. sind dieser implizit: Familie als Institution stellt ein Regulativ dar für das Zusammenleben, die Kooperation und Kommunikation von Frauen und Männern als Eltern.

Erst durch diese Konstrukte wird „Familie" selbst inhaltlich konkret, zugleich aber definiert und ordnet sie das, was Männer und Frauen „sind". So gesehen, bezeichnet Reflexivität mehr als Selbstbezüglichkeit. Im Konzept der *institutionellen* Reflexivität ist eine „selbstbezügliche Hervorbringung" gemeint, die – in einem reziproken Verweis – zugleich sich selbst und ihre Voraussetzungen herstellt. In „Familie" sind spezifische Konstruktionen von Geschlecht enthalten, etwa eine auf die Geschlechter bezogene „typische" Arbeitsteilung, die ihrerseits wiederum die Institution Familie bestimmen. Die Institutionalisierung von Geschlecht bedeutet so gesehen (auch!) die Institutionalisierung von Familie und umgekehrt. Die Aktualisierung von Familie ruft entsprechende Typen ab, wie auch umgekehrt bei der Aktualisierung, der Bezugnahme auf Geschlecht, Familie konstitutiv mitklingt.

Wenn also die in den Institutionen hervorgehobenen Unterschiede der Geschlechter scheinbar nur genutzt werden, um jeweilige Handlungen stimmig zuzuordnen, so werden bei genauerem Hinsehen eben diese Unterschiede und ihre jeweiligen Bedeutungen mit den Institutionen erst hervorgebracht und konkretisiert. Diese dienen aber den Handelnden als Definitionsvorrat und Erwartungsfahrplan, an dem sie sich ausrichten, wenn sie „ihre" Familie entwickeln. Geschlecht wird mithin so institutionalisiert, „dass es genau die Merkmale des

Männlichen und Weiblichen entwickelt, welche angeblich die differente Institutionalisierung begründen" (Kotthoff 1994, 162).

Den je eigenen Platz in einer solchen, institutionalisierten Ordnung einzunehmen heißt für die Einzelnen, sich die *ganze Ordnung* zu Eigen zu machen und zugleich, sich als einen spezifischen *Teil* wahrzunehmen. Die so entstehenden Wissens- und Orientierungssysteme sind Handelnden in der Regel so selbstverständlich, dass sie keiner expliziten und systematischen Reflektion zugeführt werden. Obwohl diese Wissens- und Orientierungssysteme jedem zugänglich und seine Gehalte offensichtlich sind, nehmen die Beteiligten sie kaum noch wahr. Eben dies kennzeichnet aber ein weiteres allgemeines Moment von Institutionen und Institutionalisierung, nämlich: das *Unsichtbarwerden* des *Offensichtlichen*. Gerade hier entfaltet sich ihre soziale Wirksamkeit (Douglas 1991, 161). Damit sowie mit dem Hinweis auf die „institutionelle Reflexivität" wird die oben benannte Spannung zwischen der *prinzipiellen Offenheit sozialen Handelns* und der ebenso grundsätzlichen *Notwendigkeit von Strukturbildungen und Institutionalisierungen* aus einer weiteren Perspektive und nochmals neu beleuchtet. Und nicht zuletzt dieser Blickwinkel wird auch für die Analyse der Geschlechterdifferenzierung in lebenszeitlicher Perspektive von grundlegender Bedeutung.

Mit dem Begriff der „*Biografie*" beziehen wir uns zunächst einmal auf die Dimension der Lebenszeit. Als theoretisches Konzept und forschungsmethodische Strategie zielt Biografie vor allem auf die Erfassung von Lebensbeschreibungen in zeitlich-prozesshafter Qualität und in diesen enthaltenen Lebenskonzepten. Das ist voraussetzungsreicher, als es auf den ersten Blick erscheint.

Vorausgesetzt ist etwa die Einteilung des Lebens in Phasen bzw. die gesellschaftliche Definition von Lebensaltern wie z.B. diejenigen der Kindheit und Jugend, des Erwachsenenalters und des Alters, die sinnhaft aufeinander bezogen werden. Damit wird das chronologische Alter zu einem Gegenstand von Zuschreibungen und Definitionen. Eine solche Definition von Lebensaltern geschieht natürlich nicht beliebig und unabhängig von der Organisation gesellschaftlichen Lebens selbst, etwa Kindheit und Jugend als „Zeit des Lernens" zu betrachten, die auf Arbeit und Beruf vorbereitet. Erst vor einem solchen Hintergrund können sich gesellschaftliche Normalitätsvorstellungen für den Lebenslauf ausbilden, kann es zu einer „Institutionalisierung des Lebenslaufs" kommen (Kohli 1985).

Mit Beginn von Aufklärung und Moderne korrespondieren dieser Institutionalisierung auf Seiten der Individuen zunehmend individualisierte Lebensgeschichten. In diesen müssen institutionelle Vorgaben wie etwa die Organisation von Ablaufmustern des Lernens und der Ausbildung oder Übergänge und Passagen mit der je individuellen Lebenssituation, eigenen Wünschen, Ressourcen, Handlungsschritten und deren Konsequenzen ausbalanciert werden. Dabei spie-

len die geschlechterdifferenzierenden Implikationen dieser institutionellen Vorgaben eine wichtige Rolle für die Lebensgeschichten von Frauen und Männern.
Diese machen historische Modi der Vergesellschaftung sichtbar.
Biografie bezieht sich auf diese Institutionalisierungen des Lebenslaufs,
meint aber mehr. Im Bezug auf Biografie geht um die Art und Weise, um die
Konzepte und (retro- wie prospektiven) Beschreibungen und Entwürfe, in denen
der Lebens(ver)lauf für ein Individuum selbst zum Thema wird. Dieses sich
selbst „zum Thema machen" folgt entsprechenden kulturellen Mustern, in der
Moderne nicht zuletzt dem *Muster des Biografischen*. Lebensgeschichten wurden so zu wichtigen Reflektionsräumen für individuelles Leben. Biografien stellen daher in dessen Rekonstruktion auch einen Modus und Prozess der Konstruktion sozialer Realität dar.

Zugleich wächst der Biografie zunehmend eine weitere Funktion zu. In dem
Maße nämlich, wie sich Lebenslaufmuster entstandardisieren, verstärkt sich die
Aufgabe, in dieser Dimension für Integrationen zu sorgen, die zuvor institutio-
nell gewährleistet wurden. Die Veränderung der Gehalte von Lebensphasen
(„Lebenslanges Lernen") und deren sequentielle Organisation sind dafür ebenso
ein Beispiel wie etwa die zunehmenden Diskontinuitäten im Erwerbsverlauf oder
die Ehescheidungsraten[5]. In diesem Kontext wird auch von einer zunehmenden
Biografisierung des Lebens gesprochen und damit darauf verwiesen, dass viele
Aufgaben sozialer wie personaler Integration sich auf die Ebene der Individuen
verlagert haben. So gesehen stellt Biografisierung vor allem auch die „Institutionalisierung von Individualität" dar.

In der Biografie*forschung* werden daher Lebensläufe nicht eindimensional
als „empirische Ereignisse" analysiert, sondern zugleich als voraussetzungsvolle
und methodisch hergestellte *Produkte* einer bestimmten historisch-gesellschaft-
lichen Situation verstanden und untersucht. Jede „Lebensbeschreibung" ist mit-
geprägt durch einen kulturellen „Wissensvorrat" über Biografien, durch konkrete
Vorbilder, Erzähltraditionen, kurz: durch eine institutionalisierte Praxis der Biografisierung selbst. Die Biografieforschung interpretiert und nutzt narrative Rekapitulationen von Lebensgeschichten entsprechend als Integrationsversuche
auch widersprüchlicher Komponenten jeweiliger Lebensgeschichten. Damit ist
sie konzeptionell nicht auf den einfachen Nachvollzug subjektiver Sinnkonstruk-
tionen beschränkt. Vielmehr beschreibt und untersucht sie eine elementare
Schnittstelle gesellschaftlicher Prozesse. In der Soziologie als Verhältnis der

---

[5]   Auf allen Ebenen sind dabei in der jüngeren Zeit deutliche Veränderungen und Umbrüche zu
       konstatieren. „Typische" Elemente von Lebensphasen (etwa der beruflichen Orientierung und
       Partnerwahl) treten auch in anderen auf, neue Mischungen entstehen. Dennoch sind Bezugnah-
       men auf lebenszyklische Normalformen und vor allem auch die Wahrnehmung des Lebens als
       verzeitlichtes Leben nicht ausgesetzt.

„Mikro-" und „Makroebene" angesprochen, machen wir uns diese ergänzend mit dem Bezug auf die Dimensionen von Interaktion und Institution zum Gegenstand.

1.5 Wie es weitergeht

Diese einleitenden Bemerkungen haben die Anlage des Lehrbuchs umrissen: Interaktion, Institution und Biografie sind die Ebenen, auf denen wir jeweils Prozesse der Differenzierung von Geschlechtern und der Konstruktion von Geschlecht betrachten werden. Sie werden dabei als miteinander und ineinander verflochten verstanden, *ohne* dass ihre Relation als determinative aufgefasst wird oder werden kann. Veränderungen auf einer Ebene müssen nicht zwingend einen Wandel auf einer anderen Ebene nach sich ziehen oder von ihm begleitet sein.

In der Gliederung des Textes orientieren wir uns an der Abfolge wichtiger Phasen sowie institutioneller Weichenstellungen für Lebensläufe. Im Bezug darauf diskutieren wir jeweils unterschiedliche, in der Summe allerdings wieder aufeinander verweisende Praktiken der Differenzierung von Geschlechtern sowie Formen und Inhalte von deren Konstruktion. Dabei beziehen wir uns ebenso auf einige klassische wie auf aktuelle empirische Untersuchungen und Fallstudien zu diesen Themen. Dort, wo wir auf das empirische Material dieser Studien eingehen, etwa auf Interviewauszüge oder Ausschnitte aus Beobachtungsprotokollen, geschieht dies ausschließlich zum Zweck der Veranschaulichung. Ziel ist es dabei nicht, zu einer besseren „Abbildung" sozialer Wirklichkeit zu gelangen, sondern vielmehr die Wahrnehmung sozialer Realität im Hinblick auf die Wirkmächtigkeit der Kategorie Geschlecht zu schärfen. Wir beginnen mit der Geburt eines Menschen, die bereits zur Geburt eines Mädchens oder eines Jungen wird.

2 Der Weg ins Leben: Eindeutigkeit von Geburt an

2.1 Zur argumentativen Einstimmung

Spricht man von der „sozialen Konstruktion" von Geschlecht, so markiert dies deutlich eine Differenz zum Alltagsdenken. Anders als in diesem kann das, was „Geschlecht" meint und bezeichnet, nicht als einfach und unmittelbar gegeben und ebenso wenig als mehr oder wenig eindeutig bestimmt verstanden werden. Vielmehr wird es in dieser Perspektive als solches erst hervorgebracht, also hergestellt und konstituiert. Und dies geschieht in kommunikativen und praktischen sozialen Prozessen. Erst hier entsteht Geschlecht in der Weise und als das, als das es im sozialen Leben durchgängig sichtbar, wirklich und folgenreich wird. Derartige Argumente reiben sich mit alltagsweltlichen Anschauungen und deren Qualität des Selbstverständlichen. Wie lassen sie sich herleiten?

Die hier vorgestellte Sichtweise rekurriert nicht zuletzt auf ein Menschenbild, das vor allem von Autoren der sog. philosophischen Anthropologie begründet wurde (im Überblick: Matlik 1994). In diesen Arbeiten werden einige wichtige Besonderheiten des Menschen als Gattung hervorgehoben. So ist dieser, anders als die anderen empirischen Lebewesen, nicht auf eine spezifische Umwelt festgelegt. Instinktapparat und darauf bezogene Verhaltensschemata sind im Vergleich zu diesen nur gering ausgeprägt. Antriebe stellen sich als ungerichtet und diffus dar, die Wahrnehmung ist als nicht an bestimmte Objekte gebundene offen und auch die Motorik ist nicht genetisch vererbt sondern muss weitgehend erst erworben werden. Der bei den Tieren biologisch stark präformierte Zusammenhang zwischen Antrieb, Wahrnehmung und Verhalten(-smustern) ist beim Menschen in dieser Weise nicht gegeben bzw. nicht spezifisch fixiert.[1]

Dieser Umstand kann als Offenheit wie als Defizit, etwa als Mangel an Ausstattung und Unterstrukturiertheit verstanden werden. In jedem Fall verweist er auf die Chance wie die Notwendigkeit, vielfältige und mehrschichtige Strukturbildungen zu realisieren. Antriebspotentiale, Gefühle, Wahrnehmung, Orientierung und Handlung bedürfen beim Menschen einer Formung und Stützung. Und diese vollzieht und findet sich in einer spezifisch ausgeprägten Dimension: derjenigen des Sozialen. In diesem Sinne spricht etwa Plessner Prozesse der Sozialisation an als „zweite soziokulturelle Geburt". Der Mensch ist anthropolo-

---

[1] Grundlegend dafür sind die Arbeiten von H. Plessner (1928), A. Gehlen (1961) und in zusammenfassender Argumentation Honneth/Joas (1980).

gisch gesehen unverzichtbar verwiesen auf Sozialität (so vor allem G.H. Mead 1934). Arnold Gehlen hat dies in die Formulierung gebracht, im Falle des Menschen seien „Natur" und „Kultur" „gleich ursprünglich" (Gehlen 1961). Neben die biologischen Anpassungsmechanismen der Tiere treten beim Menschen solche, die auf soziokultureller Formenbildung basieren. Erst hier entsteht der Mensch, nur in diesem Modus ist er lebensfähig.

Ein Blick in die Ergebnisse ethnologischer Forschungen zeigt dabei, dass die empirischen Möglichkeiten der Menschwerdung hochgradig variabel sind. Dies veranschaulichen nicht zuletzt die zahlreichen und heterogenen menschlichen Kulturen: Die Formungsnotwendigkeit bildet zugleich die Chance für Vielfalt. Damit aber gibt es keinen guten Grund für die Annahme, dass die gemeinten Prozesse durch biologische Merkmale und Vorgaben in einer Weise vorherbestimmt oder determiniert sind, die ihre grundsätzliche Offenheit konterkariert. Und eben dies gilt auch für die Dimensionen des Geschlechts, selbst wenn die „offenkundige" Biologie und die gesellschaftlichen (!) Selbstverständlichkeiten des sexuellen Dimorphismus[2] dies zu widerlegen scheinen.

2.2 Eine Fallstudie

Trotz aller Dementis gilt eine der ersten Aufmerksamkeiten für ein Neugeborenes dessen Geschlecht. Die entsprechende Zuordnung erfolgt in aller Regel durch einen Blick auf die sichtbaren und im dimorphen Schema als eindeutig identifizierbar erwarteten Genitalien des Kindes. Diese gelten zweifelsfrei als Indikatoren für eine entsprechende biologische Geschlechtszugehörigkeit[3]. Die entsprechende Klassifikation auf der Grundlage der sichtbaren Genitalien legt damit den Gedanken einer „Geschlechtsnatur" nahe, die dann soziale Folgen hat. Die Geschlechtszugehörigkeit eines jeden Neugeborenen resultiert daraus als unbefragbarer und unbestreitbar Tatbestand und gilt lebenslang.

---

[2] „Sexueller Dimorphismus" heißt in der Biologie lediglich, dass für die Fortpflanzung zwei Geschlechter notwendig sind, womit vor allem der Vorteil genetischer Vielfalt verbunden ist.

[3] In den letzten Jahrzehnten hat sich die vorgeburtliche Geschlechterbestimmung weit verbreitet; auch hier sind die (im Ultraschall) sichtbaren Genitalien ein wichtiges Zeichen. Ergänzt werden sie jedoch durch weitere biologische Kriterien, über die ein sozialer Konsens besteht: Das chromosomale Geschlecht (xx- und xy-Chromosomen), Gonaden (Keimdrüsen) und Hormone. Kein durchgängiger Konsens besteht über die Merkmale des „brain sex", und der äußeren Erscheinung der Person, die sich beide erst im Erwachsenenalter vollgültig ausbilden (Fausto-Sterlingg 1997, 386). Auch wenn im statistischen Normalfall die verschiedenen Merkmale konvergieren, so sind grundsätzlich die unterschiedlichsten Kombinationen zwischen ihnen möglich. *Dass* solche anderen Kombinationen möglich sind, ist bekannt – indem sie als „Ausnahmen" und – wie wir sehen werden – als „Anomalien" klassifiziert werden, verstärkt im Moment der Geburt den Zwang zu einer eindeutigen Zuordnung zu einer Geschlechtskategorie: weiblich *oder* männlich.

Kann man diese Zuordnung und deren weit reichende Konsequenzen aber tatsächlich als ein einfaches Lesen der Biologie verstehen? Und ist diese Identifizierung tatsächlich so eindeutig? Aus einer soziologischen Sicht etwa lassen sich die Genitalien und deren Interpretation auch als *soziale* Zeichen verstehen, als Chiffren für komplexe soziale Prozesse, an deren Ende erst steht, was undiskutiert vorausgesetzt wird.

Derartige Fragen und eine solche Sichtweise greifen gesellschaftlich verbreitete, lebensweltliche Selbstverständlichkeiten stark an. So überrascht es nicht, dass sie über lange Zeit nicht gestellt und diskutiert wurden. Dies aber soll an dieser Stelle aus systematischen Gründen geschehen. Als Beispiel, an dem wir die Debatte aufnehmen, dient uns das Phänomen der Intersexualität.

Die Geschlechterklassifikation hat – zumindest zum Zeitpunkt der Geburt – unmittelbar, unumkehrbar und unzweideutig zu sein. Alles andere löst – vor allem auf Seiten der Eltern – heftige Irritationen aus, was zunächst durchaus verständlich ist. Welche Eltern wünschen sich nicht ein „normales" und „unversehrtes" Kind?

Was geschieht aber, wenn, wie in dem von uns als Exemplum gewählten Bereich, die Zuordnung zu einem Geschlecht auf dem gängigen Wege nicht ohne weiteres möglich ist oder auch nur leiser Zweifel an der „richtigen" Zuordnung geäußert wird? Und wie werden derartige Phänomene verstanden und bearbeitet?

Wie so oft in den Sozialwissenschaften wird in Studien zur Intersexualität der soziale Umgang mit der Abweichung von der statistischen Normalität zum Gegenstand der Untersuchung gemacht, um so die Art und Weise zu erhellen, was „Normalität" ausmacht und wie Menschen „Normalität" herstellen. Intersexualität wird im Folgenden in einem weiten Sinne verstanden, dass nämlich die oben genannten Kriterien in der einen oder anderen Weise nicht konvergieren. Neben den klassischen Hermaphroditismus, in dem sowohl männliche als auch weibliche Keimdrüsen aufweisbar und die Genitalien zweideutig ausgeformt sind, treten eine ganze Reihe weiterer Mischformen auf, die keine eindeutige Entscheidung zwischen männlich und weiblich zulassen, aber auch nicht zu einer dritten Gruppe zusammengefasst werden können, weil ihre Gemeinsamkeit im wesentlich darin besteht, von der Norm abzuweichen.[4] In diesem weiten Sinn, dass die Kriterien nicht konvergieren, hat es Fälle von Intersexualität „schon immer" gegeben und insofern ist Intersexualität ein „natürliches Phänomen".

---

[4] Vgl. dazu Hirschauer 1993, 69ff., Kessler 1990, 3ff.. Vor diesem Hintergrund ist es faktisch unmöglich, akkurate statistische Daten über die Häufigkeit von Intersexualität zu bekommen. Abweichungen in der Chromosomenstruktur sind nicht notwendig verbunden mit zweideutigen Genitalien, viele Fälle zweideutiger Genitalien zeigen keine chromosomale Abweichung. Wenn Statistiken angegeben werden, so schwankt die Zahl zwischen 2-3 Fällen pro 1000 Geburten.

Von seltenen Ausnahmen abgesehen, bedroht ihr Auftreten nicht das Leben der Neugeborenen, ist keine Krankheit und konnte zu früheren Zeiten und heute in medizinisch weniger entwickelten Gebieten auch nicht korrigiert werden. Die Kinder wuchsen in und mit der Uneindeutigkeit auf. Damit mussten sie und ihre Umwelt in irgendeiner Form einen Umgang finden.[5] Was aber geschieht heute in einer modernen Klinik, wenn die Zuordnung zu einem Geschlecht zum Zeitpunkt der Geburt nicht eindeutig erfolgen kann?

Susann Kessler hat in den 80er Jahren eine empirische Studie zum „Case Management of intersexed infants" durchgeführt, die auch heute nichts an Aktualität verloren hat. Darin hat sie mit verschiedenen medizinischen Expert/inn/en Interviews geführt, mit Genetikern, Endokrinologen, Kinderärzten, Psycho-Endokrinologen und Urologen. Alle hatten extensive klinische Erfahrung mit verschiedenen Intersex-Syndromen, einige waren international bekannte Forscher/innen im Feld der Intersexualität.

Ärzte und Ärztinnen nehmen in dem Prozess des „Case Managements" eine Schlüsselstellung ein, denn es ist vor allem der enorme Fortschritt von Operationstechniken und Endokrinologie, der ein solches Phänomen „managebar" gemacht hat. Sowie eine Geschlechterbestimmung nicht so eindeutig wie erwartet vollzogen werden kann, kommt die Medizin als *institutionelles System* ins Spiel. Eine gezielte Diagnose setzt in der Regel erst dann ein, wenn ein „Verdacht" vorliegt. In einem solchen Fall gilt es aus der Perspektive der Ärztinnen und Ärzte schnellstmöglich zu handeln: „One of the worst thing is to allow (the parents) to go ahead and give a name and tell everyone, and it turns out the child has to be raised in the opposite sex" (Kessler 1990, 10). Ein Verdacht entsteht i.d.R. nicht aus möglicherweise abweichenden Chromosomen, sondern dann, wenn keine eindeutige Identifizierung der Genitalien möglich ist. Nur in diesem Fall wird die Untersuchungsmaschinerie eingesetzt, werden Tests zum chromosomalen Geschlecht durchgeführt, zur Hormonbestimmung, zur Funktionsfähigkeit der Keimdrüsen etc. Als Ziel wird benannt, das „wirkliche Geschlecht" des Neugeborenen zu entdecken und dann, bei den übrigen Faktoren, nachzuhelfen, dass dieses „wirkliche Geschlecht" auch in den Genitalien seine Entsprechung findet. Faktisch aber gibt es kein „wirklicheres" Geschlecht als das, was durch die medizinische Behandlung letztendlich erzielt wird.

Ist ein Neugeborenes mit zweideutigen Genitalien genetisch weiblich (xx-Chromosom) erfolgt die Entscheidung in der Regel relativ rasch in dem Sinne, dass die Genitalien dem Chromosomen-Geschlecht angeglichen werden. Auch

---

[5] Sehr bekannt geworden ist die Studie von Michel Foucault 1978 über „Herculine Barbin", einen Hermaphroditen im 18. Jahrhundert (Schäffner/Vogl 1998) sowie – genereller – Foucault 1980.

hier gibt es freilich Ausnahmen.[6] Weist das Neugeborene jedoch ein y-Chromosom auf, ist es also chromosomal männlich, so dauert die Entscheidung länger, da zunächst getestet werden muss, inwieweit ein „Mikropenis" („Kliteropenis") auf Hormongaben (Testosteron) reagiert und so zu einer „normalen Größe" heranwachsen kann. Als Daumenregel im medizinischen Management gilt: „Genetic females should always be raised as females, preserving reproduction potential, regardless of how severely the patients are virilized. Is the genetic male, however, the gender of assignment is based on the infant's anatomy, predominantly the size of the phallus" (zit. nach Fausto-Sterling 1997, 387). Ärzte und Ärztinnen gehen bei diesen Entscheidungen also nicht davon aus, dass männliche Geschlechtszugehörigkeit sich durch genetische Merkmale (xy-Chromosomen) bestimmt und auch nicht durch die Fähigkeit der Hoden, Spermien auszubilden. Primär geht es um die „angemessene" *Größe* des Penis.[7]

Hintergrund für den Zwang zur einer schnellen Entscheidung, welches Geschlecht operativ herzustellen ist, ist die in der Medizin und auch in der Psychologie weitestgehend unbezweifelte Theorie, dass für die Bildung einer stabilen Geschlechtsidentität die Geschlechtszuweisung bis zum Alter von 18 Monaten abgeschlossen sein soll. Unterstellt ist bei allen an der Geburt Beteiligten (Hebammen, ärztliches Personal, Krankenschwestern und eben Mütter und Väter), dass eine klare Geschlechterbestimmung und korrekt geformte Genitalien bei dem Neugeborenen die Art der Interaktion determinieren, die die Eltern mit dem neugeborenen Kind aufnehmen, und dass mit der Benennung als Mädchen oder Junge auch der *Modus der Beziehungsgestaltung* spezifisch eingefärbt ist. Diese Theorie erzeugt im Falle eines genetisch männlichen Kindes für die Ärzte und Ärztinnen eine Reihe von Dilemmata, da viele der Tests mehrere Monate dauern und auch dann keine völlige Sicherheit erzeugt wird, ob die weitere Entwicklung

---

[6] Mit dieser ersten Operation ist die Behandlung nicht beendet, in der Regel ziehen sich Operationen und Hormonbehandlungen bis weit in die Adoleszenz hinein.

[7] Wenn nämlich, wie ausgeführt wurde, Geschlecht automatisch an die sichtbaren Genitalien gekoppelt wird und die Korrektur nach dem Motto erfolgt „good penis equals male; absence of good penis equals female" (Kessler 1990, 20), dann ist es eine interessante Frage, was geschieht, wenn ein Neugeborenes mit xx-Chromosomen und weiblichen Keimdrüsen einen perfekt geformten Penis aufweist – „eigentlich" würde den oben zitierten „Daumenregeln" zufolge das reproduktive Potential, also die Fähigkeit Kinder zu bekommen, den Ausschlag geben. Interessanterweise wird in den Interviews mit Ärztinnen und Ärzten die *Reaktion der Eltern* in den Vordergrund gestellt: Wie werden sie reagieren, wenn der augenscheinliche Sohn seinen Penis verliert? Die Argumentation ist hier jedoch nicht durchgängig, ob die reproduktive Funktion – also die Funktionsfähigkeit der Eierstöcke – im Vordergrund steht oder eben das Vorhandensein des Penis. S. Kessler hat in ihren Studien durchaus die Argumentation gefunden, dass es in diesem Fall sinnvoll ist, die weiblichen Ovarien zu entfernen und künstliche Hoden zu implantieren und dem „Jungen" dann in der weiteren Behandlung die entsprechenden Hormone zuzuführen (Kessler 1990, 18 f.).

des Kindes (des Penis) der so erstellten Prognose entspricht. Von den Ärzten und dem medizinischen Personal wird dabei faktisch unterstellt, dass die „gender identity", die Geschlechtsidentität *aller* Kinder – nicht nur derjenigen mit zweideutigen Genitalien – primär durch soziale Faktoren determiniert ist, dass Eltern, Verwandtschaft und Gemeinschaft über die Geschlechtszugehörigkeit und die Geschlechtsidentität bestimmen: „proper socialization becomes more important than genetics" (Fausto-Sterling 1997, 388).

Die Ärzte und Ärztinnen stehen in ihrer Entscheidung sowohl unter dem Druck der Eltern als auch unter dem Druck der von ihnen selbst betonten *sozialen* Unmöglichkeit, in einer uneindeutigen Geschlechtszugehörigkeit aufzuwachsen. Da diese Entscheidung nach wie vor im wesentlichen auf dem Kriterium des sichtbaren genitalen Dimorphismus beruht, männliche Geschlechtszugehörigkeit definiert ist als Besitz eines Penis „angemessener" Größe, werden Neugeborene mit zweideutigen Genitalien eher dem weiblichen Geschlecht zugeordnet, da die chirurgische Korrektur in Richtung einer Verweiblichung schneller und leichter durchführbar ist: „It is easier to poke a hole than to build a pole" (Fausto-Sterling 1997, 387). Einigen Ärzten stellt sich als Frage: „why do we all these tests if in the end we're going to make the decision simply on the basis of the appearance of the genitalia?" (Kessler 1990, 13).

Das Insistieren auf einem „good sized penis" als Voraussetzung für eine „normale" Entwicklung findet eine Begründung darin, dass es für Jungen unabdingbar ist, dass ihr Penis groß genug ist, um im Stehen zu pinkeln und ihnen erlaubt, „to feel normal", wenn sie in entsprechende Jungenspiele verwickelt sind. Die letzte, als entscheidend angesehene Prüfung aber besteht darin, dass die rekonstruierten Genitalien dann normal erwartbar funktionieren, wenn aus dem Kind ein erwachsener Mensch geworden ist: Bei Frauen sollen Vulva, Labia und Klitoris normal aussehen und die Vagina soll fähig sein, einen normalen Penis aufzunehmen. Für Männer gilt, dass der Penis auch dann, wenn er etwas kleiner ist, für den Mann und seine Partnerinnen „normal" im Sinne von „nicht weiter bemerkenswert ist" und den Vollzug heterosexuellen Geschlechtsverkehrs erlaubt. Der größtmögliche *Fehler* in diesem Kontext sei dann gegeben, wenn die Geschlechtszuweisung ein Individuum hervorgebracht hat, das unfähig ist, heterosexuellen (genitalen) Sex zu haben.

Obwohl die Ärztinnen und Ärzte ihre Entscheidung(en) immer wieder im Rückbezug auf die Erwartungen der Eltern begründen, ist für die Eltern selbst *kein Part* im Prozess der Geschlechterzuweisung vorgesehen. In der Interaktion mit ihnen (später auch mit den erwachsen gewordenen Patienten und Patientinnen) bemühen sich Ärzte und Ärztinnen um eine *Entdramatisierung* und *Normalisierung*. Begriffe wie abnormal, pathologisch, Hermaphroditismus u.ä. werden vermieden, stattdessen ist die Erklärung gebräuchlich, dass sexuelle Organe bei *jedem* Menschen verschieden sind und auch nicht in der gleichen Weise funktionieren. In den Gesprächen wird betont, dass es nicht notwendig sei heute Kinder zu bekommen, um eine Frau oder ein Mann zu sein, dass viele Menschen sich explizit dazu entscheiden, nicht Eltern zu werden. Als typische Reaktion wird die Erklärung eines klinischen Genetikers gegenüber einer Patientin zitiert: „You are female. Female is not determined by your genes. Lots of other things determine being a woman. You are a woman but you won't be able to have babies" (Kessler 1990, 22).

Was ist daran interessant?

Warum ist diese Studie nun interessant, was birgt sie an Ergebnissen jenseits einer Einsicht in den Umgang mit einem Problem, das, wie immer wieder betont wird, vergleichsweise selten auftritt? Das Interessante dieser Studie liegt vor allem darin, dass die Behandlung von Intersexualität auf einer Theorie beruht, nach der die Geschlechtsidentität *aller* Kinder als durch *soziale* Faktoren – Eltern, Verwandte, Gemeinschaft – determiniert angesehen wird. Im Falle von intersexuell geborenen Kindern wird mit den Eltern in einer Weise kommuniziert, dass ihnen mitgeteilt wird, dass Sozialisation und Erziehung entscheidend sind, die „richtige" Geschlechtsidentität auszubilden. Eben deshalb bedürfe es einer schnellen Entscheidung und frühen Festlegung, so dass man nicht abwarten könne, wie sich das Kind möglicherweise weiter entwickelt.

Im „Normalfall" jedoch, wenn die Genitalien des Neugeborenen eindeutig sind, wird weder geprüft, ob eine Übereinstimmung mit den anderen Geschlechtsbestimmungs-Merkmalen vorliegt, noch wird auch nur in Ansätzen darauf hingewiesen, dass Geschlechtsidentität eine Frage von Sozialisation und Erziehung ist – in *diesem* Fall gilt Geschlechtsidentität nicht als in Interaktion mit der sozialen Umwelt ausgebildet, sondern als biologisch vorgegeben („matter of biology" – Kessler 1990, 17).

Faktisch entsteht in den Interviews der Eindruck, dass entgegen der gegenüber Eltern und Betroffenen geäußerten Haltung die Ärztinnen und Ärzte das Auftreten von intersexuellen Genitalien ganz und gar *nicht* als „natürlich" betrachten. Die Notwendigkeit einer operationellen und hormonellen Korrektur wird zwar mit dem Druck aus der sozialen Umwelt begründet, da alle Beteiligten überzeugt sind, dass ein „normales Aufwachsen" unter solchen Umständen nicht möglich ist. Unter der Hand und ohne dass es ihnen bewusst wird, wird das natürliche, nicht-normative, einfache „Vorkommen" zweideutiger physischer Formen stets am Normativen gemessen, und in diesem Prozess wird die (soziale)

Norm zur „Natur" (Kessler 1990, 24). Ein Geschlecht „intersexuell" ist nicht vorgesehen. Auch im Zuge der öffentlichen Thematisierung wird auf „Eindeutigkeit", auf dem „wirklichen Geschlecht" insistiert. So berichtet eine amerikanische Autorin – Riki Wilkins – von einem Gespräch mit einem Fernsehproduzenten, der einen Intersexuellen interviewen möchte, dem chirurgisch das „falsche Geschlecht" zugeteilt worden sei:

> „Produzent: Wir suchen jemand, dem das falsche Geschlecht zugewiesen wurde und der dann dem falschen Geschlecht gemäß erzogen wurde, so wie John/Joan.
>
> Ich: Woher wissen wir, dass es das falsche Geschlecht war?
>
> Produzent: Wenn Sie eigentlich männlich waren, aber als weiblich eingeordnet wurden oder eigentlich weiblich und eingeordnet als männlich.
>
> Ich: Gut, aber was ist, wenn Sie eigentlich intersexuell waren?
>
> Produzent: Richtig, ich verstehe, was Sie meinen. Wir suchen aber jemand, der falsch eingeordnet wurde.
>
> Ich: Aber wenn Sie eigentlich intersexuell sind, ist jede Zuordnung eine falsche Zuordnung.
>
> Produzent: Okay, ich verstehe, was Sie meinen. Wirklich.
>
> Ich: Warum interviewen Sie nicht Cheryl Chase? Sie/er ist bekannt und sehr wortgewandt.
>
> Produzent: Cheryl wurde falsch eingeordnet?
>
> Ich: Ja. Sie/er wurde als Junge erzogen und entschied dann, dass sie/er ein Mädchen ist.
>
> Produzent: Dann ist sie eigentlich ein Mann?
>
> Ich: Nein, sie/er ist Cheryl.
>
> Produzent: Okay. Ich verstehe, wirklich. Aber sie ist eigentlich eine Frau, oder?
>
> Ich: Na ja, für mich sieht sie/er wie eine Frau aus, aber meinen Sie ihre Haare, ihre Hormone, ihre Chromosomen oder ihre Genitalien?
>
> Produzent: Naja. Ihr *wirkliches* Geschlecht.
>
> Ich: Cheryls wirkliches Geschlecht ist intersex.
>
> Produzent: Aha. Ich verstehe, ehrlich. Aber können Sie mir eine intersexuelle Person vermitteln, die falsch zugeordnet worden ist?" (Wilchins 2006, 92)

In diesem rekonstruierten Gespräch ist geradezu „mit Händen zu greifen", wie sehr im Alltagswissen die Übereinstimmung der verschiedenen Geschlechtsbestimmungsmerkmale in der binären Weise des entweder/oder als selbstverständlich unterstellt wird. Ärzte und Biologen wissen jedoch „im Prinzip", dass dieser strikte Dimorphismus sich durchaus nicht immer realisiert. Danach gefragt, ob es keine Alternative zu den langwierigen Behandlungsprozessen intersexueller Neugeborener gibt, geben Ärzte und Ärztinnen in der Regel an, dass sie „keine Wahl" haben, die medizinische Technologie im Dienste der Zweigeschlechtlichkeit einzusetzen, da der Druck der Eltern zu einer Lösung des Problems zu groß sei und auf das Kind eine zu problematische Zukunft zukomme. Das Interessante der Studie ist, dass trotz der offenkundigen Kontingenz weder Eltern noch Ärzte das als selbstverständlich gehaltene Wissen in dem Sinne problematisieren, dass „Geschlecht" eben nicht einfach gegeben ist, sondern in einem komplexen sozialen Prozess hervorgebracht wird. Es sind die Betroffenen selbst, die sich in den letzten Jahren zunehmend eine Stimme gaben, gegen den Zwang zur eindeutigen Zweiheit antreten und ein Recht auf „Anders-Sein" einklagen.[8]

Der Weg ins Leben – die Geburtsklassifikation – kann als geradezu paradigmatisch für die enge Verflechtung *und* die partielle Unabhängigkeit von Interaktion – Institution und (antizipierter) Biografie angesehen werden: Wird von den Beteiligten an einer Geburt (Mutter, Vater, ärztliches Personal, Hebammen) ein Problem hinsichtlich der geschlechtlichen Zuordnung des Neugeborenen festgestellt, so wird dieses Neugeborene automatisch zu einem „Fall" im beruflich-institutionellen Kontext der Medizin. Hier setzt eine in gewissem Sinne *selbstläufige Prozedur* ein, die in einer eindeutigen Geschlechtszuweisung mündet. Bei der Interaktion der Eltern untereinander, von Eltern und Ärzten, der Ärzte und der Eltern mit dem Neugeborenen, können durchaus Handlungsoptionen sichtbar werden, die nicht in den medizinischen Programmablauf passen. Vor allem in der Antizipation des zukünftigen Lebens in einer zweigeschlechtlichen Welt aber werden diese Optionen zurückgenommen, wird die Notwendigkeit einer eindeutigen Geschlechtszuweisung nicht länger bezweifelt. Keinen „normalen" biografischen Verlauf erwarten zu können – dieses Problem wird als so dramatisch angesehen, dass nahezu jede noch so aufwendige und schmerzhafte Prozedur zur Korrektur angemessen erscheint.

---

[8]   In Deutschland z.B. der Verein „Arbeitsgemeinschaft gegen Gewalt in der Pädiatrie und Gynäkologie": www.aggpg.de, in den Vereinigten Staaten: www.ISNA.org oder www.BodiesLike Ours.org .

3 Frühe Jahre, erste Schritte

3.1 Institution Familie – Interaktion in der Familie

Die Gattung Mensch ist, wie im Abschnitt zur „argumentativen Einstimmung" gezeigt, konstitutiv auf Sozialität verwiesen. Trifft die entwickelte These ihrer geringen biologischen Prädisposition, also grundsätzlicher Offenheit und damit gegebener Formungsnotwendigkeit zu, so muss sich dies in besonderer Weise an den nachwachsenden Generationen zeigen. Diese sind auf das Leben allgemein sowie spezifisch, (nämlich im jeweilig gegebenen sozialen Kontext) genetisch nicht vorbereitet, durchlaufen vielmehr unverzichtbar Prozesse der Sozialwerdung, des Hereinwachsens und zugleich der inneren Formung, die entsprechend als *Soziali*sation benannt werden.

Sozialisation vollzieht sich notwendig in sozialen Zusammenhängen und sozialem Austausch. Untersuchungen zu sogenannten „Wilden Kindern" dokumentieren dies ebenso wie etwa Hospitalismusforschungen in eindrucksvoller Weise anhand von andernfalls entstehenden Entwicklungshemmungen und Deformationen.

Form und Qualität

Zentraler Ort elementarer Sozialisation ist i.d.R. das, was wir „Familie" nennen. Auch hier sollen die Anführungsstriche die Selbstverständlichkeit einer alltagsweltlich eingespielten Kategorie relativieren und im Kontrast dazu auf die Vielfalt der potentiell mit ihr zu bezeichnenden Phänomene aufmerksam machen. Wir wissen nämlich ebenso selbstverständlich, dass „Familie" im historischen Verlauf, im interkulturellen Vergleich und auch in der Gleichzeitigkeit der aktuellen intragesellschaftlichen Situation sehr unterschiedliche Formen, Funktionen und Qualitäten haben kann.[1] Die durchaus moderne Bestimmung als „Gemeinschaft der in einem gesetzlichen Eheverhältnis lebenden Eltern und ihrer Kinder" (Duden 1994, zitiert nach Kortendiek 2004, 384) etwa reicht heute nicht mehr aus, um die Mannigfaltigkeit der Formen zu erfassen, die inzwischen als „Familie" gelebt werden und weithin akzeptiert sind. Stattdessen hat sich in vielen Bereichen eine Minimaldefinition durchgesetzt, die Familie als „intergeneratio-

---

[1]   Vgl. insbesondere zur kulturellen Variabilität anschaulich Wagner (2003).

neller Zusammenhang von mindestens einer Elternperson und einem Kind, die in
einem gemeinsamen Haushalt leben" (BMFSFJ 1999, 28) bestimmt.

Dennoch wird immer noch häufig von der äußeren Gestalt der Familie auf
die „Qualität" ihrer sozialen Beziehungen, etwa deren „Eignung" als Sozialisationskontext geschlossen. Als Bezugspunkt dient dabei eine Normalform von
Familie, die für eine historisch relativ kurze Periode vorherrschte bzw. weitgehend konsensuell zur Norm gemacht wurde. Das aber ist durchaus problematisch
und zeugt u. U. von Verunsicherungen angesichts sozialen Wandels, die ein
Festhalten an idealisierten sozialen Formen der Vergangenheit motiviert, in der
der familiale Zusammenhalt stärker institutionell abgesichert zu sein und die
Form allein bereits die Qualitäten zu sichern schienen. Davon allerdings kann
weder in systematischer Betrachtungsweise noch empirisch basiert ohne weiteres
ausgegangen werden.

Erosionen des Modells der „Normalfamilie" lassen sich dabei, wie bereits
angedeutet, durchaus konstatieren[2]. Diese drücken sich etwa aus in sinkender
Heiratsbereitschaft, steigenden Scheidungsziffern, einem wachsenden Anteil an
unvollständigen Familien, Fortsetzungsfamilien, Stieffamilien oder Alleinerzie-
henden. Trotzdem stellen Familienforscher weiterhin eine starke Familienorientierung fest. Ehe und Familie werden danach auch heute noch hoch bewertet und
als zentrales Lebensmodell und -Ziel bestimmt. Eine „Krisenerfahrung" trete vor
allem deshalb auf, weil insbesondere in den 60er Jahren des vergangenen Jahrhunderts die Situation der Familie bzw. die normativen Modelle für diese unge-
wöhnlich homogen gewesen seien.

Ein aktueller Familienbericht (Sachverständigenkommission im Auftrag des
BMFSFJ 2005) verzichtet daher auf eine von der Form ausgehende Definition
und bezeichnet Familie sehr offen als „Institution und alltägliche Lebensform".
War das „gesetzliche Eheverhältnis" nicht zuletzt und explizit auf die Zweigeschlechtlichkeit der Partner ausgerichtet, so ändert sich damit das Grundverständnis von Familie in zweifacher Weise. Anders als mit den herkömmlichen
Rollenmustern, in denen Paarbeziehung (Gattenfamilie) und Elternschaft in
geschlechterdifferenter Weise auf das engste verkoppelt waren, werden nunmehr
die Modelle für die Paarbeziehung pluralisiert und diese in ihrem Stellenwert für
Familie zugleich relativiert. In den Vordergrund rücken die Elternschaft und
darin die Solidarität zwischen den Generationen sowie die Bedeutung von kommunikativer Interaktion, Bindungen und Gefühlen.[3] Weniger die Formen – aktu-

---

[2]   Im Überblick: Kaufmann 1995, Beck-Gernsheim 1998, Nave-Herz 2004.
[3]   Unter dem Aspekt der *Institution* werden dort vor allem die *gesellschaftlichen Funktionen* thematisiert, die als „Produktion gemeinsamer Güter" wie etwa die Bildung von Humanvermögen,
die Fürsorge für Kinder, Alte und andere Erwachsenen ohne Erwartungen von Gegenleistungen
etc (ebd. 9), angesprochen werden. Von den institutionellen Funktionen zunächst *unterschieden*

ell reicht deren Spektrum von der „Polarisierung" der Geschlechter im Modell des traditionellen Ehepaars über verschiedene Ausprägungen von „Einelternfamilien" bis hin zur gleichgeschlechtlichen Elternschaft[4] – als die (Beziehungs-) *Qualitäten* von Familie werden zum normativem Maßstab. Damit schwächt sich auch der Stellenwert der Geschlechtermodelle ab, die für deren oben skizzierte „Normalform" konstitutiv waren und zugleich durch diese hergestellt und gestützt wurden. Beide genannten Prozesse verlaufen dabei offenbar zunehmend parallel[5].

Familie wird auf diese Weise vor allem zu einem „auf Kinder spezialisierten Lebenszusammenhang" (Kaufmann 1995, 27). Sowohl für die Eltern als auch für die soziale Umgebung sind Kinder das zentrale Kriterium für die „Identifizierung" als Familie. Familien sind damit umgekehrt gesehen der maßgebliche gesellschaftliche Ort für das Aufwachsen und die Sozialisation von Kindern insbesondere in den frühen Lebensphasen. Sieht man von Ausnahmen ab, wie sie von uns etwa im ersten Kapitel dargestellt wurden, so ist die Familie der erste und wichtigste soziale Zusammenhang, in dem sich elementare sozialisatorische

---

werden mit der „Familie als alltäglicher Lebensform" die privaten, gefühlsbestimmten familialen Beziehungen, um dann in einem zweiten Schritt zu zeigen, wie eng der Zusammenhang zwischen den privaten Aspekten von Familie und der „Produktion von gemeinsamen Gütern" ist. Sinn der Unterscheidung ist, dass familienpolitische Maßnahmen sich nicht allein an den institutionellen Funktionen orientieren dürfen, sondern auch die gesellschaftlichen Voraussetzungen in den Blick nehmen müssen, die notwendig sind, damit Individuen bereit sind, Verantwortlichkeit auf der Basis personaler und privater Bindungen zu übernehmen, es sich auch bei dieser Bereitschaft um „begrenzte Ressourcen" handele (Sachverständigenkommission im Auftrag des BMFSFJ 2005, 10). Die Verknüpfung institutioneller Funktionen mit den höchst privaten Gefühlswelten erzeugt aktuell auf unterschiedlichen Ebenen erhebliche Probleme, da sich private Gefühle bei den selben Personen über die biografische Zeit verändern, durch positive und negative Erfahrungen geprägt werden. Anders formuliert: Wenn Gefühle sich verändern, verändern sich die Beziehungen in der Familie (und umgekehrt). Dies drückt sich vor dem Hintergrund pluralisierter Lebensmodelle nicht zuletzt in den Schwierigkeiten aus, Paarbeziehung(en) und Elternschaft(en) in einer alltagsfesten und dauerhaften sozialen Form als Familie zu integrieren (vgl. dazu auch Kap. 10).

[4] Der Anteil gleichgeschlechtlicher Eltern ist statistisch gesehen vergleichsweise gering, nicht zuletzt, weil in Deutschland gleichgeschlechtlichen Paaren eine Adoption von Kindern verwehrt ist. Nach Daten des Mikrozensus wurden „2005 (...) im früheren Bundesgebiet vier von fünf (81%) der 12,0 Millionen minderjährigen Kindern bei einem Ehepaar groß. Jedes siebte Kind (14%) wuchs bei einem allein erziehenden Elternteil auf und jedes 20. Kind (5%) lebte in einer – nichtehelichen oder gleichgeschlechtlichen – Lebensgemeinschaft. In den neuen Ländern wuchsen lediglich rund drei von fünf (62%) der 2,4 Millionen minderjährigen Kinder bei Ehepaaren auf; gut jedes fünfte Kind (22%) wuchs bei seiner allein erziehenden Mutter oder seinem allein erziehenden Vater heran; rund jedes sechste Kind (16%) bei einer Lebensgemeinschaft." (Statistisches Bundesamt 2006b, 50, Punkt 4.2: Kinder).

[5] Da wir an späterer Stelle (im Kap. 8 und 10) noch ausführlich auf diese Institution, aktuelle Entwicklungen und Veränderungen eingehen werden, sollen an dieser Stelle lediglich einige für das Verständnis der frühen Kindheit wichtige Aspekte angesprochen werden.

Interaktionen und Beziehungen realisieren. Gerade dieser aber ist – wenn auch wie angedeutet in unterschiedlichem Ausmaß – unübersehbar auch weiterhin geschlechterdifferenziert aufgebaut und -differenzierend angelegt. Schon der Blick auf und die Interaktion mit Neugeborene(n) etwa aktualisiert zumeist neben einer Bezugnahme auf den Typus „Baby" sehr schnell auch ein typisierendes Ordnungsmuster Geschlecht: „Es ist ein…"[6].

Geschlechterdifferenzierende Sozialisation

Die auf die biologische Geschlechtszugehörigkeit mehr oder (meist) weniger bewusst Bezug nehmenden alltäglichen Umgangspraktiken und expliziten Sozialisationsstile verstehen sich zunächst einmal als den Besonderheiten des Kindes, hier: seinen unterstellten Geschlechtseigentümlichkeiten, angepasst und angemessen. „Jungen/Mädchen sind so, brauchen das." Nur eine solche Sozialisation, die von einer vorgängigen Geschlechterdifferenz dezidiert ausgeht, kann im strengen Wortsinn dann als „geschlechts*spezifische*" bezeichnet werden. Sie richtet sich aus auf unterstellte biologische Spezifika und verhält sich entsprechend „adäquat".

Tatsächlich hat sich in der öffentlichen wie der fachlichen Diskussion allerdings ein anderes Verständnis des Begriffs eingebürgert. Hier gelten Sozialisationsweisen als „geschlechtsspezifisch", durch deren Einwirkung bzw. in deren Folge vor dem Hintergrund eines biologischen Geschlechts erst der soziale Geschlechtscharakter entstehe. Solche Unterscheidungen operieren inzwischen meist mit dem Begriffspaar von Sex und Gender. Genau genommen beschreiben sie Sozialisationsfolgen als Ergebnis einer „selbsterfüllenden Prophezeiung": Geschlecht bzw. die Geschlechtsspezifika werden als *Ausgangspunkt* eines Prozesses gesetzt, der sie genau betrachtet erst herstellt. Damit wird eben jener Prozess als bedingt „erklärt", den es selbst in seinen Differenz herstellenden Effekten erst zu analysieren gilt. Aus diesem Grund wird von uns auch vorgeschlagen, in solchen Argumentationszusammenhängen nicht von geschlechtsspezifischer sondern von *geschlechterdifferenzierender Sozialisation* zu sprechen.

Obwohl der Topos wie die Denkfigur der „geschlechtsspezifischen Sozialisation" in den vergangenen dreißig Jahren vielfacher Kritik unterzogen wurden (Hagemann-White 1984, Gildemeister 1989, Bilden 1991) haben sie sich insbesondere im alltagsweltlichen Denken in hohem Maße verfestigt: Neben und ge-

---

6   Dafür ist das Beispiel von „Baby x" klassisch geworden; es beruht auf einem Experiment, in dem Personen ein Video mit einem schreienden Säugling gezeigt wird. Einmal wird den Personen gesagt, es handele sich um ein Mädchen, ein anderes Mal, es handele sich um einen Jungen (Literatur in Bilden 1991, Trautner 2006).

paart mit der Annahme unterschiedlicher genetischer Ausstattung sind sie zur gängigsten und leichtgängigen Formel geworden, wenn es darum geht zu erklären, warum Frauen und Männer „verschieden" sind.

Solches Denken bemüht dabei oft vereinfachende Wirkungs- und Kausalitätsvermutungen, fußt auf der Unterstellung, es gebe eine oder mehrere spezifisch identifizierbare „Ursache(n)" für vermutete oder zu einem bestimmten Zeitpunkt beobachtete Geschlechterdifferenzen. Diese gelten ihm dabei als Effekte sozialisatorischen Handelns. Aus heutiger Sicht lässt es sich strukturell als ein zu eng gefasstes, tendenziell recht mechanisches, unilineares (Kelle 2006) und darin reduktionistisches Verständnis von Sozialisation und Erziehung verstehen.

Inhaltlich wurde der Umstand, dass sich für Eltern, Verwandschaft und soziale Nahwelt mit der Geburt eines Mädchens oder eines Jungen unterschiedliche Erwartungen, Gefühle und Vorstellungen verbinden, häufig so interpretiert, dass Mädchen bzw. Frauen ein *Opfer von Erziehung* seien. Diese Ausrichtung haben etwa und vor allem viele Publikationen der 70er und 80er Jahre des vergangenen Jahrhunderts. In den 70er Jahren war diese Haltung verbreitetes Programm. Sie implizierte eine Anklage und eine politische Kampfansage, die von Ursula Scheu in einem sehr populär gewordenen Titel formuliert wurde, der lautete: „Wir werden nicht als Mädchen geboren – wir werden dazu gemacht" (Scheu 1977). Kinder werden in dieser Sichtweise von Geburt an systematisch in eine „Geschlechtsrolle" gedrängt und dieser Vorgang wiederum reproduziere kontinuierlich die Herrschaft von Männern über Frauen.

Es gehört nicht zuletzt zu den Folgen des Changierens wichtiger Teile der damaligen Geschlechterdiskussion zwischen dem Argumentationsduktus einer sozialen Bewegung und demjenigen wissenschaftlich kritischer Analyse, dass Geschlechterdifferenzen darin einerseits als sozial konstituiert resp. reproduziert und damit veränder- und politisierbar verstanden, zugleich aber auch und gerade in diesem Kontext, z.B. im Sinne einer „Identitätspolitik", immer wieder als solche neu beschworen wurden. Und dies geschah, ganz abgesehen von frühen (konstruktivistischen) Gegenargumenten[7], trotz dem widersprechender empirischer Evidenzen. Die heterogenen Argumentationen gerieten bisweilen sogar wieder essentialistisch, obgleich sich bereits damals etwa zeigen ließ, dass ein einfaches, kontrastives Differenzmodell von Geschlecht den empirischen Varianzen in den meisten der jeweils untersuchten Dimensionen nicht gerecht wird Bei fast jedem untersuchten Verhaltensmerkmal sind die Unterschiede *innerhalb*

---

[7] So kann man schon bei Hedwig Dohm (1874) nachlesen, dass sie sehr nachdrücklich gegen eine „Versämtlichung" der Frauen anschrieb und in der „Versämtlichung" einen zentralen Machtmechanismus identifizierte. Das sind konstruktivistische Argumente, ohne dass sich die Autorin selber so verortete bzw. verorten konnte.

einer Geschlechtsgruppe *größer* als die der jeweiligen Durchschnittswerte zwischen diesen (Bischof 1980, Nunner-Winkler 2001, 269). Die betonten und popularisierten Unterschiede sind so gesehen teilweise Artefakte, Ergebnisse der Differenzierung selbst: Sie resultieren vielfach vor allem daraus, dass i.d.R. vor allem die Geschlechtergruppen gegeneinander verglichen, Varianzen innerhalb derselben hingegen weitaus seltener in die Untersuchung einbezogen werden.

„Wir behandeln unsere Kinder völlig gleich"

Nicht zuletzt wohl durch die öffentliche Thematisierung von Geschlechterfragen sensibilisiert äußern Eltern, insbesondere solche aus Bildungsmilieus, auch in wissenschaftlichen Untersuchungen häufig die Einstellung, heute bzw. ihnen selbst sei die Geschlechtszugehörigkeit ihres Kindes „nicht wichtig", „Hauptsache es ist gesund". Nach eigener Einschätzung erziehen sie ihre Kinder zudem „völlig gleich". Solche Äußerungen finden in vielen Untersuchungen zur „geschlechtsspezifischen Erziehung" durchaus Entsprechungen: Viele Eltern behandeln Mädchen und Jungen in mancherlei Hinsicht tatsächlich und weitreichend „gleich", etwa in Bezug auf das ihnen entgegengebrachte Verständnis, Wärme oder Leistungsanforderungen (vgl. bereits Hagemann-White 1984, Nunner-Winkler 2001, 276).

Daneben bestehen aber auch heute noch – wiederum stark milieuabhängig und auch hier in inzwischen recht unterschiedlicher Ausprägung – explizit geschlechterdifferenziert angelegte Erziehungsziele als Vorstellungen von „guten Ergebnissen" einer „gelungenen Sozialisation". Auch öffentlich, etwa in vielen gängigen Erziehungsratgebern, werden Eltern weiterhin darauf hin orientiert, sich an etablierten Standards und Modellen auszurichten und entsprechende soziale Normierungen zu vermitteln, um Kinder so erst „gesellschaftsfähig" zu machen. Auf der anderen Seite allerdings wird ihnen auch hier zunehmend abverlangt, die Individualität des Kindes zu respektieren und zu fördern. In der Tendenz aber *relativiert* Individualisierung normativierte Standardisierungen, verlagert sie Teile des Auftrags der Formenbildung (und damit auch personaler und sozialer Integration) auf die Ebene der Einzelnen als soziale Personen. Damit kann sie u.a. auch zu einer Erosion von Geschlechterstereotypen beitragen. In der Folge kennen und beachten gerade auch im Bereich der Erziehung die Beteiligten (Eltern, Erziehende wie die Kinder selbst) zwar die gegebenen sozialen Typologien als „Bezugsgrößen im Hintergrund", aber sie wissen ebenso um die vielfältigen „Ausnahmen" und Modulierungschancen. Auf der Basis so differenzierten Wissens kennen, verstehen und entwerfen sie das Kind bzw. dieses sich selbst auch als *Besonderes* und balancieren dabei zwischen den bezeichneten Polen. Gleichzeitig ist der Rückgriff auch auf etablierte soziale Typik jeder-zeit und in fast jeder Situation möglich. Geschieht all dies, wie meist, weitge-hend unreflektiert, tritt nicht selten Überraschung, bisweilen Unverständnis auf über die „Entstehung von etwas Neuem": „Die Kinder sind doch deutlich an-ders".

Sehen wir nun bei der zuerst genannten Gruppe ebenfalls etwas genauer hin, dann wird, umgekehrt zur zuletzt beschriebenen Tendenz, deutlich, dass und wie auch die in der beschriebenen Weise „neutralisierend" orientierten und handeln-den Eltern sich der gesellschaftlich nahezu allgegenwärtigen Geschlechterdiffe-renzierung nur schwer gänzlich entziehen können. Und viele *dieser* Eltern sind entsprechend überrascht, dass und wenn ihre Kinder „wie von selbst" doch zu durchaus auch als typisch verstehbaren Vertreterinnen und Vertretern ihres je-weiligen Geschlechts geworden zu sein scheinen, gemildert im Modus „typischer Individuen".

Ein von der bunten Seite einer Lokalzeitung stammender Artikel mag die darin sich ausdrückende Tücke der Thematik zunächst anekdotisch illustrieren. In diesem wird die „im siebten Monat schwangere" Filmemacherin Sophia Cop-pola, die aller Voraussicht nach ein Mädchen erwarte und sich darüber freue, eine Tochter zu bekommen, wie folgt zitiert: „All diese kleinen Kleidchen. Ich habe versucht, offen für beide Geschlechter zu sein, aber es macht so viel Spaß, dieses kleine Mädchenzeug (...)" (Sächsische Zeitung 21.10.06). Auch wenn der Künstlerin die Wirkungen ihrer Bilder und Präferenzen reflexiv zugänglich sind, so demonstriert das Beispiel neben dem ihm impliziten Hinweis auf die Mehr-schichtigkeit und Subtilität der von uns angesprochenen Prozesse vor allem de-ren meist ungesehene Hintergründe.

Denn Sozialisation realisiert sich in der aktiven Teilhabe an kommunikati-ven Interaktionen. Sie ist dabei überwiegend *kein* explizit herausgehobener Teil. Interaktionen aber finden nicht voraussetzungslos und freischwebend statt. Sie vollziehen sich in sozialen Kontexten, in Rahmen, wie etwa demjenigen der Institution Familie. Solche Rahmen stellen eine gemeinsame Plattform her, bie-ten Orientierungen und fordern inhaltliche und gegenständliche Füllungen kon-kreter Situationen praktischen und kommunikativen Miteinander-Handelns. Zugleich verweisen sie auf Regeln, seien es basale (solche des sozialen Handelns allgemein, etwa die Regeln des Sprecherwechsels im Gespräch) oder spezifizier-te (etwa die Institution und die besondere Situation betreffend: Eine Familie (1) feiert den Geburtstag (2) eines Elternteils (3)).

Die Verfügung aller Beteiligten über derartige Regeln sowie geteilte Orien-tierungen sind wichtige Voraussetzungen gelingenden sozialen Handelns. Um-gekehrt gesehen stellen sie eine Hilfe dar gegen Unklarheit und Unterbestimmt-heit in Handlungssituationen bzw. bei der Lösung von situativen Krisen. Sind sie

hinreichend gewiss und haben sie die Qualität des Selbstverständlichen, ermöglichen sie Routine, entlasten sie etwa von chronischen Entscheidungs- und Klä-
rungszwängen, der Permanenz von „Kontingenz".

Eine unentschiedene, unterbestimmte Offenheit auf Dauer lähmt, destabili-
siert und desorientiert die Beteiligten, zuallererst die Kinder. Eine stabile lebensweltliche Fundierung hingegen gilt als eine der Voraussetzungen gelingen-
der Sozialisation. Genau mit dieser Polarisierung aber lässt sich das widersprüchlich aufgebaute Spannungsfeld beschreiben, in das Familien geraten können,
wenn sie die alltagsweltliche Stabilität mit sozialem Wandel zu verbinden haben
bzw. zu verbinden versuchen. Ihre Orientierungs-, Handlungs- und Beziehungsmuster geraten strukturell in eine paradoxe, nicht ohne weiteres auflösbare Konstellation zwischen Selbstverständlichem und Neuem, Offenheit und Stabilität. So
gesehen befinden sich beide oben lediglich zur Verdeutlichung als „Typen" ge-
genübergestellten Haltungen zur Sozialisation (die der „Traditionellen" und die
der „Gleichheitsorientierten") im gleichen Grenzland sozialer Veränderungen.

Verstärkt werden die darin entstehenden Spannungen dadurch, dass lebensweltliche Kategorien affektiv stark gebunden und motivational verankert sind,
bezeichnen und konstituieren sie doch den Ort des eigenen Lebens und dessen
gesuchte Qualität der „natürlichen Selbstverständlichkeit" bis hinein in Identi-
tätskonstruktionen, das eigene Selbstverständnis[8]. Affekte, Emotionen, Gefühle
aber sind in jedem Fall Körperkorrelate. Sie binden die *Körperlichkeit des Lebens* ein in *soziale Prozesse* und diese *reziprok* in den Körper etwa als Praktiken
der Bezugnahme (z.B. Umarmen) oder im Sinne von Wahrnehmungs- und Kate-
gorisierungsangeboten an die Person für deren je eigene Leiblichkeit. In diesem
Sinne stellen sie sich als Strukturierung(-shilfe) einer wichtigen Dimension der
Selbstbezüglichkeit dar: Ich bin/erlebe mich als schön und gesund und Frau.
Nicht zuletzt deshalb wird die Geschlechterfrage (als zentrale Chiffre für die
Körperlichkeit des Sozialen) auch als so zentral empfunden, obwohl sie dies
eigentlich nicht ist.

---

[8] Vgl. dazu die entsprechende phänomenologische Diskussion insbes. seit Merleau-Ponty, für den
    vorreflexive Wahrnehmung ein leiblicher Akt war, in dem „kognitives Erkennen und Empfinden
    eine Einheit bilden" (Gugutzer 2002, 80). Vorreflexive Wahrnehmung ist allerdings nicht als
    „unmittelbar gegebene" misszuverstehen, wie dies gerade im Hinblick auf „den" Leib, „das" Ge-
    schlecht oder „die" Sexualität vielfach anzuklingen scheint. So gesehen sind viele Grundlagen-
    theoretiker der Soziologie, geht es um diese Bereiche, oftmals nicht auf der Höhe ihrer eigenen
    Theorie, wenn Sie etwa von einer biologisch unmittelbaren und einer sozial geformten Sexualität
    sprechen. Die erste kann es aus den oben entwickelten Gründen und empirisch belegbar nicht
    geben: Sowohl die Wilden Kinder wie experimentell „hospitalisierte" Rhesusaffen (Spitz 1976)
    zeigen keinerlei sexuelles Verhalten, weil, so könnten wir sagen, sie an keinem sozial kommuni-
    kativen Strukturierungsraum auch für diesen Bereich ihres Lebens teilhatten.

Das Gefühl (!) von Verankerung, Zugehörigkeit, Anerkennung, die Sicherheit der Orientierung und Gewissheit alltagsweltlichen Wissens, das weitgehend selbstverständliche Gelingen von Handeln, Interaktion und Kommunikation, die Wahrnehmung von Konsistenz und Kontinuität der eigenen Person, ein i.d.R. ohne Überforderung ausbalancierbares Selbstkonzept u.ä.m. bezeichnen Dimensionen und Facetten des damit gemeinten *Verbundenseins* von Emotion, Orientierung und Sozialität.

In die mit diesen Hinweisen nur grob skizzierten aber zentralen Dimensionen sozialen Handelns gleichsam eingewoben finden wir nun nicht zuletzt auch *unausgesprochene* aber dennoch Handlungen anleitende und motivierende, mit dem Geschlecht verbundene Bilder, Wahrnehmungen, Erwartungen, Handlungstypen, Regelsysteme und Strukturierungen. Oft bereits vor der Geburt, spätestens aber vom Tag der Geburt an wird in der Familie i.d.R. bereits über die Namensgebung, die Form der Geburtsanzeige, Babyausstattung etc. eine vergeschlechtlichte Welt für die Neugeborenen geschaffen. Solche Muster, Praktiken wie spezifischen Gehalte speisen sich im Falle der Sozialisation vor allem auch daraus, dass sie ihrerseits mit dem Bezugsrahmen der Familie in eine im gegebenen und vorherrschenden Grundverständnis geschlechterdifferent und -differenzierend aufgebaute Institution eingebunden sind. Sie prägen deren Alltag mit und werden dort auf diese Weise zugleich und kontinuierlich, praktisch und kommunikativ lebendig erhalten, reproduziert sowie weiter entwickelt, modifiziert oder verändert. Nicht zuletzt aus diesem Grund aber trägt auch der Versuch der geschlechtsneutrale(re)n Sozialisation gerade in der Institution „Familie" stets *Spuren* der Geschlechterdifferenzierung, auch wenn explizit keine diesbezügliche Erziehungsabsicht besteht und die Eltern sich etwa als gleichberechtigt partnerschaftliche verstehen. Gleiches gilt in umgekehrter Sichtweise für die traditionelle Orientierung, die sich dem Druck gesellschaftlicher Modernisierungsschübe kaum entziehen kann.

Denn ein großer Teil der Sozialisation geschieht zum einen i.d.R. gleichsam absichtslos, „latent" oder besser: implizit. Geschlechterdifferenzierungen werden, wie gezeigt, subtil, etwa in soziale Situationen konstituierenden *Regelsystemen*, alltäglichen *Praktiken* oder selbstverständlichem, wenig expliziertem *Alltagswissen* transportiert, die beide zudem deshalb besonders prägend sind, weil sie in einem engen Bezug auch zu *emotionalen Mustern* und Logiken, „Grammatiken der Gefühle" stehen. Zugleich und zum anderen können derartige Vorgaben und alltägliche Handlungssituationen nicht völlig gegenüber externen sozialen Einflüssen wie einem sozialen Wandel geschlossen gehalten werden. Sie lassen sich auch nicht beliebig und voluntaristisch verändern, soll der Bezug zur sozialen Umwelt der Familie und ihre soziale Integration nicht gefährdet werden.

„Doing child"

Skizziert man den genannten Zusammenhang in dieser Weise als rekursiven, im Falle von Entwicklungen spiralförmigen Prozess und nutzt man dazu die von uns gewählte fachliche Perspektive, dann verändert sich schließlich auch unser Bild auf Sozialisation entscheidend. Diese kann nicht länger als ein Prozess der Formung im Sinne einer unilinearen Prägung (Kelle 2006) verstanden werden. Und auch die Betonung der aktiven Beteiligung der „zu Sozialisierenden" greift zu kurz. Vielmehr konstituiert *der Rahmen* „Sozialisation und Familie" eine Bezugsgröße für das gemeinsame Handeln, auf die *alle* Beteiligten in gleichem Ausmaß ausgerichtet sind. In der Realisierung dieses Rahmens sind sie *alle*, auch die Kinder, sowohl als Mitkonstrukteure als auch als entsprechend „Sozialisierte" zu verstehen. *Gemeinsam* bauen die Beteiligten, auch das Kind, praktisch, kommunikativ, aufeinander bezogen und emotional verbunden „Familie" als einen auf Sozialisation gerichteten bzw. zumeist latent sozialisierenden sozialen Raum. Es entstehen alltägliche Strukturierungstypen und Handlungspraktiken eines „Doing Child", in denen – explizit wie implizit – vordergründig zwar vor allem das Kind als „zu Sozialisierendes und zu Erziehendes" entworfen wird, das aber alle Beteiligten einbezieht und beeinflusst: Die Eltern verhalten sich als und werden zu Eltern, guten, schlechten, Raben-, (...) Müttern, anwesenden, abwesenden (...)Vätern etc.

Auf allen genannten Ebenen aber fließen dabei, wie gezeigt, vorgängige Definitionen, Formbestimmungen und *Metaphern von Geschlechtlichkeit* ein. Diese sind Vorgaben wie Ergebnisse von nicht notwendig entsprechend wahrgenommenen und kategorisierten Praktiken der Geschlechterdifferenzierung. So gesehen ist „Doing Child" immer auch ein *„Doing Gender"*. Damit aber lässt sich ein prekäres Feld mehrschichtiger und tiefgreifender gesellschaftlicher Umbrüche, Re- und Neukonstruktionen kennzeichnen: Ebenso deutlich – und für viele bisweilen irritierend – wie sich die Geschlechterkonstrukte und -verhältnisse wandeln, lassen sich sowohl in den Familien wie in weiten Bereichen der Erziehung, der Sozialisationspraktiken und -Konzepte Veränderungen und Verunsicherungen konstatieren.

Solche Prozesse werden häufig und an prominenter Stelle öffentlich thematisiert. In vielen Details verlaufen sie allerdings *hinter* dem Rücken der Beteiligten, erscheinen sie als unspektakulär. Die angesprochenen Effekte stellen sich zuweilen subtil ein, werden etwa als Probleme des Alltags erlebt und entsprechend eingeordnet. Dort vor allem aber liegt mit Blick auf unsere Thematik eine entscheidende Basis für Konstanz wie Veränderungen. Genau aus diesem Grund wählen wir im Folgenden weitere verdeutlichende Beispiele, die z.T. auf den ersten Blick banal wirken mögen. So illustrieren wir zunächst den oben entwickelten Aspekt der Resistenzpotentiale latenter geschlechterstereotyper Orientierungen gegenüber sozialem Wandel am Beispiel der Namensgebung.

Nomen est omen: „Wie soll es heißen?"

Wie soll es heißen, wenn es ein Junge, wie, wenn es ein Mädchen ist? Um ein Mensch zu werden, braucht das Baby, wie wir im ersten Kapitel gesehen haben, ein Geschlecht. Aus dem Pronomen „es" wird sogleich ein „sie" und ein „er". Diese Zuordnung erfolgt deutlich und zumeist unzweideutig in der Namensgebung. Wenn in dem im vorigen Kapitel zitierten Interview ein Arzt sagt, das „Schlimmste", das im Falle eines Verdachts auf Uneindeutigkeit der Geschlechtszuweisung passieren könne, liege darin, dass Eltern dem Kind einen Namen geben und diesen ihren Verwandten und Freunden mitteilen (vgl. S. 12), so weist er damit implizit darauf hin, dass Namensgebung und Geschlechterklassifikationen faktisch ineinander fallen.

Die Namensgebung ist dabei keineswegs lediglich eine individualisierende Einfärbung einer ansonsten sachlichen Kategorisierung objektiver Sachverhalte. Vielmehr bedeutet sie in der Regel einen auch emotional stark besetzten Akt. Eltern geben ihren Kindern Namen, die ihnen gefallen und mit denen sie mehr oder weniger explizit etwas verbinden, diffuse Assoziationen, Bilder, Erwartungen, Hoffnungen und weitere Komponenten eines in die Zukunft des Kindes gerichteten Entwurfs.

Scheinbar ins individuelle Belieben gestellt, zeigen die Ergebnisse der Prozesse der Namensgebung sowohl in der historischen Dimension als auch in Bezug auf Spezifizierungen der Geschlechterdifferenz deutliche soziale Muster. In der Bundesrepublik Deutschland ist qua Gesetzgebung festgelegt, dass die Geschlechtszugehörigkeit über den Vornamen eindeutig zu erkennen sein soll. In anderen Ländern – etwa den Vereinigten Staaten – ist das anders, hier können auch Namen erfunden werden, Namen die nicht geschlechtseindeutig sein müssen. In der vergleichenden Studie von J. Gerhards (2003) zeigt sich jedoch, dass davon kaum Gebrauch gemacht wird und die Fähigkeit, Namen als „weiblich" oder „männlich" einzuschätzen, zwischen den beiden Ländern kaum differiert.

Gängige Namen, in Deutschland etwa Alexander und Sebastian, Julia und Sabine, sind fest mit einem Geschlecht assoziiert, ganz unabhängig davon, ob der Prozess der Namensgebung rechtlich geregelt ist oder nicht. Bei neu erfundenen Namen gilt das „eigentlich" nicht: In der angesprochenen Untersuchung zeigt sich jedoch, dass auch den neu erfundenen Namen eine differenzierende Spezifik zu Eigen ist, die in der Phonetik liegt. Die Namen sind mit einem „männlichen" oder „weiblichen Klang" verbunden. Gerhards folgert daraus, dass die Zuordnung eines Vornamens zu einem Geschlecht nicht allein auf konkretem Wissen (Erfahrungswissen) beruht, sondern „es (...) sich um ein generalisierten phonetisches Wissen (handelt), das generative Fähigkeiten besitzt, insofern es auch auf die Entschlüsselung von neuen Namen übertragen und zur Dekodierung des wahrscheinlichen Geschlechts benutzt werden kann" (Gerhards 2003, 63). Die „Namens-Klang-Assoziationen" sind in der Regel auch mit unterschiedlichen Bedeutungen aufgeladen, semantische Analysen weisen darauf hin, dass mit männlichen Vornamen andere Eigenschaften assoziiert werden als mit weiblichen.

Wenn nun die strikte Markierung von Geschlechtergrenzen seit den 60er Jahren des vergangenen Jahrhunderts in manchen gesellschaftlichen Bereichen nachgelassen hat, so könnte vor diesem Hintergrund vermutet werden, dass auch die Kategorisierung durch Vornamen weniger strikt erfolgt, z.b. weibliche Vornamen an Bedeutung gewinnen, die mit Phonemen besetzt sind, die überdurchschnittlich für männliche Namen typisch sind (z.B. Endung auf n, s, d, r) bzw. eine Zunahme von Jungennamen, die im Hinblick auf ihren Klang eher mit weiblichen Namen assoziiert sind (Endung auf a und e). Im Ergebnis der Analyse zeigt sich jedoch, dass die Eindeutigkeit der phonetischen Markierung in der Namensgebung sich im beobachteten Zeitverlauf (von 1950-1990) nicht verändert hat: „Offensichtlich scheint es sich bei der geschlechtlichen Kategorisierung von Menschen durch Namen um einen so fundamentalen Mechanismus der Ordnungsbildung zu handeln, dass dieser indifferent ist gegenüber dem Wandel der Geschlechtsrollen und auch gegenüber den kulturellen Unterschieden in den USA und Deutschland" (Gerhards 2003, 66).

Das ist durchaus bemerkenswert und im Rahmen unserer Thematik der Differenzierung der Geschlechter indikativ. Denn auf der anderen Seite lässt sich offenbar durchaus zeigen, dass Vornamen Indikatoren zur Analyse von Prozessen sozialen Wandels darstellen können (Gerhards 2003 a). In Bezug auf die Kategorie Geschlecht zeigt sich etwa, dass die Öffnung der Namensgebung für fremde Kulturkreise (angelsächsische und romanische Namen) bei Mädchen sehr viel früher beginnt als bei Jungen und auch auf signifikant höherem Niveau verläuft. Die Jungennamen – so Gerhards – bleiben zunächst im Durchschnitt stärker traditionsgebunden, Mädchennamen sind modischer orientiert. Mädchennamen scheinen offener für das Experiment zu sein bzw. zu werden. Im Kontrast dazu stehen Namen, die etwa Assoziationen zur Hausfrau, Mutter und Nation wecken: Berta. Modische Namen, auch mit Anklängen von Exotik und Erotik, sind weniger dem Stabilen und Verbindlichen verpflichtet (z.B. Desiree oder Chantal). Aber auch dann, wenn sich die Eltern von Mädchen für traditionelle Namen entschieden haben, so bedeutet die Traditionsbindung für die beiden Geschlechter überwiegend etwas anderes. So waren die Namen der Jungen zunächst dominant an den deutschen Kulturkreis gebunden und spiegeln die Kon-junkturen des deutschen Nationalismus (Wilhelm, Arthur, Günther) wieder, während die Mädchennamen sich aus den christlichen Traditionsbeständen (Ma-ria, Elisabeth, in einer Schnittmenge: Hildegard) ableiteten. Die Namen der Jun-gen wurden mit einer (deutsch-) nationalen Öffentlichkeitsrolle assoziiert, die der Mädchen mit der christlichen resp. außerweltlichen, spirituellen Sphäre in Ver-bindung gebracht (Gerhards 2003, 72).

Die darin implizit bleibenden geschlechterdifferenzierenden Assoziationen sind über lange Zeitreihen stabil geblieben – Vornamen als alltäglicher, dabei hoch wirksamer Mechanismus der Geschlechterdifferenzierung erweisen sich als überaus resistent gegenüber sozialem Wandel. Joshua und Luca werden bei den Jungen wohl nach wie vor Ausnahmen bleiben.

Mutter-Kind-Dyade – Eltern-Kind-Triade

In vereinfachenden Auffassungen und Konzeptionen von Sozialisation und Er-ziehung erscheint das Kind oftmals wie ein „leerer Eimer", in den man er-wünschte und geforderte Fähigkeiten, Verhaltensdispositionen und -Muster u.ä.m. gleichsam nur einzufüllen hat. Komplexer angelegt aber vom Aufbau her ähnlich gerichtet sind Prägungsmodelle, die ebenfalls oft von Vorstellungen wie der Metapher des unbeschriebenen Blatts und einer im Grundsatz unilinearen Wirkungsbeziehung in Sozialisationsarrangements und -verläufen ausgehen (zur Kritik vgl. bereits Hagemann-White 1984). Auch wo der Säugling bzw. entspre-chend das Kind als „aktiver Part" im Bildungsprozess verstanden wird, bleibt dieser weitgehend das zu beeinflussende und zu formende Zentrum der Betrach-tung von „Sozialisation" und ihrer Wirkungen. Ein solcher Blickwinkel legt zunächst die wissenschaftliche Theoretisierung und empirische Untersuchung von entsprechend wirkenden Faktoren nahe. Dabei wird die Aufmerksamkeit vor allem auf sozialisierende Verhaltensweisen und Einfluss nehmende Kontextbe-dingungen gerichtet.

Neben anderen öffnet auch dieser Weg aber potentiell den Blick auf weitere und *anders geartete Dimensionen*, nämlich diejenige der Kommunikation und der Beziehung zwischen dem Kind und den sozialisierenden Personen. Diese erscheinen dabei zunehmend als die entscheidenderen, Ergebnis und Qualität des Prozesses maßgeblich bestimmenden. In seinen Auseinandersetzungen mit dem Phänomen des Hospitalismus illustrierte z.B. bereits René Spitz im Bezug auf das bereits angesprochene Experiment mit Rhesusaffen (Spitz 1976,), dass ma-terielle versorgende Leistungen – im Experiment als „Verhalten" von „Surro-gatmütter" – notwendig unterlegt sein müssen von einer unverzichtbaren struktu-

rellen Form, nämlich derjenigen des Dialogischen. Bereits der elementare körperliche Austausch müsse dieses als ihn strukturierendes Prinzip aufweisen,
mithin ein – vorsprachlicher – Dialog sein. Die Bedeutung von jeweiligem Verhalten erschließt sich so nur durch dessen Einbettung in einen (dialogisch) strukturierten Rahmen sozialer Kommunikation.

Der damit allgemein formulierte *strukturelle* Gedanke wird wissenschaftlich
vor allem durch Bezugnahmen auf die Psychoanalyse und ihre Derivationen und
Adaptationen weiter akzentuiert und dabei – mit großer Selbstverständlichkeit –
gegenständlich fast ausschließlich gefüllt in Hinweisen auf die Bedeutung der
„Mutter-Kind Beziehung". In dieser wird der maßgebliche soziale Raum elementarer Bildungsprozesse vermutet. Dies wiederum erscheint auch von der alltäglichen Anschauung her als quasi natürlich: Die Exklusivität der Schwangerschaft
und das Stillen vor allem scheinen nahe zu legen, von einer biologisch fundierten
Besonderheit dieser Beziehung zu sprechen. Auch die Fähigkeiten zum Dialog,
etwa dem Wahrnehmen und der angemessenen Reaktion auf Bedürfnisse des
Säuglings wurden und werden vor allem aus der Erfahrung körperlicher Verbundenheit abgeleitet. Dem entsprachen die (bzw. entsprach dies den) vorherrschenden Familienmodelle(n), wodurch kognitive Dissonanz vermieden wurde: In der
traditionellen, geschlechterpolarisiert aufgebauten Familie war primär und
selbstverständlich die Mutter ausschlaggebende und verantwortliche Bezugsperson insbesondere für die frühen Jahre. Vor allem frühe Sozialisation wurde damit
angesiedelt in einer spezifischen sozialen Gestalt, nämlich einer dialogischen
Beziehung im Rahmen einer herausgehobenen, wenn nicht exklusiven Dyade.
Konkretisiert wurde dieses strukturelle Bild als unverzichtbare „Mutter-Kind-
Beziehung".

Nicht zuletzt parallel zu den Wandlungen der Familie, etwa als Pluralisierung von derer Formen, sowie Erweiterungen der wissenschaftlichen Perspektiven kommt in neueren Diskussionen verstärkt eine ergänzende Betrachtungsweise ins Spiel: Illustrierbar an der aktuellen Debatte um die „abwesenden" oder die
„neuen" Väter wird zunehmend auf deren unverzichtbaren Beitrag für gelingen-
de Sozialisation verwiesen. Nicht die dyadische sondern die triadische Interaktion und Beziehung sei in Sozialisationszusammenhängen die ausschlaggebende
Konstellation. Diese aber sei bislang dramatisch vernachlässigt worden. Dieses
allgemeine Argument wird dabei unterschiedlich gerichtet und zugespitzt.

Die Verschiedenheit der Bezugnahmen und Verhaltensmuster der Eltern als
unterschiedliche Personen gelten bereits als wichtiges Anregungspotential und
damit allgemeiner Beitrag zur Entwicklungsförderung. Zugleich vermitteln sie
Grundzüge sozialer Verhaltens- und Beziehungsmodelle. Glaubt man neueren
psychologischen Forschungen, wenden bereits Kinder im Alter von vier Monaten ihre Aufmerksamkeit *beiden* Eltern zu. Dabei sind sie offenbar schon in die-

ser äußerst frühen Phase in der Lage, ihre Affekte differenziert auf diese zu richten bzw. mit diesen zu teilen. Darüber hinaus scheinen sie sehr früh bereits die elterliche Paarbeziehung wahrzunehmen und auch auf diese zu reagieren (von Klitzing 2002, 790). Diese empirischen Befunde sprechen also dafür, dass neben den kommunikativen Ansprachen, Verhaltens- und Beziehungsangeboten der Eltern an den Säugling auch deren Paardynamik sehr früh einen wichtigen Einfluss auf den Verlauf von dessen Entwicklung hat.

Das Plädoyer für die Bedeutung der Triade in diesem Zusammenhang hat damit drei Ebenen im Blick: Neben der allgemeinen Förderung von Entwicklung durch die anregende personale Diversität zweier Bezugspersonen (1) spricht für diese ihr Potential, differenzierte Verhaltensmodelle zu vermitteln (2). Erscheinen diese wiederum als aufeinander bezogen und integriert und erlebt sich der Säugling als in diesen Zusammenhang einbezogen, erfährt und bildet er sich als Teil einer (systemischen) sozialen Ordnung (3). Wie immer diese Ordnung – als Familienform – gegenständlich auch konkretisiert sein mag, stelle dies für die Entfaltung sozialer Handlungsfähigkeit eine unverzichtbare Basiserfahrung dar.

Differentielle Elternschaft

In der Realität aktueller Familien sind dabei viele Unterschiede in der Wahrnehmung und im Verhalten der Beteiligten auf die hier wesentliche differenzbildende Kategorie des Geschlechts bezogen. Das Gleiche gilt für die generativen Grundmuster des hergestellten und den Säugling einbeziehenden sozialen Modells. Gehen wir davon aus, dass ein Kind bei einem Elternpaar groß wird, so ist es vom Tag seiner Geburt an in diese in der Paarbeziehung realisierte Geschlechterdifferenzierung einbezogen. Empirische Untersuchungen stellen dies entsprechend fest: Die Kinder werden unterschiedlich wahrgenommen und attribuiert, Töchter gelten als „süß" „lieb", „niedlich", „hübsch", der Sohn hingegen ist eher „kräftig", „gewandt" oder „sieht gut aus". Väter verhalten sich offenbar ein wenig „geschlechterbewusster" als die Mütter – vor allem, aber nicht nur gegenüber den Söhnen (Nunner-Winkler 2001, 276, so auch schon Hagemann-White 1984). Mütter gehen, folgt man den Befunden entsprechend differenzierender Untersuchungen, tendenziell stärker auf individuelle Besonderheiten der Kinder ein, wobei offen ist, ob sich Väter bei stärker verantwortlicher Beteiligung an der Kindererziehung in ähnlicher Weise engagieren würden.

Obwohl aus den oben entwickelten Argumenten keineswegs abzuleiten ist, in welcher Weise eine triadische Struktur in Sozialisationskontexten inhaltlich zu füllen ist, also etwa inwieweit die Beziehungen der Eltern untereinander sowie zu dem heranwachsenden Kind durch *geschlechter*differentes Tun geprägt sein

sollten, noch weniger, dass ein solches ein „typisches" zu sein hat, werden derartige Befunde und Beschreibungen empirischer Phänomene häufig naturalisiert
und zur Norm gemacht: Väter gehen danach „anders" mit ihren Kindern um als
Mütter. Wenn sie mit dem Kind spielen, regen sie es zur physischen Aktivität an,
während Mütter sich vor allem in der Form von Pflege, Füttern und Schmusen
dem Kind zuwenden. Väter betonen stärker den Wettbewerb, richten es aus auf
Erfolg und fordern, Verantwortung zu übernehmen, während Mütter Wettbewerb
eher zu Gunsten der „emotionalen Stabilität" zurückzudrängen scheinen. Ermutigt der Vater zu physischen und emotionalen Risiken, so ermahnt die Mutter zu
Umsicht und zum Abwägen. Gibt „er" Anstöße, das heimische Nest zu verlassen, so neigt „sie" dazu, das Kind zu halten etc. Dergestalt angelegte empirische
Studien haben trotz der oben formulierten Bedenken ihre Berechtigung und Wer-
tigkeit, soweit sie einer Überprüfung ihrer Forschungslogik und -anlage stand-
halten. Informativ und ein geeignetes Kriterium etwa ist, ob der Vergleich um
eine Messung der Binnenvarianzen der konstrastierten Gruppen ergänzt wurde.

Wie bei aller deskriptiven Empirie gilt es allerdings zudem, ihre Hintergründe analytisch zu durchdenken, etwa ihren Erklärungsanspruch und -wert zu
prüfen. Woher resultieren die beobachteten Regelmäßigkeiten und Differenzen,
wie werden sie erklärt, ist eine einfache aber geeignete Frage in einem solchen
Zusammenhang. Wird dafür in unseren Beispielen ohne weitere Reflektion das
Geschlecht als gegebenes und objektiviertes, nicht: konstituiertes Merkmal eingesetzt, besteht die Gefahr der Verdinglichung der Befunde. Nicht zuletzt daraus
aber resultieren wiederum Stereotypien und Normativierungen: Die Verhaltensmuster und Beziehungsformen sind so bzw. sollen so sein, weil sie („natürlich",
„aktuell empirisch") so sind, „und das ist auch gut so und richtig". Auf diese
Weise werden auch empirische Forschungen ebenso wie fachlich disziplinäre
Handlungsempfehlungen, etwa der Pädagogik oder z.B. der Familienhilfe, zu
Teilen eines Konstruktionszirkels, der ähnlich dem eingangs entwickelten Beispiel dem Verdacht einer selffulfiling prophecy unterliegt. Die etablierten Auf-
gabenteilungen in Sozialisation und Familie etwa beruhen nachweislich nicht auf
biologisch basierten unterschiedlichen Kompetenzen sondern auf der Beschäftigung mit dem Kind, sind also Effekte eines „learning by doing" (Dornes 2006).

Anschaulich gilt dies etwa für die geradezu epidemisch anschwellende
Menge der Ratgeberliteratur. Deren häufig als *Bestärkung* intendierte Ausrichtung auf „natürliche Gegebenheiten" als „natürliche Selbstverständlichkeiten" ist
so betrachtet paradox: Sie versucht nämlich unübersehbar genau deren Verluste
zu kompensieren. Gerade die zunehmenden Irritationen und Ungewissheiten vor
allem auch im Bereich der Sozialisation, der Familie und der Geschlechterverhältnisse motiviert manchen zur Suche in Handreichungen und Ratgebern und ist
damit ein deren eigene Thesen konterkarierendes Indiz. Auch neueste Erzie-

hungsratgeber gehen vielfach von empirisch Beobachtetem aus und leiten daraus Normen ab. Was uns etwa in dem „Babybuch für neue Väter" (Beyer 2000) begegnet, ist wenig mehr als die Apologie der Triade in der neu-alten Form der Polarisierung der Geschlechtscharaktere. Diese aber – so die Argumentation des Ratgebers – sei für die Entwicklung der Kinder notwendig und zentral. Der Wegfall einer Seite der Polarität etwa könne nicht einfach kompensiert werden, wenn z.b. der Vater die Familie verlässt oder „abwesend" ist. Derartige Normativierung entsprechen freilich weder den realen Entwicklungen im Bereich der Familien noch werden sie durch Forschungsergebnisse gestützt. Auch in der Fachliteratur findet sich indes die Annahme einer Unverzichtbarkeit der geschlechterpolaren Ausprägung der Familie als Sozialisationskontext.

So wird etwa gerade auch in der von der Frauenforschung beeinflussten Literatur zur frühen Kindheit nach wie vor davon ausgegangen, dass Mädchen sich mit ihren Müttern identifizieren und damit auch mit dem, was sie ihre Mütter tun sehen, z.b. primär für die Kinderversorgung und den Haushalt zuständig zu sein. Von Jungen wird erwartet, dass sie sich mit ihren Vätern identifizieren – das führe dazu, dass Jungen sich von den Müttern abgrenzen müssen, damit auch die bemutternde Haltung meiden und stattdessen die „unpersönliche" Arbeits- und Lebenswelt jenseits des Elternhauses bevorzugen[9]. Beides sei notwendig für den stabilen Erwerb der jeweiligen „Geschlechtsrolle", die wiederum ein wesentliches Zentrum der Persönlichkeits- und Identitätsbildung darstelle. Diese Konzepte und deren Begrifflichkeiten („Geschlechtsrolle", „geschlechtsspezifische Sozialisation") haben, wie gezeigt, eine große Verbreitung gefunden und gelten als plausibel. Aus unserer Perspektive betrachtet laufen sie allerdings Gefahr, die Sicht auf wichtige Komponenten der in Rede stehenden Prozesse zu verstellen.

Die Triade als Grundmodell der Differenzierung

Die Triade, das Grundmodell der Differenzierung, ist nicht aufgrund biologischer Vorgaben wichtig, sondern hat lediglich in dem Sinne eine anthropologische Dimension, dass es eine, wenn nicht *die* Grundform des Sozialen darstellt (so schon Simmel 1908, aktuell Lindemann 2006). Der Dritte gibt der Dyade eine neue Qualität; er führt das Allgemeine ein, Regelhaftigkeit, macht Routinen und Selbstverständlichkeiten begründungspflichtig. Wie bereits oben mit der

---

[9] Diese maßgeblich von N. Chodorow (1985) geprägte und viel rezipierte Denkfigur stellt genau betrachtet eine sozial gefilterte Biologisierung dar. Letztlich läuft es darauf hinaus, dass sich der Kreislauf der Geschlechtersozialisation ad infinitum perpetuiert, zumindest solange fortbestehen wird, wie Frauen eben in erster Linie für die Kinderversorgung zuständig sind, Männer dagegen die Außenwelt repräsentieren und beides den Kern ihrer Persönlichkeit bildet.

Vervielfältigung von Familienformen angedeutet, muss auch die familiale Triade nicht geschlechterpolar und noch nicht einmal geschlechterdifferenziert aufgebaut und ausgestaltet werden. Wenn die Triade als Grundvoraussetzung für den Erwerb von Sozialität angesprochen wird, so ist damit zunächst eine strukturelle Notwendigkeit angesprochen, die auf die möglicherweise auch fiktive Anwesenheit eines „Dritten" abzielt, mit der die *Qualität des Verallgemeinerbaren* verbunden ist. Diese Qualität ist in der Dyade nicht repräsentiert, erst ein Dritter macht die Herausbildung eines „generalisierten anderen" möglich. Aus diesem Argument folgt nicht, dass in der Struktur der Triade die Geschlechterpolarität unverzichtbar ist.

Empirisch gesehen wird in verschiedenen Studien, die sich den damit aufgeworfenen Fragen stellen, immer wieder deutlich, dass und wie unter den Bedingungen (symbolisch aufgeladener) geschlechterdifferenzierter Elternschaft die sozialen Kategorien Mädchen, Junge, Frau, Mann, weiblich, männlich in sozialer Interaktion von den Beteiligten zunächst einmal eingebracht, angewendet, entwickelt und erworben werden. Dabei sind und werden sie zugleich zu Voraussetzungen und Zielen der Teilnahme am alltäglichen Fluss kommunikativer Interaktionen. Damit haben sie aber im sozialen Handeln einen ganz anderen Stellenwert, als lediglich die je zu spezifizierende Konkretisierung einer vorgängig objektivierten Differenz zu sein. Entscheidend daran ist vielmehr, dass Kinder mit diesen Symbolen der Differenz sowie den Praktiken ihrer Herstellung *allgemein* ein auf Differenzierung angelegtes Modell des Sozialen lernen. Für dieses gilt *strukturell,* dass es „im" Kind einen Differenzierung ermöglichenden, *doppelten* Bezug hat: es erlebt die Eltern als Paar *und* als voneinander unterschiedene Elternteile. Sind Geschwister im Haushalt, so dienen sie der weiteren Differenzierung des Modells[10].

---

[10]   Goffman konnte 1976 die mittelschichttypische Kleinfamilie mit einem Geschwisterpaar unterschiedlichen Geschlechts noch als paradigmatisches Beispiel für die Wirkungsweise dessen einführen, was er als „institutionelle Reflexivität" bezeichnete: „Die häusliche Erziehung der beiden Geschlechter wird sich unterscheiden; angefangen damit, dass das Mädchen auf helfende, häusliche Aufgaben und der Junge auf eher breiter angelegte wettbewerbsorientierte Aufgaben ausgerichtet wird. Dieser Unterschied der Ausrichtung wird als eine grundsätzliche Eigenschaft der Kinder angesehen, die sich in vielen, als bedeutungsvoll empfundenen Bereichen bemerkbar macht. Auf diese Weise wird es also von Anfang an zwei Prinzipien geben, in deren Namen Ansprüche erhoben und mittels Zuteilungen gewährt werden. Eines davon ist die Gleichheit der Geschwister und darüber hinaus die aller zugehörigen Familienmitglieder – das Motiv der Gleichbehandlung beim Geben und Nehmen (...) Das andere Prinzip ist die Bewertung gemäß des Geschlechts, wenn etwa dem männlichen Kind, „weil es ein Junge ist" beim Essen die größere Portion und dem weiblichen, „weil es ein Mädchen ist", das weichere der beiden Betten zugeteilt wird (...)" (Goffman 1994, 129f). Goffman betont, dass diese Differenzierung quer zu den Unterschieden in der Schichtzugehörigkeit, der ethnischen Herkunft und der Verfügbarkeit ökonomischer Mittel verläuft: „Wie hoch der soziale Status einer Familie auch immer sein mag – ihre Töchter können lernen, dass sie anders als die Söhne und ihnen ein wenig untergeordnet sind;

Die jeweiligen Praktiken und symbolischen Gehalte sind allerdings wesentlich variabler, als das normativistische Konstrukt einer „Geschlechtsrolle" nahe zu legen scheint. Vielmehr lässt sich zeigen, dass die Bezugnahme auf Geschlecht in verschiedenen sozialen Rahmen und situationsspezifisch durchaus auch ausgesetzt, in ihrer Relevanz herabgestuft oder aber – und inzwischen: vor allem – hochgradig variabel umgesetzt und konkretisiert wird. Genau dies wird das Thema sein, das sich durch den gesamten Text dieses Lehrbuches hindurchzieht.

3.2 Familie im Umfeld: Eltern-Kind-Angebote

Bereits in den frühen Jahren des Aufwachsens ist der Interaktionskontext von Kindern nicht auf die Eltern-Kind-Konstellation begrenzt. Andere Personen (vor allem Großeltern und weitere Verwandte, Freunde, Nachbarschaft) und Institutionen (Geburtsstationen, Kinderärztinnen, Eltern/Kind-Angebote) kommen hinzu und nehmen ihren Part im „doing child" ein, etwa durch Gespräche mit den Eltern über das Kind und über Erziehung, durch Beaufsichtigen des oder auch Spielen mit dem Kind sowie – last not least – durch Geschenke, insbesondere von Spielzeug und Kleidung. Dabei ist es nach wie vor vergleichsweise selten, dass „sie" mit eineinhalb Jahren einen Kran geschenkt bekommt und „er" eine Puppe.[11] Auch Medien spielen eine Rolle. Kaum jemand kann sich den vielfältigen Geschlechterstereotypen in Filmen, Songs, Büchern, Zeitschriften, Ratgeberliteratur etc. entziehen, die im Kern immer wieder im „Gleichheitstabu" kumulieren: Frauen und Männer sind als Gegensatzpaare gegenüber gestellt, wobei Frauen „anders" sind.

In diesem Kontext lernen Kinder laufen, sprechen und sich gestisch und sprachlich zu artikulieren. Bereits mit einem Jahr – so die neueren Forschungen

---

und wie niedrig der soziale Status einer Familie auch immer sein mag – ihre Söhne können lernen, dass sie anders als die Töchter und ihnen ein wenig übergeordnet sind. (....) jedes Geschlecht wird zum Übungspartner des anderen, ein mitten ins Haus gestelltes „Anschauungsmittel", (1994, 130f.). Das ist heute nicht mehr in dieser klaren Ausprägung der Fall, aber auch dann, wenn in den Familien die Verpflichtung der Töchter auf Mithilfe im Haushalt offenbar deutlich zurückgegangen ist, so sind sie etwa im Kontext der Ernährungsversorgung doch noch deutlich stärker beteiligt als die Söhne. (Sachverständigenkommission im Auftrag des BMFSFJ 2005, 378ff).

[11] In der gesamten Spielzeugindustrie ist der Mechanismus der Geschlechtertrennung sehr stark ausgeprägt. Geht man in ein Spielzeugwarengeschäft und fragt nach einem Geschenk für ein einhalbjähriges Kind, so erfolgt sofort die Frage: Junge oder Mädchen? Spielzeug ist ein jedoch eigenes Kapitel, dem wir hier nicht nachgehen, vgl. dazu etwa Hagemann-White 1984.

– habe ein Kind die Fähigkeit, Männer und Frauen als solche zu identifizieren und damit auch bereits Zuschreibungen zu verbinden (Maccoby 1999).

Neben Familie und der sozialräumlichen Nahwelt sind in den letzten Jahrzehnten eine ganze Reihe expliziter außerfamilialer Sozialisationsangebote hinzugekommen. Auch wenn Pflege- und Betreuungsangebote für 0-3jährige noch nicht in gleichem Maße wie Kindergarten und Schule ausgebaut sind, sind Bildungs- und Förderangebote für die Jahre der frühen Kindheit vor allem in städtisch geprägten Lebensumwelten weit verbreitet: Babyschwimmen, Säuglingsgymnastik, Kinderturnen, Mal- und Musikangebote. In diesen und auch in den späteren Einrichtungen wie Kindergarten und Schule arbeiten i.d.R. Fachkräfte mit einer auf Kinder bezogenen beruflichen, teilweise auch professionellen Ausbildung. Sie haben z.T. eigene Auffassungen davon, was gut und richtig für ein Kind ist und diese Ausfassungen müssen nicht mit denen der Eltern übereinstimmen. Zugleich sind sie – anders als die Eltern – i.d.R. mit der Betreuung einer größeren Zahl von Kindern und nur vergleichsweise punktuell mit dem jeweiligen Kind befasst. Für sie ist ein Kind in der Regel nicht so „besonders" wie für die Eltern und in dem Bemühen, mit Gruppen von Kindern umzugehen, rekurrieren sie ihrerseits auf komplexitätsentlastende Typisierungen wie Geschlecht oder auch den Bildungsstand der Eltern (Schicht und Milieu). Im Folgenden geht es um eines dieser Angebote, um eine Untersuchung zum „Geschlechteralltag in der frühkindlichen Bewegungsförderung" (Gieß-Stüber et al 2003), die uns wiederum zu einer Illustration der Resistenz des Interaktionsskriptes „männlich – weiblich" dient.

Eltern-Kind-Turnen

Eine der zahlreichen Möglichkeiten frühkindlicher Bewegungsförderung ist das Eltern-Kind-Turnen. In der Regel wird es in einem Sportverein angeboten und ausgeübt. Zentrales Anliegen ist die motorische Förderung der Kinder durch Bewegungs- und Spielangebote. In der darauf bezogenen Literatur wird in der Regel Geschlecht kaum thematisiert, mehr oder weniger implizit geht man von einer „Geschlechtsneutralität" kleiner Kinder aus. In der Motorikforschung lassen sich keine systematischen, funktional relevanten Geschlechterunterschiede in der frühen Kindheit erkennen (Gieß-Stüber et al 2003, 69).

Im Eltern-Kind-Turnen sind die erwachsenen Begleitpersonen aktiv eingebunden, sie turnen und spielen also mit den Kindern gemeinsam. Auf diese Weise wirkt der Erziehungsalltag in die Bewegungsförderung hinein und wirkt auch – durch entsprechende Anregungen – auf ihn zurück. Verbale und nicht verbale Kommunikation, Körpersprache und Mimik sind systematischer Bestandteil und können die jeweilige Aktivität hemmen oder fördern. Die zitierte Studie hat nun mit einem ganzen Arsenal von Methoden (ethnografische Feldforschung, Videoaufnahmen, Interviews mit Übungsleitung und Eltern (u.a. auf der Grundlage von Videokonfrontationen), sogenannten „qualitativen Experimenten", Fallanalysen zur Eltern-Kind-Konstellation, den Herstellungsmodi von Geschlecht der am Eltern-Kind-Turnen beteiligten Eltern, Kursleitung und Kindern in den Blick genommen, um die „Infrastruktur situativer Geschlechtskonstruktionen" und „mögliche Anlässe für Geschlechterkonstruktionen" aufzudecken. (ebd. 83)

Dabei werden Sport und Sportarten zum einen in ihrem spezifischen „*institutionellen Arrangement"* und zum anderen in ihren *konkreten Inhalten und Materialien* als „kulturelle Ressourcen" in diesem Prozess der Herstellung von Geschlecht angesehen.

Sport und Sportvereine werden in der Regel als „männlich dominiertes Feld" beschrieben. Das heißt zunächst nichts anderes, als dass bei den Mitgliedern, dem Personal und den Vorständen Männer in der Mehrheit sind. Bei dem Eltern-Kind-Turnen handelt es sich um einen spezifischen Ausschnitt der Sportvereinsarbeit, der als „weibliches Terrain" gelten kann, da die überwiegende Anzahl der Kursleitungen weiblich ist. Das gleiche gilt für die „erwachsenen Begleitpersonen": Väter tauchen eher selten auf, überwiegend werden die Kinder von ihren Müttern begleitet. Begründet wird die Abwesenheit damit, dass die Väter ja „arbeiten müssen".[12] Nach den Beobachtungen der Forscherinnen lebte der überwiegende Anteil der Familie mit Kleinkindern, die zum E-K-T kamen, in einer „klassischen" geschlechtstypischen Konstellation, in der die Zuständigkeit von Müttern für kleine Kinder als selbstverständlich galt.

Der Blick auf die Kinder ist bei den Kursleiter/innen als auch bei den Eltern bestimmt von einem Deutungsmuster der „Gleichheit der Geschlechter". Die Frage, ob es „Unterschiede zwischen Jungen und Mädchen gibt, die in der Praxis des E-K-T von Bedeutung sind" (ebd., 84), beantworteten 77% der Kursleiter/innen mit „nein", aber: „man erkennt Jungen und Mädchen natürlich an der Kleidung", wildes Verhalten von Jungen stört „natürlich" die Mädchen, Väter locken die Kinder „natürlich" mehr, mit Bällen zu spielen.... (ebd., 85). Bei den Mitarbeiter/innen gelten Singen und Singspiele eher als „weiblich", Jungen fänden das „affig". Ebenso gelten künstlerisch-darstellerische Bewegungsaktivitäten als „weiblich", Balken und Trampolin, Tücher und Stofftiere. Bälle kommen im Zusammenhang mit Mädchen kaum vor, ebenso Rollbretter und Wurfgeräte. Alles was in Richtung „Leichtathletik" geht, wird tendenziell als „männlich" beschrieben. Jungen gelten als kräftiger, agiler und schneller in ihren Bewegun-

---

[12]   Dabei fanden die untersuchten Kurse in den spätern Nachmittagsstunden statt, also zu einer Zeit, die im Prinzip auch dem berufstätigen Elternteil eine Teilnahme am E-K-T ermöglichen könnte (ebd. 91).

gen. Aufschlussreich sind aber auch die „Nichtnennungen": „Der Einsatz körperlicher Stärke, die Vorliebe für Ballspiele und die häufige Einnahme von sehr viel
Raum ebenso wie die Beobachtung von Turnschuhen und Jogginganzug als
Sportkleidung wurden Jungen oder Jungen und Mädchen zugeordnet, nie aber
ausschließlich Mädchen" (Gieß-Stüber et al 2003, 86).

Auch die Eltern geben – explizit danach gefragt – an, *keine* Unterschiede
zwischen Mädchen und Jungen zu sehen, teilweise entsteht bei den Forscherinnen sogar der Eindruck, dass quasi „heimlich" versucht wird, Geschlechterstereotypen durch erzieherische Maßnahmen entgegenzuwirken. Gleichzeitig aber
widersprechen die Ergebnisse in den Beobachtungsprotokollen den Aussagen in
der schriftlichen Elternbefragung. So sind sich etwa „Mütter von Söhnen und
Töchtern bezüglich der Sportkleidung einig: Die Sachen der Kinder sollen be-
quem, modisch und funktionell sein. In den Beobachtungsprotokollen dagegen
wird überdeutlich, wie sehr Frisur, Oberbekleidung, Beinkleider, Fußbekleidung
sowie die Farbe der Bekleidung explizit geschlechterdifferent gestaltet sind. Die
Farben rosa und lila trennen die Geschlechter am eindeutigsten. Unabhängig davon, ob für die Bewegungsangebote festes oder leichtes, geschmeidiges Schuh-
werk funktional wäre, tragen Jungen deutlich häufiger als Mädchen Turnschuhe.
Mädchen tragen deutlich häufiger Schläppchen oder turnen barfuss (ebd., 94).

Durch die Kleidung wird zumindest ansatzweise auch intentional Differenz-
arbeit geleistet: „Jungen lernen, Bewegung und Sport mit Stabilität und Funktio-
nalität zu verbinden, während dieses Feld für Mädchen auch die Erfahrung und
Darstellung von Ästhetik eröffnet". Die Untersuchung zeigt jedoch sehr schön,
dass Vergeschlechtlichungen überwiegend genau *nicht* intentional geschehen,
sondern sehr subtil über Sprache (etwa Verniedlichungen, wenn Mädchen beschrieben werden), Materialien und Unterrichtsinhalte (Trampolin und Tücher
als „weiblich", Bälle und Rollbretter als „männlich") sowie Bewegungsqualitä-
ten und Verhalten (grobmotorisches, raumgreifendes versus feinmotorisch,
künstlerisch-ästhetische Bewegungen) und eben Interaktionen: Wie wird Lob
eingesetzt, wie wird Selbstvertrauen bestärkt, welcher Freiraum wird den Kindern gelassen, welche Bedeutung hat der Körperkontakt zu Kindern etc. Hier
zeigt die Untersuchung an vielen kleinen Beispielen, wie Interaktionsmodi sich
verändern, je nachdem ob mit Mädchen oder Jungen kommuniziert wird, etwa
wenn Töchter auch bei ungefährlichen Situationen durch Handkontakt während
der gesamten Bewegungsaktion gesichert werden, Söhne hingegen nur in akut-
riskanten Situationen (ebd., 100).

Obwohl also die Gestaltung der Praxiseinheiten sehr viel offene Bewegungsangebote beinhaltet, die Mädchen und Jungen gleichermaßen Raum eröffnet, Interessenvorlieben etc. auszubilden, zeigt sich bei genauerem Hinsehen,
dass die Kategorie Geschlecht vor dem Eltern-Kind-Turnen keinen Halt macht,

sondern immer wieder normativ und deskriptiv wirksam wird – z.T. gegen die Intentionen der Beteiligten. Der Prozess der sozialen Konstruktion von Geschlecht sei dennoch nicht eindeutig identifizierbar sondern vollziehe sich eher *episodenhaft, nicht kontinuierlich und auch nicht immer vollständig* (ebd., 107).

Offene Relevanz erhält die Kategorie Geschlecht interessanterweise durch die Beteiligung von Männern in diesem Frauenterrain: „die Geschlechtszugehörigkeit wird evidenter. Anders als in vielen Männerdomänen, zu denen Frauen nur schwer Zugang finden und als „Ausnahmemitglieder" mühsame Anpassungsleistungen zu erbringen haben, wird mit der Partizipation von Übungsleitern und/oder Vätern vorrangig Kompetenz und Aktivität assoziiert" (Gieß-Stüber et al 2003, 108). Diskriminierung und Abwertung deuten sich dann an, wenn Männer – etwa im Erziehungsurlaub stehend – in ihrem Verhalten „auch als Frau durchgehen" könnten. Das wird – von Trainern und Trainerinnen, Müttern und Vätern gleichermaßen – abgewehrt und diskreditiert.

4 Kindergarten: Rigide Differenzierungen

4.1 Institution und Organisation

Für den größten Teil der Bevölkerung fanden die Prozesse des Aufwachsens und der Sozialisation über lange historische Perioden quasi naturwüchsig im sozialen Nahbereich statt. Dieser war in erster Linie verwandtschaftlich strukturiert. Trotz zahlreicher Vorläufer und Impulse, erinnert sei etwa an Luthers Sendschreiben „An die Ratsherren aller Städte deutschen Landes, dass sie christliche Schulen aufrichten und halten sollen" aus dem Jahre 1525, entstehen erst im 17. Jahrhundert erste staatliche Verordnungen zur Schulpflicht. Zu Beginn des 19. Jahrhunderts wird diese in Deutschland (Preußen) flächendeckend durchgesetzt, kurz darauf, 1840, gründet Fröbel in Blankenburg (Thüringen) den ersten Kindergarten. Im Zuge der gesellschaftlichen Modernisierung, unter dem Einfluss von Reformation und Aufklärung, Industrialisierung sowie neuer Selbstverständnisse und Aufgabenbestimmungen des Staates geraten wichtige Elemente immer früherer Lebensphasen des Aufwachsens und der Sozialisation in den Blick und unter den Einfluss öffentlicher Einrichtungen. Es entstehen dafür gesellschaftliche „Instanzen", Institutionen, die zunehmend Organisationscharakter haben und nicht zuletzt über die Entwicklung und das Arrangement entsprechender *Berufsrollen* konturiert werden. Als Organisationen folgen sie bestimmten Organisationszwecken und sind in ihrer formalen Struktur und Teilen ihrer Handlungspraxis auf diese ausgerichtet. In der Anlage der Berufsrollen entsteht zugleich eine auch an anderen Stellen der historischen Formierung von Berufen aufweisbare Differenzierung nach Geschlechtern (ausführlich dazu: Kap. 6.1).

Gerade diejenigen Bereiche, die durch eine besondere Nähe zum Alltag, zur diffusen Personalität gekennzeichnet sind, zu Beziehungen mit quasi „primärem" Charakter analog denen in Familie und Verwandtschaftssystem, werden dabei als Terrains und Domänen „der Frauen" aufgefasst. Diese Zuordnung geschieht auf der Basis eines Verständnisses von Weiblichkeit, nach dem Frauen entsprechende Qualitäten als „Wesensmerkmale von Natur her" aufweisen.[1]

---

[1] In einer anderen, hier und im weiteren Text vertretenen Betrachtungsweise *entstehen* diese Qualitäten allerdings erst aus den so skizzierten Formen der Arbeitsteilung und Zuschreibung sowie daraus resultierenden Erwartungsmustern (ausführlich dazu: Gildemeister/Robert 2000).

Die hier entstehenden Institutionen sind so betrachtet zunächst einmal auf einer Grenzlinie angesiedelt. Diese liegt – allerdings in unterschiedlichem Ausmaß – zwischen den angesprochenen Merkmalen etwa der Diffusität („ganze Person") und des Rollencharakters der Beziehungen und Bezugnahmen. Je stärker sie sich nun dem erstgenannten Pol annähern, desto stärker werden sie konzeptionell und empirisch real feminisiert. Ein Jahrhundert später etwa charakterisiert Alice Salomon die Soziale Arbeit als „In die Welt gewendete Mütterlichkeit". Dies gilt in besonderem Ausmaß für die Einrichtungen der vorschulischen Kinderbetreuung und -pädagogik. Im Unterschied etwa zur gymnasialen Schulbildung entsteht hier im Zuge gesellschaftlicher Differenzbildungen ein „zweifelsfrei" primär „weibliches Terrain".[2] Und entsprechend vollzieht sich auch die (Selbst-)Rekrutierung in die hier angesiedelten Berufe.

Sieht man von reformpädagogischen Ansätzen und entsprechenden Modelleinrichtungen ab, so war der Kindergarten in den 50er Jahren überwiegend eine Art „Aufbewahranstalt" für Kinder, deren Mütter „arbeiten mussten", also für Kinder aus Familien, die nicht den normativen Ansprüchen entsprachen, dass die Mütter sich ausschließlich um die Kinder kümmerten. Aktuell ist eine Entwicklung eingeleitet, in der der Kindergarten zu einer der zentralen Bildungsinstitutionen werden soll. Diese Entwicklung steht freilich noch in ihren Anfängen, konkrete Konturen stehen weitgehend aus.[3]

Anders als damals ist heute der Kindergartenbesuch für Kinder zumindest ab dem Alter von drei Jahren der Normalfall. Kommunen sind gesetzlich verpflichtet für alle drei- bis sechsjährigen ihres Einzugsbereichs einen Kindergartenplatz anzubieten. Daraus folgt ein hoher Institutionalisierungsgrad dieser Einrichtung, dokumentiert etwa in festgelegtem zeitlichen Umfang der Anwesenheit, einer gewissen Verbindlichkeit (formelle Anmeldung, Gebühren) sowie spezifischer Normen, wie man sich zu verhalten hat, welche Fähigkeiten mitzubringen sind etc. Der Kindergartenbesuch stellt eine jener Weichenstellungen im individuellen Lebenslauf dar, von denen wir in der Einleitung gesagt haben, dass

---

[2]   Fröbel hat es 1838 noch für notwendig und selbstverständlich gehalten, dass Erzieher im Kindergarten Männer sein sollten, da nur Männer über das notwendige Maß an Allgemeinbildung verfügten. Mit dieser Auffassung hat er sich aber nicht durchsetzen können (nach: Rabe-Kleberg 2005, 149).

[3]   Gerade in der Frühpädagogik wird immer wieder die Beziehung von gesellschaftlicher Einflussnahme über öffentliche Erziehungsinstitutionen und das Elternrecht (der Primat der Familie) als ein Spannungsverhältnis thematisiert. Waren vor dem Hintergrund der Erfahrung des Faschismus v.a. die Nachkriegsjahre in der BRD durch einen Rückzug des Staates aus der frühkindlichen Erziehung in der Familie charakterisiert, so verschiebt sich dieses Verhältnis derzeit tendenziell wieder. Vgl. etwa die Diskussion um den Aufbau sog. Sozialer „Frühwarnsysteme" (Ministerium für Gesundheit, Soziales, Frauen und Familie des Landes Nordrhein-Westfalen 2005).

sich über sie Vorstellungen von Erfolg und Misserfolg, eines gelingenden oder verfehlten Lebens herausbilden.[4]

Ein feminisiertes Terrain

Wie eingangs entwickelt, lassen sich gerade Einrichtungen der frühkindlichen Betreuung, Erziehung und Bildung verstehen als „Grenzlinieninstitutionen". Gerade der Kindergarten vermittelt zwischen verschiedenen Qualitäten, die sich etwa zwischen diffuser Primärbeziehungshaftigkeit und Organisationscharakter, Rahmungen und Förderungen des Aufwachsens in einem wenig spezifizierten Sinne und gezielter Erziehung, zielgerichtetem Lernen u.ä.m. ansiedeln lassen. Sowohl die Institution als auch deren Personal ist zweifelsohne in extremem Ausmaß vergeschlechtlicht: in der Kindertagesbetreuung beträgt der Anteil weiblicher Beschäftigter 96,2 Prozent (Fendrich et al 2006, 23). In den Kindertageseinrichtungen führen Frauen auch Regie: 95 Prozent werden von Frauen geleitet (ebd.).[5]

Als Voraussetzung für eine Tätigkeit im Kindergarten gilt i.d.R. eine Erzieher/innenausbildung. Im Kindergartenalltag kommen jedoch vielfach nicht spezifisch ausgebildete Hilfskräfte hinzu. „Erzieherin" ist einer der klassischen Frauenberufe und als solcher verfügt er über ein geringes Niveau in Ausbildung, Bezahlung und Prestige. Im Grundsatz ist der Beruf nicht auf eine lebenslange, existenzsichernde und kontinuierliche Erwerbstätigkeit angelegt und bietet wenige Aufstiegsmöglichkeiten, wenn überhaupt, dann in die genannte Leitung von Kintertagesbetreuungseinrichtungen.[6]

Dieses hochgradig „feminisierte" institutionelle Terrain enthält (ähnlich wie die oben skizzierte frühkindliche Bewegungsförderung) damit implizit auch eine Botschaft: Kinder, insbesondere kleine Kinder, sind Frauensache. Und diese Botschaft trifft bei jungen Frauen, die sich für den Beruf der Erzieherin entscheiden, auf gut vorbereiteten, fruchtbaren Boden. Mit dieser Berufswahl verbindet

---

[4] Vor dem Hintergrund, dass der Kindergartenbesuch zwar nicht Pflicht ist, aber als „Normalfall" angesehen werden kann, für den Eltern einen finanziellen Beitrag entrichten müssen, ist es aufschlussreich, sich anzusehen, wer *nicht* in den Kindergarten geht. Daten des Deutschen Jugendinstituts zeigen dazu, dass in Familien mit geringem Einkommen jedes siebte Kind zu Hause bleibt, in Familien mit erwerbslosen Eltern sogar jedes fünfte. Je kinderreicher die Familien, desto eher verzichten Eltern auf den Kindergartenbesuch. Auch Kinder mit Migrationshintergrund besuchen die Einrichtungen deutlich seltener (DJI Kinderbetreuungsstudie 2005, Bulletin 73, 10).

[5] Auch im internationalen Vergleich ist der Anteil von Männern sehr gering, er schwankt zwischen 1 Prozent in Österreich und der Schweiz und 8 Prozent in Dänemark. Zu den Befunden vgl. Rabe-Kleberg 2005, 148f.

[6] Zur Auseinandersetzung um die Beruflichkeit und die Verhinderung einer Professionalisierung der Erzieherinnenarbeit vgl. Rabe-Kleberg 2003.

sich bei jungen Frauen vielfach die Vorstellung, dass es in diesen Berufen selbstverständlich möglich ist, Familienpflichten und Erwerbsarbeit zu vereinbaren, eben *weil* es Frauenberufe sind. Entsprechend ist es gerade die wenig ausgeprägte Form der „Beruflichkeit", die für sie attraktiv ist. Die Form diffuser Alltagsnähe/Familienähnlichkeit fügt sich einerseits bruchlos ein in tradierte und stereotypisierte Weiblichkeitsbilder, andererseits können die jungen Frauen dennoch als „modern" gelten, weil eine Berufsausbildung durchlaufen bzw. eine Berufstätigkeit angestrebt wird (zur Berufsfindung vgl. Kap. 6.1).

Anders als für die Familie und – wie zu zeigen sein wird – für die Schule gibt es für den institutionellen Kontext „Kindergarten" vergleichsweise wenig systematische empirische Forschungen mit einem Fokus auf die Kategorie Geschlecht. Die meisten Forschungen entstammen dem anglo-amerikanischen, neuerdings insbesondere dem australischen Raum (Walkerdine et al 2001, MacNaughton 2000, Davies 1992). Auch wenn die Ergebnisse nicht direkt auf hiesige Kindergärten übertragbar sind, so bieten die Forschungen zur „Early Childhood Education" doch wichtige Anregungen. Das weitgehende Fehlen empirischer Forschung in der BRD hat selbst institutionelle Gründe, die ebenfalls in dem Charakter des „Frauenberufs" angelegt sind: Die Ausbildung zu Erzieherinnen/Erziehern erfolgt nicht an Universitäten, noch nicht einmal an Fachhochschulen, sondern an berufsbildenden Schulen. Entsprechend spielt Forschung in der Ausbildung keine Rolle, haben sich Praxisausbildung und theoriegeleitete Empirie auseinanderentwickelt.[7] Das hat vor allem auch Konsequenzen für das folgende Kapitel, in dem wir uns nur partiell auf systematische Forschung beziehen können und stärker auf Praxisberichte zurückgreifen müssen.

4.2 Institution und Interaktion

Kindergartenkinder wissen sehr wohl um die Bedeutung der Geschlechterunterscheidung und haben auch die Polarität von weiblich und männlich in das eigene Verhaltensrepertoire übernommen: Sie wissen, dass rosa Turnschuhe nur für Mädchen sind, Jungen keine rosa Schuhe tragen. Für Mädchen gilt diese Ausschlussregel allerdings und interessanterweise nicht in dieser strikten Weise: blau ist (in Grenzen) erlaubt. Diese und andere Regeln werden im institutionellen Kontext „Kindergarten" nicht nur im Modell seiner Repräsentantinnen (der Erzieherinnen) vermittelt, sondern vor allem auch durch die anderen Kinder, die

---

[7] Anders als in Westdeutschland wurde in Ostdeutschland der Beruf nicht zum Sozial- sondern zum Bildungsbereich gerechnet und mit allen Strukturen versehen, die „normale" Berufe ausmachen, es bestanden Aufstiegsmöglichkeiten bis zu akademischen Studiengängen. Auch hier war er jedoch ein Beruf für Frauen.

„peers". In neueren Forschungen wird immer wieder betont, in welch hohem Maße Kinder in diesem Alter Agenten ihrer eigenen Sozialisation sind. Immer wieder wird darauf hingewiesen, dass sich Kindergartenkinder untereinander rigoros auf geschlechtsangemessenes Verhalten hin kontrollieren und in dieser Hinsicht ausgesprochen intolerant sind. „In ihren Spielen sind die Kinder bestrebt, so zu tun, als beherrschten sie bereits die Kompetenzen und Regeln, um deren Beherrschung sie eigentlich noch ringen" (Rabe-Kleberg 2005, 142). In dieser Hinsicht wird die Geschlechterdifferenzierung zentral, es gilt herauszufinden, wie es ist, ein „richtiger" Junge, ein „richtiges" Mädchen zu sein, und diesbezüglich nicht eindeutiges Verhalten wird sanktioniert.

Dabei sind sich viele Untersuchungen weitgehend einig, dass hinsichtlich kognitiver und sprachlicher Fähigkeiten, hinsichtlich Leistungsmotivation und Hilfsbereitschaft, Selbstwertgefühl und Abhängigkeit kaum Geschlechterunterschiede festzustellen sind (so schon Hagemann-White 1984, auf neuere Ergebnisse bezogen Nunner-Winckler 2001). Andere Untersuchungen betonen, dass sich schon in dieser frühen Phase der Entwicklung des Gehirns durchaus Unterschiede in emotionalen, sozialen und kognitiven Kompetenzen nachweisen ließen (Eliot 2001, zit. nach Rabe-Kleberg 2005, 142).[8] Konsens besteht darüber, dass in der Dimension offener, physischer Aggression Jungen höhere Durchschnittswerte aufweisen. Nimmt man jedoch „Beziehungsaggression" hinzu, gleichen sich die Werte von Mädchen und Jungen wieder an (Nunner-Winkler 2001, 269). Selbst die gewichtigsten Unterschiede, die zwischen den Geschlechtern angenommen werden, erweisen sich *innerhalb* einer Geschlechtergruppe als größer als *zwischen* ihnen – Mädchen und Jungen sind also „eigentlich" einander eher ähnlich. Leistungsunterschiede in den verschiedenen Dimensionen differieren eher nach der sozialen Schicht des Elternhauses als nach Geschlecht.

Von sozialen Symbolen zum kategorialen Denken

Es ist oft beobachtet worden, dass Kinder früh bestrebt sind, nicht mehr als „Baby" zu gelten. Dann aber haben sie nur die Chance „schon ein großes Mädchen" oder schon ein „großer Junge" zu sein und damit auch die Zuschreibungen zu realisieren, die in der Benennung angelegt sind (Cahill 1986, zit. nach Hirschauer 2001, 218). Mit etwa drei Jahren ist ein Kind in der Lage, das eigene Geschlecht in Bezug auf das Geschlecht der anderen zu identifizieren. Aus dem Kindergartenalltag heraus können sie i.d.R. ohne Probleme eine Reihe von Un-

---

[8]   Die aktuelle Gehirnforschung – so Rabe-Kleberg – versteht diese Ausprägungen nicht als Naturgesetzlichkeiten, sondern als Ergebnisse von Konstruktionsprozessen oder eben „komplexen Bildungsprozessen" (Rabe-Kleberg 2005, 142).

terschieden zwischen Jungen und Mädchen angeben: Mädchen tragen Kleider, Jungen Hosen, Mädchen haben lange Haare, mögen Schmuck, spielen mit Puppen, Jungen haben kurze Haare, mögen Autos etc. Die Unterscheidung erfolgt anhand von Farben und Formen der Kleidung, anhand von Frisuren, Schmuck und anderen *sozialen Symbolen*.

In einem kleinen Experiment baten Kessler/McKenna (1978) Kinder zwischen 3½ und 6 Jahren jeweils einen Jungen und ein Mädchen zu malen. Danach gefragt, was denn aus dem Jungen einen Jungen mache, antwortet ein viereinhalbjähriger Junge (Loren): „because it (the boy) has no long hair; cause the eyes are different they are rounder; because he is bigger than the girl. She (the girls) has long hair; and she has curlies in her hair; and she has ears; and because she is smaller" (Kessler/McKenna 1978, 81). Sieht man sich die Bilder an, so stimmen die Beschreibungen nur zum Teil: der „Junge" ist auf dem Bild nicht größer, das „Mädchen" hat auch runde Augen und der „Junge" hat ebenfalls Ohren. Kindergartenkinder geben in den Augen der Erwachsenen häufig „falsche", i.e. den Erwachsenen nicht ohne weiteres verständliche Antworten. Aber: *Gründe* für eine Geschlechteratribution anzugeben, ist etwas völlig anderes als eine Geschlechteratribution zu „machen". Die Frage danach, was einen Jungen zum Jungen/ein Mädchen zum Mädchen macht, bringt die Kinder erst darauf, nach „Gründen" zu suchen, die aber nicht notwendig in dem von ihnen gemalten Bild enthalten sind, sondern erst durch die Frage evoziert werden: „Once they begin to understand „good reason", they start to respond as Loren did. Size and hair length are treated by children at a certain stage as dichotomous, generalizable variables, in the same way as adults treat genitals und secondary gender characteristics" (ebd., 107).

Dieser Prozess findet mit der Fähigkeit zur Selbst-Benennung „Ich bin ein Mädchen", „Ich bin ein Junge" dann einen ersten Abschluss, wenn gelernt wurde, dass sich die Geschlechtszugehörigkeit nicht ändert, auch wenn die sozialen Symbole ausgetauscht werden, ein Mann ein Mann bleibt, auch wenn er ein Kleid anzieht[9]: „Once children have incorporated the concept of an invariant gender dichotomy based on biology into their rules for seeing gender, they become able to collaborate in the social construction of gender, in making gender a „real" fact" (ebd., 109).

Wenn wir Geschlecht (Gender) als ein „elementares Bildungsprojekt" der Kindheit ansehen (Rabe-Kleberg 2005, 139), so liegt das Spezifische dieses Bil-

---

[9]   Erwachsene wissen, dass die Geschlechtszugehörigkeit nicht mit der Kleidung wechselt. Aber im Grunde – so Kessler/McKenna – machen Erwachsene etwas sehr ähnliches wie kleine Kinder, wenn sie glauben, durch die Wegnahme von Brüsten und Eierstöcken und die Hinzufügung eines Penis und der entsprechenden Hormone ein Mädchen in einen Jungen/eine Frau in einen Mann zu verwandeln (ebd., 108).

dungsprozesses darin, dass Kinder die soziale Kategorie „Geschlecht" als eine „natürliche Kategorie" erwerben. Mit dem Wissen, dass ein Junge ein Junge bleibt, auch wenn er ein Kleid anzieht, erwerben sie eben jene oben genannten „grundlegenden Selbstverständlichkeiten" der Geschlechterunterscheidung und damit das gesamte Arsenal des kategorialen Denkens (vgl. Kessler/McKenna 1978):

▪ Es gibt zwei und nur zwei Geschlechter (Annahme der Dichotomizität).

▪ Die Geschlechtszugehörigkeit ist am Körper eindeutig an den Genitalien abzulesen (Annahme der Naturhaftigkeit und entsprechender Wesensunterstellung).

▪ Die Geschlechtszugehörigkeit ist angeboren und von Geburt bis zum Tode gleich, ein Transfer von einem zum anderen Geschlecht ist nicht möglich (Konstanzannahme).

Mit dem Erwerb der Geschlechterkategorien und der Selbst-Kategorisierung als Mädchen oder Junge wird die Geschlechtszugehörigkeit damit zu einem, wenn nicht zunächst *dem* zentralen Erleben und Handeln steuernden Schema. Dazu illustrativ eine Schilderung aus der Untersuchung von Davies (1992, 5f):

> Schauplatz ist ein geselliges Picknick mit Kindern, ein neues Kind kommt hinzu: „Das strohige ungekämmte Haar, die alten Jeans und das karierte Hemd, die ungehobelte Art zu sprechen und zu essen, ließ uns wie selbstverständlich davon ausgehen, dass es ein Junge war. Als dann jemand, der das Kind kannte, es Penny nannte, war ich überrascht, meine fünfjährige Freundin war schockiert und entrüstet. Sie bat ihre Mutter, mit ihr auf die Toilette zu gehen, und als sie außer Hörweite waren, fragte sie mit Tränen in den Augen: „Mami, warum nennen sie den Jungen Penny?"

Die Fünfjährige ging immer noch von der Einordnung des anderen Kindes als „Junge" aus – d.h. ihre eigene „erkennungsdienstliche Leistung" stellte sie nicht in Frage. Das Gefühl heftiger moralischer Entrüstung bezog sich vielmehr darauf, dass *die anderen* einem Jungen einen Mädchennamen gegeben haben und damit die Ordnung der Welt infragestellten.

Geschlechterunterschiede – Geschlechterunterscheidung

Die Beschreibungen des interaktiven Alltags im institutionellen Kontext Kindergarten (z.B. Praxisberichte, aber auch empirische Untersuchungen) stimmen nahezu durchgängig darin überein, dass sich im Spiel der Kinder Geschlechterunterschiede dokumentieren. Ein prototypisches Beispiel dafür ist folgende Beschreibung eines Erziehers:

„Jungen sind interessierter und geübter in den Angeboten der Bauecke, mit ihren Bauklötzen und Legosteinen, mit Autos und Eisenbahnen. Aus diesem Ort intimer und selbstinitiierter Beschäftigung gehen von den Jungen oft lärmende Konflikte aus, die schnell die gesamte Gruppenatmosphäre beherrschen können. Hier und im erweiterten Raum des Flures fallen oft Jungenbanden auf, die sich mit Spielzeugwaffen bekämpfen und andere Gruppen überfallen. Auf dem Außengelände besetzen Jungen meist die vorhandenen Rädchen. Außerdem sind sie häufiger auf Mauern und beim Überschreiten der Grundstücksgrenze zu ‚erwischen'. Wie hier stoßen auch sonst ihre selbst initiierten Spiele oft an Grenzen, die der Ort und die Erwachsenen setzen. Beschäftigungs- und Spielangebote der Erzieherinnen werden von Jungen stärker kritisiert und torpediert. Jungen sind prozentual häufiger Thema von Fallbesprechungen innerhalb des Teams oder in Gesprächen mit psychologischen Fachkräften.
Mädchen (...) sind interessierter und geübter mit Angeboten der Puppenecke. Puppen und Geschirr, Schminkspiegel und Möbel dienen ihnen für Rollenspiele. Die Puppenecke verteidigen die Mädchen vor platzgreifenden Jungenspielen. Sie spielen leiser. Von Mädchen gehen weniger oft Störungen der Gruppenatmosphäre aus. Auch auf dem Flur organisieren sich Mädchengruppen bei ruhigeren Beschäftigungen, sind oft in Gespräche miteinander oder in Beobachtungen anderer vertieft. Mädchen halten eher die Grenzen ein und sind öfter mit der Verteidigung ihres Spielortes und Gegenstandes konfrontiert. Sie gehen bereitwilliger auf Angebote der Erzieherinnen ein und verhalten sich ihnen gegenüber solidarischer. Mädchen sind seltener Mittelpunkt von Fall- und Fachbesprechungen" (Hüller 1993, 45f)

Der Befund, dass Kinderspiele von tiefgreifenden Geschlechtsunterschieden geprägt sind, durchzieht nahezu die gesamte Literatur zum Kindergarten. Vor diesem Hintergrund scheint sich das emanzipatorische Bildungsideal einer Gleichheit der Geschlechter zu relativieren. Vor allem bei den Erzieherinnen selbst setzt sich als „Einsicht" durch: „Frauen sind anders als Männer. Mädchen anders als Jungs. Punkt." (Kebbe 1993, 43) Eine der Projektpartnerinnen im der australischen Studie stellt dazu fest: „There's no point trying to change nature, is there?" (MacNaughton 2000, 11). Ob empirische Untersuchungen zu „geschlechtsspezifischem Verhalten" oder Praxisberichte über die Herausforderungen des Kindergartenalltags: die Mehrzahl der Beschreibungen folgt dem klassischen Deutungsschema einfach schon dadurch, dass das Verhalten von Mädchen und Jungen einander kontrastiv gegenübergestellt wird. Dadurch werden Geschlechtsunterschiede systematisch überbetont und innergeschlechtliche Variation vernachlässigt (Thorne 1993, 96).

Das ist in der Gender-Literatur (seit Bilden 1991) ein immer wieder aufge-
zeigtes Dilemma und hat im Kontext der Geschlechterforschung mitunter zu
einem „Eiertanz" um die Verwendung von „weiblich" und „männlich" geführt
(Bilden 2002, 27). Der interaktive Alltag in der Kindergartenerziehung ist davon
jedoch wenig berührt, obwohl es eine ganze Reihe von Studien gibt, die aufweisen, wie unterschiedlich Geschlechtersegregation und „cross gender play" im
Vorschulbereich sowohl zwischen verschiedenen Einrichtungen als auch zwischen verschiedenenen Kulturen ausgeprägt sind (Aydt/Corsaro 2003, 1319).
Kommt eine ethnische Differenzierung im Kindergarten hinzu, so verkompliziert
sich das Bild noch einmal, indem sich neben eine geschlechterdifferenzierende
auch eine auf ethnische Zugehörigkeit bezogene Segration herstellt bzw. herstellen kann.

Dabei ist keine Frage, dass (bezogen auf moderne Gesellschaften westlicher
Prägung) auch in der Kindergartenerziehung Mädchen und Jungen „gleich" gelten, keinem eine Vorrangstellung eingeräumt wird – MacNaugthons Projektpartnerinnen bringen das folgendermaßen auf den Punkt: „gender equity's just good
practice, isn't it?" (2000, 36) oder „We've been doing gender equity for years –
what's new?" (2000, 111). Die Formel der Geschlechtergleichheit oder auch
Geschlechtergerechtigkeit hinterfragt jedoch i.d.R. nicht die Binarität von männlich und weiblich, der Dualismus bleibt unberührt. Hinterfragt und problematisiert werden lediglich die negativen Seiten des Weiblichkeits- (Passivität, Ängstlichkeit, Schüchternheit, Eitelkeit etc.) bzw. Männlichkeitskonzepts (Aggressivi-
tät, Gewaltbereitschaft, Aufsässigkeit, Schmutztoleranz). Aber: diese gehören zu
den Kernelementen des jeweiligen Konstruktionsmodus und: „Man kann von
Kindern nicht verlangen, sich als erkennbar männlich oder weiblich zu zeigen,
und ihnen gleichzeitig die Mittel, mit deren Hilfe sie dies tun können, vorenthalten. Genau das jedoch hat die große Mehrheit nicht-sexistischer Programme von
ihnen erwartet" (Davies 1992, 7).

Für Kindergärtnerinnen ist damit einerseits die Geschlechterdifferenzierung
selbstverständlich und fraglos gesetzt, andererseits bemühen sie sich unter dem
Eindruck der „Gleichheitsnorm" um „geschlechtsneutrales Verhalten". Damit
öffnet sich die genannte Falle, aus der sie i.d.R. nicht herausfinden. Faktisch
orientiert sich ihr Erziehungsverhalten an normativierten Lebensstilen und den
sich daraus ergebenden Erziehungsmaximen (Sauberkeit, Freundlichkeit, Fähigkeit zur Selbstkontrolle etc.). Eine professionelle Selbstreflexion ist kaum entwickelt und wird in der Ausbildung auch nicht angezielt: „Den meisten Kindergärtnerinnen fehlt es an Wissen und Kompetenz, Motivation und Bereitschaft, sich
mit Gender, Gender Doing und Bildung auseinanderzusetzen und entsprechende
Erkenntnisse in ihre Praxis umzusetzen", so das vergleichsweise harsche Resü-

mee von Rabe-Kleberg (2005, 153 f), eine der ausgewiesenen Kindergartenex-pertinnen in Deutschland.

Soziale Praktiken der Grenzziehung

Dennoch wird etwa in Interviews von vielen Eltern wie auch von vielen Erziehe-rinnen betont, dass sie Geschlechtergrenzen zu erweitern suchten, sie Kinder in nonkonformen Tätigkeiten unterstützten und übten – aber die Kinder entwickel-ten sich eben anders, sie „seien" anders. Das Verhalten der Kinder wird als „Ausdruck" grundlegender, auf die Geschlechtszugehörigkeit zurückzuführender Persönlichkeitsunterschiede betrachtet. Dabei wird nicht differenziert zwischen solchen als „konstant" angenommenen Unterschieden der Person und den *situa-tiven* Bedingungen des institutionellen Kontextes „Kindergarten". Buchstabieren wir diese sozialen Praktiken der Grenzziehung in einigen Dimensionen aus.

Ansprechen der Kinder

Bereits Carol Hagemann-White hat in ihrer Studie zur Problematisierung allzu schlichter Modelle „geschlechtsspezifischer Sozialisation" darauf hingewiesen, dass es von großer Bedeutung ist, dass die Erziehungssituation in fast allen auf Erziehung gerichteten organisatorischen Kontexten vergleichsweise bruchlos durch die Anwendung der Geschlechtertrennung gestaltet wird. Und auch wenn es nicht mehr üblich ist, Mädchen und Jungen getrennt in Reihen aufzustellen (wie noch vor dreißig Jahren), so hat sich an dem Grundprinzip der Ansprache doch wenig geändert: „Anweisungen, Aufforderungen, Spielangebote und Er-wartungen, oft auch Lob und Tadel werden pauschal an die Gruppe „der Mäd-chen" oder „der Jungen" gerichtet. Damit wird oft nur aufgegriffen, was „in der Luft lag". Hat eine Stunde lang eine Gruppe von Jungen mit Bausteinen und Autos gespielt, so ist es leichter und schneller zu rufen: „Jungs räumt Eure Bau-steine auf!" als das Prinzip zu verdeutlichen: jedes Kind räumt, bevor es geht, das auf, womit es gespielt hat. Doch wenn auch der Gebrauch von Ansprüchen an Geschlechtskollektive nur zu verständlich als Reaktion auf das Verhalten der Kinder selbst erscheint, so vermischt sich dies immer mit einem Eigenanteil der Pädagogen/innen, die auch von sich aus die Mädchen oder Jungen kollektiv an-sprechen bzw. deren vielleicht nur mehrheitlich oder zufällig geschlechtsgeteiltes Verhalten durch Benennung verstärken" (Hagemann-White, 1984, 64). Daran hat sich bis heute nur sehr wenig geändert. Erzieher/innen machen sich die Ge-schlechtertrennung z.T. auch gezielt zunutze, indem sie vor allem die älteren

Mädchen mehr oder weniger bewusst in die Betreuung kleinerer Kinder einbinden. Für Mädchen impliziert das eine größere, auch emotionale Nähe und Akzeptanz zu den Erzieherinnen, zugleich aber lernen sie, sich zurückzunehmen und zum „unausgesprochenen Bündnispartner" der Erwachsenen zu werden (Haberkorn 1993, 73f). Für Jungen ergibt sich quasi automatisch und unintendiert eine größere Distanz zu den Erzieherinnen.

„Funktionsecken"

Fast alle Kindergärten weisen als gestalterisches Element sog. „Funktionsecken" auf, nämlich eine „Bauecke" und eine „Puppenecke", die wie auch der Praxisbericht oben zeigte, überwiegend geschlechterdifferent genutzt werden. Und nicht nur das. McNaughton zeigt für entsprechende australische Einrichtungen, dass damit auch geschlechtsbezogene Territorien entstehen, über die Zugangskontrolle ausgeübt wird: Mädchen werden aus der räumlich expansiv genutzten „Jungenecke" oft ausgeschlossen, umgekehrt geschieht dies nicht so häufig, da Jungen für die in der Puppenecke stattfindenden „Vater-Mutter-Kind"- Rollenspiele benötigt werden. Allerdings blieben sie dort in einer randseitigen Position, da sie von den Mädchen „zur Arbeit", sprich: aus dem Spielgeschehen geschickt werden. Im Rollenspiel – Vater, Mutter und Kind, Arzt/Ärztin und Patient, Verkäufer/in und Kundin etc. – beziehen sich die Kinder nicht nur auf die gegenständliche und auf die gesellschaftliche Welt, sondern zugleich auch *auf das Reden darüber*, auf Klassifikationen und den Prozess des Klassifizierens. Mit den geschlechtsbezogenen Territorien reproduzieren sich Normalitätsunterstellungen eines *Passungsverhältnisses* zwischen Betätigungsfeld und Person. Werden die „Funktionsecken" aufgelöst und durch anderes Spielmaterial ergänzt – wie in einem Experiment geschehen (Verlinden 1995) – kann die Bildung geschlechtsheterogener Spielgruppen gefördert und teilweise auch geschlechtsbezogenes Spielverhalten aufgeweicht werden. Allerdings wird damit nicht automatisch das Sozialverhalten der bzw. dessen geschlechtstypische Normierung durch die Kinder verändert: Dominanzverhalten und Machtansprüche einiger Jungen bleiben in vielen Einrichtungen ein Problem (MacNaughton 2000, 15).

Vergeschlechtlichte Terrains im Spiel

Eine weitere Dimension zeigt sich in den Spielen der Kinder: Offen aggressives, raumgreifendes und Körpereinsatz zeigendes Verhalten wird bei Jungen einerseits als „jungenhaftes Verhalten" toleriert. Es gilt als „normal", wenn sie Gren-

zen in vielerlei Hinsicht austesten und sich dem Einfluss der Erwachsenen entziehen. Andererseits wird dieses Verhalten – da es alltägliche Abläufe stört – in
Fallbesprechungen psychologisiert und pathologisiert. Das gleiche gilt, wenn sie
sich nicht „jungenhaft" verhalten. Mädchen geraten so tendenziell aus dem
Blick, haben zugleich aber auch einen größeren Verhaltensspielraum in Richtung
„jungenhaftes Verhalten". Eine kleine Studie zur Bedeutung von „warrior narratives in the Kindergarten classroom" (Jordan/Cowan 1995,[10]) zeigt, dass diese
Erzählungen eine immense Anziehungskraft vor allem auf kleine Jungen haben.
Spielutensilien werden dazu benutzt, diese Geschichten spielerisch umzusetzen
(Stöcke, Klötze etc. werden zu Pistolen, Gewehren und Schwertern, Spielautos
zu Instrumenten der Jagden auf die „Bösen"). Die Pädagogin im Kindergarten
dagegen setze auf Gruppenregeln, die gewalttätige und kämpferische Spiele im
Innenraum unterbinden („no running", „no shouting"): „The combined experience of many teachers has shown that it is almost impossible for children to play
games involving car crashes and guns without violating theses rules; therefore
(…) theses games are in effect banned" (735). Da solche Spiele aber in der Sicht
der Jungen – so die Studie – eine sehr enge Beziehung zu Geschlechterdefinitio-
nen aufweisen, „crucial" für die eigene männliche Geschlechtsidentität seien, so
habe dieses faktische Verbot zur Folge, dass die Schulumgebung von ihnen tendenziell als „feminin" definiert werde. Abgrenzung und Widerstand seien die
Folgen, wenn es nicht gelingt, die Identifikationen in den entsprechenden Spielen umzulenken auf sozial akzeptablere Formen, z.B. auf Sportwettbewerbe.
Weiter ausbuchstabiert, werden mit diesen Ergebnissen Überlegungen plausibel,
dass vor allem für Jungen aus bildungsferneren Schichten[11] praktisch alles, was
mit „Bildung" zusammenhängt (vor allem Lesen und Schreiben), in diesem Sinn
für „weiblich" gehalten – und abgelehnt wird.

Ignorierung von Abweichungen

Die entsprechenden geschlechtertypisierenden Zuschreibungen werden durch die
Kinder selbst in aller Regel äußerst rigide aufrecht erhalten – jeder Versuch, die
grundlegende Typisierung zu erschüttern und zu öffnen, trifft bei ihnen auf Abwehr und Unverständnis. Dabei ist es frappierend zu sehen, wie die Kinder die
Vorstellung des Dualismus aufrechterhalten, indem sie individuelle Abweichun-

---

[10]   Jordan/Cowan setzen diese Erfahrungen in Beziehung zum „sexual contract" und der dort ein-
       gewobenen Polarität von „öffentlich und Privat". Dieser Schritt wird hier nicht nachvollzogen.
[11]   Für die Entwicklung der Diskussion um Jungen als „Sorgenkinder der Gesellschaft" sind vor
       allem die zunehmende Verhaltensauffälligkeit und die schlechteren Schulabschlüsse maßgebli-
       che Größen. Vgl. dazu Rabe-Kleberg 2005, 143 f.

gen ignorieren oder so konstruieren, dass sie dann doch wieder zur Vorstellung einer Polarität passen. Das Ausblenden tatsächlicher Vielfalt geht so weit, dass es selbst auf physische Kraft bezogen wird. So schildert eine australische Forscherin (Davies 1992, 34) eine Episode, in der ihr ein Junge erklärt, dass „Jungen stärker als Mädchen" seien. Als sich dann kurz darauf ein Mädchen gleichen Alters an einem Fensterbrett hochzog und er versuchte, es ihr gleichzutun, scheitert er. Er wusste sehr wohl, dass er dazu nicht stark genug war und bittet die Forscherin, ihn hinaufzuheben – sobald er oben war, war sein Verhalten unverändert. Er zeigte sich gänzlich unbeeindruckt von diesem Vorgang, der „eigentlich" seine Behauptung widerlegte.

Einen ähnlichen Mechanismus, die Mannigfaltigkeit individuellen Handelns, die Nicht-Polarität auszublenden, deckte die gleiche Forscherin in dem Versuch auf, den Kindern „feministische Märchen" nahe zu bringen (Davies 1992), Märchen, die im Kern die Stereotypisierung der Klassifikation unterhöhlen.[12] Sie traf bei den Kindern auf wenig Gegenliebe, sie hörten sich die Geschichten zwar gern an, aber in den Gesprächen über die Geschichten zeigte sich, dass die Kinder eine ganz andere Geschichte hörten als die Erzählerin meinte erzählt zu haben. Es gelang ihnen auf z.T. durchaus verblüffende Weise, sie auf die bekannte Polarität zurückzubeziehen: „Die Gespräche der Kinder im Zusammenhang mit den Geschichten, die ich vorlas, kreisten häufig um die moralische Ordnung – darum wie die Welt ist oder sein sollte. Viele der feministischen Elemente der Geschichten, die ich vorlas, waren in ihren Augen schlichtweg falsch. Oder wenn nicht, verwendeten sie Elemente der traditionellen Ordnung,

---

[12] Eine dieser insgesamt vier Geschichten geht so, dass ein Mädchen (Rita), das nie bei den Spielen der älteren Geschwister mitmachen darf, eines Tages das Kostüm eines Superhelden vor der Haustür findet und in dieser Verkleidung übernatürliche Kräfte entwickelt. Auf den ersten Blick also eine Geschichte, die schlicht die Rollen umkehrt, auf den zweiten wird wichtig, dass „weibliche" Verhaltenweisen von „Hegen und Pflegen" eingebaut sind: es geht nicht um Rache, es geht nicht darum, andere zu dominieren, und auch nicht darum, Ruhm und darüber ein erhöhtes Selbstbewusstsein zu erlangen, sondern allein darum, anderen zu helfen, auch jenen, die die Protagonistin vorher gekränkt haben. In einer anderen Geschichte spielt ein Junge lieber mit „Mädchensachen", will nicht Fußball oder Baseball spielen, lernt stattdessen tanzen und hat darin schließlich Erfolg, der auch von den anderen Jungen anerkannt wird. In einer dritten rettet eine Prinzessin ihren Spielkameraden aus einer Drachenhöhle. Eigentlich wollen sie einmal heiraten, aber als der Junge die Prinzessin mit einer Papiertüte bekleidet, schmutzig und zersaust vom Kampf erblickt, sieht er nicht seine Retterin, sondern nur ein schmutziges Mädchen und weist sie zurück. Die Prinzessin ist verblüfft: „Du siehst zwar aus wie ein Prinz, aber Du bist ein Armleuchter" und hüpft fröhlich und allein in den Sonnenuntergang. Die Geschichte endet damit, dass gesagt wird: „sie haben übrigens dann doch nicht geheiratet". In den Geschichten bleiben die Geschlechterbeziehungen im Subtext erhalten, aber die Metapher von „männlich und weiblich" werden verschoben, sie arbeiten mit „Subjektpositionierungen", die außerhalb der traditionellen Geschlechterbeziehungen ansetzen.

um die offensichtlichen Irrtümer der Figuren in den Geschichten zu verstehen
und zu erklären" (Davies 1992, 44).

Dabei beteiligen sich die Kinder an einem solchen Gespräch nun nicht mit
der Absicht, der Erzählerin eine vorgefertigte Theorie über Geschlechtorbezie-
hungen mitzuteilen oder diese zu verteidigen. Das Faszinierende der Transkripti-
onen dieser Gespräche liegt gerade darin, dass die Kinder ihre Gedanken zu der
Geschichte spontan äußern, je nachdem, wie sie gefragt werden und wie sich die
Geschichte in der Erzählung entwickelt. „Die Macht der bereits existierenden
Struktur der traditionellen Erzählweise" sei, so folgert die Autorin, stets gegenwärtig und *verhindere* das Hören einer neuen narrativen Struktur (ebd., 95).
Versucht man hier eine Generalisierung, so geht es in den geschilderten Beispielen vor allem darum, dass erworbene Klassifikationen (als Muster kognitiver
Repräsentationen) nicht identisch mit („direkten", „unmittelbaren") Erfahrungen
sind, beide vielmehr oftmals auseinanderdriften und im Ergebnis Modelle kognitiver Repräsentationen die Erfahrungen (zunächst?) überlagern können.

„Romatic love" im Kindergarten

Aus der bisherigen Aufzählung einiger sozialer Praktiken, über die Grenzziehungen immer wieder aktualisiert werden, sollte nicht gefolgert werden, dass Kindergärten insgesamt und durchgängig segregiert sind: Mädchen und Jungen spielen durchaus auch zusammen und in vielen Spielszenarien wird die Geschlechtszugehörigkeit faktisch nicht bedeutsam. Das Ausmaß der Trennung differiert von
Kindergarten zu Kindergarten, von Region zu Region, von Land zu Land: Viele
Faktoren spielen in diesen Prozess hinein, von denen sich keiner als allein ausschlaggebend erweist. Einerseits ist es plausibel, dass die Segregation auch im
Kindergarten umso schärfer ist, je stärker in einer Gesellschaft die Geschlechtertrennung und die Geschlechterungleichheit ausgeprägt ist. Andererseits erweist
sich in der Untersuchung von Aydt/Corsaro (2003) ausgerechnet eine amerikanische Einrichtung mit faktisch ausschließlich weißen Kindern der gehobenen
Mittelschicht und entsprechend ausgebildeten Gleichheitsvorstellungen im Vergleich zu anderen Einrichtungen als interaktiv am stärksten segregiert.

Gründe dafür sehen die Autoren in einem alles überragenden Topos der
Kommunikation der Kinder dieses Kindergartens: „marriage and babies". In den
entsprechenden kommunikativen Sequenzen erfolgt die Grenzziehung zwischen
Mädchen und Jungen mehr spielerisch als sanktionierend, eher neckend als
kämpferisch. „The children's conversations were frequently future oriented as
the children talked about getting married, having sex, and having children in
their later life. Although such talk may seem fairly innocuous, it did affect the

way that the children viewed each other in regard to gender. Because the children are so conscious of the framework of social relations that surrounds sexual and matrimonial relations between men and women, we argue that they tended to see all relationships between males and females as fundamentally different from relationships between those of the same sex. As a result children were more cautious in their interactions with those of the opposite sex because they knew that this relationship was more likely to be a target of teasing and humor" (Aydt/Corsaro 2003, 1322).

Das bedeutet nicht, dass die Kinder in diesem Kindergarten nicht auch oft zusammenspielen, vor allem in den Gruppen. Es besteht keine rigide Geschlechtertrennung, keine strikte räumliche Aufteilung in Territorien. Der Focus ihrer „peer culture" aber ist darauf ausgerichtet, gegengeschlechtliche Beziehungen, im Grunde *jede* Form von Freundschaft zwischen Mädchen und Jungen als „romantic in nature" zu definieren. Eine solche Unterstellung aber ist, wie auch die Untersuchung verdeutlichen kann, durchaus *kein* universelles Merkmal vorschulischer Gleichaltrigenkultur. In einem Kindergarten in einem stärker von Arbeitern und berufstätigen Müttern besiedelten Vorortes einer italienischen Großstadt sah das etwa völlig anders aus.

In Bezug auf die Bundesrepublik kann lediglich *vermutet* werden, dass ein solcher Fokus auf das Muster „romantischer Liebe" sehr gut mit dem Weltbild vieler, wenn auch sicherlich nicht aller Kindergärtnerinnen harmoniert und von ihnen gestützt wird. Darüber ließe sich möglicherweise ein Teil der Varianz zwischen verschiedenen Einrichtungen verstehen, bleibt hier aber Spekulation, da eine empirische Überprüfung aussteht.

Multikulturelle Programme: Dramatisierung von Geschlecht?

Geschlecht ist nicht die einzige Klassifizierungs- und Identifizierungsdimension, weder für die Kinder noch für die Erzieher/innen. Ob ein Kind Zugang zu den jeweils laufenden Spielen bekommt, ob es einbezogen wird in Rollenspiele, Wettbewerbe, kleine Gruppen etc. hängt auch ab von seinem kulturellen Wissen, seiner sprachlichen und sozialen Kompetenz, seiner Gewandtheit u.ä.. Neben der gezielten Aufmerksamkeit, Geschlechtergleichheit zu gewährleisten, muss zunehmend in Kindergärten die „multikulturelle" Zusammensetzung der Kindergruppe reflektiert werden – und dabei geht die Programmatik der Geschlechtergleichheit schon mal unter. „But it clashes with my multicultural Program, doesn't it?" (MacNaughton 2000, 208) fragt eine der Projektpartnerinnen von MacNaughton und zielt damit darauf ab, dass das Programm der Geschlechtergleichheit möglicherweise anderen kulturellen Sichtweisen auf Geschlechterbeziehungen keinen Respekt entgegenbringt. Den vielfältigen Beziehungen und Interdependenzen von Geschlecht, Klasse, Ethnie jeweils situationsadäquat nachzugehen dürfte Kindergartenerzieher/innen sehr oft überfordern. Sehr oft wird schon die Durchsetzung der Norm „Jungen und Mädchen decken den Tisch und räumen ihn ab" zur alltäglichen Herausforderung, wenn es in der Gegenrede heißt: „Ich bin ein Junge, ich brauche das nicht zu tun." Für viele Jungen etwa türkischer oder arabischer Herkunft ist die Herausbildung ihrer geschlechtlichen Identität auf das Engste verwoben mit der Vorstellung von der „natürlichen" Arbeitsteilung zwischen den Geschlechtern. Nicht weniger prekär ist, wenn ein Junge partout nicht neben einem Mädchen sitzen will, *weil* es ein Mädchen ist. Wie immer Erzieher/innen mit diesen Situationen umgehen: Sie aktivieren die Grenze immer neu und dramatisieren sie auch für jene Kinder, die diese strikte Trennung nicht kennen.

Vergeschlechtlichte Substrukturen in der Organisation

Die Primärzuständigkeit von Frauen für (kleine) Kinder hat Folgen für die gesamte Organisation und auch für die (wenigen) dort tätigen Männer. Sie – die Männer – sind die Ausnahme und als solche teilweise besonders attraktiv, teilweise aber auch ein „Störfaktor" in einer feminisierten sozialen Welt. In einer neueren Studie kommt Paul Sargent (Sargent 2005) zu dem Schluss, dass es sich mit „Early Childhood Education" um zutiefst vergeschlechtlichte Organisationen in dem Sinne handelt, dass Symbolisierungen und Bewusstsein der in ihnen Tätigen die Geschlechtertrennung immer wieder hervorbringen und legitimieren. Anders als es üblicherweise für Organisationen der Erwerbsarbeit unterstellt ist, dominieren Frauen, sehen sich Männer in einer marginalisierten Position. In den von Sargent geführten, auf die Berufstätigkeit fokussierten narrativen Interviews bestehen Männer darauf, keine hegemonialen Ansprüche zu haben, keine Vorteile und Privilegien in Anspruch zu nehmen, sondern zu versuchen alternative (subordinierte!) Formen von Männlichkeit zu leben. In diesem Versuch aber erfahren sie immer wieder massive negative Sanktionen, die sie in der Organisationskultur von Kindergärten, Tagesstätten und Vorschulen angelegt („embedded") sehen. Erwartungen an sie (von Eltern, Kolleginnen und Kindern) speisen sich aus dem traditionellen Bild von „Männlichkeit": Sie sollen für Sicherheit sorgen, für Autorität, Ordnung und Disziplin, sie sollen Solidität und Verantwortlichkeit ausstrahlen und nicht emotional-fürsorglich sein[13], insbesondere

---

[13]   In den Interviews wird sehr häufig geäußert, dass vor allem alleinerziehende Mütter den Wunsch haben, dass ihr Kind zu einem männlichen Betreuer kommt, damit es überhaupt eine Beziehung zu einer männlichen Bezugsperson aufbauen könne.

keinen zärtlichen (Körper)kontakt zu den Kindern aufbauen. Sie sollen vielmehr physisch stark sein, Körperkraft erfordernde Aufgaben übernehmen und durch Demonstration von Autorität Regeln setzen. Tun sie dies nicht, wird das Leben schwierig für sie: „When men behave in „feminine" ways, they come under scrutiny. Yet the particular social scene in which men operate is so feminized that „masculine" behaviors also draw attention. Strain is found in the ambiguities and ambivalence surrounding men who do not desplay stereotypically masculine behavior or desires .... There is ample evidence that, starting at a young age, boys are more powerfully sanctioned for doing feminine things (i.e., acting as a sissy) than girls are for doing masculine things (i.e., beeing a tomboy) .... Paradoxically, men who try to conduct their lifes in a non sexist, atypical way may find themselves under suspicion from both, hegemonic men and many women" (Sargent 2005, 258). Und – so muss man vermutlich hinzufügen – auch von den Kindern. Für sie sind „untypische Männer" einfach „komisch". Es ist nicht zuletzt diese grundlegend vergeschlechtlichte Substruktur, die dem Bemühen, mehr Männer als Erzieher zu gewinnen, enge Grenzen setzt.

4.3 Biografie?

Die faktische biografische Relevanz dieser Lebensphase steht außer Zweifel: In der Vorschul-Zeit werden grundlegende Kompetenzen des „doing life course" erworben. Für einige Sozialisationstheoretiker gelten die ersten sechs Jahre gerade in Hinsicht auf die Geschlechtsidentität als so entscheidend, dass diese im Nachhinein kaum zu verändern sei. Auch wenn immer wieder darauf hingewiesen wird, dass sich in der primären Sozialisation zwar grundlegende Dimensionen der Handlungsfähigkeit herausbilden, aber der Mensch *lebenslang* lernt und veränderungsfähig ist, so gelten für viele Fachleute und Alltagsmenschen die ersten fünf Jahre als dermaßen prägend, dass sie den gesamten weiteren Lebensverlauf maßgeblich bestimmen.

Nun fallen diese ersten fünf oder sechs Jahre unter das, was in der Sozialpsychologie „kindliche Amnesie" genannt wird – sie sind im konkreten Ablauf, in der konkreten Ereignisverkettung dem individuellen Erinnern nicht unmittelbar zugänglich. Jedem Versuch, in der eigenen Biografie auf die ersten sechs Jahre zurückzugreifen, haftet ein hohes Maß an Spekulation an und es ist auch für den Betroffenen selbst schwer zu unterscheiden, ob es sich um eine Erinnerung der Situation oder um eine Erinnerung an eine Erzählung über diese Situation handelt. Ähnlich wie bei der Geburtsklassifikation wird „Biografie" in diesem Prozess vor allem relevant für die Bezugspersonen des Kindes, als *Antizipation des zukünftigen Lebenslaufs*. Eine solche Antizipation (oder mitunter auch

Projektion) steht im Kontext konkreter Familiengeschichten (Hildenbrand 1999), und diese wiederum im Kontext von Gesellschaftsgeschichte (Rosenthal 2005) Mit dem Terminus einer „Biografisierung der Kindheit" wird in analytischer Perspektive darauf aufmerksam gemacht, dass die Organisation des Aufwachsens zunehmend unter die Überschrift des „Lebensweges" gestellt wird. Unter dem Motto „den eigenen Weg finden" sollen Optionen erweitert, Wege eröffnet werden. Vor dem Hintergrund dieser Entwicklung werden Eltern zum „biografischen Sachwalter" des Kindes und entsprechend sensibel wird in den entsprechenden sozialen Schichten reagiert, wenn „Störungen" auftreten, sei es in der Dimension des Sozialverhaltens oder der kognitiven und sprachlichen Entwicklung des Kindes.

Auf Seiten der Kinder entstehen in dieser Zeit erste Berufswünsche: Baumeister, Arzt, Pilot, Kapitän oder Astronautin, Lehrerin, Ärztin, Königin. Die Berufswünsche der Drei- bis Fünfjährigen orientieren sich notwendig an den Modellen, die in ihrer sozialen Welt erfahrbar sind, ein Junge aus einem Schweizer Bergdorf wird vergleichsweise selten den Wunsch äußern, Kapitän auf einem Hochseedampfer zu werden, es sei denn, er findet früh den Weg in die Medienwelt. Zugleich wird von den Erwachsenen in der Antizipation des zukünftigen Lebenslaufs sehr gern darüber spekuliert, „was das Kind einmal werden wird": Es ist so handwerklich begabt, es malt so gern, ihm sind Kleider so wichtig. Dabei wäre es eine interessante – und empirisch offene – Frage, ob heute derartige Deutungen im Sinne eines „Was wird das Kind einmal?" mit der gleichen Selbstverständlichkeit bei Mädchen wie bei Jungen auf die *berufliche* Zukunft hin vorgenommen werden. Nicht zuletzt in solchen Projektionen von Erwachsenen dürfte sich die Parallelisierung von gesellschaftlich standardisierten Tätigkeitsfeldern (Berufen) mit Aktivitätsräumen (Haus, Familie, Technik, Handwerk etc.) reproduzieren *und* die Unterstellung eines wie immer gearteten *Passungsverhältnisses* zwischen Person und Aktivitätsraum. Über eine entsprechende Untersuchung ließe sich dann auch die Frage beantworten, ob die heute allgemein unterstellte selbstverständliche normative Anforderung einer Berufsausbildung für junge Frauen auch den alltagsweltlichen Überzeugungen entspricht, was für sie biografisch „wirklich" relevant ist.

Biografische Optionserweiterungen jenseits geschlechterdifferenzierender Zurichtungen und Normalitätsauflagen beginnen früher, als ein Bewusstsein für die eigene Biografie entsteht. Dabei wirkt die normativ zu konstatierende „Individualisierung" tendenziell „entgeschlechtlichend": In der Betonung des „eigenen Weges", den es zu finden gilt, tritt die Geschlechterdimension zurück oder: kann zurücktreten. Welche „Qualitäten" Mädchen in diesem Zusammenhang haben oder entwickeln sollen, ist gerade auch in den Augen der biografischen

Sachwalter im Wandel – statt „brav" soll es durchsetzungsfähig sein, in jedem Fall und immer noch aber „hübsch".

Dennoch: Auch wenn im wesentlichen offen ist, „was aus dem Kind einmal wird", die ersten Jahre keine Charakter- oder Persönlichkeitsmerkmale in dem Sinne festschreiben, dass sie starr fixiert und unveränderbar wären, so ist doch eines von dieser Flexibilisierung weitgehend ausgenommen: Die *Klassifizierung* und *Differenzierung* nach Geschlecht – die Selbstkategorisierung als Mädchen oder Junge ist mit Abschluss der Kindergartenzeit in der Regel stabil und bestimmt die Perspektive, aus der heraus die Welt sich ordnet. Alles andere gilt als „pathologisch" und wird auch pathologisiert. Mit der Selbstkategorisierung als Mädchen oder Junge gewinnt zum einen ein auf Differenzierung angelegtes Modell sowie die diesem impliziten Zuschreibungen eine „innere" Wirklichkeit, zum anderen werden Grundlagen jener narrativer Strukturen erworben, in denen das eigene Leben angeeignet und erzählt werden kann. In diese sind, wie am Beispiel der „feministischen Märchen" gezeigt wurde, Geschlechterkategorien in der Weise eingewoben, dass sie die eigene „unmittelbare" Erfahrung überlagern (können), und so die Grundlage dafür schaffen, für das eigene Selbst eine an die Geschlechterkategorie angepasste Integration lebensgeschichtlicher Erfahrung zu ermöglichen.

5 Schule: Spiele an der Grenze

5.1 Institution und Organisation

Mit der Entwicklung des Schulwesens sowie der Einführung der Schulpflicht entsteht vor dem Hintergrund der bereits im vorangehenden Kapitel angedeuteten gesellschaftlichen Prozesse und Veränderungen ein auch aus der Perspektive unserer Thematik gesehen ebenso wichtiges wie wirkmächtiges Institutionengefüge. Schule beeinflusst Prozesse des Aufwachsens weit über die reine Vermittlung von Wissen und Fähigkeiten hinaus. Nicht zuletzt nimmt sie Einfluss in der und auf die Dimension der „Person" der Schüler und Schülerinnen und trägt (nicht nur, aber auch) auf diesem Wege bei zur Herstellung, Konstitution und Reproduktion von Geschlechterbildern und -ordnungen.

Dies geschieht nicht in erster Linie explizit und/oder intentional. Vieles davon vollzieht sich vielmehr gleichsam hinter dem Rücken der Beteiligten, schlägt sich nieder als Wirkung ihrer Formen, Praktiken, sozialen Arrangements und in ihrem Rahmen möglichen, wahrscheinlichen und real entstehenden Situationen und Szenen.

Aus diesem Grunde soll im Folgenden Schule sowohl unter dem Gesichtspunkt ihrer hier relevanten *institutionellen* Besonderheiten als auch im Hinblick auf einige im Zusammenhang unseres Themas aufschlussreiche *Interaktionsprozesse* und *-ordnungen* angesprochen werden. Abgeschlossen wird dieser Abschnitt wiederum durch eine Betrachtung der biografischen Relevanz sowie der zunehmenden *Biografisierung* auch der Schule (sowie der Kindheit und Jugend allgemein), zugespitzt auf die für uns zentrale Perspektive einer auch in dieser Dimension sichtbar werdenden Differenzierung der Geschlechter.

Das dreifach gegliederte Schulsystem, das heute noch die Schullandschaft der BRD (und nach einer anders gerichteten Entwicklung in der DDR mit einigen Modifikationen inzwischen auch die neuen Bundesländer wieder) maßgeblich prägt, bildete sich historisch heraus in Anlehnung an eine – recht grobe – Differenzierung der Gesellschaft in soziale Schichten. Die uns vertraute „Grundschule" entstand aus den sog. Volksschulen, die die Bildung der unteren sozialen Schichten zum Auftrag hatten. Diese waren vielfach koedukativ: So wie die Einteilung nach Altersklassen in der heutigen Form nicht von Anfang an gegeben war, wurden in der Tendenz Mädchen und Jungen zumeist gemeinsam unterrichtet (Kaiser 2004). Eine Differenzierung nach Geschlechtern bestand in früheren Zeiten vor allem in den weiterführenden Schulen wie der Realschule und den

Gymnasien. Heute sind auch diese Institutionen von wenigen Ausnahmen abgesehen ebenfalls koedukativ ausgelegt. Geschlecht ist damit im institutionellen Gefüge der heutigen Schule im expliziten Sinne *kein* „Sortierungsprinzip" mehr. Für die Institution Schule gilt das Gebot der „Chancengleichheit". Es impliziert zum einen den Anspruch einer Öffnung der Bildungswege für alle sozialen Schichten, zum anderen sollen auch Mädchen und Jungen gleiche Bildungschancen haben. Im Prinzip der Chancengleichheit wird insbesondere der Umstand reflektiert, dass die Schule als Institution neben und mit ihrem Erziehungs- und Bildungsauftrag zugleich eine zentrale soziale Platzierungsfunktion hat: Der jeweilige Schulabschluss öffnet oder verschließt Lebenswege, ermöglicht etwa Berufsausbildungen, eine weiterführende Schule, ein Studium oder er erschwert den Einstieg in die berufliche Bildung und die Erwerbsarbeit. Über das gegliederte Schulsystem sind in Deutschland Bildung und Qualifikation mit einer eigenen selektiven Wirkung verbunden. In wenigen Industrieländern, so die Folgerungen der Autoren der viel diskutierten Pisa Studie (2003), wird die in der sozialen Herkunft der Schüler begründete unterschiedliche Ausgangslage durch das Schulsystem in solchem Ausmaß verstärkt.

Versuche der Ermöglichung *gleicher* Bildungschancen für die Geschlechter drücken sich vor allem in der Einführung der Koedukation in weiterführenden Schulen aus. Mädchen und Jungen haben grundsätzlich das gleiche Lernprogramm, an die Stelle der gezielten Zuweisung von Bildungsinhalten (Fächern) nach Geschlechtszugehörigkeit (etwa Haushaltslehre für Mädchen, Werken für Jungen) ist die individuelle Wahlmöglichkeit getreten. Zudem können erst mit der Koedukation Mädchen und Jungen in der Schule in direkter Interaktion Beziehungen aufnehmen, etwa ein Verhältnis zueinander aushandeln und einüben, eine Chance, die in den getrennten Welten von Mädchen- und Jungenschulen sehr viel geringer war.

Dabei darf nicht übersehen werden, dass die Einführung von Koedukation vielfach eher einem Organisationsimperativ folgte als sie inhaltlich begründet und entsprechend umgesetzt wurde. „Wir dürfen nicht vergessen, dass unsere gegenwärtige Schule keineswegs Koedukation als pädagogisches Konzept verkörpert, sondern nur die verwaltungstechnisch einfachste Gewährleistung gleicher Bildungschancen in Form der flächendeckenden Versorgung mit einem standardisierten Schulangebot" (Knab 1990, zit. nach Stürzer 2003b, 174). Man sieht: Die Schule als Institution ist vor allem auch eine *Organisation*. So muss sie heterogene Ziele, Aufgaben und Zweckbestimmungen umsetzen in zumeist hierarchisierte, arbeitsteilige Strukturen, formalisierte zeitliche Abläufe, Eintrittsregeln und Mitgliedschaftsdefinitionen entwickeln und absichern, komplexe Prozesse wie etwa Bildungsverläufe der einzelnen Schüler (Fächerwahlen) und deren organisatorische Folgen synchronisieren.

Wie im Kindergarten und mit noch stärkerer Prägnanz stellen dabei die sich entwickelnden *Berufsrollen* der Lehrer ein wesentliches Bindeglied des institutionellen Gefüges dar. Dabei war der Beruf des Lehrers zunächst in erster Linie ein Männerberuf. Allerdings stand er schon früh Frauen offen. Bis in die sechziger Jahre des letzten Jahrhunderts hinein waren dennoch mehr als die Hälfte der Lehrer/innen männlich.

Seitdem hat eine starke Tendenz zur „Feminisierung" dieses Berufs eingesetzt, i.e. der Anteil der Lehrerinnen übersteigt den der Lehrer. In besonders augenfälliger Weise sind die Grundschulen von dieser Tendenz betroffen. Laut Statistischem Bundesamt arbeiteten im Schuljahr 2004/2005 lediglich 13,7 Prozent Pädagogen an Grundschulen, bei den teilzeitbeschäftigten Lehrkräften sogar nur 4,3 Prozent. Ebenso wie im vorschulischen Bereich kommen Männer an dieser Stelle kaum noch vor. Das gleiche gilt für Sonder- und Förderschulen. Erst mit zunehmendem Alter der Schüler/innen und vor allem mit zunehmendem Bildungsgrad steigt ihr Anteil, d.h. dann, wenn es verstärkt um *Wissensvermittlung* geht und *weniger* um die sozialen und emotionalen Komponenten der pädagogischen Arbeit. An Hauptschulen erreichen sie 42,9 Prozent, an Gesamtschulen 40,6 und an Gymnasien 48,8 Prozent (Statistisches Bundesamt 2006a).[1]

Folge ist, dass Kinder vielfach bis zum Alter von 10 bis 12 Jahren keinen Mann in ihrem schulischen Alltag erleben – außer vielleicht den Hausmeister. Kinder wachsen in einer von Frauen dominierten Welt auf, nehmen aber vermutlich durchaus wahr, dass die „erwachsene" Berufswelt und insbesondere die Führungsstrukturen überwiegend von Männern besetzt sind. Auch in den Schulen sind Frauen in Relation zu dem Lehrerinnenanteil in Leitungspositionen nach wie vor sehr stark unterrepräsentiert, wobei dies allerdings nur für die alten Bundesländer gilt. In den neuen Bundesländern haben Frauen das Amt der Schulleitung häufiger übernommen als ihre männlichen Kollegen und diese Zahl ist seit der Wiedervereinigung sogar noch angestiegen (Zahlen in: Roisch 2003, S.41f).

Anders als im Kindergarten gerieten in der Schule Geschlechterverhältnisse und geschlechterdifferenzierende Praktiken relativ bald in den Blick und in die Kritik. Große Aufmerksamkeit in der Debatte um die „Chancengleichheit der Geschlechter" haben die Schulbücher und Lernmittel gefunden. Die Mehrzahl der Schulbuchanalysen bezieht sich auf Lesebücher, teilweise werden auch ande-

---

[1] Man sagt, Frauen unterrichten an Gymnasien eher die sprachlichen, Männer die mathematisch-naturwissenschaftlichen Fächer. Das entspricht den Geschlechterstereotypen. Ein Frauenanteil von 41% bei den für das Fach Mathematik abgelegten Prüfungen, von 47,7 % im Fach Chemie scheint jedoch keine Minderheit mehr zu sein. Allein in der Physik ist ihr Anteil mit 28,2 % vergleichsweise gering. Zu den Zahlen vgl. Roisch 2003, 32.

re Unterrichtsfächer (Mathematik, Englisch, Biologie Geschichte etc.) einbezogen.[2]

Schulbücher

Vor allem in den Untersuchungen zu Schulbüchern der 70er und 80er Jahre wurde beklagt, dass Frauen in den Darstellungen unterrepräsentiert sind und zu 90
Prozent als Mütter dargestellt werden.[3] Wenn überhaupt Frauen im Erwerbsleben
vorkamen, dann in Berufen mit vergleichsweise niedrigem Status (Krankenschwester, Hausmädchen, Friseurin, Verkäuferin etc.) Den wenigen Frauenberufen stand eine ganze Palette von Männerberufen gegenüber, Männer wurden in
vielfältigen technischen und akademischen Berufen in Produktion und Verwaltung gezeigt. Hunze (2003, 62) weist in ihrem Überblick über die verschiedenen
Studien daraufhin, dass die geringe Präsenz von Frauen im Beruf in den Schulbüchern schon damals in keiner Weise der Realität entsprach– schon 1975 seien
37 Prozent der Erwerbstätigen Frauen gewesen. In den Schulbüchern aber war
ihr Interaktionsfeld in erster Linie auf Kindererziehung, Haushalt und Familienarbeit beschränkt. Vergleichbares wurde für die Darstellung von Jungen und
Mädchen herausgefunden: Sie wurden in als geschlechtstypisch geltenden Tätigkeiten dargestellt, Mädchen beim Puppenspiel und beim Basteln im Haus, Jungen draußen Fußball spielend oder mit Autos hantierend. Jungen wurden zu
dieser Zeit öfter als gute Schüler dargestellt als Mädchen.

In der Tendenz finden sich diese Befunde auch in den Untersuchungen von
Schulbüchern der 90er Jahre, aber in deutlich geringerer Ausprägung: Die Präsenz von Mädchen und Frauen in der „Schulbuchbevölkerung" ist deutlich angestiegen, sie ist inzwischen nahezu paritätisch. Nach wie vor wird aber bemängelt,
dass Frauen kaum in der Berufswelt sondern nach wie vor überwiegend im fami-
liär häuslichen Bereich dargestellt werden. Zwar sind die Anteile erwerbstätiger
Frauen angestiegen, sie entsprechen jedoch immer noch nicht dem realen Anteil
der Frauen unter den Erwerbstätigen in der BRD. Zudem war die *berufliche
Vielfalt* bei den dargestellten Männern dreimal so hoch. In Themenkreis „Familie
und Freizeit" war die Darstellung etwa der verrichteten Hausarbeiten nach wie

---

[2]   Schulbücher bzw. Lernmittel zum Berufswahlunterricht wurden bislang kaum analysiert, gerade
      hier – so eine Untersuchung aus den 90er Jahren – seien nach wie vor diskriminierende Darstel-
      lungen von Frauen verbreitet (Klevenow 1996 zitiert nach Hunze 2003, 78).

[3]   Der Mehrzahl der Analysen der 80er Jahre lag eine feministische Orientierung in dem Sinne
      zugrunde, dass es in den Analysen vor allem darum ging, in den Schulbüchern die Geschlechter-
      ideologie vom „Wesen der Geschlechter" aufzudecken, ihre Naturalisierung und darauf bezoge-
      ne „natürliche Arbeitsteilung" zu hinterfragen und auf diskriminierende Geschlechtsdarstellun-
      gen hinzuweisen (vgl. dazu die umfangreiche Sekundäranalyse von Fichera 1996).

vor in hohem Maße geschlechterstereotyp, auch wenn Männer und Jungen im Vergleich zu den 70er Jahren häufiger in familiären Kontexten präsentiert werden (vgl. auch hierzu den Überblick in Hunze 2003, 69ff). Und auch in den Schulbüchern der Jahrtausendwende werden Jungen öfter mit Freizeittätigkeiten und Hobbys dargestellt, Mädchen dagegen sind im Freizeitbereich sehr viel seltener anzutreffen. Sie sind nach wie vor öfter *im* Haus und nicht außer Haus wie die Jungen. Zugleich aber ist in den neueren Schulbüchern der Anteil geschlechtsübergreifender Aktivitäten deutlich gestiegen und Eigenschaftsdarstellungen für Jungen und Mädchen (ängstlich – mutig, aggressiv – hilfsbereit, etc.) waren bedeutend weniger an Geschlechterstereotypen orientiert als in Schulbüchern der 70er Jahre.

Schulbücher und Lernmittel sind Teil der schulischen Wirklichkeit, sind Teil der Institution. Sie stehen für bestimmte mit der Institution habitualisierte Werte. Sozialer Wandel wird in aller Regel nur langsam und eher als *R*eaktion aufgenommen. Die Bedeutung/die Relevanz der Schulbücher bzw. der in ihnen vermittelten Männlichkeits- und Weiblichkeitsmuster für die Aneignung der eigenen Geschlechtlichkeit ist freilich umstritten. Eine linear-mechanische Wirkung anzunehmen wäre völlig unangemessen, empirische Studien aber, die sich mit der Auseinandersetzung von Kindern und Jugendlichen mit Schulbuchinhalten befassen, fehlen. Es ist zu vermuten, dass auch hier die Lehrpersonen eine vermittelnde Wirkung haben: Wenn diese Lehrerinnen und Lehrer selber geschlechtstypische Berufsfelder wählen und traditionelle Stereotype vorleben, werden sie wenig geneigt sein, Schulbuchinhalte geschlechtersensibilisiert aufzunehmen und geschlechterkritische Prozesse im Unterricht in Gang zu setzen. Lehrer und Lehrerinnen aber hatten zumindest in den 90er Jahren noch vergleichsweise traditionelle Vorstellungen in Bezug auf Geschlecht, auch wenn in Interviews bereits betont wurde, dass Mädchen und Jungen „gleich" seien (z.B. Kreienbaum 1995).

Schulische Leistungen

In Bezug auf schulische Leistungen wurde in frühen Untersuchungen eine deutliche Unterlegenheit der Mädchen festgestellt (Kaiser 2004, 378). Inzwischen haben sie diesen Vorsprung eingeholt oder sogar überrundet. Mädchen haben – statistisch gesehen – die besseren Noten und die besseren Schulabschlüsse (Stürzer 2003, 86ff). Gleichzeitig wird Jungen sehr pauschal eine größere Motivation und Leistungsfähigkeit in Naturwissenschaften und Technik zugeschrieben, Mädchen dagegen eher in sprachlichen Fächern. Das mangelnde Interesse an mathematisch-naturwissenschaftlichen Fächern gilt als ein Grund, dass sich ihr größerer Schulerfolg nicht in entsprechende Chancen auf den Arbeitsmarkt umsetzt. Inzwischen gelten dennoch nicht Mädchen, sondern Jungen als „Problem" in der Schule: Sie werden eher als „verhaltensauffällig" beschrieben und in Sonder- und Förderschulen geschickt. Mit dem Eintritt in die Sekundarstufe differenziert sich der Schulbesuch geschlechtstypisch aus: Hauptschulen weisen den geringsten Mädchenanteil auf, an Realschulen und vor allem an Gymnasien übersteigt die Anzahl der Schülerinnen die der Schüler. Es machen mehr Mädchen als Jungen Abitur (Roisch 2003, 43). Die statistisch gesehen schlechteren Schulleistungen und vor allem Schulabschlüsse lässt manche Zeitschrift schon eine „Jungenkatastrophe" (Thimm 2004 in DER SPIEGEL vom 17.05. 2004) ausmachen und den Grund dafür in einer geringeren Förderung und unbewussten Abwertung durch Lehrerinnen und Lehrer suchen. Die Institution Schule hat sich zwar das Ziel „gleicher Bildungschancen" auf ihre Fahnen geschrieben, die Umsetzung in den Schul- und Unterrichtsalltag der Organisation ist aber offensichtlich nach wie vor vielfach gebrochen.

Bei der Betrachtung der Schule als Institution und Organisation haben wir uns zunächst auf deren expliziten, dann aber vor allem auf deren „heimlichen" Lehrplan konzentriert. Für letzteres war insbesondere die *Zusammensetzung des Lehrkörpers* nach Geschlecht und die damit implizit verbundenen Erwartungen von spezifischen Fähigkeiten und Kompetenzen ein wichtiger Gegenstand unserer Betrachtungen. Welche Konsequenzen hat das für die *Interaktion* in der Schule?

5.2 Interaktion und Institution

Die geschlechtervergleichende Forschung hat eine Vielfalt an Differenzen im Verhalten der Kinder, ihrer Interaktion miteinander und der Interaktion von Lehrenden mit Kindern und Jugendlichen aufgezeigt. Solche „Differenzfeststellungen" beziehen sich auf Kommunikationsverhalten, Interessenausprägungen, Interaktionsstile und Sozialverhalten, auf Selbstwahrnehmung, Leistungsorientierung u.a.m. Es wiederholen sich z.t. bereits im Kapitel „Kindergarten" beschriebene Tendenzen: bei Jungen wird eher ein (körperbezogenes) Dominanzverhalten beobachtet, bei Mädchen eher eine ausgeprägte soziale Kompetenz. Spielgruppen von Mädchen seien kleiner, ihre Spiele weniger konkurrenz- als kooperationsorientiert, Jungen dagegen hätten ein Interesse an geregelten Wettkämpfen mit explizit festgelegten Zielen und vor allem: Siegern. Spiele von Mädchen seien eher standortgebunden, dagegen zeigten Jungen ein raumgreifendes Verhalten. Auch die Selbstwahrnehmung werde durch stereotype Muster strukturiert: Mädchen schreiben sich eher Hilfsbereitschaft und gutes Aussehen zu, Jungen zeigen eine generell positive Selbsteinschätzung, ihr Selbstvertrauen wird durchgängig als stärker ausgeprägt beschrieben (im Überblick z.b. Bilden 1991, Roisch 2003, Tervooren 2006). Interessenunterschiede werden immer wieder und vor allem auf Unterscheide im Bereich von Naturwissenschaften und Technik zurückgeführt: Mädchen interessierten sich (zu) wenig dafür. Diese Tendenzen, Unterschiede auf unterschiedlichen Ebenen festzustellen, verdichten sich noch einmal in den sog. „peer culture"-Untersuchungen, i.e. Untersuchungen zur Gleichaltrigenkultur in geschlechtshomogenen Gruppen. In ihnen wurde vor allem die Kohärenz innerhalb der Geschlechtergruppen in den Blick genommen, so dass von daher vor allem die Aussage „Mädchen ungleich Junge" und nicht „Mädchen ungleich Mädchen" oder „Junge ungleich Junge" zum Ausgangspunkt und zum Ergebnis wurde.

Man sollte allerdings angesichts der mit Gleichheitsbestrebungen verbundenen Flexibilisierung der Grenzen zwischen Jungen und Mädchen vorsichtig sein, diesen Ergebnissen eine über Raum und Zeit greifende objektivierende Geltung zu verleihen: Wie in der Kategorie „Schulleistungen" können auch hier Änderungen eintreten und für viele Dimensionen (mit Ausnahme der des offen agierten „Dominanzverhaltens") ist unklar, ob die Unterschiede zwischen den Geschlechtern größer sind als die innerhalb des gleichen Geschlechts. Dieses „Unterschiede machen" folgt dem alltagsweltlich eingespielten „Gleichheitstabu", nach dem Mädchen und Jungen unterschiedlich zu sein haben und werden nicht zuletzt deshalb so bereitwillig in Öffentlichkeit und Medien rezipiert – auch in den entsprechenden Mädchen- und Jungengruppen.

Insbesondere die Rezeption der Untersuchungen zu geschlechterdifferenten Kulturen in Gleichaltrigengruppen hat sich ein Stück weit verselbstständigt. Der „geschlechterdiagnostische Blick" der „peer culture"-Forschung hat jedoch tendenziell ausgeblendet, dass Mädchen und Jungen *auch* gemeinsam etwas unternehmen, miteinander agieren, dass sie zusammen lernen, spielen, Fahrrad fahren. In den neueren Studien wird daher zunehmend betont, dass die empirisch konstatierten Unterschiede kein „Ausdruck" einer eben so gearteten „Geschlechtsnatur" sind, sondern Teil jener sozialen Konstruktion, in der Geschlechter sozial wirklich sind und die als „kulturelles System" angeeignet werden muss, um in ihr handlungsfähig zu werden. Denn in diesem System gibt es keine „ungeschlechtliche Person" (vgl. Kap. 1), entsprechende Ansprüche stehen unter der Drohung, zur „Unperson" zu werden (Hirschauer 1994, 679).

Einige neuere Untersuchungen brechen dazu den auf Mädchen und Jungen als Individuen bezogenen Blick auf und stellen stattdessen die Frage, über welche *sozialen Praktiken* Kinder und Jugendliche dieses „kulturelle System der Zweigeschlechtlichkeit" erwerben und ihren eigenen Platz darin finden. Dabei besteht eine weitgehende Einigkeit darin, dass es Mädchen und Jungen, Frauen

und Männer nie in „Reinform" gibt, andere soziale Klassifikationen die Bedeutung der Geschlechtszugehörigkeit brechen und relativieren können: Ethnische
Zugehörigkeit, Migration, Religion, Beruf, Beschäftigungsform, Schicht, Her
kunftsland, Alter, Familienkonstellation etc. Damit wird auch eine vielen traditionell feministischen Konzepten innewohnende Vormachtstellung der Kategorie
Geschlecht im Kontext sozialer Differenzierungen zurückgewiesen.

Choreografie von Separation und Integration

Eine der ersten entsprechenden Untersuchungen ist die von *Barry Thorne:*
„Genderplay" (1993). Aus ihrer Ethnographie zweier verschiedener „elemantary
schools" in den USA folgert sie zunächst einmal, dass es doch sehr verschiedene
Weisen gebe, in der Schule ein Junge oder ein Mädchen zu sein. Geschlecht sei
auch hier stets nur *ein* Element im komplexen Geflecht sozialer Privilegierung
und sozialer Diskriminierung und daher immer nur in „Flexion" denkbar, eben
nach Schichtzugehörigkeit, Migrantenstatus, Alter etc. „Geschlecht" habe dabei
aber durchaus auch einen Sonderstatus: „Apart from age, of all the social categories of the students, gender was the most formally, and informally, highlighted in
the course of each school day. Gender is a highly visible source of individual and
social identity, clearly marked by dress and by language; everyone is either a
male or a female. In contrast categories of race, ethniticy, religion and social
class tend to be more ambigous and complex" (1993, 34).
    Ein Ausgangspunkt ihrer Untersuchung ist der empirisch robuste Befund
verschiedener, auch international vergleichender Studien, dass Kinder sich nach
Möglichkeit Spielgefährten *gleichen* Geschlechts suchen. Diese „same sex"-
Tendenz verstärke sich im Laufe der Kindheit. Ihrer Beobachtung zufolge aber
zeige sich diese Tendenz in durchaus herausgehobener Weise in der (koedukativen!) Schule und *nicht* in anderen sozialen Kontexten wie etwa der Nachbarschaft oder der (kirchlichen) Gemeinde[4]. Dazu schildert sie folgendes Gespräch:

> „When I stood on the Ashton playground talking with Melanie, a sixth-grader, I
> learned of a girl-boy-friendship that went underground in school. After Jack walked
> by without even glancing at her, Melanie whispered to me, 'He's one of my best
> friends.' 'But you didn't even nod or say hello to each other' I said. 'Oh' she re-
> plied, we're friends in our neighbourhood and at church, but at school we pretend
> not to know each other so we won't get teased." (Thorne 1993, 50)"

---

[4]   Kommt in der Schule eine ethnische Dimension hinzu, so entstehen mitunter (nicht: immer)
      ethnisch homogene Gruppen, die aber i.d.R. zugleich geschlechterhomogen sind.

Warum ist das so? Warum ist der „Durchmischungsgrad" in Schule, Kirche, Nachbarschaft so unterschiedlich? Thornes zentrale These dazu lautet, dass „kollektive Praktiken" auf Seiten der Institution (der Schule) wie auf Seiten der individuellen Akteure zu diesem Ergebnis führen. Schule und Nachbarschaft unterscheiden sich vor allem dadurch, dass in der Schule das primäre Sortierungsprinzip das Alter ist (Jahrgangsstufen). In Gruppen von Gleichaltrigen aber trete eine stärkere Geschlechtertrennung auf als in altersgemischten Gruppen, da damit eine größere Auswahl an gleichaltrigen Mitspielern bzw. Mitspielerinnen verbunden ist. In der Nachbarschaft werden Mädchen beim Fußballspielen auch deshalb akzeptiert, weil nicht genügend Jungen zur Verfügung stehen. Schließlich bewirke die kontinuierliche Anwesenheit von Lehr- und anderen Aufsichtspersonen, dass die Kinder oft als Gruppen (boys and girls) angesprochen werden und die Trennung auch explizit zur Gruppenbildung verwendet wird (Mädchen gegen Jungen), ihnen mitunter explizit stereotypisierte Attribute zugeschrieben werden (z.B. „beastly boys" gegen „gossipy girls") (Thorne 1993, 67). Gleichzeitig werde jedoch der Segregation auch entgegengesteuert, etwa, wenn Aufsichtspersonen intervenieren, indem sie den Ausschluss eines Mädchens aus einem Spiel kritisieren und ihm zum Mitspielen verhelfen.

Allein können diese strukturellen Unterschiede zu kleinräumigeren sozialen Kontexten wie der Nachbarschaft die vergleichsweise strikte Segregation in der Schule jedoch nicht erklären, sie bilden lediglich einen *Hintergrund für die Praktiken der Kinder selbst*. Wird etwa die Sitzordnung im Klassenzimmer durch die Lehrkräfte nach Kriterien wie Größe, Disziplin, Hörvermögen und Lernfähigkeit der Kinder gestaltet, so ergibt sich eine gemischte Sitzordnung. Wird die Wahl des Sitzplatzes den Kindern überlassen, so entstehen eher Mädchen- und Jungenseiten oder stabile Mädchen- und Jungencluster. Ähnliches gilt für die Aufstellung in Reihen oder die Wahl von Tischen beim Mittagessen. Stets bilden sich stabile gleichgeschlechtliche Cluster. Ein Junge – John –, der sich (versehentlich oder absichtlich) in der Mädchenreihe aufstellte, löste bei Mitschülern und Mitschülerinnen folgende Kommentare aus: *„John's in the girls line; look at that girl over there"* (Thorne 1993, 40). Solche Probleme, als „Mädchen" *verspottet* zu werden, bekommen Jungen vor allem dann, wenn sie die Geschlechterlinie *allein* überqueren – „gender-cross"-Interaktionen sind nur dann nicht riskant, wenn von vornherein in gemischtgeschlechtlichen Gruppen gespielt wird. Das aber – so Thorne – ist vor allem auf dem Schul-Spielplatz vergleichsweise selten, in den Schulklassen dagegen etwas häufiger.

In der Beschreibung des Verhaltens in den Jungen- und Mädchengruppen kommen eben jene Unterschiede zum Tragen, die oben bereits skizziert wurden: Mädchen und Jungen spielen verschiedene Spiele, gehen unterschiedlich miteinander um und besetzen unterschiedliche Territorien. Eine der wichtigsten Praktiken, Geschlechtergrenzen zu markieren und aufrechtzuerhalten, sei das „Teasing", das Hänseln oder Necken. Das wird durchaus von beiden Geschlechtern betrieben, aber: hier werde die Spur der Macht sichtbar. Es sind vor allem Jungen, die „Mädchen ärgern" spielen, zugleich erklären sie, dass ihre verbalen oder auch physischen Übergriffe doch „nur Spaß" seien, während das Opfer oder Gegenüber dabei keinerlei Spaß empfindet: „in several notable ways, girls act from a one-down position, a pattern both enacted and dramatized in the Process of borderwork" (Thorne 1993, 84).

Die eigene Vergesellschaftung von Jungen geschehe in deutlicher Abgrenzung zu den Mädchen und auch grenzverletzendes Verhalten wird von ihnen schärfer sanktioniert. Zugleich betont Thorne, dass dies *nicht* von allen Jungen, sondern lediglich von einzelnen Gruppen ausgeht. In der Wahrnehmung dominieren diese jedoch, gerade weil sie den anerkannten Stereotypen am nächsten kommen. Die weniger diesen Stereotypen entsprechenden Kinder gerieten so aus dem Blick und würden (auch von den Forschern!) marginalisiert. In einer Klasse – so Thorne – würde sich mehr als die Hälfte der Jungen nicht in das „Jungengruppenschema" einordnen lassen, bei einigen passe sogar das „Mädchenschema" besser als bei vielen Mädchen. Trotzdem müssen auch sie „Borderwork", Grenzziehungsarbeit leisten, um Sanktionen von *beiden* Seiten zu vermeiden. „When gender boundaries are activated, the loose aggregation „boys and girls" consolidates into „the boys" and „the girls" as seperate and reified groups" (Thorne 1993, 65).

Zentrales Ergebnis ihrer Studie ist, dass die Geschlechtergrenzen außerhalb der Schule nicht in gleicher Weise gelten und die soziale Wirklichkeit eher als eine „Choreografie von Gender Separation und Integration" (1993, 36) zu betrachten und zu analysieren sei. Die Überwachung der Geschlechtergrenzen in der Interaktion der Kinder in der Schule aber trage zu einer Erhöhung der sozialen Distanz und zu einem gegenseitigen Vermeiden („mutual avoidance") bei, welches ja auch in dem anfangs zitierten Gespräch thematisch wurde, und welche dazu führt, dass Kommunikation zwischen Fremden in gleichgeschlechtlichen Begegnungen und Gruppierungen einfacher und vertrauter – eben weniger fremd – erscheint.

Interaktionsfeld Schule

Die Untersuchung von *Helga Kelle und Georg Breidenstein* (1998) schließt explizit an die Forschung von Barrie Thorne an. Ihre Untersuchung bezieht sich auf 9-12jährige Kinder der 4. bis 6. Klasse der „Laborschule", einer experimentellen Schulform, in der man sich vergleichsweise früh um eine „geschlechtersensible"

Unterrichtsgestaltung bemühte. Breidenstein/Kelle geht es aber ebenfalls weniger um den Unterricht als vielmehr um das „Interaktionsfeld" Schulklasse. Eine Besonderheit dieses Interaktionsfeldes ist, dass die Teilnehmer relativ altershomogen und oft über viele Jahre zusammen sind. Man hat sie sich zwar nicht selber ausgesucht, sie bilden aber eine wichtige Ressource für Freundschaften.

Für eine Ethnographie ist das Interaktionsfeld Schulklasse nicht zuletzt deshalb gut geeignet, weil es hochgradig öffentlich ist. Die Mitglieder stehen unter wechselseitiger Beobachtung, Kinder profilieren und blamieren sich, sie beschweren sich, kommentieren sich wechselseitig, sie lachen übereinander, sie tuscheln und flüstern, sie haben Geheimnisse und tauschen sie aus. Indem sie zueinander in Beziehung treten und sich zueinander in Beziehung setzen, erzeugen sie Distinktionen, etablieren Unterschiede und sortieren die Klassenkameraden nach sozialen Kriterien (Breidenstein/Kelle 1998, 14). Wie schon für Barrie Thorne ist auch für Breidenstein/Kelle die „Normalität" der Geschlechtertrennung unübersehbar, etwa wenn die Kinder die Sitzordnung frei wählen oder die Zusammensetzung der Arbeitsgruppen bestimmen: „Wenn sich Kleingruppen entlang persönlicher Beziehungen der Kinder bilden, kommen überwiegend geschlechtshomogene Gruppen zustande" (Breidenstein/Kelle 1998, 44).

Wie kommt es zu der gerade in dieser Altersstufe noch einmal verstärkten Segregation nach Geschlecht? Mit dieser Frage wird die Bedeutsamkeit der Geschlechterdifferenzierung nicht vorausgesetzt, sondern als *empirische* Frage behandelt. Es gilt, jene Praktiken zu identifizieren, über die die Geschlechtertrennung Bedeutung erlangt, und nach dem „Sinn" zu fragen, den die Geschlechterunterscheidung im Vergleich zu anderen Formen der sozialen Differenzierung hat. Entsprechend wird der Stellenwert der Geschlechterunterscheidung in Relation zu anderen Ordnungsstrukturen wie Freundschaften und Beliebtheit in der Klasse untersucht.

Zunächst als Illustration ein Auszug aus einem Beobachtungsprotokoll während einer Unterrichtspause:

> „.....auf Malte und Björns Tisch werde ich aufmerksam, als Malte ein Mädchen aus einer anderen Gruppe, dessen Namen ich nicht kenne, von diesem runterschubst. Als nächstes setzen sich zwei der fremden Mädchen auf den Tisch, worauf Malte und Björn den Tisch umkippen, um sie zu vertreiben. Als der Tisch wieder steht, sind auch sofort wieder zwei Mädchen drauf. ...Malte ruft „nee ich hab ne bessere Idee!" Er geht um den Tisch herum und zieht ein Mädchen an den Füßen vom Tisch.... Björn tut es ihm nach, eins der Mädchen landet auf dem Boden, doch alle haben strahlende Gesichter. Inzwischen wollen drei Mädchen sich immer wieder auf den Tisch setzen. Björn und Malte schubsen sie immer wieder runter.... Björns und Maltes neue Taktik ist, sich selbst auf den Tisch zu setzen und von dort aus zu treten, wenn eine der Tischfläche nahe kommt. Jetzt wächst die spielende Gruppe rapide

an: Uwe, Daniel und Thomas kommen auf der Seite der „Verteidiger" hinzu, die Mädchen sind inzwischen zu sechst... die Mädchen ziehen sich jetzt zurück, jedoch nur, um in einiger Entfernung dicht im Kreis stehend und flüsternd ihre Taktik zu besprechen. Auf einmal stürmen sie alle gleichzeitig auf den Tisch los" (Kelle 1999, 314).

Soweit der (gekürzte) Auszug aus dem Protokoll. Eine solche Szene – darauf weist die Autorin in diesem Artikel auch explizit hin – kann selbstverständlich nur ein Schlaglicht auf die Verwendungsweisen der Geschlechterunterscheidung werfen. Dieses Beispiel ist aber nicht zuletzt deshalb für den hier in Frage stehenden Kontext so aussagekräftig, weil das empirische Material systematisch auf den Ablauf einer Interaktion bezogen ist. Diese Zentrierung erzwingt in gewisser Weise, bei den sozialen Praktiken selbst anzusetzen, nicht bei einem Verständnis von Geschlecht als „Eigenschaft von Personen" stehen zu bleiben. In der Konzentration auf den Ablauf von Interaktionen scheint auf den ersten Blick eine vergleichsweise oberflächliche Ebene sozialer Wirklichkeit beschrieben zu werden. Genau darin aber wird die Unter- und Hintergründigkeit solcher „Oberflächen" sichtbar.

Im Beobachtungsprotokoll geht es um eine mehr oder weniger typische Pausensituation elfjähriger Kinder – bereits nach der Lektüre eines kurzen Ausschnittes ist klar, dass die Geschlechtszugehörigkeit der Kinder hier eine wichtige Rolle spielt. Das ist nicht notwendig und/oder immer der Fall, aber was hier im Gang ist, ist unzweifelhaft ein „Geschlechterspiel". Jeder Versuch jedoch, die Interpretation auf „geschlechtstypisches Verhalten" zu lenken – also auf „Geschlechtsunterschiede" – endet bei diesem Material notwendig in Spekulationen. Die Beschreibung des Ablaufs der Aktivitäten – Angreifen, Treten, Schubsen etc. – zeigt, dass diese auch umgekehrt auf die Geschlechter verteilt sein könnten. Der Ertrag liegt also auf einer völlig anderen Ebene: Die situative Bedeutung der Kategorie Geschlecht – ihr „Sinn" – liegt in diesem Beispiel darin, zwei Spielparteien hervorzubringen, die sich dann in komplementären Rollen (Angreifer versus Verteidiger) gegenüberstehen. Die Komplementarität heizt das Spiel an. Über die Ad-hoc-Definition von Geschlechterterritorien – in diesem Fall: ein Tisch! – wird die Geschlechtergrenze aktiviert. „Der Sinn des Spiels scheint weniger in der Ermittlung von Siegern und Verlierern zu liegen als vielmehr an der einfallsreichen Arbeit an der Grenze." (Kelle 1999, 315) Die Grenzziehung selbst ist dabei kontingent, sie beruht nicht auf einer irgendwie gearteten „Essenz" eines Unterschieds.

In anderen Spielen – Verfolgungsspielen wie dem sog. „Knutschpacken", in dem die Jungen die Mädchen und die Mädchen die Jungen fangen und dann küssen – wird durch die Kategorisierung die Spielpartei vorab vorgeschrieben und ist bindend, i.e. die Geschlechterdimension wird als *formales* Organisationsprinzip explizit. Eine weitere Stufe der Explizitheit gewinnt sie in den Spielen rund um „Paarbildung und Verliebtheit". Bei diesen Spielen geht es darum Paare zu bilden, z.B. durch Abzählen von Buchstaben der Vornamen, ähnliche Geburtstage u.a. Das Ergebnis – welcher Name zum Schluss übrig bleibt – ist weitgehend zufällig, klar ist lediglich, dass dann, wenn es um einen Jungen als „Objekt" geht, nur Mädchen den Kreis der Mitspielerinnen bilden können.

Die Unterstellung von Heterosexualität gehört zu den Grundunterstellungen, zu den Voraussetzungen dieser Spiele. Jenseits des jeweils expliziten Spiels sind Anspielungen, Kommentare, Geheimnisse und Geständnisse ein ständiges Thema unter den Kindern, wobei in diesem Diskurs auch die Kategorie „Beliebtheit" eine zentrale Rolle spielt. In diesen die Spiele begleitenden Aktivitäten werden immer wieder die gleichen Kinder genannt, d.h. es sind Kinder, die in der Gruppe einen hohen Status haben. Im Zusammenhang mit ihnen genannt zu werden hebt in diesem sozialen Kontext den eigenen Status. Die Attraktivität, die die Spiele rund um das Thema „Verliebtheit" haben, liege aber vor allem in der *Exotisierung* des „anderen Geschlechts". Indem von der Normalität der eigenen Geschlechtszugehörigkeit ausgehend Bezug genommen wird auf das „ganz Andere", wird *Fremdheit* hergestellt, die eine besondere Anziehungskraft entfaltete. Verliebtheit ist dabei lediglich eine Art „Kommunikationscode" oder, wie ein Mädchen im Interview sagt: „es ist nicht vorgesehen, nicht verliebt zu sein" (Breidenstein/Kelle 1998, 192). Es geht primär um den Erwerb von Regeln, darum, zu lernen, wie Gefühle gegenüber diesem „anderen" auszudrücken, zu simulieren, anderen zu unterstellen oder zu leugnen sind und eben dabei das „Spiel der Differenz" spielen zu lernen.

Die Bedeutsamkeit von unterschiedlichen Praktiken von Mädchen und Jungen – so die Autoren – liege eben *nicht* darin, dass sie „eigene Kulturen" begründen würden. Die Bedeutsamkeit liege vielmehr darin, „dass die Abgrenzung von den je anderen erst das eigene möglich macht oder: konstituiert" (Kelle 1999, 320).[5]

Die Analyse der Choreografie des Wechsels von Situationen erzeugt völlig andere Einsichten als die geschlechtervergleichende Forschung, wie sie z.B. im ersten Abschnitt dieses Kapitels aufgerufen wurde. Ihr zentrales Ergebnis ist, dass die *Geschlechterklassifikation* dann wichtig wird, wenn es um Fragen der (sozialen) *Zugehörigkeit* geht. Für die Zugehörigkeit zu einer Geschlechtsgruppe

---

[5] Dabei konstatieren die Autoren auch eine Reihe asymmetrischer (Spiel)Praktiken, wie etwa das „Mädchen ärgern", das in der routinehaften Form, wie es als Kommunikationsgegenstand unter Jungen auftaucht, bei den Mädchen keinen Gegenpart hat. Und auch der Geschlechtertausch zu Karneval zeigt, dass Mädchen zwar als Jungen gehen können, ohne besondere Reaktionen hervorzurufen, aber ein Junge als Mädchen so viel Spott und Hohn erfährt, dass er beschämt die Verkleidung wieder ablegt (Breidenstein/Kelle 1998, 231).

ist ihr absolut *unproblematischer* und *selbstverständlicher* Charakter typisch:
Dafür muss man nichts tun, die Zuordnung erfolgt *automatisch*. Und eine solche
Form der Zugehörigkeit, die entlastet ist von der Verantwortlichkeit eigener
Wahl, ist eine jederzeit aktivierbare Ressource für Identifikation und Distinktion,
wobei letzteres auch die Option der Abwertung beinhaltet, etwa wenn Geschlechtszugehörigkeit witzelnd, neckend, spielerisch in Frage gestellt wird.
Viele Praktiken der Unterscheidung und Gegenüberstellung der Geschlechter
erweisen sich als relativ inhaltsleer, sie bleiben – wie an den Beispielen illustriert
– ein weitgehend *formales* Sortierungsprinzip. Dennoch gilt, dass in der koedukativen Schulklasse „die" Mädchen und „die" Jungen füreinander die Unterschiede der Geschlechter verkörpern, einfach deshalb, weil mit der „jederzeit
gegebenen Möglichkeit des Vergleichs" immer auch Unterschiede hervorgebracht werden (können) (Breidenstein/Kelle 1998, 269).

Autorin und Autor betonen, dass es viele Situationen gibt, in denen die Geschlechterunterscheidung *keine* Rolle spielt und die Beziehungen auch zu Kindern anderer Geschlechtszugehörigkeit von Selbstverständlichkeit gekennzeichnet sind. In der kontrastiven Gegenüberstellung bietet die Thematisierung der
Geschlechtszugehörigkeit jedoch jederzeit die Möglichkeit, einen „Modus der
Fremdheit im Bezug auf das andere Geschlecht zu aktivieren". Vor allem die
Spiele und Anspielungen rund um das Thema „Verliebtheit und Paarbildung"
setzen den Bezug auf das andere Geschlecht „als Intimität und Geheimnis" in
Szene. Anhand der Interviews mit den Kindern wird von Breidenstein/Kelle sehr
anschaulich herausgearbeitet, wie und auf welche Weise das „andere Geschlecht" als das unbekannte inszeniert wird und wie die Geschlechtergrenze als
„Grenze des eigenen Wissens" reklamiert wird. Ihre Schlussfolgerung, dass die
„Exotisierung des anderen Geschlechts (…) eine der zentralen Quellen der Erotisierung der Geschlechterdifferenz und ihrer affektiven Aufladung sein (dürfte)",
(ebd., 269f) steht in einer deutlichen Parallele zu den oben skizzierten Befunden
der vergleichenden Untersuchung von Aydt/Corsaro (2003), nach der in den von
ihnen beobachteten Kindergärten die stärkste interaktive Segregation *dort* beobachtet wurde, wo die heterosexuelle Paarbildung im Zentrum der Kommunikation der Kinder stand und jeder nähere Kontakt zwischen einem Jungen und
einem Mädchen als „romantic in nature" aufgefasst wurde. Die in der Folge
entstehende wechselseitige Vermeidung lässt dann bereits an dieser frühen lebensgeschichtlichen Schaltstelle jene Stilisierung einer Fremdheit und Exotisierung des anderen entstehen, die in der weiteren Schulzeit dann mitunter ausgesetzt werden kann, aber lebenslang aktualisierbar bleibt.

Körperstile, Sexualität und Begehren

Diese Fremdheit des anderen wird in der Phase der ausgehenden Kindheit und im Übergang zum Status der/des Jugendlichen in durchaus spezifischer Weise virulent, denn hier geht es in (noch) stärkerem Maße als in den früheren Jahren um eine „Einübung in Geschlecht und Begehren" (Tervooren 2006, 21). Unter diesem Blickwinkel wurden von ihr an einer Berliner Grundschule[6] zwei Mädchencliquen und eine Jungenclique ethnografisch begleitet.

Anders als in der Untersuchung von Breidenstein und Kelle (1998) geht es in dieser Studie weniger um die Frage, wann und wie die Geschlechterdifferenzierung eingesetzt und bedeutsam wird, sondern um einen sozialisationstheoretisch inspirierten Blick, in und mit dem vor allem an die Arbeiten von Pierre Bourdieu und Judith Butler angeschlossen wird. Ausgangsthese ist, dass Geschlecht in der Lebensphase der ausgehenden Kindheit vorrangig über den Bezug auf den Körper wahrgenommen bzw. relevant gemacht wird. Dabei geht es selbstredend nicht um den „anatomischen Körper": Im Kontext von „Sexualität und Begehren" werden vielmehr „Körperstile" zur „Eintrittskarte" in das Reich der Jungen oder der Mädchen (Tervooren 2006, 211). Dabei ist nicht von einer Kongruenz von anatomischem Körper (Genitalien) und Körperstilen auszugehen, sondern vielmehr von einer erheblichen Variabilität. Zwar werde mit Körperstilen einerseits die Zweiteilung in „Männlichkeit" und „Weiblichkeit" angezeigt, andererseits aber sind im Rahmen dieser Klassifikation sehr verschiedene Varianten möglich. Deren Bandbreite ist freilich, wie zu zeigen sein wird, je nach Geschlecht unterschiedlich beschaffen.

Auch Tervooren sieht in der Schule ein Interaktionsfeld, die Aktivitäten der Kinder als einen Teil der Schulkultur, die sich nicht aufs Klassenzimmer und schon gar nicht auf den Unterricht begrenzen lässt. Vielmehr konstituieren sich Gruppen von Kindern gerade auch in und durch Aktivitäten *außerhalb* der Schule, wirken in dieser Form dann aber auf die Schulkultur und den Schulalltag zurück. „Einübung in Geschlecht und Begehren" vollziehe sich in diesem Kontext im Spannungsfeld von „Tun und Widerfahren" (ebd. 37), werde also weder allein von den Kindern als Akteuren gestaltet noch lediglich von sozialisatorischen Umwelten gesteuert. In diesem Spannungsfeld komme vor allem *Spielen* und *Ritualen* eine herausragende Bedeutung zu. Sie sind das zentrale Medium im

---

[6] In den Berliner Grundschulen werden Kinder bis zur 6. Klasse gemeinsam unterrichtet, erst dann setzt der leistungsbezogene Differenzierungsprozess nach Schultypen ein. Bei der untersuchten Schule handelt es sich ebenfalls, wie schon bei Breidenstein/Kelle, um eine sogenannte „Reformschule", die sich als Modellprojekt verstand und von daher an Öffentlichkeit interessiert und in ihrem Alltag auch gewohnt war. Viele Kinder dieser Schule haben einen Migrationshintergrund, in der Untersuchungsphase lag deren Anteil bei ca. 51%.

Prozess der „Einübens". Anders als schulischer Unterricht unterliegen Spiele und Rituale sehr viel weniger dem Primat der Sprache, vollziehen sich eher in Bewegung, in Aktion (Tervooren 2006, 211). Sie sind in hohem Maße öffentlich, haben sowohl spielende Akteure als auch Zuschauer und sind so in einem grundsätzlichen Sinn auf die Bestätigung durch Gleichaltrige, aber auch durch Lehrer und Eltern angewiesen.

In Spielen und Ritualen greifen Kinder einerseits auf tradierte Muster und Normen zurück, verändern diese aber durch die Reinszenierung auch, so dass begrenzte Spielräume entstehen (ebd., 209). Körperstile etwa werden vor allem dadurch eingeübt „dass sie bei Gleichaltrigen oder bei solchen, die den Übergang von der Kindheit zur Jugend bereits bewältigt haben, gesehen und dann nachgeahmt werden." (ebd., 211). Dabei entstehen immer neue Stilisierungen, denen durchaus auch die „Arbeit" anzusehen ist, die Kinder in sie investieren: Nicht nur Kleidung und Accessoires, Frisuren und Schminke, sondern auch Körperhaltung, Kraft, Ausdauer, Geschicklichkeit, Körperspannung etc. werden „erarbeitet", oft auch im Stilmittel der Übertreibung. Gerade die Mädchen – so die Autorin – nutzen die Möglichkeit, mit dem eigenen Körperstil auf dem Kontinuum zwischen Weiblichkeit und Männlichkeit in die Sphäre der als „männlich" wahrgenommenen Stile zu wandern. Die Jungen dagegen orientieren sich an nur *einem*, auf „Autonomie und Männlichkeit" ausgerichteten Körperstil[7], für sie ist die Bandbreite möglicher Variabilität eng umgrenzt.

Spiele und Rituale bieten grundsätzlich die Möglichkeit, eine andere Darstellungsform als die durch das Geburtsgeschlecht nahegelegte einzuüben, jedoch machen nicht viele Kinder von dieser Möglichkeit Gebrauch. Wenn, dann sind es die *Mädchen*, die sich sehr deutlich an unterschiedlich männlich und weiblich bestimmten Körperstilen orientieren, während *keiner* der Jungen sich an weibliche Vorbilder oder weibliche Körperbilder anlehnt. Die Überschreitung der Geschlechtergrenzen, so die Autorin, weist in der Regel in Richtung „Männ-

---

[7]   Der Körperstil der „Assimilation an das Männliche" wird am Beispiel der Partizipation eines Mädchens an sonst ausschließlich von Jungen gespielten Ballspielen und ihrer an den Jungen orientierten Aufmachung (kurze Haare, jungenhafte Kleidung) entwickelt. Dieses Mädchen platziert sich eindeutig auf der Seite der Jungen und wird darin auch (teilweise) anerkannt. Zugleich versperrt ihr die Assimilation an die Welt der Jungen den Weg in die Gruppe der Mädchen. In einer anderen Gruppe haben Mädchen ein eindeutiges, von allen geteiltes Bild von „jugendlicher Männlichkeit", während das Bild ihrer eigenen „jugendlichen Weiblichkeit" wenig entwickelt und wenig eindeutig ist. Indem sie den Typus des „coolen Jungen" zum allgemeinen (begehrenswerten) Vorbild machen, wirken sie an dessen Hegemonie mit. Der Körperstil der „puristischen" „stilisierten Weiblichkeiten" wird am Beispiel einer Schneeballschlacht, in die drei zwölfjährige Mädchen auf dem Schulhof geraten, entwickelt. In ihren Gesten des „Getroffenseins" demonstrieren sie Empfindsamkeit, Verletzlichkeit, Unterstützungsbedürftigkeit, wobei die *Übertreibung* Teil der *Stilisierung* ist (ebd., 73ff).

lichkeit" (ebd., 214). In Hinblick auf die Überschreitung der Geschlechtergrenzen bestätigen sich weitgehend die Befunde von Barry Thorne.

In Bezug auf „Sexualität und Begehren" wird von Anja Tervooren sehr nachdrücklich betont, dass beide gerade in dieser Übergangsphase in keiner Weise identisch seien. Insbesondere die enge Verknüpfung von Begehren und Sexualität sei ein an der modernen Welt des Erwachsenen orientiertes Phänomen, das keine Entsprechung in der Welt der ausgehenden Kindheit habe. Begehren zeichne sich hier vielmehr durch eine „Gleichzeitigkeit von Begehrensformen aus" (ebd., 220), umfasse in diesem Lebensabschnitt auch Freundschaften, Intimität in der gleichaltrigen und gleichgeschlechtlichen Gruppe bis hin zu ersten Ausflügen in die Welt der Heterosexualität. Als „Begehren" wird in dieser Studie die „drängende Energie, die sich auf ein Gegenüber richtet", definiert: „Von der besten Freundin oder dem besten Freund über die Clique bis hin zum erotischen Interesse am anderen Geschlecht" (ebd., 226). So sei etwa im untersuchten Feld für die Mädchen die Zugehörigkeit zur Mädchen*clique* das wichtigste Objekt des Begehrens, gegen die ohne Bedenken der erste Freund eingetauscht wird und von der auch die „beste Freundin" nicht untangiert bleibt.

In dieser Zeit des Übergangs zwischen Kindheit und Jugend seien die Mädchen vorrangig damit beschäftigt, nicht mehr als Kind wahrgenommen zu werden, sondern als „jugendlich" geltende Geschlechterinszenierungen einzuüben. Erst in zweiter Linie näherten sie sich zusammen mit anderen Mädchen dem Thema Sexualität an. Die Beziehung zu anderen Mädchen seien in dieser Zeit tatsächlich „intim", nicht im Sinne sexueller Handlungen, sondern weil in ihnen sehr wichtige Gefühle und existenzielle Themen verhandelt werden (ebd., 221). Kontakte der Mädchen zu Jungen seien im Vergleich dazu tendenziell austauschbar, sie dienen primär dazu, die eigene Attraktivität für das andere Geschlecht sowie darauf bezogene Machtverhältnisse innerhalb der peer group sichtbar werden zu lassen und Heterosexualität zu demonstrieren. Die eigenen, geschlechtshomogenen Beziehungen in der Clique werden dezidiert *nicht* unter sexuellen Vorzeichen wahrgenommen und verhandelt. In dem Moment, wo Verhalten sexuell kodiert wird, wird es – normativ – heterosexuell. *Eigenes* heterosexuelles Begehren aber erscheine den Mädchen als durchaus prekäres Unterfangen, weil dort „Gefahren lauern", sie Angst haben, als „Opfer" zurückgelassen zu werden (ebd., 222).

Bei den Jungen dagegen ist die Beschäftigung mit Sexualität, Intimität und Freundschaft gänzlich auf die eigene gleichgeschlechtliche Gruppe bezogen. Objektwahlen werden spielerisch in der eigenen peer group getätigt, die Beschäftigung der Jungen mit der Sexualität vollzieht sich im Unterschied zu den Mädchen weniger im Gespräch miteinander als vielmehr vorrangig unter dem Vorzeichen des (Rollen-)Spiels. Auch wenn diese Spiele tendenziell um das Thema männlicher Homosexualität kreisen, rufen sie unvermeidlich das Homosexualitätstabu auf. Insgesamt erweisen sich die Spielräume im Einüben von „Geschlecht und Begehren" bei den Jungen als kleiner als bei den Mädchen (ebd., 225).

Es gehört zu den selbstverständlich gesetzten Annahmen in den Sozialisationstheorien, dass im Übergang von Kindheit zu Jugend die Kinder gefordert sind, sich mit gegengeschlechtlicher Sexualität auseinanderzusetzen. Auf der Grundlage reichhaltigen ethnographischen Materials zeigt die Studie von Tervooren nun, dass es in den Interaktionen, Spielen und Ritualen der von ihr beobachteten peer groups gar nicht so sehr um Sexualität als vielmehr um die Positionierung im Feld von „Weiblichkeit" und „Männlichkeit" geht. Sexualität avanciere zwar in diesen Jahren zu einem zentralen Thema in den Gleichaltrigengruppen, erweise sich aber gleichzeitig als „nachrangig": „Sexualität am Ende der Kindheit wird vorrangig vor den Augen der Öffentlichkeit verhandelt, betont daher vor allem anderen das Zeigen von etwas für andere. Indem die Kinder sich in verschiedenen Konstellationen präsentieren, können sie mit der Anerkennung, dem Grad der Provokation oder auch mit den eigenen Gefühlen experimentieren. Das was einmal zu sexuellen Praxen werden könnte, ist gerade nicht intimer, sondern kollektiver Natur" (Tervooren 2006, 224). Als „kollektive Praxis" wirken diese Aktivitäten auch auf das Interaktionsfeld Schule zurück, werden selbst zu einem Teil der „Schulkultur", die dann ihrerseits einen wichtigen Hintergrund bildet für die „Einübung in Geschlecht und Begehren".

Unterricht und Unterrichten

Welche Bedeutung hat im Interaktionsfeld Schule nun das „Kerngeschäft" der Schule – der Unterricht – für Prozesse der Geschlechterdifferenzierung? Dieser Frage ist die Untersuchung von Faulstich-Wieland u.a. (2004) am Beispiel dreier Klassen der 8. Jahrgangsstufe eines Gymnasiums in Norddeutschland nachgegangen, die sie über drei Jahre begleitet haben. Schüler/innen in der 8., 9.und 10. Klasse sind keine Kinder mehr, sie sind Jugendliche und in einer Lebensphase, von der angenommen wird, dass sie als solche krisenanfällig ist und Geschlecht eine veränderte Bedeutung gewinnt (dazu mehr im nächsten Kapitel).

Hintergrund der Untersuchung bildet die Debatte um Erfolg oder Misserfolg der Koedukation im Gymnasium. Die bisherige feministisch inspirierte Schulforschung hat immer wieder darauf hingewiesen, dass Lehrkräfte in koedukativen Schulen sich keineswegs „geschlechtsneutral" verhalten, Mädchen vielmehr im Unterricht sehr viel weniger beachtet werden und zu Wort kommen als Jungen. Es entstand die Rede vom „Zwei-Drittel-Aufmerksamkeitsgesetz", nach dem

Jungen zwei Drittel und die Mädchen das restliche Drittel erhielten und zwar auch dann, wenn die Lehrenden überzeugt waren, Jungen und Mädchen gleiche Aufmerksamkeit zukommen zu lassen. Jungen würden häufiger aufgerufen, sie würden signifikant häufiger gelobt und – vor allem – aufgrund von Disziplinverstößen getadelt. Insgesamt benachteilige die Koedukation die Mädchen (Stürzer 2003, 152-157), gleichzeitig werden die Jungen zum Problem. Können diese und ähnliche Ergebnisse aus den 70er und 80er Jahren angesichts einer inzwischen viele Jahre währenden Gleichstellungsdebatte gerade auch in den Schulen so aufrechterhalten werden?

Vor diesem Hintergrund geht die Studie von Faulstich-Wieland u.a. den „Dramatisierungen und Entdramatisierungen" von Geschlecht durch Lehrkräfte und Schüler/innen nach. „Dramatisierung" meint, dass Geschlecht in Interaktionen zu einem zentralen Kriterium der Einschätzung und Bewertung wird, „Entdramatisierung" dagegen, dass von der Aktualisierung solcher Zuschreibungen abgesehen wird, Geschlecht zu einer Art „ruhenden Ressource" wird, die u.U. auch von anderen Formen des „doing difference" überlagert werden kann (Faulstich-Wieland u.a. 2004, 23f)

Ähnlich wie die anderen Untersuchungen auch konstatieren die Forscher/innen, dass bei den Einzelnen Geschlechtzugehörigkeit zunächst zentriert ist auf eine „körperliche Inszenierungspraxis" (Kleidung, Frisuren, Haarlänge, Schmuck, Verwendung von Kosmetika etc.). Dadurch erlange die Geschlechtszugehörigkeit eine „optische Verallgegenwärtigung" im Klassenzimmer (S. 107), und zwar ganz unabhängig davon, ob die Beteiligten in ihren Interaktionen sich in „geschlechtsangemessenem Doing gender" üben. Dies sei durchaus nicht durchgängig der Fall. Mit den anderen Untersuchungen stimmen sie auch insofern überein, als in den Gesellungsformen und in der Aushandlung von Sitzordnungen Geschlecht bedeutsam wird.

Die Untersuchung bringt insofern eine neue Perspektive ein, als bei der Auswahl der Klassen deren *Zusammensetzung nach Geschlecht* systematisch Rechnung getragen wurde, da vermutet wurde, dass das Zahlenverhältnis in den drei Klassen und der Umgang mit ihnen durch die Lehrkräfte mit der Art der Dramatisierung (und Entdramatisierung) von Geschlecht zusammenhänge.

Ein solcher Zusammenhang konnte insofern bestätigt werden, als sich die Lehrkräfte in der Einschätzung der jungendominierten Klasse A als „leistungsschwach" weitgehend einig waren und „die Jungendominanz" in dieser Klasse zentrales Argument für diese Einschätzung war. Die Jungen galten „in sprachlichen Dingen" als vergleichsweise schwach, waren für die Lehrenden besonders auffällig und wurden disziplinmäßig stärker beachtet. Die Mädchen galten hinsichtlich der sprachlichen Fähigkeiten als leistungsfähiger, jedoch seien sie im Sozialverhalten zu zurückhaltend, um den Gesamteindruck der Klasse zu verän-

dern. Interessanterweise zeigten die Jungen sich von der Negativetikettierung
weitgehend unberührt, sie hatten eine ganz andere Meinung von ihren Fähigkeiten und ein positives Selbstwertgefühl, die Mädchen dagegen schätzen ihre Leistungen schlechter – realistischer – ein und zeigten auch ein deutlich niedriges
Selbstwertgefühl (Faulstich-Wieland et al. 2004, 55 und 217). Die mädchendo-
minierte Klasse B stellte eine Art Gegenstück zur Klasse A dar, aber auch hier
stellen die Lehrkräfte für die Einschätzung der Klasse einen deutlichen Zusammenhang zum Geschlecht her: diese Klasse galt als „laut". Die wenigen Jungen
in der Klasse wurden von den Lehrkräften als dominant wahrgenommen, ergänzt
wurde dies durch die Sicht, es gäbe auch einige nicht so brave Mädchen. Vom
Selbstbild her gab es keine gravierenden Unterschiede (ebd., 218). Klasse C
hatte ein ausgewogenes Zahlenverhältnis und ein gutes Image bei den Lehrkräften: Insgesamt sei es eine „nette Klasse" mit fleißigen, ruhigen Mädchen, die halt
ab und zu „quatschen" und mit pfiffigen Jungen, die sie auch mal „kabbeln".
Integrationsleistungen, die nach der Zusammenlegung von zwei Klassen notwendig wurden, wurden in erster Linie den Mädchen zugeschrieben. In der Einschätzung der Leistungen und im Selbstwertgefühl war die Differenz ähnlich wie
in Klasse A: die Jungen überschätzen sich tendenziell, die Mädchen hatten ein
„realistischeres" Selbstbild (ebd.).

Auch die Interaktionsbeziehungen der Jugendlichen in den drei beobachteten Klassen zeigten durchaus unterschiedliche Formen, in denen Geschlecht
jeweils bedeutsam gemacht wurde: In der Klasse A ist das Thema der Jungen die
Aushandlung des Status, es kommt in ihr häufig zu übersteigerten Inszenierungen von Männlichkeit. In den beiden anderen Klassen, in denen die Jungen zahlenmäßig nicht dominieren, sind auch die Jungen wesentlich weniger dominie-
rend. In Klasse B greifen auch Mädchen Jungen aggressiv an, dabei findet keine
eindeutige Sanktionierung der Mädchen durch Lehrerinnen statt. Insbesondere in
Klasse C lassen sich auch Formen des „Doing student" finden, in denen Geschlecht nicht im Vordergrund stehen muss, Geschlecht als eine Art „ruhende
Ressource" betrachtet werden kann (Faulstich-Wieland et al. 2004, 220). In der
Aushandlung des Status, den jeder einzelne *Junge* im Kontext seiner Klasse hat,
wird insbesondere jede Assoziation von „Weiblichkeit" zu einem Sanktionsin-
strument. Diese Abgrenzungslogik wird in der Schule sowohl von Schüler/innen
als auch von Lehrer/innen genutzt.

Dazu beschreibt D. Güting aus dem gleichen Projektzusammenhang folgende Szene aus dem geschlechter-getrennten Sportunterricht, in dem in dieser
Stunde drei Schüler am Rande sitzen, da sie keine Sportschuhe dabei haben und
deswegen nicht in die Halle dürfen:

„... der Lehrer hält nun eine ermahnende Ansprache, weil sie keine Sportschuhe dabei hätten und sie so nicht mitmachen könnten. Er sagt Sportschuhe, das seien Turnschuhe, die sie mitgebracht haben und nicht Turnschuhe, die sie an hätten. Turnschuhe, die sie an hätten seien Straßenschuhe, die verschmutzt seien. Und es sei nicht gut, wenn der Boden davon beschmutzt sei, wenn sie dann Gymnastik machen würden. Steffen wirft ein: Wir sind doch hier Jungen und keine Mädchen! Lehrer: Okay, dann sagen wir Konditionstraining, dann ist es für euch angemessen" (Güting 2004, 167).

In gewissem Sinne wird hier der Lehrer „abgemahnt", da er mit dem Begriff „Gymnastik" den Geschlechtsstatus der Jungen in Frage stellt: Gymnastik machen nur Mädchen. Und interessanterweise lenkt der Lehrer sofort ein, akzeptiert damit, dass für die Jungen der Begriff der „Gymnastik" unangemessen und damit herabwürdigend ist. Nicht Gymnastik, sondern Konditionstraining ist angesagt und für Jungen angemessen – nur mit dieser Wendung kann er den Akt der Ermahnung, dass sie nämlich keine Sportschuhe dabei haben, aufrecht erhalten. Beide Seiten – der Schüler wie der Lehrer – können sich zudem auf das institutionelle Arrangement des geschlechter-getrennten Unterrichts stützen. Geschlechtertrennung macht schließlich nur dann Sinn, wenn der Unterricht dann auch unterschiedlich gestaltet wird. Insofern unterstützt dieses institutionelle Arrangement die Klassifikation von Tätigkeiten und Inhalten als „geschlechtstypisch".

Zugleich wird im Unterricht den Typisierungen auch entgegengearbeitet, etwa wenn die vielfach unterstellte Benachteiligung von Mädchen dadurch ausgeglichen werden soll, dass sich die Lehrkräfte schützend vor sie stellen, etwa wenn ein Lehrer auf den Vorwurf eines Jungen, ein Mädchen hätte ihn mit dem Turnbeutel geschlagen, deutlich amüsiert antwortet: „Marianne schlag doch nicht immer die armen zerbrechlichen Jungen!" (Faulstich-Wieland et al. 2004, 166) oder eine Lehrerin, die die Provokation eines Mitschülers durch ein Mädchen gestattet, diesen jedoch zur Ordnung ruft, als er sich wehrt (ebd., 179). Das Ergebnis feministischer Schulforschung, dass Jungen Dominanzstreben zeigten und Mädchen sich eher anpassten, sei in der Schule und unter den Lehrern zum einen zu einer Art Allgemeinplatz geworden, zum anderen habe sich unter dem Einfluss der Frauenbewegung das Idealbild vor allem von Frauen geändert: Nicht stille, brave Mädchen sind gefragt, sondern selbstständige, durchsetzungsfähige und auch freche Mädchen, die sich gegen Jungen zur Wehr setzen dürfen und sollen. Die offen für Mädchen parteinehmende Reaktion von Lehrenden, wenn diese Jungen angreifen und/oder provozieren, stecke jedoch voller Fallen – eine Balance von „Dramatisierung und Entdramatisierung von Geschlecht" stelle sich so ganz offensichtlich nicht her. Diese Balance müsse vielmehr als eine hoch voraussetzungsvolle „konstruktive Leistung" (ebd., 224) angesehen werden, die *situativ* erbracht werden muss und jedem formalen Regelungsversuch nur wenig zugänglich ist. Grundsätzlich aber – so ein Fazit der Untersuchung – *erschwert* jede Fixierung auf die Unterscheidung der Geschlechter die Wahrnehmung von Differenzen *innerhalb der so* gebildeten Gruppierungen.

Zugehörigkeit und Status

In den Schulen sind gleichgeschlechtliche Peergruppen und Freundschaftsdyaden offensichtlich die zentralen Vergesellschaftungsmodi. Nicht nur in den Berliner Grundschulen dürfte es für diejenigen Kinder, die sich primär nach den Regeln und Werten von Erwachsenen richten, vergleichsweise schwer sein, sich unter Gleichaltrigen durchzusetzen und unter ihnen Status zu gewinnen. Das gilt in der Tendenz für beide Geschlechter. Differenzen in der Art und Weise des Statuserwerbs setzen in der Studie von Tervooren *in* den Gruppierungen von Gleichaltrigen ein und die Konzentration darauf lässt wiederum die Problematik aufscheinen, dass die Kohärenz überbetont und Vielfalt vernachlässigt wird.

In den verschiedenen Untersuchungen schält sich jedoch heraus, dass die Geschlechterdifferenzierung vor allem für Jungen bedeutsam wird, Jungen in der Herstellung von „Männlichkeit" sehr stark auf homosoziale Gruppierungen angewiesen zu sein scheinen. Der wichtigste Mechanismus zur Herstellung von „Männlichkeit" sei „das Zusammenspiel von Inklusion und Exklusion innerhalb der geschlechtshomogenen Gruppe" (Budde/Faulstich-Wieland 2004, 41), das in dieser Form bei Mädchengruppen nicht beobachtet wurde.[8]

Dabei geht es im Interaktionsfeld Schule stets um eine „Kerngruppe", die Männlichkeitsnormen in besonderem Maße einfordern und durchsetzen. Diese Normen sind kaum inhaltlich gefüllt – sie beziehen sich auf Körper und Stimme, Haartracht und Kleidung, vor allem aber auf die Abgrenzung von den Mädchen. So gesehen stellt sich Männlichkeit vor allem qua doppelter Negation her: Wenn als „weiblich" gilt, was „nicht-männlich" ist, so sei männlich eben das, was „nicht-nicht männlich" ist (ebd., 41).

Sowohl in Tervoorens Beobachtungen in der Grundschule als auch in den von Faulstich-Wieland et al. beobachteten Szenen gymnasialen Alltags stellen bei den Jungen *Sexualisierungen* einen wichtigen Mechanismus der Durchsetzung von „nicht-nicht-männlichen" Verhaltensweisen bzw. Eigenschaften dar. Anders aber als in der Studie von Tervooren beschrieben, in der die 10- bis 12jährigen Jungen mit großer Faszination das Thema Homosexualität umkreisen, sind in der Hamburger Studie mit zwei bis drei Jahre älteren Gymnasiasten Homosexualitätszuschreibungen hochgradig negativ besetzt, wobei es in der Regel

---

[8]   Die spezifischen Strategien variieren je nach Schulform und Jahrgangsstufen.

gar nicht um „reale" Homosexualität geht, sondern mit Bezeichnungen wie „du Schwuler" alle möglichen als „nicht männlich" wahrgenommenen Verhaltensweisen sanktioniert werden. In gleichem, wenn nicht in noch schärferem Maße ist die Unterstellung von Transsexualität ein Ausgrenzungsmechanismus, der den Geschlechtsstatus im Kern trifft.

Auch dazu eine Szene aus dem genannten Forschungsprojekt: In ihr geht es um einen Schüler, der von den Forschern/innen beschrieben wird, dass er im Unterschied zu anderen Jungen keine super kurzen Haare hätte, sondern längere, leicht gewellte Haare, die ihm bis über die Ohren reichen und ihm mitunter ein wenig ins Gesicht fallen. Von seinen Mitschülern/innen, z.t. auch von den Lehrern wird er mit dem Spitznamen „Möcki" gerufen. Der Protokollauszug lautet:

> „Siegfried zieht Möcki auf und ruft herüber zu ihm: „He, Möcki, was ist denn mit deiner Stimme, die ist so hell!" Siegfried macht eine hohe und quietschige Stimme nach. Er sagt etwas von: „So weibliche Formen, ein weiblicher Körper". Siegfried ruft dann zu ihm: „Möcki, wann ist deine Operation?" Möcki zeigt keine Reaktion. Matthias (?) ruft nun: „Er lässt sich operieren, dass er ein Mann wird!" Die anderen lachen" (Güting 2004. 170).

Die Unterstellung von Transsexualität stellt hier offensichtlich die beanspruchte Geschlechtszugehörigkeit in Frage. Im Anspruch auf die männliche Geschlechtszugehörigkeit erscheint „Möcki" diskreditierbar und darin wird er von den anderen der Lächerlichkeit preisgegeben. Dagegen setzt der Sprechende (Siegfried) ein kollektives „Wir", dem die anderen durch ihr Lachen zustimmen: Wir, die wir einen eindeutig männlichen Körper haben, gegen denjenigen, der „unmännlich" ist und sich gegen diese Zuschreibung noch nicht einmal wehrt. Die Differenzierung zwischen der „Wir-Gruppe" und „dem anderen" zeigt an, dass eine männliche Geschlechtszugehörigkeit als Geburtsklassifikation noch nicht automatisch mit der Zuerkennung von „Männlichkeit" im sozialen Sinne verbunden ist.[9] Die „Wir-Gruppe" muss dabei noch nicht einmal eine Mehrheit haben, sie ist in den untersuchten Schulen jedoch im Hinblick auf die Durchsetzung von Männlichkeitsnormen äußerst präsent. Offensichtlich hat der von Connell als

---

[9] Diese Differenzierung innerhalb der Geschlechtsklasse hat Connell zum Ausgangspunkt seiner Typologie gemacht, in der er den Typus „hegemonialer Männlichkeit" von „komplizenhafter Männlichkeit" und „marginalisierter Männlichkeit" unterscheidet (Connell 1999). Die „hegemoniale Männlichkeit" basiert nach dem Modell von Connell auf einer doppelten Hierarchie: einer abgestuften Binnenhierarchie unter Männern und der Herausstellung von Dominanz/Überlegenheit aller Männer gegenüber allen Frauen. Weiblich ist bestimmbar als das, was „nicht männlich" ist – männlich aber nur als das, was „nicht-nicht-männlich" ist. Diesem Bild kann man nicht einfach qua normgerechtem Verhalten gerecht werden, so dass die eigene Verortung stets gefährdet bleibt.

„hegemoniale Männlichkeit" bezeichnete Typus nach wie vor einen hohen Stellenwert unter Schülern der verschiedenen Schultypen. Gleichzeitig zeigen die Schuluntersuchungen aber auch, dass die Geschlechtszugehörigkeit unter bestimmten Bedingungen durchaus in den Hintergrund treten kann, etwa wenn gemeinsam an Aufgaben gearbeitet wird oder in der Anforderung der „Solidarität in Klassenarbeiten" ganz andere situationsstrukturierende Anforderungen zum Tragen kommen: Beim Abschreiben in Klassenarbeiten spielen Mädchen und Jungen durchaus ein gemeinsames Spiel (Budde/Faulstich-Wieland 2005, 51). In dieser Hinsicht spielen Männlichkeitsnormen keine Rolle. Sie sind damit auf der einen Seite im sozialen Kontext Schule *nicht durchgängig* präsent, zugleich aber zeigt sich, dass der Geschlechtsstatus bei den Jungen aller Schulformen ein häufig z.T. auch *unterschwellig* behandeltes Thema ist.

Was ist die Bilanz?

Lassen wir die Untersuchungen Revue passieren, zeigt sich, dass in den letzten Jahrzehnten wichtige Veränderungen stattgefunden haben. Die Schule als Institution bietet nur in Ausnahmefällen institutionell gesicherte Räume der Geschlechtertrennung (im geschlechtergetrennten Unterricht in einigen Fächern), zumindest ein Teil der Lehrkräfte bemüht sich aktiv, „Geschlechtergleichheit" zu ermöglichen, und auch im Hinblick auf Verhalten und Eigenschaften ist die Grenze zwischen Mädchen und Jungen weicher geworden. Von all dem aber ist die basale Geschlechterklassifikation nicht berührt.

Vor diesem Hintergrund ist die jeweilige Geschlechtszugehörigkeit im Kontext der Schule einerseits selbstverständlich (vor)gegeben, andererseits muss ihr in und durch Darstellungs- und Inszenierungspraktiken auch entsprochen werden. Durch diese „Dokumentationspflicht" ist Geschlecht visuell allgegenwärtig. Als wichtige Ressourcen erweisen sich Kleidung, Haartracht, Schmuck, Styling, Körperstile, Geschicklichkeit etc., wobei generell der Spielraum für Jungen *enger* gezogen ist als der für Mädchen. Das betrifft die Haarlänge oder die Frisur ebenso wie Farben und Art der Kleidung. Was als jeweils „angemessen" gilt, weist erhebliche Spielräume auf, wobei der Geschlechterdiskurs inzwischen das Alltagswissen auch von Schülern und Schülerinnen insoweit erreicht hat, als sie wissen, dass das, was gemeinhin als „geschlechtstypische" Eigenschaften, Fähigkeiten und Tätigkeiten benannt wird, stets auch „Ausnahmen" zulässt, mit denen dann interaktiv allerdings sehr unterschiedlich umgegangen wird bzw. werden kann. In der Tendenz aber ist die Rigidisierung der Geschlechterunterscheidung im Vergleich zum Kindergarten deutlich aufgeweicht, auch wenn

Jungen in der Peergroup immer noch einer stärkeren Normierung ausgesetzt zu sein scheinen.

Gemeinsamer Ausgangspunkt der skizzierten Untersuchungen ist die Beobachtung, dass sich in der Schule insbesondere im Alter von 10 bis 13 Jahren in der Wahl von Spielgefährten und Gesellungsformen eine „Same-sex"-Tendenz feststellen lässt. Die Frage ist, wie diese Tendenz zustande kommt und wie sie gelesen werden kann: Worauf weist diese Tendenz hin?

Vor allem Barrie Thorne hat in diesem Zusammenhang zum Thema gemacht, dass der „Durchmischungsgrad" in Schule, Nachbarschaft und Familie doch sehr unterschiedlich ist und daraus gefolgert, dass eine solche „Same-sex"-Tendenz in den Gesellungsformen nicht einfach „in der Natur der Sache" liege, sondern durch bestimmte Faktoren hervorgebracht wird. In der Metapher einer „Choreografie von Separation und Integration" ruft sie das Bild eines Ballets auf, in dem „Trennen und Zusammenfinden" das organisierende Moment der gesamten Inszenierung bildet. „Trennen und Zusammenfinden" bilden zugleich die Basis *jeder* sozialen Ordnung.

In der auf der Grundlage von „zwei und nur zwei Geschlechtern" sich aufbauenden Ordnung der westlichen Gesellschaften sind die Geschlechter in Familie, Nachbarschaft und Schule in sehr unterschiedlicher Weise aufeinander bezogen. In der Schule ist Geschlecht als „highly visible resource" individueller und sozialer Identität die einfachste Chiffre für Zugehörigkeit. Mit altershomogenen Gruppen (Jahrgängen) und der *Universalisierung der Schülerrolle* bietet die Schule jenseits der in die Rolle eingelassenen Leistungsbewertung nach innen hin wenig Abgrenzungsmöglichkeiten der Kinder untereinander. Geschlecht ist in diesem Kontext die einfachste Chiffre von Unterscheidung und Zugehörigkeit, zugleich das einfachste Medium der Herstellung einer spannungserzeugenden Differenz. Außerhalb der Schule kann diese Differenz zurücktreten, da andere soziale Kategorien Zugehörigkeit sichern (Familie) oder ermöglichen (Nachbarschaft) und andere Integrationsmodi dominant werden, z.B. im Fall der Nachbarschaft die räumliche Nähe.

Zugleich deutet sich an, dass im Interaktionsfeld Schule gerade durch die universalisierte Schülerrolle vor allem im Unterricht und im gemeinsamen Lernen *Chancen* angelegt sind, explizit *geschlechtsneutrale* Interaktionsräume zu öffnen und zu gestalten. Die Herstellung der Differenz in den Gesellungsformen kann dazu in einen Gegensatz treten, wenn die Überwachung der Geschlechtergrenzen durch die Kinder in einer wechselseitigen Vermeidung mündet. Dies scheint vor allem in der Alterphase zwischen 10 und 14 der Fall zu sein, da hier offenbar die Spannung und die Abgrenzung benötigt werden, um überhaupt „Eigenes" zu entwickeln.

Dieser Aspekt wird vor allem in der Untersuchung von Breidenstein und Kelle aufgenommen, die nach dem „Sinn" gefragt haben, den die Unterscheidung im Interaktionsfeld Schule hat. Auch sie bieten als Erklärung der „Samesex"-Tendenz an, dass die automatische und dadurch völlig unproblematische Zuordnung zu einem Geschlecht zunächst einen entlastenden Effekt hat, wenn es um Fragen der sozialen Zugehörigkeit geht. In einem zweiten Schritt – darauf weisen die anderen Studien hin – wird die „Geschlechtsgeltung" in die Aushandlung des Status in der Gruppe einbezogen.

Jenseits der einfachen (und weitgehend inhaltslosen) Zuordnung wird vor allem in den Spielen rund um „Paarbildung und Verliebtheit" mit der Differenz zugleich ein Modus von *Fremdheit* in Bezug auf das je andere Geschlecht aufgerufen. Dieser Modus erzeugt Spannung und wird in den entsprechenden Spielen bis ins Exotische hinein gesteigert. Die Exotisierung (als alterspezifisches Phänomen!) vertieft die Fremdheit und scheint darin als Voraussetzung für die Erotisierung des Anderen. *Exotisierung* (und später Erotisierung) lässt genau die Differenz entstehen, die dann durch den alltagsweltlichen Rekurs auf „Natur" bzw. „Biologie" „erklärt" wird. Die scheinbar unzweideutige Biologie aber stellt sich bei genauerem Hinsehen als fiktional heraus, sie wird erst in und über diese Spiele zu dem, was sie sein soll.

In dieser Richtung können auch die Befunde von Tervooren gelesen werden: „Begehren" richtet sich in lebenszeitlicher Perspektive zunächst *nicht* auf Sexualität, sondern sehr viel stärker auf eine spezifische Form von Sozialität, eine Sehnsucht, persönliche Anerkennung und Orientierung in hoch personalisierten sozialen Beziehungen zu finden. Die „biologische Natur" muss als polymorphe in die Geschlechterordnung und „Geschlechtsspezifik" des Sozialen eingepasst werden, und die Tendenz zu „same-sex-Gesellungsformen" vor Beginn der Adoleszenz dient diesem „Einpassen". Die Ausrichtung auf Heterosexualität ist nicht zuletzt dadurch als soziale Form erkennbar, als sie über den Status in der gleichgeschlechtlichen Gruppierung entscheidet. Auch hier ist damit das Spiel das Formende und nicht das Ergebnis vorgegebener Binarität.

In der gesamten „Choreografie von Separation und Integration" ist die Geschlechtertrennung Phänomen und Effekt des Gruppenverhaltens – es sind nie „alle", sondern stets einzelne, die für die gesamte Inszenierung prägend werden. In den gleichgeschlechtlichen Gruppierungen dieser Altersstufe bilden sich offenbar eine Art „Habitusleader" aus, die den Verhaltenskodex vorgeben und über ihn Kontrolle ausüben. Über die Jahre hinweg zeigen die empirischen Studien zudem eine Konvergenz der Befunde im Hinblick auf die Strategien des Umgangs mit Status und Macht: Jungen ziehen gegenüber Mädchen die explizitere Trennungslinie und üben sich dabei auch in dominantem Verhalten. Zugleich zeigt sich in der Differenzierung der Jungengruppen, in ihrer Abgrenzung von-

einander, dass sich Optionen, was es bedeutet, ein Junge zu sein, auch pluralisiert haben und vor allem dort, wo sie unter dem Diktat von Gruppenzwängen
stehen, sich das Modell der „hegemonialen Männlichkeit" als Orientierungsfolie
durchsetzt. Der Befund, dass Jungen sich stärker abgrenzen, verweist dabei u.E.
nicht notwendig auf „Probleme mit der Männlichkeit", sondern vor allem darauf,
die eigene hegemoniale Stellung nicht verlieren zu wollen, gerade weil das weibliche niedriger bewertet ist.

Die Untersuchung von Faulstich-Wieland u.a. setzt im Kontext der skizzierten Projekte einen anderen und neuen Akzent. Ihr Blick richtet sich auf eine
andere Jahrgangsstufe (andere Altersgruppen), auf eine andere Schule (Gymnasium) und auf deren Lehrer/innen. Dadurch kann hier systematischer reflektiert
werden, dass auch das Lehrpersonal nicht frei ist von vorreflexiven Geschlechterbildern. Zugleich ist dies die einzige Studie, in der thematisiert wird, dass mit
der öffentlichen Geschlechterdebatte bei den Lehrkräften neue Bilder entstanden
sind, wie Mädchen und Jungen sich verhalten und wie sich verhalten *sollten.*

Ähnlich wie Thorne und Breidenstein/Kelle kommt auch diese Studie zum
Ergebnis, dass Geschlecht im Kontext schulischer Leistungsbezüge durchaus
auch eine „ruhende Ressource" sein kann. Offenbar sind in dem universalisier-
enden Lern- und Leistungsbezug der Schule Potentiale einer Neutralisierung und
Begrenzung der Bedeutung der Differenz angelegt. Diese Potentiale aber realisieren sich nicht von allein, nicht aus sich selbst heraus, sondern bedürfen
(noch?) einer aktiven Gestaltung.

5.3 Biografie

Trotz des Ausbaus von Kindergärten und Vorschulen gilt der Beginn der Schul-
pflicht, gilt die Einschulung auch heute noch als markanter Einschnitt, mit dem
der „Ernst des Lebens" beginnt. Schulreifetests etwa unterstreichen den Anspruch an die Kinder, bestimmten (normierten) Anforderungen entsprechen zu
können und eine Zurückstellung wird von vielen Eltern (und wohl auch Kindern)
als ein Problem des „Versagens" erlebt, obwohl es „eigentlich" ihr Sinn und
Zweck ist, Kinder vor Überforderung zu schützen.

In Bezug auf die Geschlechterdifferenzierung setzt sich in der Schule fort,
was in Kindergarten, Eltern-Kind-Turnen und anderen Bildungs- und Betreu-
ungsangeboten schon der Fall war: Die Geschlechterdifferenzierung wird nicht
dadurch „gelernt" oder erworben, dass sie eine Art „Gegenstand" im Unterricht
darstellte oder im didaktischen Denken fokussiert würde, sondern als gelebte
Unterscheidungspraxis. Die Differenzierung nach Geschlecht ist ein „hidden
curriculum", ein verborgener Inhalt, der zugleich so offenkundig ist, dass ihn

kaum jemand wahrnimmt/sieht, *weil* er Teil alltagsweltlicher Praxis ist. Zugleich
hat sich jedoch die Geschlechtertrennung vor allem in den letzten 30 Jahren in
hohem Maße flexibilisiert, so dass Kinder mit einer Vielfalt von Bildern und
Möglichkeiten weiblich oder männlich zu sein konfrontiert sind, trotzdem aber
angesichts basaler Binarität in der Selbst- und Fremdverortung Eindeutigkeit
herstellen müssen. Hier gilt in vermutlich noch stärkerem Maße als im Kindergarten, dass auch in der Schule Kinder nicht nur Adressaten und Objekt von
Erziehungsstrategien, sondern auch Akteure ihrer eigenen Sozialisation sind.
Zudem finden sich die dokumentierten Einübungs- und Entwicklungspraktiken
in nach „weiblichen" und „männlichen Mustern" differenzierenden Kulturen
selbstverständlich und z.t in besonderer Weise auch neben und außerhalb des
Schulkontextes, etwa in der institutionellen Kinder- und Jugendarbeit und den
Jugend(freizeit)szenen (Lucke 2006).

   Zum Ende der Schulpflicht sind aus Kindern Jugendliche geworden, die bereits durchaus in der Lage sind ihre Lebensgeschichte zu erzählen und dabei
„ihre Gegenwart in den Horizont der biografischen Zukunft stellen" (Fuchs-
Heinritz 1990, 75). Zwar reagieren sie oft nur knapp auf narrative Aufforderungen, ist der Sinnrahmen für die sprachliche Vergegenwärtigung des Lebensgeschichte noch nicht in Gänze entwickelt, aber sie beginnen über „Grundregeln
autobiografischen Sprechens" zu verfügen (ebd.) und ihre Geschichte etwa im
Hinblick auf die antizipierte offenere Lebensform der Jugend vorzustellen. Dabei
greifen sie auf jene narrativen Strukturen zurück, die in Familie, Kindergarten
und Schule erworben und eingeübt werden.

   Dennoch gilt für die Zeit der Schulpflicht, dass wie in den Jahren des Aufwachsens in Familie und Kindergarten eine Lebensgeschichte ja erst *entsteht*,
situative und interaktive Prozesse im Vordergrund stehen. Etwas anders ausgedrückt könnte man auch sagen, dass in diesen Jahren das „sich erfahrende Element" sehr viel stärker ausgeprägt ist als das „sich reflektierende Element". Aktion hat Vorrang vor Reflektion, Interaktion vor Diskursivierung. In und mit
diesen durch Institutionen gestützten situativen und interaktiven Prozessen werden zugleich Thematisierungs- und Erzählstrukturen erworben, die auch den
biografischen Figuren der Selbstthematisierung zugrunde liegen.

   Immer wieder wird in Interaktionen auch auf das „lebensgeschichtliche
Gewordensein" einer Person Bezug genommen, durchziehen „feldspezifische
Biografisierungen" (Dausien/Kelle 2005, 193) konkrete Interaktionen. Dies gilt
zum einen, wenn etwa in Interaktionen zwischen Forschern/innen und Leh-
rern/innen (also zwischen Erwachsenen) das je aktuelle Verhalten eines Kindes
durch Rückgriff auf komplexe Entwicklungsgeschichten und jeweilige häusliche
Verhältnisse erklärt wird. Darin zeigt sich an, dass der Rückgriff auf biografische
Erklärungsmuster ein integraler Bestandteil kultureller Praktiken im pädagogi-

schen Feld zu sein scheint (ebd.), und das dürfte auch den Kindern und Heranwachsenden nicht verborgen bleiben. Zum anderen schreiben sich auch Kinder
untereinander etwa in Konflikten oder Klassenversammlungen Eigenschaften zu,
die sie „schon immer" oder „schon öfter" gezeigt hätten (ebd., 195). Wenn etwa
in einer „Mädchenkonferenz" einer Schulklasse ein Problem einer Schülerin
verhandelt wird, so sind damit die Anforderungen verbunden, ein Problem zur
Sprache zu bringen und ihm damit eine *Form* zu geben. Sehr oft läuft dieses
„Formgeben" darauf hinaus, dass es zumindest *auch* um die Person der Schülerin
geht, und dann erfolge unter den Kindern der Rückgriff darauf, dass sie „immer"
das und das mache (meckern, heulen, beschweren etc.) und „deswegen" Probleme in der Klasse habe. Die „Geschichten über Personen" verdichten sich im
Zeitverlauf und bieten Ressourcen für die Lösung interaktiver Probleme, so dass
Erfahrungsaufschichtungen in solchen interaktionsintensiven Feldern immer
auch unvermeidlich mit Etikettierungen verzahnt sind (ebd., 198). Das Reden
„über die Person" in einer öffentlichen „Konferenz", aber auch in anderen pädagogischen Kontexten, konfrontiert diese mit Fremdwahrnehmungen und einem
Bild ihrer Person, zu dem sie in irgendeiner Weise Stellung beziehen muss. So
gesehen werden gerade im pädagogischen Feld lebensgeschichtliche Deutungen
interaktiv hervorgebracht, die selbst wiederum in individuelle Erfahrungsaufschichtungen eingehen. Die in diesem Fall mit einer „Mädchenkonferenz" (oder
auch „Jungenkonferenz") gegebene geschlechthomogene Zusammensetzung der
Gruppe steht ihrerseits im engen Zusammenhang mit der in der Schule zwischen
den Geschlechtern errichteten „Fremdheit" und Exotisierung des jeweils „anderen".

Gleichzeitig dokumentieren biografische oder andere qualitative Interviews
mit Schülerinnen und Schülern neben dieser selbstverständlichen, unbefragten
binären Geschlechterklassifikation zugleich auch ein Bewusstsein von der Plura-
lität, was es jeweils bedeutet, ein „Junge" oder ein „Mädchen" zu sein (Fuchs-
Heinritz 2000). Mädchen fühlen sich nicht diskriminiert, sind vielfach „stolz",
Mädchen zu sein und sehen sich durchgängig als „gleichberechtigt", ja, sie lehnen z.T. spezifisch auf sie zugeschnittene „Mädchenprogramme" dezidiert ab,
empfinden sie als indirekte Diskriminierung (Sozialpäd. Institut Berlin 1999 zit.
nach Krüger 2002, 42). Auf der Grundlage dieser Untersuchungen lassen sich
noch Tendenzen und Trends identifizieren, aber in keinem Falle eine klar geschiedene Typik.

Die sich allmählich ausformende Lebensgeschichte und Biografie beschränken sich selbstverständlich nicht auf den Erfahrungsraum der Schule,
vielmehr spielen Familie und Nachbarschaft, Freundschaften und Cliquen außerhalb der Schule, jugendkulturelle Szenen und Medien, Sportvereine und Jugend-
treffs dabei ein durchaus bedeutende Rolle. Aber: die Schule ist eine zentrale

Optionen *öffnende* oder *verschließende* Institution im Lebenslauf. Das ist den Heranwachsenden in durchaus unterschiedlichem Ausmaß bewusst, oft erscheint Ihnen die Schule als Bildungseinrichtung sogar relativ „sinnlos" (Fuchs-Heinritz 1990, 62)[10].

Gerade im Blick auf die Zukunft können diese Arenen biografischer Erfahrungsbildung jedoch kaum überschätzt werden: Sieht man sich die optionalen Strukturen an, die sich den Heranwachsenden in diesem Feld öffnen, so enthält etwa der gymnasiale Alltag eine ganze Reihe anderer Angebote der Identifizierung, Chancen von Erfolgserlebnissen und der Entwicklung von Selbstwertgefühl: Schulerfolg, Arbeitsgemeinschaften, Sport und nicht zuletzt die Unterstellung, dass der Einsatz in der Schule lohnt, das Abitur nach wie vor eine Eintrittskarte in ein erfolgreiches Leben ist. Diese Perspektivierung einer Zukunft, die Chancen auf dem Arbeitsmarkt und einen im Grundsatz (wenn auch nicht im Detail) geordneten biografischen Verlauf verspricht, unterscheidet sich dramatisch von den Optionen der bildungsferneren Schichten mit und ohne Migrationshintergrund, denen die Schule oftmals fremd und sinnentleert erscheint. Angesichts großer Unsicherheit und biografischer Verunsicherung liegt es durchaus vielfach nahe, sich an Stereotype anzulehnen und in alten Lebensmustern Sicherheit zu suchen. Diese nicht erst an dieser Stelle einsetzende, aber gerade hier in hohem Maße sichtbar werdende Ein- und Überlagerung von Geschlechterdifferenzierung, sozialer Herkunft und ethnischem Hintergrund („Intersektionalität") gilt lebenslang und wird in der Zeitdimension eher verfestigt als verflüssigt und relativiert.

---

[10] Auch wenn die dort aufgerufenen Untersuchungen aus den 80er Jahren stammen, so dürfte sich das Grundmuster nicht verändert haben, dass die Jugendphase mit der Verlängerung und dem Ausbau schulischer Bildung einerseits in hohem Maße verschult ist, dieses In-eins-Fallen von „Jugendphase" und „Schule" aber die biografischen Verläufe nicht erreicht, sogar häufig Distanznahmen in Gang setzt (Fuchs-Heinritz 1990, 63).

6 Adoleszenz: Berufsfindungsprozesse und Partnersuche

Die letzten Jahre der Schulpflicht fallen zusammen mit dem Beginn der Adoleszenz, einem i.d.R. als „krisenhaft" gesehenen Lebensabschnitt. Aus Kindern werden Jugendliche. Mit der Lebensphase wird so gleichzeitig ein sozialer Status beschrieben.

Das traditionelle Konzept der Jugendphase und Adoleszenz war entwicklungspsychologisch geprägt. Es sah eine Folge von Entwicklungsschritten in einer bestimmten Phasierung und mit einer möglichst weitgehenden Vermittlung verschiedener, darin angesprochener Ebenen der „Persönlichkeitsentwicklung" vor. Darin war es stark an die gesellschaftlich etablierte Normalvorstellung von Lebensläufen angelehnt. Diese „Normalvorstellung" basiert auf einem Lebenslaufkonzept als einer Sequenz stabiler Stationen oder Statuskonfigurationen, die durch sog. Statuspassagen miteinander verknüpft sind.

In diesem Konzept stellt die Adoleszenz oder die Jugendphase jene Periode im Leben eines Menschen dar, in der er nicht mehr als Kind angesehen wird, aber auch noch nicht als Erwachsener. In unserer Gesellschaft ist diese Periode in Form, Inhalt und Dauer nicht durch präzise Zeitpunkte bestimmt, sondern stellt eine über einen vergleichsweise langen Zeitraum gestreckte Statuspassage der „Jugendlichkeit" dar. Ähnlich wie „Geschlecht" bzw. „Weiblichkeit" und „Männlichkeit" ist auch „Jugend" eine soziale Konstruktion: sie wird in gesellschaftlichen Prozessen konstituiert und konstruiert. Das bedeutet jedoch nicht, dass sie nicht sozial wirklich ist, es bedeutet nicht, dass die Frage, ob man ein „Jugendlicher" oder ob man „weiblich" oder „männlich" ist, eine Frage der individuellen Wahl ist. Jugend und Alter stellen ebenso wie die Geschlechterkonstruktionen eine gesellschaftliche Realität dar, die in die Vorstellungswelten, in die sozialen Praktiken der Individuen und in die gesellschaftlichen Institutionen eingeschrieben ist. Interaktion, Institution, Biografie verzahnen sich in der Jugendphase in dem Sinne, dass die eigene Lebensgeschichte nunmehr zunehmend zu einer steuernden Größe, zu einem „Gestaltgeber" wird.

Entritualisierung – Entstrukturierung

Die Jugendsoziologie spricht in diesem Zusammenhang bereits seit einiger Zeit von einer „Entritualisierung" und „Entstrukturierung von Statusübergängen" (Fuchs 1983). Anders als in einfach strukturierten Gesellschaften, in denen Initiationsriten vergleichsweise klare Zäsuren zwischen dem Ende der Kindheit und dem Beginn des Erwachsenenstatus setzen, lassen sich in den komplexen Gesellschaften „viele kleine Statuspassagen" zwischen Kindheit und Jugend bzw. zwischen Jugend und Erwachsenenalter identifizieren: Erster Discobesuch, erste sexuelle Erfahrungen, Schulentlassung, Beendigung der Berufsausbildung, Beendigung des Studiums, erste eigene Wohnung, etc. Adoleszenz oder Jugend stellt daher keine fest definierte Zwischenphase dar, sondern vielmehr eine Abfolge sehr unterschiedlicher, verschiedene Lebensbereiche betreffende Statuspassagen (Benninghaus 1999, 233).

Im Alltagswissen wird ein enger Zusammenhang zwischen der körperlichen Reifung (der sog. „Pubertät") und dem Eintritt in die Jugendphase – der Adoleszenz – gesehen. Von den Sozialwissenschaften wird eine solche Homologie zwischen dem Zeitpunkt körperlicher Reife und den Initiationen in das Erwachsenenalter seit langem abgelehnt (van Gennep 1909). Biologische oder physiologische Entwicklungsphasen sind nicht identisch mit der sozialen Strukturierung der Adoleszenz. Körperlich sichtbare Veränderungen (z.B. die Entwicklung der Genitalien) und der sekundären Geschlechtsmerkmale (z.B. Bartwuchs, Entwicklung des Busens) können der Jugendphase vorausgehen, sie können ihr folgen oder sich in ihrem Verlauf vollziehen. Physiologische Entwicklungsprozesse sind nur insofern von Bedeutung, als an die Jugendlichen die implizite und explizite Anforderung gestellt ist, ein der Geschlechtzugehörigkeit entsprechendes sexuelles Selbstverständnis zu entwickeln und in eine kontinuierliche, den weiteren Lebenslauf strukturierende Erwerbstätigkeit zu münden. Dafür haben sich in den modernen westlichen Gesellschaften Schon- und Schutzräume ausgebildet, die einerseits ein „psychosoziales Moratorium" anbieten, gleichzeitig aber die Energien der Jugendlichen in gesellschaftlich akzeptierte Bahnen lenken und abweichendes Verhalten sanktionieren. Dabei werden massive mit Geschlechterbildern und Geschlechterdifferenzierungen verknüpfte kultur-, klassen- und schichtspezifische Unterschiede wirksam.

Jugend gilt heute als ein *Teil der Biografie* und nicht (mehr) als „Vorbereitung auf Biografie" (Fuchs-Heinritz 1990). Analog zur Wende in der Kindheitsforschung wird inzwischen auch in der Jugendforschung betont, dass die Adoleszenz im Sinne zu bewältigender „Entwicklungsaufgaben" nicht nur durchlebt und erlitten wird, sondern dass auch hier die aktiven und gestalteten Aspekte stärker berücksichtigt werden: „Jugendliche sind an der Konstruktion ihrer Adoleszenz beteiligt – sie „machen" ihre Adoleszenz" (Winter/Neubauer 2005, 207). In dieser Betonung einer aktiven Gestaltung sind die *interaktiven* Prozesse des „doing adolescence", „doing gender" und „doing biography" immer mehr wechselseitig miteinander verschränkt, werden die institutionell vorgesehenen Schaltstellen zum Hintergrund eigener Erfahrungen, Planungen, des eigenen Handlungsraums.

Prägekraft sozialer Herkunft

An dieser Stelle aber wird nach wie vor die Prägekraft der sozialen Herkunft und der aktuellen Lebenssituation deutlich. Die Optionen – i.e.: was als „Handlungsraum" offen steht – differenzieren sich dramatisch aus: Wird mit dem Ende der Schulpflicht über einen Schulabschluss verfügt? Gelingt der Eintritt in eine Berufsausbildung oder werden Warteschleifen (Berufsvorbereitungsjahre, Jugendhilfeprojekte etc.) notwendig? Wird erst mit dem Schulabschluss und der fehlenden Lehrstelle der Besuch weiterführender Schulen erwogen oder ist der Besuch des Gymnasiums/das Abitur selbstverständlich? Gibt es die Option zu studieren oder wird eine schnelle ökonomische Unabhängigkeit angestrebt? Solche und viele andere Fragen lassen Zukunft offen und reich an Perspektiven erscheinen oder aber sinnentleert und schon zu Ende, bevor sie begonnen hat.

War in der Kindheit die Erfahrung der sozialen Lage vor allem durch die Erfahrung von Einschränkungen geprägt (Optionen kann man nicht „erfahren"), so entwickelt sich im Verlauf der Adoleszenz ein mitunter durchaus präzises Bewusstsein sozialer Ungleichheit auf der Ebene ökonomischer Ressourcen und den damit verknüpften Optionen eigener Entwicklung. Welcher Weg steht offen – stehen Wege offen? In einer hochgradig individualisierten Gesellschaft wird es vor allem in der Jugendphase tendenziell ein Eingeständnis eigenen Versagens, sich selbst als ein „Opfer der Umstände" zu sehen. Wenn es etwa in der Berliner Schuluntersuchung (Tervooren 2006, 132) heißt, dass „Du Opfer" eines der beliebtesten Schimpfwörter unter Kindern und Jugendlichen bildungsferner Schichten ist, so weist das zumindest daraufhin, dass diese Kinder und Jugendlichen gegen soziale Benachteiligungen einen Autonomieanspruch aufrechterhalten.

Ein Bewusstsein darüber, dass auch Geschlecht nach wie vor eine Dimension sozialer Ungleichheit darstellt, ist dagegen kaum ausgeprägt. „Soziale Ungleichheit" ist aus dem zeitgenössischen Differenzwissen gerade von Jugendlichen weitgehend verschwunden (Wetterer 2003, 286). Es gilt die „Rhetorik der Gleichheit". Diese findet insofern eine Entsprechung in der Realität, als gerade in den Bildungsinstitutionen Geschlecht im Hinblick auf Schulformen und -abschlüsse faktisch keine Rolle spielt, gerade Mädchen von der Institutionalisierung gleicher Bildungschancen enorm profitiert haben. In einer Einführung in die Jugendsoziologie aus den 70er Jahren hieß noch ganz selbstverständlich:

> „Im Sinne der Definition ist die Jugendphase von Mädchen im Durchschnitt kürzer (niedrigeres Heiratsalter von Frauen). Der relative Besuch weiterführender Schulen durch Mädchen ist geringer. Die normativen Erwartungen für das Jugendalter sind für Mädchen weniger gültig. Die Ablösung vom Elternhaus, die in der Jugendphase graduell stattfindet, ist für Mädchen weniger deutlich und weniger vollständig. Auch wenn nicht der Status als „höhere Tochter" die Kindsrolle verlängert, bleibt die Abhängigkeit der Töchter vom Elternhaus länger und intensiver bestehen als die der Söhne" (Allerbeck/Rosenmayr 1976, 34)

Eine solche Beschreibung ist in dieser generalisierenden Form heute nicht mehr möglich, der zeithistorische Kontext hat sich dramatisch verändert, ohne dass damit freilich schon jede soziale Ungleichheit aus der Welt geschafft wäre[1]. Nach den letzten Shell-Jugendstudien und anderen Untersuchungen zu Lebensplänen und Zukunftsperspektiven haben sich die Geschlechter jedoch weitgehend angeglichen, vormals bestehende Unterschiede haben mehr und mehr an Bedeutung verloren. Selbstkonzepte, Wertorientierungen und Zukunftsperspektiven junger Frauen und Männer lassen sich kaum noch voneinander unterscheiden. „Typisch ,weibliche' im Unterschied zu typisch ,männlichen' Lebensmustern scheint es nicht mehr zu geben" (Fritsche/Münchmeier 2000, 244). Beide Geschlechter gehen davon aus, dass sie gleich sind, dass alte Geschlechtsrollen oder gar Mechanismen der Frauendiskriminierung der Vergangenheit angehören, dass diese für ihr Leben keine Bedeutung haben. Auf die in einer anderen Untersuchung gestellte Frage, worauf sie erwarteten, einmal stolz zu sein, gaben 62% der Mädchen den Beruf an (zum Vergleich: die Familie 36%; Jungen 44%/30%). (Zinnecker et al. 2002)

Diesen Veränderungen der Orientierungen und Lebenserwartungen entsprechen aber weder die in Kontrast dazu weiterhin geschlechterdifferenzierend und auf soziale Ungleichheit hin angelegten Optionen in der Berufswelt (darauf gehen wir noch ausführlich ein) noch die entsprechenden Normalitätsvorstellungen und Lebensmodelle. Dies kann nicht zuletzt am Freizeitbereich illustriert werden: Mädchen erhalten in der Regel ein niedrigeres Taschengeld, es besteht ein restriktiverer Umgang mit der Gewährung von Freiräumen, sie unterliegen generell stärkeren Kontrollen, ihre sexuelle Selbstbestimmung wird weiterhin von gesellschaftlichen und kulturellen Mustern der Viktimisierung und Verobjekti-

---

[1] Für viele arbeitslose Mädchen und auch für einen *Teil* der Mädchen etwa türkischer und außereuropäischer Herkunft gilt diese Definition tendenziell auch heute noch, wird durch die Verpflichtung zur Übernahme von Hausarbeit und auch durch Ausgeh- und Kontaktverbote die Abhängigkeit vom Elternhaus sehr lange aufrechterhalten.

vierung weiblicher Sexualität mit beeinflusst, sie werden stärker in familiäre Haushaltspflichten eingebunden, manche Angebote der Jugendfreizeit scheinen ihrer Lage und ihren Bedürfnissen nicht zu entsprechen (vgl. Nolteernsting 1998 zit. nach Robert/Stange 2003, 44).

Biografisierung

In den Jugendkulturen und Jugendfreizeitszenen aktualisieren sich hinsichtlich der Einübungs- und Entwicklungspraktiken in geschlechterdifferenzierte Kulturen andere Mischungen als im institutionellen Kontext der Schule, etwa stärkere Antizipationen des oder Experimente mit dem Erwachsensein. Jugendliche beiden Geschlechts werden mit einer Vielzahl von Lebens- und Darstellungsmöglichkeiten von Männlichkeit und Weiblichkeit konfrontiert. Die nachlassende Übertragbarkeit gegebener Lebensmuster und Orientierungstypen für „gelingendes Erwachsenwerden und -sein" sowie Irritationen der Elterngeneration bedeuten für Jugendliche jeglichen Geschlechts auch einen Verlust an Orientierung, Bindung, Halt und dialogischem Gegenüber. Sie sind mit einem verwirrenden Angebot konfrontiert, über das Wünsche geweckt werden, aber auch Verunsicherungen entstehen. So entsteht für viele von ihnen die Aufgabe sich gleichsam „selbst zu erfinden". Damit verändern sich aber die strukturellen Vorgaben des Lebensalters Jugend und mit diesen die Interpretationsmaßstäbe für Verhaltensmuster (Robert/Stange 2003).

In jüngerer Zeit scheinen sich die parallel aktualisierbaren Komponenten von Jugend und Adoleszenz neu und sehr unterschiedlich zu gewichten (Schule, Biografieantizipation, Peers, Herkunftsfamilie, ethnische Einbindung u.a.m.). Daraus resultieren Verschiebungen und Neugruppierungen traditionell phasierter Elemente des Jugendalters, etwa die Verbreiterung der Spanne zwischen Aufnahme sexueller Beziehungen und Berufseintritt. Gerade die Geschlechterkonstrukte und -semantiken geraten so in ein eigentümliches Spannungsfeld von großer Ernsthaftigkeit und auf Dauer gestellter Kontingenz.

Insgesamt bestätigen empirische Untersuchungen eine weitreichende Biografisierung der Jugendphase (Deutsche Shell 2000, Fuchs-Heinritz 2000). Biografisierung beschreibt dabei im Rahmen mehrdimensionaler gesellschaftlicher Transformationen das Grundmuster einer stetig und primär selbstgesteuert sowie selbstverantwortet herzustellenden individuellen Balance. Diese ist herzustellen zwischen „traditionell" gegebenen lebenszyklischen Mustern und Vorgaben sowie neuen Optionen und Anforderungen und dies vor dem Hintergrund von Unübersichtlichkeiten und Ungewissheiten, die eng mit dem allgemeinen sozialen Wandel und dem Umbruch der Arbeitsgesellschaft zu tun haben. Weichen werden umgestellt – aber nach wie vor werden Weichen gestellt.

Diese Weichenstellungen werden Gegenstand der nächsten Abschnitte sein, und sie bewegen sich in jenen zwei oben genannten, die Jugendphase als Lebenslaufkonstrukt kennzeichnenden Anforderungen: der Einspurung in die Erwerbsarbeit durch Berufsfindung und dem Erwerb sexueller Identität in der Partnersuche und Partnerwahl.

6.1 Berufsfindung: Geschlechtertrennung auf dem Arbeitsmarkt

Die Entscheidung, in welchem Beruf man eine Ausbildung machen und welchen Berufsabschluss man anstreben will, stellt in modernen Gesellschaften eine *der* zentralen Weichenstellung im Leben dar. Auch wenn es immer wieder und zur Zeit immer mehr Jugendliche gibt, die keine Berufsausbildung durchlaufen, ist die Anforderung, sich für eine wie immer geartete Ausbildung zu entscheiden, für beide Geschlechter in hohem Maße normativ durchgesetzt. Jugendliche, die sich dem verweigern oder denen ein wie immer gearteter Berufseinstieg nicht gelingt, gelten als „benachteiligt", ihre Biografie als im Ansatz belastet. Keine Berufsausbildung zu haben wird in der Regel als ein Zeichen sozialen Abstiegs gedeutet, als ein Scheitern. Jede Berufsausbildung gilt als besser als keine – auch wenn die jeweilige Ausbildungsrichtung nicht unbedingt den Interessen der Jugendlichen entspricht.[1]

Gleichzeitig aber ist eine Ausbildung implizit oder explizit eine Richtungsentscheidung. Trotz aller Flexibilisierung von Ausbildungsgängen und Berufsbildern ist es eine Entscheidung, die nur schwer zu korrigieren oder zu revidieren ist. Ob jemand Florist wird oder aber Kraftfahrzeugmechanikerin, hat nicht nur Auswirkungen auf die Zufriedenheit im Beruf, sondern auch darauf, mit welcher Wahrscheinlichkeit man im Lebenslauf in dem Beruf verbleibt oder aber einen Wechsel in berufsfremde Tätigkeiten vornehmen muss. Insbesondere der Erwerbsverlauf von Frauen erweist sich als in hohem Maße durch die Erstausbildung strukturiert (Born 2000, Born 2001). Darauf kommen wir noch ausführlich zurück (Kap 10.3)

---

[1] Dies gilt auch unter der Bedingung wirtschaftsstruktureller Umbrüche, in deren Folge lebenslange Erwerbstätigkeit im Ausbildungsberuf nicht mehr die Regel und damit selbstverständlich erwartbar ist. Die Diskussion um eine „Ausbildungsabgabe" oder das „Bündnis für Ausbildung" zeigt die Bedeutung, die einer Berufsausbildung beigemessen wird.

Vielfältige Verschiedenheiten

Die normative Durchsetzung einer Berufsausbildung gilt in westlichen Industrieländern für beide Geschlechter[2] – sie hat aber bei jungen Männern und bei jungen Frauen eine sehr verschiedene Tradition. Für junge Männer galt eine Berufsausbildung schon seit dem Mittelalter als zentral, spätestens mit der Industrialisierung ist ihr Lebenslauf orientiert an und strukturiert durch die Erwerbsarbeit. Junge Frauen blicken auf eine völlig andere Tradition, die zudem durch die Klassen- und Schichtzugehörigkeit noch einmal in sich differenziert war.

Im Bürgertum galt die außerhäusliche Erwerbstätigkeit für „anständige" junge Mädchen als undenkbar. Ein Zitat von Alice Salomon, der Begründerin der „sozialen Frauenschulen", kann als durchaus typisch für das Leben von Mädchen aus bürgerlichen Familien in der Zeit des beginnenden 20. Jahrhunderts gesehen werden: man „fütterte Kanarienvögel, begoss Blumentöpfe, stickte Tablettdeckchen, spielte Klavier und ‚wartete'" (Salomon zit. nach Kuhlmann 2000, 52).

Für die überwältigende Mehrzahl *dieser* jungen Mädchen war die einzige Perspektive eine angemessene und nach Möglichkeit sozialen Aufstieg versprechende Verheiratung, und dieser Perspektive wurde die gesamte Lebensorganisation unterworfen. Einzelne freilich begannen bereits zur letzten Jahrhundertwende aus dieser Enge auszubrechen – etwa Alice Salomon.

Ebenso selbstverständlich wie die Töchter des Bürgertums „warteten", gingen die Töchter der Arbeiter zur Arbeit in die Fabrik, in den Verkauf, in die Wäscherei oder auch als Dienstmädchen in den privaten Haushalt. Diese Arbeit war der ökonomischen Notwendigkeit geschuldet, der Verdienst deckte indes in der Regel nicht einmal das Existenzminimum. Angestrebt war auch hier die Verheiratung und nach Möglichkeit die Option, sich der Familie und den Kindern widmen zu können – was in der Arbeiterschaft bis in die 50er Jahre hinein indes nur selten möglich war. Viele Frauen arbeiteten ihr Leben lang auch dann, als sie verheiratet waren und Kinder hatten.

Erst in der Nachkriegszeit setzte sich in Westdeutschland zumindest äußerlich das „bürgerliche" Familienmodell durch. In dem für die 50er Jahren typischen Satz „meine Mutter muss nicht arbeiten" dokumentiert sich sehr plastisch die normative Durchsetzung der Auffassung, dass Frauen primär Hausfrauen waren und zu sein hatten. Dabei strebten auch damals Frauen eine Ausbildung und z.T. auch die Rückkehr in die Erwerbsarbeit an (Born/Krüger/Lorenz-Meyer 1996). Dennoch bildet die „Hausfrauenehe" bis heute einen impliziten Diskussionshintergrund zur Erfassung des Wandels der Geschlechterverhältnisse, obwohl

---

[2] Hier ist die Eingrenzung angebracht: für deutsche Mädchen bzw. für Mitglieder der Mehrheitskultur. Für Mädchen mit Migrationshintergrund gelten oft (aber: nicht notwendig und nicht immer!) andere Prioritäten.

dieses Modell – historisch gesehen – nur eine vergleichsweise kurze Zeit sozial über alle Schichten hinweg durchgesetzt war

In Ostdeutschland – der ehemaligen DDR – war von Anfang an die „Gleichberechtigung" der Frauen politisches Programm. Zunächst sollte diese ohne Einschränkungen durchgesetzt werden, in späteren Jahren wurde dann das Leitbild der „berufstätigen Mutter" bestimmend. Die Berufstätigkeit der Mütter wurde flankiert von öffentlichen und allgemein zugänglichen Dienstleistungseinrichtungen zur Entlastung von der Hausarbeit, „Babypausen", ein flächendeckendes Kinderbetreuungssystem bereits für sehr kleine Kinder, Hausarbeitstage, Freistellung von der Arbeit, wenn ein Kind erkrankt war etc. Diese die Frauen bevorzugenden Regeln hatten zugleich zur Folge, dass die Haus- und Familienarbeit „ganz natürlich" bei ihnen verblieb und eine (öffentliche) Auseinandersetzung über Zuständigkeiten unterblieb. Aber: Berufstätigkeit gehörte ebenso wie die (vergleichsweise frühe) Mutterschaft mit größter Selbstverständlichkeit zur weiblichen Biografie; für Frauen aus den neuen Bundesländern ist es auch heute noch selbstverständlich, dass Beruf und Familie sich nicht ausschließen, sondern beides zum Leben gehört (für die Zeit nach der Wende: Seidenspinner 1994).

Jungen Frauen den Zugang zur *qualifizierten* Erwerbsarbeit zu ermöglichen war ein wichtiger Bestandteil des Kampfes der Frauenbewegung zur letzten Jahrhundertwende. Sie traf auf ökonomische Faktoren wie etwa einen zunehmenden Bedarf an qualifizierten Arbeitskräften, auf den sie sich als soziale Bewegung beziehen konnte. Dieser Wechselwirkung von Opportunitätsstrukturen und politischer Bewegung dürfte es zu verdanken sein, dass die Berufswahl ideell und praktisch als biografische Entwicklungsaufgabe im weiblichen Lebenslauf verankert werden konnte (vgl. Rahn 2001).

Eng umgrenzte Wahlen

Nach wie vor aber stellt sich die Frage, warum sich auch heute noch die Mehrheit der jungen Frauen für klassische Frauenberufe entscheidet. Anfang der 90er Jahre konzentrierten sich 70% in nur zehn Ausbildungsberufen, im Jahr 2001 entschieden sich 53% der jungen Mädchen für zehn Dienstleistungsberufe (BMBF 2003, 17). Zum harten Kern der typischen Frauenberufe zählen z.B. Verkaufs- und Büroberufe, semiprofessionelle Gesundheitsberufe, soziale Dienstleistungsberufe, Assistenzberufe wie Arzthelferin oder als einer der wenigen Handwerksberufe die Friseurin oder die Floristin. Jungen Männern dagegen steht ein sehr viel breiteres Berufsspektrum zur Verfügung, wobei „Männerberufe" noch stärker segregiert sind als Frauenberufe, d.h. in ihnen arbeiten noch weniger

Frauen als in sogenannten Frauenberufen Männer arbeiten.[3] Im Unterschied zu den Männerberufen sind die typischen Frauenberufe in der Regel durch geringe Einkommens-, Aufstiegs- und Weiterbildungsmöglichkeiten gekennzeichnet. Sie gelten als „Sackgassenberufe" (Rabe-Kleberg 1992). Offensichtlich werden die über die Institutionen des Bildungssystems vermittelten Gleichheitserfahrungen mit dem Übergang vom Bildungs- ins Berufsbildungssystem und mit der Berufseinmündung auf eine harte Probe gestellt.

Vielfach wird in der öffentlichen Debatte davon ausgegangen, dass die Entscheidung für frauentypische Berufe verknüpft ist mit der Erwartung, den antizipierten Familienverpflichtungen besser als in anderen Berufen entsprechen zu können. Das freilich ist mehr als fraglich: Von den objektivierbaren Bedingungen her sind sie durchaus nicht automatisch „familienfreundlicher" als andere Berufe (vgl. Kap. 9). Zudem ist es derzeit eine empirisch völlig offene Frage, ob und wenn ja, inwieweit Mädchen und junge Frauen bereits von vornherein Berufswahlen und eine mögliche Familienplanung miteinander verknüpfen (vgl. Abschnitt 6.1.3). Zunächst einmal soll es daher um den *Hintergrund* gehen, vor dem Berufswahlen stattfinden: dem hochgradig nach Geschlecht segregierten Arbeitsmarkt.

6.1.1 Arbeitsmarkt und Arbeitsteilung als geschlechterdifferenzierende Institutionen

Arbeitsmarkt

Wenn in der Literatur von Arbeitsmarkt als einer „Institution" gesprochen wird (z.B. Gottschall 1995, Born/Krüger 2001) so wird damit auf den Umstand hingewiesen, dass wir es mit einem in hohem Maße sozial geregelten Phänomen zu tun haben. Die Vermittlung von Arbeitskraft-Angebot und -Nachfrage folgt in keinem Staat der Welt einer einfachen „Marktlogik" in dem Sinne, in der die Preisbildung im Austausch von Arbeitskraft gegen Lohn ausschließlich durch das Verhältnis von Angebot und Nachfrage bestimmt wird. Vielmehr ist dieses Austauschverhältnis durch eine ganze Reihe nationalspezifisch durchaus unterschiedlicher staatlicher Regulierungen sowie formeller und informeller Normierungen gekennzeichnet.

Staatliche Regulierungen sind in der Regel Resultate politischer Auseinandersetzungen um die Beziehung zwischen Kapital und Arbeit. Beispiele dafür

---

[3]   Von „segregierten Berufen" wird in der Regel dann gesprochen, wenn der Anteil des jeweils anderen Geschlechts unter 30% liegt. Das Maß variiert allerdings in den verschiedenen Untersuchungen, in einigen wird auch eine Grenze von 20% gesetzt.

sind etwa das Arbeitsrecht (Arbeitserlaubnis, Arbeitsschutz, Kündigungsschutz), kollektive Interessenvertretungen von Arbeitgebern (in Arbeitgeberverbänden) und Arbeitnehmern (in Branchengewerkschaften), Tarifautonomie und Flächentarifverträge, u.a.m. Zu formellen Normierungen zählen etwa die durch die berufliche Arbeitsteilung hergestellte Gliederung der Erwerbsarbeit und die formale Qualifikation als Voraussetzung für den Zugang zu bestimmten Bereichen des Arbeitsmarktes sowie die jeweils nationalspezifische Verkopplung von Institutionen des Bildungs- und Ausbildungswesens mit Erwerbsarbeit und Arbeitsmarkt.

So gesehen ist der Arbeitsmarkt ähnlich wie das Bildungssystem eher von einer Vielfalt von Institutionen durchzogen, als dass er selber eine eigenständige Institution darstellte. Die verschiedenen Institutionen sind aber eng miteinander verflochten: „Die Regelung in den Unternehmen, die allgemeinen Gesetze, die Ausprägung sozialer Schutzrechte und die Organisation von Bildung und Ausbildung sind „überdeterminiert", sie sind aufeinander bezogen und nicht isoliert zu ändern" (Hinz/Abraham 2005, 49). Mit diesem Geflecht von Institutionen werden Rahmenbedingungen festgelegt, unter denen Nachfrager und Anbieter von Arbeitskraft zusammentreffen. Zugleich sind damit bestimmte Machtverhältnisse und Machtkonstellationen verbunden. Quellen von Macht sind einerseits Machtasymmetrien zwischen Kapital und Arbeit und den differenzierten Interessenlagen unter den Arbeitnehmern selber, zum anderen aber soziale Zuschreibungen, etwa qua Geschlecht oder ethnischer Zugehörigkeit, die dazu führen, dass Arbeitsleistungen unterschiedlich gewertet werden und die Chancen auf dem Arbeitsmarkt vermindern. Und in eben diesem Zusammenhang stellt die Segregation des Arbeitsmarkts nach Geschlecht eine der wichtigsten Rahmenbedingung für die Erwerbstätigkeit und auch für Berufsfindungsprozesse von jungen Frauen und Männern dar.

Mit dem Begriff der geschlechterdifferenzierenden Segregation des Arbeitsmarktes wird angesprochen, dass Frauen und Männer in unterschiedlichen Berufen, Branchen, Tätigkeitsbereichen, Organisationen und nicht zuletzt: hierarchischen Positionen arbeiten.[4] Diese Trennung ist ein stabiles Charakteristikum nicht nur in Deutschland, sondern in zahlreichen Ländern, wobei es z.T. erheblich schwankt, um welche Berufe und Tätigkeitsfelder es sich im Einzelnen handelt (Heintz et al. 1997, Trappe/Rosenfeld 2001, Charles 2003). Um ein besonders augenfälliges Beispiel zu nennen: In Indien gilt Arbeit in der Bauindustrie als Frauenarbeit, in Afrika die schwere Feldarbeit, und in Russland ist der Arztberuf ein Frauenberuf. Bauindustrie, Feldarbeit, Arztberuf gelten bei uns

---

[4]   Dieser Sachverhalt wird auch als „horizontale" und „vertikale" Segregation angesprochen. Die Sprachwahl ist indes nicht ganz unproblematisch: Auch die sog. „horizontale" Segregation (nach Berufen, Branchen, Arbeitsbereichen) stellt i.d.R. eine verdeckte vertikale Segregation dar.

dagegen als „männlich". Ganz offensichtlich kann die Geschlechtertrennung in der Arbeitswelt nicht mit „natürlichen Fähigkeiten" oder „biologischer Anlage" erklärt werden. Welches aber sind die sozialen Prozesse, die eine solche, in der Regel sehr stabile Geschlechtertrennung in der Arbeitswelt hervorbringen?

Arbeitsteilung

Die entsprechenden Mechanismen sind, wie zu zeigen sein wird, auf das Engste mit dem jeweiligen Modus der sozialen Konstruktion von Geschlecht verknüpft. Der in den westlichen Gesellschaften ausgeprägte Modus verweist dabei auf die Arbeitsteilung zwischen den Geschlechtern, derzufolge Frauen auf die Haus- und Familiensphäre verwiesen sind, dem Kern des „Privaten", während Männern die Bereiche Erwerbsarbeit und Öffentlichkeit zukommen[5]. Dieses Grundmuster wurde und wird z.T. bis heute mit dem Begriff der „geschlechtsspezifischen Arbeitsteilung" zu konkretisieren versucht, wobei der Begriff der „Spezifik" ein unmittelbar an biologische Merkmale gebundenes, ja verursachtes Phänomen suggeriert.

Dem Gegenstand angemessener und heute auch vermehrt gebräuchlich ist die Benennung als „geschlechterdifferenzierende Arbeitsteilung", in der die inhaltliche Füllung als Ergebnis gesellschaftlicher Entwicklungsprozesse gefasst ist und eben *nicht* deren Ausgangspunkt markiert. Denn historisch gesehen entstehen erst in der Folge der Geschlechtertrennung jene Sozialcharaktere, die zur „Erklärung" des entstandenen Phänomens herangezogen werden. Karin Hausen hatte mit ihrer These der „Polarisierung der Geschlechtscharaktere" im Zuge der „Dissoziation von Erwerbsarbeit und Familie" im Verlauf der Industrialisierung (Hausen 1976) genau diesen Prozess im Blick und ihn nuancenreich ausbuchstabiert.

---

[5] Bereits in einer frühen Phase der entstehenden bürgerlichen Gesellschaft bringt Friedrich Schiller („Die Glocke") dieses Verhältnis 1799 in die schöne Formulierung:
„...Der Mann muß hinaus ins feindliche Leben,
muß wirken und streben
und pflanzen und schaffen,
erlisten und erraffen
das Glück zu erjagen
.....
Die Räume wachsen, es dehnt sich das Haus.
Und drinnen waltet die züchtige Hausfrau,
Die Mutter der Kinder,
Und herrschet weise
Im häuslichen Kreise."(Schiller o.J.).

Die im Begriff der „geschlechtsspezifischen Arbeitsteilung" im Kern biologistisch begründete Norm prinzipieller geschlechtlicher Arbeitsteilung zielt darauf ab, dass die körperliche Ausstattung der Frauen die Legitimation für ihre Eingrenzung auf häusliche Tätigkeiten lieferte. Insofern lag es auf der Hand, dass die mit der Industrialisierung verbundene und sich durchsetzende außerhäusliche Erwerbsarbeit, insbesondere aber die Berufsförmigkeit von Arbeit weitgehend identisch wurde mit einer „Sphäre der Männer". Dem „weiblichen Wesen", so wurde etwa von Georg Simmel argumentiert, sei dagegen die Arbeitsteilung selbst, überhaupt die Spezialisierung, die die Berufe und komplexer werdende Kultur allgemein charakterisieren, ganz grundsätzlich fremd (Simmel 1902)[6]. Diese systematische Gegenüberstellung von unterschiedlichen, aber wechselseitig aufeinander verweisenden und aufeinander angewiesenen Arbeitsformen von Familien- und Erwerbsarbeit wird mit ihrer Entstehung zu einem Ausgangspunkt von Erklärungen und Legitimationen. Immer wieder wird in der einen oder anderen Form die *qualitative Differenz* der Geschlechter beschworen.

Mit der systematischen Abtrennung der Erwerbsarbeit vom Bereich des privaten Haushaltens war zugleich eine weitgehende *Differenzierung von Arbeit und Person* verbunden (Gildemeister/Robert 1999), denn im Verlauf der Entwicklung zur modernen Gesellschaft entsteht eine Auffassung von Erwerbsarbeit, nach der organisationsspezifische Zweckbezüge dominant werden, die Person – bildlich gesprochen – hinter die Berufsrolle zurücktritt. Die Kompetenz dazu gilt in der Folge als „typisch männlich". In diesem Denken wird die Erwerbsarbeit, wird vor allem berufliches Handeln als ein qualifiziertes, spezifisch *gekonntes* Tun von anderen Tätigkeiten und gesellschaftlichen Handlungsfeldern abgegrenzt, während im Bereich der alltäglichen häuslichen Daseinsvorsorge, der Haus- und Familienarbeit, die Metapher der „Naturwüchsigkeit" zur Anwendung kommt. Da die Arbeitsteilung in der biologischen Körperlichkeit begründet

---

[6] „... die Spezialisierung, die unsere Berufe und unsere Kultur überhaupt charakterisiert, ist ganz und gar männlichen Wesens. Denn sie ist keineswegs etwas bloß Äußerliches, sondern ist nur möglich durch die tiefste psychologische Eigenart des männlichen Geistes: sich zu einer ganz einseitigen Leistung zuzuspitzen, die von der Gesamtpersönlichkeit differenziert ist, so dass das sachlich-spezialistische Tun und die subjektive Persönlichkeit, jedes gleichsam ein Leben für sich leben". Das „weibliche Wesen" dagegen könne in einer solchen „Sonderung der Einzelbewährung von dem Ich und seinen Gefühls- und Gemütszentren" nicht existieren: „Die ganze Tiefe und Schönheit des weiblichen Wesens, durch die es vor dem männlichen Geiste als seine Erlösung und Versöhnung steht, gründet sich in dieser Einheitlichkeit, diesem organischen, unmittelbaren Zusammenhang der Persönlichkeit mit jeder ihrer Äußerungen, dieser Unteilbarkeit des Ich, die nur ein Alles oder Nichts kennt. Die wunderbare Beziehung, die die weibliche Seele noch zu der ungebrochenen Einheit der Natur zu haben scheint und die die ganze Formel ihres Daseins von dem vielspältigen, differenzierten, in der Objektivität aufgehenden Mann scheidet – eben diese trennt sie auch von der auf sachlicher Spezialisierung ruhenden Arbeit unserer Kultur" (Simmel 1902, 162).

wird, ist das, was Frauen tun, nicht „Arbeit", sondern „Natur", eben das, was „Frauen sind". Diesem In-Eins-Fallen von Geschlecht, Tätigkeit und Person konnten Frauen faktisch nicht entgehen und zwar auch dort, wo es gar nicht mehr im engeren Sinne um Haus- und Familienarbeit ging (Gildemeister/Robert 1999, 112). Vielmehr entwickelten sich strukturanaloge Arbeitsteilungen und Berufsschneidungen praktisch im gesamten Bereich der Erwerbsarbeit. Bekanntlich hat sich die Frauenerwerbsarbeit in den letzten einhundert Jahren dramatisch entwickelt und dabei haben sich Aspekte der Grenzziehungen in der „Dissoziation von Familien- und Erwerbsarbeit" *in die Erwerbssphäre* selber hineinverlagert, wurde auch hier Arbeit „vergeschlechtlicht" („gendered").

Insofern stellt die in dem spezifischen Modus der sozialen Konstruktion von Geschlecht verankerte Arbeitsteilung eine der *zentralen institutionellen Grundlagen* für den Arbeitsmarkt dar, *ohne* jedoch i.d.R. als solche explizit zu werden. In einer sozialen Welt, die von einem zweigeschlechtlichen Denk- bzw. Wissenssystem geprägt ist, läuft die geschlechtliche Kategorisierung von Menschen vielmehr ständig unterschwellig mit, so dass wir sie in der Regel gar nicht mehr wahrnehmen. Sie ist so selbstverständlich, dass sie keine explizite Aufmerksamkeit braucht. Die geschlechtliche Kategorisierung stellt auf diese Weise eine Art „Superschema" für die Organisation von sozialen Interaktionen bereit. Wirksam wird dieses Schema über den oben genannten Mechanismus der Zuschreibung, denn an die Geschlechterklassifikation binden sich zugleich sogenannte „gender status believes" (Ridgeway 2001, 256), Glaubensvorstellungen über Status und Wertunterschiede zwischen den Geschlechtern. Unter den oben skizzierten Bedingungen der „Naturalisierung" von Frauen gilt für den Berufs- und Arbeitsbereich, dass selbst unter gleichen Ausgangsbedingungen Männern eine höhere berufliche Kompetenz zugeschrieben wird. Viele Untersuchungen zeigen, dass solche Glaubensvorstellungen und Stereotype durch die geschlechtliche Kategorisierung aktiviert werden – auch dann, wenn solche Urteile explizit *abgelehnt* werden. Die Geschlechtszugehörigkeit scheint eher im Hintergrund zu wirken und weitgehend unbemerkt die situativ relevanteren sozialen Kategorien und Identitäten zu beeinflussen (Ridgeway 2001, 255). In dieser Form aber können „gender status believes" auch dann überdauern, wenn ihre ursprüngliche strukturelle Basis nicht mehr vorhanden ist, denn die rigide Trennung von „männlichen" und „weiblichen" Sphären (von „Haus-" und „Erwerbsarbeit") ist ja – wie zu Beginn ausgeführt – seit fast einhundert Jahren durchbrochen. „Gender status believes" sind nicht statisch, sondern weisen *Auf- und Abwertungswellen* der jeweils zugeschriebenen Kompetenzen auf. So wurden sog. „weibliche Fähigkeiten" als „soft skills" in die Managementliteratur aufgenommen, Muskelkraft als Komponente „gekonnter" männlicher Berufsarbeit wurde dagegen abgewertet. Klavierträger sind heute weniger gefragt als Klavierspieler.

Arbeitsmarkt und Arbeitsteilung

Nur auf dieser Grundlage wird verständlich, warum in den verschiedensten sozialen Kontexten des Arbeitsmarktes je nach Geschlechtszugehörigkeit implizit sehr unterschiedliche *Erwartungen* an Arbeitsleistung, Engagement, zeitliche Verfügbarkeit etc. bestehen. So wird von Männern von der Ausbildung bis zur Verrentung eine kontinuierliche Vollzeittätigkeit erwartet, die dadurch als gewährleistet gilt, dass sie im privaten Bereich durch eine komplementäre Arbeitsteilung gestützt werden, derzufolge Frauen die Haus- und Familienarbeit übernehmen. Vor diesem Hintergrund gilt die Arbeit von Frauen als nachrangig, sekundär. Auf dem gesamten Arbeitsmarkt lässt sich eine gesellschaftliche Entwertung der überwiegend von Frauen ausgeübten Arbeiten und Berufe konstatieren, nach wie vor erhalten Frauen selbst bei gleicher Qualifikation und im gleichen Beruf eine geringere Entlohnung als ihre männlichen Kollegen, nach wie vor ist die Bezahlung der mehrheitlich von Männern besetzten Bereiche höher als die in den von Frauen dominierten Berufen (Allmendinger/Podsiadlowski 2001, Teubner 2002, Allmendinger/Hinz 2007, Achatz 2008). Auf die Reproduktionsmechanismen werden wir noch im Einzelnen zu sprechen kommen.

Neben der Trennung nach Berufen und Branchen ist zudem ein Teilarbeitsmarkt für Frauen im Bereich gering qualifizierter Dienstleistungen (Haushaltshilfen, Verkaufstätigkeiten, Bedienung in Gaststätten, Arbeit in Wäschereien und Reinigungen etc.) mit hoch prekären Erwerbsformen und i.d.R. nicht existenzsichernder Entlohnung entstanden, etwa Mini- oder Midijobs, verschiedene Formen von Teilzeitarbeit, Saisonarbeit, Leiharbeit etc. Als spezifisches Risiko dieses Niedriglohnsektors gilt, dass sowohl stabile als auch nur kurz dauernde Beschäftigungsverhältnisse in diesem Bereich eine längerfristige Integration in den Bereich regulärer (z.B. sozialversicherungspflichtiger) Arbeit deutlich erschweren.

Aufschlussreich ist die Geschlechtersegregation des Arbeitsmarktes unter den unterschiedlichen Rahmenbedingungen von Ost- und Westdeutschland. Auch wenn in der ehemaligen DDR die Frauenerwerbstätigkeit als Teil der „Emanzipation von oben" systematisch gefördert wurde, lag das Niveau beruflicher Geschlechtersegregation sogar noch etwas *höher* als in der (alten) BRD. Gleichzeitig aber waren ostdeutsche Frauen stärker in administrative, leitende und professionelle Tätigkeiten und auch in die Produktion integriert (Trappe/Rosenfeld 2001). Im Jahre 1991 hätten in den neuen Bundesländern 62%, in den alten 57% der Frauen oder Männer den Beruf wechseln müssen, um eine Gleichverteilung der Geschlechtergruppen in den Berufen zu erreichen (Achatz 2005, 286). Dabei ist dieses Maß noch vergleichsweise niedrig: Die tatsächlich ausgeübte Tätigkeit wird nämlich nur unzureichend durch die jeweilige Berufskategorie beschrieben. Je differenzierter berufliche Bereiche abgegrenzt werden, desto höher fällt die berufliche Segregation aus (Achatz 2005, 284). Bezieht man die Organisationen der Erwerbsarbeit in die Untersuchungen ein, verschärft sich die Segregation noch einmal: „Organisationen als soziale Einheiten trennen Frauen und Männer weit stärker als sie schon vorab durch ihre Berufe getrennt sind: Die auf Organisationsebene, also auf einem niedrigeren Aggregationsniveau gemessene Segregation fällt wesentlich höher aus als die auf dem gesamten Arbeitsmarkt aggregierte Segregation" (Allmendinger/Podsiadlowski 2001, 281).

Wie Achatz in ihrer Zusammenstellung der empirischen Befunde weiter zeigt, blieb in der letzten Dekade das westdeutsche Segregationsniveau unverändert hoch, obwohl sich die Geschlechterzusammensetzung in einzelnen Berufsbereichen wie etwa in der Medizin und den Rechtsberufen wandelte. In den neuen Bundesländern dagegen gerieten die segregierten Berufsstrukturen stärker in Bewegung: Zunächst (bis Mitte der 90er Jahre) polarisiert sich die ausgeprägte berufliche Spaltung noch etwas mehr, sinkt danach im Jahr 2000 aber wieder ab. Generell haben sich berufsspezifische Zugangschancen in den neuen Bundesländern so entwickelt, dass Männer stärker in gemischtgeschlechtlichen und auch in frauendominierten Berufen wie Sozialarbeit und Bankwesen Fuß fassen konnten, während es für Frauen immer schwieriger geworden ist, sowohl in männerdominierte Berufe als auch in qualifizierte Dienstleistungsberufe einzumünden (Achatz 2005, 287). Achatz folgert aus den empirischen Befunden, dass aus der Entwicklung der Geschlechtersegregation zu ersehen ist, dass Frauen und Männer „immer schon" in überwiegend getrennten Berufswelten arbeiteten, aber nur die Intensität der Segregation stabil ist, die konkreten beruflichen Trennlinien sich dagegen im Zuge des sozioökonomischen Wandels immer wieder verschieben. Damit ist die „Geschlechtstypik von Tätigkeiten" hochflexibel und mit sehr verschiedenen Arbeitsinhalten kompatibel (ebd., 287).

Dieses Fazit entspricht der oben entwickelten Perspektive, die jeweiligen Berufs- und Bereichsschneidungen als ein Ergebnis eines Prozesses der „Vergeschlechtlichung" („gendering") von Arbeit zu sehen. „Vergeschlechtlichung" ist zwar ein etwas umständlicher Begriff, aber anders als der Begriff der „Geschlechtsspezifik" zielt er eben darauf ab, dass die spezifische Form der Arbeitsteilung einen *eigenständigen* Stellenwert in der sozialen Konstruktion von Geschlecht hat. Indem Arbeit mit einem Geschlecht assoziiert (eben: „vergeschlechtlicht") wird, tritt sie den Handelnden als „männlich" oder „weiblich" konnotiert entgegen. Die „Vergeschlechtlichung" von Arbeit erfordert dabei selber ein Stück „Arbeit", sie muss hergestellt werden, weil sie eben nicht selbstverständlich oder „natürlich" gegeben ist.[7]

Verkoppelung von Ausbildungs- und Berufsstruktur

Einen Teil dieser „Arbeit" an der Vergeschlechtlichung von Arbeit haben auch die Institutionen der beruflichen Bildung übernommen. Mädchen und Jungen/Frauen und Männer gehen unterschiedliche Ausbildungswege, erwerben unterschiedliche Abschlüsse und konzentrieren sich, wie oben ausgeführt, in verschiedenen Tätigkeitsfeldern, da die Position im Erwerbssystem in Deutschland in hohem Maße von spezifischen, zuvor erworbenen Ausbildungsabschlüssen abhängt. Man kann auch sagen: Ausbildungs- und Berufsstruktur sind in Deutschland eng verkoppelt. Die Trennung in Männer- und Frauenberufe spiegelt sich hier auch in der Differenzierung zwischen sogenannten „dualen" und „vollzeitschulischen" Ausbildungsgängen. Männerberufe sind „Lehrberufe" im dualen System, klassische Frauenberufe dagegen sind mit wenigen Ausnahmen vollschulische Ausbildungsgänge und keine „Lehrberufe". Folge ist, dass sie überdurchschnittlich mehr Bildungsjahre erfordern, während der Ausbildung keinerlei Vergütung vorgesehen ist und dass mit dem zu erwerbenden Zertifikat ein vergleichsweise ungeschütztes Qualifikationsprofil erworben wird (Krüger 1995, 211).[8]

Die Ausbildungen in Frauen- und Männerberufen bringen bis heute unterschiedliche Erwerbschancen und -risiken mit sich – die Folgen geschlechtstypischer Berufsentscheidungen sind aber auch von ökonomischen und institutionellen Rahmenbedingungen abhängig, wie Heike Trappe an einer vergleichenden Untersuchung zwischen West- und Ostdeutschland zeigt: Auch wenn in beiden Landesteilen frauendominierte Erwerbstätigkeit geringer entlohnt wurde als andere Tätigkeiten, so konnten Frauen in Ostdeutschland in den letzten Jahren im Hinblick auf Statuserhalt und berufliche Kontinuität von Ausbildungen in Frauenberufen profitieren. Für westdeutsche Frauen dagegen zeigten sich bezogen auf den Qualifikationserhalt negative Auswirkungen. Sie arbeiteten zu Beginn ihrer Erwerbstätigkeit häufiger unterhalb ihrer Qualifikation als Frauen in anderen Ausbildungsberufen (Trappe 2006, 65). Gründe dafür liegen primär in

---

[7] Als paradigmatisch für diese Trennung kann etwa die Entwicklung von Professionen als „männliche Expertenberufe" und „Semiprofessionen" als (weibliche) Zuarbeiterberufe gesehen werden (Gildemeister/Robert 2000). Für die Entwicklung im Bereich der Medizin: Wetterer 2003.

[8] Neben solchen vollschulischen Ausbildungen wie Krankenschwester, Kinderpflegerin, Erzieherin etc. ist ein großer Teil der Ausbildung für den Bereich personenbezogener sozialer Dienste privat organisiert (Logopädin, Physiotherapeutin, Kosmetikerin etc.), so dass die Berufsausbildung zusätzliche Kosten verursacht.

den wirtschaftsstrukturellen Umbrüchen in den neuen Bundesländern, dass dort etwa die industrielle Produktion abgebaut wurde, der öffentliche Dienst aber erhalten blieb.

Wenn man davon ausgeht, dass der wirtschaftsstrukturelle Wandel nicht auf Ostdeutschland beschränkt ist sondern er auch Westdeutschland erreicht, so ist davon auszugehen, dass männerdominierte Arbeitsplätze in diesem Kontext gefährdet sind und Beschäftigungsperspektiven in frauendominierten Berufen tendenziell begünstigt werden (so Krüger 2001). Danach müssten „eigentlich" verstärkt Jungen in die entsprechenden Ausbildungsberufe rekrutiert werden. Ein solcher Trend ist aber bislang nicht zu erkennen. Inwieweit das neue Berufsbildungsgesetz von 2005, das die Anerkennung schulischer und betrieblicher Ausbildungsgänge als gleichwertig vorsieht, diesen Prozess mit einzuleiten vermag, bleibt indes abzuwarten (vgl. Krüger 2001, 78).

6.1.2 Berufsberatung

Neben Elternhäusern und Schulen spielen im Berufsfindungsprozess die Berufsinformationszentren (BIZ) mit ihren Broschüren, Filmen, Kassetten und Computerprogrammen, Informationsabenden, Schulveranstaltungen und der persönlichen, individuellen Berufsberatung eine wichtige Rolle. Durch regelmäßige und mehrfache Schulbesuche sind die Berater/innen in hohem Maße präsent und die Institution der Berufsberatung für alle Jugendlichen (und ihre Eltern) sichtbar.

Die Angebote werden von Jugendlichen sehr gut angenommen, große Unterschiede in der Informationsnutzung zwischen Mädchen und Jungen werden nicht berichtet. Die Informationszentren und die Berufsberatung sind vor allem deshalb attraktiv, weil sie den gesamten Ausbildungsmarkt, praktisch alle Ausbildungsberufe im Blick haben und auch die Chancen auf dem Arbeitsmarkt.[9]

In einer empirischen Untersuchung zu zwölf Arbeitsagenturen hat Helga Ostendorf die „Mädchenpolitik der Berufsberatung" zum Gegenstand ihrer Forschung gemacht und dabei vor allem nach den „geschlechterpolitischen Leitideen der Berufsberatung" (87) gefragt. Welche Einflussgrößen werden dabei wirksam?

---

[9]   Die Berufsberatung ist Teil der Arbeitsverwaltung, also eine staatliche und gleichzeitig bürokratische Organisation. Sie wird korporativ vom Staat, den Arbeitgeberverbänden und den Gewerkschaften verwaltet, der staatliche Einfluss wird eben damit begründet, dass zu den Hauptaufgaben der Arbeitsverwaltung neben Arbeitsvermittlung auch die Berufsberatung gehört. Seit 1998 besteht kein Beratungsmonopol mehr, inzwischen gibt es auch private Institute, die gegen Entgeld Berufsberatung anbieten. Am Beratungsalltag in den Arbeitsagenturen hat das aber offensichtlich wenig geändert (Ostendorf 2005, 234).

Einer der Ausgangspunkte ihrer Arbeit ist, dass sich die Berufsberatung einem Berufsbildungssystem gegenüber sieht, in dem Mädchen benachteiligt werden (s.o). Damit ist die Untersuchung einer Perspektive verpflichtet, die die Berufsberatung daran misst, was sie tut, um auf Mädchen einzuwirken, damit diese sich um Ausbildungsplätze in chancenreicheren Berufen bemühen. Insofern steht die Untersuchung in der Tradition der Ende der 70er Jahre ins Leben gerufenen bundesweiten Modellprojekte zu „Mädchen in Männerberufe" und richtet den Blick weniger auf den wirtschaftsstrukturellen Wandel, der die strukturellen Unzulänglichkeiten der schulischen Berufsausbildung in den Mittelpunkt stellt und auf die Bedeutung verweist, diese Berufe verstärkt für Jungen zu öffnen. Dennoch macht diese Perspektive Sinn, wenn nach „geschlechterpolitischen Leitbildern" gefragt wird, da im Bemühen oder Nicht-Bemühen, das Berufsspektrum von Mädchen zu erweitern, sich quasi selbstläufig das Denken in Geschlechterdifferenzen offenbart.

Obwohl der Erfolg dieser Programme nicht so negativ war, wie vielfach in der öffentlichen Diskussion dargestellt, Frauen in den 80er Jahren die Ausbildung ohne Probleme absolviert haben und auch der Berufsverlauf durchaus positive Ergebnisse zeitigte (vgl. Ostendorf 2005, 178ff.), ist unübersehbar, dass das Programm keinen wesentlichen Anstieg von Mädchen in Jungenberufen gebracht hat. So lernten im Jahr 1995 lediglich 3,5% der Mädchen einen Jungenberuf und 1,8% der Jungen einen Mädchenberuf (S. 128). Gegenüber 1977 ist die Rate der Mädchen in Jungenberufen nur um etwa einen Prozentpunkt gestiegen. In den neuen Bundesländern sei der Anteil der Mädchen in Jungenberufen noch niedriger, allerdings gibt es hier einige Berufe wie Gärtner/innen, Landwirt/innen, Köchinnen, in denen in der DDR die Mädchen mehr als die Hälfte der Auszubildenden stellten.[10]

„Die Berufsberatung", schreibt Ostendorf, „orientiert sich an der einfachen Grundidee, dass Menschen unterschiedliche Veranlagungen und Neigungen haben und gleichzeitig Berufe unterschiedliche Anforderungen stellen. Es geht um das Zueinanderpassen von Person und Beruf" (2005, 230). Es liegt auf der Hand, dass unter der Bedingung einer „Zweigeschlechtlichkeit des Sozialen" in die Konstellation einer angestrebten Passung von Beruf und Person bestimmte Denkweisen von Geschlecht eingewoben sind.

---

[10] Über die Hälfte der westdeutschen Mädchen in Jungenberufen befand sich in nur 8 der 186 Berufe, die 1977 zu „Jungenberufen" zählten. In einigen Berufen habe es sogar einen regelrechten „Geschlechtswechsel" gegeben, so sei Schriftsetzer/in 1977 noch ein Jungenberuf gewesen, mittlerweile sind 42% der Auszubildenden Mädchen. Auch die Konditorin ist mit einem Mädchenanteil von 62% zu einem weiblich dominierten Beruf geworden. In erster Linie – so die Zusammenfassung bei Ostendorf – haben Mädchen Zugang zu Berufen gefunden, die an Attraktivität verloren haben, und in denen die Ausbildung wenig oder nichts kostet (Ostendorf 2005, 129).

Vor dem Hintergrund der oben skizzierten Konstruktionsmodi von Geschlecht, nach denen bei Frauen die Metapher der „Naturwüchsigkeit" zum Tragen kommt, bei Männern dagegen das der „Kompetenz", gibt es unter der Bedingung der Gleichzeitigkeit von Gleichheit und Differenz verschiedene Möglichkeiten. So können die Beratenden entweder von vorneherein davon ausgehen, dass für bestimmte Berufstätigkeiten jeweils eins der Geschlechter besser geeignet ist als das andere, oder aber dass es für das jeweils andere Geschlecht jeweils besonderer Bemühungen bedarf, um geschlechtstypische „Defizite" auszugleichen, was vor allem bei Mädchen besondere Anstrengungen zur Hinführung zu geschlechtsuntypischen Lerninhalten nötig macht. Ohne Zweifel hat sich das geschlechterpolitische Leitbild der Arbeitsagenturen offiziell dahin verändert, das Berufsspektrum von Mädchen und Frauen zu erweitern und Mädchen nicht etwa in der Form zu „vergessen", dass sie lediglich in (männlichen) Berufsbezeichnungen „mitgemeint" sind. Sie zu ermutigen, in „Männerdomänen" einzudringen, gehört inzwischen zum offiziellen pädagogischen Standardprogramm der Bundesagenturen für Arbeit.

In der Befragung von Berufsberatern und Berufsberaterinnen aber zeigt sich, dass aus ihrer Sicht *wenig für* eine Vermittlung von Mädchen in Jungenberufe spricht. Man könnte auch sagen: Die Berufsberatung ist kein Reparaturbetrieb für in Familie, Kindergarten und Schule präformierte Muster. Insofern ist es plausibel, wenn Ostendorf zu dem Ergebnis kommt, dass für viele Berufsberater/innen nur „besondere" Mädchen für eine Vermittlung in Jungenberufe in Frage kommen (Ostendorf 2005, 411). In den Augen der Berater/innen müssen/sollen Mädchen nur dann in einen gewerblich-technischen Beruf vermittelt werden, wenn sie gute Noten in Mathematik und naturwissenschaftlichen Fächern haben und eine „starke Persönlichkeit" mitbringen, um sich in einer Männergesellschaft zu behaupten. Auch wenn es unter den Berater/innen große Unterschiede gibt, werden in der Mehrzahl der Interviews vor allem die Schwierigkeiten betont, Grenzen zu übertreten.

In der Tendenz folgten die Antworten der Beratungskräfte dem Muster, Berufe mit hohem Mädchenanteil unter den Auszubildenden auch als primär für Mädchen geeignet anzusehen und umgekehrt.[11]

---

[11] Nach der Untersuchung von Ostendorf erwiesen sich Berufsberater/innen nur wenig über die Anforderungen in Berufen informiert. Arbeitswissenschaftliche Studien kommen hinsichtlich der immer wieder als zentral eingebrachten Differenz der Körperkraft zu dem Ergebnis, dass einige Berufe wie etwa der der Industriemechanik-Betriebstechnik (ehemals: „Betriebsschlosser") aufgrund der hier üblichen hohen körperlichen Belastung für Mädchen und Frauen nicht zu empfehlen sind. Sie sehen aber etwa im gesamten Bereich der Elektroberufe im Hinblick auf die Einsetzbarkeit von Frauen kaum Einschränkungen, da keine extremen körperlichen Belastungen wie etwa lang andauernde, schwere Halte- und Hebearbeiten anfallen. Einige der durch die Berufberater/innen erfolgenden Nennungen und Zuordnungen wirken vor diesem Hintergrund erstaun-

Aufschlussreich sind jedoch auch die Unterschiede unter den Berater/innen und unter den Agenturen, Unterschiede zwischen Berater/innen aus Ost- und Westdeutschland und Unterschiede zwischen den einzelnen Agenturen. Ostdeutsche Berufsberater/innen segregieren generell stärker zwischen Mädchen und Jungen, aus ihrer Sicht spricht kaum etwas für eine Erschließung von Jungenberufen für Mädchen und umgekehrt. Nachdrücklicher als in Westdeutschland wird hier die Haltung vertreten, Mädchen seien für Frauenberufe prädestiniert.

Unterschiede zwischen den einzelnen Agenturen ergeben sich vor allem daraus, wie viele Mädchen in eine gewerblich-technische Ausbildung vermittelt werden konnten. Interessanterweise sind aber die Berater/innen in jenen Westagenturen, die besonders viele Mädchen in eine entsprechende Ausbildung vermittelten, kaum aufgeschlossener als ihre Kollegen/innen in den Agenturen mit niedriger Mädchenquote. Die Befunde zeigen weiter, dass in den Westagenturen mit höherer Mädchenvermittlungsquote besonders viele Männer (Berater) arbeiteten. Zwar unterscheiden sich Beraterinnen mehrheitlich nicht von ihren männlichen Kollegen, welche Berufe sie als „eher für Mädchen" und welche als „eher für Jungen geeignet" einschätzen, aber: „Mädchenförderung findet bei der Berufsberatung eher durch Berater als durch Beraterinnen statt" (ebd., 436).

Insgesamt erweist sich die Vermittlungs*quote* als unabhängig davon, ob die Berater/innen in einem höheren oder niedrigeren Ausmaß Mädchen für Jungenberufe als geeignet ansehen (ebd., 442). Es komme offenbar mehr darauf an, dass und wie sich regionales Umfeld, Organisation und deren Personal wechselseitig beeinflussen. Auch dann, wenn Mitarbeiterinnen nicht allzu viel davon halten, Mädchen in gewerblich-technischen Berufen auszubilden, so vermitteln sie sie trotzdem dorthin, wenn ein entsprechendes Angebot besteht. Und dann, wenn sie meinen, dass eine solche Ausbildung doch gerade erstrebenswert wäre, werden ihre Bemühungen oft durch binnenorganisatorische Faktoren oder durch den regionalen Kontext durchkreuzt.

Offensichtlich spielt das regionale Umfeld in diesem Zusammenhang eine gewichtige Rolle, etwa wenn renommierte Großbetriebe explizit um Mädchen für ihre metall- und elektrotechnischen Ausbildungsplätze werben. Dieses Vorbild strahle so aus, dass dann auch kleinere Betriebe bereit sind, Mädchen auszubilden. Im Hinblick auf die Berufsberatung wird wichtig, ob die Ausbildungsbe-

---

lich: „Warum Industrieelektroniker/in-Produktionstechnik tendenziell eher für Jungen und Fachkauffrau/mann für Bürokommunikation eher für Mädchen geeignet sein soll, müsste mir erst einmal jemand erklären: Gemeinsam haben beide Berufe, dass die Arbeitsplätze sauber sind und beide Berufe meist im Sitzen ausgeübt werden. Problematisch wird es, wenn einem Mädchen zum Beruf Industriemechaniker/in-Betriebstechnik zugeraten wird. 71,9% der Beratungskräfte meinen, dass Mädchen dafür prinzipiell geeignet seien. Die Wahrscheinlichkeit, dass Frauen in diesem Beruf körperlich überfordert werden, ist sehr hoch" (Ostendorf 2005, 447).

reitschaft der Betriebe von den Berufsberatern/innen auch *zur Kenntnis genommen* wird (ebd., 446).

Die Untersuchungsergebnisse haben insofern durchaus überraschende Implikationen für das Verhältnis von den aus den Modi der Geschlechterkonstruktion folgenden Stereotypen und lokal vorfindlichen Gelegenheitsstrukturen: Wenn Berufsberater/innen Mädchen in „untypische" Berufe vermitteln, obwohl sie der Meinung sind, dass dies Mädchen nicht entspricht und ihnen eher schadet, dann könnte man daraus folgern, dass die Gelegenheitsstruktur das Geschlechterstereotyp bricht. Auch dann, wenn Stereotype tief verankert sind, hat die Gelegenheitsstruktur in der Vermittlung offenbar vor allem dann Priorität, wenn andere Stellen nicht verfügbar sind.

Berufsbeschreibung: exemplarische Analysen

Trotz hoher institutioneller Einbindung der Berufsberatung in die Schule und in der Regel mehrfache Kontakte der Jugendlichen zu Beratern/innen bleibt die konkrete, personalisierte Interaktion ein punktuelles Ereignis. Zu konkreten Interaktionsverläufen liegen keine uns bekannten empirischen Studien vor. Neben der Beratung spielen die Materialien der Berufsagentur eine wichtige Rolle. Sie werden z.T. im regulären Schulunterricht eingesetzt und sind auch zur Selbstinformation gedacht. Da sie sehr gut zugänglich sind, können sie auf einfachem Wege danach befragt werden, ob auf der Ebene der Berufsdarstellung mit Vergeschlechtlichungen gearbeitet wird und Berufe so beschrieben werden, dass die *sprachlichen Darstellungen* der jeweiligen *numerischen* Vergeschlechtlichung entsprechen oder aber ob aktive Strategien einer Neutralisierung zur Anwendung kommen. Aktive Strategien einer Neutralisierung können sich darin ausdrücken, dass eine „Entgeschlechtlichung" angestrebt wird oder darin, dass das jeweils in der Minderheit befindliche Geschlecht gezielt angesprochen und umworben wird. Letzteres wäre etwa eine Konsequenz aus Aktivitäten der Bundesagentur wie der Initiative „Mädchen in Männerberufe" oder der aktuellen Initiativen wie dem „Girls' Day", in denen junge Frauen in Betrieben und in Informationen naturwissenschaftliche und technische Berufe praxisnah kennenlernen können. Sehen wir uns zu dieser Frage der „Vergeschlechtlichung" versus „Entgeschlechtlichung" zwei Beispiele zu Informationen über geschlechtersegregierte Ausbildungsberufe an.

Zahnmedizinische/r Fachangestellte/er

Im Beruf „Zahnmedizinische/r Fachangestellte/r" betrug im Jahr 2003 der prozentuale Anteil männlicher Auszubildender 0,24 Prozent. Laut Handwerksordnung ist die Ausbildung keinem Berufsfeld zugeordnet, die Bundesagentur für Arbeit ordnet sie wie die Arzthelferin unter „nicht ärztliche Gesundheitsberufe" ein. Unter der Rubrik „Aufgaben und Tätigkeiten im Überblick" heißt es:

> „Zahnmedizinische Fachangestellte sind in der medizinischen Assistenz und in den Bereichen Prophylaxe und Praxisorganisation und -verwaltung tätig.

> Sie betreuen Patienten vor, während und nach der Behandlung und assistieren dem Zahnarzt bei der Behandlung. Sie führen Hygienemaßnahmen durch, wirken bei der Erstellung von Röntgenaufnahmen mit, erklären Patienten die Möglichkeiten der Karies- und Paradontalprophylaxe oder leiten sie zur Mundhygiene an. Auch Aufgaben wie die Dokumentation von Behandlungsabläufen, die Erfassung erbrachter Leistungen für die Abrechnung, die Organisation von Praxisabläufen, Terminplanung oder das Erledigen des Schriftverkehrs gehören zu ihrem Arbeitsalltag" (http://Berufenet-Arbeitsamt.de, zitiert nach Maier 2005).

Mit der Benennung „Zahnmedizinische/r Fachangestellte/r" wird offenbar die im Alltag geläufigere Bezeichnung „Zahnarzthelferin" vermieden. In diesem Begriff ist eindeutig benannt, dass die Haupttätigkeit eben darin besteht, dem Zahnarzt „zu helfen", ihm also zuzuarbeiten (der Arztberuf erscheint dabei quasi automatisch in männlicher Form). Der von der Bundesagentur verwendete Begriff vermeidet genau dies, die Benennung „zahnmedizinische Fachangestellte" verweist auf eine wie immer geartete *fachliche* Qualifikation im zahnmedizinischen Bereich. Sie vermittelt im Gegensatz zur Bezeichnung Zahnarzthelferin auch ein Eindruck von selbstständigerer Tätigkeit.

Im weiteren Verlauf der Darstellung wird dann eine große Bandbreite und Vielfalt von Aufgaben und Tätigkeiten aufgelistet: von der Arbeit mit und an Menschen, über Büroarbeit bis hin zur Arbeit mit Apparaten. Es ist ein äußerst *diffuses Tätigkeitsprofil*, die genannten Tätigkeiten richten sich nicht auf ein Produkt oder einen in sich geschlossenen Arbeitsprozess, sondern sie sind auf den *Arbeitsort* (i.d.R. die Zahnarztpraxis) bezogen. Die oben zunächst angedeutete Betonung von Selbständigkeit in der Arbeit wird im Verlaufe des Textes zunehmend zurückgenommen, es wird deutlich, dass alles auf die Zuarbeit und somit auf die jeweilige Zahnmediziner/in ausgerichtet ist.

Im der Formulierung: „Sie betreuen Patienten vor, während und nach der Behandlung" wird deutlich, dass *die Behandlung* den Höhepunkt des Prozesses darstellt, immer bereits da sein muss, damit eine Betreuung überhaupt stattfinden

kann. Die „Betreuung" wird nicht weiter spezifiziert, sie signalisiert keine Fachlichkeit, stattdessen wird faktisch auf die Fähigkeit des „Einfühlens" rekurriert,
was im weiteren Textverlauf auch expliziert wird: „besonders ängstliche Patienten beruhigen sie mit viel Einfühlungsvermögen" (Maier 2005, 46). Ähnliches
gilt für den Bereich Karies- und Paradontalprophylaxe: Hier impliziert der Fach-
begriff Prophylaxe eine bestimmte Art von Fachwissen und „Expertise". Sie
„erklären" die Möglichkeiten, „leiten sie zur Mundhygiene an". Dabei geht es
aber offenbar nicht um eine auf das Individuum bezogene Beratung, sondern es
geht um Wissensvermittlung und Aufklärung im Sinne eines für alle Menschen
relevanten „Standardprogramms". Auch für den vermeintlich eigenständigen
Bereich der Praxisorganisation und -verwaltung ergibt die weitere Analyse, dass
die meisten der darunter anfallenden Aufgaben und Tätigkeiten „auf Wei-
sung/unter Aufsicht des Zahnarztes/der Zahnärztin zu erledigen oder etwa der
Schriftverkehr" nach Vorgabe bzw. Diktat zu erstellen ist.

Das diffuse Tätigkeitsprofil verhindert, dass die Tätigkeit als aus der Ausbildung resultierende Kompetenz beschrieben wird. „Zahnmedizinische/r Fach-
angestellte/r" ist weniger eine Berufsbeschreibung als vielmehr eine Art Stellen-
beschreibung, in der praktisch ausschließlich zuarbeitende Aufgaben genannt
werden und im weiteren Verlauf als notwendige Eigenschaften etwa die „persönliche Sauberkeit", „Einfühlungsvermögen", „Ordnungssinn", „Umstellfähigkeit",
„Kontaktfähigkeit", „Anpassungs- und Kooperationsfähigkeit", „gute Umgangs-
form", „Höflichkeit" und anderes mehr verlangt werden. Das alles sind Eigenschaften und Fähigkeiten, die auf die *Person* des Arbeitenden abzielen, nicht auf
seine fachliche Kompetenz.

Fassen wir zusammen: Der Beitrag im „Berufe-net" ist zunächst auf „politi-
cal correctness" bedacht. Er versucht auf der Ebene der Beschreibung eine aktive
Neutralisierung. Erst im weiteren Verlauf wird vor allem auf soziale und persönliche Kompetenzen Bezug genommen, über die dann geschlechtstypisch zugeschriebene Eigenschaften quasi „von hinten" wieder hereinkommen.[12]

---

[12] In der Broschüre des „Informationszentrums Zahngesundheit, eine Einrichtung der Zahnärzte-
     schaft-BW" wird von vornherein der Beruf als „Zahnarzthelferin" benannt, also explizit nur die
     feminine Form der Berufsbezeichnung verwendet. Hier liegt die „Vergeschlechtlichung" noch
     einmal sehr viel offener zu Tage als im Berufe-net Eintrag, der sich systematisch um Neutralisie-
     rung bemüht, aber der spezifischen Verknüpfung von Beruf und Person dann doch wieder Rech-
     nung trägt (Maier 2005, 48ff).

Anlagenmechaniker/in

Der Beruf „*Anlagenmechaniker/in – Sanitär-, Heizungs- und Klimatechnik*" wies im Jahre 2003 0,62 Prozent weibliche Auszubildende auf. Der Zusatz „Sanitär-, Heizungs- und Klimatechnik" kennzeichnet eine spezielle Fachrichtung bzw. Spezialisierung, die die allgemeine Bezeichnung „Anlagenmechaniker/in" näher spezifiziert. Der Text zu „Aufgaben und Tätigkeiten im Überblick" im Berufe-net Eintrag lautet:

> „Anlagenmechaniker/innen für Sanitär-, Heizungs- und Klimatechnik sind gefragte Fachleute beim Bau von Heizungs- und Belüftungsanlagen, von Bädern und anderen versorgungstechnischen Anlagen sowie bei deren Wartung und Instandsetzung. Zu ihren Aufgaben gehören die Installation und Wartung der Wasserversorgung, das Aufstellen und Anschließen von Badewannen, Duschkabinen und sonstigen Sanitär-anlagen, ebenso wie das Montieren von Heizkesseln und verschiedenster Rohrlei-tungen. Darüber hinaus umfasst ihr Fachbereich auch Solaranlagen zur Brauchwas-sererwärmung und deren Einbindung in bestehende Anlagen. Sie installieren und prüfen elektrische Baugruppen und Komponenten für diese oft sehr komplexen Steuerungs- und Regelungsvorgänge.
> Sie planen und steuern die Arbeitsabläufe, kontrollieren und beurteilen Arbeits-ergebnisse und wenden Qualitätsmanagementsysteme an. Auch für die kundenorien-tierte Auftragsbearbeitung und Übergabe der Anlagen und Systeme an den Kunden sind sie zuständig..." (http://Berufenet, zitiert nach Maier 2005[13])..

Bereits im ersten Satz fällt auf, dass Anlagenmechaniker/innen als „Fachleute" bezeichnet werden, wodurch eine klare Abgrenzung gegenüber Nicht-Fachleuten (Laien) erfolgt. Sie sind zudem nicht nur Fachleute, sondern sogar „gefragte Fachleute", d.h. dass sie sich auf einen Bedarf beziehen, der überhaupt _nur_ von Fachleuten abgedeckt werden kann und daher eine hohe Spezialisierung verlangt. Sie sind „beim Bau" von Heizungs- und Belüftungsanlagen etc. tätig, überneh-men Wartung und Instandsetzung – i.e. es geht um einen zentralen Beitrag in einem arbeitsteiligen System. Zugleich indiziert der Satz: „Sie planen und steu-ern die Arbeitsabläufe, kontrollieren und beurteilen Arbeitsergebnisse ...", dass hier ein in sich *geschlossener Arbeitsprozess* charakterisiert werden soll, der *komplett* in der Hand der Anlagenmechaniker/innen liegt.

Dieses Aufgabenspektrum ist eingerahmt durch eine Kundenberatung in Bezug auf „Produkte und Dienstleistungen des Betriebes", auf „die Übergabe der

---

[13] Bei diesem Beruf handelt es sich um einen anerkannten Ausbildungsberuf nach dem Berufsbil-dungsgesetz und nach der Handwerksordnung. Er ist dem Berufsfeld Metalltechnik zugeordnet, nach der neuen Handwerksordnung können sich Anlagenmechaniker/innen nach Erlangung der entsprechenden Voraussetzungen selbstständig machen.

Anlagen und Systeme an den Kunden" und die „Einweisung der Kunden in die Bedienung der Anlagen". Dabei bildet die Kundenberatung vermutlich den Anfang und die Einweisung vermutlich den Abschluss des Arbeitsprozesses. Auf diesen Prozess wird aber nicht weiter eingegangen.

Unter dem Punkt „Eignung/Interesse" wird im weiteren Text des Berufenet-Eintrags eine „Vorliebe für Tätigkeit mit einem in sich abgeschlossenen gegenständlichen Arbeitsergebnis (z.b. Sanitärobjekte in einem Neubau installieren)" als förderlich beschrieben (Maier 2005, 82). Dieses gegenständliche Arbeitsergebnis, das „Produkt" ist dann die komplette, funktionierende Anlage, die entweder neu fertig gestellt oder aber repariert worden ist. Auch die gesamte weitere Beschreibung zielt auf die Betonung der Fachlichkeit, und zwar im speziellen auf *technisches* Fachwissen. Die „Verfachlichung" ist also an Technik gekoppelt, konkrete handwerkliche Fähigkeiten dagegen treten eher zurück.

Auch in dieser Beschreibung kann man also durchaus das Bemühen konstatieren, die bestehende (numerische) Vergeschlechtlichung zu neutralisieren und gegen zu steuern. Dies geschieht etwa auch durch die Betonung der Kundenorientierung. Gleichzeitig kommt es unter der Hand immer wieder zu einer Öffnung für Geschlechterstereotype, so wird in den „förderlichen Neigungen" mit „technischem Verständnis" und in der Betonung der „Komplexität der Anlagen" wohl doch eher auf das bei Männern unterstellte Interesse und Verständnis für Technik abgezielt.[14]

Man kann an diesen beiden Beispielen sehr schön sehen, dass nicht allein durch die Sprachform (das „in" am Ende der Berufsbezeichnung) und auch nicht durch die Anzahl der Bilder von jungen Frauen in den entsprechenden Dokumenten eine Gegensteuerung erreicht werden kann, sondern *unterschwellige Einschreibungen* in die Texte mindestes ebenso bedeutsam sind. So sind etwa Berufe, denen die Bundesagentur das Merkmal „mit Menschen arbeiten" zuordnet – ein Wunsch, der häufig von jungen Frauen geäußert wird – von wenigen Ausnahmen abgesehen eben jene klassischen Gehilfinnen- oder Helferinnen-Tätigkeiten. Sie wurden zu „Fachangestellten" für Rechtsanwalts-, Notariats-, Steuerberatungs- oder auch Zahnarztpraxen aufgewertet. An der Arbeit selbst hat sich wenig verändert. Aber: Mit „Menschen arbeiten" kann man auf sehr verschiedene Weise – sie müssen nicht unbedingt Klienten oder Patienten sein, sie können auch Kunden oder Gäste sein. Die Berufe, denen das „beim Kunden" zugeordnet wurde, sind dagegen häufig Männerberufe. Von 36 Berufen, die den Arbeitsort „beim Kunden" angeben, erhielten lediglich vier gleichzeitig das Merkmal „Menschen" (Ostendorf 2005, 328).

---

[14] Auch hier ist die von der Berufsorganisation herausgegebene Informationsbroschüre über „moderne Berufe der Gebäude- und Energietechnik" bereits im Ansatz sehr viel deutlicher vergeschlechtlicht als der Berufe-net Eintrag (Maier 2005, 84ff.).

Sieht man sich Informationsmaterialien zu Ausbildungen und Berufen unter dem Aspekt „Vergeschlechtlichung" an, so ist nicht nur interessant, was die Informationsmaterialien an den jeweiligen Berufen hervorheben, sondern auch das, *was fehlt*. So sind bei vielen Kundenberatungen und „Einweisungen in die Bedienung der Anlagen" mit Sicherheit Geduld und Beharrlichkeit gefragt, manchmal auch Intuition. Das sind aber Fähigkeiten, die dem entsprechen, was wir oben bei der „Naturwüchsigkeit" eingeordnet haben: Wenn Frauen das tun, ist das keine kompetenzbasierte, fachliche Arbeit, sondern das, was „Frauen sind". In „Männerberufen" wird das gar nicht erst verlangt, sie sind durch einen objektivierenden und differenzierenden Objektbezug (Produktbezug) gekennzeichnet. Die Beschreibung der Qualifikationsprofile in „Männerberufen" lassen nahezu durchgängig eine besondere Fokussierung auf die im Zuge der Ausbildung zu erwerbenden Fachkompetenzen erkennen, in der Mehrzahl der sogenannten „Frauenberufe" dagegen erfolgt eine Zentrierung auf persönliche Eigenschaften der berufsausübenden Person, so dass aus den Beschreibungen hier oft nicht hervorgeht, welche spezifischen Fachkompetenzen für den Beruf erworben werden müssen. Nach wie vor sind – entsprechend dem Modus der Konstruktion von „Weiblichkeit" – Arbeit und Person nur wenig differenziert.

Viele der Beschreibungen könnten anders aussehen – grundsätzlich kommen Berufsinhalte der sogenannten Frauenberufe auch in Männerberufen vor. Immer wieder wird gesagt, Mädchen sprächen sich gegen Jungen- bzw. Männerberufe aus, weil sie nichts mit „Technik" zu tun haben wollten. Dagegen zeigen verschiedene Studien, dass es auf die Blickrichtung ankommt, „Technik" sehr unterschiedlich gesehen und dargestellt werden kann. In „Küche und Werkzeugschuppen" (Cockburn 1988) arbeitet man mit Geräten, die häufig auf denselben Technologien beruhen. Mixer und Bohrmaschine oder Fleischmesser und Schraubenzieher unterscheiden sich nicht im Grundsatz. In vielen Laborant/inn/-enberufen arbeiten fast ausschließlich Mädchen und Frauen, auch die Friseurin könnte als ein hochgradig technischer Beruf gesehen werden: differenzierte Werkzeuge, präzise Schnitttechnik, kompetenter Umgang mit Chemie.

Informationsmaterialien und Broschüren sind neben der Berufsberatung ebenfalls nur *eine* Dimension im Prozess der Berufsfindung, aber es ist durchaus die Frage, ob die jeweils implizit geschlechtsattribuierend angelegten Berufsbeschreibungen nicht insofern Wirkung zeigen, als Mädchen etwa Berufsbeschreibungen, die „männliches" wie Technikbezug, Maschinen- und Körpereinsatz betonen, eher überblättern als Berufsbeschreibungen, die „weibliche Eigenschaften" hervorheben, Jungen dagegen in ihren ohnehin enger gezogenen Grenzen von vornherein sich gar nicht auf Berufsbeschreibungen einlassen, die „Weiblichkeit" assoziieren lassen. *Dass* die einfache Berufsbezeichnung bereits eine Rolle spielen *kann*, macht Helga Ostendorf an einem Beispiel nachdrücklich deutlich: „Unter den Auszubildenden zur ‚Industrieelektroniker/in – Produktionstechnik' hat sich der Mädchenanteil nach einer Umbenennung spontan von 7 auf 20% nahezu verdreifacht. Der neue Name ist ‚Mikrotechnologe/in'" (Ostendorf 2005, 461).

6.1.3   Berufsfindung als biografischer Prozess

Wenn in Medien oder öffentlichen Veranstaltungen von „Berufswahl-entscheidungen" gesprochen wird, dann suggeriert dieser Begriff eine punktuelle, individuelle, „freie" Entscheidung auf der Basis von Eignung und Neigung. Die bisherige Darstellung hat dagegen den Umstand zentriert, dass eine solche Entscheidung in einem bestimmten sozialen Kontext getroffen wird und auf bestimmte soziale Bedingungen trifft: Dem Entscheidungsprozess des „Wählens" steht ein sozial strukturierter Prozess der Selektion (der Auswahl) gegenüber, sei es durch die Personalauswahl in den Organisationen der Erwerbsarbeit oder aber durch eigene Antizipation zukünftiger Berufschancen und möglicher Arbeitgeber.

Berufswahl ist auch kein einmaliges, punktuelles Geschehen, sondern ein sich möglicherweise über Jahre ziehender Prozess. Deshalb sprechen Berufsforscher heute eher von „Berufsfindung" und meinen damit, dass sowohl die Ausbildung(en) als auch die reale Berufseinmündung im Blick gehalten werden muss. Auch wenn erste Entscheidungen als richtungsweisend gelten können, sind sie (in Grenzen) revidierbar. Sie werden im Einzelfall mehrfach korrigiert bzw. zu korrigieren versucht, indem z.b. Ausbildungen abgebrochen und/oder neue Schwerpunkte gesetzt werden. Durch jede Entscheidung aber werden die Wahlmöglichkeiten eingeschränkt, denn das Gewicht der Entscheidungen kumuliert, irgendwann ist der Druck so groß, dass eine Ausbildung vor allem deshalb abgeschlossen wird, um das entsprechende Zertifikat im Lebenslauf vorweisen zu können. Inwieweit ein Abschluss auch zu einer Berufseinmündung führt, ist vielfach offen. Faktisch geht es bei jeder Berufsfindung um eine Vielzahl, um eine Sequenz von Entscheidungen, die untereinander in einem Zusammenhang stehen. Die Schwierigkeiten, solche Entscheidungen zu revidieren, werden gerade in jungen Jahren unterschätzt. Vielfach sitzen gerade Jugendliche dem Bild auf, über mehr Steuerbarkeit zu verfügen. Die Forderung nach „Flexibilisierung", lebenslangem Lernen u.ä. bedeutet aber gerade nicht, dass Basisqualifikationen grundsätzlich an Bedeutung verlieren.

In dieser Entscheidungssequenz werden mit „objektiven Bedingungen" oft nur die regionalen Arbeitsmarktstrukturen oder auch die Frage, ob eine Ausbildung etwas kostet oder Ausbildungsvergütung gewährt wird, angesprochen. Dabei bleibt unterbelichtet, dass auch die jeweils individuellen Entscheidungs-

voraussetzungen abhängig sind von sozialen Bedingungen wie der Lebensgeschichte des Individuums, seiner sozialen Herkunft und Geschlechtszugehörigkeit. Man kann es auch so sagen: Biografische Prozesse finden im Kontext vor-
strukturierter Rahmen statt, und dabei stellt die *Biografie selbst* eine wahlent-
scheidende Vorgabe dar.

In den Studien zur Berufsfindung wird immer wieder festgestellt, dass sich
Mädchen und Jungen in der Phase der Adoleszenz der Konfrontation mit Geschlechterstereotypen und damit auch der geschlechterdifferenzierenden Arbeitsteilung nicht entziehen können. Das ist im Grundsatz für beide Geschlechter
schwierig, wie ja auch im Absatz zu „Zugehörigkeit und Status" im vorigen
Kapitel gezeigt wurde. Im Hinblick auf die Berufsfindung aber kommen auf
Mädchen besondere Probleme zu, da stereotypisierte Geschlechterkonzepte
kaum mit einem Selbstkonzept in Übereinstimmung zu bringen sind, zu dem
auch eine berufliche Orientierung gehört. Diese berufliche Orientierung aber ist,
wie die Jugendstudien aufgewiesen haben, bei Mädchen im Durchschnitt inzwischen sehr hoch. Auch wenn die öffentliche Debatte vor allem in den Medien
immer wieder das Problem der Vereinbarkeit von Berufstätigkeit und Mutterschaft bzw. Familie als zentrales Thema im Leben von jungen Frauen herausstellt, sie unterstellen, dass *jedes* Mädchen, *jede* junge Frau ihre Entscheidungen
darauf abstellt, so zeigen neuere Forschungen, dass sich Lebensorientierungen
junger Frauen durchaus nicht allein in diesem Rahmen bewegen (Keddi et al.
1999). „Die" jungen Frauen gibt es in dieser Form schon länger nicht (mehr),
ihre Lebensentwürfe haben sich sehr stark ausdifferenziert.

Von dieser faktischen Ausdifferenzierung der Lebensentwürfe aber werden
die *von außen* an die Mädchen herangetragenen Erwartungen und – nicht zuletzt
– auch die von ihrem Selbstbild unabhängige Sexualisierung des Körpers nicht
tangiert. (Hagemann-White 1992). Dazu reicht ein Blick in die Medienland-
schaft. „Das selbstbewusste, eigene Kompetenzen erlebende Mädchen verliert
mit dem Beginn der Adoleszenz ihr Selbst und verbringt die Jugendphase damit,
dem Wunschbild ihres sozialen Umfeldes entsprechen zu wollen. Eine verunsi-
cherte, überkritische Beziehung zum eigenen Körper verstärkt die Bereitschaft,
sich der Außenbewertung zu unterwerfen ..." (Hagemann-White 1992, 71). Daran hat sich auch aktuell nichts geändert. Dieser Einschätzung entspricht zudem,
dass sich bei Mädchen im Verlauf der Adoleszenz ein im Durchschnitt geringerer Zuwachs von Selbstvertrauen herstellt als bei Jungen (Fend 1990, Brown/
Gilligan 1994).

Was macht Frauenberufe attraktiv?

Gerade hinsichtlich der beruflichen Verortung besteht offenbar sowohl bei jungen Frauen als auch bei jungen Männern eine Tendenz, sich *implizit* auf die je eigene Geschlechtergruppe zu beziehen. Maßstäbe für „richtige Berufswahlen" werden tendenziell in geschlechterhomogenen Vergleichsprozessen gebildet, nicht unter Bezug auf das je andere Geschlecht. Dabei ist bei Mädchen wie bei Jungen die Bedeutung der Gleichaltrigengruppe groß. Wie vor allem in den Studien zu Kindergarten und Schule gezeigt, wird „Geschlechtsidentität" ganz offensichtlich nicht „aus sich selbst" heraus gewonnen, sondern ist in starkem Ausmaß ein Gruppenphänomen, in dem jede/jeder in hohem Maße darauf achtet, was andere von ihr/ihm halten, was von ihr/ihm erwartet wird. Bei jungen Männern besteht, wie gezeigt wurde, ein erheblicher Druck in Richtung „hegemonialer Männlichkeit", so dass für sie die Wahl eines eher frauentypischen Berufes mit einem erheblichen Rechfertigungsdruck verbunden sein dürfte. Bei jungen Frauen zeigte sich, dass vor allem wichtig ist, wie in der eigenen, geschlechtshomogenen Gruppe die jeweilige Attraktivität im Hinblick auf das andere Geschlecht eingeschätzt wird.

In einer solchen (lebensgeschichtlichen) Situation ist es nicht besonders attraktiv eine exponierte Position in einem Minderheitenstatus einzunehmen (ausführlich dazu: Kap. 9). In Medien und Werbung wird immer wieder die grundsätzliche Verschiedenheit der Geschlechter betont. Die öffentliche Debatte darum, dass junge Frauen Naturwissenschaft und Technik distanziert gegenüber stehen, trägt ihrerseits dazu bei, Geschlechterstereotype festzuschreiben und sie zu stabilisieren. In der gesamten Debatte werden stets Mädchen unentwickelte Potentiale und Defizite unterstellt, die zu wecken oder zu „fördern" wären. Mädchen werden so wiederum zu „defizitären Jungen" und dieses Bild *kann* Mädchen nicht gefallen.[15] Für sie gilt das Gleichheitsversprechen in den Bildungsinstitutionen.

Wenn also immer wieder gesagt wird, dass Mädchen „frauentypische Berufe" *wollen,* dann wird die empirisch zu konstatierende Konzentration auf frauentypische Berufe lediglich mit einer intrinsischen Motivation der Mädchen verwechselt. Es geht nämlich, wie Ostendorf gezeigt hat, in dieser Wahl nicht an erster Stelle um „Inhalte". So wären etwa die Merkmale wie „mit Menschen zu tun haben" oder „anderen helfen" in einem weit größeren Spektrum von Berufen zu realisieren als in jenen, die als „frauentypisch" gelten – etwa als Mitarbeiterin der Feuerwehr, des Technischen Hilfswerks, der Kundenberatung in Medientechnik, u.v.a.m. (Ostendorf 2005, 206ff u. 320ff). Sehr viel plausibler scheint

---

[15] Nicht zuletzt deshalb lehnen sie ja vielfach explizit für Mädchen zugeschnittene Förderangebote als „indirekte Diskriminierung" ab.

die Hypothese, dass es Mädchen deshalb in Frauenberufe zieht, *weil sie Frauenberufe sind*, und zwar unabhängig davon, ob sie hausarbeitsnah, sozial kommunikativ oder lukrativ sind. „Die oehlichte Tatsache, dass der Frauenanteil eines Berufs hoch ist, verleiht eine geradezu unwiderstehliche Plausibilität der Annahme, dass die Vereinbarkeitsleistung (als Grundforderung der weiblichen Normalbiografie) in diesem Beruf gelingt. ... Ferner eignet sich ein Frauenberuf von vorneherein für die Konstruktion und Darstellung einer weiblichen Identität; sie hat daher im Bereich ihrer symbolischen Interaktion große Vorteile. Zwar ziehen Mädchen nicht ausschließlich Frauenberufe in Betracht; wir müssen jedoch die Möglichkeit prüfen, *dass die Geschlechtstypik einen eigenständigen Reiz hat*" (Hagemann-White 1992, 72f., Herv. durch Verf).

Die Einmündung in einen solchen Beruf unterstützt den Anspruch auf eine „gelungene Entwicklung" einer weiblichen Geschlechtsidentität. Es entsteht kein Legitimationsbedarf, kein Rechtfertigungsdruck gegenüber der Umwelt, es erfolgen keine Nachfragen. Untypische oder gar Jungenberufe zu wählen, bieten diese Option nicht, beinhalten aber in den Augen der Mädchen das Risiko, an „Attraktivität" zu verlieren (ebd.). Am „Label" des Berufs ist also wichtig, inwieweit dieses Label adaptierbar ist an jene Vorstellungen von „Weiblichkeit" oder „Männlichkeit", die in den jeweiligen biografischen Kontexten dominant sind.

Die über die Institutionen des Bildungssystems vermittelten Gleichheitserfahrungen werden mit dem Übergang vom Bildungs- ins Berufsbildungssystem und dann mit der Berufseinmündung wieder eingefangen. Deren weichenstellende Bedeutung wird oft erst später im Lebenslauf bewusst – in den Berufsfindungsprozessen kommt es implizit zu einer Retraditionalisierung und Revergeschlechtlichung von Lebenslaufmustern junger Frauen und junger Männer, „die umso bedeutsamer sind, als die nun beginnenden Unterschiede und Ungleichheiten größer werden, statt wieder zu verschwinden, wenn der Lebenslauf voranschreitet" (Wetterer 2003, 305). Faktisch realisieren sich in vielen „frauentypischen Berufen" die in sie gesetzten Hoffnungen und Wünsche gerade nicht, vielmehr „stolpern" Mädchen in Berufe, die wenig Verdienst, keine Aufstiegsmöglichkeiten, keine „Vereinbarkeit" und auch geringe Chancen auf „Wiedereinstieg" bieten und zudem physisch und psychisch hoch belastende Arbeitsbedingungen aufweisen. Diese faktischen Erfahrungen müssen zu den Erwartungen in ein Verhältnis gesetzt werden, sie müssen in irgendeiner Weise sinnhaft integriert werden.[16]

---

[16] Erklärungsansätze, die wie etwa die Humankapitaltheorie allein auf individuelle Beweggründe setzen, sind ebenso unzureichend wie Ansätze, die allein auf „objektive Strukturbedingungen" setzen: Beide sind lediglich zwei Seiten *einer* Medaille. Der Befund, dass Mädchen und junge Frauen selbst immer noch überwiegend geschlechtstypische Berufsfelder und Ausbildungsgänge

Nun sind Differenzen zwischen individuellen Ansprüchen und beruflichen Anforderungen in gewissem Sinn „chronisch", sie betreffen mehr oder weniger jede/n und sind in keiner Weise an die Geschlechtszugehörigkeit gebunden. Nicht zuletzt der Umgang mit solchen Diskrepanzen führt in die „Biografisierung" des Lebenslaufs, wobei diese Biografisierung immer auch Kompromissbildung und Verarbeitungsformen impliziert, die „ganz im Sinne eines veränderten Zuschreibungsmodus einer Verantwortungsübernahme (...) den Ergebnissen eigener Handlungen unabhängig von den ursprünglichen Intentionen im Nachhinein Sinn verleihen" (Witzel/Kühn 2000, 12).

Berufsbiographische Gestaltungsmodi

Zur Beantwortung der Frage, wie sich Individuen auf ungleich verteilte Optionen und Handlungsspielräume im Prozess der Berufsfindung beziehen, haben Witzel/Kühn ein Konzept der „berufsbiografischen Gestaltungsmodi" entwickelt.[17] Die von ihnen entwickelte Typologie basiert auf drei allgemeinen Kategorien, nämlich der „Entwicklung von Karriereambitionen" als offenere Biografiegestaltung, die „Beschränkung auf Statusarrangements" als eher geschlossene Biografiegestaltung und das „Streben nach Autonomiegewinn" (Witzel/Kühn 2000, 18f.). In der Auswertung der Interviews zeigte sich, dass es einen engen Zusammenhang zwischen beruflichen Kontextbedingungen und der Verteilung der berufsbiografischen Gestaltungsmodi gibt, diese also nicht auf der Basis individueller Geschlechtszugehörigkeit variieren. Handelnde beiderlei Geschlechts nehmen die berufsbezogenen Kontexte als Handlungsbedingungen wahr, die spezifische Umgangsweisen nahe legen. So sind etwa dort, wo die Kontexte strukturell (z.B. hinsichtlich von Aufstiegschancen) tendenziell vergleichbar sind, auch vergleichbare berufsbiografische Gestaltungsmodi zu finden.

So ist etwa unter Maschinenschlossern, einem Beruf, der nahezu ausschließlich von Männern ausgeübt wird, und Friseurinnen, einem fast reinen Frauenberuf, vergleichsweise häufig der Modus der „Beschränkung auf Statusarrangements" zu finden. „Karriereambitionen" oder „Streben nach Autonomiegewinn" sind dagegen eher selten. So bilden etwa Maschinenschlosser, die in Kleinbetrie-

---

„wählen", sich trotz deutlich gestiegener Bildungsabschlüsse nicht stärker um andere Ausbildungsberufe bewerben, muss und kann nur vor dem Hintergrund des geschlechtersegregierten Arbeitsmarktes analysiert werden.

17   Grundlage ist eine Paneluntersuchung, in der Maschinenschlosser, Kraftfahrzeugmechaniker, Friseurinnen, Bank-, Büro- und Einzelhandelskaufleute befragt wurden, die 1989 ihre Ausbildung abgeschlossen haben. Mit den Befragten wurden in drei Wellen im Abstand von jeweils ca. 3 Jahren qualitative problemzentrierte Interviews zu individuellen Biografien, Orientierungen und Handlungsstrategien durchgeführt.

ben arbeiten, ebenso wie ein Teil der Friseurinnen, bei denen diese Betriebsform
sehr verbreitet ist, das Muster „Betriebsidentifizierung" aus, sie betonen ähnlich
wie Friseurinnen den Gruppenzusammenhalt bzw. das gute soziale Klima, die
Sinnhaftigkeit der Arbeit für die Entwicklung des Betriebs und grenzen sich
gegenüber Austauschbarkeit und Anonymität in Großbetrieben ab. Ein anderer
Teil der Maschinenschlosser findet in das Muster „Lohnarbeiterhabitus" und
versucht, die hohen Belastungen durch möglichst hohes Einkommen zu kompensieren. Dieses Muster tritt bei Friseurinnen selten auf, nicht zuletzt, weil es angesichts der schlechteren Bezahlung in diesem Beruf kaum realisiert werden kann.
In beiden Berufen finden sich aber auch einige Befragte mit deutlichen, dem
Berufsfeld angepassten Karriereambitionen.

Diese Beispiele illustrieren, dass die beruflichen Kontexte die berufsbiografischen Gestaltungsmodi nicht determinieren, es lassen sich immer wieder auch
individuelle Umgangsweisen mit vorhandenen Handlungsspielräumen nachweisen.[18] Ob junge Frauen oder junge Männer: ganz offensichtlich gibt es bei beiden
sehr verschiedene Möglichkeiten, mit ihren Berufserfahrungen und den Diskrepanzen zu eigenen Wünschen und Erwartungen umzugehen. Witzel/Kühn betonen, dass berufsbiografische Gestaltungsmodi sich über die Zeit als im Kern
stabil erweisen, sie sich aber dann verändern (können), wenn sich der berufliche
oder private Kontext verändert. Kommt es aufgrund eines Stellenwechsels, ver-
änderter Arbeitsmarktbedingungen oder der privaten Lebenssituation zu einer
neuen Bilanzierung der Berufssituation, dann können daraus auch neue Haltungen erwachsen. Gerade Veränderungen im Privaten wie etwa eine Familiengründung aber haben eine durchaus unterschiedliche Bedeutung in Biografien, und
diese Bedeutung hängt auch davon ab, wie „geschlechtsangepasst" die Biografien sind. Zugleich haben solche Veränderungen i.d.R. auch unterschiedliche
Implikationen für die praktische Lebensführung. Darauf kommen wir ausführlich
zurück.

---

[18]   Dazu ebenfalls ein Beispiel: Der Einzelhandel ist ein Tätigkeitsbereich, der hochgradig
      geschlechtersegregiert ist, zum einen horizontal nach Fachgebieten, zum anderen vertikal nach
      Berufspositionen und Karriereperspektiven. Junge Frauen machen immer wieder die Erfahrung,
      dass ihre Mühen, sich in die Laufbahnstrukturen des Einzelhandels einzuklinken, nicht weiter-
      führen: „Als Frau hat man sowieso unheimliche Schwierigkeiten, da weiter zu kommen. Und ich
      hab' gearbeitet, und ich hab mir den Arsch aufgerissen, aber Männer, die Männer sind so an mir
      vorbeigelaufen. Das ging ja nicht nur mir so". Eine andere: „Die Firma F. hat glaube ich 5000
      Mitarbeiter ... jetzt kenne ich keine einzige Frau dieser Firma, die da die Karriereleiter hochge-
      stiegen ist" (Zinn 2000, 42). Die beiden Frauen ziehen daraus aber unterschiedliche Konsequen-
      zen: Die eine sucht eine besser bezahlte Stelle in einem anderen Tätigkeitsbereich, sie wechselt
      in den öffentlichen Nahverkehr und wird Straßenbahnfahrerin, ein Beruf, der ihr eine geringere
      Arbeitsbelastung bei höherem Einkommen verspricht. Die andere versucht, durch den Erwerb
      weiterer Bildungsressourcen ihren Anspruch auf eine attraktive und gut bezahlte Tätigkeit doch
      noch zu verwirklichen und hält ihre Karriereambitionen aufrecht.

6.2 Paarform und Paarbildung

Paarform als Norm

„Geschlecht", so ist hier noch einmal in Erinnerung zu rufen, stellt eine zentrale Kategorie zur Unterscheidung von Menschen dar, eine soziale Klassifikation. Wir unterscheiden zwei und nur zwei Geschlechter, Frauen und Männer, und ordnen alle Menschen einer dieser beiden Gruppen zu. Klassifikation und Zuordnung erfolgen bei der Geburt und werden anhand der sichtbaren Genitalien vorgenommen und in der Regel unverändert ein Leben lang beibehalten. Ausnahmen, wie wir sie im ersten Kapitel zum „case management of intersexed infants" thematisiert haben, bestätigen hier die Regel. Dort haben wir auch gezeigt, in welch engem Zusammenhang die binäre Geschlechterkategorisierung zur Reproduktion der Gattung bzw. zur Generativität von Individuen steht. Die Zuordnung anhand der Genitalien bei der Geburt beinhaltet Annahmen darüber, inwieweit Menschen Kinder gebären können oder nicht bzw. welchen Anteil sie an der Erzeugung eines neuen Menschen haben.[19]

Bislang war Thema, wie diese Unterscheidung mit dem Moment der Geburt in Szene gesetzt, angeeignet, eingefordert, erlernt, eingeübt, stilisiert, sichtbar und relevant gemacht wird. Wir haben auch gezeigt, dass es dazu *institutioneller Arrangements* bedarf, die die Zweigeschlechtlichkeit auf sozialstruktureller Ebene reproduzieren und die den Teilnehmern Gelegenheit bieten, die eigene Geschlechtszugehörigkeit (und die der anderen) interaktiv zu validieren: Familie, Kindergarten, Schule und der geschlechtergetrennte Arbeitsmarkt. Eine der wichtigsten Institutionen in diesem Zusammenhang aber ist, das wurde schon mehrfach angedeutet, das verschiedengeschlechtliche, heterosexuelle Paar. Generell – dies war der Kern der Überlegungen von Butler (1991) – ist gerade in der „heterosexuellen Matrix" ein symbolisches (herrschaftssicherndes) Ordnungssystem gegeben, das den binären Rahmen immer neu sichert.

In den westlichen Kulturkreisen ist diese „heterosexuelle Matrix" insbesondere als exklusive Zweierbeziehung institutionalisiert. Die Bedeutung der Paarförmigkeit als basales gesellschaftliches Beziehungsmuster für die Differenzierung und kulturelle Kodierung der Geschlechter ist vor allem und schon früh von

---

[19] Als grundlegende Unterscheidungspraxis ist die Geschlechterkategorisierung in allen bekannten Kulturen bekannt, viele Kulturen aber lassen weitere Geschlechter anhand sozialer kultureller Merkmale zu, kennen Misch- oder Restkategorien, in manchen wechselt auch die Klassifikation im Verlauf des Lebenslaufs, z.B. wenn im Kindesalter die Geschlechterbestimmung noch nicht relevant ist und bei Frauen z.B. zwischen dem gebärfähigen Alter und dem nicht-mehr-gebärfähigen Alter sozial unterschieden wird (vgl. Kessler/McKenna 1978 sowie Landweer 1994).

Goffman (1977) herausgestellt worden. Die heterosexuelle Paarbeziehung ist der Kern des „Arrangements der Geschlechter", ihrer Anordnung in sozialen Situationen, über die Frauen und Männer sich eben so „arrangieren", dass die ihnen je zugeschriebenen Eigenschaften und Fähigkeiten zum Ausdruck kommen. Dabei sind Frauen für Goffman eine benachteiligte Gruppe: Ihr Zugang zum öffentlichen Raum und zu öffentlichen Ämtern, zu Bildung und qualifizierter Erwerbsarbeit ist eingeschränkt. Zugleich aber sind Frauen eine sehr *spezielle* Gruppe von Benachteiligten, da sie nicht zuletzt es selber waren und mitunter heute noch sind, die ihre soziale Ungleichheit und Ungleichbehandlung auf ihr (idealisiertes und mythisiertes) „Wesen" als naturbasierte Sonderheit zurückführen. Eben *dazu* wird deren Verankerung in einer Naturalisierung der binären Kontrastierung, nicht zuletzt der Beziehungsform des Paares benötigt. Über die Institution des Paares wird das sozial Unterschiedene zu einer *sozialen Einheit* zusammengefügt. Aber: Das Paar baut nicht einfach auf der Geschlechterklassifikation von Personen auf, und „das Paar" ist auch nicht immer schon da, nur weil es Sexualität gibt. Das Paar ist vielmehr ein Kulturmuster, das „Liebespaar" sogar eine historisch vergleichsweise neue Entwicklung.

Die Aufgliederung der Gesellschaft nach Geschlecht und Abstammungslinien ist – so Goffman – ein einfaches Instrument zur Herstellung von sozialer Ordnung (Goffman 1994, 115). „Paarung" allein zwecks Sicherung der Fortpflanzung bedarf keiner Exklusivität der Beziehung, bedarf keiner Dauerhaftigkeit, bedarf auch keiner „Liebe" in unserem heutigen Verständnis. Zugleich sind Sexualität und Fortpflanzung in allen uns bekannten Gesellschaften sozial reguliert, sind ein Teil des Sozialen (Schelsky 1955). Dabei entstanden *viele* Formen. Die bei uns so selbstverständlich als „natürlich" gedachte enge Koppelung von heterosexueller Paarbeziehung, Elternschaft und Familie ist ebenso eine kulturell hervorgebrachte Form wie die soziale Praxis der matrilinearen Familienform, in der der Bruder der Mutter die zentrale männliche Bezugsperson ist, der biologische Vater keine Rolle spielt (zur Vielfalt der Formen vgl. Wagner 2003).

Es gehört inzwischen zu den Allgemeinplätzen sowohl des Alltagswissens als auch der Familiensoziologie, dass die (romantische) Liebesbeziehung als Grundlage der Ehe eine Erfindung des Bürgertums im 19. Jahrhundert ist, vorher (und z.T. parallel dazu) es sich bei der Eheschließung etwa im Adel oder auch der Bauernschaft um einen Vertrag zur Sicherung von Herrschaftsansprüchen bzw. eines Familienbesitzes handelte, emotional geprägte Partnerwahl faktisch keine Rolle spielte. Abweichungen davon (Romeo und Julia) boten Stoffe für Dramen und Romane, kennzeichneten dabei die Ausnahme von der Regel und trugen in dieser Form zugleich zur Thematisierung und Popularisierung von Liebe und Leidenschaft als Grundlage von Paarbeziehungen bei. In gewisser

Weise waren sie Vorboten einer erst im Entstehen begriffenen Kultur der Gefühlshaftigkeit[20].

Ein weiterer Allgemeinplatz in diesem Zusammenhang ist, dass eine Liebesbeziehung nicht an die Institution der Ehe gebunden ist. In der Antike etwa standen Erotik und Sexualität durchaus hoch im Kurs, nicht aber in Bezug auf die Ehe als institutioneller Form des Zusammenlebens der Geschlechter. Die Liebesleidenschaft im klassischen Griechenland galt als Krankheit, die mit der Sachlichkeit der Ehe unvereinbar war (Burkart 1997, 16). Das Zusammenfallen von Liebe und Ehe im bürgerlichen Modell der „Liebesehe" hatte seine Hochzeit in westlichen Gesellschaften des 19. und 20. Jahrhunderts und wird inzwischen zunehmend durch das Modell der „Partnerschaft" abgelöst – die Institution des „Paares" hat sich dabei ein Stück weit von der Rechtsform und Institution „Ehe" abgekoppelt. Der Institutionalisierungsgrad der Paarform aber ist offenbar höher denn je – man muss heute nicht mehr verheiratet sein, aber ohne Partner zu sein macht erhebliche Probleme: „die Paarbildung gehört heute zu den starken normativen Forderungen der Gesellschaft an die einzelnen. Wer dauerhaft partnerlos bleibt, gilt nicht als vollwertiges Gesellschaftsmitglied. Paarbildung wird ermöglicht, ermutigt und erwartet durch das historisch variable kulturelle Wertmuster „Liebe" und die soziale Institution des Paares" (Burkart 1997, 44). Die Disposition und die Fähigkeit dazu sind ebenfalls nicht selbstverständlich oder „natürlich" gegeben, sondern müssen in Kindheit und Jugend erworben werden.

Der hohe Grad normativer Verankerung der Paarförmigkeit als solcher zeigt sich in allen entsprechenden Untersuchungen, insbesondere in jenen, in denen es um Lebensentwürfe junger Frauen geht (Seidenspinner u.a. 1996, Geissler/Öchsle 1996, Keddi et al. 1999, Keddi 2003). Ohne Partner/in zu leben erscheint nicht als eine wünschbare Perspektive. Selbst in wissenschaftlichen Studien wird „ohne Partner" oft gleichgesetzt mit „Alleinleben", obwohl seit jeher auch andere Formen verbindlicher sozialer Einbindung bekannt sind, sei es in religiös begründeten Gemeinschaften oder großfamilialen Verbänden.

Paarform und romantische Liebe

Mit der Verbreitung und Durchsetzung des Musters der „romantischen Liebe" steht das Paar konkurrenzlos im Mittelpunkt. Die Liebe ist exklusiv (man kann

---

20 Das Drama in „Romeo und Julia" beruht ja darauf, dass die Zuschauer die Verbindung für richtig erachten, es darum geht, dass „die beiden sich kriegen". Die Tragödie ist, dass dies nicht eintrifft und die diesbezüglichen Wünsche der Zuschauer enttäuscht werden. Insofern muss schon zu Shakespeares Zeiten die Dimension von Liebe und Leidenschaft in Paarbeziehungen als legitime Dimension thematisierbar gewesen sein.

nur einen Partner lieben), sie ist gegenseitig und schließt sich tendenziell von der Welt ab (Intimität)[21]. Indem die *Einzigartigkeit* des anderen hervorgehoben wird („den oder keinen") wird in der Paarbildung extensiv und intensiv auf die *Individualität* des anderen referiert, auf die „ganze Person". Die Beziehung zueinander definiert sich gerade nicht über (austauschbare) „Rollen". Als „ganze Person" ist der Partner/die Partnerin grundsätzlich *nicht* austauschbar[22]. Grundsätzlich scheint im Muster der „Romantischen Liebe" jegliche Ungleichheit aufgehoben. Zugleich setzt dieses Muster ganz und gar auf die Polarität der Geschlechter. Nur in ihrer Gegensätzlichkeit bilden sie ein „Ganzes", als einzelne sind sie essentiell unvollständig.

Mit der Naturalisierung der „Geschlechtscharaktere" im Übergang zum 19. Jahrhundert (Hausen 1976) verband sich die Differenz von Öffentlichkeit und Privatheit und die der „Dissoziation von Erwerbs- und Familienleben". Die „natürlichen Unterschiede" zwischen Frauen und Männern kreisen um die Pole Aktivität/Passivität und Rationalität/Emotionalität. Die Verbannung der Frauen in die Familie und die Häuslichkeit hieß zugleich, dass sie materiell und ökonomisch von Männern abhängig waren. Ihre Stellung in der Öffentlichkeit war damit faktisch eine schlechtere als in der traditionalen Ständegesellschaft, in der Ehefrauen öffentliche und ökonomische Funktionen hatten und ihre vielfältigen (informellen) Macht- und Einflusschancen auch zu nutzen wussten (Honegger/Heintz 1984, 14f.).

---

21 „Liebe" ist bekanntlich ein weiter und sperriger Begriff. Für unsere Zwecke muss die Definition aus der Wikipedia ausreichen: „Liebe (von mhd. liebe „Gutes, Angenehmes, Wertes") ist im engeren Sinne die Bezeichnung für die stärkste Zuneigung, die ein Mensch für einen anderen Menschen zu empfinden fähig ist. Analog wird dieser Begriff auch auf das Verhältnis zu Tieren oder Sachen angewendet. Im weiteren Sinne bezeichnet Liebe eine ethische Grundhaltung („Nächstenliebe"). Im ersteren Verständnis ist Liebe ein Gefühl oder mehr noch eine innere Haltung positiver, inniger und tiefer Verbundenheit zu einer Person, die den reinen Zweck oder Nutzwert einer zwischenmenschlichen Beziehung übersteigt und sich in der Regel durch eine tätige Zuwendung zum anderen ausdrückt. Hierbei wird nicht unterschieden, ob es sich um eine tiefe Zuneigung innerhalb eines Familienverbundes („Elternliebe") handelt, um eine enge Geistesverwandtschaft („Freundesliebe") oder ein körperliches Begehren („geschlechtliche Liebe"). Auch wenn letzteres eng mit Sexualität verbunden ist, bedingt sich auch in letzterem Falle beides nicht zwingend (z.B. sog. „platonische Liebe")." (http://de.wikipedia.org/wiki/Liebe, 5.3.07). Dass „Liebe" wie oben im Text dargestellt im Fall der Paarbildung für einen *Anfang* der Beziehung steht, ist ein spezifisches und historisch vergleichsweise neues Verständnis. Es verweist noch einmal darauf, dass die kulturelle Codierung von Liebe vielfältig ist und es „Liebe" *ohne kulturelle Codierung* nicht gibt. Zugleich wird mit Vielfalt, Variabilität und Historizität aber auch die große Bedeutung von Gefühlen als Wahrnehmungs- und Steuerungsmedium im Sozialen deutlich.

22 Der Wandel von der romantischen Liebe zur „Partnerschaft" hält hier einige Fallen bereit, da mit Trennungen und Scheidungen die „Nicht-Austauschbarkeit" virulent wird. Insofern nähert sich das Modell der Partnerschaft wieder dem Rollenmodell an. Drauf kommen wir zurück.

Basis für dieses „Arrangement" der Stellung der Geschlechter zueinander und den darin enthaltenen „Zuweisungsakten" sozialer Orte, ist der Glaube an ihre „Natürlichkeit". In gewissem Sinne wurden in der Polarisierung der Geschlechter und im Muster der „Romantischen Liebe" Geschlechterverhältnisse durch die Naturmetapher „verzaubert". Dieser Glaube aber ist brüchig geworden. Mit dem Verlust des Glaubens an ihre Naturbasiertheit aber geht der Zauber verloren, wird das Geschlechterverhältnis „entzaubert"[23]. Gerade die Polarisierung hat den Status des „fraglos gegebenen" insoweit eingebüßt, als eine massive Diskursivierung hinsichtlich zugeschriebener Fähigkeiten und Eigenschaften eingesetzt hat und die Stellung der Frauen immer weniger als „natürlicher Ausdruck ihrer natürlichen Fähigkeiten" begriffen wird. Aber: „Ohne diesen Glauben macht dieses ganze Arrangement zwischen den Geschlechtsklassen nicht mehr viel Sinn. Ich behaupte nicht, dass sich das Arrangement der Geschlechter durch diese Zweifel von Grund auf ändern wird; gesetzt aber, das herkömmliche Muster wird aufrecht erhalten, so wird dies, so behaupte ich, unter sehr viel schwierigeren Bedingungen geschehen" (Goffman 1994, 119).

Paarform und Partnerschaft

Nach wie vor ist es aber *gerade* die Paarförmigkeit, die den klassischen Fall dafür bildet, was Goffman als „institutionelle Reflexivität" bezeichnet hat: Die Paarform *schafft* eine komplexe Gelegenheitsstruktur, in der sich „Frauen und Männer ihre angeblich unterschiedliche „Natur" gegenseitig wirkungsvoll vorexerzieren können" (143). Dies gilt auch unter modernen Bedingungen, unter denen die „Liebesehe" durch die „Norm der Partnerschaft" abgelöst wurde: Mit der „Entzauberung" werden Partnerschaften wieder stärker versachlicht. Sie stellen *reziprok* angelegte Lebensgemeinschaften dar, in ihnen geht es an zentraler Stelle um die *Wechselseitigkeit* von Gefühlen und Pflichten. Partnerschaft in diesem Sinne basiert auf „Gleichheit", ist tendenziell egalitär und symmetrisch konzipiert (Burkart 1997, 33). Sie ist wie gesagt nicht mehr notwendig an die Ehe gebunden und auch nicht an die Bereitschaft zur Zeugung von Kindern/zur Reproduktion. In einer „Partnerschaft" soll die *Individualität* der Partner gewahrt bleiben, trotzdem sollen sie eine soziale *Einheit* bilden: Als Teil eines Paares muss sich jede(r) Einzelne ein Stück weit „gemeinsam" definieren.
Wenn zwischen „Individualität" und „Paar" ein Spannungsverhältnis angenommen werden kann, zugleich der Glaube an die „naturhafte Wesenheit" der Geschlechter brüchig geworden ist, dann werden Emotionalität und „Liebe"

---

23 Insofern ist auch dieser Prozess ein kleiner Teil jener „Entzauberung der Welt", den Max Weber in seinen Analysen im Auge hatte.

Grundvoraussetzungen zur Aufrechterhaltung der Paarbeziehung. „Liebe" bekommt „Höchstrelevanz" (Tyrell 1987). In der „partnerschaftlichen Liebe" wird dann die Balance der Widersprüchlichkeit von „programmatischer Gleichheit" und „praktischer Differenzierung" zur Aufgabe und Herausforderung. Dies kann dazu führen, dass ein komplexitätsreduzierender Umgang damit gesucht wird und sich die Paarbeziehung wieder einem Rollenmodell annähert. Genau darin liegt jedoch eine erhebliche Gefährdung des Paares im oben verstandenen Sinn, da mit dem Rollenmodell Personen wieder austauschbar werden.

Zugleich erhebt sich eine ganz andere Frage: „ist das Paar immer schon heterosexuell?" (Burkart 1997, 51). Empirisch kann dies eindeutig beantwortet werden, denn wir alle kennen homosexuelle Paare. Welchen Status aber haben diese gleichgeschlechtlichen Paare im Hinblick auf die zweigeschlechtliche Ordnung? Es sind gerade die skizzierten Bedingungen, unter denen heterosexuelle Paare instabil werden, die zugleich die Möglichkeit bieten, von der Geschlechterdifferenz zu abstrahieren. Stellen sie, wie Anthony Giddens vermutet, vielleicht den Prototyp „reiner Beziehungen" dar, die eben nicht von Geschlechterasymmetrien und arbeitsteiliger Aufgabenverteilung belastet sind, sondern ausschließlich von „Partnerschaftsnormen" gesteuert und geprägt werden? Unter diesen Bedingungen sei Heterosexualität keine zwingende Normalität mehr („Heteronormativität"), sondern eine Vorliebe wie jede andere (Giddens 1993, 148ff, zit. nach Burkart 1997, 52). Gerade gleichgeschlechtliche Paare könnten sich daher durchaus dazu eignen, danach zu fragen, was „Paar-Sein" ausmacht, da sie ja – vordergründig – von der Geschlechterdifferenzierung befreit scheinen. Die Familiensoziologie tut sich mit diesem Gedanken allerdings offenbar schwer, sie scheint nach wie vor auf einem biologisch geprägten Geschlechter- und Familienmodell zu insistieren.[24]

Bis zum Ende des letzten Jahrhunderts dominierten Studien, die homosexuelle Paare stets vor dem Hintergrund ihrer Diskriminierung und fehlenden Akzeptanz untersucht haben. Die Befunde stimmten darin überein, dass auch in homosexuellen Beziehungen die Geschlechterdifferenzierung heterosexueller Beziehungen zum Tragen komme, primär in Form ritualisierter „Geschlechtsrollen". Inwieweit diese Befunde auch den Zeitgeist spiegelten muss hier offen bleiben. Inzwischen hat nicht zuletzt vor dem Hintergrund eines sich in heterosexuellen Paaren durchsetzenden „Partnerschaftmodells" die These einer Angleichung von homosexuellen und heterosexuellen Paaren im Grunde mehr Plausibilität als früher. Das Problem ist, dass die Erforschung von gleichgeschlechtlichen

---

[24]   Zumindest hypothetisch muss man fragen können, ob das soziologisch gesehen nicht doch einfach ein „Festhalten am Vertrauten" ist, weil man doch die Mühe und Verunsicherung scheut, ein auf „Glauben" basierendes Weltbild zu revidieren. Aber letztlich wurde selbst das kopernikanische Weltbild verändert.

Paaren stets vor dem Problem steht, Normativität und Naturalisierung von Heterosexualität fortzuschreiben: Die Strategie der „Besonderung" läuft Gefahr, die Differenz zu überhöhen, die Entdramatisierung möglicher Differenzen dagegen, gleichgeschlechtliche Paare einfach zu subsumieren und faktisch zu vernachlässigen (zu methodischen Problemen: Maier 2004, 259). In jedem Fall aber gerät mit der Konzentration auf einen Beziehungstypus von „Homo", „Bi" oder „Hetero" quasi automatisch die Geschlechtszugehörigkeit der Personen ins Visier.

Paarbildung

In der Adoleszenz werden mit der Ablösung vom Elternhaus neue Formen von Sozialität wichtig, die zunächst vor allem in Gleichaltrigengruppen und Freundschaftsdyaden einzulösen gesucht werden (vgl. Kap. 5). Auch in der verschiedengeschlechtlichen Paarbildung steht nicht automatisch allein Sexualität im Vordergrund, sondern es geht auch um Vertrauen und Vertrautheit, um Anerkennung und Empathie, um eben jene Qualitäten von Sozialität, die in der Konstitution von Lebenswelten grundlegend sind. Dennoch wird in vielen Untersuchungen zu Jugendlichen Erotik und Sexualität in den Vordergrund gestellt und selbstverständlich davon ausgegangen, dass diese für Jugendliche nicht zu einem, sondern zu *dem* zentralen Aspekt in der Selbst- und Fremddarstellung werden. Jegliche Form von Homosexualität werde dabei i.d.R. massiv abgewehrt. Dabei sitzt die Jugendforschung in gewisser Weise dem übersexualisierten Bild der Jugendphase in den westlichen Gesellschaften auf und thematisiert kaum, dass nicht zuletzt durch die permanente öffentliche Inszenierung (und Kommerzialisierung) von Sexualität in den Massenmedien Heterosexualität zur Norm jeglichen erotischen Begehrens wird, zu einem „Muss", das über Zugehörigkeit und Nicht-Zugehörigkeit entscheidet. Das heterosexuelle Paar wird zu *der* Leitfigur schlechthin. Vor diesem Hintergrund kann sich eine tradierte Auffassung und Konstruktionsmodi von Geschlecht stützende und perpetuierende Dynamik entfalten und immer wieder reproduzieren.

Diese Dynamik ist bereits in den *Paarbildungsregeln* angelegt, die ebenfalls schon von Goffman als ein Beispiel „institutioneller Reflexivität" ausbuchstabiert wurden: Das heterosexuelle Paar bringt Geschlechterunterschiede inhaltlich einfach dadurch zur Anschauung, dass Männer etwas größer, etwas stärker, etwas älter und etwas kompetenter als Frauen zu sein haben und Frauen deshalb zu Hilfe kommen und sie (be)schützen können. Das „Größer und Stärker sein" wird in der Regel als Ausdruck von Natur interpretiert – Männer „sind" größer und stärker. Tatsächlich aber hat der Größenunterschied wie der Unterschied in der

Körperkraft eine soziale Dimension[25]. Die grafischen Kurven der normalen Verteilung von Größe und Körperkraft weisen eine beträchtliche Zone der Überschneidung zwischen beiden Geschlechtern auf. „Würde man die herrschenden Konventionen umkehren und entsprechende Maßnahmen ergreifen, dann könnten bei sehr vielen Paaren die Männer kleiner als/oder genauso groß wie ihre weiblichen Partnerinnen sein. Doch tatsächlich stellt die gängige selektive Paarbildung sichtbar, dass Ehemänner und Freunde fast ohne Ausnahme größer als ihre Frauen und Freundinnen sind" (Goffman 1994, 142). Auf der Basis dieser vergleichsweise schlichten Paarbildungsregeln ergeben sich immer wieder Situationen, in der Frauen ihre „Schutzbedürftigkeit" und Männer ihre „Überlegenheit" demonstrieren können.

Die Paarförmigkeit vieler sozialer Situationen vor allem in der Freizeit und in der häuslichen Sphäre stellt zudem sicher, dass bei Frauen und Männern das jeweils passende „Gegenstück" dabei ist, die Inszenierung der Geschlechtsdarstellung zu erwidern. Kleinere, schwächere Männer haben in dieser Beziehungslogik ebenso Probleme wie große kräftige Frauen: Sie entsprechen nicht der Norm des „Männlichen" oder „Weiblichen". Paarbildungsregeln wirken daher durchgängig *differenzverstärkend*.

Die Norm der Überlegenheit ist nicht allein auf den physischen Bereich begrenzt. Männer sollen in der Beziehung auch einen höheren Berufsstatus haben. Sie haben erfahrener und auch begüteter zu sein als die Frau, was wiederum der Darstellung von Überlegenheit zu Gute kommt. Überlegenheit und Schutzbedürftigkeit werden auf diese Weise zu „Konstituentien von Geschlechtern" (Hirschauer 1994, 689).[26]

Mit der Pluralisierung von Gesellschaften sind inzwischen „Paarbildungsregeln" weit weniger kodifiziert als noch vor dreißig Jahren. Sie sind selber in dem Sinne „pluraler" geworden, als sie sich stärker milieubezogen ausbilden und

---

[25]   Wie subtil diese soziale Dimension wirksam wird, ist gerade auch bei der Körpergröße aufweisbar. In Bezug auf „soziale Ungleichheit" ist der Zusammenhang von sozialer Schicht und Gesundheit allgemein anerkannt, das Maß der Körpergröße als Indikator für „Kollektiven Wohlstand" ist dagegen vergleichsweise neu: „Wenn Kinder und Jugendliche ausreichend gesunde sowie abwechslungsreiche und kalorienreiche Nahrung erhalten und es medizinische Rahmenbedingungen ermöglichen, dann wachsen sie auch stärker und erreichen als Erwachsene höhere Körpergrößen. Heute sind Zwanzigjährige fast 10 cm größer als vor 50 Jahren" (Kriwy et al. 2003, 543). Bei der Untersuchung der Körpergrößen in Deutschland (1998) zeigte sich, dass westdeutsche Männer und Frauen größer sind als ostdeutsche. Seit dem Mauerfall scheinen ostdeutsche Männer aufzuholen, die ostdeutschen Frauen dagegen erfahren keinen durchgängigen Wachstumsschub, sondern nur Mädchen aus oberen (Bildungs-)schichten (ebd., 552).

[26]   Ins Politische gewendet hätte auf den Transparenten der Frauenbewegung nicht allein „Das Private ist politisch" stehen können, sondern auch die schöne Forderung: „Frauen! Verliebt Euch endlich in jüngere und weniger erfolgsorientierte Männer" (Hirschauer 2003, 464).

etwa in ethnisch homogenen Gruppen sehr spezifische Ausprägungen erhalten können.

Dennoch werden in der Mehrzahl von Paarbildungsprozessen diese „Regeln" auch heute noch erstaunlich prägnant eingehalten. Werbung, Filme, Massenmedien etc. forcieren sie noch einmal, in der Betonung von „Ausnahmen" wird die Regelstruktur z.T. erst deutlich, etwa wenn durch „Gegennormen" ein zu großer Altersunterschied zwischen den Partnern skandalisiert wird. Diese Muster haben sich in die emotionale Welterfahrung eingegraben, die Wahrnehmung möglicher Partner ist so habitualisiert, dass sie nur selten in den Bereich „bewussten Handelns" vordringt. Dem entsprechen auch die Ergebnisse empirischer Untersuchungen: Auch in Zeiten freier Partnerwahl sind sich Partner in Paarbeziehungen eher ähnlich. Es besteht die Neigung, den Partner innerhalb der gleichen Hautfarbe, Schicht, Religion etc. zu suchen. Die Neigung, ähnliche Partner zu suchen, macht jedoch vor dem gleichen Geschlecht halt: Die heterosexuelle Matrix bringt Personen in sexuellen Kontakt und langfristige Beziehungen, „die ihr Begehren wechselseitig *nicht* verstehen" (Hirschauer 2001, 224).

Paarbildung ist unzweifelhaft ein interaktiver Prozess und hat ebenso wie die Berufsfindung eine biografische Dimension: Partnerwahl und Paarbildung ziehen sich in der Regel über Monate und Jahre hin. Für Jugendliche stellt sich der Prozess anders als für junge Erwachsene oder für geschiedene oder verwitwete Personen dar. Die massive Normierung in Partnerwahl und Paarbildung greift vermutlich am intensivsten bei Jugendlichen und jungen Erwachsenen, relativiert sich vor dem Hintergrund eigener biografischer Erfahrungen und Bilanzierungen. Es ist anzunehmen, dass für solche Bilanzierungen die ersten Erfahrungen in der Jugendphase von prägender Bedeutung sind.

Vor dem Hintergrund, dass die Geschlechterdifferenz in der Paarförmigkeit verschärft wird, macht Goffmans Diagnose Sinn, dass mit der Interaktionslogik in der Paarbildung (dem „Hofmachen")[27] eine *rituelle Überhöhung* des Unterschieds einhergeht. Inwieweit in diesen Ritualen des „Hofierens" noch die Idealisierung und Mythologisierung von Frauen eine Rolle spielt, sei an dieser Stelle dahingestellt: wichtiger ist, dass die Interaktionslogik auf den Umstand zurückgeht, dass Frauen „Anziehungskraft" zugeschrieben wird, die auf äußerer Attraktivität beruht und von ihnen zur Schau gestellt wird. Männer dagegen werden „angezogen" und schenken den für begehrenswert erachteten Frauen verstärkte

---

[27] Mit „Hofmachen" ist ein langfristiger Prozess der Anbahnung von Kontakt angesprochen, der in dieser Form vermutlich kaum noch ausgeprägt ist. Die Übersetzung ins neudeutsche „Anmachen", wie es oft in Seminaren geschieht, in denen der Text behandelt wird, hat jedoch Tücken: Das „Anmachen" stellt ein situatives Handlungsmuster dar, das vielfach unter der Prämisse schneller erotischer/sexueller Beziehungen verstanden wird. Die Frage ist, ob diesem „Anmachen" auch heute noch ein längerfristiger Prozess des „Kennenlernens" folgt, in dem die skizzierten Regeln immer noch wirksam werden, oder ob sie durch andere ersetzt wurden.

Aufmerksamkeit. „Der strategische Vorteil des Mannes beim Hofmachen leitet sich aus seinem Talent und seinem Recht ab, sein Interesse an jedem möglichen Zeitpunkt wieder entziehen zu können, außer vielleicht am Schluss; der Vorteil der Frau besteht in der Kontrolle über den Zugang zu ihren Vorzügen" (Goffman 1994, 121). Männer übernehmen damit den offenen und öffentlichen Teil der Kontaktanbahnung, Frauen den verdeckten, indirekten. Die Vorteile erscheinen praktisch nicht sehr ausgewogen: Männer können Zugangschancen zu einer Frau auch als „Anerkennung von Männlichkeit" deuten, also ganz unabhängig von konkreten Werbungsabsichten diese Ermutigung suchen[28], Frauen seien gehalten, sich zurückhaltend zu geben und mit „Zeichen der Zugänglichkeit" sehr sorgsam umzugehen. Inwieweit wird diese „Interaktionslogik" auch heute noch bei Paarbildungsprozessen von Jugendlichen wirksam? Inwieweit hat sie sich unter dem Einfluss des auf „Gleichheit" beruhenden Partnerschaftsmodells relativiert oder ist gar ausgesetzt?

Empirische Annäherungen

Auf den ersten Blick scheint sich im Zuge sozialen Wandels einiges am „Arrangement der Geschlechter" geändert zu haben: Im Kohortenvergleich gibt es einen deutlichen Trend zur Angleichung des Bildungsniveaus und der Altersabstand zwischen Männern und Frauen schrumpft. Es komme inzwischen eher zu bikultureller als zu bildungsheterogener Paarbildung (Burkart 1997, 70 ff). Beides spricht dafür, dass das Partnerschaftsmodell gegenüber der traditionellen Geschlechterpolarität an Boden gewonnen hat.

Sieht man sich die Daten etwas genauer an, zeigen sich hier vor allem Auswirkungen der Bildungsexpansion bei den Frauen: Je höher das eigene Bildungsniveau, umso geringer die Chancen, einen Mann mit noch höherem Bildungsgrad zu finden. U.U. steigt stattdessen die Bedeutung des beruflichen Status und hier haben Frauen bislang nicht „gleichgezogen". Auch die Verringerung

---

[28]   Es ist diese interaktive Logik, die eine zentrale Grundlage von (sexueller) Belästigung bildet, da Männer es als ihr „Recht" ansehen, Aufmerksamkeit selektiv auf Frauen zu richten und daraus auch eine Bestätigung der eigenen Männlichkeit zu ziehen. „Unabhängig davon, ob der Mann wirklich am Hofmachen oder allein an der Verführung interessiert ist: Er muss in jedem Fall der Frau mit Aufmerksamkeit nachjagen (...)" (Goffman 1994, 121). Es werde vom Manne regelrecht gefordert, sich aufzudrängen und „nach Überwindung der anfänglich ... herrschenden Distanz" zu trachten. Aus diesem Muster folge quasi automatisch, dass „Frauen chronisch unter ziemlichen ‚Belästigungen' zu leiden haben". Frauen sind aber nicht einfach „Opfer", sondern ein Teil des Musters, da sie in dieser Hinsicht keine klare Linie verfolgten: Ein Teil der Frauen fühle sich belästigt, andere verstehen das gezeigte Interesse auch bei Ablehnung der Interesse zeigenden Person als Zeichen und Maßstab ihrer Attraktivität (Goffman 1994, 156).

des Altersabstands relativiert sich bei genauerer Analyse: Die Angleichung trifft vor allem auf in jungem Alter geschlossene Ehen, mit steigendem Heiratsalter steigt auch der Altersabstand (Burkart 1997, 73f).

In Heirats- und Kontaktanzeigen sind nach wie vor Alter und Körpergröße zentrale Dimensionen der Selbstbeschreibung, beide Geschlechter unterstützen die Norm, der Mann solle älter und größer sein. Dabei messen Männer der „adäquaten Alterdifferenz" größeres Gewicht zu (Gern 1992, 153). Und trotz eines dramatischen Rückgangs einfacher polarisierender Beschreibungen bleibt eine Dualität „weiblicher Ästhetisierung" und „männlicher Orientierung am Berufsleben" nachweisbar, wenn auch im Vergleich zum Beginn des letzten Jahrhunderts in abgeschwächter Form (Buchmann/Eisner 2001, 104). Für Frauen stelle nach wie vor die äußere Erscheinung die wichtigste Basis der Einschätzung ihrer Attraktivität dar, bei Männern komme sie eher hinzu. Es ist aber nicht zu übersehen, dass Attraktivitätsnormen auch für Männer enorm an Bedeutung gewonnen haben, die Zahl der Schönheitsoperationen etwa bei ihnen beständig angestiegen ist.

Inwieweit die bei Goffman herausgestellte Norm noch in vollem Umfang gültig ist, dass Männer den aktiven Part in der Anbahnung des Kontaktes übernehmen sollen, ihnen die Initiative obliege, ist uneindeutig. Einige Untersuchungen sprechen dafür (Burkart 1997, 189), andere sehen vor allem unter Jugendlichen Angleichungen (Dannenbeck/Stich 2002). Auch hier dürfte die Milieukomponente nicht außer Acht gelassen werden: Was unter Gymnasiasten in einer koedukativen Großstadtschule als „normal" gilt, ist i.d.R. nicht deckungsgleich mit der Bedeutung, die das gleiche Verhalten in einer ländlichen Region im Handwerkermilieu erhält.

In all diesen Untersuchungen zeichnet sich ab, dass die bei Goffman genannten Parameter des „Arrangements der Geschlechter" in der Paarbildung zwar deutlich abgeschwächt, aber nicht außer Kraft gesetzt sind. Wie sieht das in der Lebensphase der ersten Paarbildungen, der ersten sexuellen Kontakte aus?

In der traditionellen Form der Thematisierung wird der erste sexuelle Kontakt vor allem bei Mädchen dramatisiert: er gilt als gravierender Einschnitt („zur Frau werden"). Die sexuelle Liberalisierung hat zwar seit längerem Mädchen erreicht, eine Jungfräulichkeitserwartung besteht in der Mehrheitsgesellschaft nicht mehr. Nach wie vor aber gilt in einigen, vor allem ethnisch geprägten Milieus, dass Sexualität für Mädchen erst nach einer Eheschließung erlaubt ist, von ihnen also „Jungfräulichkeit" verlangt wird. Nicht zuletzt damit bleibt das Thema auch in der Mehrheitskultur virulent.

Für Jungen ist ein traditionelles, auch vielfach literarisch verarbeitetes Motiv die „Initiation durch eine ältere Frau", empirisch verbreitet sind aber offenbar auch Initiationsbeziehungen, in denen beide mehr oder weniger gleich alt und auch gleichermaßen unerfahren sind (zu typischen Initiationsformen und Verlaufsmustern vgl. Dannenberg/Stich 2001, 112ff sowie Helfferich 2005, 187). Die empirischen Untersuchungen vermitteln den Eindruck, dass der Umgang mit dem Thema Sexualität „zwar nicht problemfrei, aber insgesamt deutlich entspannt" (Winter/Neubauer 2005, 218) wirkt. Es fehlt indes auch hier ein systematischer Einblick in die Bedeutung der verschiedenen Milieus, inwieweit jeweils spezifisch differente Hintergrundnormen wirksam werden.

In den Arbeiten und der Debatte um „das erste Mal" ist in aller Regel eine heterosexuelle Beziehung vorausgesetzt, das Modell des heterosexuellen Paares die Norm. Oben haben wir geschrieben, dass es in der Jugendphase darum geht, grundlegende Qualitäten von Sozialität in Freundschaften und Beziehungen zu erfahren, der Umgang mit Sexualität in gewisser Weise eine kollektive (keine intime) Praxis in der Gruppe Gleichaltriger ist, sei es im erotisch getönten Schwärmen für Popstars oder bei ersten sexuellen Annäherungen.[29] Unter dem Aspekt der Ablösung vom Elternhaus wird dabei auch um Neubestimmungen und Neuentwicklungen gerungen, haben Peer groups und Zweierbeziehungen auch den Charakter des Experiments bzw. des Experimentellen.

Mit der Koedukation sind die Grenzen zwischen Jungen und Mädchen weicher geworden, haben sie sich in mancher Hinsicht (z.B. Bildung, Berufsaspirationen) angeglichen. In den ersten sexuellen Annäherungen treffen Jungen daher auf Mädchen, die sehr viel selbstbewusster und durchsetzungsfähiger sind als noch vor einigen Jahren. Wenn wir im Folgenden dem Aspekt der erotischen und/oder sexuellen Beziehungen nachgehen, so sollte damit nicht der Eindruck entstehen, dass wir der durchgehenden Sexualisierung der Beziehungen von Jugendlichen vor allem in den Medien folgen. Die Bedeutung von Sexualität und Erotik wird hier – auf dem Hintergrund der „heterosexuellen Matrix" – deutlich überschätzt, die Qualitäten von Paarbeziehungen umfassen ohne Zweifel einige weitere Aspekte. Sexualität besteht nicht „an sich", ist so wenig objektivierbar wie „Geschlecht".[30] Sie ist vielmehr verwiesen auf den kommunikativen Aus-

---

[29] In den letzten 100 Jahren hat sich insbesondere die Wahrnehmung der männlichen Sexualität verändert. Auf dem Hintergrund umfassender Sexualverbote entstand damals das Bild eines nur mühsam im Zaum zu haltenden Naturtriebes, einem ständigen, quälenden Drang, dem junge Männer mehr oder weniger ausgeliefert waren. Frauen wurde Sexualität faktisch abgesprochen, ihr „erstes Mal" galt aus anderen Gründen als besonderer biografischer Einschnitt. Daran hat sich sicherlich viel geändert, interessanterweise treten diese Bilder dann wieder zutage, wenn es um den Umgang mit Pornographie geht (dazu Wilke 2004).

[30] Das ist auch ein Problem der Umfrageforschung zur Jugendsexualität: Die einen kommen in Replikationsstudien zu dem Ergebnis einer „zunehmenden Angleichung des sexuellen Verhaltens und der sexuellen Bedürfnisse von Jungen und Mädchen", andere, vor allem feministisch geprägte Ansätze dagegen betonen, dass Sexualität bei Jugendlichen immer noch von ungleichen Machtverhältnissen geprägt sei, bei Jungen ein Dominanzanspruch und bei Mädchen das Gefühl der Unterlegenheit weit verbreitet seien (im Überblick: Dannenbeck/Stich 2002, 14).

tausch der Beteiligten – und sein Gelingen oder Nicht-Gelingen. Auf diese anderen, ebenso zentralen Aspekte der Paarbeziehung in der Dimension der Sozialität kommen wir im Kapitel zu Paarbeziehungen erneut zu sprechen. An dieser Stelle wollen wir die Dimension der Sexualität aber auch nicht aussparen.

Sehen wir uns dazu zunächst eine neuere Untersuchung an, in der 30 junge Männer und 30 junge Frauen im Alter von 18 bis 22 Jahren aus verschiedenen sozialkulturellen Milieus gebeten wurden, ihre Lebensgeschichte und vor allem ihre Erfahrungen mit Freundschaft, Liebe, Partnerschaft und Sexualität zu erzählen (Dannenbeck/Stich 2002)[31]. Ein Befund ist, dass die Mehrzahl der befragten jungen Männer das „erste Mal" als ein emotional positives Ereignis erinnerte. Das gilt auch für junge Frauen, für sie war Sexualität aber nicht in gleichem Maße lustvoll besetzt. Jeder dritte junge Mann erzählte von Problemen in und mit der Situation. Die Spanne, wie dieses „erste Mal" erlebt und wie darüber berichtet wird, ist – nicht überraschend – sehr groß. Bereits mit den in den Text von Stich (2005) aufgenommenen Interviewauszügen entsteht der Eindruck großer Heterogenität, mit der ein Spektrum von „...das war dann schön ..." (Stich 2005, 164) bis hin zu „...das war so schrecklich das erste Mal, das war – geweint, nur geweint und so..." (ebd., 174) sichtbar wird.

Generell ist ein wichtiges Ergebnis der Untersuchung von Dannenbeck/Stich, dass eine „herausgehobene Betrachtung" des „ ersten Mals" nicht dem Erleben bzw. den Deutungen der jungen Frauen und Männer entspricht (2002, 38) – es besteht eher eine Tendenz zur Normalisierung, wenn nicht gar Banalisierung („es hat sich dann halt so ergeben")[32]. Es gebe viele „erste Male", der erste Geschlechtsverkehr stellt lediglich *ein* Ereignis in der Annäherung an sexuelle Beziehungen dar und diese Annäherung vollzieht sich über einen vergleichsweise langen Zeitraum, Schritt für Schritt.

---

[31] In der Werbung für Interviewpartner wurden in dieser Studie Jugendliche mit homo- oder bisexueller Orientierung weder gezielt angesprochen noch systematisch ausgeschlossen. Es hätten sich jedoch keine homosexuellen Interviewpartner gemeldet, drei junge Frauen hätten über bisexuelle Wünsche und Erfahrungen gesprochen (Stich 2005, 163).

[32] Helfferich widerspricht dieser Entdramatisierung: Für Mädchen habe die Initiation im Rahmen einer festen Beziehung nach wie vor eine zentrale Bedeutung, für Jungen bliebe das Problem „kollektiver Ängste" bestehen, nämlich Angst vor Versagen und beschämt oder diskreditiert zu werden (Helfferich 2005, 202). Vor dem Hintergrund traditioneller Geschlechterarrangements müssen Jungen das Problem lösen, dass es für sie gilt, sich „sexuell zu bewähren, ohne über entsprechende Erfahrungen zu verfügen; ein Erfahrungsvorsprung gegenüber Frauen ist zu etablieren, der aber nicht ohne die Hilfe von Frauen errichtet werden kann" (Helfferich 2005, 201). Helfferich identifiziert in der Vielfalt „erster Erfahrungen" in ihren Interviews mit Männern zwischen 20 und 35 ein „kompliziertes Geflecht von Zuschreibungen von Handlungsinitiative", wobei diese Kompliziertheit als Ausdruck des skizzierten Dilemmas betrachtet wird.

Wenn ausführlich auf das Thema eingegangen wird, dann sind es bei jungen Männern vor allem zwei Erfahrungsbereiche, die viel Raum einnehmen: Erinnerungen an ein „Versagen" und Ängste, dem Mädchen weh zu tun.

„Während die Mädchen betonten, dass sie ihren Freunden gegenüber selbstbewusst und durchsetzungsfähig seien, präsentierten sich die Jungen vorzugsweise als einfühlsam und rücksichtsvoll. Beispielsweise sprachen die Mädchen in ihren oft detaillierten Erzählungen vom ersten mal vor allem über ihre eigenen körperlichen Empfindungen, wohingegen die Jungen sich eher damit befassten, was ihre Partnerin vermutlich empfunden hatte. Sie erzählen beispielsweise von ihren Ängsten, dem Mädchen weh zu tun, über ihre Erleichterung, wenn es ihr gefallen hatte, von ihren eigenen heftigen, widersprüchlichen Gefühlen zwischen Ängstlichkeit, Ergriffenheit und Glück" (Stich 2005, 170).

Ein „guter Liebhaber" zu sein, beziehe sich in den Darstellungen weniger auf die eigene sexuelle Potenz als vielmehr darauf, dass der Geschlechtsverkehr ihrer Partnerin Freude gemacht habe. Das bedeutet nicht, dass die Angst vor „Versagen" damit ebenfalls bewältigt ist, vielmehr erhöht sich in gewisser Weise der Erwartungsdruck, der „sexuell Erfahrenere" zu sein.

Der Materialbezug dieser Einschätzung besteht wie gesagt aus narrativ-biografischen Interviews, d.h. die Interviewten setzen sich aus ihrer aktuellen Situation heraus in einen Bezug zu einem vergangenen Ereignis, bilanzieren und bewerten es. Sie stellen das „erste Mal" in den Kontext späterer sexueller Erfahrungen und Entwicklungen und bemühen sich, das „erste Mal" vor diesem Hintergrund biografisch einzuordnen. Es ist also zwischen der Selbstdarstellung in der Erinnerung und dem tatsächlichen Verhalten in der Situation zu unterscheiden – dieses ist nicht rekonstruierbar. Dennoch – so die Autoren – sprächen auch die Darstellungen und Erinnerungen der jungen Frauen dafür, dass sich Sensibilitätsstandards verstärkt haben, die jungen Frauen ebenfalls von einer großen Einfühlungsbereitschaft ihrer ersten Partner sprechen. Sie selbst erzählten eher „mit Stolz", dass sie ihre eigenen sexuellen Wünsche zum Ausdruck bringen können und sich nicht (mehr) für das Befinden des Partners verantwortlich fühlen (Stich 2005, 171). Angst vor „Versagen" ist nicht ihr Thema.[33]

Ein weiteres wichtiges Ergebnis dieser Untersuchung ist, dass es Jungen fast durchgängig sehr schwer fällt, mit „unerwünschten Annäherungsversuchen" umzugehen. Es ist zwar für sie ganz normal, dass Mädchen auf sie zukommen und Interesse signalisieren – aber nur dann, wenn sie auf diese Initiative auch selbst eingehen wollen. Wenn dies nicht der Fall ist, werden entsprechende Situ-

---

[33] Das bedeutet nicht, dass sexuelle Übergriffe, Rücksichtslosigkeit und auch Gewalt auf Seiten der Jungen nicht mehr vorkämen. Einige Mädchen haben durchaus auch von massiven Übergriffen und ihrem eigenen Umgang damit berichtet (vgl. Dannenbeck/Stich 2001, 101f).

ationen noch Jahre später als besonders unangenehm empfunden (Stich 2005, 172). Die Autoren folgern daraus, dass gerade Jungen kein Verhaltensrepertoire hätten, unerwünschte Annäherungen souverän abzuwehren, Mädchen dagegen damit sehr viel mehr Erfahrung hätten. Daraus kann nicht gefolgert werden, dass sich Verhältnisse umgekehrt hätten, nunmehr eher Mädchen sich sexuell übergreifend verhalten, sondern lediglich, dass Jungen bislang „keine Kultur der Abgrenzung" entwickelt hätten und auch keine Sprache dafür haben. Dazu fehlen indes Untersuchungen: wehrlose Jungen passen nicht ins Bild.

An dieser Stelle macht es durchaus Sinn, noch einmal auf Goffmans Paarbildungsregeln zu sprechen zu kommen, deren Hintergrund ja die Konstruktion „männlicher Überlegenheit" und „weiblicher Schutzbedürftigkeit" bildet. Übergriffe und „Anmache" werden vor dem Hintergrund der Regeln der Kontaktanbahnung als ein selbstverständliches „Recht" von Männern angesehen, als Teil ihrer „Rolle". Zugleich ist dieser ganze Bereich in eine weitgehende Sprachlosigkeit gehüllt. Die „Regeln" explizit zu machen war und ist ein Ergebnis distanzierter, analytischer Anstrengung. Werden die Regeln im Alltag gebrochen – etwa durch junge Frauen, die sich nicht auf „verdeckte Ermutigung" beschränken – werden vor allem bei jungen Männern Gefühle ausgelöst, die nicht zur Sprache gebracht werden können.

Es ist jedoch durchaus einleuchtend, dass die Art und Weise, *wie* erste sexuelle Kontakte erfahren werden, auch dadurch beeinflusst und geprägt wird, *ob* und *wie* darüber kommuniziert werden kann. Auch hierbei scheinen Jungen tendenziell überfordert, denn die Separierung in geschlechtergetrennte Peer groups hat für diesen Prozess offenbar unterschiedliche Implikationen und Konsequenzen.

In Mädchengruppen bilden erotische und sexuelle Erfahrungen tendenziell ein verbindendes Element: einen neuen Freund zu haben und auch persönliche Erfahrungen mit Sexualität, Unsicherheiten und Ängste sind unter Mädchen wichtige Themen und beständiger Gesprächsstoff. Freundinnen werden über Beziehungen „auf dem laufenden" (Stich 2005, 175) gehalten. Paarbeziehung und Peers geraten auf diese Weise nicht in Konkurrenz zueinander. In den Interviews mit Jungen dagegen erwiesen sich Paarbeziehung und männliche Clique als „getrennte Welten" (ebd.); zwar werde auch hier über sexuelle Themen kommuniziert, das vollziehe sich jedoch eher im gemeinsamen Medienkonsum. Sexuelle Erfahrungen tragen zum Status in der Peer group bei, die Angst „nicht mithalten zu können" motiviere erst manche sexuelle Erfahrung. Die Gleichaltrigengruppe sei aber i.d.R. kein Ort für die Thematisierung von persönlichen Erfahrungen, Unsicherheiten und Problemen. In dieser Hinsicht seien Jungen sehr viel stärker auf sich allein gestellt und entwickelten auch keine Sprache für unsagbare Erfahrungen (ebd.). Die heterosexuelle Paarbeziehung biete so für Jungen auch einen

Schutzraum, in der sie unbefangener aus sich herausgehen, Sensibilität für die Partnerin entwickeln, Emotionen und Gesten zeigen können, die einem traditionell „männlichen Habitus" nicht entsprechen (Stich 2005, 171). Die Sprachlosigkeit bleibt indes auch hier erhalten.

Man könnte die These vertreten, dass dieser Schutzraum umso wichtiger wird, je mehr personalisierte Beziehungen zu anderen Jungen unter das Verdikt des „Homosexuellen" fallen. Gerade aktuelle empirische Studien zeigen trotz Liberalisierung im juristischen und gesellschaftspolitischen Umgang eine „bis zur Gewaltbereitschaft reichende Abwehr und Stigmatisierung der Homosexualität" (Pohl 2005, 249). Insbesondere Gruppen männlicher Jugendlicher zwischen 14 und 25 Jahren neigen zu „antischwulen Übergriffen". „Schwul" gilt unter Jungen aller Altersgruppen als meist verbreitetes Schimpfwort, z.T. bevor sie wissen, was schwul sein bedeutet. Es gilt zunächst alles als „schwul". was als „nicht männlich" empfunden wird, später im Jugendalter komme Ekel und Abscheu hinzu. Das steht in deutlichem Kontrast zur „Normalität" von Homosexualität. Pohl vermutet bei über 60 Prozent der Jugendlichen vorübergehende homosexuelle Aktivitäten, er zitiert internationale Untersuchungen, nach denen jeder zweite Mann zumindest einmal ein homosexuelles Erlebnis habe, auch wenn sich letztlich nur 5-10 Prozent aller Männer endgültig und ausschließlich zu Männern hingezogen fühlen.

Offensichtlich hat die größere Akzeptanz von Homosexualität in der (Medien-)Öffentlichkeit einen paradoxen Effekt: Jungen können ihre „gleichgeschlechtlichen Erlebnisse" nicht mehr länger als „unschuldigen Akt gemeinsamer Selbstbefriedigung" deuten, dieser werde vielmehr sofort als „homosexuell" etikettiert und damit als Gefahr empfunden (Schmidt 1993 zit. nach Pohl 2005, 255). Im Kern geht es dabei offenbar immer wieder um eine Abwehr von Weiblichkeit; männliche Homosexualität stellt die eindeutige Klärung der Geschlechtergrenzen mit ihrem impliziten hierarchischen Gefälle offenbar so tiefgreifend in Frage, dass darauf nur mit massiver Aus- und Abgrenzung reagiert werden kann.[34]

Wenn aber für „Männlichkeit" die gleichgeschlechtliche Peer group die primäre Validierungsinstanz ist, dann kann im Vergleich dazu die heterosexuelle Paarbeziehung als intimer Interaktionsraum durchaus eine Art „Schutzzone" vor diesen Anforderungen bilden. Dies gilt vor allem im Jugendalter – im weiteren

---

[34]   Das ist auch unter (männlichen) Homosexuellen der Fall und insofern ein Hinweis darauf, dass die Kategorie Geschlecht („Gender") auch hier unterschwellig große Bedeutung hat. Wilchins schildert eine Szene, in der während einer Versammlung gefragt wird: „Wie viele Männer in diesem Raum sind schwul?" Alle Hände gehen hoch. „Wie viele Männer in diesem Raum sind passiv?" Alle Hände gehen runter. Ganz schnell. Dann sehen sich alle an und brechen in Gelächter aus." (Wilchins 2006, 31).

Lebensverlauf verschieben sich Bedeutungen. Zugleich mag dieser Umstand ein Hintergrund dafür sein, dass die empirischen Untersuchungen zu sexuellen Beziehungen von Jugendlichen eines *nicht* bestätigen können: eine Vervielfältigung von Intimbeziehung (Sigusch 2000, 243) in dem Sinne, dass Bisexualität, Homosexualität oder Transsexualität „aus dem Bannkreis" der alten Raster heraustreten. Der normative Charakter der Heterosexualität ist offensichtlich an dieser Stelle des Lebenslaufs (noch) sehr wenig angetastet.

6.3 Arbeit und Liebe: (Wie) werden Berufsfindung und Paarbeziehung zusammengedacht?

Im einführenden Abschnitt zu diesem Kapitel (Adoleszenz) wurde die Shell Jugendstudie zitiert (Fritsche/Münchmeier 2000), die zu dem Ergebnis kam, dass für Jungen wie für Mädchen Beruf *und* Familie zentrale Lebenskonzepte darstellen – allerdings nur, solange sie unter 22 Jahre alt sind. In der Altersgruppe der 22- bis 24-Jährigen, also dann, wenn sich die Frage nach einer Familiengründung konkreter stellt, änderten sich die Einstellungen der jungen Männer kaum, während bei den Frauen eine deutliche Einstellungsverschiebung zu Gunsten der Familie („weg vom Beruf") zu konstatieren sei (Fritsche/Münchmeier 2000, 346).

Einstellungsmessungen sind nun ein vergleichsweise grobes Maß und wir haben in diesem Abschnitt auch betont, dass Vorstellungen einer (immer schon: idealisierten) Einheitlichkeit „der" Jugend den modernen Gesellschaften weitgehend abhanden gekommen sind. Empirisch ließ sich bereits zu Beginn der 90er Jahre eine derartige Vervielfältigung von Lebensformen und Handlungsoptionen konstatieren, dass sich kaum noch eine eindeutige Typologie von „den" Jugendlichen erstellen ließ. Die Typologien differierten, je nachdem, welcher Fokus in den Mittelpunkt gestellt wurde (Fuchs-Heinritz 1990, 77, 81). Dienen „Freizeit und Jugendkulturen" als Bezugspunkt, so ergeben sich andere Typologien als bei „Ausbildung und Arbeitsplatzoptionen". Diese Befunde weisen darauf hin, dass die gesteigerten Optionen individuellen Handelns nur *eine* Dimension der Jugendphase darstellen, sich in den biografischen Entwürfen auch eine Schwächung institutioneller Arrangements insbesondere hinsichtlich von Arbeit und Beruf niederschlägt. Gerade diese Schwächung lässt stabile auf die Zukunft bezogene Erwartungsstrukturen kaum entstehen.

Wenn die Jugendphase zunehmend als ein *Teil der Biografie* und nicht nur als eine „Vorbereitung auf das Leben" gesehen wird (Fuchs-Heinritz 1990), so verwundert es nicht, dass in dieser Situation keine „ein für allemal" gültige Vorstellung über die eigene Zukunft entworfen wird bzw. werden kann, die über alle

Lebensphasen hinweg trägt, sondern im Verlauf der Biografie immer neue Steue-
rungsphasen notwendig werden. In dieser Zeit – der Jugendphase – geht es in der
Tendenz wenlger um die Planung „des" Lebens als vielmehr um „Projekte", die
sich in und mit der Realisierung verändern, situativ zersplittern oder auch neben
einander herlaufen können (Keddi 2003, 36). Auch in diesen „Projekten" spielen
indes sowohl Vorstellungen davon, was ein „gelingendes" oder „gutes" Leben
ist, als auch Gelegenheitsstrukturen und Ressourcen eine wichtige Rolle. Scheitern will niemand und i.d.R. möchte sich auch niemand vorwerfen, Chancen
verpasst zu haben.

Modelle, Leitbilder, gesellschaftlich-normative Diskurse oder auch Deutungsmuster – wie immer wir diese genuin sozialen Phänomene auch begrifflich
fassen – sind nicht eindimensional, sondern z.T in sich widersprüchlich, und sie
stehen mitunter in erheblicher Konkurrenz zueinander. Beispiele dafür sind z.B.
das Bild der „guten Mutter", das neben dem der „autonomen Frau", der „Karrie-
refrau" oder auch der „berufstätigen Mutter" steht. Und auch für Männer steht
die traditionelle Evidenz des „Mannseins" („ein Mann ist einfach ein Mann") in
den jüngeren Generationen nicht mehr ohne weiteres zur Verfügung (Meuser
1998). Der Wandel der Arbeitsgesellschaft und der Wandel in den Geschlechterverhältnissen verlangt nach Reaktionen, die sich aber kaum zu in sich zwar widersprüchlichen, aber im Einzelnen doch vergleichsweise eindeutig konturierten
Mustern verdichten lassen.

Die Frage ist, ob angesichts der Vervielfältigung von Orientierungen die
beiden von uns genannten *institutionellen* „Strukturgeber" (Berufsfindung und
Paarförmigkeit) auch bei Jugendlichen und jungen Erwachsenen so zusammengedacht werden, dass sie darauf bezogene, bereichsübergreifende Vorstellungen
des eigenen Lebens entwickeln. Im folgenden geht es also um die *biografische
Ebene des Entwurfs,* darum, wie das eigene Leben und die eigene Zukunft individuell thematisiert wird und in welcher Weise dabei Bezug genommen wird auf
die genannten institutionellen Strukturgeber.

Empirische Annäherungen

Untersuchungen, die sich auf ein solches „Zusammendenken" im jungen Erwachsenenalter richten, sind rar. Bei jungen Männern sind biografische Untersuchungen in der Regel zentriert auf berufliche Werdegänge, bei jungen Frauen
liegt der Akzent immer wieder und vor allem auf der Frage, in welcher Weise sie
sich in ihrem biografischen Handeln auf „Beruf und Familie" beziehen. Beides
sind Vereinfachungen: Das, was oben über „die" Jugend gesagt wurde, gilt auch
in Bezug auf „die" Männer und „die" Frauen – die mit der Kategorisierung un-

terstellte Einheitlichkeit gibt es nicht (mehr). Die vor allem seit Beginn der 90er Jahre durchgeführten empirischen Untersuchungen zu biografischen Orientierungen und Entwürfen betonen zwar i.d.R. nach wie vor eine Differenz zwischen den Geschlechtern, aber sie stellen vor allem *Differenzen unter Frauen* heraus. Dabei erweist sich die Verdichtung auf den Konflikt „Beruf und Familie" bei näherer Betrachtung zumindest teilweise auch als ein Artefakt der eingesetzten Methoden.

In dem Moment nämlich, in dem offene Untersuchungsverfahren eingesetzt werden, in denen junge Menschen eigene Vorstellungen äußern können, ohne auf vorgegebene Schemata in Fragebögen verwiesen zu sein, zeigt sich, dass Beruf und/oder Familie in *sehr* unterschiedlicher Weise aufgegriffen und bedeutsam (gemacht) werden. Faktisch werden in den üblichen Fragebogenuntersuchungen eher Normen abgefragt als das, womit sich Jugendliche in ihrem täglichen Leben beschäftigen und was ihnen selbst wichtig ist: „Es ist kaum anzunehmen, dass in der Disco darüber geplaudert wird. Im Zentrum ihres Denkens und Fühlens stehen diese Fragen ganz sicher nicht und damit ist zweifelhaft, ob Mädchen – oder Jungen – in der Adoleszenz überhaupt für die eigene Elternschaft mit den Folgen ‚planen', oder ob sie nicht, wenn wir dann kommen und sie danach fragen, lediglich soziale Skripts vorbringen, die mit ihrem eigenen Innenleben noch wenig zu tun haben" (Hagemann-White 1998, 28). Viele der entsprechenden Studien scheinen daher zwischen der *eigenen* „normativen Erwartung von Berufs- und Lebensplanung" der *Forscher/innen* und dem „Ausleuchten einer als problembeladen postulierten Mutterbeziehung andererseits" eingespannt (ebd.).

In diesem Zusammenhang ist auch die viel zitierte und sehr verbreitete Studie von Geissler/Oechsle aus dem Jahr 1996 zu lesen, die zu dem Ergebnis kommt, dass sich bei jungen Frauen mit Haupt- oder Realschulabschlüssen (Studentinnen waren nicht einbezogen) eine „Doppelorientierung" durchgesetzt habe. „Doppelorientierung" heißt hierbei zunächst nur, dass sich mit wenigen Ausnahmen junge Frauen zwischen 20 und 30 mit den beiden Strukturgebern Familie und Beruf auseinandersetzen und ihr Leben aufgrund dieser Strukturparameter „planten".[35] Diese „Planung" habe im einzelnen durchaus unterschiedliche

---

[35] Geissler/Oechsle unterscheiden in Bezug auf die „Lebensplanung junger Frauen" fünf Typen, nämlich einen „Typus der doppelten Lebensplanung", in der es den jungen Frauen darum gehe, in den beiden Lebensbereichen Beruf und Familie eine Ausgewogenheit zu erlangen, ohne sich für den einen oder den anderen Lebensbereich entscheiden zu müssen. Die weiteren unterscheiden sie zwei Typen der „familienzentrierten Lebensplanung" einer eher traditionellen und einer „modernisierten", in der Berufstätigkeit nicht grundsätzlich abgelehnt wird, ihm aber eine subjektiv nur geringe Bedeutung zukommt. Der „Typus der berufszentrierten Lebensplanung" ist an einer dauerhaften, vollzeitigen Erwerbsarbeit orientiert, der berufliche Lebensbereich hat für die jungen Frauen diesen Typs mehr Gewicht als der private, wobei die Frauen jedoch nicht grund-

Konturen, jedoch könne der Typus der „doppelten Lebensplanung" als dominanter Typ angesehen werden, da sich über ein Drittel der Befragten diesem Typus zuordnen ließen. Andere Untersuchungen kommen dagegen zu dem Ergebnis, dass „Ehe und Familie (...) nicht (mehr?) die einzigen oder gar einzig bedeutsamen „Gegenpole" zu Beruf und Arbeitsmarkt in der alltäglichen Lebensführung junger Frauen (sind)" (Diezinger/Rerrich 1998, 165). Gerade in der Phase des Übergangs bzw. der „jungen Erwachsenen" gäbe es eine ganze Reihe anderer Lebensschwerpunkte, die nicht mit diesem Raster zu fassen sind, seien es Freizeitinteressen, Sport, Kunst, ehrenamtliches Engagement, politisches Engagement u.v.a.m.. „Beruf und Familie" – wir kommen darauf noch ausführlich zurück – ist *ein* Dilemma, aber durchaus nicht das einzige.[36]

Was sich durch die verschiedenen Untersuchungen hindurchzieht ist die herausragende Bedeutung der Paarbeziehung in den biografischen Entwürfen junger Frauen. Eine „harmonische Partnerschaft" scheint die Wunschlebensform schlechthin, wobei aber „Partnerschaft" nicht automatisch mit „Elternschaft" gleichgesetzt wird, sondern einen eigenen Stellenwert enthält. In der Untersuchung von Keddi et al. (1999) wurde eine Typologie mit dem Ziel entwickelt, der „neuen Vielfalt weiblicher Lebensentwürfe" eine Stimme zu geben[37].

---

sätzlich ausschließen, Kinder zu bekommen. Im Typus der „individualisierten Lebensplanung" stehen weder Beruf noch Familie im Zentrum, sondern „die Entfaltung der eigenen Persönlichkeit", Vorgaben normativer Art für die „weibliche" Lebensgestaltung werden kritisiert. Als letzten Typ nennen Geissler/Oechsle „die Verweigerung der Lebensplanung"; dieser Typus stellte für die Autorinnen eher eine „Restkategorie" dar, da die Fälle zu verschieden waren, um auf der Basis von Gemeinsamkeiten einen Typus zu entwickeln.

[36] Bislang werden vor allem in der Geschlechterforschung diese Ausdifferenzierungen zwar zur Kenntnis genommen, es werden jedoch kaum konzeptionelle Konsequenzen für die Forschung bzw. für die Theoriebildung daraus gezogen. Das strukturtheoretische und sich historisch verortende Modell einer „doppelten Vergesellschaftung" von Frauen im Kapitalismus (Becker-Schmidt 1987) wird mit dem Konzept des „doppelten Lebensentwurfs" unter der Hand oft zu einer neuen „Wesensbestimmung" von Frauen, einer dem „weiblichen Sozialcharakter" durchaus analogen „Versämtlichung" (Hedwig Dohm 1874).

[37] Die Auswertung von Keddi et al. unterscheidet sieben „Lebensthemen", die sich in den Interviews über die vier verschiedenen Erhebungswellen hinweg durchzogen: „Familie", „Doppelorientierung Familie und Beruf", „Beruf", „eigener Weg", „gemeinsamer Weg", „Status quo", „Suche nach Orientierungen". Die Untersuchungen von Geissler/Oechsle sind insofern nicht gut vergleichbar, da die eine als Querschnitt-, die andere als Längsschnittstudie durchgeführt wurde und sich zudem das Sample gravierend unterschied. So ist das Bildungsniveau der Befragten in Keddi et al. z.B. sehr viel höher. Während bei Geissler/Oechsle Studentinnen bzw. junge Frauen mit Hochschulabschluss ausgeschlossen waren, viele Frauen keinen Schulabschluss hatten und sich in prekären Beschäftigungsverhältnissen befanden, waren in der Stichprobe von Keddi et al. Frauen ohne Schul- oder Berufsabschluss ausgeschlossen. Sowohl bei Geissler/Oechsle als auch bei Keddi et al. waren die befragten Frauen zwischen 20 und 30 Jahre alt und hatten zu Beginn der Untersuchung keine Kinder.

Im Unterschied zur Untersuchung von Geissler/Oechsle bezeichnen sie den von ihnen erhobenen Bezug zum eigenen Leben nicht als „Lebensplanung", sondern als „Lebensthemen". Damit versuchen sie unterschiedliche (biografische) Lebenskonstruktionen zu erfassen, die sich als „roter Faden" in den zu unterschiedlichen Zeitpunkten durchgeführten biografischen Interviews identifizieren lassen. Ihr wichtigstes Ergebnis ist, dass sich Schwerpunktsetzungen im einzelnen situativ stark verändern können und zwischen verschiedenen Entwürfen geschwankt wird, dass dies aber nicht primär und nicht ausschließlich mit einem „doppelten Bezug" auf Beruf und Familie zu tun habe: „Die Annahme der grundsätzlichen Gültigkeit des doppelten weiblichen Lebensentwurfs vereinfacht die Vielfalt und Konflikthaftigkeit weiblicher Selbstentwürfe, denn junge Frauen orientieren sich nicht nur am Leitbild des doppelten Lebensentwurfs und denken nicht ausschließlich in Kategorien von Beruf und Familie. Dies gilt für Frauen in Ost- und Westdeutschland gleichermaßen" (Keddi 2003, 54).

Die von ihr massiv kritisierte Verkürzung lässt sich sehr schön an den „Lebensthemen" „Eigener Weg" und „Gemeinsamer Weg" illustrieren (Keddi et al. 1999): So wird etwa in dem Muster „den eigenen Weg finden" wie in den anderen Mustern auch durchaus Arbeit und Beruf thematisiert, jedoch geschieht dies in einer sehr spezifischen Weise. Den Interviewten, die diesem Muster zugeordnet wurden, kam es stets auf das „ganze Leben" an, auf Zeit für sich selbst, auf Freizeit, Partnerschaft, Freundeskreis, denen zu verschiedenen Zeiten durchaus wechselnde (!) Bedeutung zugesprochen wurde. So betonen sie z.B., dass sie sich auch ohne den Beruf ausgefüllt fühlen:

> „Ja, ein notwendiges Übel, würde ich mal sagen. Ich find es mittlerweile positiv, dass ich mich während meiner Arbeitszeit auf was einlassen kann, das wirklich Teil von mir ist. Das hab ich früher nicht so erlebt. Aber das andere ist halt, dass ich in einen unheimlichen Strudel reinkomme, wo ich ständig am Überlegen bin, was ist Arbeit und was ist Freizeit. Das ist so ein ständiger Konflikt, der auszutragen ist. Und – ja, also ich müsste nicht arbeiten (lacht) – ich hätte so viel zu tun den ganzen Tag – ich mach es halt wegen der Selbständigkeit, und damit ich mir ein bisschen was leisten kann" (Keddi et al 1999, 129).

„Der eigene Weg" ist gerade nicht an eine bestimmte Lebensform gekoppelt, sondern lässt sich in verschiedenen Lebensformen entwickeln, was dann auch bedeutet, vorgegebene Wege in Frage zu stellen. Es ist kein konkretes Ziel, das diese jungen Frauen formulieren, es geht vielmehr darum, solche Ziele zu finden, um einen Lebensweg, in dem die eigene Person vergleichsweise kompromisslos in den Vordergrund gestellt wird:

„Also ich mache das, was ich für richtig finde, aber ich bin eben noch nicht so weit, dass ich meinen Weg ganz erkenne. Also ich bin eigentlich im Moment noch so, dass ich frage, also dass ich mir ständig überlege, wo ist mein Weg? (...). Da kann dann auch keiner irgendwo Ratschläge geben und ich glaube, ich muss wirklich lernen, für mich alleine und in mir selber. Und das kann ich auch nur damit erreichen, wenn ich mich auch mit mir beschäftige und wenn ich mich auch frage, was willst du eigentlich? Und da bin ich im Moment eigentlich dran" (Keddi et al. 1999, 125).

Kinder werden von diesen jungen Frauen unter dem Aspekt thematisiert, ob sie zu dem vorgestellten „eigenen Leben" passen oder ob sie dieses eher gefährden.

Ein anderes Muster, das sich ebenfalls nicht ohne weiteres in die Matrix des „doppelten Lebensentwurfs" fügt, ist das des „Gemeinsamen Wegs". Für Frauen mit diesem „Lebensthema" steht die Paarbeziehung im Vordergrund. Es geht ihnen darum, dass es wichtig ist, den *richtigen* Partner gefunden zu haben bzw. zu finden. In ihrer Lebensgestaltung zeigen sich die Frauen ansonsten offen, die Offenheit wird lediglich über die angestrebte Form der Partnerschaft strukturiert. Sie haben nur vage Vorstellungen darüber, wie sie leben möchten, immer ist ein passender Partner die Voraussetzung für ein sinnvolles Leben. Es gilt, gemeinsame Zielvorstellungen mit dem Partner herzustellen, evtl. bestehende eigene Pläne werden revidiert: *„Wenn ich jemand kenngelernt hätte, der nicht studiert hätte, hätte ich vielleicht nicht studiert, so einfach ist das"* (Keddi et al. 1999, 136). Die Frauen verfolgen diese Orientierung auch im Fall von Partnerwechseln sehr konsequent. Nicht der einzelne Partner ist das Ziel dieser Frauen, sondern die Vorstellung, im Gleichklang Gemeinsamkeit herzustellen. Vor diesem Hintergrund sind sie auch immer wieder bereit, bereits eingeschlagene Pfade zu verlassen. Wichtig dabei ist, dass Partnerschaft *nicht* auf Familie bezogen, sondern deutlich entkoppelt ist. Entsprechend stehen Kinderwünsche eher hintenan, sind die Frauen, die diesem Muster zugeordnet wurden, bislang kinderlos.

In der gesamten Debatte um biografische Orientierungen, Lebensentwürfe, Lebensplanung etc. wird sehr deutlich, dass sich institutionelle Strukturen, Interaktion und Biografie nicht bruchlos ineinander überführen lassen, sondern auf allen Ebenen selektive Mechanismen und situative Logiken wirksam werden. Vermutlich war es zwar nie so, dass biografische Entwicklungen ungebrochen den sozialstrukturellen (institutionellen) Vorgaben folgten, aber mit der Schwächung institutioneller Arrangements und der Pluralisierung und Vervielfältigung von Optionen ist zu vermuten, dass diese Koppelung noch einmal lockerer geworden ist. Nach wie vor sind Interaktionen und Biografien sozial vorstrukturiert, bewegen sich diese nicht in einem „luftleeren" im Sinne eines sozial entleerten Raums. Und nach wie vor müssen institutionelle Strukturen auch durch das „Nadelöhr der Wahrnehmung" der handelnden Individuen hindurch (Giddens 1988, 290 zit. nach Keddi 2003, 58), aber die Struktur der biografischen Erfahrungsaufschichtung geht darin nicht auf.

Auch in den beiden skizzierten, sich nicht in den „doppelten Lebensentwurf" fügenden Mustern oder „Lebensthemen" sind die Interviewten nicht davor gefeit, sich mit der Notwendigkeit der Erwerbsarbeit bzw. der Berufsfindung und mit der Gestaltung einer Partnerschaft auseinander zu setzen – diese Anforderungen kommen auf jedes Individuum zu, es kann sich ihnen nicht entziehen. Und auch in ihren Erzählungen werden Gelegenheitsstrukturen und jeweils zur Verfügung stehende Ressourcen relevant. *Wie* aber Anforderungen und Gelegenheitsstrukturen in einen Bezug zur eigenen Person und Lebenssituation gesetzt werden, dafür gibt es offenbar immer weniger Vorgaben und Regeln, so dass die biografischen Konstruktionen ihrerseits immer stärker zu einer strukturierenden Dimension für das handelnde Individuum werden, sich aber zugleich nach wie vor an institutionellen Bedingungen brechen (können).

Unsicherheiten und Ambivalenzen

Oben haben wir im Abschnitt zu „Berufsfindung als biografischem Prozess" auf eine Untersuchung verwiesen, in der die Bedeutung „berufsbiografischer Gestaltungsmodi" herausgestellt wurde, über die Einzelne Chancen und Risiken im Berufsverlauf wahrnehmen und verarbeiten (Witzel/Kühn 2000). Diese „berufsbiografischen Gestaltungsmodi" waren ihrerseits nicht unabhängig von den konkreten Bedingungen und Chancenstrukturen des jeweiligen Berufsfeldes, ohne jedoch durch diese determiniert zu werden. Witzel/Kühn unterschieden dort einen berufsbiografischen Gestaltungsmodus der *„Karriereambitionen"*, der *„Beschränkung auf Statusarrangements"* und des *„Strebens nach Autonomie"*. Mit einer klaren Begrenzung auf Personen mit gewerblicher oder berufsschulischer Ausbildung (kein Studium, kein Hochschulabschluss) fragten sie in den verschiedenen Interviewwellen auch sehr gezielt danach, wie Arbeitserfahrungen und Erwerbsverläufe mit Überlegungen und Entscheidungen zur Familiengründung verbunden werden. Dabei gingen sie davon aus, dass differente berufliche Chancenstrukturen auch hierbei wichtige Kontextfaktoren darstellen (Witzel/Kühn 2001, 56).[38] Freilich müsste dabei „eigentlich" berücksichtigt werden, dass schon im Prozess der Berufsfindung selbst biografische Konstruktionen wirksam werden, die im soeben angesprochenen Sinn ihrerseits strukturierend wirken und ebenfalls in die „berufsbiografischen Gestaltungsmodi" eingehen.

---

[38] Auch diese Daten stammen aus der oben aufgerufenen Längsschnittuntersuchung, in der die Befragungen in vier Wellen von 1988 bis 1998 im Bremer Sonderforschungsbereich z.T. standardisiert, z.T. in problemzentrierten Interviews durchgeführt wurden.

Wie in den anderen beiden Studien schlagen sich auch in diesen biografischen Interviews Unsicherheit und Ambivalenzen in Bezug auf die Erwartungen an und die Gestaltung des eigenen Lebensweges nieder – und zwar unabhängig vom Geschlecht. Unsicherheiten und Ambivalenzen dokumentieren sich vor allem in sehr widersprüchlichen Aussagen in den Interviews der verschiedenen Erhebungswellen. Vergleichsweise eindeutig ist lediglich, dass bei beiden Geschlechtern die Neigung besteht, die Zeit der Ausbildung und auch der ersten Jahre der Berufseinmündung als Zeit des „Jungseins" genießen zu wollen, ein Kind in dieser Zeit als Einschränkung der persönlichen Freiheit interpretiert werden würde.

Grundsätzlich gilt, dass erst dann klarere Entwürfe für eine mögliche Familiengründung entwickelt werden, wenn eine „eher gefestigte Partnerschaft" (ebd., 62) besteht. Erst dann werde auch der Einfluss der berufsbiografischen Gestaltungsmodi hinsichtlich der Überlegungen einer Familiengründung klarer benennbar. Das sei i.d.R. erst einige Zeit *nach* Abschluss der Ausbildung der Fall.

Im berufsbiografischen Gestaltungsmodus *„Karriereambitionen"* spielen sowohl bei den Frauen als auch bei den befragten Männern karrierestrategische Überlegungen in Bezug auf die Familiengründung eine sehr große Rolle. Durchgängig werde davon ausgegangen, dass entsprechende Ambitionen mit einer Familiengründung kollidieren. Frauen mit Karriereambitionen schieben daher die Realisierung eines Kinderwunsches auf, was sie jedoch verstärkt unter Druck setze, da sie die subjektive Altersgrenze zur Geburt des ersten Kindes mit dreißig Jahren vergleichsweise eng ziehen. Tendenziell wird bei dieser Gruppe der karriereambitionierten Frauen von einer „Nichtvereinbarkeit" ausgegangen, und zwar gerade dann, wenn der Beruf Karriereoptionen bietet. Je näher sie an die subjektiv gesetzte Altersgrenze kommen, umso expliziter thematisieren diese Frauen das Dilemma zwischen „Karriere" und dem Leitbild der „guten Mutter".

Unter diesen Bedingungen entstehen nach Witzel/Kühn „gebremste Karrierebemühungen" (ebd., 66), wohingegen karriereambitionierte Männer ihre Ambitionen „ungebremst" in dem Sinne verfolgen, dass sie in langfristigen Berufsperspektiven denken und eine deutliche Aufstiegserwartung auf höhere Positionen formulieren. Sie schieben die Familienplanung auf, sehen ihre Karriere aber durchaus relational zur Familie. Sie antizipieren die Funktion des „Familienernährers" und nehmen ihre Zukunft und sich selbst vor diesem Hintergrund wahr. Unterstützt die Partnerin das Leitbild eines männlichen Familienernährers, erhöht sich sogar noch einmal der Druck auf sie, die Familiengründung aufzuschieben, um Karrierewege zu optimieren.

Im berufsbiografischen Gestaltungsmodus *„Beschränkung auf Statusarrangements"* als einer eher geschlossenen Biografiegestaltung vermeiden die Frauen vergleichbare Ambivalenzen und suchen eine Lösung dadurch, dass sie von vorneherein ein Bild zweier unvereinbar nebeneinander stehender Lebensbereiche zeichnen. Das sei häufig mit einer Selbststilisierung als Familienmensch im Gegensatz zu einem „Karrieretyp" verbunden und führe bei bestehender Partnerschaft zu einer vergleichsweise frühen Familienplanung. In dieser Planung werde ein Ausscheiden aus dem Beruf relativ bald nach der Berufsausbildung zustimmend antizipiert.

Bei den Männern des berufsbiografischen Gestaltungsmodus „Beschränkung auf Statusarrangements" führt ganz ähnlich wie bei den karriereambitionierten Männern die Antizipation der Funktion des „Haupternährers" dazu, die Familiengründung zunächst einmal aufzuschieben oder aber auch in Erwägung zu ziehen, den Beruf zu wechseln. In beiden Fällen unterstützen ihre Partnerinnen diesen Standpunkt vielfach mit Rat und Tat, kümmern sich um Stellenangebote und Bewerbungen. Die Autoren folgern daraus, dass ein relationaler Bezug auf „Familie" nicht nur in den Biografiemustern von Frauen eine Rolle spielt, sondern in hohem Maße auch bei Männern.

Dieser relationale Bezug drücke sich vor allem auch in dem in ihren Interviews sehr oft vertretenen Leitbild der „aktiven Vaterschaft" aus. Praktisch alle Interviewten gehen davon aus, dass sie im Fall der Familiengründung mehr Zeit für die Familie aufbringen müssen und „aktive Vaterschaft" auch mental eine Umorientierung erfordere. Nicht zuletzt deshalb werde die Verwirklichung „auf die ferne Zukunft" (ebd., 69) verschoben. Eine „frühe Entschiedenheit" für Kinder findet sich bei beiden Geschlechtern in der Regel nur dann, wenn der „Taktgeber" (ebd., 73) der Beruf des Mannes ist. Es verwundert daher nicht, dass es vor allen Dingen Frauen mit vergleichsweise niedrigen Berufspositionen sind, die noch im Verlauf der Erhebungswellen eine Familiengründung realisiert haben.

Eine Begründung für die sich auf dieser Grundlage in der Regel errichtende und auch so antizipierte traditionelle Aufgabenverteilung erfolgt vergleichsweise umstandslos mit dem Verweis auf „natürliche Unterschiede". Dabei sind es insbesondere Frauen, die die „Mutterrolle" monopolisieren und die die für die Autoren überraschend hohe Bereitschaft vieler Männer, auch eine „Erziehungszeit" zu nehmen, in der Tendenz zurückweisen. Für Männer dagegen ist es das Einkommen, das sie an der traditionellen Aufgabenteilung festhalten lässt. Aus ihrer Perspektive müsste es schon sehr „viel Geld" sein, das die Partnerin einbringt, um vor diesem Hintergrund in Erwägung zu ziehen „zu Hause zu bleiben". Ganz offensichtlich ist das aber aus ihrer Sicht eine reine Spekulation (ebd., 75).

Es sind offenbar vor allem Frauen in einer für sie unattraktiven oder unbefriedigenden Arbeitssituation, die die Option realisieren, sich aus dem Erwerbsleben zurückzuziehen und die Aufgabe, sich auf dem Arbeitsmarkt zu behaupten, an den Partner delegieren: „Männer in ungesicherten Beschäftigungsverhältnissen suchen mit Blick auf die Familiengründung ihre berufliche Position zu festigen, Frauen in unbefriedigenden beruflichen Positionen sich erst mal ganz aus dem Erwerbsleben zu verabschieden, wenn die Verbindung mit einem Familienernährer sicher erscheint" (Witzel/Kühn 2001, 78). Es ist eine gesellschaftlich als legitim angesehene Option, die jedoch in lebenszeitlicher Perspektive auch riskant ist. Im Falle einer Trennung oder Scheidung kommt auch auf diese Frauen die „Erwerbspflicht" zu, die Notwendigkeit, für den eigenen Lebensunterhalt einzustehen. Das wissen diese jungen Frauen auch und insofern werde von ihnen die Sorge um eine Berufsrückkehr sehr explizit thematisiert. Eine „Doppelorientierung" bleibe jedoch vielfach ein „theoretisches" Bekenntnis (ebd., 79).

Für Frauen mit Karriereambitionen, das wurde bereits angesprochen, stellt sich die Situation vor dem Hintergrund der subjektiven Altersgrenze von 30 Jahren für ein erstes Kind deutlich ambivalenter: Ein idealer Zeitpunkt ist nicht kalkulierbar. Das kann einerseits dazu führen, dass Frauen Familie und Beruf als grundsätzlich unvereinbar wahrnehmen, kann aber auch zu „spontanen Lösungen" der Familiengründung führen, etwa, wenn Verhütungsmittel abgesetzt werden und „der Zufall" über Beruf und Familie entscheidet, wenn ganz plötzlich „der Richtige" kommt, der von der eigenen beruflichen Positionierung in der Lage ist, sofort eine Familie zu gründen. Das ist letztlich unwägbar und stellt sich im biografischen Kontext nicht unbedingt als ein Ergebnis rationalen Abwägens zwischen verschiedenen Optionen dar, sondern eher als ein „Geschehenlassen", das seine Basis vermutlich auch in spezifischen biografischen Konstruktionen findet.

In noch verstärktem Maße dürften Ambivalenzen aufgrund der Vervielfältigung von Optionen bei jenen jungen Frauen (und Männern) wirksam werden, die sich in ihren biografischen Konstruktionen *nicht* auf die Matrix von „Beruf und Familie" beschränken lassen. Biografische Konstruktionen, in denen Lebensthemen wie „den eigenen Weg finden", dominieren, sind, wie wir oben am Beispiel der Untersuchung von Keddi et al. (1999) gezeigt haben, gerade in der Hinsicht eines „Kinderwunsches" mehrdeutig. Der von Witzel/Kühn als „Streben nach Autonomiegewinn" benannte berufsbiografische Gestaltungsmodus wird jedoch in ihrer Darstellung der Ergebnisse zum Zusammenhang von Arbeitsmarktplatzierung und Familiengründung leider nicht weiter berücksichtigt, so dass sich hier wiederum der Eindruck einstellt, alle biografische Orientierung bewege sich (bei Frauen wie bei Männern) in der Matrix des „doppelten Lebensentwurfs". Das mag aber eben auch einer selektiven Vergegenwärtigung des Materials geschuldet sein.

Unabhängig davon bilanzieren Witzel/Kühn das zentrale Ergebnis ihrer Auswertungen der Interviews in der Abfolge der insgesamt vier Interviewwellen dahingehend, dass im „Biografie-Management (...) auf Grund vielfältiger Unwägbarkeiten von betrieblichen Rahmenbedingungen, Karrieremöglichkeiten und Hindernissen, sich wandelnden Arbeitsmarktgegebenheiten, Bedürfnissen nach persönlicher Entwicklung, Partnerschaftsbeziehungen und kontrastierenden Leitbildern deutliche Planungsunsicherheiten (bestehen), die sich allesamt in der geplanten Vernetzung von männlichen und weiblichen Lebensläufen potenzieren. Diese Unsicherheiten drücken sich überwiegend im Aufschub der Familiengründung bzw. der Realisierung des bei den meisten Befragten prinzipiell bestehenden Kinderwunsches aus" (Witzel/Kühn 2001, 77).

Dem ist wenig hinzuzufügen: Beide Geschlechter scheinen angesichts des Verlustes an Erwartungssicherheit, der Vervielfältigung von Optionen, der öffentlich geforderten Mobilität und Flexibilität gerade in den Jahren des Übergangs zum Erwachsenenalter dazu zu neigen, sich auch selbst nicht festzulegen, Entscheidungen als vorläufig und reversibel zu betrachten[39]. Ein gemeinsamer Nenner ist offenbar weniger in konkreten Ideen, Planungen oder Lebensbildern zu finden als vielmehr in der Thematisierung von Unsicherheit und Ungewissheit, was von der Zukunft erwartet wird und werden kann.

---

[39] In diesem Zusammenhang steht auch die sog. „Postadoleszenz-These", die häufig lediglich auf die Population der Studierenden bezogen wird. Die Daten verschiedener Projekte weisen dagegen darauf hin, dass auch in Ausbildungsberufen, also jenen sozialen Kontexten, die kein langjähriges Studium voraussetzen, eine Tendenz besteht, biografische Festlegungen bis weit in die 20er Jahre hinauszuschieben.

7 Studium: konstitutive Wahlen – prägende Wege

Bis vor gut 100 Jahren war ein Hochschul- bzw. Universitätsstudium ausschließlich jungen Männern vorbehalten, Frauen waren explizit ausgeschlossen. Das hat sich seit der Zulassung von Frauen zum Studium zu Beginn des letzten Jahrhunderts dramatisch verändert. Im Wintersemester 2006 waren über 50% der Studienanfänger an den Universitäten weiblich. Im Hinblick auf die Personalstruktur der Hochschulen freilich gilt auch heute noch, dass der Anteil von Frauen sinkt, je höher der berufliche Status ist. Der Anteil der weiblichen Professoren in Deutschland entspricht heute in etwa demjenigen der weiblichen Studierenden im ersten Viertel des letzten Jahrhunderts, als die Zulassung von Frauen zum Studium grundsätzlich durchgesetzt war. Den Studienanfängerinnen, die inzwischen eine Mehrheit darstellen, stehen im Jahr 2006 etwa 14,3% weibliche Professoren gegenüber. Deren Anteil an der höchsten Status- und Besoldungsstufe (C4) beträgt sogar nur 9,7% (Statistisches Bundesamt, Daten vom 18. Oktober 2006).

Neben der ausgeprägten vertikalen Segregation besteht auch auf horizontaler Ebene eine ungleiche Verteilung zwischen Männern und Frauen, sie entscheiden sich für unterschiedliche Fächer. Der Anteil von Männern in Mathematik und Naturwissenschaft beträgt im WS 2005/2006 63,5%, in den Ingenieurwissenschaften 79,7%, während er in den Sprach- und Kulturwissenschaften bei 30,1 % liegt. In den Rechts-, Wirtschafts- und Sozialwissenschaften sind diese Proportionen tendenziell ausgeglichen, in der Humanmedizin und den Gesundheitswissenschaften überwiegen inzwischen die Frauen mit 61,5 %. (Statistisches Bundesamt 2006c, 14 und 43f). Einige Fächer gelten inzwischen explizit als „Frauenfächer", z.B. die Pädagogik und Psychologie, in denen über 80 % der Studierenden Frauen sind.

Interessant ist dabei, dass vor der Zulassung von Frauen zum Studium all diese Fächer ohne Zweifel männliche Domänen waren. Auch auf sie traf das Verdikt zu, Frauen seien zu ihrem Studium oder gar zur Ausübung einer so erworbenen beruflichen Kompetenz „von ihrer Natur her" nicht geeignet. Erst die Zulassung von Frauen zu den Hochschulen und Universitäten hat die genannte immanente Segregation hervorgebracht, die Umdefinition und Neubestimmung von Fächern befördert, für die Frauen nunmehr und wiederum von ihrer Natur her begründet, besonders befähigt „sind" bzw. sein sollen.

Der völlige Ausschluss aus den Hochschulen und Universitäten wurde mithin ebenso wie der weitgehende Ausschluss aus höher qualifizierter Erwerbsarbeit mit der „Natur der Frauen" begründet, insbesondere ihrer geringeren bzw. „anders gearteten" Intelligenz sowie ihrer körperlichen Schwäche, die es ihnen nicht erlaube, die Anstrengungen eines Studiums durchzuhalten, ohne „den Verlust ihrer Weiblichkeit" zu riskieren. Derartige Argumente brachten keineswegs allein unreflektierte Vorurteile in „Volkes Stimme", also „Stammtischparolen" zum Ausdruck. Vielmehr wurden sie in einer ganzen Reihe von wissenschaftlichen Status beanspruchenden und hoch elaborierten Arbeiten entwickelt und vorgetragen.

Nimmt man sie ernst und sieht zugleich, dass heute etwa die Hälfte aller Studierenden und immerhin doch ein sichtbarer Teil der Lehrenden und Forschenden Frauen sind, dann könnte man meinen, „dass sich innerhalb von rund 100 Jahren eine radikale Mutation des weiblichen Körpers vollzogen haben muss. Denn die Gegner des Frauenstudiums argumentierten nicht mit den kulturellen Kodierungen von Weiblichkeit, sondern mit der biologischen, mithin unveränderbaren Beschaffenheit des weiblichen Körpers. Unter ihnen waren die angesehensten Wissenschaftler ihrer Zeit und Forscher aller Disziplinen – nicht nur Theologen und Historiker, auch Physiker, Mediziner, Biologen, die z.T. sogar mit der Gefahr hereditärer Schäden argumentierten" (von Braun 2003, 148). So gesehen ist gerade die Geschichte der Universitäten und in dieser die Geschichte der (Zulassung von) Frauen ein nachdrückliches Beispiel für die Wandelbarkeit von als unveränderlich konzeptualisierten Vorstellungen von „weiblicher" und „männlicher" Natur. Der Anspruch von Naturgesetzlichkeit, die einen *sozialen* Wandel weitgehend undenkbar macht, tritt, paradox genug, in historisch immer schneller wechselnden Ausgestaltungen auf. Die Inhalte und Gegenstände, auf die hin „natürliche Passungsverhältnisse" begründet werden, sind äußerst variabel. Was bleibt ist allein das Muster der Zurechnung, dass sie nämlich einer „Natur" entsprechen, auch wenn, was gestern undenkbar schien, heute völlig normal ist: Frauen studieren in großer Zahl und bilden auch in einigen naturwissenschaftlichen Fächern bereits die Mehrheit.

In einem Forschungsprojekt über Konjunkturen, Kontinuität und Diskontinuität in der geschlechtsbezogenen Definition und Normierung von Studienfächern und wissenschaftlichen Arbeitsgebieten ist I. Costas (2002) am Beispiel der Universität Göttingen der Frage nachgegangen, welche Fächer die ersten Frauen an der Universität, die „Pionierinnen", wählten, die übrigens zunächst nur als Gasthörerinnen zugelassen waren. Dabei zeigte sich, dass sie sich keineswegs auf die heute als Frauenfächer verstandenen Felder beschränkten. Vor allem von den aus Russland stammenden Frauen belegten damals viele Mathematik und Naturwissenschaften, Amerikanerinnen waren in allen Bereichen vertreten. Nur bei deutschen Hörerinnen gab es eine besondere Präferenz für die Philologien und Kulturwissenschaften.

Um diesen Differenzen auf die Spur zu kommen, hat es sich als aufschlussreich erwiesen, den Zusammenhang zwischen Studienfachwahl und Studienzweck zu verfolgen. In Göttingen wurde der Studienzweck in den Listen über die
ersten Hörerinnen sehr penibel aufgeführt. Daraus ergibt sich, dass sich unter den
deutschen Studierenden außerordentlich viele Lehrerinnen befanden, die ihre
Qualifikation erhöhen wollten. Diese Lehrerinnen unterrichteten an Mädchen-
schulen überwiegend Sprachen bzw. Fächer aus dem Bereich der Geisteswissen-
schaften, hingegen keine Naturwissenschaften. In diesen wurden sie bereits im
Lehrerinnenseminar i.d.R. nicht ausgebildet. Frauen hingegen, die als Studienzweck die offene Umschreibung „Studium" angaben, hörten überdurchschnittlich häufig Mathematik, Naturwissenschaften und Medizin – offenbar auch wenn
sie sich bewusst waren, dass für sie auf der Basis eines solchen Studiums damals
kaum Berufsmöglichkeiten bestanden.

Vor allem Frauen also, die auf eine Berufsausübung angewiesen waren, belegten Kurse, die auf diese, vor allem auf das Lehramt ausgerichtet waren. Viele
Ausländerinnen hingegen studierten ebenso wie materiell abgesicherte deutsche
Frauen etwa aus dem Besitzbürgertum aus Interesse und „Freude an der Sache"
mathematisch-naturwissenschaftliche Fächer. Bereits daran lässt sich sehen, dass
die Wahl eines Studienfachs deutlich durch äußere Bedingungen, kaum aber von
einer wie immer gearteten „weiblichen Natur" beeinflusst wird. Ohne Zweifel
aber *konstituiert die Wahl den Lebensweg als Relationierung von Beruf und
Geschlecht.*

Die mit dem Zugang von Frauen einsetzende Differenzierung in „männliche" und „weibliche" Fächer kann durch verschiedene Statistiken prägnant belegt werden. Von Anfang an wurden Fächer wie Pädagogik oder auch die Philologien wie gezeigt vergleichsweise häufig von Frauen gewählt, ihr Anteil an
diesen steigt dabei bis heute kontinuierlich an. Das gleiche gilt für die Lehramtsstudiengänge: an den pädagogischen Hochschulen in Baden-Württemberg studierten im Jahr 2002 zu 77,9 % Frauen. In anderen Fächer dagegen finden wir
geradezu phänomenale Sprünge. Besonders augenfällig ist ein solcher etwa in
der Veterinärmedizin. Im WS 1961/62 waren in der damaligen BRD 14% der
Absolventen Frauen, im Jahr 1972 betrug der Frauenanteil 64%, 2000 dann bereits 78%. Die Studienanfängerzahlen stiegen auf über 80%. In nicht einmal 40
Jahren hat sich der Frauenanteil mithin verfünffacht.

Eine ähnliche Entwicklung lässt sich auch in den Rechtswissenschaften und
der Mathematik aufzeigen: Bei den Rechtswissenschaften stieg der Anteil weiblicher Studierender von 11% im Wintersemester 1961/62 auf 42% im Jahr 91/92.
Inzwischen (WS2005/06) liegt er bei 51% . Von den 1961/62 Mathematik Studierenden waren 7% weiblich, 1990/92 bereits 29%, inzwischen beträgt ihr Anteil 50% (inklusive aller Lehramtsstudiengänge). Im Diplom-Studiengang und in

der Sekundarstufe II (d.h. ohne Grund-, Real-, Hauptschule etc.) beträgt er 40%. Einen kontinuierlichen Anstieg dagegen finden wir in der Psychologie und der Pharmazie, der Human- sowie vor allem auch der Zahnmedizin. In den Fächern Pharmazie und Psychologie liegt der Frauenanteil inzwischen (regional unterschiedlich) bei etwa 80%. Weitgehend unverändert sind dagegen die Proportionen in der Elektrotechnik (13%) und der Informatik (17%).

Bereits der historische Rückblick auf die Anfänge zeigte, dass ein erheblicher Teil der Frauen ihre Studienfächer wohl nicht zuletzt mit Blick auf ihre zukünftige Tätigkeit als Lehrerin auswählten. Der Beruf der Lehrerin war früh zu einem ersten und wichtigen Feld möglicher qualifizierter Berufstätigkeit von Frauen geworden. Zugleich galt und gilt er z.T. auch heute noch als besonders für diese geeignet, da unterstellt wurde, dass er eine vergleichsweise unproblematische „Vereinbarkeit von Beruf und Familie" ermöglicht. Zusammengenommen ist wohl vor allem dies der Hintergrund für die massive Feminisierung des Lehrerberufs zunächst in der Grundschule und für die hohen aktuellen Frauenanteile auch im Lehramt in der Sekundarstufe I und II.

Wie wir schon bei der Diskussion der Berufsfindungsprozesse im vorigen Kapitel ansprachen, ist es jedoch auch im Hinblick auf die Wahl eines Studienfachs problematisch, diese heute bei jungen Frauen primär auf deren Antizipation einer späteren „Vereinbarkeit" zurückzuführen, ihnen in dieser Hinsicht einen „doppelten Lebensentwurf" zu unterstellen, der ihre Wahl maßgeblich steuert. Eine solche These wäre eine unzulässige Reduktion, sie entspricht nicht der Vielfalt von Motiven und Faktoren, Lebensthemen und Lebensentwürfen, die ihre Entscheidungen mitbeeinflussen. Dies drückt sich z.B. auch darin aus, dass seit 1983 deutlich mehr Frauen einen Diplom- oder Magisterabschluss als einen Lehramtsabschluss anstreben und dabei ohne Frage auch den Anspruch haben, die erworbenen Qualifikationen in einer dieser adäquaten Erwerbstätigkeit zu nutzen.[1]

Wenn wir von „Studienfachwahl" sprechen, so impliziert dies ähnlich wie in der oben thematisierten Frage der Berufswahl, Akte des Wählens und Entscheidens.[2] Auf der Ebene des Phänotypus meint „Wählen", dass Intentionalität unterstellt wird und sich einbezogene Referenzen und Kriterien sichtbar machen

---

[1]   Das Statistische Bundesamt weist insgesamt einen enormen Anstieg von Universitätsabschlüssen bei Frauen aus. Lag 1973 der Anteil der Lehramtsprüfungen noch bei etwa 25.000, so gingen diese seitdem tendenziell zurück. Zwischen 1988 und 1993 ist diesbezüglich ein regelrechter Einbruch zu konstatieren. Die Diplom- und Magisterprüfungen dagegen stiegen kontinuierlich an, lagen 2003 bei fast 50.000 Abschlüssen. (Statistisches Bundesamt 2006c).

[2]   Damit sind unterschiedliche theoretische Modelle angesprochen (Theorien rationaler Wahl, latente Sinn- und Regelsysteme, Habitus als Verkörperung sozialer Strukturiertheit oder auch die in der Hirnforschung geführte Debatte um den „Freien Willen" als Fiktion), die wir hier nicht vertiefen können.

lassen. Dabei bestehen unterschiedliche Grade der Bewusstheit der Optionen, der möglichen Folgen und des Aktes selber („ich wähle") sowie auch und insbesondere der eigenen Person („wer und wie bin ich, was davon weiß ich, was mache ich relevant). „Entscheiden" ist vom Wortverständnis her stärker als implizites Handeln und „ungewusstes" Wählen denkbar. So können über konkrete Handlungen Weichen gestellt werden, deren Charakter als „Wegscheide" erst später sichtbar und/oder bewusst wird.

Rekonstruieren wir in diesem Sinne den Weg in ein Studium als eine Folge von Entscheidungen, so nehmen wir an, dass es für den Wählenden jeweils Alternativen gibt, zwischen denen eine Wahl besteht. Die Identifizierung von Alternativen als mögliche Wahlen und die (folgenreiche und bindende) Entscheidung für den Weg bzw. die denkbaren Wege, die ein Fachstudium vorgibt, sind dabei voraussetzungsvolle Vorgänge. Der Weg in ein Studium verdeutlicht so auch den Zusammenhang vieler der von uns bisher entwickelten Komponenten vergeschlechtlichender Prozesse und Strukturierungen. Dabei werden die in diese Gedankengänge einbezogenen Dimensionen der Biografie, der Institution und Interaktion in ihrem Zusammenspiel besonders gut sichtbar.

So stellt sich die Person i.a.R. und in unterschiedlichem Ausmaß selbst, als Person, in Rechnung. Sie stellt sich etwa Fragen nach eigenen Motiven: „Was will ich"? „Was will ich später gern tun?" oder Ressourcen: „Was kann ich, was liegt mir?" Hier geht es also einerseits um Gründe, die „in" der Person der Wählenden liegen bzw. von dieser als solche wahrgenommen und relevant gemacht werden wie Neigungen, Begabungen, Lebensmotive und -themen, die es zu verwirklichen gilt. Diese basieren dabei selbstverständlich zu nicht unerheblichen Teilen auf bisherigen Erfahrungen der Person mit sich selbst und entsprechend entwickelten Selbstkonzepten. Des Weiteren enthalten reflektierte Wahlen naturgemäß Entwürfe einer Zukunft. Wie hoch ist die Wahrscheinlichkeit, das Studium mit Erfolg abzuschließen und es in eine qualifizierte Erwerbstätigkeit einmünden zu lassen, welche Chancen bietet das Studium also für eine spätere Berufstätigkeit, wie ist die Lage auf dem Arbeitsmarkt nach dessen Abschluss? Oder aber auch: Welche Möglichkeiten für eine Vereinbarkeit mit antizipierten Familienverpflichtungen lassen sich in „diesem" Beruf erwarten?

Zugleich werden damit als solche wahrgenommene objektive Möglichkeiten und Rahmenbedingungen für den Modus des Wählens wie für die Entscheidung selbst relevant, etwa der Kosten und Länge des Studiums: „Habe ich die Wahl?", „Was ist für mich finanziell möglich?", aber zum Beispiel auch die Einschätzung, ob die vergeschlechtlichte Struktur eines Berufs(felds) eine Durchsetzungschance „für mich" beinhaltet oder nicht. In die Entscheidungssituation fließen solche „objektiven" Konditionen dabei immer als Hypothesen, Entwürfe einer zu erwartenden Zukunft ein. Sie speisen sich dabei in erheblichem Maße aus Wahrnehmungen und Interpretationen institutioneller Wirklichkeiten, von Bildern und Modellen von Personen (etwa in der Dimension ihrer Geschlechtlichkeit) sowie entsprechenden alltagstheoretischen Konstrukten. Nicht zuletzt werden solche orientierenden Bezugsgrößen auch in Beratungs- und informellen Kommunikationen (vgl. Abschnitt 6.1.2) entwickelt, verwendet, durchgesetzt und wirksam.

In unserem Alltagsverständnis steigt etwa die Erfolgswahrscheinlichkeit einer Berufsausbildung und eines Studiums, wenn die „in" der Person liegenden Gründe (Neigung, Begabung u.ä.m.) der Entscheidung zu Grunde liegen. Zugleich „wissen" wir aber auch, dass Neigung und Begabung bei Frauen und Männern verschieden sind und sie *deshalb* unterschiedliche Studienrichtungen und unterschiedliche Berufe wählen. Eine solche Sichtweise wird noch einmal bestärkt, wenn sich bereits in der Leistungskurswahl in der Oberstufe der Schule bei Mädchen und Jungen eine entsprechende Schwerpunktsetzung abzeichnet, die geschlechterdifferenzierende Studienfachwahl dann lediglich diesen Trend fortsetzt. Spätestens dann kumulieren diese Komponenten und werden handlungsrelevant, vielleicht normativ gemacht: „Frauen sollten NN (nicht) studieren". Dass in solchen Urteilen immer auch Vorurteile wirksam sind, empirische Fakten oftmals nicht gewusst, übergangen oder ausgeblendet werden, tut ihrer Wirksamkeit keinen Abbruch.

So zeigt sich etwa, dass nicht zuletzt auch die Schulform für die Fächerwahl eine Rolle spielt: Mädchen, die sich für naturwissenschaftliche und mathematische Studiengänge entscheiden, kommen überproportional häufig aus Mädchengymnasien. Die Koeduktion hingegen mit den ihr impliziten Tendenzen und Mustern der institutionellen aber vor allem auch alltäglichen interaktiven Differenzierung der Geschlechter verstärkt entsprechende Stereotype, in diesem Zusammenhang vor allem diejenigen, die Neigungen und Eignungen für ein Lehrfach nach vorgefassten Definitionen der Geschlechter zuordnen (vgl. Kapitel 5).

Solche Beobachtungen und Überlegungen weisen darauf hin, dass Entscheidungen wie Studienfachwahlen stets in bestimmten und (mit-)bestimmenden sozialen Kontexten getroffen werden. Prozesse der Selektion treffen und beziehen sich auf soziale Vorgaben und Bedingungen, sind damit sozial strukturiert, nicht zuletzt auch durch die jeweiligen Gegenüber. Öffnungen und Schließungen der Organisationen, deren Auswahlverfahren wie die Vergabe von Studienplätzen, ein Numerus clausus, informelle oder professionelle Beratungen z.B. zum Profil der eigenen Person oder im Sinne einer Antizipation zukünftiger Berufschancen sind ebenso Beispiele dafür wie deren Einbettung in kontinuierliche alltägliche Interaktionsprozesse, etwa in den Rahmen von Elternhaus, Schule oder der Peers.

Wie die Entscheidung für einen Beruf ist dabei auch diejenige für ein Studienfach kein irreversibler Akt. Das zeigen die vielen Studienfachwechsel gerade in den ersten Semestern. Von Studierenden wird das Ausmaß dieser Revidierbarkeit oft aber auch überschätzt. Sie übersehen, dass Entscheidungen auch Wegscheiden darstellen, konditionelle Relevanzen setzen, die nur begrenzt und unter Aufwand von Ressourcen wie Energie, Geld und Zeit rückgängig gemacht oder modifiziert werden können. Jede Entscheidung schließt anderes aus, schränkt ursprüngliche Wahlmöglichkeiten ein, öffnet zugleich neue, die aber ebenfalls nach Entscheidungen mit längerfristig bindender Relevanz verlangen, soll die Entstehung eines Krisenpotentials als Folge von Nicht-Entscheidung vermieden werden. So gesehen kumuliert deren Gewicht im Rahmen jeweiliger Prozessstrukturen, wie Studiengänge bzw. ein Studium generell sie darstellen. Irgendwann steht u.U. etwa an, das Studium ganz abzubrechen oder aber auch ein als nicht stimmiges erlebtes, in dem „man halt irgendwie gelandet ist", zu Ende zu bringen, um „überhaupt einen Abschluss zu haben".

Die Studienfachwahl ist also wie die Berufswahl kein einmaliger Akt, vielmehr ein komplizierter Prozess, der sich über eine erhebliche Zeitspanne erstrecken kann und dabei mehrere Dimensionen tangiert und zu vermitteln erfordert. Die jeweils individuellen Voraussetzungen und ihre Abhängigkeit von sozialen Kontexten und Konditionen wie die soziale Herkunft, Familientraditionen oder Schulerfahrungen etwa bilden als Vorgaben und Bedingungen einen nicht hintergehbaren Kern solcher Entscheidungen. Jedes Individuum steht dabei in dieser Situation vor der Aufgabe, einen zumindest minimal konsistenten Rahmen dafür zu entwickeln. In einen derartigen *Sinn*horizont integrierend einzupassen sind etwa Neigungen und strategische Überlegungen, Interessen und Karriereoptionen, die Selbsteinschätzung von Begabungen und Fähigkeiten, arbeitsmarktstrategischen Überlegungen, nicht zuletzt ein mehr oder weniger expliziter biografischer Entwurf. In all diesen Dimensionen aber spielen die soziale Herkunft und die Geschlechtszugehörigkeit eine Rolle. Sehen wir uns dazu einige Antworten in offenen, leitfadengestützen Interviews zur Studienfachwahl an, die alle mit der Frage begannen: „Wie kam es dazu, dass du XY studierst?"[3]

Ein interessantes Ergebnis in diesem Zusammenhang sei an dieser Stelle bereits vorweggenommen: vergleichsweise unabhängig davon, ob das Studium eher ein neigungsorientiertes Fach wie Philosophie (männerdominiert) oder Kunstgeschichte (frauendominiert), ein stärker berufsorientiertes Fach wie Informatik (männerdominiert) oder Pharmazie (frauendominiert) oder auch Betriebswirtschaft (weitgehend ausgeglichen) ist, brachte niemand von den Befrag-

---

[3]   Forschungspraktikum am Institut für Soziologie der Universität Tübingen SS 2002 bis SS 03.

ten explizit die Geschlechtszugehörigkeit ins Spiel bzw. bezog sich in der Frage der Studienfachwahl auf sich selbst als „junge Frau" oder „junger Mann".

Zur Studienfachwahl Philosophie:

1. Beispiel:

> I: „Wie kam es dazu, dass du Philosophie studierst?"
>
> D: „Is ne lange Geschichte. Ähm angefangen hat es ähm pu, war ich so 15 oder 16 hat es angefangen, hab mich dafür interessiert (1) und hab dann irgendwie nen Stapel von Büchern irgendwie angehäuft über die Jahre noch bis zu meinem (.) bevor ich das Abitur hatte.... (1) und ähm danach war mir nicht klar was ich studieren wollte oder was ich studieren – was ich möchte oder was ich gar nicht möchte und dann bin ich erst mal ins Jurastudium getappt, wo ich noch keine Ahnung von hatte und bin dabei nebenher automatisch schon in Philosophie-Vorlesungen gegangen weil mich das interessiert hat....... .

2. Beispiel:

> I: „Wie kam es dazu, dass Du Philosophie studierst?"
>
> N: „Übliche Anfangsfrage? Ähm (.) also wie ich dazu kam. Ich hatte in der 11. Klasse mal ein Referat, das sollte über Nietzsche sein und Philosophie, also bei uns an der Schule gab es Philosophie-Unterricht (.) und äh da hab ich mir Nietzsche durchgelesen, fand ich dermaßen langweilig und dann hab ich äh auch in so einer Einführung war das eben, also in so nem Buch, dann hab ich Hegel gelesen. Und dann hab ich – das hat mich so fasziniert und dann kam ich nicht mehr los von Hegel und dann musste ich Philosophie studieren, ich glaub das ist der Grund die Ursache, na das ist die Ursache und der Grund.... ich glaube da muss man halt ein Grundinteresse haben an so philosophischen Fragen. (3)

Wer ist hier männlich oder weiblich? In beiden Fällen steht das Interesse am Fach im Mittelpunkt und dieses Interesse trägt in sich keine Geschlechterdifferenzierung.

Beide beschreiben ein starkes fachliches Interesse, leiten daraus aber keine gezielte Wahl und entsprechende biografierelevante Handlungsschritte ab. Im ersten scheint die Spannung zwischen Neigung und Brotberuf zunächst zu einer Nichtentscheidung zu führen, eine Dunkelzone (im Dunkeln tappen) entsteht, in der das Eine nicht voll ergriffen, das Andere nicht ausgeschlossen wird. Das Interesse setzt sich dann fast schicksalhaft hinter dem Rücken durch: „automatisch gegangen" zitiert eine Fremdsteuerung, *keine* Wahl und Entscheidung, die in der eigenen Person (Interesse) liegt. Geradliniger, aber ebenfalls *ohne* benannte Alternativen und eine freie und verantwortete Wahl beschreibt auch die zweite Person ihren Weg zur Philosophie: Ihr Interesse zwinge sie, sie *muss* dieses Fach studieren. Auch hier liegt die Heteronomie gleichsam in der eigenen Person: Der Weg in das Studienfach zitiert das alte Motiv einer Neigung und Berufung, im Sinne einer Schicksalhaftigkeit, der es zu entsprechen gilt. Sich diesem zu über-lassen und sich darin selbst (aktiv) zu verwirklichen entspricht dabei einer mo-dernisierten Variante, die „Selbstverwirklichung" in der paradoxen Konstruktion des Sich den zu erkennenden Bestimmungen des eigenen, „wahren" Selbst Über-lassens konzipiert. Diese Art des durch ein *inneres Außen* bestimmt sein, wird auch oft in Kontrast zu sozial normalisierten und normierten Lebensmodellen gesetzt. Das Potential einer neuen Normierung, das darin liegt, wird dabei nicht gesehen.[4]

Zur Studienfachwahl Informatik:

1. Beispiel:

I: „Wie kam es dazu, dass du Informatik studierst?"

A: „O je. Äh, also ich hab erst mal Mathematik studiert (1) Sport () und Chemie, al-les im Wechsel, Mathe, Sport, Mathe, Chemie äh war dann der festen Überzeugung, dass ich kein Lehramtler werden will (.) und da (.) die Informatik sehr boomend war habe ich mir dann überlegt, dass ich auch sehr technisch interessiert bin, dass ich In-formatik studier. So bin ich eigentlich dazu gekommen."

2. Beispiel:

I: „Wie kam es dazu, dass Du Informatik studierst?"

D: „Also ich studier ja Medieninformatik in X-Stadt (mhmh) und der Hintergrund war eigentlich, dass ich irgendwas mit Medien machen wollte und ähm war halt auch teilweise zu spät bei irgendwelchen Anmeldefristen war wenn's um Grafikde-sign oder so ging und dann ich hatte das auch mal (in) irgend so einer Abi-Broschüre gelesen, dass das jetzt n' Studium gibt, und dann hab ich mich informiert, und das klang halt interessant (1) und deswegen eigentlich. Also so Informatik hab ich mir ein bisschen weniger (.) arg vorgestellt wie es jetzt in X-Stadt eigentlich ist, aber (.) also durch diese Broschüre vor allem (.) und weil ich auch – ich fand Infor-matik schon interessant, aber vor allem diese Medien (.) war wichtig"

---

[4] Für die Neugierigen: im Beispiel 1 ist die Person männlich, im Beispiel 2 weiblich – bei sehr subtiler Textanalyse sind in beiden Beispielen Spuren einer Vergeschlechtlichung zu finden, aber kaum „dingfest" zu machen.

Auch hier spielt die Geschlechtszugehörigkeit auf den ersten Blick keine Rolle. Dass die Kategorie „hinterrücks" dann doch von Bedeutung ist, teilt sich erst bei genauerem Hinsehen mit, weil diese Bedeutung teilweise in die Handlungen eingewoben ist, ohne als solche thematisiert zu werden.

Der im 1. Beispiel Interviewte studiert nach seiner Auskunft zunächst Mathematik, Sport und Chemie „im Wechsel", ein Studium, das in Konsequenz den Lehrerberuf nahe legt. Von diesem aber grenzt er sich ab: „War der festen Überzeugung, dass ich kein Lehramtler werden will". Eine Begründung dafür erfolgt nicht. Der Wechsel zur Informatik wird im weiteren Verlauf des Interviews von einem primär pragmatisch-ökonomischen Kalkül untersetzt: *„Ich konnt die ganzen Mathescheine, und meine ganzen Sachen, die ich gemacht hab, konnt ich in Informatik mitnehmen" (77),* zum anderen begründet er ihn mit den Optionen, die ihm die Informatik bietet, die „boomend war" und Berufspositionen eröffnet, die er für sich selber wünscht, z.B.: *„Abteilungsleiter bei einer großen Firma für Datenbanken oder so was".* Schließlich *„entdeckt"* er eine Neigung bzw. deren Relevanz im Kontext bzw. als Folge von *„Überlegungen":* „*Habe ich mir überlegt, dass ich technisch interessiert bin."* Damit integriert er seine Person rational und instrumentell in das veränderte Entscheidungsszenario. Die Chance auf einen sicheren Arbeitsplatz spielt in der Wahl des Studiums eine wichtige Rolle, ohne dass bislang konkrete Vorstellung für die Zukunft bestehen. Ein weiterer Wechsel, das machte er sehr nachdrücklich deutlich, kommt für ihn nicht mehr in Frage, da die Kosten zu hoch werden. Wenn überhaupt ein Indikator für eine „männliche" Geschlechtszugehörigkeit vorliegt, dann besteht dieser darin, dass der Interviewte sich gegenüber der Interviewerin und dem Interviewer als primär technisch interessiert, „naturwissenschaftlich logisch" präsentiert und in Anspruch nimmt, „stur logisch" zu denken und dieses Denken gegenüber einem Sprachstudium oder auch der Soziologie abgrenzt. Diese Selbsteinschätzung, die – mit Bezug auf entsprechende Stereotype – als „männlich" typisiert werden kann, wird in eine Pragmatik der optimierenden Nutzung von Synergien als „biografischer Effizienz" und günstigen Gelegenheiten übersetzt. In diese passen sich im „Überlegen" identifizierte Besonderheiten, ein „Interesse" seiner Person optimierend ein. Für den Interviewten besteht somit kein weiterer Begründungszwang und Legitimationsbedarf, er weiß sich einig mit seiner Geschichte und seiner Umwelt, die Herstellung von Konsistenz ist trotz des Studienwechsels für ihn kein Problem.

Sehen wir das weibliche Pendant (Beispiel 2) dazu an, so antwortet die Befragte auf die gleiche Frage mit einer *Abgrenzung* gegenüber der Informatik als nicht der ersten, persönlichen Wahl entsprechend. Aufgrund verpasster Gelegenheiten, letztere zu realisieren, stellt sie die Entscheidung für die Informatik als einen ertragbaren Kompromiss dar. Sie findet diese „schon interessant", formuliert damit einen persönlichen Bezug, der die Dissonanz verringert. Die Realerfahrung des Studiums als stark zu den eigenen Erwartungen kontrastierend wird aber nur aufgrund des Umstands akzeptabel, dass es ebenfalls wesentliche der Motive der offenbar noch recht diffus bestimmten („irgendwas mit") eigentlich gewünschten Studienrichtung („Medien") beinhaltet, was dann wiederum als ausschlaggebend für die Entscheidung dargestellt wird. Auch die angesprochene Abgrenzung vom Studienfach löst keine Begründungsverpflichtung aus. Diese Abgrenzung wird zunächst bereits plausibel durch die Beschreibung des verbauten Wegs in ihr Wunschfach. Zugleich mag darin auch eine implizite Bezugnahme auf eine Fächertypik stecken, die Informatik als „nicht typischen" Studiengang für Frauen unterstellt.

Beide Interviews *kann* man so interpretieren, dass damit in sehr subtiler Weise eine Übereinstimmung von Studienfachwahl und Geschlechtszugehörigkeit hergestellt wird – man *muss* es aber nicht.

Auf die Frage, „wie kam es dazu, dass du Kunstgeschichte studierst" sagt einer der Interviewten:

„Ähm ich soll des ja ehrlich machen, also deswegen sag ich's auch ehrlich, also ähm, es ist ja so (.) bei Jungs ist es ja immer so eine Sache, n' weil du machst Zivi (.) und dann kommt das große Loch, was macht man jetzt und (.) ich habe mir ewigkeitenlang überlegt, ob ich irgendwie Grafikdesign machen soll oder irgend was auf jedenfalls praktische Kunst wollt ich gehen und ähm, dann war alles zu eng und dann war schon Oktober und ich hatt nur noch zwei Wochen Zeit und wollt unbedingt auf jeden Fall weg und bin dann nach X-Stadt und ich war schon kunstinteressiert (.) und hatte dann, damals war noch ein NC auf Kunstgeschichte (.) 3,0 oder so was und ich hab nur nen 3,1-Schnitt ja im Abitur gehabt und dann hab ich's erst mal als Nebenfach gewählt und wollt's aber eigentlich immer als Hauptfach haben...... . Also es war schon ein Interesse da, aber es hat sich so entwickelt glaub ich mehr, ich glaub bei vielen Studenten ist es so, dass nach 2 Semestern die Überlegung kommt, was man machen will, ob es das richtige ist oder so, also so war es bei mir und dann hab ich gesagt, Kunstgeschichte ist das was mir Spaß macht und des will ich auch weiter machen, weil ich dann gesehen hab was man damit alles machen kann, des dauert ja noch, am Anfang ist das so ne Sache....."

Wenn in einem offenen, leitfadengestützten Interview in dieser Form die Frage nach dem Weg gestellt wird („wie kam es dazu...", so impliziert dies bereits, dass dieser *individuell* ist, also als solcher herzuleiten und ggf. zu *begründen* ist. Das wurde auch in den bisherigen Interviewausschnitten explizit eingelöst. Interpretiert wurden dabei jeweils Art und Ausmaß der Begründungen. In diesem Interview deutet bereits der Einstieg, „Ähm ich soll des ja ehrlich machen", ein Problem an. Worin aber kann es bestehen?

Für den Erzähler ergibt sich offenbar ein Problem daraus, eine von ihm als erwartete, sozial erwünscht unterstellte Gradlinigkeit der Studienfachentscheidung nicht eingehalten zu haben: Sein Weg ist nicht so zielgerichtet. In der ersten Passage scheint er ganz damit befasst, eine Legitimation für seine Studienfachwahl zu errichten. Er stellt sich in den Kontext der Gemeinschaft „der Jungs", die „Zivi" machen und dann vor dem „großen Loch" stehen. Damit beschreibt er die Zeit des Zivildienstes als peergruppenbezogene Auszeit ohne Antizipation und Auseinandersetzung mit der Notwendigkeit einer Berufs- bzw. Studienfachwahl*entscheidung*. Nach einem offenbar entstrukturierenden biografischen und sozialen „Loch" sieht er sich, trotz früheren kontinuierlichen Nachdenkens („ewigkeitenlang") über seine Neigung und Präferenz weitgehend ohne Plan in einem eng gewordenen Zeitrahmen mit Entscheidungsnotwendigkeiten, entsprechenden Handlungszwängen sowie eingeschränkten Möglichkeiten konfrontiert. Insbesondere seine Abiturnote verbaut ihm zunächst den Weg in sein Wunschfach, das er als Nebenfach wählt, ohne den Wunsch aufzugeben, es voll zu studieren. Er reiht sich ein in die Gemeinschaft „vieler Studenten", bei denen nach zwei Semestern die Überlegung kommt, ob das, was sie machen, auch richtig ist, er wollte eigentlich in die „praktische Kunst", landet aber in einem eher theoriebezogenen Fach und muss sich selbst überzeugen: *„Dann hab ich gesagt Kunstgeschichte ist das was mir Spaß macht und des will ich auch weiter machen".*

Die Entscheidung für Kunstgeschichte erzeugt Begründungszwänge. Im weiteren Verlauf des Interviews zeigt sich, dass diese auch daraus resultieren, dass mit Kunstgeschichte keine klaren Berufsoptionen verbunden sind: *„Also ich bin auch nicht der Typ der sagen kann ich studier das um später einen Job zu haben (.) weil des bringt mir persönlich nichts (.) und ich glaub des bringt den anderen eigentlich auch nichts (.) Vielleicht ham' sie andere Prioritäten gesetzt aber ich wollte des studieren was mir prinzipiell (.) wo ich mich wohl fühl und was mir Spaß macht – was mich interessiert und ähm so hat sich das ergeben ...*

Ein weiteres Legitimationsbedürfnis resultiert aus seiner sozialen Herkunft, „Kunstgeschichte allgemein ist ja ein Fach (.) man muss ideell sein, man muss Kohle haben (ähm)... Man sollte rumreisen, Museen besuchen, Praktika sind auch ziemlich wichtig (.) und (.) des is bei mir jetzt persönlich ... ein bisschen zu kurz gekommen weil ich immer Geld verdienen musste ...". An anderer Stelle weist er darauf hin, dass er aus „ganz einfachen Verhältnissen" komme und sein Studium praktisch selbstständig finanzieren muss. Er fühlt sich offensichtlich in jeder Hinsicht „untypisch", sowohl in der Wahl seines Faches, das für ihn keine eindeutig benennbaren und realisierbaren Berufsoptionen beinhaltet als auch – innerhalb seines Faches – mit seiner sozialen Herkunft.

Beispiel 2:

Die Kunstgeschichtsstudentin erzählt, auf dem Weg über die Ethnologie und Empirische Kulturwissenschaft in das Studium gekommen zu sein:

> „ich hab immer schon irgendwie klar waren Museen immer mit dabei bei jedem Urlaub, die mussten besucht werden, aber ich war bin nie auf die Idee gekommen, dass ich Kunstgeschichte studieren könnte, also es war immer so ja (1) also es ist das Hobby und das Hobby kann man ja nicht zum Beruf machen also des geht einfach nicht also des wäre ja viel zu'n großes Vergnügen (lacht) (3)". Erst nachdem sie dann jemand nach dem 3. Semester fragt „warum machst du nicht Kunstgeschichte?" habe sie gedacht: „okay, ich guck mal rein (1) na ja, da habe ich angefangen und es war gut (lacht) so und so hab ich dann angefangen Kunstgeschichte zu studieren". Einige Sätze später bilanziert sie „es war einfach genial (lacht) und deswegen war des die beste Entscheidung die ich treffen konnte überhaupt".

Die Steigerung in den Superlativ erhält keine weitere Konkretisierung, so dass die Interviewerin nachfragt, *„kannst du des noch'n bisschen ausführen, was genau da jetzt so gut an Kunstgeschichte ist?"* Auf diese Frage erfolgt ein Verweis auf den ästhetischen Genuss von Bildern und Skulpturen *und* eine Abgrenzung zu der Typik des Kunstgeschichtsstudium nach der *„vielleicht so reiche Töchterchen (...) Kunstgeschichte (studieren) oder so, also das war auf keinen Fall der Grund"*. Immer wieder insistiert sie darauf, dass sie es ernst meint mit ihrem Studium, dass ihr sogar manches im Studium zu lasch sei, auch, dass die Ungewissheit, was „nach dem Studium" kommt, ihr durchaus Unbehagen bereitet, dem sie aber durch die Entwicklung von Perspektiven noch im Studium entgegen treten will. Diese Perspektiven bleiben freilich vage, sowohl in fachlich-beruflicher Hinsicht als auch in ihrem privaten Lebensentwurf.

Die vorgestellten und nur exemplarisch interpretierten kurzen Passagen von Interviews zeigen *keine* expliziten Bezugnahmen auf das jeweilige Geschlecht. Auch strukturell fanden wir nur wenige bzw. keine eindeutig einem Geschlecht zuzuordnenden Unterschiede. Hervor stachen stattdessen bei beiden Geschlechtern Erzähl- und Argumentationsfiguren eines Stimmigmachens, einer eigendynamisch wirkenden Strategie des nachgerade sich selbst und andere davon Überzeugens, dass dieses Fach eigenen Fähigkeiten und Neigungen entspreche und/oder aus weiteren rationalen Kalküls die richtige Studienfachwahl sei. Der so bisweilen rechtfertigend wirkende Charakter der Äußerungen mag dabei auch dem Umstand geschuldet sein, dass einige der Zitierten bereits Studienfachwechsler sind und für diesen Umstand eine Plausibilisierungspflicht empfinden.

Deutlich wird, dass Geschlecht bzw. die eigene Geschlechtszugehörigkeit in den Interviews keine konstitutive Kategorie ist – es wird zumeist als *zu* selbstverständlich erlebt. Nur in Wendepunkterfahrungen und Beleganekdoten kann es narrativ in den Mittelpunkt rücken; insofern stellt „Geschlecht" eher eine Reflexionskategorie dar. Rechtfertigungsbedarfe entstehen bei beiden Geschlechtern vor dem Hintergrund erlebter „Unstimmigkeiten" der biografischen Entwürfe und eingeschlagenen Wege. Bezugspunkte solcher Abstimmungen sind gesellschaftliche Normalformerwartungen.[5]

In den Interviews finden wir daher und interessanter Weise kaum explizite Hinweise darauf, *wie* es zu der unterschiedlichen Verteilung von Männern und Frauen auf die Fächer der Universität kommen könnte. Stattdessen ergeben sich Informationen dazu, wie Studienfachwahlen sich vollziehen und erlebt werden. Sie erscheinen als mehrschichtige Prozesse mit einer Vielzahl von Entscheidungen und Steuerungen, in denen die eigene Geschlechtszugehörigkeit nicht im Zentrum steht. In den Interviews wird vor allem deutlich, dass sich die Studienfachwahl in der Perspektive der Studierenden *nicht* dem binären Schema der Geschlechterdifferenzierung fügt – Geschlecht spielt in der expliziten Selbstthematisierung in der Begründung der Studienfachwahl *keine Rolle*. Trotzdem aber ist die Verteilung nach Geschlecht, wie oben dargelegt, in den Fächern und Studiengängen durchaus ungleichgewichtig. Und diese Ungleichgewichtigkeit scheint eher zu- als abzunehmen: Dort, wo der Frauenanteil hoch ist, hat er sich in den letzten Jahren noch einmal verstärkt, während die Anteile in den sogenannten Männerfächern entweder stagnieren oder aber sogar – wie in der Informatik – zurückgegangen sind. Wie kommt es zu dieser Diskrepanz?

Das Geheimnis scheint offenbar vor allem in dem zu liegen, was wir oben bereits als „sozial strukturierten Prozess" benannt haben: Soziale Kontexte und Hintergründe werden in Studienfach- und Berufswahlen steuernd und beeinflussend wirksam. Dabei formulieren sie i.d.R. verschiedene Alternativen. Zugleich sind diese Entscheidungen daher solche autonomer Individuen. Diese setzen sich mit entsprechenden Rahmen und Vorgaben auseinander und beziehen sie z.B. auf eigene Wünsche und Ziele. Dieser Selbstbezug hat explizite, präzisierende aber auch implizite Komponenten. Ersteres war etwa benannt worden als Wahr-

---

[5]   In den stärker berufsorientierten Studiengängen (Informatik und Pharmazie) ist der Bezug auf die Typik männlich – weiblich etwas stärker ausgeprägt, allerdings auch hier nicht im Sinne eines positiven Bezugs sondern vielmehr in der Abgrenzung von dem je anderen. Bei der Pharmazie etwa empfinden sich männliche Studenten dann für dieses Studium „unrepräsentativ" bzw. fühlen sich unter Legitimationsdruck, wenn nicht vom familiären Hintergrund her eine Apotheke besteht, die übernommen werden kann oder soll. In der Tendenz stimmen diese Beobachtungen auch mit den Ergebnissen der Untersuchung von Wolffram über „Frauen im Technikstudium" (2003) überein, nach denen sich Frauen im Technikstudium durch ihre Minderheitenposition keinen besonderen Belastungen ausgesetzt fühlen (Wolffram 2003, 189), sie eine Dramatisierung der Geschlechtszugehörigkeit abwehren und „fördernden Maßnahmen" zunächst skeptisch gegenüberstehen.

nehmung und Bewertung eigener Fähigkeiten und deren Relationierung zu Gele-
genheitsstrukturen in Studienfächern und Berufsfeldern, sowie in der Folge als
Versuche, entsprechende Ansprüche in der neuen Umwelt zu realisieren und
Erreichbarkeitserwartungen (Kohli 1973) auszubilden und anzupassen.

Subtiler aber sind die impliziten Justierungen: Insbesondere hinsichtlich der
beruflichen Verortung besteht sowohl bei jungen Frauen als auch bei jungen
Männern eine Tendenz, sich implizit auf die eigene Geschlechtsgruppe zu beziehen.

Dies drückte sich in den von uns vorgestellten Beispielen etwa aus im Erleben von Spannungen bei Diskrepanzen, die wiederum zu Begründungen und
Rechtfertigungen führten. Das Maß an Begründungen und Rechtfertigungen
stellt nachgerade einen Indikator für Diskrepanzerfahrungen dar. Der Grad, in
dem eine solche Diskrepanz als solche erlebt und (symptomatisch) thematisch
wird, variiert dabei stark, hängt nicht zuletzt von dem jeweiligen sozialen Hintergrund und bisherigen Lebenserfahrungen ab.

Diese Diskrepanzen – bzw. selbstverständlich auch: Übereinstimmungen –
bestehen zu bzw. mit vertrauten, nicht zuletzt die Geschlechtlichkeit betreffen-
den gesellschaftlichen Normalformen und Normierungen. Im konkreten Fall
mischen sich dabei verschiedene solcher Strukturierungsdimensionen, zusätzlich
zu der der Geschlechtlichkeit etwa die der sozialen Herkunft, Schicht und jeweiliger Milieus. Diese werden damit aber nicht zuletzt im Hintergrund wirksam,
setzen sich hinter dem Rücken der Akteure durch. Dabei wirken sie beeinflussend, sind aber nicht determinativ. Die entscheidenden und handelnden Personen
sind ihnen nicht ausgeliefert, zugleich aber auch nicht als „unbezogen freie" zu
verstehen. Aus der Dialektik von Strukturvorgaben und Handlungsautonomie
erklären sich daher sowohl Persistenzen sozialer Formen und Wirklichkeit wie
deren Wandel.

Die angesprochenen Hintergründe im Hinblick auf Normalitäten und Normierungen der Geschlechtlichkeit aktualisieren sich insbesondere in Kontexten,
die geschlechterdifferenzierend angelegt sind. Auf dieser Basis wird dann aber
nicht das „andere" sondern das eigene Geschlecht zum Maßstab der Selbstverortung: Was macht die Schwester, Freundin, die Protagonistin der daily soap? Der
Bezug auf das eigene Geschlecht ist bei jungen Männern noch expliziter ausgeprägt, für die die Wahl eines eher frauentypischen Faches und Berufes mit erheblichen Legitimationsanforderungen verbunden ist.

Aktuell sind wir mit dem Phänomen konfrontiert, dass junge Frauen für ihre
Studienfachwahl vergleichsweise massiv öffentlich kritisiert werden, ihnen gesagt wird, dass sie „falsche" Wahlen treffen, weil Sprach- und Kulturwissenschaften auf dem Arbeitsmarkt nicht in gleichem Maße verwendbar sind wie
Technik und Naturwissenschaften. In der Kritik wird zugleich darum geworben,

dass Frauen verstärkt in eben jene Fächer einsteigen. Die Arbeitsverwaltung organisiert in Zusammenarbeit mit verschiedenen Firmen „Girls' days". Die Hochschulen bieten „Schnupperkurse" in den entsprechenden Fächern an, einige auch explizite Frauenstudiengänge (Knapp 2003). Die öffentliche Debatte darum, dass junge Frauen Naturwissenschaft und Technik distanziert gegenüber stehen, trägt ihrerseits dazu bei, Geschlechtsrollenstereotypen zu verfestigen und sie zu stabilisieren. Faktisch stimmt diese Aussage so nicht, denn auch Pharmazie, Biologie und Chemie sind naturwissenschaftliche Fächer, in denen der Frauenanteil hoch ist, die Architektur ein Fach, in dem Studentinnen und Studenten fast gleich vertreten sind. Dennoch werden in der gesamten Debatte Mädchen und jungen Frauen unentwickelte Potentiale und Defizite unterstellt, die zu wecken oder zu „fördern" wären.[6] Diese Diskussion trifft auf die parallele Institutionalisierung einer „Gleichheits-" oder „Gleichstellungsnorm", nach der es keine Unterschiede gibt und Mädchen nicht diskriminiert werden. Vor die Aufgabe gestellt, eine Synthese zwischen eigenen Bedürfnissen und Fähigkeiten und den wirtschaftlichen und sozialen Anforderungen der Umwelt zu finden, eine Balance zwischen persönlicher Biografie und Chancenstruktur in der Gesellschaft herzustellen, sind ja sie es, die für ein Misslingen dieser Gleichheitsnorm verantwortlich gemacht werden: Es wird daher auch zu einem persönlichen Misslingen. Daher ist es nicht zuletzt auch ein wirksamer biografischer Schutzmechanismus, wenn die eigene Studienfachwahl nachträglich subjektiv geglättet wird und die Geschlechtszugehörigkeit dabei eben nicht auftaucht. Indem sich die jungen Frauen faktisch an die sozialen Gegebenheiten anpassen, kann es ihnen gelingen, an der „Freiheit" ihrer Entscheidung festzuhalten – damit handeln freilich viele (nicht: alle) nur wenig anders, als jener Goldfisch im Glas, der dadurch, dass er gelernt hat, nicht an die Glaswände zu stoßen, der Überzeugung sein kann, er schwimme in der grenzenlosen Freiheit des Ozeans (Holzkamp 1983 zitiert nach Nissen u.a. 2003, 133).

---

[6]   Zu den Berufsverläufen der so geförderten „Akademikerinnen im technischen Feld" vgl. Schreyer 2008.

8 Paarbeziehung und Familiengründung: Aufbau gemeinsamer Wirklichkeiten

8.1 Wann ist ein Paar ein Paar?

Schauen wir uns zu Beginn des Kapitels zum Aufbau gemeinsamer Wirklichkeiten in Paarbeziehungen die Transkription eines Gesprächs zwischen einem viereinhalb Jahre alten Mädchen und seiner Mutter an, das sich laut Autor als „Seitenthema eines Interviews" entspann (Allert 1998, VII):[1]

> „K2: Mamaa?!, was issen das, en Ehepaar?
> M: ˋn Mann und ˋne Frau ist en Ehepaar. Hast des noch net gewusst?
> K2: Neee
> M: Net. Ein Paar sind immer zwei Stück. Oder dann gibt`s en paar, wenn es viele, mehrere sind, das wird aber anners geschribbe
> K2: Mama du bist ein (leicht affektiert)
> M: (hustet kurz) Ich bin ein Halbes
> K2: Warum?
> M: Ja zum Ehepaar gehörˋn immer zwei, ˋn Mann und ˋne Frau
> K2: Bist de auch ein Ehepaar?
> M: Ja, ich bin aber kein ganzes Ehepaar, ich bin ja nur ˋe Frau
> K2: (nach einer Pause, verlegen) Wenns de noch en Mann wärst?
> M: Ja, da gehört noch einer dazu. De Babba is dann de Mann. Wir zwei sind en Ehepaar. Das hast de noch net gewusst? (Stimmwechsel in höhere Tonlage)
> K2: Ich und du?! (gleichzeitig mit M: „Das..."; schrille Stimme)
> M: Ach du net, der Papa und ich (Betonung auf „ich")
> K2: (nach langer Pause) en halbes oder en ganzes?
> M: Ich allein bin en halbes
> K2: Männo, du halb, und ihr beide? (spricht langsam, nuschelnd.

Das „Männo" und das „du halb" liegen auf gleicher Stimmhöhe..." (in: Allert 1998, VII).

In diesem kleinen „Seitengespräch" wird noch einmal in großer Dichte auf den Punkt gebracht, was *„Paarförmigkeit"* in ihrer institutionalisierten und tradierten Form bedeutet: Dass zwei Individuen als (neue) soziale Einheit gedacht werden,

---

[1] Die Abkürzungen M = Mutter und K2 = zweites Kind in der Familie.

in der der Einzelne „unvollständig" (nur „halb") ist und in der mit den Positionen „'n Mann" und „'ne Frau" eine soziale Ordnung aufgerufen wird, die keiner weiteren Explikation bedarf. Die „beiden Hälften" fühlen sich als Mitglied der besonderen, dem Einzelnen übergeordneten sozialen Einheit, zu der auch gehört, dass Handlungslinien der Mitglieder sich unterscheiden und es verschiedene, einander ergänzende „Rollen" (Handlungslinien) gibt. In der objektivierten (institutionalisierten) Form sind „'n Mann" und „'ne Frau" *allgemeine*, nicht auf die einzelne Person bezogene Kategorien, mit „de Babba ist dann de Mann" wird mit der „Paarrolle" auch die „Elternrolle" benannt und beide de facto in Eins gesetzt.

Der Status des „Ehepaares" wird im traditionellen Verständnis zeitgleich mit der formalen Eheschließung erreicht. In der dort gültigen Phasierung „Verliebt, verlobt, verheiratet" gilt der Prozess der Paarbildung mit dem Akt der Eheschließung als abgeschlossen und auf Dauer gestellt. Damit verbunden war ein vergleichsweise markanter Einschnitt in der Lebensgeschichte, ein klaren Bruch zwischen Jugendzeit in der Herkunftsfamilie und dem Erwachsenenstatus mit eigenem Hausstand und (neuer) Familiengründung. Das alles ist heutzutage sehr viel komplizierter geworden.

Im Kapitel 5 sind wir ausführlich auf den institutionellen Charakter der heterosexuellen Paarförmigkeit und darauf bezogener geschlechterdifferenzierender Paarbildungsregeln eingegangen. An einigen aktuellen Jugendstudien haben wir illustriert, wie Jugendliche erste (heterosexuelle) Kontakte erfahren und Sexualität in den Prozess der Paarbildung integriert wird. Ein Befund war, dass die ersten sexuellen Beziehungen von Jugendlichen in der Regel nicht von Dauer sind und auch in den biografischen Entwürfen junger Erwachsener die Vorstellung, „jung" zu sein, stark assoziiert ist mit „ungebunden" sein. Man möchte später nicht das Gefühl haben, „etwas versäumt" zu haben. Das galt für beide Geschlechter. Zugleich zeigen die Untersuchungen zu biografischen Entwürfen bei aller Vielfalt, dass die Paarbeziehung bzw. die Partnerschaft nach wie vor einen hohen Stellenwert hat. Wann also ist ein Paar ein Paar und wie kommt es dazu, eines zu werden?

Im Unterschied zu den 50er und 60er Jahren sind die Übergänge heute fließender, bildet sich die Paarbeziehung typischerweise eher progressiv in kleinen Schritten aus. Eine wichtige Weichenstellung ist die Gründung eines gemeinsamen Haushalts und die dadurch erfolgende Verdichtung der Beziehung.[2] Die formale Eheschließung – die Heirat – hat Form und Funktion geändert: „Einst begründete sie das Paar, nun tendiert sie mehr und mehr dazu, es zu vollenden" (Kaufmann 2000, 81). Grundsätzlich aber folgt aus einer „Paarung" nicht (mehr) zwingend eine Ehe. Dennoch ist die Eheschließung in vielen Milieus immer

---

[2]   Dazu liegen verschiedene Phasenmodelle vor, die aber in unserem Kontext keine größere Bedeutung haben – vgl. z.B. Burkart 1997, 241f, Lenz 2003, 57ff.

noch weitgehend selbstverständlich.[3] Die vorliegenden Zahlen zu demographi-
schen Entwicklungen dokumentieren einen eindeutigen Trend zum biografischen
Aufschub (hohes Heiratsalter) sowie die Neigung, Heirat und Familiengründung
zu verbinden (Nave-Herz 2004). Freilich ist die Entwicklung in Ost- und Westdeutschland nicht identisch: Während in Westdeutschland immer noch die Mehrzahl der Paare „irgendwann" heiratet, insbesondere dann, wenn ein Kind erwartet
wird, wird in Ostdeutschland zunehmend auf den formalen Akt der Eheschließung verzichtet: 2004 hatten 53% der Neugeborenen in Sachsen eine nicht verheiratete Mutter.[4]

Auch wenn in Westdeutschland immer noch viele Paare heiraten, so ist
doch auch hier der Nimbus der „Unauflöslichkeit" weitgehend zerstört, die Zahl
der Scheidungen ist in den letzten Jahren immer stärker angewachsen, ebenso
allerdings auch die Raten der Wiederverheiratung.[5] Nicht nur in Deutschland,
sondern nahezu durchgängig in den westlichen Industrienationen ist die Toleranz
gegenüber anderen Lebensformen gestiegen, so sie sich denn im Modus der
Paarförmigkeit vollziehen.[6] „Glückliche Ehe/Partnerschaft haben" gelten in den
verschiedenen Umfragen mit Zustimmungsraten von über 90 % immer noch als
die wichtigsten Lebensbereiche, weit mehr als Arbeit, Einkommen oder Erfolg
im Beruf (Statistisches Bundesamt 2006a, 454)

Wie immer die Schritte in Richtung eines gefestigten, sich in der Tendenz
auf Dauer stellenden Zusammenlebens aussehen: in diesem Prozess wird erforderlich, was Berger/Kellner (1965) als „Konstruktion gemeinsamer Wirklichkeit" bezeichnen. Das Paar steht vor der Aufgabe, die „eigene private Welt, in
der sie leben wollen, selbst zu schaffen" (ebd., 225). Wenn Berger/Kellner ihre
Überlegungen auf die „eheliche Wirklichkeit" begrenzen, so ist das der Zeitgebundenheit zuzuschreiben, der auch dieser eher grundsätzliche Artikel unterliegt.

---

[3] Mit „selbstverständlich" ist gemeint, dass die Eheschließung keine Frage ist, zu der man sich
    reflexiv verhält. Insofern entscheidet man sich zwar für einen konkreten Partner/ eine konkrete
    Partnerin, aber nicht eigentlich „zur Ehe". In vielen ländlichen, handwerklichen und Arbeitermi-
    lieus haben Ehe und Familie auch heute noch die symbolische Bedeutung, dass die Ehe die Basis
    der Familienbildung ist und Familie primär bedeutet, Kinder zu haben (Burkart 1997, 117).
[4] Im Jahr 2000 lag der Anteil bei 51,5%, in Westdeutschland dagegen bei 18,6%, zitiert nach
    Sächsische Zeitung 15.9.2005.
[5] Zur Veränderung von Lebensformen vgl. Lenz 2003, 10ff., der ebenfalls zu dem Schluss kommt,
    dass die Bedeutungserosion der Ehe nicht mit einem generellen Niedergang von Paarbeziehun-
    gen gleichgesetzt werden darf, sondern dass es vor allem deshalb immer schwerer fällt, Partner-
    schaften auf Dauer zu stellen, weil die Erwartungen und Ansprüche, die an Beziehungen gerich-
    tet werden, sehr stark angestiegen sind.
[6] Andererseits scheint das Ritual der Hochzeit eine neue Bedeutung gewonnen zu haben – im
    medienvermittelten Bild der „Traumhochzeit" lässt sich angesichts des weitverbreiteten Wissens
    um Scheidungsraten die faktische Sehnsucht nach Dauerhaftigkeit beschwören („ich liebe, liebe,
    liebe dich...", Reichertz 1994).

In den 60er Jahren *war* die Ehe noch eben jener oben skizzierte vergleichsweise brüske Einschnitt, in der nach einer vergleichsweise kurzen Werbephase „zwei Fremde aufeinandertreffen, um sich neu zu definieren" (ebd., 222). Die Partner waren sehr plötzlich und ohne große Vorbereitung vor die Aufgabe gestellt, ein gemeinsames Leben zu (er)finden.[7]

Bei Berger/Kellner ist die Ehe ein zentrales „nomisches Instrument", i.e. sie bietet und schafft eine Ordnung, in dem der Einzelne das eigene Leben als *sinnvoll* erfahren kann (ebd., 220).[8] Grundlage dieser Einschätzung ist die Annahme, dass Menschen darauf angewiesen sind, sich über *signifikante Andere* des eigenen Platzes in der Welt zu vergewissern: „Die Plausibilität und Stabilität der als gesellschaftlich verstandenen Welt hängen von der Stärke und Kontinuität signifikanter Beziehungen ab, die fortwährend ein Gespräch über diese Welt ermöglichen" (Berger/Kellner 1965, 222). Und es gibt vermutlich kaum einen „signifikanteren anderen" als den Menschen, mit dem man sein ganzes Leben teilt oder doch teilen will – er „wird zum 'signifikanten anderen' par excellence". „Wir sind (...) der Ansicht, dass dieses Annehmen der ehelichen Rolle etwas wesentlicheres – nämlich *die Beziehung des einzelnen zur Wirklichkeit an sich* – mit sich bringt" (Berger/Kellner 1965, 233. Herv.d.V.). Unter diesem Aspekt hat die Ehe einen „privilegierten Status" hinsichtlich alltäglicher, wirklichkeitssichernder Prozesse, denn für beide Partner gewinnen so „die Welt und das Selbst an Festigkeit und Verlässlichkeit" (ebd., 229).

Was in diesem Aufsatz implizit als selbstverständlich unterstellt, aber nicht weiter expliziert wird, ist die emotional-affektive Seite der Paarbeziehung nicht zuletzt, dass diese als körperliche (sexuelle) Beziehung das Versprechen auf Intimität, Vertrauen und Verbundenheit beinhaltet. Intimität in diesem Sinne schließt die Einzigartigkeit und Nicht-Austauschbarkeit des anderen ein und ist von daher gerade nicht auf die institutionalisierte Form der „Rolle" zu begrenzen, wie sie im eingangs zitierten Gespräch zwischen Mutter und viereinhalbjähriger Tochter aufgerufen wurde. Die Begrenzung auf ein „Rollenmodell", wie es auch in der Familiensoziologie lange Zeit dominierte, vermag diese spezifische Qualität intimer Beziehungen nicht zu erfassen, es wird aber durch die emotionale Aufladung der polarisierten „Geschlechtsrollen" auch in der modernen Form

---

[7] „Fremde" heißt in diesem Fall nicht, dass sie aus unterschiedlichen Kulturen oder auch nur unterschiedlichen Gesellschaftsschichten kommen – die „Homogamie" in dieser Hinsicht wurde in Kap. 5 ja bereits angesprochen. „Fremdheit" bedeutet hier vielmehr, dass sie „aus unterschiedlichen „face to face"-Bereichen kommen, in denen das Handeln des einzelnen gegenüber einem zweiten spezifisch ist. (...) Sie haben keine gemeinsame Vergangenheit, wenn auch ihre jeweilige Vergangenheit ähnlich strukturiert ist" (Berger/Kellner 1965, 223).

[8] Gegenhorizont ist die „Anomie", der zuerst von Durkheim beschriebene Zustand der Normlosigkeit, in dem der einzelne seinen Platz in der Welt nicht findet, er in gewisser Weise an der sozialen Welt nicht teilhat.

der exklusiven Zweierbeziehung wirksam. Dem Anspruch nach wird hier jedoch auf die „ganze Person" des anderen referiert, auf seine Individualität. In dem Bezug auf die „ganze Person" werden Gefühle als körpernahe und körperkorrelierte Prozesse zum zentralen Kommunikationsmedium, die als solche nicht an heterosexuelle Beziehungen gebunden sind. Auf die Bedeutung der Unterstellung polarisierter, wesenhaft unterschiedlicher Qualitäten der Geschlechter für die Paarkommunikation kommen wir im nächsten Abschnitt ausführlich zu sprechen.

Wenn bei Berger/Kellner die eheliche Beziehung als ein privilegierter Ort hinsichtlich alltäglicher, wirklichkeitssichernder Prozesse verstanden wird, so weist das zugleich systematisch darauf hin, dass auch eine intime Partnerbeziehung keine „Privatsache" in dem Sinne ist, dass die Welt völlig neu erfunden würde. Vielmehr werden hier – ähnlich wie bei den Biografieentwürfen im Jugendalter – in vielfacher Weise sozialstrukturelle und kulturelle Vorgaben (dazu gehört neben den milieuspezifischen Gelegenheitsstrukturen und Deutungsmustern auch der je eigene, i.d.R. geschlechterdifferenzierende biografische Entwurf) bedeutsam, durch die hindurch die „private Welt" entsteht, und an denen sie sich auch immer wieder abarbeiten muss. Ohne einen gemeinsamen „Wissensvorrat", ohne die Idealisierung der Reziprozität der Perspektiven, ohne gemeinsame Deutung ist eine wechselseitige Wirklichkeitskonstruktion nicht möglich. Dabei sind solche wirklichkeitssichernden Prozesse zwar nicht auf die Paarbeziehung zu begrenzen, diese bildet aber traditionell ein Zentrum lebensweltlicher Stabilität.[9]

Die Aufgabe, eine gemeinsame Welt zu erschaffen, ist nicht auf die Form der Ehe zu begrenzen, sondern stellt sich in sehr ähnlicher und vergleichbarer Weise auch in der „Paarbildung in Etappen" (Kaufmann 2000). In dieser Hinsicht kann man sogar durchaus die These vertreten (und teilen), dass der Aufwand für die Wirklichkeitskonstruktion noch *zunimmt*, da Paare in den modernen westlichen Gesellschaften sehr viel weniger auf institutionelle Vorgaben zurückgreifen können und sie – wenn auch milieuabhängig – mit hohen Autonomieansprüchen in die Beziehung gehen (Lenz 2003, 50). Und auch wenn sich Paarbildung in Etappen vollzieht, so ist die Vorstellung einer „zeitlichen Terminierung" mit einer Liebesbeziehung unverträglich. Mit der Einzigartigkeit und Nichtaustauschbarkeit der Personen als zentraler Ressource der Paarkommunikation ist grundsätzlich eine offene Zukunft gesetzt.[10] Gleichzeitig aber gehört es zum

---

9   Der wirklichkeitssichernde Charakter kommunikativer Prozesse kommt – je nach Milieu – auch am Stammtisch, im Fußballverein, Kegelclub oder im ehrenamtlichen Engagement zum Weihnachtsbasar zum Tragen, gewinnt hier aber i.d.R. nicht die „nomische Qualität" und emotional basierte Verdichtung wie in der Paarbeziehung.

10 Ob mit der notwendig offenen Zukunft auch die Unterstellung „ewiger Dauer" als „beziehungskonstitutiv" verbunden ist (Allert 1998, 227), kann angesichts weit verbreiteter Trennungserfahrungen bezweifelt werden. Ohne Zweifel aber liegt ein Tabu über der Thematisierung des Endes

kulturellen Gemeinplatz, dass Liebe auch zu Ende geht, und die Scheidungsraten sprechen hier eine eindeutige Sprache.[11] Die „Paarbildung in Etappen" lebt faktisch mit und aus dem „Beständigkeitsproblem", ohne dieses jedoch in dem „Aufbau gemeinsamer Wirklichkeit" ständig mitbedenken zu können.

Schon das „Kennenlernen" des anderen ist ja ein solcher zukunftsoffener Prozess, wobei „Kennenlernen" nicht notwendig heißt, dass sich „zwei Fremde" begegnen. Vielfach entsteht aus einer bereits bestehenden „Bekanntschaft" in Schule, Universität, Arbeitsplatz, Nachbarschaft, Sportverein u.v.a.m. eine Paarbeziehung – allmählich oder auch ganz plötzlich. In der Begegnung bzw. der Neudefinition des Kontaktes stellt der Andere kein „Ding" dar, das man durch genaue Beobachtung entdecken könnte. „Kennenlernen" erfolgt vielmehr in der Interaktion beider, ja in gewisser Weise *entsteht* der andere erst in der Interaktion: „Von den ersten Blicken, den ersten Worten, den ersten gemeinsam erlebten Momenten wird ein kollektiver Prozess in Gang gesetzt, der dazu drängt, den anderen zu typisieren, sich den vermuteten Erwartungen anzupassen und einen spezifischen Tauschmarkt aufzubauen, an dem beide Partner ihr Interesse finden. In der Folge werden tagtäglich nur noch neue Regeln innerhalb dieses Rahmens hinzugefügt, neue Gewohnheiten und Dinge, die den Austausch zusätzlich verdichten und verankern" (Kaufmann 2000, 82). Zugleich ist den Partnern dieser Prozess nicht bewusst, vielmehr leben sie in dem Eindruck, ihre Beziehung allein von Person zu Person „in Freiheit und Leichtigkeit" zu gestalten (ebd.), sind in gewisser Weise „blind" gegenüber der Strukturierung und auch gegenüber dem Mechanismus der gegenseitigen Neubestimmung.

Dennoch rekurriert die wechselseitige Typisierung des anderen – um wen handelt es sich, mit welchem Typ von Person habe ich es zu tun – notwendig und unvermeidlich auf kulturellen Vorgaben und Regeln (vgl. oben Kapitel 5/2). Und auch in diesem Prozess werden Biografien relevant, geht es im „Kennenlernen" doch an zentraler Stelle darum, Lebensgeschichte und Biografie des anderen kennen zu lernen. Durch die Erzählung der eigenen Geschichte wird deutlich gemacht, wie man zu der Person wurde, die man nun ist: Es geht darum, die eigene Individualität zum Ausdruck zu bringen, und zugleich wird das Vergangene „zum Thema in einem für den Beziehungsaufbau relevanten Zuschnitt" (Lenz 2003, 199).

---

einer Beziehung; dieses Tabu wird unmittelbar plausibel, wenn man sich eine Situation vorstellt, in der man einen der Partner in der *Gegenwart des anderen* fragt, wie lange er denkt, dass diese Beziehung dauern wird bzw. wann er/sie beabsichtigt, die Beziehung zu beenden.

[11]   Dabei muss man nach wie vor zwischen großstädtisch-akademischer und ländlicher Bevölkerung unterscheiden, ebenso, wie oben bereits ausgeführt, zwischen Ost- und Westdeutschland (vgl. dazu auch Kap. 10.1).

Bei Berger/Kellner spielt in dem Aufbau gemeinsamer Wirklichkeit das „eheliche Gespräch" eine, wenn nicht *die* zentrale Rolle:

> „Dieses Gespräch kann als das Hervorbringen eines ordnenden und typisierenden Apparates – oder, falls man dies vorzieht: eines objektivierenden Apparates – verstanden werden. Jeder Partner trägt seine Konzeption der Wirklichkeit vor – die im allgemeinen nicht nur einmal, sondern mehrmals „durchgesprochen" und somit durch den Gesprächsapparat objektiviert wird. Je länger das Gespräch anhält, um so realer werden den Partnern die Objektivierungen. Das eheliche Gespräch erschafft nicht nur eine neue Welt, sondern sorgt auch dafür, dass sie repariert und fortwährend neu ausgestaltet wird. Für die beiden Partner wird die subjektive Realität dieser Welt durch das gemeinsame Gespräch erhalten. Durch das endlose Gespräch, das von dem zehrt, was sie gemeinsam und getrennt erfahren, wird das nomische Instrument der Ehe ständig konkretisiert" (Berger/Kellner 1965, 228).

Nicht nur in der Begrenzung auf das „eheliche Gespräch" drückt sich hier eine Zeitgebundenheit des Artikels aus, sondern auch in der Art der Bedeutungszuschreibung. Ganz offensichtlich sehen die Autoren kein Problem in der handlungspraktischen Bewältigung des Alltags – die Bedeutung des Gesprächs ergibt sich auf dem Hintergrund der als selbstverständlich erachteten geschlechterdifferenzierenden Arbeitsteilung. Nicht dass Gespräche in Paarbeziehungen inzwischen in irgendeiner Weise bedeutungslos geworden wären – im Gegenteil: professionelle Paartherapeuten etwa zielen in der Regel auf eine Ausweitung der Kommunikation ab, darauf, dass in der Beziehung (wieder) mehr geredet wird. Aber: mit den Verschiebungen in den Geschlechterverhältnissen in den letzten dreißig Jahren ist auch einhergegangen, dass in der Praxis einer Beziehung nicht mehr automatisch auf die „natürliche Arbeitsteilung" zwischen Frauen und Männern rekurriert werden kann, sondern diese ausgehandelt werden muss. Diese Aushandlung aber erfolgt weniger im Gespräch als vielmehr „praktisch". Wir kommen darauf in Abschnitt 8.3 ausführlich zurück.

Das Paradox der wechselseitigen und gemeinsamen Wirklichkeitskonstruktion liegt bezogen auf die Paarbeziehung vor allem darin, dass vor dem Hintergrund der Illusion einer „Kontinuität des Selbst" beide Partner sich in der partnerschaftlichen „Beziehungsarbeit" und durch den neuen Rahmen eines gemeinsamen Haushalts verändern, eine gemeinsame „objektivierte Wirklichkeit" entsteht, die die persönlichen Qualitäten transzendiert und auf die Personen in der Paarbeziehung verändernd zurückwirkt, so dass die Individuen durch eben jene neue Wirklichkeit definiert sind, zu der sie selber beigetragen haben.[12] Etwas

---

[12] Es ist vor allem J.-C. Kaufmann, der darauf hingewiesen hat, dass das Individuum nicht nur „neu" entsteht, sondern dass die Individuen gleichzeitig ihr „altes Selbst" mitbringen und auch

vereinfacht formuliert: Auf der Grundlage zweier divergenter Lebenslinien und Biografien müssen die Partner zu einem gemeinsamen Entwurf kommen, so dass eine „Paarbiografie" entsteht, die ihrerseits die biografische Selbstthematisierung des Einzelnen beeinflusst.

In hohem Maße indikativ für diesen Prozess ist auch heute noch die Na mensfindung. Bis 1977 galt lapidar: „Die Frau erhält den Familiennamen des Mannes" (§1355 des Bürgerlichen Gesetzbuches, zit. nach Beck-Gernsheim 1998). Damit waren zugleich auch die Namen der Kinder festgelegt. Seitdem sind schrittweise immer neue Kombinationen möglich geworden: der Geburtsname der Frau oder des Mannes als gemeinsamer Name, ein Partner kann einen Doppelnamen annehmen, beide den Geburtsnamen behalten.

Auf dem Papier ist ein „großes Durcheinander" entstanden, in der sozialen Realität ist es nach wie vor in der Mehrzahl der Fälle üblich, dass der Name des Mannes Familienname wird, die Frauen einen Doppelnamen wählen (Nave-Herz 2004, 143). Andere Lösungen erzeugen Verwirrung in der Außenwelt (Vermieter, Nachbarn, Banken), selbst in hoch individualisierten Milieus gerät der männliche Part in erhebliche Begründungszwänge, wenn er den Namen der Frau als Familiennamen annimmt. Mit der Namensfindung ist mehr verbunden als „Schall und Rauch" (Beck-Gernsheim 1998): Wenn etwa zwei sich entschließen, zu heiraten *und* den jeweiligen Geburtsnamen zu behalten, so kann das durchaus als Indikator dafür gelesen werden, an der eigenen Biografie und Geschichte festzuhalten und nicht in der Paarbiografie aufzugehen.

Wann also ist ein Paar ein Paar? Wann ist der Prozess des Kennenlernens soweit abgeschlossen, dass mit der (emotionalen) Verdichtung der Paarbeziehung auch jene „objektivierte Wirklichkeit" entstanden ist, die ihrerseits auf die Selbstdefinition zurückwirkt?

Institutionalisierung

Ein Element ist sicherlich, dass die auf Sexualität bezogenen Regelungen (Besuche, über Nacht bleiben, zusammen frühstücken...) der Tendenz nach zum Zusammenleben führen. Es sind viele kleine Entscheidungen, die die Paarbildung ausmachen und strukturieren. Mit der Gründung eines gemeinsamen Haushalts wird dann ein Element von Dauerhaftigkeit und Bindung eingeführt, die Beziehung stärker institutionalisiert. Das Zusammenziehen allein – so Kaufmann – bewirke diesen Wendepunkt noch nicht, da zusammenlebende Partner häufig sehr großen Wert auf ihre Unabhängigkeit legen und die Vorstellung einer dau-

---

erhalten wollen. Daraus entstehen eine Reihe von Konflikten, die nicht ohne weiteres auflösbar sind (Kaufmann 2000, 70f).

erhaften Partnerschaft häufig erst dann entsteht, *nachdem* man begonnen habe zusammenzuleben. Als Beispiel führt Kaufmann ein Paar an, das die Anschaffung von Haushaltsgeräten ablehnt, da sie die Vorstellung einer freien Partnerschaft ohne die erdrückende Belastung durch einen gemeinsamen Haushalt haben und mit einem Minimum häuslicher Ausstattung leben. Nach Kaufmann ist *Haushaltsintegration* einer der wichtigsten Indikatoren dafür, dass die Schwelle zum „Paar" überschritten wird.

Unter „Haushaltsintegration" versteht er, dass die häuslichen Aufgaben *zusammengelegt* werden und das Individuum einen Platz innerhalb einer *gemeinschaftlichen Organisation* übernimmt. In diesem Prozess kommt es zunehmend zur Festlegung von Interaktionsregeln: Man muss sich über die in der gemeinsamen Wohnung geltenden Ordnungs- und Sauberkeitsstandards verständigen und es sind Regelungen darüber zu treffen, wer für welche Aufgaben oder Aufgabenbereiche zuständig ist. Die Einhaltung solcher Regelungen hat ein hohes Maß an Sichtbarkeit, so dass mit dem gemeinsamen Haushalt auch die gegenseitige Kontrolle wächst (vgl. Abschnitt 8.3).

Der Trend zur Institutionalisierung der Paarbeziehung wird mit der Eheschließung als formalem Akt und – gegebenenfalls – festlich gestalteter Hochzeit noch einmal verstärkt. Aus der Perspektive der Beteiligten gewinnt die Beziehung an Verbindlichkeit und Festigkeit. Mit der Ehe ist das Paar i.d.R. – dann, wenn keine anderen Bestimmungen rechtlich fixiert werden – auch eine Wirtschaftsgemeinschaft, i.e. das erworbene Einkommen steht beiden für gemeinsame und persönliche Ausgaben zu. Daraus erwächst neuer Abstimmungsbedarf, sehr eng verwoben mit Ansprüchen auf Entscheidungs- und Definitionsmacht. „Geld und Liebe" sind – wie einige Fallstudien hierzu nachdrücklich zeigen (Wimbauer 2003) – ein tendenziell heikles Kapitel in einer Paarbeziehung.

Mit „Gleichheitsideal" und „Partnerschaftsmodell" werden in den Paarbeziehungen Regulative wirksam, die zu denen der romantischen Liebesbeziehungen quer stehen: „Partnerschaft" impliziert rationale Verhandlungen, eine „Tauschökonomie der Gerechtigkeit", verlangt nicht die Verschmelzung zu einem „Ganzen" in der „Einheit des Paares", sondern betont die Individualität, setzt auf individuelle Ansprüche, Rechte und Interessen (Burkart/Koppetsch 2001, 440). „Liebe" im romantischen Muster dagegen verlangt nach Hingabe, Ausschließlichkeit, intensiver, bedingungsloser emotionaler Zuwendung, kein Aufrechnen und kein Aushandeln von „individuellen Rechten". Nicht zuletzt deshalb war die „Liebe" kompatibel mit der Polarität der Geschlechter, mit der Vorstellung von Aktivität und Passivität, Eroberung und Hingabe Partnerschaftsregulative treten dazu in ein Spannungsverhältnis: Für beide gelten dieselben Regeln, dieselben Rechte. Damit eröffnet sich ein weites Feld von Konflikten, die auf die als unauflöslich bedachte (romantische) Liebe des Paares tendenziell destabilisierend wirken.[13]

Die Geburt eines Kindes – auf welcher „Etappe" des Paarbildungsprozesses auch immer – ist zugleich die Geburt der Eltern, die Geburt einer Mutter und eines Vaters (vgl. Abschnitt 3.1). Im Regelfall beschleunigt die Geburt eines Kindes die Institutionalisierung der Beziehung qua Haushaltsintegration, denn die Anforderungen an die Alltagsorganisation nehmen erheblich zu. Zeit wird knapp. Und vor allem: Die Paardyade erweitert sich zur Triade. Damit wächst auch die Komplexität der Anforderungen an die Kommunikation bzw. die kommunikative Kompetenz der Partner: „Wo drei Elemente A, B, C eine Gemeinschaft bilden, kommt zu der unmittelbaren Beziehung, die z.B. zwischen A und B besteht, die mittelbare hinzu, die sie durch ihr gemeinsames Verhältnis zu C gewinnen. (...) Allein die direkte Verbindung wird durch die indirekte nicht nur gestärkt, sondern auch gestört. Es gibt kein noch so inniges Verhältnis zwischen dreien, in dem nicht jeder einzelne gelegentlich von den beiden anderen als Eindringling empfunden würde, und sei es auch nur durch seine Teilhabe an gewissen Stimmungen, die ihre Konzentriertheit und schamhafte Zartheit nur bei dem unabgelenkten Blick von Auge in Auge entfalten können; jedes sensitive Verbundensein von zweien wird dadurch irritiert, dass es einen Zuschauer hat" (Simmel 1908, 68). Mit der Triade werden Koalitionen möglich, in denen sich der jeweils dritte ausgeschlossen fühlen kann, und über die die Binnenstruktur der Familie maßgeblich bestimmt wird.

In dieser umfassenden Komplexitätssteigerung erweist sich die Geschlechterdifferenzierung als eine zentrale Ressource zu ihrer Reduktion: zu 98 Prozent nehmen Frauen öffentlich finanzierte Erziehungszeiten in Anspruch (Schneider/Rost 1998) und bleiben (zunächst) „zu Hause", kümmern sich um das Kind und übernehmen die Alltags- und Haushaltsorganisation. Damit wird der Vater in der *Tendenz* zum „ausgeschlossenen Dritten", reduziert auf partielle, zeitlich eng umgrenzte Kontakte zum Kind und auch zur Partnerin.

---

[13] Die mit dem Partnerschaftsregulativ verbundene „Tauschökonomie" begünstigt die Entstehung der „Verhandlungsfamilie auf Zeit" und von hier ist es ein vergleichsweise kurzer Schritt zum leicht veränderten Rollenmodell, einer reziproken, konsumorientierten „Instrumentalisierung" des anderen. Vor diesem Hintergrund wird vor allem in therapeutischen Kontexten das Phänomen diskutiert, dass viele nicht mehr bereit sind, sich auf eine so emotionalisierte Paarbeziehung einzulassen, was in diesem Kontext dann als „Beziehungsunfähigkeit" diagnostiziert wird, wobei die These ist, dass ohne das Fundament von „Liebe" als Verbindung von Emotion und Sexualität eine „Beziehung" nicht möglich ist.

8.2 Kommunikation: Was tun mit der Fremdheit des anderen?

Gemeinsamkeit und Differenz

Die Paarbeziehung gilt als Ort des Privaten schlechthin und darin als „privilegierter Ort" hinsichtlich des Aufbaus von Beziehungen zu signifikanten Anderen. Kaum ein verliebtes Paar, das seine Beziehung auf Dauer stellen möchte, kommt auf die Idee, dass sich in und mit den privatesten und intimsten Momenten soziale Strukturen aufbauen und entfalten. Für sie gilt allein die Qualität und Intensität des Gefühls zum anderen, die Authentizität in der Beziehung von Person zu Person als das allein Wichtige. Das Paar schließt sich nach außen ab, bildet eine eigene Einheit, in der diese „äußere" Wirklichkeit nach Möglichkeit vorgelagert bleibt.

Der „Institutionencharakter" der Paarbeziehung ist sehr viel weniger greifbar als der eines Kindergartens, einer Schule, eines Ausbildungsbetriebs, in denen der Alltag über die formale Organisation (vor)strukturiert wird. Die Institution der Eheschließung, in der der formelle Charakter noch etwas deutlicher war, tritt, so haben wir gesagt, in ihrer Bedeutung zunehmend zurück. Dennoch ist die Paarbeziehung keine „gesellschaftsfreie Zone", sondern sie ist von der ersten Begegnung an in hohem Maße sozial durchformt. Mit jedem Schritt, den ein Paar in der oben skizzierten Abfolge des Beziehungsverlaufs macht, werden Interaktion, Institution und Biografie immer neu miteinander verzahnt. Jede(r) einzelne geht mit ihrer/seiner Geschlechtszugehörigkeit in die Beziehung, beide definieren einander in der Interaktion neu und wollen doch zugleich sich selbst treu bleiben. Dabei entfaltet sich im Beziehungsverlauf eine soziale Struktur, die auf ihre Interaktion und ihre Selbstwahrnehmung zurückwirkt.

Konstitutiv für die Paarbeziehung ist Kommunikation – diese geht aber, wie bereits angedeutet, nicht im Sprechen auf, sondern impliziert ein weites Feld von Gesten und Signalen und nicht zuletzt die Kommunikation der Körper. Jede(r) ist einzigartig, als Person nicht austauschbar. Die Kommunikation in der Paarbeziehung steht damit unter dem Zwang „die Differenz der Personen zu kommunizieren ohne Gemeinsamkeit aufzugeben und die Gemeinsamkeit der Personen zu kommunizieren ohne den Verzicht auf Differenz" (Allert 1998, 223). Dabei stellt die jeweilige Biografie einen wichtigen Hintergrund dar.

Für die heterosexuelle Paarbeziehung ist der schlichte Umstand, dass sich in ihr beide Geschlechter begegnen, konstitutiv; sie treten einander nicht nur als Individuen, sondern als „Mitglied ihrer jeweiligen Geschlechterklasse" gegenüber und damit wird all das virulent, was bisher als mit der Klassifikation verbundene Typisierung, Erwartung und Erwartungserwartung angesprochen wurde.[14]

Gleichzeitig haben sich aber zunehmend (wieder) Räume eröffnet, in denen die Polarität mehr oder weniger ausgesetzt ist, in denen es zu einer Entdramatisierung und Dethematisierung von Geschlecht kommt. Gerade im öffentlichen Raum verliert die Kategorie Geschlecht an Bedeutung, muss – je nach Kontext – relevant *gemacht* werden. Für die heterosexuelle Paarbeziehung gilt dies nicht, hier wird die Geschlechtszugehörigkeit nach wie vor als konstitutiv angesehen. Wie stark die Kategorie Geschlecht mit Modellen und Metaphern von Liebe und Intimität, Bindung und Geborgenheit verkoppelt ist, zeigten nicht zuletzt die Untersuchungen zur Geschlechterdifferenzierung in Kindergarten und Schule: Rund um das Thema der „Verliebtheit" wird das andere Geschlecht als „Intimität und Geheimnis" in Szene gesetzt, wird die Geschlechtergrenze als „Grenze des eigenen Wissens" reklamiert. Breidenstein/Kelle haben ihre Ergebnisse diesbezüglich dahingehend zusammengefasst, dass die „Exotisierung des anderen Geschlechts (...) eine der zentralen Quellen der Erotisierung der Geschlechterdifferenz und ihrer affektiven Aufladung sein (dürfte)" (Breidenstein/Kelle 1998, 270).

Warum ist das so? Denn zunächst sind die Differenzen ja – wie immer wieder betont wurde – vergleichsweise schlicht. Sie begrenzen sich auf die Gebärfähigkeit der Frauen und die Organfunktionen beim sexuellen Akt. In der Paarbeziehung werde die Differenz, so schreibt etwa Allert, im „symmetrischen Antagonismus der Geschlechter" in ihrem symbolischen Gehalt von ihren naturalen Grundlagen gelöst. Sie begründe aber nicht irgendein vorgängiges Muster der Dominanz bzw. der entsprechenden Benachteiligung (Allert 1998, 231). Für die „interaktive Füllung des Antagonismus" gelten grundsätzlich auf beiden Seiten die gleichen Voraussetzungen, es gilt, die Einzigartigkeit des anderen zu wahren. Die Individualität der Person ist die zentrale Ressource in der Kommunikation des Paares. Mit Einzigartigkeit und Individualität kommt aber zugleich *Kontingenz* und *Fremdheit* ins Spiel: „Die in der Struktur des Verhältnisses eingebaute Nichterkennbarkeit des anderen ist nicht etwa eine Anspielung auf die Blindheit, zu der die Liebe verurteilt, sondern auf die immer *nur relative* Selbstpreisgabe

---

[14]   In diesem Zusammenhang ist das Bild des „Geschlechterkampfes" entstanden, in dem eben nicht um Kommunikation, sondern um Dominanz und Subordination gerungen wird. In dem Maße, in dem das Modell der „romantischen Liebe" verschmolz mit der Polarität der Geschlechtscharaktere (vgl. Kapitel 5/2) bilden die Geschlechter nur in ihrer Gegensätzlichkeit ein „Ganzes". Mit der Frauenbewegung wurde gerade dieses Muster in einen gesellschaftlich-politischen Rahmen gestellt und dieser Beziehungstyp als ein Machtverhältnis thematisiert: „Im Namen der Liebe werden Frauen ausgebeutet. Darum ist Sexualität nicht privat, sondern politisch" (Schwarzer 1975, 206). Damit verbunden ist ein Trend zur Entromantisierung der Liebe und die Hinwendung zum Modell der „Partnerschaft". „Liebe" und „Partnerschaft" aber stehen, wie zu zeigen sein wird, in einem spezifischen Spannungsverhältnis.

des anderen, das „Geheimnis" seiner Identität, die paradoxerweise mit der Individualitätszumutung zunimmt." (Allert 1998, 225)[15]
Die Fremdheit des anderen macht Kommunikation unverzichtbar, zugleich aber prekär. Handlungen und Äußerungen sind prinzipiell mehrdeutig, auch wenn uns im Alltag im Normalfall ihr Sinn evident erscheint. Man will sich verstehen – aber dennoch ist die Interpretation der Wirklichkeit nicht notwendig deckungsgleich bei beiden Partnern. Das dürfte angesichts der unterschiedlichen Geschichte, der unterschiedlichen Erlebnisse, der unterschiedlichen Kommunikationsformen von zwei Menschen auch nicht überraschen. Es geht in der „Fremdheit des anderen" jedoch nicht allein und nicht primär um diese biografische Dimension, sondern vielmehr um das grundlegende Problem der Konstitution des Sozialen, dass wir uns nämlich in *allgemeinen* Symbolen *individuell* verständigen müssen. Gerade in der emotionalen und intimen Nähe wird dieses grundlegende Problem zur unüberbrückbaren Differenz. Auch wenn beide Partner in der Regel implizit von der Auffassung ausgehen, dass sie sich „verstehen", also die Wirklichkeit übereinstimmend deuten, so bleibt die unterstellte „Reziprozität der Perspektiven" auch in einer Paarbeziehung immer eine *Idealisierung*. Es bleibt bei der *Annahme*, dass ich den Standpunkt meines Gegenübers einnehmen kann und die Welt von seiner Warte aus betrachten kann. Mit der Naturalisierung „wesenhafter" Unterschiedlichkeit der Geschlechter („Geschlechtscharaktere") wird diese Differenzerfahrung plausibilisiert und symbolisch gefüllt. *Dass* Reziprozität immer nur annäherungsweise möglich ist, wird damit in den Alltag integrierbar.[16]

Konsensfiktionen

Von außen betrachtet besteht so gesehen und auch schon mehrfach festgestellt jedes Paar aus *zwei* Paaren, aus dem Paar des einen wie dem Paar des anderen

---

[15]   Trotz seiner Betonung, dass im „symmetrischen Antagonismus der Geschlechter" keine Dominanz und keine Subordination angelegt sei, wird bei Allert die Heterosexualität implizit normativiert. Dagegen wird von uns betont, dass die Erotisierung die Fremdheit des anderen noch einmal steigert (exotisiert) und durch den Mechanismus der Naturalisierung die Basiserfahrung der Fremdheit symbolisch gefüllt und zu bewältigen versucht wird. Bei Allert bleibt es bei der Gegenüberstellung von „Mann und Frau" als Grundlage sozialer Strukturierung und damit implizit bei der Naturalisierung von Heterosexualität.

[16]   In hohem Maße illustrativ dafür ist seit Jahren die Ratgeberliteratur. So haben die Verständigungsprobleme in Paarbeziehungen den Markt populärwissenschaftlicher Publikationen erreicht und werden dort konsequent als Verständigungsprobleme zwischen Männern und Frauen thematisiert. Ein Titel wie: „Du kannst mich einfach nicht verstehen" von Thannen (1997) ist inzwischen zum Bestseller geworden. Auch das große Angebot an Beziehungsratgebern folgt nach wie vor unbeirrt der These der „Wesensunterschiede" (z.B. Gray 1998, vgl. dazu auch Lenz 2003 und 2003a).

Partners, und in der heterosexuellen Beziehung bedeutet das: aus dem Paar der
Frau und dem Paar des Mannes. In der Binnenperspektive aber bildet das Paar
eine Einheit. In einer Studie über die „ersten Jahre junger Ehen" weisen die Befragten eine deutliche Tendenz auf, mögliche Differenzen durch die Vorstellung
gemeinsam geteilter Deutungssysteme zu kompensieren: „Die Beziehungen
leben von jenem Vertrauen in vorhandenen Konsens und wären ohne es nicht
denkbar. Tatsächlich überzieht die Konsensunterstellung nicht nur den faktisch
gegebenen, sondern auch den je möglichen. Aber gerade dieser Kredit – der sich
als solcher nicht durchschaut – hält Beziehungen aufrecht" (Eckert/Hahn/Wolf
1989, 53). Die Autoren bezeichnen dies als „Konsensfiktion", denen ein wichtiger, wirklichkeitsschaffender Charakter zugeschrieben werden müsse (ebd., 62).
Die Erfahrung der einzelnen Personen, ihre Geschichte, ihre Selbstthematisierung, ihr implizites Wissen darüber, wie Frauen und Männer „sind", werden zur
Brille, durch die sie die Partnerschaft, den oder die andere/n und sich selbst
wahrnehmen. Gerade vor dem skizzierten Hintergrund, dass Geschlechterunterschiede in anderen Kontexten – vor allem des öffentlichen Raums – entdramati-
siert werden, sie immer weniger auf „alle" Männer und „alle" Frauen in *jeder*
Situation bezogen werden können, eröffnet sich aber auch in Paarbeziehungen
und ihrer Verwiesenheit auf die Einzigartigkeit der beteiligten Personen durchaus ein neuer Erfahrungsraum, ergeben sich Möglichkeiten zur Revision traditioneller Vorstellungen. In den sich durchsetzenden Gleichheitsvorstellungen
finden polarisierte Wesensbestimmungen und daraus abgeleitete differente Erwartungen „eigentlich" keinen Platz mehr. Zugleich wird damit aber die Kommunikation nicht einfacher. Zudem ist Kommunikation nicht auf einen *direkten*
Austausch von Perspektiven beschränkt.

Wir denken nämlich sehr oft nicht nur darüber nach, an welchen Handlungsmotiven der andere sich orientiert, sondern stellen auch Vermutungen darüber an, welche Annahmen in der Perspektive des anderen über unsere eigenen
Motive wohl bestehen mögen: Ego denkt, Alter denkt, Ego denkt X. Wenn wir
unterstellen, dass der Andere (alter) dies ebenso tut und berücksichtigen wir,
dass eine solche Metaperspektive auf „unsere" Interaktion ein Bestandteil der
eigenen Wahrnehmung von dieser ist, so wird sich die Wahrnehmung der Situation durch eine wechselseitige Aufschichtung von Metaperspektiven immer weiter verkomplizieren: Die erste Ebene ist das Bild vom Bild, die zweite Ebene ist
das Bild vom Bild des Bildes etc. Die in jeder Interaktion als basale Herausforderung zu bewältigende „doppelte Kontingenz" (vgl. Einleitung) wird in der
Paarkommunikation durch das Postulat der Einzigartigkeit und Nicht-Austauschbarkeit des Anderen noch einmal gesteigert.

Ein Beispiel:

Sehen wir uns die Interaktion eines Paares vor diesem Hintergrund näher an: Jack fühlt, dass er Gill liebt, Gill fühlt, dass sie Jack liebt. Aber: *Jack fragt sich: Ob Jill mich liebt? Und ob sie glaubt, dass ich sie liebe? Und Jill fragt: ob Jack mich liebt und ob er glaubt dass ich ihn liebe?* (Laing/Phillipson/Lee 1976, 38ff). Woran aber macht sich der Eindruck und das Gefühl fest, geliebt zu werden, welche Chancen habe ich, dem anderen das entsprechende Gefühl und die Sicherheit zu vermitteln? Implizit ist in diesen Fragen wiederum die Geschlechterpolarität enthalten, denn Jill fragt sich, worin sich die Liebe einer Frau ausdrückt, um von Jack als solche erfahren werden zu können und Jack fragt sich, worin die Liebe eines Mannes besteht, damit Jill seiner Gefühle für sie sicher sein kann. Diese und ähnliche Fragen verdeutlichen, wie sehr wir darauf angewiesen sind, uns in der Kommunikation von Gefühlen rückzuversichern in gemeinsamen Alltagswissensbeständen und Normalitätsvorstellungen darüber, welche Gesten, Signale und Handlungen „Liebe" ausdrücken. Die Bilder von Normalität sind zugleich „gefühlte Normalität" und darin einer Reflexion kaum zugänglich. Gerade weil sich Affekte auf die Wahrnehmung der entsprechenden Indikatoren richten und sich mit ihnen verbinden, können diese nicht einfach als kontingent gesetzt werden.

Die Aufschaukelung von Perspektiven und Metaperspektiven in der und auf die eigene Beziehung macht noch einmal die Gefährdungen von Paarkommunikationen deutlich. Von daher macht das oben aufgerufene Zitat von Berger/Kellner über die zentrale Bedeutung des „ehelichen Gesprächs" auch nach wie vor Sinn: solche Spiralen sind nur durch „mehr Kommunikation" aufzulösen. Gleichzeitig aber ist die Ausweitung und Intensivierung von Kommunikation auch riskant, weil sie unüberbrückbare Gegensätze überhaupt erst erkennbar und deutlich werden lässt: „Zu viel" Gespräch bedroht die „Konsensfiktion" (s.o.), die Unterstellung von Konsens, die ihrerseits aber eine wichtige Grundlage von Kommunikation in Paarbeziehungen ist. Jede Öffnung in den Normalitätsvorstellungen, wie sich Frauen und wie sich Männer in Paarbeziehungen verhalten bzw. zu verhalten haben, um Liebe und Zuneigung fühlbar und erfahrbar zu machen, erschwert diese Kommunikation und schwächt daher das im Hintergrund stehende institutionalisierte (und entlastende) Rollenmodell. Wenn sich erst die Frage stellt, was denn „Liebe mit Frühstück machen" zu tun hat (Illouz 2003), werden Alltag und Kommunikation sehr viel komplexer.

Fassen wir zusammen: Gerade *weil* stabile „Rollen" im Sinne des traditionellen Familienmodells und *weil* das Deutungsmonopol einer „Polarisierung der Geschlechtscharaktere" brüchig geworden ist, kann „Geschlecht" immer weniger in und über Kommunikation als „Unterschied" vergegenständlicht (objektiviert) werden, sondern symbolisiert in der Paarbeziehung *den Unterschied als solchen*. Auf diese Weise wird „Geschlecht" in Paarbeziehungen zu einer *Interpretations- und Bewältigungsressource* für das allgemeine und basale Problem des „anderen" in der Sozialität sowie der Erfahrung letztlich unüberbrückbarer Fremdheit in sozialer Nähe. Die mit der Kategorie Geschlecht verkoppelten Modelle und Metaphern von Liebe und Intimität, Bindung und Geborgenheit können als Stützen für die gefühlsbasierte Überbrückung eben dieser Basiserfahrung gelesen werden, eine „Versöhnung" mit der Fremdheit des – nahen (!) – anderen (Gildemeister/Robert 2003).

8.3 Kooperation: Häusliche Arbeitsteilung und Alltagspraxis

In ihrem Beitrag zur „ehelichen Konstruktion der Wirklichkeit" haben Berger/Kellner vor allem die Bedeutung des Gesprächs in der Interaktion des Paares herausgestellt (s.o.): „Durch das endlose Gespräch, das von dem zehrt, was sie gemeinsam und getrennt erfahren, wird das nomische Instrument der Ehe ständig konkretisiert" (Berger/Kellner 1965, 228). „Sprechen" allein macht aber noch keine Kommunikation. Schon Goffman hat darauf hingewiesen, dass wir alltagsweltliche Stabilität vor allem in und über Handlungsroutinen gewinnen, gerade die Bewältigung alltagspraktischer Fragen durch eingespielte Gewohnheiten erfolgt. „Paare", so bilanziert Kaufmann seine Forschung zur ehelichen Konstruktion von Alltag, „sprechen zwar miteinander, aber sie sprechen sehr wenig über Themen, die wirklich ein Problem darstellen" (Kaufmann 1994, 223). Sie sprechen z.B. über Fernsehprogramme, über Urlaubspläne, über andere Paare und gemeinsame Freunde, über die Windpocken der Kinder, aber nicht über die unzähligen ungelösten Widersprüche in der Paarbeziehung, etwa die Aufteilung der Hausarbeit oder die Rechte und Pflichten jedes/r einzelnen. Damit kommt eine Perspektive ins Spiel, die in den 60er Jahren, als Berger/Kellner ihren Aufsatz verfassten, noch kaum ausgeprägt war: Dass eine Paarbeziehung neben der affektiven Basis nicht nur nach einer *kognitiven* „gemeinsamen Konstruktion von Wirklichkeit" verlangt, sondern als eine *Kooperationsbeziehung* gefasst werden muss, in der es vor allem um die *praktische* Bewältigung der Anforderungen des Alltags geht. In dieser Perspektivenwende wird Hausarbeit aktuell in der Regel unter dem Blickwinkel *ungleich* verteilter Arbeit thematisch.

Eben dabei ist das *Nicht*-Thematisieren von Problemen von hoher struktureller Bedeutung für die Paarbeziehung, denn in das Schweigen darüber sind Geschlechterdifferenzierungen nahezu genuin eingewoben. Das Schweigen schützt Gewohnheiten: „Das für die strukturierende Kraft der Interaktionsregeln konstitutive Schweigen beginnt damit, dass sie nicht diskutiert werden. Es steigert sich in der Fähigkeit, sie sich nicht bewusst zu machen. Die Normalität des Beziehungslebens besteht aus einem solchen Schweigen über das Wesentliche der Kommunikation" (Kaufmann 1994, 235). So wie es verschiedene Formen des Redens und des Diskutierens gibt, gibt es auch verschiedene Arten des Schweigens:

„Oft steht Sabine Brastignac morgens auf und weckt Romain mit einer resignierten Klage: „Oh je, hast du den Wäschehaufen gesehen, nicht zu fassen!" Eine klassische Bemerkung, welche sowohl an eine Schuld erinnern als auch zur Hilfe auffordern kann. Aber schauen wir uns den Kontext genauer an. Sabine geht immer früher als Romain ins Bett und steht auch früher auf als er. Der Zeitpunkt, an dem die Bemerkung gemacht wird, gibt ihr folglich etwas aggressives. Gewöhnlich fügt Sabine noch hinzu, „dass sie außerdem den ganzen Tag Klausuren zu korrigieren hat", die Forderung, die an Romain gestellt wird scheint auf der Hand zu liegen und beruht auf einer gewissen Unzufriedenheit über die Aufgabenverteilung. Dennoch wird Sabine nie expliziter (...). Tatsächlich nämlich hat die Bemerkung an dieser Stelle (was ihnen nicht klar ist) vor allem eine Befreiungsfunktion (daher auch ihre Heftigkeit); sie befreit Sabine von dem Frust über das ständige Aufeinanderprallen ihrer unterschiedlichen Vorstellungen und Rhythmen. Sabine steht früh auf, Romain möchte lang schlafen; sie hat einen Hang zur Ordnung, er kritisiert ihre Pingeligkeiten; sie muss immer erst „das Gröbste wegschaffen", er verschiebt die Arbeit auf später (...). Am Anblick des morgendlichen Wäschehaufens kristallisieren sich alle Probleme: Sie wird die Wäsche mal wieder alleine machen, und zwar, während er noch im Bett liegt und sich wie immer sein Vergnügen gönnen will, bevor er sich durch Arbeit das Recht darauf erworben hat. Die Bemerkung, die sie macht, drückt schroff ihre globale Ablehnung aus und stellt fast im gleichen Moment das innere Gleichgewicht wieder her. Obwohl Romain die Botschaft nicht klar versteht, antwortet er doch mit einer gewissen Treffsicherheit, in der er ihr ihren globalen Charakter nimmt. Kaum wach geworden, rät er Sabine von seinem Bett aus, doch einfach mit den Klausuren anzufangen. Eine weitere doppeldeutige Bemerkung. Denn sie verbindet eine evtl. Konzession in Hinblick auf die Aufgabenverteilung (fang mit den Klausuren an, dann kann ich dir nachher besser helfen) mit einem Beharren auf seinen eigenen Vorstellungen und Rhythmen (verschieb das Gröbste doch auf später). Nach einigen wohldosierten Minuten steht Romain auf und geht Sabine (die natürlich nicht auf ihn gehört hat) höchst symbolisch mit zur Hand, indem er zwei, drei Wäschestücke in die Waschmaschine steckt. So zeigt er, dass er die Botschaft bezüglich der Arbeitsteilung verstanden hat. Aber er hütet sich, zu schnell aufzustehen und zuviel mit anzufassen, um so seine Verstimmung über die Verhaltensdifferenzen zu unterstreichen. Insgesamt sind zwei kurze Sätze gewechselt worden, zwei Sätze, die zwar quantitativ unbedeutend, aber dafür höchst bedeutungsgeladen sind. Sie haben sich als Teil eines breiten Spektrums an gestischen und verdeckten Kommunikationsmechanismen erwiesen und dabei hochkomplexe Botschaften transportiert. Die Konversation in der Beziehung verläuft oft so: Scheinbar offen und wortreich, werden doch die schwierigsten Probleme umgangen; scheinbar banal, erzeugt sie die nötigen Selbstverständlichkeiten oder transportiert auf verdeckte Weise die Verhandlung;

scheinbar präzis, ist sie mehrdeutig und komplex, und wo sie scheinbar knapp und unbedeutend ist, erweist sie sich von großer Dichte" (Kaufmann 1994, 241f).

Dass Reden *und* Schweigen Kommunikationsformen sind, ist nun nicht grund sätzlich neu. Die *besondere* Dynamik dieser Kommunikationsformen entfaltet sich jedoch in besonderer Weise vor dem Hintergrund (und Gegenhorizont) des traditionellen Ehe- und Familienmodells, in dem auf der Grundlage der Polarisierung der Geschlechter (s.o.) sich jene geschlechterdifferenzierende Arbeitsteilung herausgebildet hat, in der Männern der Bereich der Erwerbsarbeit und Frauen der Bereich der Hausarbeit als ihren „natürlichen Fähigkeiten" entsprechend zugewiesen wurde.[17]

Dieses Modell steht in der Form eines selbstverständlichen Orientierungsmusters jedoch nur noch sehr partiell in einigen Milieus zur Verfügung. In weiten Bereichen (und sozialen Schichten) hat sich die Auffassung durchgesetzt, dass Arbeitsteilung in Haushalt und Familie Gegenstand von Verhandlungen ist und die Partner eine für sie gültige Arbeitsteilung erst entwickeln müssen.

Als Hintergrund für diese Entwicklung gilt die zunehmende Erwerbs- bzw. Berufstätigkeit von Frauen. In Kapitel 6.1 haben wir die sukzessive Normalisierung und Veralltäglichung des Zugangs zur Berufssphäre (Berufsausbildung und Berufstätigkeit) ausführlich angesprochen. Damit war aber und ist die Verwiesenheit von Frauen auf das Haus „im Prinzip" durchbrochen und auch der konkurrenzvermeidende Mechanismus des ehelichen Komplementaritätsmodells (Goffman 1994, 150) außer Kraft gesetzt: in dem Maße, wie Frauen und Männer auf dem Arbeitsmarkt konkurrieren, wird auch das Problem der Teilung der Hausarbeit virulent.

Mit der Partizipation der Frauen in die Berufswelt ist die Idee der „Gleichheit" auch in die Paarbeziehung eingedrungen, nicht nur in die Erwerbsarbeit. Damit sich eine Paarbeziehung auf Dauer stellen kann, bedarf es also nicht nur der „Liebe" im Sinne einer engen Verbindung von Emotionalität und Sexualität, Intimität und Verbundenheit, sondern es muss den Partnern auch gelingen, gemeinsam den Alltag zu bewältigen. Nicht umsonst macht Kaufmann daher die „Haushaltsintegration" zu einem entscheidenden Schwellenwert im Prozess der Paarbildung (s.o.): Erst von diesem Stadium an kann von einer der Ehe vergleichbaren Form der Stabilität der Paarbeziehung ausgegangen werden (Kaufmann 1994, 69ff).

---

[17] Auch die Frauenbewegung der 70er Jahre folgte dieser Polarisierung zunächst insoweit, als Hausarbeit als spezifisch „weiblicher Lebenszusammenhang" thematisiert wurde und darin (erneut) jener Konstruktionsmodus beschworen wurde, in dem Haus- und Familienarbeit in eins fallen mit dem, „was Frauen sind". Zur geschlechterdifferenzierenden Arbeitsteilung vgl. Kapitel 6.1.1.

Die in diesem Prozess erzielte Arbeitsteilung ist als Resultat eines Interakti-
onsprozesses diesem weitgehend implizit oder eben „praktisch", baut auf dem
schützenden und strukturierenden Charakter von Gewohnheiten auf: „Gewohnheiten", die sich nach den Worten eines Interviewpartners „eingeschlichen haben, ohne dass man weiter darüber nachgedacht hätte" (Kaufmann 1994, 236).
Mit der Haushaltsintegration treten Thematisierung und explizite Aushandlungsprozesse zurück und machen alten Mustern bzw. eingeschliffenen Handlungsab-
läufen Platz: „Man weiß, wer welche Tätigkeiten verrichtet und welche Entscheidungen fällt (...). In wachsendem Maße weiß man Bescheid über den Ablauf gemeinsamer Freizeitaktivitäten, wie sich Konflikte ankündigen, wie man
sie vermeiden kann und wie sie verlaufen werden oder wie der Wunsch nach
sexuellem Austausch im Beziehungsalltag eingebettet wird. Man kennt das Re-
pertoire von Ausreden, das vom Partner bzw. von der Partnerin gebraucht wird,
um „lästige Aufgaben" abzuwälzen, lernt die Signale für bestimmte „Stimmungen" lesen und erwirbt ein Wissen, wie man sich bei diesen „Stimmungen" am
besten verhält" (Lenz 2003, 216).

      „Wissen" heißt hier aber nicht, dass dies den Partnern auch immer bewusst
ist und dass sie dieses Wissen auch explizit verbalisieren könnten. Es ist vielmehr ein implizites, stillschweigendes Wissen, wie ihr Beziehungsalltag funktioniert, ohne dass sie notwendig dazu in der Lage sein müssten, dieses Wissen
auch in ein Gespräch zu übersetzen. Nicht zuletzt in diesen Gewohnheiten und in
diesem Wissen aber „wohnt" die Geschlechterdifferenzierung: Frauen machen
den Haushalt und versorgen die Kinder, Männer kümmern sich um Garten, Ga-
rage und Auto.

      Lässt man die dazu vorliegenden Untersuchungen Revue passieren (aus-
führlich in Kap. 10.4), so stellt sich die Arbeitsteilung zwar je nach sozialer
Schicht und Milieu im einzelnen unterschiedlich dar, grundsätzlich aber entscheidet die Frage der Geschlechtszugehörigkeit in höherem Maße über den
Anteil der Hausarbeit als andere Faktoren wie etwa Bildungsgrad, Erwerbstätigkeit, Milieu etc. Dieser Befund kann dahingehend zugespitzt werden, dass mit
der Haus- und Familienarbeit als dem zentralen gesellschaftlichen Ort der Reproduktion der binären Konstruktion von Geschlecht in der heterosexuellen Matrix „Geschlecht" sich tagtäglich *herstellt*. Damit ist gemeint, dass Hausarbeit
nicht einfach als „Frauenarbeit" betrachtet wird, sondern die Arbeit in dem Sinne
„vergeschlechtlicht" ist, dass sie die Grundlage dafür ist, „was Frauen sind" (und
nicht umgekehrt). Im „doing gender" wird diese Konstruktion immer neu zum
Leben erweckt und kann sich unauffällig, in Gewohnheiten eingebettet, reproduzieren.[18] Umgekehrt gelingt es Männern, durch die Pflege von „kleinen prakti-

---

[18] Diese Argumentation ist durchaus verträglich mit der von J.-C. Kaufmann, dass in der Auftei-
      lung von Hausarbeit derjenige benachteiligt wird, der „kompetenter und anspruchsvoller" ist,

schen Idiotien" (Hirschauer 1994, 689) bestimmte Hausarbeiten zu vermeiden und so in einem Zug „Mann sein, Männlichkeit, Weiblichkeit bestimmter Tätigkeiten und eine Ungleichheit der Arbeitsverteilung her(zu)stellen)" (ebd.).

Freilich muss man sich auch hier vor einer Verdinglichung/Reifizierung dieser Konstruktion in der Analyse des Prozesses hüten: Die konkrete Praxis der Differenzierung ist im Einzelfall nachzuweisen (vgl. 10.4). Wie sich der Konflikt zwischen traditionellen Regeln der Arbeitsteilung und neuen Vorstellungen auf der Basis der Gleichheitsidee jeweils Bahn bricht, ist im Einzelfall offen und kann durchaus einen spannungshaften Charakter haben, so dass sich auch im zeitlichen Verlauf der Paarbeziehung die jeweils erzielte Regelung immer wieder verändern kann. Mit der Aufweichung nicht der Binarität der Konstruktion, aber doch ihrer „Polarität", gehen auch graduelle Abstufungen einher. Hausarbeit aber ist in jedem Fall zu einem „Schlüsselphänomen" in der Analyse von Paarbeziehungen geworden (Maiwald 2003, 17).

Halten wir fest: Das alte Regime häuslicher Funktions- und Aufgabenverteilungen ist nicht einfach verschwunden, es ist auch nicht zusammengebrochen, sondern wird nach wie vor in geschlechterdifferenzierender Interaktion von Paaren immer neu zusammengesetzt. Dabei ist wichtig, wie die einführenden Bemerkungen zum „Schweigen" verdeutlichen, dass dieser Prozess eher implizit abläuft, als dass er explizite Thematisierung erfährt: *„Ich hab` keine Lust, ständig darauf zu achten, wer was macht, und auch keine Lust, ständig zu reden und erst eine halbe Stunde zu diskutieren, um zu wissen, ob dies und jenes nun meine Aufgabe ist oder nicht"*, so ein (männlicher) Interviewpartner der Untersuchung von Kaufmann (1994, 236).

Dabei kann vermutet werden, dass das jeweils getroffene Arrangement nicht unabhängig von der Arbeitsteilung des Paares in anderen Bereichen wie der Erwerbsarbeit oder auch dem politischen und ehrenamtlichen Engagement erfolgt. Wie wir in Kapitel 6.3 gesehen haben („Arbeit und Liebe: (Wie) werden Berufsfindung und Paarbildung zusammengedacht?") weisen biografische Gestaltungsmodi, angestrebte Paarkonstellation und Arbeitsteilung einen Zusammenhang mit

---

d.h. in der Regel ist das „diejenige", denn es sind im allgemeinen Frauen, die das erleben: „Die Falle besteht nicht darin, dass die Frauen bloß mehr Haushaltsarbeiten leisten als die Männer, das wäre ein moralisches Urteil, vor dem ich mich sehr wohl hüten werde. Der Begriff der Falle verweist vielmehr auf jenen internen Funktionsmechanismus, der darin besteht, dass die Frau selbst ein System von Praktiken verstärkt, welches sie im übrigen kritisiert, dass sie mit einem Teil ihrer Person das Gegenteil von dem tut, was der andere Teil denkt, und dass das Leben auf Grund dieser inneren Inkohärenz schwer erträglich wird. Die Falle erkennt man an der bestehenden Diskrepanz zwischen der Realität der Gesten und dem Bewusstsein, welches bestimmte Tätigkeiten zur Last werden lässt" (Kaufmann 1994, 257). Diese Falle, so Kaufmann weiter, sei ein „historisches Phänomen", denn sie folge traditionellen Rollen und stelle den sozialen Mechanismus dar, über den sich die häusliche Arbeitsteilung regelt – obwohl sie individuell erlebt wird und ein individuelles Verlaufsmuster im Lebenszyklus von Frauen darstellt.

den konkret vorgefundenen Strukturen der Arbeitswelt auf. Im Modus der „Statusarrangements" ging es etwa bei Frauen und Männern an zentraler Stelle darum, die Funktion des „Familienernährers" zu stabilisieren und zu sichern. Die traditionelle Arbeitsteilung ist dann eine nahezu selbstläufige Folge. Im Modus der „Karriereambitionen" dagegen stellte sich die (häusliche) Arbeitsteilung erst im Verlauf der Paargeschichte als Problem heraus und es ist zu vermuten, dass in diesen Fällen das Problem in wechselndem Ausmaß virulent wird, etwa im Fall konkreter Karriereentscheidungen oder aber im Moment der Familiengründung (ausführlich in Kap. 10.4). Bei näherer Betrachtung wird also ein erheblicher Differenzierungsbedarf deutlich, der vor allem damit zusammenhängt, dass die Persistenz asymmetrischer häuslicher Arbeitsteilung in den Sozialwissenschaften inzwischen zu einem *erklärungsbedürftigen* Phänomen geworden ist. Auch in diesem Kontext hat sie aufgehört, ein „natürliches Phänomen" zu sein.

8.4 Elternschaft: Warum Väter keine Mütter sind

In Spielfilmen der 50er- und 60er Jahre war ein in Familien sich ankündigender Nachwuchs ein beliebtes Motiv. Es wurde i.d.R. so in Szene gesetzt, dass die Frau ihrem Mann in einer privaten Stunde mitteilt, dass sie bald zu dritt sein werden, er freut sich, danach berät sich die Frau in Fragen der Geburtsvorbereitung und Babyausstattung mit den Frauen ihrer Verwandtschaft, insbesondere der eigenen Mutter. Die Geburt findet im Krankenhaus statt, der Mann läuft (i.d.R. rauchend) im Wartezimmer auf und ab. Der Arzt kommt heraus und teilt ihm Geburt und Geschlecht des Kindes mit („es ist ein Mädchen"). Danach geht er zurück an die Arbeit, zu Freunden oder in eine Kneipe und „gibt einen aus". Wenn Frau und Kind nach Hause kommen, steht er glücklich am Kinderbett und gibt ihm vielleicht ab und zu ein Fläschchen. Damit hatte es sich. Alles andere war Sache seiner Frau. Wer bereit war, in der Öffentlichkeit einen Kinderwagen zu schieben, setzte sich bereits dem Risiko aus, als „unmännlich" zu gelten.

Heute ist das sehr anders: So ist vor allem in den Milieus der mittleren Schichtungslagen die Erwartung entstanden, dass der Partner bei der Geburt des Kindes dabei ist. Gemeinsam besucht das Paar Schwangerschafts- und Geburtsvorbereitungskurse, sie machen gemeinsam Schwangerschaftsgymnastik und nach der Geburt nimmt der Mann Urlaub, um gerade in den ersten Tagen das Kind zu wickeln, zu baden, im Arm zu halten, in den Schlaf zu wiegen. Explizites Ziel ist, zu dem Kind eine Bindung aufzubauen.

Beides sind überpointiert typisierte Szenarien, die von der Wirklichkeit immer wieder gebrochen wurden und werden, aber mit ihnen wird deutlich, dass Geburt und Elternschaft durch Normen, Erwartungen und Routinen strukturiert (oder auch: konstruiert) werden. Dabei gehört es inzwischen zum sozialwissenschaftlich geprägten Allgemeinwissen, dass auch das, was wir heute etwa unter „Mutterliebe" verstehen, ein sich historisch im 18. Jahrhundert entfaltendes kulturelles Muster ist (Schütze 1991, Badinter 1992). Im interkulturellen Vergleich zeigt sich ebenfalls, dass Mutterschaft nicht automatisch oder „instinktiv" mit diesem spezifischen Muster von Mutterliebe oder Mütterlichkeit verbunden sein muss (im Überblick: Lorber 1999, 217ff.).[19] Nicht „die Biologie" bestimmt die Bindung, sondern die *soziale* Elternschaft. Die emotionale Beziehung entsteht primär mit der Versorgung des Kindes, deren Qualität in hohem Maße davon abhängt, welchen *sozialen Wert* dieses Kind in der Familie, im Leben der Mutter oder des Vaters hat. Ob eine solche Bindung als Voraussetzung für eine positive Entwicklung des Kindes angesehen wird oder aber als ein zufälliges Nebenprodukt, das weiter keine Bedeutung hat, ist Teil der kulturellen Muster, in denen wir Elternschaft wahrnehmen.[20]

In den westlichen Gesellschaften sind aufgrund der ohne Probleme zugänglichen empfängnisverhütenden Mittel Sexualität und Fortpflanzung weitgehend entkoppelt, ist „Kinder zu bekommen" keine zwangsläufige Folge von Geschlechtsverkehr und Heirat. Damit haben sich Bedeutung und Stellung des Kindes in der Familie und die Eltern-Kind- Beziehung dramatisch verändert. Im Zentrum steht das „Kindeswohl".

---

[19]   Was wir im Muster der Naturalisierung der „Mutterliebe" gern übersehen, ist der einfache und empirisch oft zu beobachtende Umstand, dass nicht alle Kinder ihren Müttern/Eltern gleich viel „wert" sind. Von diesem sozialen Wert aber hängt es ab, ob eine Bindung zwischen Mutter und Kind entsteht. Für sehr arme Frauen in der sog. „dritten Welt" kann die emotionale Bindung – so Judith Lorber – ein „unerschwinglicher Luxus" sein. Oft bekommen ihre Kinder nicht einmal einen Namen, bevor nicht klar ist, dass sie das erste Jahr überleben. Auch in der europäischen Geschichte waren zwischen Totgeburt, Unfall, Vernachlässigung und Kindermord die Grenzen eher fließend. Das gilt für manche Teile der Welt auch heute noch: In China, Indien, Bangladesch und Westasien werden seit der Möglichkeit der vorgeburtlichen Geschlechtsbestimmung die Mädchen gezielt abgetrieben, weil der soziale Wert der Töchter sehr weit unter dem der Söhne liegt. Neugeborene Mädchen werden am Straßenrand ausgesetzt, man lässt sie verhungern, eine Vernachlässigung ist u.U. eine vergleichsweise milde Form der Nicht-Achtung (ARTE-Sendung, Okt. 2006; Lorber 1999, 217f.).

[20]   Es wird oft argumentiert, dass die Gleichgültigkeit gegenüber dem Schicksal der Kinder im 17. und 18. Jahrhundert ein emotionaler Selbstschutz vor der Wahrscheinlichkeit ihres frühen Todes war. Dagegen argumentiert Elisabeth Badinter, dass die Frauen stattdessen einfach andere Interessen hatten: „Es war wohl eher so, dass die Mütter nicht so wenig Interesse für ihre Kinder zeigten, weil diese wie die Fliegen starben, sondern dass die Kinder in so großer Zahl starben, weil die Mütter so wenig Interesse für sie zeigten." (1981, 60, zitiert nach Lorber 1999, 216) Vgl. dazu auch Aries 1975.

Rationale Planung?

Vor dem Hintergrund der „Entkoppelung", dass nicht schwanger werden muss, wer nicht schwanger werden will, wird vielfach unterstellt, die Entscheidung zum Kind sei eine „rationale Entscheidung" und der Übergang in die Elternschaft ein Ergebnis „rationaler Planung". Diese Unterstellung erweist sich bei näherem Hinsehen indes als all zu schlicht. Grundsätzlich gibt es selbstverständlich Fälle, in der frühe, dauerhafte Vorstellungen zur Familienplanung entwickelt und auch umgesetzt werden, aber das ist nicht notwendig die Regel. Ein Indikator dafür sind die nach wie vor hohen Zahlen nicht geplanter oder sogar ungewollter Schwangerschaften (Helfferich/Kandt 1996, 52f, Schneider et al. 2001). Nach der zuerst genannten Studie antworteten 45% der befragten Frauen auf die Frage „haben sie zu der Anfangszeit geplant, schwanger zu werden?" mit „nein". Unter Einbezug abgebrochener Schwangerschaften erhöht sich der Anteil auf 66%.

Zur Illustration zwei Fallbeispiele aus einer anderen Studie:

In einem Fall wird im Interview geschildert, dass der Freund vergessen habe, die „Pille" zu kaufen: „Da habe ich gesagt, na ja entweder kaufst du die Pille oder nicht, und da hat er sie nicht gekauft, und da kam die Tochter (...). Das war einfach Bequemlichkeit, weil irgend einer wollte dann nicht die Pille holen, und dann dachten wir: Na ja, wenn jetzt ein Kind kommt, ist es ok, und wenn nicht, dann ist es auch ok". Sehr eindeutig wird hier gesagt, dass keine „klare Entscheidung" getroffen wurde im Sinne von: Jetzt setzen wir die Pille ab ... Andererseits wird deutlich, dass das „Vergessen" auch nicht als Unglück angesehen wurde, sondern vielleicht auch als Chance, einen Kinderwunsch zu realisieren: „Man fragt sich, warum diese Umständlichkeit? Die Antwort liegt in diesem Fall in der Ambivalenz der Familienorientierung, die aus dem biografischen Hintergrund resultierte. Man könnte sagen, dass sich der Familismus noch mit einer gewissen Selbstverständlichkeit durchsetzt (...), aber es gibt gewisse Zweifel und Unsicherheiten (...). In allen Fällen dieser Art gibt es offenbar ein Problem der strukturellen Überforderung, weil es keine klare Entscheidungsgrundlage gibt" (Burkart 1997, 128f).

In einem anderen Beispiel sagt der Mann zu dem Interviewer:

„Zu dem ersten Kind sind wir eigentlich gekommen wie der Hund zur Katze...", und seine Frau ergänzt: Unser Sohn, der ist 'ne ‚Durchfallquote' vom Verhütungsmittel." Zu dieser Zeit wollte der Mann eigentlich „kein Kind". Als es dann aber „passiert" war und sie mit der Nachricht nach Hause kam, schwanger zu sein, war die Entscheidung bald gefallen. Sie fragte ihn: „Was machen wir denn jetzt?" Und er antwortete überraschend: „Na, kriegen!" – Sie erzählt im Interview: „Das ging relativ schnell, zehn Minuten oder so waren das, die wir da zusammen auf dem Bett gesessen haben, da nahm er mich in den Arm und sagte, das ist doch nicht schlimm, dann kriegen wir's eben." Die Frage, Kind oder nicht wurde auch hier nicht nach „reiflicher Überlegung" (gründliche Abwägung von Pro und Contra) entschieden. Auf die Frage, warum sie überhaupt ein Kind wollte, antwortete sie: „Och – ja – warum wollt' ich'n Kind haben? – So irgendwie – ich dachte mir einfach, ‚n Kind ist bestimmt was schönes – einem Kind mitzugeben, was man selbst mitgekriegt hat und was weiterzugeben, was man selbst empfangen hat. Das fand ich unheimlich toll, diese Aussicht auch, das fand ich schön". – Dazu, lachend, ihr Mann: „Das war genauso der gleiche Grund, warum ich kein Kind haben wollte. Das, was ich in meiner Kindheit mitgekriegt habe, war nicht unbedingt weitergebungswürdig" (Burkart 1997, 129).

Wie schon bei der „Berufswahl" oder der „Partnerwahl" ist auch die Entscheidung zur Mutter- bzw. Elternschaft keine Frage einer gezielten punktuellen („rationalen") Wahl zwischen angebbaren Alternativen, sondern ein hochkomplexes Geschehen mit einer starken *biografischen sowie einer beziehungsdynamischen Komponente.*[21] Mit der biografischen, aber auch der beziehungsdynamischen Komponente kommt unvermeidlich ein doppelter Zeitbezug ins Spiel: jeder biografische Entwurf richtet sich auf die Zukunft, (wie will ich leben, was wünsche ich mir, was kann ich mir leisten?) *und* auf den anderen (wie stellt *sie* sich die Zukunft vor, was ist *ihm* wichtig?), andererseits wirkt in ihm die Vergangenheit, da die bisher aufgebauten Biografien in dem Sinne strukturbildend wirken, als sie Entscheidungen mit präjudizieren. Solche biografischen Hintergrundmotive, die zu einem bestimmten Zeitpunkt Erwartungen und Präferenzen der Handelnden bestimmen, sind den Beteiligten nicht notwendig in vollem Ausmaß bewusst, sie setzen sich als Gestaltgeber häufig unterschwellig durch. Sowohl im zukunftsgerichteten Zeitbezug als auch in den biografischen Hintergrundmotiven aber spielen Geschlechterdifferenzierungen hinein, wobei in der Antizipation von „Vereinbarkeit von Familie und Beruf" (Kap. 10) immer auch die Verarbeitung eigener biografischer Erfahrungen eine Rolle spielt. Etwa „nicht so werden wie meine Eltern", „bloß nicht Hausfrau und Mutter" oder aber auch: „...mit 12, 13 habe ich immer gesagt: ‚Mama, wenn ich groß bin, heirat' ich einen reichen Mann und bleib' zu Hause'" (Notz 2004, 205).

Wie bei Berufswahlen, Studienwahlen oder Partnerwahlen werden auch in der Familiengründung und der biografischen Bedeutung von Elternschaft Hintergrundnormen sozialer Milieus wirksam. So ist im ländlichen Raum oder auch im Arbeiter- und Handwerkermilieu eine Familiengründung immer noch ein selbstverständlicher Bestandteil der Lebensperspektive, ja, geradezu ein zentraler „Lebenssinn" (Koppetsch/Burkart 1999). Überlegungen oder Entscheidungen

---

[21]   Zur Zurückweisung der Theorien „rationaler Entscheidung" in Bezug auf Elternschaft vgl. insbesondere Burkart 2002.

beziehen sich weniger auf das „ob" als vielmehr auf das „wann". Dagegen bestehen in sog. „individualisierten Milieus" von Akademikerpaaren eher Ambivalenzen, wird vor allem von Frauen die Frage gestellt, wann der „richtige Zeitpunkt" ist, wie lange gewartet werden kann und auch, ob man überhaupt in der je konkreten Partnerschaft ein Kind haben möchte. Vor diesem Hintergrund bilden sich neue biografische Muster aus, etwa das einer „späten ersten Mutterschaft" (Herlyn/Krüger 2003).

Erziehungsurlaub, Elternzeit

Für Frauen hat die Entscheidung zur Mutter- bzw. Elternschaft insofern gravierende Folgen, als nach wie vor weitgehend selbstverständlich davon ausgegangen wird, dass sie es sind, die in den ersten Jahren die Hauptverantwortung in der Pflege und Fürsorge des Kindes übernehmen. Unter den gegebenen Bedingungen tangiert eine Familiengründung die Lebensläufe von Frauen in stärkerem Maße als die von Männern: So nahmen den 1986 eingeführten „Erziehungsurlaub", der grundsätzlich für Frauen und Männer gilt, 1995 zu 98% Frauen in Anspruch (Schneider-Rost 1998, 218).[22] Die Zahlen haben sich bis 2006 kaum verändert.[23] Selbst Möglichkeiten wie Teilzeitarbeit, gleitende Arbeitszeiten etc. werden in den ersten drei Lebensjahren des Kindes vergleichsweise wenig genutzt. Während in den neuen Bundesländern die Mütter in der Regel bereits nach einem Jahr, spätestens nach zwei Jahren in die Erwerbstätigkeit zurückgehen, legen verheiratete Frauen in den alten Bundesländern eine längere Berufspause ein, häufig sogar über die Dauer des Erziehungsurlaubs hinaus (ebd., 224).

Eine Familiengründung – so der Tenor praktisch aller empirischen Analysen – verfestigt die geschlechterdifferenzierende Arbeitsteilung: Der Anteil von jenen Partnerschaften mit einer stark traditionellen Arbeitsteilung verdoppelt sich, eine sog. „partnerschaftliche" Organisation findet sich nur noch bei knapp einem Zehntel, eine explizit „alternative" Arbeitsteilung – im Text verstanden als „Rollentausch" – stellt statistisch einen zu vernachlässigenden Wert dar (Schnei-

---

[22] Auch in den neuen Bundesländern ist trotz des Leitbildes der „berufstätigen Mutter" der Väteranteil mit nur 1,2% sehr gering.

[23] In der Diskussion um das „Elterngeld", das zum 1.1.2007 eingeführt wurde, haben sich die Zahlen erneut bestätigt. Nicht zuletzt deshalb wurden zwei „Papamonate" in das Modell integriert, i.e. das Elterngeld kann nur dann in vollem Umfang in Anspruch genommen werden, wenn der Vater für mindestens zwei Monate die Fürsorge für das Kind übernimmt. Diese Option wird von Vätern offenbar in stärkerem Maße als vermutet angenommen – mehr aber auch nicht. Sieht man sich die politische Aufregung um diese Regelung an, so wird schnell klar, in welch hohem Maße die traditionelle Arbeitsteilung noch in den Köpfen verankert ist.

der-Rost 1998, 227; ähnlich Schulz/Blossfeld 2006, 31f). Der Trend verstärkt sich noch einmal mit zunehmender Kinderzahl Väter, die Erziehungsurlaub nehmen, stellen nach wie vor eine Ausnahme dar.[24] Elternschaft bedeutet für Männer vielfach, dass sie ihr berufliches Engagement erhöhen und die Stabilität ihrer Berufsverläufe wächst (Blossfeld/Drobnic 2001).[25]

Mütterlichkeit, Väterlichkeit

Elternschaft stellt sich also sozial nicht einfach als das „natürliche Ereignis" Mutter oder Vater zu werden dar, sondern als ein hochgradig vergeschlechtlichtes *Tun in Interaktionen* vor dem Hintergrund von (institutionalisierten) Beziehungsmodellen und -routinen. Dieses Tun ist zugleich eingebunden in biografische Prozesse, in denen geschlechterdifferenzierende Normierungen, Selbstwahrnehmungen, Optionen, Ressourcen und auch „Gelegenheitsstrukturen" stets im Kontext biografischer Erfahrungsaufschichtung und des biografischen Entwurfs relevant werden. Gleichzeitig ist dieses Tun auch verwiesen auf die *Synchronisation* von Lebensverläufen und Biografien, in der noch einmal eine ganz eigene Prozesslogik wirksam wird, die ebenfalls von geschlechterdifferenzierenden Normierungen und nicht zuletzt auch vom Trägheitsmoment der Gewöhnung lebt.[26]

Auf der Grundlage der von uns bereits öfter zitierten Bremer Studie zu Statuspassagen (Witzel/Kühn 2000 und 2001, Zinn 2000, Born 2001) ist Julia Nentwich den *Methoden der Differenzkonstruktion* in Bezug auf Elternschaft nachgegangen (Nentwich 2000).[27] In den von ihr untersuchten Fällen erfolgte die Fami-

---

[24] Auch in Schweden, in denen das volle Elterngeld schon seit längerem nur bezahlt wird, wenn auch der Vater einen Teil dieser Zeit in Anspruch nimmt, hat das Engagement bei der Kinderversorgung nur leicht zugenommen.

[25] Die Untersuchung von Angelika Tölke dagegen sieht zwar einen Zusammenhang zwischen Ehe (und auch nicht-eheliche Lebensgemeinschaft) und Berufskarriere, nicht aber in Bezug auf die Vaterschaft: „Väter unterscheiden sich in ihren realisierten Karrierechancen nicht signifikant von den kinderlosen Männern. Die Familie ist für Männer somit kein „Klotz am Bein" aber auch kein „Antriebsmittel" (Tölke 1998, 146).

[26] „Je länger die Ehe andauert, desto mehr verfestigen sich geschlechtstypische arbeitsteilige Strukturen im Lebensalltag und desto schwieriger wird es, die Männer dazu zu bewegen, sich stärker zu beteiligen." (Schulz/Blossfeld 2006, 41.) Dieser Befund bestätigt nach Schulz/Blossfeld die sogenannte „Honeymoon-Hypothese", die besagt, „dass die Bereitschaft der Männer, durch besonderes Engagement und Entgegenkommen in der Hausarbeit die Bindung zwischen den Partnern zu festigen, vor allem zu Beginn der Ehe groß ist und sich dann mit zunehmender Ehedauer verflüchtigt" (ebd., 41).

[27] Zur Erinnerung: In diesem Projekt wurden in drei Wellen junge Fachkräfte aus sechs ausgewählten Berufen in zwei Arbeitsmarktregionen nach Abschluss ihrer Ausbildung mit dem Instrument

liengründung vergleichsweise früh. Die Befragten waren mehrheitlich zwischen 24 und 28 Jahren, als sie ihr erstes Kind bekamen, der Abschluss der Lehre lag drei bis sechs Jahre zurück. In allen Fällen bestand eine klassische Arbeitsteilung: Die Männer hatten die Funktion des Familienernährers, die Frauen waren für Haushalt und Kindererziehung zuständig und maximal teilzeitbeschäftigt. In einigen wenigen Fällen wurde eine „alternative" Aufteilung der Arbeit in Erwägung gezogen.

Die aktuell bestehende Arbeitsverteilung wurde in den Interviews als etwas dargestellt, das nicht weiter begründet werden muss. Erst dann, wenn im Verlauf des Interviews die Interviewer nachfragten, wie es zu der Arbeitsteilung gekommen sei, hieß es, dass diese „einfach klar" gewesen sei oder es wurde gesagt: „Wir haben das so gewollt". Erst wenn auch dann weiter gefragt wird, kommen noch weitere Begründungen zum Einsatz: *„Ich liebe meinen Beruf", „Das Kind, nicht der Beruf steht erstmal an erster Stelle", „die Mutter ist nun mal die Frau", „Derjenige der am meisten verdient, geht arbeiten", „Das wär vom Ablauf her nicht möglich", „Die ersten drei Jahre sind die wichtigsten", „Dafür bin ich zu sehr Frau", „Dafür hab ich den falschen Mann"* (ebd. 102).

Die Begründung, die in der Sicht der Befragten „eigentlich" jeden weiteren Diskussionsbedarf beendet, ist die des „wir haben es so gewollt". Diese Antwort impliziert, dass hier eine aktive und bewusste Entscheidung gefallen ist, die dann – aber nur bei weiterem expliziten Nachfragen – mit den genannten „Unterschieden zwischen den Geschlechtern" begründet wird. Kern dieser Begründung ist immer wieder: Der Mann ist Ernährer der Familie, bei ihm steht der Beruf im Mittelpunkt. Er ist im Betrieb unentbehrlich. Ein Vater kann, da er nicht stillt, niemals die gleiche Beziehung zum Kind haben wie die Mutter. Eine Frau verdient weniger als der Mann, ist Zuverdienerin, und als Mutter hat sie „natürlich" eine engere Bindung zum Kind, der Beruf tritt daher in seiner Bedeutung zurück (Nentwich 2000, 109).

Diese „selbstverständlichen" Unterschiede gelten sowohl für die Interviewten, für die die traditionelle Arbeitsteilung „klar" war, als auch für jene, die eine

---

des „problemzentrierten Interviews" schwerpunktmäßig auf berufsbiografische Fragestellungen hin befragt. Das Thema „Familiengründung" stand daher nicht im Mittelpunkt, wurde aber im Zusammenhang mit den anderen Fragen angesprochen. Analysiert wurde von Nentwich nur ein vergleichsweise kleiner Teil der Interviews, nämlich solche mit Personen, die im Verlauf der Erhebungswellen eine Familiengründung realisiert hatten (11 Frauen und 10 Männer). Der weitaus größte Teil der Frauen und Männer, die im Erhebungsverlauf eine Familie realisierten, wurde dem berufsbiografischen Gestaltungsmodus „Statusarrangement" zugeordnet, also einer eher geschlossenen Biografiegestaltung mit Bemühungen um berufliche Kontinuität, die weniger auf Karriere als vielmehr auf die Etablierung im Beruf zielt. Zur Gruppe „Karriereambitionen" gehörten dagegen nur sehr wenige Frauen sowie einige Männer, denen bereits ein zufriedenstellender beruflicher Aufstieg im Beobachtungszeitraum gelungen war (Witzel/Kühn 2001, 72f).

andere Arbeitsteilung anstrebten: Sie begrenzen lediglich diese „selbstverständlichen" Unterschiede auf das erste Lebensjahr des Kindes. Für die weitere Zukunft distanzieren sich diese Frauen von der Erwartung, mit Kindern als Hausfrau und Mutter zu leben, der Mann davon, dass die Übernahme von Haushaltspflichten als „unmännlich" gilt. Keines dieser Paare aber hat eine solche neue Verteilung nach dem ersten Jahr realisiert. Oder wie eine Interviewte sagt: Es war wohl doch „nicht wirklich gewollt" (ebd., 110).

Dort, wo die Interviewpartner durch die Nachfragen der Interviewer zu einer Begründung ihrer Arbeitsteilung „genötigt" werden, lassen sich drei als argumentativ verstandene Muster im Text finden: Begründet wird die jeweilige Lebensform mit der „Natürlichkeit" des Unterschieds zwischen den Geschlechtern, mit den „Rollen der Geschlechter" und mit „ökonomischen Zwängen". Die Textanalyse zeigt dann interessanterweise, dass diese indes weitgehend rhetorisch benutzt wurden und stattdessen bei allen Befragten das „Wollen" einer bestimmten Arbeitsteilung ausschlaggebend war (ebd., 115). Insofern stellen die Antworten weniger eine argumentative Begründung dar, sondern eine Rechtfertigung der jeweiligen Lebensform, die erst durch die Fragen der Interviewer unter Begründungsdruck geraten ist.

Die Rechtfertigungen erweisen sich als kreisförmig, jede Begründung kann durch eine andere ersetzt werden, die sich dann selber wieder erklärt: Die Frau bleibt zu Hause, weil sie die Mutter ist und die Mutter eine engere Beziehung zum Kind hat. Der Beruf ist unwichtig, weil sie Mutter ist und deshalb das Kind im Vordergrund steht. Und Mutter ist sie, weil sie eine Frau ist... . Mutter zu sein stellt sich dar als eine „natürliche" Eigenschaft der Frau, wobei „Mütterlichkeit" *nicht* mit der biologischen Gebärfähigkeit, sondern mit der intensiveren Beziehung zum Kind begründet wird. Vater-Sein dagegen wird überhaupt nicht auf „Natur" zurückgeführt, eine biologische Begründung für die Funktion des Ernährers scheint nicht erforderlich zu sein (ebd., 117).

Je nachdem, welche Arbeitsteilung „gewollt" ist – die traditionelle oder die partnerschaftliche – werden konkrete Bedingungen der eigenen Lebenssituation unterschiedlich interpretiert, nicht aber der „Unterschied zwischen den Geschlechtern" in Zweifel gezogen. Da die Differenz und ihre Natürlichkeit in beiden Fällen sowohl Ausgang als auch Ende der Argumentation ist, gleichzeitig aber behauptet wird, es so „gewollt" zu haben, also eine intentionale, bewusste Entscheidung getroffen zu haben, bildet diese Konstruktion eine recht widersprüchliche – und man könnte vermuten: störanfällige – Einheit. Denn in ihr vereinen sich durchaus unterschiedliche Ebenen sozialer Praxis: die Ebene von Begründung und Rechtfertigung, die Ebene von Intentionen und Handlungsmotiven sowie die Ebene von Routinen und Alltagspraxis.

In dieser Konstruktion steckt eine Falle: mit der Analogiebildung „Mutter und Frau" und „Vater und Mann" ist es für einen Vater nicht möglich, eine enge Beziehung zum Kind aufzubauen, ohne zur „Mutter" zu werden. „Vater zu sein" wird in dieser Untersuchung und von diesen Befragten klassisch über die Ernährerfunktion beantwortet, nicht über einen biologischen Beitrag und nicht über die „Beziehung zum Kind". Auch dort, wo partnerschaftliche Konstellationen angestrebt werden, wird die Vaterschaft nur soweit über eine Beziehung zum Kind definiert, wie sie mit der Ernährerrolle zu vereinbaren ist. Es fehlt offensichtlich selbst bei diesen für Veränderungen grundsätzlich offenen Paaren an sozial gestützten Modellen, wie Mutterschaft und Vaterschaft auch nur anders zu *denken* wäre.

Dabei wird in der Öffentlichkeit und in den Medien seit einiger Zeit darauf hingewiesen, dass sich „Vaterschaft" im Wandel befinde. Auf der einen Seite werden die „neuen Väter" gefeiert, auf der anderen Seite wird beklagt, dass Väter aus der Familie zunehmend verschwinden (Walter 2002). Ein Problem ist ganz offensichtlich, dass die Mehrheit nach wie vor keine bestimmte Vorstellung davon hat, wie der Wunsch nach „mehr-Vater-sein" im Einzelnen aussehen kann und soll. Dieser Frage ist die Analyse von Anja Wolde (2005) am Beispiel von Texten aus sozialen Zusammenschlüsse von Vätern („Väterinitiativen") nachgegangen. Vätergruppen werden hier als „diskursiver Raum" in den Blick genommen, in dem Vaterschaft, Väterlichkeit und Männlichkeit (neu) verhandelt werden. These ist, dass gerade durch den Versuch, Öffentlichkeit für das Anliegen von Vätern herzustellen, diese zugleich gezwungen sind, sich öffentlich als Väter darzustellen. Damit ließe sich in der Argumentation der Väterinitiativen „eine spezifische Verzahnung historisch neuer mit überkommenen Vorstellungen und Interpretationen von Vaterschaft, der Geschlechterbeziehung und der Geschlechterdifferenz vorfinden (...), die auch über diese Gruppen hinaus gesellschaftliche Relevanz haben" (Wolde 2005, 11).[28]

Ausdeutungen der Geschlechterbeziehungen in den sozialen Zusammenschlüssen von Vätern lassen sich danach in einem Spektrum von „Geschlechterkampf" und „männlicher Autonomie in Geschlechterkooperation", verorten. Diese stellen Pole eines Kontinuums dar, zwischen denen die Argumentationen sich bewegen.

In ihren Analysen wird über einfache Widersprüche auf der manifesten Textebene hinaus sichtbar, dass die Auseinandersetzung um Vaterschaft und Väterlichkeit in den dem Pol „Geschlechterkampf" zugeordneten Artikeln unlös-

---

[28] Der analysierte Textkorpus bestand aus verschiedenen Editorials der Zeitschrift „Paps", einzelnen Artikeln der Zeitschrift sowie einem SPIEGEL-Artikel des Autors M. Matussek, der 1997 viel öffentliches Aufsehen erregte, sowie eine diesem Artikel folgende Buchveröffentlichung des gleichen Autors.

bar verknüpft ist mit einer geschlechter*politischen* Argumentation. Trotz einer Bezugnahme auf „Gleichheit der Geschlechter" und sogar einem partiellen Schulterschluss mit feministischen Posotionen ruht diese geschlechterpolitische Argumentation auf einer naturalisierten (essentialisierten) Geschlechterdifferenz. Angestrebt werde faktisch die Re-Traditionalisierung von Geschlechterbeziehungen in der Familie. Die durchgängig starke Polarisierung in den Darstellungen und Argumentationen und die damit verbundene Verweigerung von Differenzierungen führe zugleich dazu, dass es bei abstrakten Forderungen nach mehr Rechten und mehr Möglichkeiten für Väter bleibt, aber inhaltlich *keine Wege* gezeigt werden, *keine Modelle* diskutiert werden, wie Väter jenseits ihrer traditionellen Ernährerfunktion „Väterlichkeit" praktizieren können. Nach wie vor steht hier die Berufstätigkeit der Väter an erster Stelle. Das Deutungsmuster „Geschlechterkampf" trage dazu bei, Ambivalenzen abzuwehren, indem es polarisiert und nur scheinbar klare Problemlösungen anbietet.

Das Streben nach „männlicher Autonomie in Geschlechterkooperation" dagegen stellt sich als „Bewegung in Widersprüchen" (Wolde 2005, 161) dar. Diese durchziehe die Texte der Zeitschrift „Paps" *systematisch*: Unwägbarkeiten und Unsicherheiten werden in einer Weise thematisiert, die nicht auf sofortige Auflösung drängt, es wird nicht von Kampf, sondern von Auseinandersetzung gesprochen und es wird sehr nachdrücklich deutlich, in welchem Ausmaß Schwierigkeiten im Alltagsleben und in der Alltagsbewältigung entstehen, wenn für selbstverständlich gehaltene Arbeitsteilungen und für selbstverständlich gehaltene Routinen im Alltag wegbrechen. Väter geraten in dieser Perspektive in ihrem Selbstverständnis unter Druck, „sowohl „mütterlich" sein zu sollen, als auch ihre Wichtigkeit als Väter gerade in Differenz zu Müttern herausstellen zu müssen" (ebd., 174).

Im Unterschied zu Perspektiven des „Geschlechterkampfes" suchen diese Väter jenseits der Auseinandersetzungen über das Sorgerecht konkret nach Möglichkeiten, ihre Vaterschaft auch nach einer Trennung fortzusetzen und sind bereit, dabei solche neuen Wege zu gehen, die eine tendenzielle Angleichung an mütterliche Funktionen und Eigenschaften erlauben (ebd., 175). Paradoxerweise aber wird damit zugleich der Zwang zur Grenzziehung verstärkt: Der faktischen Minimierung von Grenzen zwischen den Geschlechtern durch eine Angleichung von Tätigkeiten zwischen Müttern und Vätern wird mit einer *Betonung von Differenz* begegnet (ebd., 177). Dies hat u.a. den Hintergrund, dass auch diese Väter kaum bereit sind, Abstriche in Kauf zu nehmen, etwa auf die Priorität der beruflichen Arbeit zu verzichten.

Diese und auch andere Untersuchungen zeigen sehr deutlich, in welcher Weise jenseits konkreter praktischer Probleme der „Vereinbarkeit von Beruf und Familie" (Kap. 10) die Konstruktion von Elternschaft in die bestehende strikt binäre soziale Konstruktion von Geschlecht eingelassen ist. Zugleich machen sie auch noch einmal die Problematik deutlich, neue Vorstellungen zu Familie und Partnerschaft ohne sozial gestützte Modelle in Lebenspraxis zu übersetzen. Vor diesem Hintergrund verwundert es nicht, dass vor allem in den Paarbeziehungen karriereambitionierter oder auch einfach nur sehr gut ausgebildeter Frauen erhebliche Synchronisationsprobleme sowohl in der alltäglichen Kooperation als auch in der biografischen Abstimmung beider Partner auftreten. Folge ist häufig, dass eine Familiengründung aufgeschoben wird zu Gunsten einer beruflichen Etablierung.[29] Früher war die Konsolidierung der Berufskarriere allein des Mannes entscheidend. Wenn er im Beruf Fuß gefasst hatte, „dann konnte auch ein Kind kommen". Heute geht es sehr viel stärker um die Verbindung zweier zunächst individuell-biografischer Lebenszeitrhythmen in einem neuen, familienbezogenen Rhythmus – dabei erweist es sich, dass die biografischen Zeitpläne immer häufiger einfach nicht synchronisierbar sind und deshalb eine Familiengründung nicht realisiert wird.

Seit es sehr gut qualifizierte Frauen (Akademikerinnen) gibt, gibt es in dieser Gruppe auch einen vergleichsweise hohen Anteil kinderlos bleibender Frauen, der allerdings bei weitem nicht so hoch ist, wie in vielen Medien behauptet wird (Wirth/Dümmler 2004).[30] In dem Maße, in dem sich mit der Bildungsexpansion das Bildungsniveau von Frauen und Männern angeglichen hat, hat sich das Synchronisationsproblem verschärft: Aus den Anforderungen, die mit dem Aufbau einer beruflichen Karriere verbunden sind, ergibt sich in Kombination mit der biologisch begrenzten Gebärfähigkeit im Lebensverlauf von Frauen gerade in Deutschland ein vergleichsweise knapp bemessenes Zeitfenster, Kinderwünsche zu realisieren (Sachverständigenkommission im Auftrag des BMFSFJ 2005, 7). Fehlt in dieser Zeit ein „passender Partner", kann Kinderlosigkeit eine (ungewollte) Konsequenz sein. Interessanterweise haben sich mit der Angleichung des Bildungsniveaus Probleme der Partnerwahl verschärft: Folgt man den oben skizzierten „Paarbildungsregeln" (s.o. 5.2), so besteht für Männer nach wie vor die Option „abwärts" zu heiraten, statusinkonsistente Ehen einzugehen, ohne selbst Status einzubüßen. Das ist auch empirisch leicht nachweisbar.[31] Bei Frauen dagegen liegt diese Möglichkeit offenbar weniger nahe, ist ihr eigener Status vielmehr

---

[29] Trotz der Orientierung an Vollerwerbstätigkeit der Mütter in Ostdeutschland gab es in der DDR kaum eine Diskussion zum Thema der häuslichen Arbeitsteilung, auch dort war die Betreuung und Versorgung der Kinder „Frauensache". Diese Erfahrungen bestimmen bis heute Lebenskonzepte jüngerer Frauen, die sowohl einer Vollzeiterwerbstätigkeit nachgehen als auch „Familienfrau" sein wollen (Dietsch/ Dölling 1996).

[30] Das „eigentliche" Problem für die demografische Entwicklung in Deutschland liegt nicht in der Kinderlosigkeit einiger Frauen, sondern am Rückgang der Mehrkinderfamilien – deren Quote ist kontinuierlich zurückgegangen (Sachverständigenkommission im Auftrag des BMFSFJ 2005, 7).

[31] Prominentes Beispiel dafür sind Arzt-Krankenschwester- oder Chef-Sekretärin-Ehen.

damit tendenziell gefährdet. Sie ziehen es vor, eher ledig zu bleiben als „nach unten" zu heiraten, obwohl damit Chancen verbunden wären, auch das arbeitsteilige Arrangement in der Familie zu verändern (Schulz/Blossfeld 2006, 39). Offensichtlich haben sich bei aller Veränderung kaum neue Vorstellungen darüber entwickelt, wie Bildung, Beschäftigung und Paarbeziehung im Lebensverlauf miteinander verknüpft werden sollen. Dieses Fehlen von Vorstellungen aber trägt maßgeblich dazu bei, dass der Übergang zur Elternschaft die Rückkehr zu einer traditionalen Arbeitsteilung verstärkt und auch vor diesem Hintergrund hochqualifizierte Frauen eine Familiengründung hinauszögern. Eine Reaktion darauf scheint zu sein, dass sich unter Frauen mit hohem Bildungsstatus und guten Erwerbs- und Einkommenschancen ein neues biografisches Muster ausbildet: die „späte erste Mutterschaft" (Herlyn/Krüger 2003)[32]. In Kombination mit entsprechenden biografischen Konstruktionen („eigener Weg", „gemeinsamer Weg", „Beruf und Familie") kann die „späte erste Mutterschaft" als ein Versuch interpretiert werden, dadurch zu einer Balance der verschiedenen Lebensbereiche zu kommen, dass die Zeitperspektive systematisch eingesetzt wird. In diesen Fällen kann man vermutlich auch von „Planung" sprechen – ob diese dann auch immer „rational" ist, steht auf einem anderen Blatt.[33]

---

[32] „Späte erste Mutterschaft" bedeutet, dass das erste Kind mit 35 Jahren oder später geboren wird. Seit etwa 20 Jahren ist diese Quote stark angestiegen. In der Untersuchung von Herlyn et al. waren 47% der befragten „späten Mütter" hochqualifiziert, 40% in einem Beruf mittlerer Qualifikation, 13% beruflich gering qualifizierte Frauen. 60% dieser „späten Mütter" stimmten der Auffassung zu, dass Mutterschaft eine bewusste Entscheidung sei und nicht unbedingt und selbstverständlich zum Leben dazu gehöre. In diesem Punkt überwiegen die hochqualifizierten Frauen, bei den gering bzw. mittelqualifizierten ist es nur jede zweite, die der These einer „bewussten Entscheidung" zustimmt (Herlyn et al. 2002, 131f). Die befragten Frauen lebten überwiegend in Paarbeziehungen mit einer „partnerschaftlichen" Arbeitsteilung.

[33] Was ist „rational" am Kinderwunsch einer Frau, eines Mannes oder beider? Einleuchtend ist, dass eine Frau ohne eine entsprechende Ausbildung und ohne Chancen für eine attraktive und befriedigende Arbeit einen Mann sucht, der es ihr ermöglicht, Mutter der gemeinsamen Kinder zu sein. Kein gut verdienender Mann aber kann das Problem etwa einer Rechtsanwältin lösen, deren Selbstbild nicht mit einer Perspektive als Hausfrau und Mutter kompatibel ist: „ Also ich möchte garantiert nich aufhören zu arbeiten, das is ganz sicher, und solang es irgendwie geht, dass sich's vereinbaren lässt, würd ich des machen, ich glaub, wenn ich die Entscheidung treffen müsste zwischen Familie und Beruf, würd' sie zugunsten des Berufs ausfallen" (Gildemeister et al 2003, 106). Eine solche Haltung bedeutet nicht, dass grundsätzlich kein Kinderwunsch bestünde – wie und wann er jedoch vielleicht realisiert wird, ist mit Rationalitätskriterien kaum zu erfassen. Die systematische Begrenztheit von „Modellen rationaler Wahl" und rationalem Planungsverhalten in Bezug auf eine Familiengründung ist vor allem von Burkart (2002) herausgearbeitet worden: auch eine „bewusste Entscheidung" für ein Kind beruhe auf „irrationalen" Empfindungen und „spezifischen Wertvorstellungen", die nicht in einer Kosten-Nutzen-Analyse aufgehen.

9 Berufsverläufe in Organisationen der Erwerbsarbeit: „Doing gender while doing work"?

9.1 Institution und Organisation

Mit dem Abschluss des Studiums oder auch der Ausbildung beginnt i.d.R. die Suche nach einem Arbeitsplatz. Spätestens mit diesem Schritt bewegen wir uns im Kontext der Institutionen des Arbeitsmarktes, studieren Stellenabzeigen, suchen Arbeitsagenturen oder Arbeitsvermittlungen auf und lassen uns evtl. als „arbeitssuchend" registrieren. Primär aber begegnet uns die Institution des Arbeitsmarktes in den Organisationen der Erwerbsarbeit. In gewissem Sinne sind diese Organisationen (korporative) „Akteure" im Rahmen der Institution.

In modernen Gesellschaften stellen sich Organisationen der Erwerbsarbeit außerordentlich vielfältig dar, umfassen so unterschiedliche Gebilde wie die sog. „global players", Großunternehmen etwa in der Energie- und Automobilindustrie, mittelständische Unternehmen, große, mittlere und kleine Softwareunternehmen, Handwerksbetriebe, den „öffentlichen Dienst" wie etwa Ministerien und Stadtverwaltungen, Theater, Schulen und Universitäten, Krankenkassen und Krankenhäuser, Einrichtungen der Kinderbetreuung, Organisationen der Wohlfahrtspflege u.v.a.m. Vieles, was wir in der Einleitung zum Stichwort „Institution" geschrieben haben, gilt auch für die Organisation: Auch Organisationen legen die Art und Weise fest, wie etwas getan wird, und auch mit Organisationen etablieren sich relativ dauerhafte Strukturen, in denen wir handeln. Das Spezifische der Organisation im Unterschied zur Institution liegt darin – so die gemeinsame Grundauffassung unterschiedlicher Theorien –, dass sie Instrumente oder „Werkzeuge" zur Erreichung spezifischer Ziele oder Zwecke sind, die durch Mitgliedschaftsregeln, Aufgabendifferenzierung und darauf bezogene Strukturen gekennzeichnet sind (Gukenbiehl 2006, 153).

Wenn wir Organisationen als „Instrumente" betrachten, steht im Unterschied zu traditional begründeten Institutionen die „Zweck-Mittel-Relation" im Zentrum und damit der Anspruch auf eine *rationale* Gestaltung dieser Relation. Rationalität ist damit auch der Bezugspunkt für Mitgliedschaftsregeln und Aufgabendifferenzierung – wenn in einem Musiktheater ein Chor aufgebaut wird, dann wählt man die Mitglieder nicht unter dem Gesichtspunkt aus, ob sie gut Fußball spielen können.

In modernen Gesellschaften treten Organisationen in faktisch jedem Lebensbereich und jeder Lebensphase auf, von der Geburtsstation des Krankenhauses bis zum Beerdigungsinstitut. Nicht zuletzt deshalb wird vielfach von der „modernen Gesellschaft" als einer „Organisationsgesellschaft" gesprochen.[1] Organisationen bestimmen die Lebenswirklichkeit von Menschen in so umfassender Weise, dass dem Einzelnen als intentional Handelndem gesellschaftlich kaum noch eine Bedeutung zuzukommen scheint, er vor allem über seinen Mitgliedsschaftsstatus in verschiedenen Organisationstypen definiert wird.

Dem Verständnis der Funktionsweise solcher moderner, zweckbezogener und in diesem Sinne rationaler Organisationen liegt bis heute das Bürokratiemodell von Max Weber zugrunde. Dieses Modell benennt nach wie vor als zentral geltende Elemente von Organisationen, etwa dass Organisationen ein formales Regelwerk benötigen, in dem festgelegt ist, welche Stellen welche Aufgaben, Befugnisse und Tätigkeiten übernehmen, wer wem Anweisungen geben kann, etc. Diese Regelstrukturen (formale Strukturen) werden getrennt gedacht von konkreten Personen, sind unabhängig von deren Vorlieben, Abneigungen oder auch ihren persönlichen Fähigkeiten. Der Mitgliedschaftsstatus in solchen Organisationen basiert dem Anspruch nach auf von der Person ablösbaren Kompetenzen (Qualifikationen) und rein sachlogisch (rational) begründeten (zweckbezogenen) Leistungskriterien.

In vielen sich auf das Bürokratiemodell von Max Weber rückbeziehenden Organisationsanalysen zeigte sich schon bald, dass es nicht nur formelle, sondern auch informelle Strukturen gibt, die für das tatsächliche Funktionieren einer Organisation sehr große Bedeutung haben. Zudem steigt mit wachsendem Qualifikationsniveau und steigenden Professionalisierungsgraden der einbezogenen Berufe der Anspruch auf Selbstkontrolle und Autonomie gegenüber der formalen Hierarchie. In dem Maße, in dem die Interaktion mit Klienten, Patienten, Mandanten oder Kunden zu einem tragenden Bestandteil des Arbeitsprozesses wird, kann die Dimension der Person immer weniger ausgeschlossen werden. Generalisierend kann man an dieser Stelle für unsere Zwecke festhalten, dass die Reduktion der Person auf ihren funktionalen Beitrag (die Trennung von „Rolle" und „Person") umso schwieriger wird und umso weniger gelingt, je mehr Flexibilität und Verantwortungsbereitschaft von ihr im Rahmen der Organisation gefordert wird. „Stellen" sind daher zwar formal durch ihre Einordnung in Leitungs- und Ablaufstrukturen definiert, sie werden aber zugleich mit Individuen

---

[1] Dass dies eine Besonderheit moderner Gesellschaften ist, wird vor allem im Vergleich mit eher traditionalen Gesellschaften deutlich, die stärker durch traditionell verankerte Institutionen strukturiert sind und in denen der Rationalitätsglaube, der mit Organisationen verbunden ist, sich (noch) nicht in gleichem Maße durchgesetzt hat.

besetzt, „die (auch) über ihre persönlichen Merkmale definiert werden" (Heintz 2001, 18). Dazu gehört u.a. die Geschlechtszugehörigkeit.

Wenn „rational" heißt, gegebene Zwecke mit möglichst optimalem Mitteleinsatz zu erreichen, so verbinden wir im Alltagsverständnis vielfach damit die Vorstellung, es gebe nur einen Weg gibt, in diesem Sinne „rational" zu handeln. Ein Blick in die Empirie zeigt schnell, dass eine solche Eindimensionalität eine Fiktion ist. In der Organisationssoziologie wird „Rationalität" inzwischen weniger auf einfache Zweck-Mittel-Relationen bezogen als vielmehr – z.b. im Hinblick auf Effektivität und Effizienz – auf Steuerungsprozesse und Ergebnisse geachtet: Sind die Mittel richtig, werden die Mittel richtig eingesetzt und stimmt das Ergebnis? „Rational" kann vieles sein, Rationalität erlaubt eine Vielzahl unterschiedlicher sozialer Praktiken und es bestehen durchaus breite Spielräume sowohl der „richtigen Mittel" als auch eines „optimalen Mitteleinsatzes".

Was haben Organisationen in diesem Sinn – aufgabenorientierte, rational operierende Zweckverbände mit Mitgliedsstatus – nun mit Geschlecht bzw. der Geschlechterdifferenzierung zu tun? Zumeist erfolgt in der aktuellen Debatte die Thematisierung von Geschlechterverhältnissen in Organisationen unter dem Kriterium von Ungleichheit und Ungerechtigkeit. Problematisiert werden die auf die Geschlechtszugehörigkeit bezogene Zuweisung von Arbeit bzw. Arbeitsplätzen und die ungleiche Bezahlung bei gleichwertiger Arbeit.

Segregation

In Kapitel 6.1 sind wir ausführlich auf die Geschlechtersegregation des Arbeitsmarktes eingegangen, auf geschlechtersegregierte Ausbildungssysteme sowie auf geschlechtersegregierte Berufe und Branchen und haben einige der Mechanismen identifiziert, über die sich die Segregation trotz gegenläufiger Bemühungen in den Institutionen reproduziert. Im Blick auf Organisationen, so haben wir dort bereits angedeutet, verschärft sich die in Ausbildungsberufen und Branchen bereits angelegte Segregation nach Geschlecht noch einmal. In einer neueren Studie heißt es z.B., dass in „fast 60% der Organisationen (…) im Kernberuf ausschließlich Männer oder Frauen (arbeiten), nur weniger als 20% aller Betriebe können als geschlechtsintegriert (Frauenanteil zwischen 30% und 70%) bezeichnet werden".[2] Der Blick auf Führungsebenen erhellt, dass fast 90% aller

---

[2]   Mit „Kernberufen" werden in der Untersuchung diejenigen Berufe gekennzeichnet, welche für das die Organisation kennzeichnende Produkt oder die kennzeichnende Dienstleistung am wichtigsten ist – in der Schule also der Lehrer, im Softwareunternehmen der Beruf der Programmierer/in. Die Zugehörigkeit zu Managementberufen bezieht sich auf die Berufsklassifikation, wie sie von der Bundesagentur für Arbeit verwendet wird (ebd.).

Betriebe ausschließlich Männer (78%) oder ausschließlich Frauen (9%) in Managementpositionen beschäftigen. „Integrierte Führungsetagen" sind in lediglich 6% der Organisationen zu finden (Allmendinger/Hinz 2007, 178).[3]

Die Lohnunterschiede sind nach den Ergebnissen dieses Projekts beträcht lich, danach verdienen vollzeitbeschäftigte Frauen etwa 12% weniger als Männer im gleichen Betrieb und im gleichen Beruf. Zudem belegt eine genauere Analyse, dass der Lohnabschlag mit zunehmendem Frauenanteil in der „Jobzelle" (Beschäftigte mit derselben Berufskategorie) ansteigt, was vor allem dadurch zustande komme, dass Frauen auch in solchen „Jobzellen" tendenziell auf statusniedrigeren Positionen platziert werden und deshalb ein niedrigeres Einkommen erzielen.[4]

Wie kommt das, wenn Organisationen doch als formal und „rational" strukturierte, zweckorientierte Gebilde verstanden werden und sogenannte „askriptive Merkmale" wie Geschlecht oder ethnische Zugehörigkeit darin „eigentlich" keinen Platz haben?

Tokenism

In Bezug auf die Bedeutung der Geschlechterdifferenzierung in Organisationen hat Rosabeth Moss Kanter (1977) sehr früh darauf aufmerksam gemacht, dass das Bild von Organisationen und Berufen als *allein* funktional und sachlogisch ausgerichtet eine Idealisierung darstellt. Sie ging von der Beobachtung aus, dass die von ihr in den Blick genommenen Organisationen vor allem auf der Managementebene homosoziale Gebilde sind, die sich gegenüber Minderheiten in der Organisation ab- und ausgrenzend verhalten. Jede Minderheit mit von der domi-

---

[3] Für Ostdeutschland belegen die Untersuchungen eine ausgewogenere Besetzung von Managementpositionen, jedoch eine höhere Segregation in den „ Kernberufen". Im deutsch-amerikanischen Vergleich zeigt sich, dass das Ausmaß beruflicher Segregation in Organisationen in Kernberufen in den USA vergleichbar hoch, in Managementberufen jedoch etwas niedriger ist als in Deutschland. In den USA werden immerhin 22% der Betriebe ausschließlich von Frauen geleitet, in Westdeutschland sind es gerade einmal 9% der Betriebe, in Ostdeutschland 11%. In beiden Ländern sind die von Frauen geleiteten Betriebe wesentlich kleiner als die von Männern geführten, was auch auf die unterschiedlich typisierten Branchen und Domänen zurückgeführt werden kann. So sind etwa Frauen „legitime" Leiterinnen vor allem in den „Frauenbereichen" Wohlfahrt, Gesundheit und Bildung.

[4] Dabei weisen die Autoren darauf hin, dass man diesbezüglich mit dem Vorwurf der „Diskriminierung" vorsichtig sein sollte. Die Persistenz des Lohnunterschieds scheint eher auf einer Mischung von angebots- und nachfrageseitigen Faktoren zurückzugehen und hat offenbar viel damit zu tun, dass die Erwerbsarbeit mit Familien- und Erziehungstätigkeiten nach wie vor nicht problemlos zu vereinbaren ist (vgl. dazu ausführlich Kap. 10). Zu den Lohnunterschieden vgl. auch http://www.frauenlohnspiegel.de .

nanten Gruppe als abweichend zugeschriebenen Merkmalen und Eigenschaften gefährde in den Augen der Entscheidungsträger bzw. der dominanten Gruppe das ordnungsgemäße Funktionieren der Organisation. Pointierend zuspitzend kann man auch sagen, dass mit der homosozialen Besetzung von Positionen eine permanente Konformitätskontrolle besteht, über die Individuen an die Organisationszwecke gebunden werden. Auf symbolischer Ebene soll damit gewährleistet werden, dass sie ihr Handeln allein an eben diesen Zielen und Zwecken ausrichten und evtl. gegebene Spielräume nicht individualisierend nutzen.[5] Dadurch wird innerorganisatorisch eine „Wir-Kategorie" (im Sinne dichter, kohäsiver und werthomogener Gruppen) aufgerichtet mit einer dieser immanenten Grenzziehung.[6]

Einen Minderheitenstatus in diesem Sinne haben im Management von Organisationen bis heute Frauen – aber auch andere von der dominanten Gruppe weißer Männer aus mittleren Schichtlagen abweichende Bevölkerungsgruppen, in Amerika z.B. Afroamerikaner, in Deutschland etwa Arbeitnehmer türkischer oder asiatischer Herkunft. Kanter nennt diese Minderheiten „Token" (Zeichen). Damit wird auf die mit ihnen gegebene *symbolische Präsenz* des Anderen, Fremden in der Organisation hingewiesen. Mit und durch den Status eines „Token" werden Mitglieder von Minderheiten nicht als Individuen, sondern primär als *Repräsentanten ihrer sozialen Kategorie* wahrgenommen – im Fall der Frauen als Repräsentanten ihrer Geschlechtskategorie.

Der Status eines „Token" hat für Interaktionsabläufe in den Organisationen erhebliche Implikationen. So sind Minderheiten etwa hochgradig sichtbar und stehen bereits einfach dadurch unter einer stärkeren Beobachtung. Alles, was sie tun, werde tendenziell vor dem Hintergrund der stereotypisierten Zuschreibungen wahrgenommen, bei Frauen eben jene der Geschlechterstereotype. In diesen Stereotypen schließen sich aber Frau-Sein und Beruflichkeit tendenziell aus, so dass berufliche Leistungen tendenziell mit den Frauen entgegengebrachten Geschlechterstereotypen kollidieren. Damit sehen sich Frauen mit paradoxen Anforderungen konfrontiert: Als Außenseiter müssen sie besondere Leistungen erbringen, um als Mitglied des Managements anerkannt zu werden, geraten damit aber in Gefahr, als „unweiblich" zu gelten und von der dominanten Gruppe in der Organisation ausgegrenzt zu werden.

Kanter bezieht ihre Analyse nicht primär auf Geschlecht, sondern auf *alle* Minderheiten – jede Minderheit werde die gleichen Ausgrenzungsprozesse erfah-

---

[5] So haben z.B. für die achtziger Jahre Hohn/Windolf (1988) gezeigt, in welch hohem Maße in der Rekrutierung im gehobenen Angestelltenbereich der Erfolg einer Bewerbung von den passenden „biografischen Signalen" abhing.

[6] In traditionellen Unternehmen wird diese „Wir-Kategorie" auch mit Anklang an Familienbilder hergestellt, etwa als „Betriebsfamilie". Noch in den 80er Jahren hieß eine Betriebszeitung z.B. „Wir Siemensianer".

ren und in vergleichbare Widersprüche verwickelt werden. Stets seien sie gleichzeitig einander ausschließenden Bewertungssystemen ausgesetzt, so dass es innerhalb der Organisation keinen Standpunkt gibt, von dem sie vorbehaltlos bewertet werden könnten. Kanter folgerte daraus, dass nur über eine Steigerung der Anzahl („number balancing") auf mindestens 15% der Status von „Token" überwunden werden könne.[7]

Empirische Analysen dazu zeigten jedoch zweierlei: Zum einen verschwanden die Probleme mit wachsendem Frauenanteil nicht – im Gegenteil, sie nahmen z.T. massiv zu. Die Beziehung zwischen numerischer und sozialer Integration folgt offensichtlich keinem linearen Muster. Es scheint vielmehr so zu sein, dass die Beziehungen zu Minderheiten dann vergleichsweise *unproblematisch* verlaufen, wenn sie *deutlich* in der Minderheit sind (die Grenze dafür wird zwischen 5 und 10% gesetzt). Wenn der Anteil der Minderheit steigt, wird sie als *Gruppe* sichtbar. Damit aber werde die Minderheit in der Tendenz als Bedrohung wahrgenommen und es kommen Konkurrenz und Rivalität ins Spiel (Wharton/Baron 1987, Allmendinger/Hackmann 1994). Erst bei einem Anteil um 40 Prozent könnten solche Effekte abgebaut werden. Zum anderen zeigen Untersuchungen, auf die wir dann im nächsten Abschnitt näher eingehen, dass Männer in einer Minderheitenposition andere Erfahrungen machen als Frauen (zur Kritik an Kanter vgl. vor allem Yoder 1991).

Angesichts der trotz vielfacher Gleichstellungsbemühungen hartnäckig weiterbestehenden Ungleichheit der Geschlechter im Erwerbsbereich wird daher eine immer wieder aufflammende Debatte geführt, ob nicht bereits die Annahme einer „Geschlechtsneutralität" der Strukturen und Ablaufmuster von Organisationen grundsätzlich falsch sei. Es wird die Frage gestellt, ob diese nicht viel mehr schon in den grundlegenden Mustern „vergeschlechtlicht" („gendered") sind – etwa durch an männlichen Berufsverläufen orientierte Arbeitszeitnormen, Ansprüche auf Dauerverfügbarkeit, Erwartung kontinuierlicher Erwerbsbiografien etc. Es sei daher zu vermuten, dass Organisationen der Erwerbsarbeit trotz angeblicher funktionaler Neutralität durchgängig eine „geschlechtliche Substruktur" aufwiesen.

„Gendered Organizations"?

Ein Beispiel für diese Sichtweise ist das Konzept der „gendered organizations" (Acker 1991). Acker nimmt an, dass die Perspektive einer „sozialen Konstrukti-

---

[7]   Kanters Arbeiten stellen daher eine wichtige theoretische Grundlage für politische Forderungen nach einer „Quotenregelung" dar, dass nämlich jeweils ein eindeutig festzusetzender Anteil an Stellen in einer Organisation an Minderheiten vergeben werden müsse.

on von Geschlecht" nicht allein auf Handeln und Interaktion von Individuen bezogen werden kann, sondern auch auf Organisations*strukturen* zu beziehen ist. Ihre Argumentation beruht darauf, dass mit dem Gedanken einer „Geschlechtsneutralität" von Organisationen der Erwerbsarbeit „Jobs" abstrakt als „körperlos" konzeptualisiert werden. Die „disembodied workers doing the abstract job" (Acker 1991, 170) aber werden uneingestanden und quasi automatisch mit männlicher Arbeitskraft assoziiert und Organisationen primär (wenn nicht allein) an den Lebensmustern und Lebensverläufen von Männern ausgerichtet. In dieser Art des Denkens seien Männer „geschlechtslos", Frauen dagegen bzw. der „weibliche Körper" werde mit seiner Fähigkeit zu Schwangerschaft und Geburt, der Sorge für Kinder und einer ihm mythisierend zugeschriebenen spezifischen Ausprägung von Emotionalität ausgegrenzt und stigmatisiert bzw. in speziellen Arbeitsfeldern instrumentalisiert und subordiniert. In und mit der „geschlechtlichten Substruktur" von Organisationen sei automatisch die Diskriminierung von Frauen gegeben.

Diese Sicht basiert nun im Gegensatz zu der von Kanter auf einer *Übergeneralisierung* der Kategorie Geschlecht. In der Tendenz wird hier mit hoch verdichteten Bedeutungszuschreibungen gearbeitet, die der theoretischen Betrachtung und der empirischen Analyse faktisch vorausgesetzt werden, und insofern kommt diese Konzeption differenztheoretischen Argumentationen mitunter durchaus nahe.[8]

Ein einfaches empirisches Argument zur Relativierung des umfassenden Anspruchs, dass *allen* Organisationen eine entsprechende „gendered substructure" zu Grunde liege und zur Diskriminierung (Subordination) von Frauen führe, implizieren bereits die oben angegebenen Daten zur Segregation. Nach diesen Daten können Organisationen der Erwerbsarbeit danach getrennt werden, ob in Managementpositionen ausschließlich Männer, ausschließlich Frauen oder beide Geschlechter beschäftigt sind. Auch wenn der Anteil der von Frauen geleiteten Betriebe vergleichsweise gering ist, so zeugt er doch davon, dass es nicht immer und überall zu einer „Subordination" kommt. „Gendered organisations" kann es dann durchaus auch umgekehrt geben, dass sich nämlich Männer stärker in der Defensive befinden, wie das etwa die Untersuchungen zum Kindergarten deutlich gemacht haben (vgl. Kap. 4). Geschlecht spielt also in Organisationen der

---

[8] Der entscheidende Kritikpunkt ist, dass nicht die Geschlechterunterscheidung in organisationale Ablaufstrukturen eingebaut ist, sondern vielmehr ein Rückgriff auf eine familiale Arbeitsteilung erfolgt, in der die Geschlechterunterscheidung einen strukturierenden Stellenwert hat. Indem Organisationen diese in Rechnung stellen, wirken sie unzweifelhaft als Differenzverstärker, ohne dass daraus umstandslos folgt, sie seien auch direkt an der Herstellung der Differenzierung beteiligt (vgl. dazu im einzelnen Kap.10).

Erwerbsarbeit unzweifelhaft eine Rolle – aber diese scheint analytisch und empirisch komplexer zu sein als im Konzept der „gendered organizations" angedacht.

Wechselwirkungen

In der Perspektive einer sozialen Konstruktion von Geschlecht in Bezug auf Interaktion – Institution – Biografie ist eine eindeutige Wirkbeziehung zwischen Organisationsstrukturen und der Interaktion der Mitglieder nicht denkbar. In Anlehnung an E. Goffman verstehen wir ihren Zusammenhang bzw. ihr „Zusammenspiel" als „lose Kopplung" (Goffman 1994, 85ff), Interaktion und Organisation als zwei Aggregationsebenen des Sozialen, wobei die Organisation *einen*, in vielen Fällen auch zentralen Rahmen für Interaktion vorgibt, damit aber Eigenlogiken von interaktiven Praktiken in keiner Weise ausschließt oder außer Kraft setzt.[9]

In diesem Sinne sagt ein „body counting" hinsichtlich der Verteilung von Männern und Frauen in den und auf den verschiedenen Ebenen von Organisationen allein noch nichts darüber aus, welche konkreten Prozesse eines „gendering" in Organisationen stattfinden, es sagt nichts über Unterschiede zwischen Typen von Organisationen, nichts über im beruflichen Handeln wirksam werdende Deutungen der Geschlechterdifferenz und nichts über die Zeitdimension sozialer und biografischer Prozesse. Das „bodycounting" in der horizontalen und vertikalen Segregation bringt uns aber auf die Spur, dass diese Segregation ja irgendwo hergestellt werden muss. Dabei zeigt sich in der empirischen Forschung, dass – wie in Kap. 6 ausgeführt – die Art der Relationierung von Person, Geschlecht und Erwerbsarbeit ein wichtiges Einfallstor für „gendering Prozesse" ist.

Weitgehende Einigkeit besteht darin, dass vor allem in der Rekrutierung von Personal – an der Schnittstelle von Organisation, Mitgliedschaft und Person – solche Geschlechterkonnotationen wirksam werden, auch wenn etwa „geschlechtsspezifische" Ausschreibungen schon lange nicht mehr erlaubt sind. Ein anderer Knotenpunkt mit strukturbildenden Folgen sind Beförderungen bzw. genereller: Entscheidungen über den Aufstieg in Organisationen. In beiden Situationen sind die Entscheidungsträger angewiesen auf die Einschätzung der Potenziale einer Person, auf die Antizipation zukünftiger Leistung, Leistungsbe-

---

[9] Damit greifen wir nicht auf den organisationssoziologisch spezifischen Begriff der „losen Kopplung" zurück, sondern auf Goffmans Metapher einer „nicht determinierten Beziehung" zwischen interaktiven Praktiken und sozialen Strukturen. Aktuell können wir auch beobachten, dass umgekehrt Organisationen diese Eigenlogik von Interaktionen zu nutzen versuchen, etwa wenn Manager in gruppendynamische Survival-Trainings geschickt werden, um Führungsfähigkeiten zu entwickeln.

reitschaft einschl. von Zuverlässigkeit, Verfügbarkeit, Kontinuität etc. Solche Antizipationen von „Potenzialen" aber sind in faktisch allen Bereichen, insbesondere aber in hochqualifizierten Berufen, mit großer Ungewissheit behaftet[10], sie stellen lediglich Prognosen, Zukunftshypothesen dar. Bei der Frage: „Wird sie/er auf die Stelle „passen", greifen Entscheidungsträger auf ihr Erfahrungswissen zurück, und dieses transportiert bzw. besteht zu großen Teilen aus Stereotypien.[11] Erfahrungswissen dürfte *das* Einfallstor für „gender status beliefs" sein, i.e. mit der Geschlechtszugehörigkeit assoziierte Wert-, Status- und Kompetenzannahmen.

Im folgenden Abschnitt wechselt nun die Perspektive; in der Frage, ob eine Person auf die Stelle „passt", geht es nicht nur um benennbare Arbeitsaufgaben, vielmehr klingt darin die Dimension der Kultur eines Unternehmens oder einer Organisation an. Jeder „Neue", der in eine Organisation hineinwechselt, merkt sehr schnell, dass es dabei um sehr viel mehr geht als um „rein" funktionale Abläufe.

9.2 Organisation und Interaktion

Treten wir in eine Organisation – ob mittelständisches Unternehmen oder Großbetrieb – oder auch nur in eine neue Abteilung ein, so suchen wir automatisch nach Anhaltspunkten dafür, wie wir uns dort zu bewegen und zu verhalten haben, wie die uns angetragenen Anforderungen zu bewältigen sind und welche informellen Verhaltensregeln bestehen. Wir suchen nach Hinweisen, welches Verhalten in diesem Kontext „angemessen" ist. Jeder Neueintritt ist daher notwendig mit einer gewissen Unsicherheit verbunden. Die jeweilige berufliche Position gibt zwar Aufgaben vor, aber in aller Regel besteht ein erheblicher Spielraum, wie sie so zu bearbeiten sind, dass daraus Anerkennung und Erfolg für den Handelnden erwächst. Und berufliche Aufgaben sind auch nicht alles, sondern sie finden im Kontext alltäglicher Interaktionen am Arbeitsplatz statt. Interaktion – so etwa Ridgeway 1997 – „evoziert" die geschlechtliche Kategorisierung der Personen, eine geschlechtliche Anonymität ist nicht zugelassen. Der

---

[10]   Nicht umsonst haben sich mit der Institutionalisierung einer Gleichstellungspolitik gerade diese Einfallstore auch zu Scharnierstellen für die Gleichstellungsarbeit in Organisationen entwickelt. An keiner Stelle wird zugleich so offensichtlich, in welch geringem Maße Gleichstellungsarbeit im Handeln der Organisationsmitglieder verankert ist (vgl. den Überblick in Wetterer 2007, 199ff).

[11]   Die diesbezüglich aktuell wieder sehr gebräuchliche Metapher einer „Entscheidung aus dem Bauch" bringt den Charakter von Personalentscheidungen als Einfallstor für Stereotypisierungen gerade deshalb so schön zum Vorschein, weil mit „Bauchentscheidungen" affektuell geprägte Entscheidungen gemeint sind, die keiner „rationalen" Kontrolle unterliegen.

Einbau der Geschlechterunterscheidung in die Interaktion impliziert unterschiedliche Repertoires und Relationierungen für geschlechtshomogene oder -hetero-
gene Gesellungsformen, wie wir das bisher vor allem am Beispiel der Schule
aufgewiesen haben.

Die Problematik unterschiedlicher Verhaltensstile und -wahrnehmungen hat
inzwischen die breite Öffentlichkeit erreicht. So findet sich z.B. in der Wochen-
endbeilage des „Handelsblattes" zum Thema weiblicher Führungskräfte folgendes Beispiel:

> „A legt B den Arm um die Schultern und sagt freundschaftlich „Hallooo, das fand
> ich ja wirklich toll, wie du das Geschäft zum Abschluss gebracht hast. Eine Meister-
> leistung. Komm, ich lad dich nachher auf ein Bier ein. Das müssen wir feiern"
> (Leendertse 2006, 1).

Die Autorin fragt dann danach, was die Lesenden vermuten, wenn sie eine solche
Beschreibung lesen? Wenn A B berührt, B lobt, B „auf ein Bier" einlädt, dann
lassen alltagsweltliche Assoziationen eher an zwei Männer als an zwei Frauen
denken. Weiterhin dürfte die Mehrzahl der Lesenden vermuten, dass A der Chef
von B sein könnte. Die Frage der Autorin: Könnte einer der Teilnehmer auch
eine Frau sein?[12] Ihre Antwort ist, dass dies vergleichsweise unwahrscheinlich ist
– Berührungen, Schulterklopfen, auf ein Bier einladen seien keine Interaktions-
formen, die etwa zwischen einer Chefin und ihrem Untergebenen üblich wären,
aber auch nicht zwischen einem Chef und einer ihm unterstellten Mitarbeiterin.

Berührungen, Verbeugungen, Händeschütteln, wer geht zuerst durch eine
Tür, wer sitzt wo, wer darf wen beim Vornamen nennen, wer redet mehr, wer
unterbricht wen, wem gilt die Aufmerksamkeit, wer wird kurz abgefertigt, all das
ist in Organisationen recht gut geregelt, birgt aber vor allem dann eine Menge
Probleme, wenn die in der traditionellen Geschlechterordnung angelegte Ge-
schlechterasymmetrie auf der Ebene von Berufspositionen durchbrochen wird.
Frauen und Männern stehen dabei unterschiedliche Kommunikationsstrategien
zur Verfügung – Männer dürfen auch mal Witze reißen, einen informellen
Sprachstil wählen, von Frauen wird dagegen in der Tendenz ein hochkontrolliertes Verhalten erwartet, nicht zuletzt, weil sie qua Stereotyp als „emotional" angesehen werden, Männer dagegen von vornherein als „rational". Viele Verhaltensweisen, die Männern in der Berufswelt zur Verfügung stehen, die Demonstration von Durchsetzungsfähigkeit und Ellenbogenstärke etwa, sind Frauen ten-

---

[12] Dabei soll nicht übersehen werden, dass in solchen Begegnungen die Möglichkeit einer Paarbeziehung bzw. einer sexuellen Beziehung potentiell aufscheint. Das ist jedoch eine zweite Ebene,
die hier explizit *nicht* gemeint ist. In dem obigen Beispiel geht es vielmehr um Differenzen in einer Konstellation, die als Phänomen zunächst einmal gleich auftritt: Lob durch eine/einen Vor-
gesetzte(n).

denziell verwehrt bzw. wenden sich gegen sie, wenn sie von ihnen eingesetzt werden. Mit der Geschlechterkategorisierung erscheint zum einen „gleiches Tun" als Verschiedenes (z.B. Witze erzählen). Zum anderen werden Frauen und Männer dadurch, dass sie im „Doing gender" – der Enaktierung der Geschlechterkategorien – Unterschiedliches tun (die einen erzählen Witze, die anderen zeigen hochkontrolliertes Verhalten), auch tatsächlich zu Verschiedenen. *In diesem Sinne bringen die Interaktionsskripte die Geschlechterdifferenzierung hervor.* Im Beruf bzw. im Erwerbsleben ist das wiederum ganz und gar nicht unproblematisch, denn hier sagt eine *andere Normierung,* dass berufliches Handeln primär *sachorientiert und unabhängig* von persönlichen Merkmalen ist.

Dazu ein anders Beispiel:

In einer Gruppendiskussion im Rahmen eines Projektes zum Familienrecht wurde u.a. die Frage gestellt, welche Bedeutung der Geschlechterdifferenz heute in familienrechtlichen Prozessen zukommt. Relativ bald fällt dabei die Äußerung: *„Wir sind uns sicher schnell einig, ob Männlein oder Weiblein auf der Richterbank, wenn es 'ne Persönlichkeit ist, die mit sachlicher und fachlicher Kompetenz und Persönlichkeit die Dinge im Griff hat, dann ist es, meine ich gleichgültig, wer vorne sitzt"* (Gildemeister et al. 2003, 55). Der Sprecher bringt damit eine Erwartungshaltung zum Ausdruck, die er als *selbstverständlich* ansieht („wir sind uns sicher schnell einig"): Das Berufshandeln ist grundsätzlich durch erworbene Fachkompetenz geprägt, nicht durch zugeschriebene Merkmale wie solche, die mit der Geschlechtszugehörigkeit verbunden werden. Berufliches Handeln setzt sich mit sachlogisch bestimmten Anforderungen auseinander und dabei sind relevante Differenzen, die auf Geschlechterdifferenzen zurückzuführen seien, nicht erwartbar.

Der *gleiche* Anwalt sagt dann jedoch an anderer Stelle der Diskussion, dass es sehr wohl für die Beteiligten an einem Gerichtsprozess von großer Bedeutung ist, ob ein Richter oder eine Richterin die Verhandlung führt oder eine Anwältin oder ein Anwalt ihre Interessen vertritt: *„Frau denkt anders als Mann, gar kein Thema"* (ebd.). Danach sind in den Handlungen der Professionellen durchaus unterschiedliche Perspektiven erwartbar, die für den Verlauf des Gerichtsprozesses von notierbarer Bedeutung sind.

Diese Passage dokumentiert ein für die aktuelle Thematisierung von Geschlecht durchaus typisches Muster, nicht nur im Feld des Familienrechts: Eine *widersprüchliche Gleichzeitigkeit* gegeneinander laufender Wahrnehmungen, Aussagen und Interpretationen. Die in vielen Berufsfeldern und Organisationen in gleichem Maße vertretene Haltung, „Geschlecht spielt keine Rolle, es kommt auf die faktische Kompetenz an" ist genauso vertreten wie die Annahme, dass Geschlecht immer noch eine Art „Leitdifferenz" darstellt, die selbstverständlicher Bestandteil des Wahrnehmens, Denkens und Handelns von Personen ist.

Auf der Ebene der Interaktion laufen damit zwei Regulative in- und gegeneinander, dass nämlich einmal im beruflichen Handeln Geschlecht keine Bedeutung zu haben hat, im beruflichen Handeln keine Unterschiede bestehen, zum anderen aber die Geschlechterdifferenz in die interaktiven Abläufe eingebaut ist, etwa in die zahlreichen Konventionen, die den Umgang zwischen den Geschlechtern vom Umgang in gleichgeschlechtlichen Gruppen unterscheiden (Kontaktinitiativen, Grußformen, Berührungstabus, Themenwahl, Blickwechsel etc.) und die im erstgenannten Beispiel sichtbar wurden. Wichtig ist, dass solche Konventionen in sozialen Situationen nicht einfach oberflächlich „zur Anwendung" kommen, vielmehr aktualisieren sie die Klassifikation. In gewissem Sinne „entstehen" Männer und Frauen, in dem sie sich *qua Interaktion* in Relation zueinander als Männer und Frauen setzen. „Erst einmal angestoßen und auf den „Zahnrädern" (Goffman 1983) der Interaktion wird die Geschlechtszugehörigkeit ihrer Teilnehmer zu einem *Effekt* des Interaktionsverlaufs. Die *Trägerschaft* für die Geschlechterdifferenz geht von den Akteuren auf Interaktionsskripte über" (Hirschauer 2001, 221).

Unter diesen Bedingungen sind „doing gender" und „doing work" unvermeidlich (aber in hochkomplexer Weise) wechselseitig aufeinander bezogen. Mit der Institutionalisierung von Gleichheits- und Gleichstellungsnormen hat sich die Situation noch einmal kompliziert und bringt nunmehr jene widersprüchlichen Einschätzungen hervor, wie sie oben am Beispiel der Gruppendiskussion zum Familienrecht skizziert wurden.

Klassische Untersuchungen

Forschungen zum „doing gender while doing work" haben sich zum Ziel gesetzt, eben jenen Prozessen auf die Spur zu kommen, in denen sich Differenzen nach Geschlecht in den Arbeitsfeldern herstellen bzw. reproduzieren. Klassische Untersuchungen in diesem Zusammenhang sind die von Christine Williams (1989, 1993) und Robin Leidner (1991, 1993).

So untersuchte Williams Frauen und Männer in geschlechtssegregierten und für die sich in der Minderheit befindliche Geschlechtsgruppe als „untypisch" verstandenen Berufen (männliche Krankenpfleger und Frauen in der US-Armee). Sie schließt dabei an Überlegungen in ethnomethodologischen Studien zur Transsexualität an, dass nämlich Konstruktionsweisen von „Normalität" sich vor allem dort gut erschließen lassen, wo diese „Normalität" verletzt oder durchbrochen wird (vgl. Kap. 1). Dabei stellt sie fest, dass von der jeweiligen Minderheit im Beruf erhebliche Anstrengungen unternommen werden (müssen), die „unpassende Geschlechtszugehörigkeit" so in das berufliche Alltagshandeln einzubringen, dass sie dem Stigma entgehen, als Frau „unweiblich" oder als Mann „unmännlich" zu sein. Für die jeweilige *Mehrheit* in diesen hochgradig vergeschlechtlichten Berufen ist das „doing gender" vergleichsweise unspektakulär, geradezu ein „doing gender through work". Für die anderen – die Minderheit – gab es zu den Zeiten, in denen die Untersuchung von Williams durchgeführt wurde, auch von institutioneller Seite noch klare Regeln, wie sie sich gegenüber der Mehrheit verhalten müssen. So hatten weibliche Marinekorps etwa Make-up zu tragen, mindestens Lippenstift und Lidschatten, sie mussten Kurse in Körperpflege und Etikette absolvieren, sie mussten sich „damenhaft" benehmen. Weibliche und männliche Marine-Angehörige sollten klar zu unterscheiden sein. Williams zitiert eine junge Ausbilderin mit den Worten: „Viele von den Rekrutinnen, die zu uns kommen, tragen kein Makeup, sie sind burschikos oder sportlich. Viele kommen mit der fixen Idee, wenn sie zum Militär gehen, könnten sie sich weiter wie junge Burschen benehmen. Sie machen sich nicht klar, dass sie weibliche Marineangehörige sind" (1989, 76f, zitiert nach Lorber 1999, 72).

In den Untersuchungen von Robin Leidner über Versicherungsvertreter und Angestellte von Fastfood-Ketten wird ein weiterer wichtiger Aspekt herausgearbeitet. Auch dort, wo Frauen und Männer in gemischt-geschlechtlichen Arrangements arbeiten, wird nämlich Arbeit vergeschlechtlicht, interpretieren Frauen und Männer ihre Arbeit (wechselseitig) in einer Weise, die kongruent ist zur jeweiligen Geschlechtszugehörigkeit.

Das „Doing gender" in den verschiedenen Organisationen der Erwerbsarbeit hat i.a.R. erhebliche Auswirkungen auf den beruflichen Aufstieg. Grundsätzlich gelte – so das Ergebnis beider Studien – dass Frauen in männerdominierten Berufen oder Berufsfeldern sehr große Anstrengungen unternehmen müssen, um nicht symbolisch und faktisch ausgegrenzt zu werden, und noch größere Anstrengungen, um beruflich aufzusteigen, „Karriere zu machen". Während das geforderte und erwartete „doing gender" der Frauen als Minderheit bei den Marines in keiner Weise mit Vorteilen für einen beruflichen Aufstieg versehen war, ergab sich für die männlichen Krankenpfleger ein anderes Bild: Ihr „doing gender" eröffnete ihnen erhebliche Vorteile, sicherte Aufstiegschancen. Williams spricht hier von einem „glass escalator" für Männer in Frauenberufen. Sie geraten geradezu unter einen „unsichtbaren Druck" zum beruflichen Aufstieg, da bei ihnen selbstverständlich unterstellt wird, dass ihre zentrale Kompetenz und ihre Lebensinteressen im Beruf liegen. Frauen dagegen stoßen trotz expliziter Aufstiegsaspirationen in allen Feldern sehr schnell an eine „gläserne Decke" („glass ceiling"), die vergleichsweise niedrig gehängt war – in der Regel im mittleren Management.[13]

In der Herstellung einer Kongruenz der Arbeit zur jeweiligen Geschlechtszugehörigkeit sind Männer wie Frauen außerordentlich kreativ. Es gibt – so Leidner – kaum eine Arbeit, die nicht entweder als „männlich" oder als „weiblich" gedeutet und inszeniert werden könnte – je nachdem, wer sie ausübt. So gelingt es etwa den Versicherungsvertretern in Leidners Studie ohne Probleme, eine Arbeit, die von den Anforderungen her (als Interaktionsarbeit) auch und sogar eher Frauenarbeit sein könnte, zu einer Bewährungsprobe von Männlichkeit zu machen. Frauen seien „dafür völlig ungeeignet" (Leidner 1991, 166f). *Wenn* Frauen Zugang zu diesem Berufsbereich erhalten, dann wird diese „Bewährungsprobe" unverzüglich reinterpretiert. In der neuen Interpretation ist die Arbeit dann kompatibel mit den Empathie betonenden „soft skills" von Frauen (ebd., 169). An diesem Prozess sind nun nicht nur die Akteure selbst beteiligt, sondern auch Kollegen und Kolleginnen, Kunden, Vorgesetzte, ja sogar die „öffentliche Meinung" in Medien und politischer Programmatik.

Die Studien aus den 80er Jahren stimmen weitgehend darin überein, dass es in der Regel Männer sind, die Anstrengungen unternehmen, Geschlechterdifferenzen dort hervorzuheben, wo in der Realität der Arbeitsprozesse eine solche Differenzierung faktisch nicht (mehr) gegeben ist. Hintergrund dafür ist, dass „defining a work as masculin has a different meaning for man workers than defining a work as feminin has for women workers" (Leidner 1991, 158). Berufe verlören an Prestige, wenn sie nicht mehr als „Männerarbeit" gelten. Diese Schlussfolgerung hat den Blick für die *Untersuchung von Asymmetrien* im Berufsbereich sehr geschärft. Judith Lorber hat in ihrem Buch „Gender Paradoxien" einige dieser Mechanismen anschaulich zusammengestellt, z.B. das „Salieriphänomen", angelehnt daran, dass Salieri nie offen Kritik an Mozart übte, es bei seiner Empfehlung an den Kaiser aber an Begeisterung fehlen ließ. Andere Mechanismen sind: „Herablassende Ritterlichkeit, wenn ein Chef eine weibliche Beschäftigte vor einer vielleicht nützlichen Kritik in Schutz nimmt; unterstützende Entmutigung, wenn eine Frau nicht ermutigt wird, sich um eine anspruchsvolle Position zu bewerben, weil sie es vielleicht nicht schafft; freundschaftliche sexuelle Belästigung, wenn eine Frau öffentlich damit aufgezogen wird, dass sie sichtlich schwanger oder für einen besonderen Anlass gekleidet ist; subjektive Objektivierung, wenn pauschal über „die Frauen" geurteilt wird; strahlende Abwertung, wenn eine Frau für etwas gelobt wird, was bei Männern

---

[13] Dabei hatten Angehörige anderer benachteiligter Gruppen (insbesondere schwarze Frauen) noch sehr viel weniger Chancen als weiße Frauen, in obere Ränge aufzusteigen. Vgl. Lorber 1999, 320 und die dort referierte Literatur zu den 80er Jahren. Grundsätzlich dürfte diese Relation heute aber nicht anders aussehen.

als ganz normal gilt – the „dancing dog"-effect; liberaler Sexismus, wenn eine Frau zu einem Drink nach Feierabend eingeladen, aber daran gehindert wird, ihrerseits eine Runde auszugeben; wohlwollende Ausbeutung, wenn einer Frau die gesamte Kleinarbeit übertragen wird, damit sie sich einarbeiten kann, aber ein Mann die Anerkennung für das Endprodukt einstreicht; rücksichtsvolle Herrschaft, wenn ein Vorgesetzter entscheidet, welche Verantwortlichkeiten eine verheiratete Frau bewältigen und nicht bewältigen kann, statt sie selber über ihre Zeiteinteilung bestimmen zu lassen und kollegiale Ausgrenzung, wenn Besprechungen mit Netzwerkeffekt gedankenlos auf Zeiten verlegt werden, zu denen Frauen meist Familienpflichten haben." (Lorber 1999, 332). Solche Praktiken unterminierten zum einen in den Augen der anderen die Reputation einer Frau, zum anderen aber – mindestens gleichbedeutend – in ihren *eigenen* Augen die Befähigung für eine höhere Position.

Die Ergebnisse aus der 80er Jahren wird man heute so eindeutig nicht mehr reproduzieren können; dennoch waren sie wegweisend für die Art des Hinsehens, dass es ihnen nämlich nicht darum ging, die „Verschiedenheit" von Frauen und Männern bzw. von Frauenarbeit und Männerarbeit nachzuzeigen, sondern vielmehr das *konstruktive Moment der Herstellung* von Geschlecht sichtbar zu machen, zu zeigen, wie „doing gender" und „doing work" ineinander greifen und im „doing work" nicht nur Arbeitsleistungen entstehen, sondern als eine Art „Nebenprodukt" auch die geschlechtliche Zugehörigkeit bestätigt wird. Diesbezüglich hat sich in den letzten dreißig Jahren einiges geändert. Neben einer nach wie vor hohen horizontalen Segregation von Berufen und Berufssegmenten haben sich auch integrierte Arbeitsfelder entwickelt, in denen die Geschlechtszugehörigkeit auf den ersten Blick keine große Rolle spielt.[14]

Mit der seit den 80er Jahren erfolgten Institutionalisierung der Gleichstellungspolitik durch Gesetze und Gleichstellungsbeauftragte hat sich die Programmatik der Gleichstellung auch in den Organisationen der Erwerbsarbeit verankern können. Nicht zuletzt in diesem Zusammenhang ist im Rahmen einer empirischen Untersuchung in der Schweiz (Heintz et al. 1997) die These entstanden, dass wir es heute mit einer „*Deinstitutionalisierung*" der Geschlechterdifferenz (Heintz/Nadai 1998) zu tun haben. Damit ist gemeint, dass ein *legitimer* Ausschluss von Frauen aus den Bereichen Politik, Beruf und Öffentlichkeit immer weniger zulässig und auch die Sensibilität gegenüber der mit der Geschlechterdifferenz möglicherweise verwobenen Diskriminierung angestiegen ist. An die Stelle einer Semantik der Differenz sei ein Modell der Gleichheit

---

[14] In den oben aufgerufenen Ergebnissen der Untersuchung von Allendinger/Hinz zeigt sich aber zugleich, dass auch innerhalb eines Berufs bzw. vor allem innerhalb von Betrieben die Geschlechtersegregation nach wie vor sehr hoch ist (Allmendinger/Hinz 2007 sowie Allmendinger/Podsiadlowski 2001).

getreten. Mit der „Deinstitutionalisierung" der Geschlechterdifferenz haben sich deren Reproduktionsmechanismen verändert. Geschlechterdifferenzen müssten nunmehr vermehrt bewusst, gezielt und aktiv im Handeln hergestellt werden.[15]

Unter der Fragestellung, wie sich unter Bedingungen einer „Semantik der Gleichheit" berufliches Handeln und Berufsverläufe in Organisationen darstellen, wenden wir uns im Folgenden neben der genannten Untersuchung von Heintz et al. (1997) einigen neueren empirischen Studien in der BRD zu. Grundlegende These in der Darstellung dieser Studien ist, dass die genannte „Umstellung von Reproduktionsmechanismen der Geschlechterdifferenz" zwar auch einen wachsenden Begründungszwang für das je eigene Handeln bewirkt, dieses jedoch zugleich *nicht* ins Belieben der Akteure gestellt ist. Vielmehr werden „Kontextbedingungen" in den Berufen wichtig. Solche Kontextbedingungen können sowohl ein „doing gender" auch weiterhin nahe legen, sie können aber auch ein „Ruhenlassen", eine Nichtthematisierung der Geschlechterdifferenz ebenso ermöglichen und erfordern wie ein dezidiertes „undoing gender" im Sinne einer Neutralisierung der Differenz (Hirschauer 1994, 677ff). Solche Kontextbedingungen sind z.B. der *Segregationsgrad* eines Berufs, das Ausmaß der *Institutionalisierung* von *Gleichstellungsnormen* sowie der Grad verbindlich vorgegebener *Laufbahnnormen* und das Ausmaß von *Konkurrenz* um Aufstiegspositionen.

Segregierte Felder, getrennte Welten

Krankenpflege und Informatik sind bis heute hochgradig segregierte Berufe, in der Krankenpflege sind Männer und in der Informatik Frauen in der Minderheit[16]. Insbesondere in der Krankenpflege sind berufliches Handeln und geschlechtstypische Fähigkeiten und Eigenschaftszuschreibungen eng verbunden, bildet berufliches Handeln und Geschlechtsdarstellung in gewisser Weise eine Einheit („Krankenschwester"). Ähnlich wie bei der Erzieher/in im Kindergarten (siehe oben Kapitel 4) bewegt sich das Handeln im Krankenpflegeberuf auf der

---

[15] Diese These wurde vielfach so verstanden, dass mit der Deinstitutionalisierung automatisch ein Bedeutungsverlust der Kategorie Geschlecht verbunden sei – das war (und ist) aber nicht gemeint. Die Betonung liegt darauf, dass sich die Reproduktionsmechanismen verändern, die Differenzierung aber nach wie vor soziale Ungleichheiten zwischen Frauen und Männern hervorbringt.

[16] In der BRD beträgt der Frauenanteil an den in der Krankenpflege Beschäftigten laut IAB 2005 86,6% , bei den Datenverarbeitungsfachleuten liegt er bei 19,8 % (IAB 2006). Das Zahlenverhältnis ist in der Schweiz ähnlich, jedoch weisen die Autor/inn/en der im folgenden darzustellenden Studie darauf hin, dass sich innerhalb des Feldes der Krankenpflege nochmals eine Segregation herstellt, einige spezialisierte Bereiche einen etwas höheren Männeranteil haben.

Grenzlinie zwischen Alltag und diffuser Personalität und einem am spezifischen Zweck der Organisation orientierten rollenförmigen Handeln. Trost, Zuspruch, Verständnis für den Patienten als „ganzen Menschen" sowie die Sicherung alltäglicher Routinepraxen sind im pflegerischen Handeln verkoppelt mit einem objektivierenden Blick auf medizinisch notwendige Handlungen am Körper des Patienten.

Mit der im 19. Jahrhundert einsetzenden Verberuflichung der Krankenpflege setzte sich ein Modell durch, in dem das hier geforderte berufliche Handeln den Wesenseigenschaften „der Frau" entsprach und sie daher „von Natur aus" für diesen Beruf geeignet war. Die formale Ausbildung zur Krankenschwester bezog sich primär auf den rollenförmigen Teil, der Assistenz zur ärztlichen Tätigkeit. Der diffuse, auf die Interaktion mit dem Patienten bezogene Anteil galt als dem „weiblichen Sozialcharakter" immanent und bedurfte insofern keines formalisierten Ausbildungs- und Lernprozesses.

Seit etwa drei Jahrzehnten haben verstärkte Professionalisierungsbemühungen eingesetzt, die bis heute nicht abgeschlossen sind. Durch die Formalisierung der Ausbildung und die Aufwertung objektivierenden, wissenschaftlichen Wissens („Pflegewissenschaft") ist der Tendenz nach eine „Entgeschlechtlichung" der beruflichen Tätigkeit eingeleitet, die den Beruf in verstärktem Maße auch für Männer öffnen soll. Sie stellen jedoch auch heute noch eine Minderheit dar.

In der Studie von Heintz et al. (1997), in der die Krankenpflege als ein Beispiel „getrennter Welten" untersucht wird, gibt es jedoch keinen Hinweis darauf, dass Pfleger auf Grund ihrer Minderheitenposition unter einen erhöhten Leistungsdruck geraten oder dass ihre „Fähigkeiten zur Pflege" angezweifelt würden. Im Gegenteil: Im interaktiven Alltag setzen sich geschlechtlich differenzierte Konnotationen durch, die Männern in der Tendenz mehr „professionelle Kompetenz" zuschreiben: Sie blieben bei der Auseinandersetzung mit Ärzten eher „ruhig und sachlich", sie ließen sich von Patienten/innen nicht ausnutzen, blieben auch in Krisensituationen distanziert, ruhig und „cool" (Heintz et al. 1997, 109). Ein Umkehrschluss ist nicht festzustellen. Wenn etwa Krankenschwestern eher als „männlich" attribuierte Tätigkeiten wie den Umgang mit technischen Geräten übernehmen, so erwachsen daraus keine Zuschreibungen von „mehr" Professionalität.

Die Konstruktion männlicher „Coolness" wird in dem untersuchten Feld zu einem Teil der Konstruktion von Professionalität und ist so auf das Engste mit Geschlechterstereotypen verwoben. Darin liegt auch eine (implizite) Selbstabwertung der Frauen. Diese wird jedoch von beiden Seiten nicht bemerkt bzw. durch die nicht thematisierte Selbstverständlichkeit „weiblicher" Fähigkeit (Empathie, Fürsorge) ausgeglichen. Die Autor/inn/en der Studie interpretieren diese Beobachtung, dass nämlich die Mehrheit die Selbstdefinition der Minderheit weitgehend übernimmt, dahingehend, dass die Krankenschwestern ihre männlichen Kollegen vor Vorurteilen und Abwertungen („schwule Urinkellner" u.ä.) schützen (wollen) (Heintz et al. 97, 111). Es findet also sehr dezidiert *keine* Ausgrenzung der Männer statt. Abgrenzungen gehen nicht von der Mehrheit, sondern wenn, dann von der Geschlechtsminderheit aus. In einigen Beobachtungsfeldern haben etwa die männlichen Pfleger eine spezifische „männliche Kultur" auf informeller Ebene (Stammtisch u.ä.) etabliert.

Beide Seiten konstruieren Unterschiede im Rückgriff auf *kulturelle* Vorgaben, deutlich etwa in der Metapher vom „Abteilungskran": man definiert Männer unter Rekurs auf ihre Körperkraft, was diese nicht notwendig auch schätzen. Auch mit dem Zuschreibungskomplex der „Coolness" wird auf Geschlechterstereotype zurückgegriffen (s.o.). Für Männer sind diese Geschlechterstereotype offenkundig *keine* „Rollenfalle", die Stereotypen stehen nicht im Widerspruch zu den beruflichen Leistungsanforderungen, sondern lassen sie vielmehr als „wesensmäßig" kompetent erscheinen.

Die Beobachter betonen indes, dass sich hinsichtlich ihrer faktischen Eignung – z.B. wenn im Arbeitsalltag Feinfühligkeit, professionelle Gefühlsarbeit, manuelle Geschicklichkeit etc. gefragt sind – Männer und Frauen kaum unterscheiden. Durchgängig wird aber konstatiert, dass in der Interaktion mit Patienten/innen es nicht „dasselbe" ist, wenn ein Mann (Pfleger) oder eine Frau (Krankenschwester) „ein- und dasselbe" tun: körperbezogene alltagsnahe Arbeiten wie Anziehen, Kämmen, Waschen, aber auch Zureden und Trösten werden bei Krankenschwestern nicht als „professionelle Leistung" interpretiert, Patienten und Patientinnen sehen diese Tätigkeiten als selbstverständlichen Teil der weiblichen „Geschlechtsrollen" (Mutter, Tochter, Ehefrau). Bei Männern dagegen werden die gleichen Tätigkeiten als die Berufsrolle betreffende Anforderungen gedeutet (ebd., 115).

Wenn Patient/inn/en „Geschlechtsrollen" (Vater, Ehemann oder Liebhaber) implizit oder explizit aufrufen, dann stütze das die Autorität männlicher Pflegekräfte auch noch auf der informellen Seite der Interaktion. Sie können Patientenerwartungen nach „Diffusität" unbelasteter begegnen. Ein interaktives „Außer-Kraft-Setzen" der Geschlechtszugehörigkeit – ein „undoing gender" wird von der Minderheit daher nur in äußerst seltenen Fällen erwartet oder expliziert, nämlich *nur* dann, wenn sie bei mit Tabus besetzten körperbezogenen Arbeiten „an" Patientinnen Vertrauen dadurch herstellen, dass sie darauf verweisen, dass sie „Krankenpfleger wie Krankenschwestern auch" (ebd., 114) sind, sozusagen „männliche Krankenschwestern". Damit wird indiziert, dass es um Berufsrollenhandeln geht und das, was geschieht, „nichts besonderes" ist.

Der Stereotypisierung im Umgang mit Patienten und Patientinnen ist eine Erotisierung im Alltagshandeln des Teams zur Seite gestellt: Necken, Flirten,

„lockere Sprüche" wurden als durchaus „normale" Umgangsformen unter Kollegen und Kolleginnen betrachtet. Ihrer Integration in die mehrheitlich von Frauen besetzten Teams – so der Schluss der Autor/inn/en – stehen *keine strukturellen* Hürden entgegen, ein potenzielles Hindernis für ihre berufliche Integration wird in der (möglichen) Verunsicherung ihrer Geschlechtsidentität beschrieben. Ein Problem stelle für sie auch die vergleichsweise geringe Entlohnung dar, die die Übernahme einer traditionell verstandenen „Ernährerrolle" in der Familie aus ihrer Sicht nur schwer ermöglicht. Aufstiegspositionen sind rar, was auch daran liegt, dass sich in den beobachteten Kliniken eine unausgesprochene Geschlechterquote (Frauenquote) für Führungspositionen etabliert hat. Dies war eine Antwort auf die bekannte und zunehmend problematisierte Tendenz der Überrepräsentanz von Männern in Führungspositionen.

Letzteres wiederum liegt bzw. hat vor allem daran gelegen, dass auch männliche Pfleger überwiegend vollzeiterwerbstätig sind und daher – aus der Sicht der Klinikleitungen – bessere Voraussetzungen für Führungspositionen mitbringen. Teilzeitarbeit ist aber im Beruf der Krankenpflege vergleichsweise einfach zu realisieren, familienbedingte Unterbrechungen werden als normal betrachtet und insbesondere bei Frauen akzeptiert. Teilzeitarbeit gilt zunehmend *nicht* grundsätzlich als unvereinbar mit einer Führungsposition, Unterbrechungen werden nicht automatisch als ein Zeichen für eine Abwendung vom Beruf interpretiert (ebd., 220). Die Geschlechtergrenze im Feld – so die Summierung – wird vor allem über *symbolische Markierungen* hergestellt, nicht über organisationsstrukturelle Faktoren.

Anders als in der Krankenpflege sind in der Informatik (Fachleute für Datenverarbeitung) Frauen in der Minderheit und anders als in der Krankenpflege sind in der Informatik weder Ausbildungswege noch horizontale und vertikale Mobilitätspfade verbindlich festgelegt bzw. formal geregelt. Der geringe Standardisierungsgrad lässt einen relativ großen Gestaltungsfreiraum offen, die Arbeitsweisen sind eher individualistisch als teamorientiert. Dennoch sei der Begriff der „Kommunikation" zu einem „Schlüsselbegriff" avanciert, umfasse aber Mensch-Maschine-Interaktionen ebenso wie Mensch-Mensch-Interaktionen oder auch Maschinen-Maschinen-Beziehungen (Heintz et al. 1997, 133). „Kommunikation" wird damit *nicht* automatisch gleichgesetzt mit Frauen zugesprochenen „soft skills". Das Berufsbild weist mit „Technikbezogenheit" primär männliche Konnotationen auf, darüber hinaus aber auch solche von Jugendlichkeit, Unkompliziertheit, Kreativität, Innovationskraft, Internationalität etc. Ständige Weiterqualifizierung gilt als Herausforderung und als Chance, Flexibilität als eine der im Berufsfeld hoch bewerteten Eigenschaften. Nicht zuletzt aufgrund dieser Kontextbedingungen gilt die geschickte Inszenierung der eigenen Berufskompetenz, ein „impression manangement", als wichtige Voraussetzung, soziale Anerkennung für die eigene Kompetenz zu gewinnen.

Weitgehend unabhängig vom Qualifikationsgrad (praktische Ausbildung, Fachhochschule, Universität) nahmen die in den Untersuchungen befragten Männer sehr selbstverständlich für sich ein Aufstiegsrecht in Anspruch, während Frauen solche Ambitionen deutlich relativierten. Die Autor/inn/en stellten bei den männlichen Befragten geradezu die „Pflicht zum Aufstieg" fest. Die berufliche Laufbahn werde ganz selbstverständlich als positionsmäßiger Aufstieg gedacht. Zeichnet sich keine solche Karriere ab, werde dies als „Versagen" gedeutet (ebd., 141).[17] Neben der Bereitschaft zur Weiterbildung und einem dezidierten Aufstiegswillen ist die Bereitschaft zur zeitlichen Mehrbelastung, zu Überstunden, zu überlangen Arbeitstagen und -wochen wichtiger Bestandteil der Arbeitskultur. Gleichzeitig sind Aufstiegsbedingungen diffus und wenig formalisiert.

Die hoch individualisierte Arbeitsweise verlange von Team- und Projektmitarbeiter/innen viele Koordinations- und Verständigungsleistungen; Projektdiskussionen und Arbeitssitzungen haben daher einen großen Stellenwert. Dabei sei einerseits die Konkurrenz unter den Informatikern und Informatikerinnen konkret wahrnehmbar, andererseits sei die Kommunikation in gewisser Weise „entpersönlicht", Fragen würden in der Regel nicht an konkrete Personen gerichtet, sondern „ziellos" in den Raum gestellt, Gespräche verliefen überwiegend ohne Blickkontakt, oft werde am Computer weitergearbeitet, während ein Problem diskutiert wird.

In der alltäglichen Berufspraxis komme – vom Arbeitsablauf her gesehen – „Geschlecht" als Kategorie kaum vor. Erst wenn man – wie die Forscher – *explizit* nach Gründen für die geringe Vertretung von Frauen in der Informatik fragt, kommen verschiedene Erklärungsweisen ins Spiel. Der größte Teil der Informatikerinnen und der Informatiker führt jedoch die geringe Vertretung von Frauen auf spezifische „Wesenseigenschaften" von Frauen zurück und rekurriert im Kern immer wieder auf die traditionelle familiale Arbeitsteilung. Frauen hätten eine stärkere Verantwortung für Familie und Kinder und in der Folge wird ihnen ein geringeres Engagement im beruflichen Bereich zugeschrieben. Erst im zweiten Schritt werde auf „ungleiche Begabungen" verwiesen, etwa auf die „weniger technische" Herangehensweise von Frauen. Stattdessen hätten sie eine besondere Eignung für Teilbereiche wie z.B. das „Kurse geben" (ebd., 160).

---

[17]   Aufgrund der divergierenden Zugänge und des sehr unterschiedlichen Qualifikationsniveaus ist es schwierig, eindeutige Zahlenangaben zum Verhältnis von Männern und Frauen zu bekommen. In der Untersuchung von Heintz et al. (1997) waren in den verschiedenen Abteilungen 12 bzw. 17% Frauen tätig. Die Abteilung mit dem geringeren Frauenanteil galt als die prestigehöhere Abteilung (S. 128 ff).

In den von Heintz et al. untersuchten Betrieben ist die horizontale Segregation vergleichsweise hoch, Frauen gelten als „besonders begabt im Umgang mit
Laien" (ebd., 148), bei Männer dagegen vermittelt „die Nähe zur Maschine" als
besondere technische Kompetenz Prestige (ebd., 149). Das wird durchaus nicht
von allen Informatikerinnen geteilt: Während sich einige, insbesondere die formal hochqualifizierten Informatikerinnen entsprechenden Zuschreibungen verweigern, sehen andere darin durchaus eine Chance, die ihnen zugeschriebenen
oder von ihnen auch real erlebten Fähigkeiten im sozial-kommunikativen Bereich zu realisieren. Die Übernahme als „weiblich" gekennzeichneter Aufgaben
kann im Endeffekt zu einer „Selbstausschließung" aus den informatisch prestige-
reicheren Tätigkeiten führen. Frauen, die sich solchen Aufgaben tendenziell
verweigerten, müssten jedoch damit rechnen, als „unweiblich" klassifiziert zu
werden. Für viele Informatikerinnen wird der berufliche Alltag auf diese Weise
zu einem „Balanceakt", der hohe Ansprüche an die individuellen strategischen
Fähigkeiten stellt (Heintz et al. 1997, 164).

In den Interviews thematisieren die Frauen in der Informatik ihren „Sonderstatus" als Minderheit durchaus, z.T. werden von einigen auch die angenehmen
Seiten dieses Ausnahmezustands betont: Man hat das Gefühl „etwas besonderes"
zu sein (ebd., 144). Sowie die Frauen jedoch mit Männern in eine berufliche
Konkurrenz treten, trete das Problem der Anerkennung beruflicher Kompetenz
durch die (männlichen) Kollegen zutage. Im Umgang mit Konkurrenz müssen
von den Informatikerinnen Strategien entwickelt werden, die im Kern darauf
zielen, abwertenden Geschlechterstereotypen entgegenzutreten. So wird eine In-
formatikerin mit den Worten zitiert: *„Man darf sich nicht, eh... immer aufregen,
sonst sagt man, es ist eine Frau, die sich immer aufregt. Sie ist eine ...Feministin,
sie ist eine Einzelkämpferin usw., und das ... so wird es gesagt, und das möchte
ich nicht. Ich versuche immer auf eine subtile Art... das zu erreichen, was ich
will"* (Heintz et al. 1997, 144f).

In diesem Berufsfeld werden Weiblichkeit und Beruflichkeit nach wie vor
tendenziell als Gegensätze wahrgenommen und von den Informatikerinnen ein
subtiles Oszillieren zwischen „doing" und „undoing gender" verlangt (ebd.,
228). Eine „Betonung von Weiblichkeit" etwa im Zusammenhang mit Kleidung
und Aufmachung, wird jedoch von den Frauen durchgängig als Verstoß gegen
das Gebot von Professionalität gesehen. Schwierigkeiten einzelner Frauen mit
Kollegen werden z.T. dezidiert auf das „Outfit" zurückgeführt, Miniröcke seien
nicht gefragt (ebd., 157).

Für einen beruflichen Aufstieg ist zunächst auch die jeweilige technische
Qualifikation maßgeblich; geht es indes explizit um Führungspositionen, so
werden diese weniger an konkrete fachliche Kompetenzen gebunden als vielmehr an „allgemeine Führungsfähigkeiten". Gerade hier zähle der „demonstrati-

ve Wille" zum Aufstieg, wirke hohe zeitliche Präsenz und „Betriebstreue" positiv. Vor dem Hintergrund, dass diese Aufstiegsbedingungen diffus sind, gewinnen jedoch auch horizontale Differenziorungen an Bedeutung, da die unterschiedlichen Arbeitsbereiche unterschiedliches Prestige haben und prestigereichere Arbeitsfelder diesbezüglich Konkurrenzvorteile mit sich bringen. Man könnte sagen, dass sich die vertikale Segregation herstellt durch eine Mischung aus der Selbstmarginalisierung der Frauen in Bezug auf Aufstiegsaspirationen und „impression management" und ihrem Verwiesen-Werden auf die prestigeärmeren Arbeitsfelder.

Auch in diesem Berufsfeld erweist sich damit die kulturell-symbolische Aufladung der Geschlechterdifferenz als in hohem Maße relevant; zugleich sind hier zusätzlich organisationsstrukturelle Bedingungen gegeben (Abwertung von Teilzeitarbeit, hohe Präsenzforderung, keine Transparenz der Aufstiegswege, Forderung ständiger Weiterbildung), die sich für Personen mit (auch antizipierten) Familienverpflichtungen nachteilig auswirken.

In *beiden* hochsegregierten Berufsfeldern werden die Integrationsleistungen maßgeblich von Seiten der Frauen erbracht, während von den Männern stärker das „Gleichheitstabu" aufrecht erhalten werde. Das gelte auch dann, so Heintz et al., wenn sich die Frauen wie im Fall der Krankenpflege um die Integration der Männer als Minderheit aktiv bemühen. Die *Differenz* zwischen den Berufsfeldern liegt vor allem darin, dass die Frauen im Krankenpflegeberuf sich durch einen steigenden Männeranteil ein zunehmendes Prestige ihres Berufs erhoffen, bei den männlichen Informatikern dagegen entstehen mit den Informatikerinnen neue Konkurrenzsituationen, die ihnen vorher weitgehend unvertraut waren. In diesem Feld benötigen vor allem Frauen den Schutz der formalen Anerkennung ihrer Kompetenz (z.B. qua Hochschulabschluss), um in diese Konkurrenzsituation (gegenüber z.T. weniger qualifizierten Männern) überhaupt eintreten zu können.

In der Grundtendenz reproduziert diese Untersuchung zu hoch segregierten Berufen damit die Ergebnisse der klassischen Studien von Leidner und Williams zum „doing gender while doing work". Zugleich wird mit ihr noch einmal präzisiert, in welcher Weise Prozesse der Geschlechterkonstruktion mit beruflichem Alltagshandeln verbunden sind und wie die institutionellen Bedingungen Einfluss darauf nehmen, in welcher Weise und in welcher Intensität die Geschlechtszugehörigkeit als Ressource aktiviert und (ge)nutzt werden kann.

Ungleiche Verteilung – Programmatische Gleichheit

Dort, wo es im öffentlichen Sektor um Recht und Ordnung geht, spielt die Gleichberechtigungsnorm eine zentrale Rolle. Zum einen wirken im Bereich des Öffentlichen Dienstes die gesetzlichen Grundlagen zur Gleichstellung in ausgeprägterer Weise als in der Privatwirtschaft, zum anderen aber ist auch für das jeweilige professionelle Berufs- und Selbstverständnis die Devise verpflichtend, dass Geschlecht keine Rolle spielt. Gleichzeitig gibt es eine nach wie vor offenkundige horizontale und vertikale Segregation.

So gilt in den Rechtsberufen etwa das Familienrecht als ein Bereich, in dem die Anzahl der dort arbeitenden Frauen hoch ist. Auch auf der Deutungsebene gelten Familie, Jugend und Soziales als „weiblich affine" Arbeitsgebiete im Kontrast etwa zum Wirtschafts- und Verwaltungsrecht. In Bezug auf die zahlenmäßige Verteilung finden wir in der Justiz (im Richteramt) im bundesweiten Maßstab jedoch nur einen geringfügig erhöhten Anteil von Frauen im Familienrecht gegenüber den Gesamtanteilen von Frauen in der Richterschaft. Dabei zeigt sich allerdings eine erhebliche Heterogenität zwischen den einzelnen Bundesländern und zwischen Ost und West. In der Anwaltschaft dagegen beträgt der Anteil der Frauen im Familienrecht tatsächlich mehr als die Hälfte (51%) bei einem Gesamtanteil von etwa einem Viertel in der Anwaltschaft (25,3%) (Gildemeister et al. 2003, 403). Das Bild, der Bereich des Familienrechts sei ein zahlenmäßig „feminisierter" Bereich, bestätigt sich damit lediglich für das anwaltliche Berufsfeld, nicht aber für das richterliche.[18]

Insgesamt stellt sich das juristische Arbeitsfeld als vertikal hoch segregiert dar, speziell für den Familienrechtsbereich liegen jedoch keine Zahlen vor. In einer Justizlaufbahn erweist sich vor allem die Anforderung einer halbjährigen Abordnung in teils vom Wohnort weit entfernte Oberlandesgerichte für Personen mit Familienverpflichtungen als karrierehinderlich. Es ist jedoch in der Richterschaft durchaus legitim, eine Einzelrichtertätigkeit im Amtsgericht als Endstation der Karriere anzusehen. In der Anwaltschaft als „freien Berufen" spielen wirtschaftliche Faktoren eine sehr viel größere Rolle. Mit dem wachsenden Druck

---

[18] Die Wahrnehmung dieses Berufsfelds als „feminisiert" hat sich in der Öffentlichkeit und auch im Berufsfeld weitgehend verselbstständigt. Eine Umfrage auf dem Familiengerichtstag etwa zeigte, dass die Teilnehmerinnen und Teilnehmer das Familienrecht ganz selbstverständlich als einen „feminisierten Bereich" ansehen, feminisierter als er faktisch ist. Die oben zitierten Äußerungen in einer Gruppendiskussion zeigen zugleich, dass eine hohe Sensibilität in Bezug auf die Geschlechterdifferenzierung besteht – sie wird durchaus wahrgenommen. So wird der in den letzten Jahrzehnten gestiegene Anteil an Anwältinnen durchgängig begrüßt – für manche stellt er eine „Bereicherung" dar, andere sehen diese Entwicklung eher als eine „Normalisierung" an. Relativ einhellig zurückgewiesen wurde die Auffassung, dass das Familienrecht finanziell nicht lukrativ genug sei und deshalb Frauen Zugang fänden.

auf dem Arbeitsmarkt ist vor allem der *Einstieg* in das juristische Berufsfeld problematisch geworden.

Zu Beginn dieses Kapitels haben wir die *widersprüchliche* Thematisierung der Bedeutung der Geschlechtszugehörigkeit in einer Gruppendiskussion mit Anwältinnen und Anwälten aufgerufen. Ihre Versuche, den hohen Frauenanteil in der Anwaltschaft zu erklären, laufen im Kern darauf hinaus, es gebe bei familienrechtlichen Konflikten eine *Nachfrage* nach weiblichen Anwälten, insbesondere – aber nicht nur – von Seiten der Mandantinnen. Auf diese externe Nachfrage stellen sich die Kanzleien ein – und stellen Frauen für das Familienrecht ein. Begründet wird die von Anwält/inn/en konstatierte und in Teilen überschätzte horizontale Segregation also *nicht* über den „weiblich affinen" Arbeitsgegenstand „Familie", sondern mit dem „Marktbezug" von Anwaltskanzleien. Angenommen wird, dass in familienrechtlichen Konflikten Fähigkeiten wie Beratungskompetenz, Empathie, Zuhören-Können, emotionale Ansprechbarkeit etc. von besonderer Bedeutung sind. Die dem „Nachfrageargument" immanente stereotypisierte Vorstellung, dass dies spezifisch „weibliche Kompetenzen" seien, wird dabei von vielen Anwältinnen und Anwälten, aber durchaus nicht von allen unterstützt. Einzelne Professionelle stehen dem explizit sehr distanziert gegenüber.

Bei aller Differenzierung aber gilt, dass das Muster „Eignung von Frauen für das Familienrecht" sich in der Anwaltschaft weitgehend verselbstständigt hat. In der Justiz dagegen, dem Richteramt, ist die Ansicht, dass „Geschlecht keine Rolle spielt", eher verbreitet. Nahezu durchgängig aber wird von *allen* Beteiligten in den Anwaltsbüros und im Richteramt der *Universalismus* richterlichen und anwaltlichen Handelns betont: Frauen und Männer werden nicht unterschiedlich behandelt, sie kommen in vollem Umfang, „ohne Ansehen der Person" und daher geschlechterindifferent zu ihrem Recht, so wie das Gesetz es vorsehe.

Tatsächlich wurden in der Studie *keine* Anhaltspunkte für geschlechterdifferente Zugänge zur Berufspraxis gefunden. Trotzdem hat sich die Kategorie Geschlecht nicht als „bedeutungslos" erwiesen. Im Fall des Familienrechts hat man es ja in der beruflichen Praxis mit empirisch geschlechterdifferenten und -differenzierten Verhältnissen zu tun – eben mit „Familie" bzw. ihrer Scheidung. Im Blick und im Umgang mit solchen Prozessen unterscheiden sich die Professionellen nicht notwendig nach ihrer Geschlechtszugehörigkeit, aber im Blick darauf können *geschlechterdifferenzierende* Wahrnehmungsweisen wirksam werden. So macht es durchaus einen Unterschied, ob für Anwältin oder Richter die Bindung von Mutter und Kind a priori ein größeres Gewicht hat als die Bindung zwischen Vater und Kind, es macht einen Unterschied, ob einer der Beteiligten davon ausgeht, dass Mütter in der alltäglichen Sorgearbeit kompetenter und zuverlässiger sind als Väter („Mütterprimatsmuster"). Auch der Blick auf die

Ehe erweist sich als bedeutsam: Wird sie als Ort eines „Geschlechterkampfes" gesehen, in dem Frauen tendenziell die Opfer sind und für die deshalb im Scheidungsverfahren ein Ausgleich geschaffen werden muss („Frauenemanzipationsmuster")? Oder werden im Scheidungsverfahren eher die Männer wegen der Unterhaltsansprüche als bedroht und „mit dem Rücken zur Wand" stehend wahrgenommen („Väterschutzmuster")? Und wenn jemand das Gefühl hat, dass bei all dem Streit ums Geld die Leiden der Väter unter der Trennung von den Kindern in den Verfahren nicht genug berücksichtigt werde („Väterempathiemuster"), so bleibt das bei einer gerichtlichen Auseinandersetzung vermutlich auch nicht ohne Folgen für das eigene berufliche Handeln (zu den Mustern im Einzelnen: Gildemeister et al. 2003, 151ff).

Statt einer geschlechterdifferenten Berufspraxis geriet so in der Untersuchung eine geschlechterdifferenzierende professionelle Wahrnehmung in den Blick. Solche geschlechterdifferenzierenden Perspektiven sind bei Juristinnen wie bei Juristen verbreitet, ohne dass eine klare Verteilung zwischen ihnen erkennbar wäre.[19] Ihre Bedeutsamkeit liegt darin, dass diese Muster eine je spezifische Perspektive auf konkrete Fälle und Fallkonstellationen und für die Interaktion mit den Mandanten/Mandantinnen nahe legen. Wichtig ist dabei, dass die in Interviews explizit geäußerten Ansichten zu diesen geschlechterdifferenzierenden Mustern quer lagen. Diese liegen sehr oft unterhalb der Bewusstseinsschwelle und sind daher einer gezielten und bewussten Reflektion nicht ohne weiteres zugänglich, sie stellen eher „implizites" als „explizites" Wissen dar. Es war den Professionellen daher in der Regel nicht bewusst, dass ihr berufliches Handeln unterschwellig von solchen Perspektiven geprägt war.

Der Differenzierung liegt nicht wie im Fall der hoch segregierten Berufe eine auf die Geschlechtszugehörigkeit bezogene symbolisch-kulturelle Aufladung der beruflichen Tätigkeit zugrunde, wie haben es hier vielmehr mit den in das *Rechtssystem* eingelassenen, *naturalisierenden* Regulierungen von Geschlechterverhältnissen zu tun. In den geschlechterdifferenzierenden Mustern geht es implizit um Unterhalts- und Sorgerechtsfragen mit einer erheblichen materiellen Brisanz. Dabei ist ein „Männeremanzipationsmuster" vor dem Hintergrund entsprechender Regulierungen und Institutionalisierung so wenig ohne weiteres vorstellbar wie ein Muster, in dem impliziert wird, dass Frauen in vergleichbarer Weise in Unterhaltsprozessen mit dem Rücken zur Wand stehen. Mit diesen Mustern aber wird auf die soziale Wirklichkeit geschaut – und auch dadurch wird sie immer neu „hergestellt" oder doch zumindest reproduziert.

---

[19] Solche geschlechterdifferenzierenden Muster sind nicht zwingend, es ließen sich in der Untersuchung auch Fälle geschlechtsindifferenten Vorgehens und Entscheidens finden. In diesen Fällen sind Geschlechterdifferenzen zwar durchaus ein Thema, aber sie verdichten sich nicht zu einer geschlechterdifferenzierenden Perspektive auf den Fall (Gildemeister et al. 2003, 174ff).

Organisationsstrukturelle Faktoren spielen bei der Integration von Frauen eine geringere Rolle. In der Justiz sind Laufbahnnormen vorgegeben, in der freiberuflichen Anwaltschaft wird gerade die Möglichkeit, Zeit selber einzuteilen, als positiv und integrationsfördernd eingeschätzt.

Auch bei der *Polizei* finden wir einen „Horizont der Gleichheit" insofern, als sie auf zwei Jahrzehnte der Gleichstellungsarbeit zurückblicken kann. Ähnlich wie die Rechtsberufe weisen die Geschlechterkonstruktionen in der Polizei eine wechselvolle Geschichte auf, galten etwa zunächst vor allem Fürsorge und Prävention als „weiblich affine" Arbeitsbereiche. Inzwischen aber haben sich alle Bereiche der Polizei für Frauen geöffnet, auch wenn die Frauenanteile in den unterschiedlichen Feldern nach wie vor stark variieren. Kriminalpolizei und einige Spezialkommandos sind hochsegregiert, Frauen finden sich dort nur in Ausnahmefällen. Da aber die Anforderungen hoch sind, auch viele Männer „durchfallen", wird darin keine geschlechterbezogene Diskriminierung gesehen. Insofern ist die Geschlechterdifferenz durchaus der Tendenz nach „deinstitutionalisiert", zugleich aber begleitet von „kontinuierlicher geschlechtskonnotierter Exklusion" (Müller et al. 2007, 36).

Ähnlich zu den Rechtsberufen sind die *gegeneinander* laufenden, *widersprüchlichen* Thematisierungen von Geschlecht: Einerseits wird betont, dass es keine geschlechtstypisch abweichenden Arbeitsfelder und -weisen gebe, Frauen und Männer das gleiche täten und könnten. Unterschiede gebe es nur auf der Ebene von Personen, nicht auf der Ebene von Geschlechtern. Gleichzeitig wird aber in der Zuweisung von spezifischen Aufgabenfeldern an geschlechterdifferenzierte Zuschreibungen angeknüpft. Besonders augenfällig ist das im Streifendienst: Hier gelten „gemischte Streifen" als optimale Lösung. Das findet unterschiedliche Begründungen, eine davon ist, dass „Frauen einen anderen Blickwinkel (haben) und manchmal mehr als Männer (sehen)", sie aber zugleich nicht selten „körperlich unterlegen" seien (ebd., 39). Es ist daher nicht illegitim, Männerstreifen im Prinzip „besser" zu finden, diese kämen grundsätzlich mit allen Situationen gut zurecht, für Frauenstreifen gelte dies dagegen nicht. Im Kern dokumentiere sich darin eine Haltung, der zu Folge Männer für den Polizeidienst „in seiner ganzen Breite geeignet" seien, Frauen dagegen „ganz besondere Fähigkeiten" hätten, die jedoch nur eingeschränkt verwendbar sind.

Anders als bei den Juristen und Juristinnen haben die gegenläufigen Argumentationslinien (Frauen werden bevorzugt, Frauen werden benachteiligt, Geschlecht spielt keine Rolle) in der Polizei einen anderen Stellenwert. Sie werden auf eine Thematik bezogen, die dort – in den Rechtsberufen – nicht in der gleichen Form ausgeprägt war und auch in der Untersuchung nicht im Zentrum stand: die Thematik der Konkurrenz. Diese sei im Feld der Polizei – so die Autorinnen – sehr hoch, da die prestige- und einkommensrelevanten Stellen eng limitiert sind.

Die Segregation in der vertikalen Dimension ist nach wie vor sehr markant. In Führungspositionen sind Frauen eine Ausnahme. Im Berufsfeld selbst wird es als eine „Frage der Zeit" angesehen, bis Geschlechterunterschiede auch in hohen Besoldungsstufen nivelliert sein werden. Die Zahlen haben sich aber im letzten Jahrzehnt kaum verändert. Gleichzeitig kann bei den Bediensteten eine Haltung beobachtet werden, im Hinblick auf den beruflichen Aufstieg das andere Geschlecht „im Vorteil" zu sehen: „Beförderte Polizistinnen sehen ihren Berufsweg als Ausdruck ihrer Leistung, von männlichen Kollegen wird er jedoch oftmals als ungerechtfertigter Geschlechterbonus kommentiert" (Müller et al. 2007, 38). Bei Männern dagegen unterbleibe eine Verknüpfung mit der Geschlechtszugehörigkeit.

Von beiden Geschlechtern werde ohne Ansehen der Person eine hohe Bereitschaft zu Leistung, Flexibilität und Mobilität gefordert. Abgesehen davon, dass Bedingungen wie Mobilität und Flexibilität sich unterschiedlich auf Personen mit und ohne Familienverpflichtungen auswirken, stellt sich im Kontext von Personalentscheidungen vor allem die Frage, was als „Leistung" gilt und was als „Leistung" *anerkannt* wird. Wie oben angedeutet, werden etwa im Streifendienst Männern andere Aufgaben und Fähigkeiten zugeschrieben als Frauen. Daraus ergibt sich geradezu zwingend die Frage, welche Aufgaben wie bewertet werden: „Was bedeutet es für die Bewertung, wenn (männliche) Beamte einen „Widerstand" positiv bewältigen, während ihre (weibliche) Kollegin keinen einzigen Vorfall dieser Art vorzuweisen hat, weil er vielleicht im Vorfeld vermieden wurde?" (Müller et al. 2007, 40)

Ein anderes Beispiel ist die „Dramatisierung" von Geschlecht über die Teilzeitarbeit. Obwohl ein sehr hoher Prozentteil der Teilzeitarbeitenden bei der Polizei Männer sind (die Autorinnen sprechen von 40-50%), gilt Teilzeitarbeit als „weibliches" Phänomen. Der Unterschied ist, dass über 70% der Männer in Altersteilzeit beschäftigt sind, während über 70% der Frauen in erziehungsbezogener Teilzeit arbeiten (ebd., 43). Die Dramatisierung hat zum einen zur Folge, dass junge Frauen als eine Art „Zeitbombe" in den Abteilungen gelten, Ausfälle fast automatisch mit Schwangerschaft und Erziehungsurlaub in Verbindung gebracht werden. Mit einer erziehungsbezogenen Teilzeitarbeit gehen eindeutig Nachteile einher, etwa dass man faktisch nur noch ausführende Arbeiten zugeteilt bekomme und die Chancen auf eine Führungsposition sinken. Teilzeitarbeit gilt nach wie vor als „Exklusionskriterium im Führungsbereich". Eine geschlech-

terbezogene Diskriminierung wird jedoch verneint: Auch Männer in familienbedingter Teilzeit haben Karrierenachteile.[20]
    Obwohl es durchaus Maßnahmen gibt, in den Abteilungen Ausfälle durch Erziehungsurlaub bzw. Elternzeit zu kompensieren, sind diese Maßnahmen im Arbeitsalltag so gut wie unbekannt. Wenn organisatorische Maßnahmen aber de facto unsichtbar bleiben, im Arbeitsalltag keine Entlastung sichtbar werde, dann bleibe auch die über Schwangerschaft und Familienzeit errichtete Trennlinie zwischen den Geschlechtern in den Abteilungen etwa in der Weise bestehen, dass Frauen als „Verursacherinnen" der damit verbundenen Probleme gesehen werden.[21]
    Auf der kulturell-symbolischen Ebene sind Geschlechterdifferenzen ein Stück weit „entdramatisiert", aber im beruflichen Alltag durchaus noch präsent. Als Öffentlicher Dienst muss die Polizei den Gleichheitsnormen formal genügen – das tut sie offensichtlich auch. Dies gilt grundsätzlich auch für die organisationsstrukturellen Bedingungen. Die Studie von Müller et al. zeigt jedoch zugleich, dass insbesondere im Hinblick auf die vertikale Segregation Abweichungen von der Gleichstellungsnorm je nach Kontext unterschiedlich toleriert, legitimiert oder auch als „situationsspezifisch funktional" bezeichnet werden (ebd., 49), ein Widerspruch, der offenbar niemandem auffällt.

Integrierte Felder – neutralisierte Zonen

Das Feld der Sachbearbeitung in Versicherungen, Banken, kaufmännischen Bereichen, öffentlicher Verwaltung etc. ist ein Beispiel für ein weitgehend geschlechtsintegriertes Berufsfeld, i.e. das Zahlenverhältnis von Frauen und Männern ist ausgeglichen. „Sachbearbeitung" ist freilich ein recht unscharfer Oberbegriff für ein sehr breites Spektrum kaufmännisch-administrativer Tätigkeiten von Antragsbearbeitung, Buchhaltung, Bürokommunikation etc. Die zu diesem Feld vorliegenden Untersuchungen konzentrieren sich überwiegend auf kauf-

---

[20] Auch diese Verhandlung ist im Fluss, so werde nicht mehr durchgängig auf der Nichtteilbarkeit von Stellen im Führungsbereich beharrt, gebe es geglückte Jobsharingversuche und vor allem vom Personalrat und den Gleichstellungsbeauftragten initiierte flexiblere Arbeitszeitgestaltungen (ebd., 45).

[21] Ähnliches gilt für die in der Organisation bereitgestellten Wege, mit Erfahrungen sexueller Belästigung umzugehen – diese brechen sich an der Norm guten kollegialen Einvernehmens. Beschwert sich jemand offiziell beim Vorgesetzten wegen sexueller Belästigung am Arbeitsplatz, so wird ein solches Vorgehen von Kollegen wie Kolleginnen abgelehnt, da es „Streit ins Revier" bringt (Müller et al. 2007, 46). Den Bereich der sexuellen Belästigung werden wir jedoch hier und in den anderen Fallstudien nicht weiter vertiefen.

männische Ausbildungen mit unterschiedlicher Schwerpunktsetzung.[22] In Zusammenhang mit der Entwicklung neuer Organisationsformen (vgl. Kap. 10.2) werden gerade im Bereich der Sachbearbeitung neue Formen der Arbeitsorganisation und auch neue Arbeitszeitmodelle erprobt, mit Telearbeitsplätzen sogar eine räumliche Trennung von Organisation und Arbeitsplatz ermöglicht.[23]

Die Sachbearbeitung ist in gewissem Sinne ein „Beruf ohne Eigenschaften" (Heintz et al. 1997, 167), ein Tätigkeitsfeld ohne klares Profil, zu dem Frauen relativ früh Zugang fanden und in dem ihr Anteil an den Beschäftigten in den letzten 30 Jahren beständig angestiegen ist. Im Folgenden beziehen wir uns vor allem auf zwei Studien zum Versicherungsgewerbe. Diese sind in vielerlei Hinsicht anschlussfähig an die oben zitierte klassische Studie von Robin Leidner.

Für das Versicherungsgewerbe typisch ist die Trennung in einen „Innendienst" und einen „Außendienst", wobei dieses Verhältnis auch aktuell durch Reorganisationsbestrebungen im Fluss ist und immer wieder neu justiert wird. Leidner und auch Heintz et al. haben dazu festgestellt, dass der Außendienst höher bewertet als der Innendienst und zur „Front" hochstilisiert wird, einem Ort des „harten Wettkampfs" um die Kunden. In diesem Sinne ist der „Außendienst" männlich konnotiert, die Betonung liegt auf der Ausübung von Autorität und Überzeugungskraft, auf Durchsetzungsvermögen und Härte. Im Unterschied dazu stellt Wilz für das von ihr untersuchte Versicherungsunternehmen keine entsprechende Attribution von Tätigkeiten fest (Wilz 2002, 175). Auch ihre Analyse bezieht sich jedoch primär auf den Innendienst und konstatiert – durchaus ähnlich wie die Untersuchung von Heintz et al. –, dass im Innendienst Geschlechterdifferenzierungen kaum aktualisiert werden und sich keine eindeutigen Segregationslinien in den formalen oder informellen Arbeitsteilungen ausgebildet haben.

Exemplarisch dafür ein Auszug aus einem ihrer Interviews:

„Also ich würd' eigentlich sagen, so von der Arbeitsweise gibt's immer solche und solche. Es gibt sehr ordentliche Männer, und dann gibt's aber auch wieder welche,

---

[22] Die entsprechenden Berufe gehören zum Dienstleistungsbereich, einem Bereich, der in den letzten Jahren zunehmend von Reorganisationsmaßnahmen betroffen war, und in dem der Einsatz von Informations- und Kommunikationstechnologien eine große Rolle spielt. Immer mehr Abläufe werden elektronisch gesteuert. Dabei verändert sich auch die Berufsstruktur und scheint es einen Verdrängungswettbewerb zwischen den im dualen System ausgebildeten Fachkräften und Personen mit Hochschulausbildungen etwa im Bereich der Wirtschaftswissenschaften zu geben. Zahlen liegen uns dazu jedoch bislang nicht vor.

[23] Mit der Technisierung, Reorganisation und Deregulierung von Arbeitsverhältnissen war ein deutlicher Arbeitsplatzabbau verbunden, wurden vor allem klassische „Frauenarbeitsbereiche" wie z.B. Schreibbüros oder auch Sekretariatsarbeiten „wegrationalisiert", wurden die zu bewältigenden Arbeitsaufgaben zunehmend komplexer (Wilz 2002, 115 ff).

die find' ich, die organisieren ihren Arbeitsplatz total chaotisch, aber da haben wir auch'n weibliches Beispiel dazu. Also, würd' ich eigentlich nicht sagen, vielleicht gibts'n Unterschied halt wegen, weil wir halt jetzt ja hier nur männliche Führungskräfte haben, im Augenblick ist da halt nicht' ne Frau dabei." (Wilz 2002, 147)

Oder:

> „Also, ich überleg jetzt gerade, ob Männer und Frauen unterschiedlich telefonieren. Aber nee, im Prinzip nicht. Also, im Prinzip ist es so, weil wir ja vom Fachwissen alle das gleiche wissen so ungefähr, dass man dem Kunden schon im Prinzip das gleiche sagt. Ich weiß nicht, ob'n Kunde sich lieber was von 'nem Mann sagen lässt als von 'ner Frau, das weiß ich nicht (...). Also es gibt schon unterschiedliche Bearbeitungsweisen, aber es gibt auch unter Frauen, also es gibt, verschiedene Frauen bearbeiten Sachen halt verschieden, oder organisieren sie verschieden. (...) nee, kann ich nicht sagen, dass Männer und Frauen unterschiedlich arbeiten" (Wilz 2002, 156).

Insofern widerlegen die neueren Studien die klassische Annahme eines „doing gender while doing work": „Die These, dass die Arbeitsorganisation differenz- und, in der Folge, hierarchiebildend wirkt, konnte (...) nicht bestätigt werden. Im Bereich der Aufgaben und Tätigkeiten, die die Kundenbetreuer/innen des untersuchten Versicherungsunternehmens in ihrer alltäglichen Arbeit tun, in der Zuweisung und Bearbeitung von Spezialgebieten, in der Kooperation von Männern und Frauen bei der Arbeit finden sich, so zeigt die Analyse der Darstellung der alltäglichen Arbeitspraxen, keine durchgängigen, systematischen, formalen, informellen und/oder unterschiedlich prestigeträchtigen Segregationen zwischen den Geschlechtern" (Wilz 2002, 141).

Diesem Ergebnis entspricht in der Untersuchung von Heintz et al. (1997) der Umstand, dass auch auf der Ebene der Inszenierung von Geschlecht durch Kleidungsregeln die Geschlechtszugehörigkeit nicht unterstrichen, sondern neutralisiert wird. Körperbetonte Kleidung, auffälliges Makeup, auffälliger Schmuck, alles, was „weibliche Körperlichkeit" betont, untergräbt auch hier (wie schon in der Informatik und im Krankenschwesterberuf) den Anspruch auf Seriosität und Zuverlässigkeit (Heintz et al. 1997, 204).

Zwar konnten in der Untersuchung von Wilz in einzelnen Aspekten der Arbeitspraxis „Spuren von Geschlecht" aufgedeckt werden, etwa wenn Fähigkeiten wie Freundlichkeit, Schnelligkeit, Ordnung, Kollegialität etc. geschlechtsbezogen „aufgeladen" werden. Diese Momente der Geschlechterdifferenzierung werden aber in der Regel aufgelöst in individuell zugerechnete Differenzen, wobei zugleich deutlich wird, dass die Art, *wie* Arbeit sinnvoll gestaltet werden kann, *wie* Arbeitsaufgaben gelöst werden, mit einem vergleichsweise großen Handlungsspielraum verbunden ist (ebd., 176), der jedoch hier offenbar nicht geschlechterdifferenzierend gefüllt wird.

Vertikal dagegen sind die in den gewonnenen Studien untersuchten Organisationen hoch segregiert: Auf der oberen Führungsebene gibt es so gut wie keine Frauen, selbst im mittleren Management pendelt der Anteil lediglich um etwa 15% (Heintz et al. 1997; 197, Wilz 2002, 138). In beiden Organisationen aber wird betont, dass Chancengleichheit in der Organisation gegeben ist, eines der untersuchten Unternehmen betreibt explizite Gleichstellungspolitik und ist sogar Träger eines sogenannten „Chancengleichheit-awards" (Wilz 2002, 123).

Historisch gesehen beruhen auch in diesem Feld die geringen Karrierechancen von Frauen darauf, dass sie mit Heirat und Mutterschaft in der Regel den Beruf aufgaben oder aber zumindest ihre Aufstiegsaspirationen einstellten. Frauen, die trotz und mit Familie Karriereambitionen entwickeln, sind eine vergleichsweise neue Erscheinung. Innerhalb der Betriebe sind sie zu einem verunsichernden Faktor geworden, da auch im Versicherungswesen – wie im Feld der Informatik oder auch in der Polizei – eine offene Konkurrenz mit Frauen vergleichsweise neu ist, obwohl die Mitarbeiter es in diesem Arbeitsfeld gewöhnt sind, mit Frauen auf „gleicher Augenhöhe" zu arbeiten. Freilich galt in der klassischen Konzeption der Berufslaufbahn die Sachbearbeitung stets in der Tendenz als „männlicher Zwischenhalt und weibliche Endstation" (Heintz et al. 1997, 210).

Im Grundsatz bestehen viele der in der traditionellen Laufbahn angelegten Hürden auch heute noch, etwa die Tatbestände, dass für einen beruflichen Aufstieg die Verpflichtung zur Vollzeitarbeit verbindlich ist, dass keine Berufsunterbrechungen vorliegen sollen, dass Frauen tendenziell aus informellen Netzwerken und Förderbeziehungen ausgeschlossen werden und eine geografische Mobilität verlangt wird, die mit Familienverpflichtungen schwer zu vereinbaren ist. Auch hier – das wird in praktisch allen Beispielen deutlich – ist es vor allem die Antizipation eines Familienmodells, in dem der Mann als Haupternährer und die Frau als Mutter und eventuelle Teilzeitbeschäftigte gesehen wird, das sich wie ein Schatten aus der Zukunft über die jungen Frauen legt. Die Differenzherstellung erfolgt hier also *nicht* über die Arbeitspraxis, sondern hat ihre Grundlage in erster Linie *außerhalb* der Arbeitssphäre, in der für Männer und Frauen als unterschiedlich unterstellten Bedeutung von Familie. Hier setzen die Stereotype ein, die insbesondere darauf zielen, dass der Stellenwert der beruflichen Karriere für Frauen von vornherein geringer ist als für Männer.

Gleichzeitig aber zeigt sich bei Frauen wie bei Männern ein ungebrochener Glaube an das meritokratische Prinzip, dass nämlich Qualifikation und Befähigung den Ausschlag beim beruflichen Aufstieg geben und beide(s) in der Sachbearbeitung nicht mit der Kategorie Geschlecht verknüpft sind. Auch wenn

Frauen sich z.T. selbst marginalisieren, indem sie in der Antizipation des Familienmodells für sich selbst keine Möglichkeit sehen, eine Führungsaufgabe mit
Familienarbeit zu vereinbaren, stellt sich daher doch die Frage, wie diese hoch
ausgeprägte vertikale Segregation zu Stande kommt, obwohl dafür keine Grundlage im „Basisbereich" der Sachbearbeitung angelegt zu sein scheint. Wenn in
den „Basisbereichen" der Organisationen Geschlecht nicht relevant gemacht
wird, die wenigen, an Geschlecht anknüpfenden Differenzierungen nicht mit
Segregationen und Asymmetrien einhergehen, dann müssen es vor allem die
Personalentscheidungen für Aufstiegspositionen sein, in denen Geschlecht dann
doch sehr wohl eine Rolle spielt, i.e. relevant gemacht wird bzw. werden kann.

In Personalentscheidungen werden je nach Sachlage variable Kombinationen allgemein anerkannter Bewertungs- und Auswahlkriterien wie Qualifikation,
Tätigkeitsbereich, Alter und „Persönlichkeit" wirksam[24]. Wie diese Kriterien
gefüllt und welche Kriterien als ausschlaggebend benannt werden, das ist, wie
Sylvia Wilz in Bezug auf die Geschlechterdifferenzierung formuliert, „kontingent" (2002, 179). „Kontingenz" bedeutet hier, dass weder zwingende, strukturell eindeutige Zusammenhänge zwischen den verschiedenen Dimensionen bestehen, noch dass sie völlig beliebig aneinander ge- oder miteinander verbunden
werden können. Dabei spielt zum einen – wie bereits auch in den anderen Feldern – eine Rolle, was als „Leistung" und „Leistungsfähigkeit" definiert wird,
zum anderen aber, wie Anforderungen an Führungskräfte definiert werden und
sich mit Geschlechterstereotypen und -zuschreibungen verkoppeln (können).[25]

---

[24] Was hat etwa Körpergröße mit beruflichem Erfolg zu tun? Eigentlich nichts, würde man vermuten, als wichtiger gelten normalhin Ausbildungsniveau und Berufserfahrung. Untersuchungen in
der Schweiz aber auch aus den USA und Großbritannien weisen jedoch in der Regel einen mehr
oder minder großen Einfluss der Körpergröße auf die Entlohnung bzw. das Einkommen nach.
Für Deutschland zeigen Auswertungen der Daten des sozioökonomischen Panels diesen Einfluss
der Körpergröße vor allem für Männer der alten Bundesländer, ein Einfluss der Größe auf die
Entlohnung von Frauen ist dagegen statistisch nur schwach ausgeprägt. Für Männer und Frauen
in den neuen Bundesländern wurde kein Effekt gefunden. Die Schweizer Untersuchung dagegen
zeigt stabile Resultate, nämlich „Größenprämien" bei Männern in verschiedenen Alterskohorten,
verschiedenen Schweizer Regionen und auch auf unterschiedlichen Hierarchiestufen. Bei Frauen
dagegen ist der Zusammenhang auch hier geringer ausgeprägt. Erklärungsversuche für diesen
Befund rekurrieren darauf, dass durch Körpergröße Durchsetzungskraft und Erfolg signalisiert
wird, auch wenn dieser Zusammenhang (Körpergröße und Durchsetzung) empirisch nicht nach-
gewiesen werden kann. Und: der unterstellte Zusammenhang wird eher bei Männern als bei
Frauen wirksam (Gautschi/Hangartner 2006).

[25] Zum Thema „Frauen und Führungspositionen" gibt es inzwischen sehr viel Literatur, von Karrie-
reratgebern angefangen bis hin zu wissenschaftlich elaborierten Analysen. In ihrer überwiegen-
den Zahl argumentieren sie mit differenztheoretischen Ansätzen, also mit unterschiedlich ausgeprägten geschlechtstypisch verteilten Eigenschaften und ihrer Relevanz für Führungspositionen,
so etwa dass Frauen stärker als Männer über Eigenschaften wie Empathie, Kommunikationsfä-
higkeit, soziale Kompetenz etc. verfügen. Relativ früh hat etwa Müller (1995) oder auch Krell
(1998) auf methodische Fehler aufmerksam gemacht, die zu einer unzulässigen Verallgemeine-

Auch in anderen Studien wird betont, dass in die Definition von Anforderungen an Führungskräfte Zuschreibungen eingehen, die geschlechtsspezifische Stereotypisierungen enthalten *können* – aber *wann* weisen Zuschreibungen wie „Freundlichkeit" und „Kundenorientierung" einen Geschlechterbias auf? Zur Illustration dieser Problematik, *ob*, wie und *auf welche Weise* mit erwünschten Fähigkeiten auch geschlechtstypische Zuschreibungen aktualisiert werden, ein Interviewauszug aus einer anderen Untersuchung (Dölling 2007), in der die Interviewte über Erfahrungen mit einem Auswahltest für eine Führungsposition berichtet. Frau X hat sich im Rahmen einer Stadtverwaltung um eine Aufstiegposition beworben und dafür an einem Test teilgenommen. Davon berichtet sie der Interviewerin, die das Interview so zusammenfasst:

„Sie findet es *merkwürdig*, wie die ‚Testpersonen' auf der Grundlage bestimmter Vorstellungen etwa von ‚Hartnäckigkeit' oder ‚Flexibilität' *Charaktereigenschaften zugeschrieben bekommen* und stellt *amüsiert und auch verärgert* fest, dass sie – im Gegensatz zu ihrem Selbstbild und auch der Meinung ihres zuständigen Stadtrats – in der Auswertung des eignungsdiagnostischen Tests mitgeteilt bekommt, dass sie es an Hartnäckigkeit fehlen lasse. In mehrmaligem Durchdenken der Situation kommt sie zu dem Ergebnis, dass sie unter „Hartnäckigkeit" offenbar tendenziell etwas anderes versteht als diejenigen, die den Test (...) ausgearbeitet haben. Sie sagt im Interview: (im Test) *waren immer so Fragen zu beantworten, wie verhalte ich mich in welcher Situation, was weiß ich, ich bin Chemikerin und mir fliegt nach drei Jahren die Apparatur um die Ohren, wie mache ich weiter, schmeiße ich alles hin, mache ich weiter wie bisher, bau es neu auf, oder überlege ich, bin ich auf dem richtigen Weg. Da konnte man durchaus mehrere ankreuzen (...) und ich hab' oft bei solchen Sachen erst mal überlegt, bin ich noch auf dem richtigen Weg und (habe) fast gleichrangig bewertet. (...) Das führte auch z.B. dazu, dass man nicht hartnäckig ist, wenn man sich zu oft die Frage stellt, bin ich noch auf dem richtigen Weg (...)*

Ihr wird gesagt, dass sie zu *zögerlich* ist, weil sie die Richtigkeit eines eingeschlagenen Weges zu oft in Frage stellt, sie hingegen findet, dass es ein Ausdruck von Hartnäckigkeit und eine Leistung sei, *dass ich mich inzwischen hinterfragen kann, stimmt das, wohin ich will, oder muss ich doch mal irgendwie die Route ändern. Also das fand ich dann erstaunlich, dass dieser Text mit solchen Fragen dazu führt, ‚hartnäckig' oder ‚nicht hartnäckig' zu beurteilen. Da habe ich dann hinterher auch gedacht, dieser Test ist ja Asbach uralt (...).angeblich ein Wehrmachtstest, zumindest in den Anfängen, dass einfach Befehlsausführung abgefragt wurde mit 'nem modernen Begriff (...)"* (Dölling 2007, 14).

Von außen betrachtet scheint es durchaus nahe zu liegen, hier mit „Gender-Argumenten" einzusetzen, dass nämlich die zu Grunde gelegten Kriterien nicht zuletzt über die Assoziation zur „Wehrmacht" als „vergeschlechtlicht" angesehen werden können. Eine solche Assoziation erfolgt jedoch weder durch die Interviewten noch wird im Test von „Hartnäckigkeit" eine solche Verbindung gezogen Dieses Beispiel ist also ersichtlich *schlecht* geeignet, den nicht gelingenden Aufstieg dieser Frau auf abwertende oder ausschließende Stereotypisierungen zurückzuführen oder noch allgemeiner als Folge von entsprechend geprägten Strukturen und Kulturen zu verstehen.[26] Auch dass die Ablehnung ihrer Bewerbung mit fehlender „Hartnäckigkeit" und ihrer „Zögerlichkeit" zu tun habe, ist eine Interpretation, die nicht unbedingt den Kern der Sache treffen muss. Im Kontext von Personalentscheidungen geht es in den Verfahren i.d.R. um eine variable – und eben „kontingente" – Kombination von Bewertungs- und Auswahlkriterien (Qualifikation, bisherige Tätigkeit, bisherige hierarchische Position, etc.) sowie um die „Persönlichkeit" bzw. die „persönlichen Fähigkeiten" der Bewerber/innen (vgl. dazu Wilz 2002, 179).

Ob also in dem obigen Beispiel wirklich die fehlende „Hartnäckigkeit" der Grund für die Entscheidungsfindung war, wissen wir nicht und weiß auch die betreffende Person nicht. Aber: Mit dieser „Diagnose" ist eine plausible, „rationale", und nicht unmittelbar auf die Geschlechtszugehörigkeit rückführbare Begründung gegeben, die die Entscheidung nach innen und außen legitimierbar macht.[27]

Was für die Fähigkeit der „Hartnäckigkeit" ausgeführt wurde, kann auch auf viele andere Anforderungen „persönlicher Fähigkeiten" bezogen werden, etwa die Fähigkeit zur „kontrollierten Emotionalität" (Wilz 2000, 213ff). Auch diese ist nicht per se mit der Geschlechtszugehörigkeit verkoppelt. „Gefühlsarbeit" im Sinne der Erwartung, gegenüber Kunden und Kollegen freundlich, hilfsbereit, ausgeglichen zu sein, gilt grundsätzlich für alle. Erst dann, wenn bestimmten Personen „Gefühlsbetontheit" als Persönlichkeitsmerkmal zugeschrieben wird, ihnen unterstellt wird, dass sie direkt auf Gefühlsregungen reagieren und daher weniger ausgeglichen und belastbar sind, erst dann kann auch

---

[26] Irene Dölling (2007) entwickelt an diesem Beispiel die Problematik, wann und wie in solchen Prozessen überhaupt über Geschlecht gesprochen wird und wie man dem „Geschlechterwissen" der Akteure auf die Spur kommen kann. Wir nutzen dieses Beispiel lediglich für eine Illustration der Problematik, wann denn Zuschreibungen „vergeschlechtlicht" sind.

[27] Wenn der Präsident der Bundesvereinigung der Deutschen Arbeitgeberverbände als Erklärung für die bislang eher geringen Erfolge der Gleichstellung in seinem eigenen Betrieb z.B. die Antwort anbietet: „Wir haben ein Frauenförderprogramm, aber wir unterscheiden nicht zwischen Frauen und Männern" (Magoley 2004), dann verweist das genau auf dieses Problem des „Unterschiedmachens", das mit einer Programmatik rein sachlogischen, durch Fachkompetenz ausgewiesenen beruflichen Handelns nicht zu vereinbaren ist.

die Zuschreibung, dass Frauen in der Regel emotionaler sind als Männer, Männer rationaler als Frauen, ins Spiel kommen. In Sinne eines „sich von Gefühlen leiten lassen" wird Emotionalität zu einer „Frauensache". Wird dieses „sich von Gefühlen leiten lassen" dann mit Verhaltensweisen von Frauen in der alltäglichen Arbeit verbunden, wird es tendenziell zu einem Ausschlusskriterium für Führung. Das bedeutet jedoch nicht, dass nicht auch Männer von solchen Definitionen betroffen sind, sie z.b. als unbeherrscht oder unkontrolliert und daher ebenfalls als wenig geeignete Führungskraft gelten.[28]

Diese am Beispiel von „Hartnäckigkeit" und „kontrollierte Emotionalität" illustrierten Aspekte der Problematik eines „gendering" von erwünschten oder geforderten „Führungseigenschaften" wären vielfach zu ergänzen, z.B. durch „Entscheidungsfreudigkeit", „Pragmatik", „Effektivität", „Stressresistenz", „Selbstkontrolle" u.a.m. Sie dienten hier vor allem als Beispiel dafür, dass solche und andere Kriterien lediglich *Möglichkeiten* bieten, die Geschlechterdifferenzierung zu aktualisieren, diese Möglichkeiten aber nicht zwangsläufig genutzt werden müssen, auch wenn in diesen Benennungen eine gewisse Nähe zu stereotypisierten „männlichen Fähigkeiten" unübersehbar ist. Bei näherem Nachfragen bei den Personalverantwortlichen zeigt sich dann auch, dass Frauen immer wieder als „weniger belastbar" als Männer gelten, sie „kritischer" oder auch „konsequenter im Einfordern ihrer Grenzen" (Wilz 2002, 207) seien.

Trotz einer weitgehend fehlenden kulturell-symbolischen Aufladung der Geschlechterdifferenz im Arbeitsalltag erweist sich als entscheidender Mechanismus der Differenzbildung auch in diesem vom „Basisgeschäft" her neutralen, nicht segregierten Arbeitsfeld die *Naturalisierung der Geschlechterdifferenz* in dem Sinne als entscheidend, dass Frauen insbesondere von den (männlichen) Führungskräften im Kontext ihrer Reproduktionsfähigkeit und ihrer Zuständigkeit für familiäre Verantwortung wahrgenommen werden. Dieses Deutungsmuster ist ständig gegenwärtig und im Falle des Falles auch jederzeit aktualisierbar. Den Frauen im Unternehmen werden solche auf Kinder und Familie bezogenen Wünsche und Handlungsentscheidungen auch für die Zukunft unterstellt, so dass sie vielfach gar nicht als „Potential" für Führungspositionen wahrgenommen werden.

---

[28] Ähnliches gilt für das von Wilz herausgearbeitete Kriterium der „Sichtbarkeit", dass Vorgesetzte „sehen" müssen, dass sich eine Mitarbeiterin oder ein Mitarbeiter „gut entwickelt". „Sehen" tut man sich in der Regel nicht bei jenen, die „einfach nur still vor sich hin arbeiten", sondern die „sich einbringen" und ihre Leistungsfähigkeit angemessen inszenieren. Auch hier ist jedoch die Frage, ob dieses Muster von vornherein „gendered" ist, auch wenn sich in den Untersuchungen immer wieder herausstellt, dass Frauen tendenziell eher „unsichtbar" sind, nicht wahrgenommen werden und sich ihnen weniger Möglichkeiten bieten, sich selbst darzustellen. Ebenso gibt es auch „unsichtbare" Männer, die in durchaus ähnlicher Weise ausgebremst werden.

Was ist die Bilanz?

Wie in den von uns zuvor bereits diskutierten Institutionen und sozialen Feldern lässt sich auch für die Welt der Arbeit und Berufe und deren Organisationen zeigen, dass Geschlecht in diesen eine zentrale, orientierende, handlungsleitende und strukturierende Kategorie war und ist. Mit Bezug auf sie bilden und begründen sich Wahrnehmungen, Situationsdefinitionen und Praktiken, in deren Ergebnis Geschlechterdifferenzen hervorgebracht bzw. aufgegriffen, spezifiziert und weiter konturiert werden. Zugleich entsteht und verfestigt sich dabei soziale Ungleichheit, die so gesehen nicht zuletzt auch in alltäglichem Handeln in Organisationskontexten generiert, plausibilisiert, stabilisiert und legitimiert wird.

Dies geschieht aber, wie sichtbar wurde, in sehr *heterogener* Weise. Die Ergebnisse der vorgestellten Untersuchungen verdeutlichen, dass der Geschlechterdifferenzierung in unterschiedlichen Berufsfeldern und Organisationen eine sehr unterschiedliche Bedeutung zukommt, sie sehr verschiedenartig gehandhabt und mit äußerst vielfältigen Inhalten gefüllt wird. Ein weitgehendes In-Eins-Fallen von „doing gender" und „doing work" wie es explizit segregierte Berufsfelder und Aufgaben institutionell herstellten (im Beispiel: Frauen in der Armee und Männer in der Krankenpflege)[29], lässt sich kaum mehr feststellen. Vielmehr variiert die jeweilige Praxis des „doing gender" stark mit den sozialen Welten[30] der Berufe und den strukturellen und institutionellen Rahmensetzungen, Bedingungen und Ausformungen jeweiliger Organisationen.

Der typisierende Vergleich dreier unterschiedlicher Konstellationen (segregierte Berufe – getrennte Welten, ungleiche Verteilung – programmatische Gleichheit, integrierte Felder – neutralisierte Zonen) illustrierte dabei das differierende Ausmaß ebenso wie unterschiedliche Modi, in denen Geschlecht in deren Rahmen relevant gemacht wird. Dabei zeigte sich insbesondere die *Variabilität* und *Dehnbarkeit* der Geschlechtskategorie, sichtbar etwa in der zwischen den Geschlechtern wechselnden Zuschreibung typischer Kompetenzen und Arbeitsfelder. Wäre Geschlecht eindeutig oder gar determinativ, ließen sich weder diese Variabilität noch der Wandel plausibel erklären.

Im ersten, an den Beispielen der Krankenpflege und der datenverarbeitenden Berufe (Informatik) entwickelten Fall ist „der Unterschied der Geschlechter" nahezu durchgängig thematisch, struktur- und handlungsrelevant.

Im Gegensatz dazu herrschen im Zweiten, im Feld des Familienrechts und bei der Polizei, die widersprüchlichsten Konstrukte und Umgangsweisen vor.

---

[29] Andere Beispiele wären die sog. Lächelberufe wie z.B. Stewardess oder auch die Bardame auf der weiblichen Seite, „harte", physisch fordernde Berufe wie der Boxer oder auch der Pilot auf der männlichen Seite.

[30] Zum Verständnis von Sozialen Welten vgl. Strauss 1978.

Vor dem Hintergrund von Gleichheitsnormen und entsprechenden veralltäglichten Konzepten deutet sich zum einen das Entstehen „neutralisierter Zonen" an, also von Bereichen, in denen Geschlecht im beruflichen Handeln tatsächlich nicht oder nur noch arbiträr relevant (gemacht) wird. Auf den anderen Seiten bleibt die Kategorie, trotz aller Dementis in mancherlei Hinsicht, oft und oftmals im Hintergrund, präsent. Der Herabstufung ihrer Relevanz und Entdramatisierung auf der kulturell-symbolischen Ebene stehen dann oftmals implizit bleibende naturalisierende Konstrukte der Geschlechterdifferenzierung entgegen, etwa im Bezug auf die Fallwahrnehmung (Sorge- und Unterhaltsrecht) und -bearbeitung.

Nur im dritten von uns diskutierten Bereich, dem der Sachbearbeitung im Versicherungswesen, entsteht auf horizontaler Ebene offenbar durchgängig eine institutionelle Zone, in der im beruflichen Handeln der Bezug auf die Geschlechtskategorie *mit Selbstverständlichkeit* weitgehend ausgesetzt resp. aufgelöst ist. Auch hier wird sie allerdings umgehend wieder relevant, wenn es um Fragen der Beförderung, um Aufstieg und Karriere geht.

Vor dem Hintergrund unserer Fragestellung sind insbesondere die beiden zuletzt genannten Felder analytisch interessant. In diesen wurden Gleichberechtigungsnormen, z.T. auch Gleichheitskonzeptionen durchgesetzt, die berufliche Kommunikations- und Handlungsmuster in Teilen *entgeschlechtlichen*. In entsprechenden Organisationen ließen sich mehr oder weniger ausgedehnte Bereiche identifizieren, in denen die Zuweisung und Bewältigung jeweiliger Aufgabenstellungen, die je spezifische Sach- und Zwecklogik beruflichen Handelns keine vergeschlechtlichende Konnotation aufweist. Das Geschlecht kann also bei dessen Ausübung hinter die jeweiligen Profile eines Berufes bzw. einer Stellung, deren Aufgaben und Kompetenzen zurücktreten. Geschlecht ist diesbezüglich „kein Thema" mehr.

In diesen Fällen ist weder ein „doing gender" noch ein explizites „undoing gender" erforderlich, um Abläufe, Strukturen und den institutionellen Zusammenhalt einer (Arbeits-) Organisation als solchen zu gewährleisten. Dies entspricht der von Wilz vorgetragenen Folgerung, dass Geschlechterdifferenzierungen zwar und unübersehbar in einem Zusammenhang mit der Strukturierung und Organisation der Arbeit stehen *können*, dies aber *nicht müssen*: es besteht mithin zwar eine soziale *Option,* aber keine wie immer geartete Notwendigkeit zu einem zwingenden Konnex zwischen dem Geschlecht, der Arbeit und deren Konstruktionen und Organisation (Wilz 2000, 211) . Nicht zuletzt daraus aber resultiert die *Möglichkeit* der beschriebenen und paradox wirkenden Gleichzeitigkeit von naturalisierender geschlechtlicher Kategorisierung und durchgesetzter Gleichstellungsnorm, aus der die in den obigen Fallstudien aufscheinenden Tücken und Widersprüche immer neu entstehen.

Die von Kanter vor allem untersuchten Grenzziehungsprozesse zwischen maßgeblichen (dominanten) Mitgliedschaftsgruppen von Organisationen und jeweiligen randständigen und von Ausschluss bedrohten Minderheiten bleiben allerdings in den meisten empirisch gegebenen Organisationen der Erwerbsarbeit durchaus von Bedeutung. Solche basalen Differenzierungen scheinen sich nämlich nicht immer und nicht primär nach funktionalen Kriterien einer „rationalen" Gestaltung von Abläufen im Hinblick auf Zweckbestimmungen und Zielerreichung der Organisation herzustellen. Vielmehr benötigen Organisationen offenbar zur Befestigung ihrer Struktur, etwa zur Herstellung der Basis routinisierter Kooperationen (Vertrauen), sowie zur Markierung ihrer Grenzen eine über eine einfache „corporate identity" hinausgehende sozial abgestufte Binnensymbolisierung als „Wir-Kategorie".

Diese wirkt im Sinn einer sozialen Einbettung des Personals und wird entsprechend nicht zuletzt hergestellt durch *sozial* fundierte Zugehörigkeits- und Abgrenzungssymbole. Dabei entwickelt jede Organisation ihre *eigene* Grenzsymbolik und ermöglicht damit u.a. die Entfaltung von so komplexen wie flexiblen Konformitätskriterien und -kontrollen, wie sie auch aus anderen Gruppenprozessen bekannt sind. Solche Abgrenzungssymbolisierungen sind oft auch emotional stark aufgeladen und nutzen häufig Merkmale sozialer Gruppen und deren zugeschriebene Bedeutungsgehalte. „Gender status believes" sind dafür ein gutes Beispiel. Diesen entsprechend werden etwa Männern im Erwerbsleben überwiegend höhere Kompetenzen und ein höherer „sozialer Wert" zugesprochen als Frauen[31].

Wie die diskutierten Untersuchungen zeigen, sind derartige Zuschreibungen allerdings nicht universell (immer und überall) in gleicher Weise möglich. Sie brechen sich vielmehr an jeweiligen konkreten institutionellen Vorgaben. Im Berufsfeld der Krankenpflege, in dem Männer als Bereicherung und Chance angesehen werden, untersetzen sie Erwartungen, das Prestige des als „weiblich" klassifizierten Berufsstandes zu verbessern und haben so einen anderen Stellenwert als in Informatikunternehmen, in denen „Technikkompetenz" von vornherein mit Männlichkeit assoziiert wird. In der Polizei, die im Basisgeschäft des Streifendienstes dennoch um „Gleichheit" ringt, sind sie vordergründig sichtbarer als in Familiengerichtsprozessen. In der „neutralen" Sachbearbeitung von Versicherungsunternehmen werden sie erst auf den Führungsetagen wieder relevant. Letztere können sich auf (bürokratisch) standardisierbare, nicht vergeschlechtlichte Vorgänge in der Sachbearbeitung stützen, Geschlechterstereotypien kommen vor allem über die Konstruktion von „Führungseigenschaften" ins

---

Vgl. dazu die oben zitierte Untersuchung zum Zusammenhang von Körpergröße und Einkommen.

Spiel. In den anderen Feldern dagegen ist der Klienten- bzw. Mandantenbezug ein zentrales Einfallstor für alltagsweltliche Stereotypien von Geschlechtlichkeit. Für die in allen Feldern bestehenden Differenzierungen in der vertikalen Dimension sind entsprechende Auswahlverfahren von großer Bedeutung. Wie bereits die Einstellungspraxis stellen die Steuerungen von innerbetrieblichen Aufstiegen und Karrieren, insbesondere aber die Besetzung von Führungspositionen voraussetzungsvolle und folgenreiche Weichenstellungen dar. Denn in diesen Prozessen werden Geschlechterbezüge i.a.R. und oftmals auch trotz erklärter Dementis relevant, ohne notwendig als solche sichtbar zu werden (vgl. das Beispiel zur „Hartnäckigkeit" oder zur „kontrollierten Emotionalität"). Wichtige Referenzen dafür sind vor allem die Muster der *prognostizierten* Leistung der zu beurteilenden Personen sowie das Kriterium von deren erwarteter Passung in die Strukturen und v.a. Kulturen der Organisation.

Anders als gemeinhin unterstellt, wird „Leistung" oft nicht nur nach sachlogischen Kriterien und objektivierend gemessen. Vielmehr erweist sich die Wahrnehmung des Beurteilenden als von weiteren Kriterien beeinflusst, etwa dem des „impression management" (Goffman) der einzuschätzenden Person. In diesem „impression management" wird Geschlecht zu einer bisweilen spielerisch genutzten, inszenierten oder aber auch durchaus strategisch verwendeten symbolische Ressource zur Demonstration von Durchsetzungsfähigkeit, (notwendiger) Rücksichtslosigkeit oder auch List.

Die Frage, ob und wie Leistung und Leistungsfähigkeit erkannt und anerkannt werden, muss also in einem erweiterten Interpretationsrahmen beantwortet werden. Dies gilt, wie angesprochen, insbesondere bei der naturgemäß hochgradig ungewissen und daher auf Vermutungen und Hypothesen beruhenden „Prognose" von Potenzialen in und für die Zukunft. Und dabei zeigte sich für alle der von uns vorgestellten Felder, dass in die Beurteilung dessen, was eine „Leistung" und wie sie zu gewichten ist, an wichtigen Stellen ein Geschlechterbias[32] eingehen kann und in sehr vielen Fällen auch eingeht. In Leistungsbewertung und in der Einschätzung von Fähigkeiten und Potentialen werden geschlechterdifferenzierende Urteile wirksam. Für die Herstellung vertikaler Segregation als soziale Ungleichheit sind hier entscheidende Knotenpunkte mit strukturbildenden Folgen zu suchen.

Gerade in der Rekrutierung derer, die in Zukunft zur „Wir-Gruppe" der Führungskräfte gehören sollen, greifen die Entscheidungsträger auch auf weitere Geschlechterstereotypien zurück: Der Verweis auf die Problematik der Vereinbarkeit von Familie und Beruf wird de facto ausschließlich mit Frauen in Zusammenhang gebracht, Mutterschaft zudem mit einer – längeren – Erwerbsun-

---

[32] „Geschlechterbias": eine verzerrende Form der Wahrnehmung je nach Geschlechtszugehörigkeit der zu beurteilenden Personen.

terbrechung in Eins gesetzt. Dies geschieht und wirkt bei Einstellungen und Beförderungen auch dann, wenn eher rhetorisch betont wird, dass Männer ebenfalls wegen einer familienbedingten Unterbrechung oder Teilzeitarbeit Karrierenachteile hätten und deshalb „Teilzeitarbeit als Karrierehindernis" nicht geschlechterdiskriminierend sei. In diesem Punkt wurde große Einigkeit sichtbar: Mit Ausnahmen in der Krankenpflege, in der Teilzeitarbeit weitgehend normalisiert ist und nicht notwendig als Indikator für mangelnde Identifikation mit dem Beruf angesehen wird, werden Mutterschaft und Führungsposition als nicht zu „vereinbaren" angesehen. Besonders augenfällig ist dies in den untersuchten Versicherungsunternehmen. Trotz einer inzwischen zugänglichen Fülle von gegenläufigen empirischen Beispielen aus anderen Ländern (Frankreich/USA) sind gerade Führungskräfte überwiegend der Ansicht, dass sich eine Erwerbsunterbrechung wegen der Geburt von Kindern nachteilig auf die berufliche Entwicklung auswirkt.

Auch der Glaube an die „Nicht-Vereinbarkeit" von Mutterschaft mit Führungspositionen basiert daher nicht so sehr auf objektiven Kriterien nach Maßstäben der Organisationsrationalität. Das „Fachliche" etwa könnte nach einer Familienpause durchaus und meist in vergleichsweise kurzer Zeit wieder angeeignet und aufgearbeitet werden. „Mutterschaft" scheint vielmehr einen dieser Organisation *externen* fremden Kontext zu repräsentieren, der in der „Wir-Gruppe" und im „Wir-Gefühl" des Führungspersonals überwiegend als *nicht integrierbar* aufgefasst wird.

Gerade an dieser Stelle, der Frage der „Passung", kommt die Geschlechtszugehörigkeit immer wieder, zunehmend aber mit ganz unterschiedlichen Konsequenzen ins Spiel. Die „Passung" der Mitarbeiter in die arbeitsteiligen, funktional und hierarchisch organisierten Strukturen und Abläufe ist Teil der Rationalität einer Organisation. In Bezug auf dieses „Rationalitätskriterium" aber kann es offenbar sowohl „rational" sein, in der gesamten Belegschaft oder aber in einzelnen Mitarbeitergruppen eine „homosoziale" Zusammensetzung in dem Sinne anzustreben, dass keine großen kulturellen oder milieutypischen Unterschiede auftreten (vgl. z.B. Hohn/Windolf 1988), „rational" kann es aber ebenso sein, in der Zusammensetzung von Belegschaften auf Verschiedenheit, auf „diversity" zu achten, um dadurch eine größere Palette von Fähigkeiten zu integrieren (Vgl. dazu Kap. 10.3).

Die Praktiken des „doing gender" variieren mithin stark mit den sozialen Welten der Berufe und den strukturellen und institutionellen Rahmensetzungen, Bedingungen und Ausformungen jeweiliger Organisationen. Entwickelt, gelernt und umgesetzt werden sie vor allem im Zuge des Mitgliedwerdens und Tätigseins in deren Handlungskontexten, mithin „on the job". Dies gilt schließlich auch dann, wenn die „Neuen" beim Eintritt in die Organisation in dieser Hinsicht selbst bereits „etwas mitbringen", Spuren der (Selbst-) Vergeschlechtlichung zeigen, wie es ja zumeist der Fall ist. Letzteres umfasst dabei insbesondere auch deren selbstreflexive Aneignung, etwa das Wissen und Bewusstsein um die genannten Umstände und ein entsprechendes Verhalten: Dass nämlich auch in der Welt der Arbeit die Geschlechtszugehörigkeit nicht ausgesetzt ist, dies dort in vielerlei Hinsicht und auf verschiedenen Ebenen relevant (gemacht) wird und eine „unangemessene" Repräsentation der Geschlechtszugehörigkeit in Relation zur Position und Tätigkeit wie oben dargestellt auch empirisch belegt, vielfach als Grenzziehungs- und Ausschlusskriterium wirken kann. Derlei ist den meisten Kandidaten und Kandidatinnen in allgemeiner, eher diffuser Weise schon bei der Bewerbung bzw. dem Eintritt in die Organisation bekannt und beeinflusst ihr Handeln und Verhalten bereits mit.

Erst mit dem wirklichen Eintritt und dem anschließenden Hereinwachsen in deren (Sozial-) Struktur und Kulturen aber werden die dort gebräuchlichen (Be-) Deutungssysteme der Geschlechterdifferenzierung, werden die jeweiligen dort gültigen Regeln sowie die für diese je besonderen Realisierungsformen *spezifisch* erlernt. In der Folge werden dann mehr oder weniger bewusst und/oder zwangsläufig (etwa um den Mitgliedsstatus nicht zu riskieren), entsprechende Regeln und Deutungen in das eigene Verhalten, Orientierungsrepertoire und auch Selbstverständnis übernommen, so dass Grenzziehungsprozesse „ratifiziert" und Frauen und Männer zu „Verschiedenen" werden. Auf diese Weise entstehen faktisch gleichzeitig Verschiedenheiten, geschlechtsbezogene Differenzierungen und soziale Ungleichheit als aufeinander verweisende zentrale Bezugsgrößen der Prozesse der Vergeschlechtlichung in industrialisierten Gesellschaften.

9.3 Berufliche Werdegänge und Berufsbiografien

Im Zuge der zunehmenden Verberuflichung der Arbeit und der Durchsetzung von Auffassungen und Strukturierungen des „Lebens als Lebenslauf" entstand ein enges Verhältnis zwischen den beiden damit genannten Dimensionen. Die Logiken der – zunächst vor allem industriellen – Arbeitswelt, insbesondere aber die der Berufe wurden zu maßgeblichen „Korsettstangen" (Beck/Brater 1977) des Lebenslaufs. Antizipiert oftmals bereits in der Schule formte sich dieser von der Ausbildung bis in den Ruhestand in Bezug auf immer stärker institutionalisierte Prozessmuster der (Teilhabe an) beruflicher Arbeit aus. Diese stellten und stellen wichtige Elemente der Integration von wirtschaftlichen Prozessen, Organisationsimperativen und Personal sowie Lebenswelt, Alltagsorganisation und Selbstverständnissen der Gesellschaftsmitglieder dar.

In enger Anlehnung an entsprechende institutionelle Ablaufmuster wie Laufbahnen und Karriereleitern entwickelte und verbreitete sich als vorherrschendes Grund-Modell des Lebens weiter Teile der Bevölkerung die empirische Tatsache wie das Bild einer zentral über den Beruf gesteuerten und inhaltlich bestimmten Biografie. Ihre *normative* Gestalt fand es in der Grundidee des Berufs als „Berufung" und der Erfüllung des Lebens in dessen kontinuierlicher Ausübung. Modelle des Lebenslaufs als sequenziell geordneter Folge von Lebensphasen richten sich damit zunehmend aus auf Vorgaben und Konstrukte der industrialisierten Arbeitsgesellschaft[33]. Zugleich wirken sie auch auf diese zurück. Kontinuität und Integration des Lebenslaufs wurden immer mehr im Beruf gesucht und durch diesen gestützt. Auf elementarer Ebene galt dies im Sinne einer „kontinuierlichen Erwerbschance" (Weber 1920), in einem weiteren Sinn wurden aber auch biografische Steuerungen und Selbstverständnisse zunehmend im Sinne einer Verbindung von persönlicher und beruflicher Entwicklung angelegt.

Damit soll nicht übergangen werden, dass dieses Modell historisch und im Bezug auf soziale Lagen gesehen sehr *unterschiedlich* ausgeprägt, differenziert und zugänglich war. Arbeiterleben, gerade auch das von Frauen, war und ist bisweilen noch heute reduziert auf einfache unqualifizierte Tätigkeiten, die materiell wenig mehr als eine Grundsicherung auf niedrigem Niveau gewährleisten. Daraus resultierte für beide Geschlechter ein existentieller Zwang zu einer möglichst dauerhaften, wenn auch ggf. diskontinuierlichen Erwerbsarbeit.[34] Beides, Einfacharbeit und geringe Entlohnung an oder unter der Armutsgrenze, öffnet keine Wahl- und Gestaltungsoptionen und damit Anknüpfungspunkte für eine diese Dimension individualisierende Biografisierung (es sei denn als „Verlaufskurve des Erleidens" oder Teilhabe an „kollektiver Schicksalsbetroffenheit" (Schütze 1981, 1982, 1984). Zugleich sind auch auf der institutionellen Ebene in solche Arbeitstätigkeiten keine bzw. nur rudimentäre Lebenszeit und Berufsverläufe strukturierende Prozessmuster eingewoben. Zu vielen Zeiten waren und sind auch aktuell gerade diese Beschäftigungsverhältnisse vielmehr tendenziell prekär und tragen dabei hohe Risiken des sozialen Ausschlusses.

Auch hier und selbst in sozialen Randlagen aber dienen die erwähnten Konstrukte einer um qualifizierte und kontinuierliche Beruflichkeit zentrierten *Lebensführung* sehr häufig dennoch als lebensweltliche Orientierungsfolie. In der Gestalt eines auch kontrafaktisch *idealisierten* Lebensmodells dienen sie dann nicht zuletzt der Formulierung von Zielen, etwa von Wünschen nach sozialem

---

[33] Zur Diskussion um die Arbeitsgesellschaft vgl. etwa: Matthes 1983; Robert 2002 sowie Kap. 10.3.

[34] Vgl. auch die Ausführungen zum geschlechtersegregierten Arbeitsmarkt (5.1) und zu den „Working Poor" in Abschnitt 10.4.

Aufstieg. Das Ausmaß, in dem solche Orientierungen als Bezugspunkte aufrecht erhalten oder aufgegeben werden, dient dabei neuerdings nachgerade der Bestimmung einer Grenzlinie zum sog. „neuen Prekariat" (Friedrich-Ebert-Stiftung 2006).

Auf den ersten Blick scheint die normative Kraft der Modelle des die Lebenszeit maßgeblich phasierenden Berufs, der berufszentrierten Lebensführung sowie der Biografie als Berufsbiografie äußerst groß und dabei bemerkenswert stabil zu sein. Als Strukturelemente enthalten sie freilich auch Komponenten, die empirisch nur in einer relativ kurzen historischen Phase des vergangenen Jahrhunderts, insbesondere nach dem 2. Weltkrieg für die Mehrzahl der Bevölkerung gegeben und als solche normal und selbstverständlich waren, wie etwa die Vorstellung, in einem einmal erlernten Beruf lebenslang tätig zu bleiben. Lediglich Konjunkturschwankungen sollten eine kontinuierliche Verwertbarkeit der Qualifikation gefährden, technische Entwicklungen an einzelnen Stellen Korrekturen erfordern. Auch wenn seit geraumer Zeit sichtbar wird, dass dies nicht der Realität einer großen Zahl von Berufsbiografien entspricht, vielmehr eher Unterbrechungen, Umschulungen oder Neuqualifizierungen zunehmend „normal" werden und vor allem von den Jüngeren eine Revidierbarkeit von Berufswahlentscheidungen unterstellt wird (vgl. Kap. 6.), bleiben auch diese Komponenten zumindest bislang bestimmend für den *Erwartungsfahrplan* biografischer Entwürfe.

Was ist normal?

Die angesprochenen Formierungen von Arbeit und Leben erscheinen dabei nicht nur als stabil sondern zudem als nahezu universelle, *alle* sozialen Gruppen der Gesellschaft einbeziehende und bestimmende Dispositionen. Bei genauerem Hinsehen zeigen sich jedoch wichtige Differenzen: In der bis heute gültigen Unterscheidung von „Männer-" und „Frauenberufen" klingen Geschlechterdifferenzierungen an, die auch die in diese je verschieden eingewobenen Kontinuitäts- und Diskontinuitätsannahmen betreffen. Von ihrer historischen Entwicklung her betrachtet waren „Frauenberufe" nämlich nicht auf eine lebenslange, kontinuierliche Berufslaufbahn und berufliche Karriere hin angelegt, sondern i.a.R. konzipiert in engem Bezug auf die zu übernehmenden Aufgaben im Rahmen der Familie: Frauenleben wird systematisch anders und *gegen* vielfache Evidenzen (arbeitendes Proletariat) primär im Familienbezug bestimmt. Erwerbsarbeit von Frauen war damit zeitlich befristet bis zur Heirat oder bis zur Geburt des ersten Kindes bzw. wurde dies Konstrukt als „weibliche Normalität" bestimmt. Ihre Beruflichkeit wurde entsprechend nachrangig, auch: gewertet.

Der Widerspruch zwischen der Universalität des Typus der berufsgeprägten Normalformbiografie und dem damit angesprochenen Differenzmodell löst sich in der Tatsache auf, dass soziale Formen traditionell immer dann als „normal" gelten, wenn sie als männliche konnotiert werden, auf die „weibliche" als „besondere" und „andere" zu beziehen sind. Entsprechend entstanden vom oben beschriebenen Idealtyp markant abweichende, eben „weibliche" Berufe und Muster von Beruflichkeit. Nicht zuletzt deshalb gelten sie als nachrangig, stellen sie auf dem Arbeitsmarkt „Sackgassenberufe" dar, bieten sie Positionen ohne oder mit nur geringen Aufstiegsmöglichkeiten und deutlich niedrigerem Einkommen (vgl. Kapitel 6). Das Verhältnis von Frauen zur Erwerbsarbeit erschien als überlagert durch den sie primär bestimmenden Bezug zur Familienarbeit und Mutterschaft. Daher wurde die Beruflichkeit von Frauen durchgängig durch eine entsprechend getönte Brille betrachtet.

Selbst die Frauen*forschung* der vergangenen Jahrzehnte ging vielfach von der Unterstellung aus, für Frauen sei die Familie der (primäre) Strukturgeber im Lebenslauf. Die Bedeutung der Arbeit und des Berufs für sowie der Einfluss des Arbeitsmarktes auf deren Lebensläufe und Biografien wurde so vielfach verdeckt. Solche Ausblendungen aber reproduzierten – in einer bemerkenswerten Systematik – genau die vorherrschende Ideologie, die der Entwicklung von „Frauenberufen" zu Grunde lag. Diesen „Nebel" hat vor allem die Studie von Born/Krüger/Lorenz-Meyer (1996) gelichtet, die als eine der ersten überhaupt „Berufe" als *lebenslaufgestaltende* Institutionen auch für Frauen betrachteten und in diesem Zusammenhang nach der Bedeutung von Erstberufsausbildungen fragten (1996, 35).[35] Vorbereitet wurde diese notwendige Perspektivenerweiterung durch die Konzeption einer „doppelten Vergesellschaftung" von Frauen (Becker-Schmidt u.a. 1983; 1984), die überhaupt erst den Blick öffnete für deren nicht arbiträren Bezug zur Erwerbsarbeit.

In der zuerst genannten Untersuchung konnte dabei sehr eindrucksvoll aufgewiesen werden, dass eine Orientierung von Frauen auf den Beruf, der Wunsch eine Lehre zu machen und qualifiziert berufstätig zu sein, nicht so neu ist wie oft vermutet und keineswegs lediglich Frauen der jüngeren Generation betrifft. Vielmehr weisen bereits vor dem 2. Weltkrieg geborene Frauen eine deutlich ausge-

---

[35] Untersucht wurden in einer Kombination von quantitativen und qualitativen Zugängen Lebensläufe von Frauen, die in der Nachkriegszeit eine Ausbildung in den fünf beliebtesten Ausbildungsberufen auf Facharbeiterinnen-Niveau (Friseurin, Verkäuferin, Schneiderin, Kauffrau, Kinderpflegerin) absolviert hatten. Standardisiert wurde die Platzierung der Familienereignisse im Lebenslauf abgefragt sowie die Erwerbsarbeitsbeteiligungszeiten, differenziert nach Erwerbsarbeit im erlernten Beruf, der Erwerbsarbeit in anderen Arbeitsfeldern und einer Erwerbsarbeit in nicht versicherungspflichtigem Umfang. Qualitativ wurden die biografischen Verarbeitungsmuster mit unterschiedlichen Erzählanreizen erhoben und analysiert. (Born/Krüger/Lorenz-Maier 1996, 46 ff)

prägte Berufsorientierung auf. Dieser Wunsch richtete sich dabei allerdings in noch stärkerem Maße als heute auf sehr wenige Ausbildungsberufe und traf zugleich auf sehr begrenzte Gelegenheiten.

Aber bereits bei dieser Generation sind die als „Normalformen weiblicher Berufsbiografien" verstandenen Phasenmodelle empirisch nur bei einer Minderheit nachzuweisen. Nur 11,8% der befragten Frauen waren bei Heirat oder Geburt des ersten Kindes ganz aus der Erwerbsarbeit ausgestiegen. Auch das sogenannte „Drei-Phasen-Modell" (Wiedereinstieg nach der Familienphase) konnte nur für eine Minderheit konstatiert werden. Mehr als *zwei Drittel der Lebensläufe* der untersuchten/befragten Frauen hingegen ließen sich *nicht* diesen als „normal" unterstellten Verlaufsmustern zuordnen. Augenfällig war vielmehr, dass weit über die Hälfte drei und mehr Wechsel (bis zu zwölf Wechseln) zwischen Erwerbstätigkeit und der ausschließlichen Konzentration auf die Familientätigkeit aufwiesen (Born/Krüger/Lorenz-Meyer 1996, 198). Folgen wir dieser Untersuchung, so entstand aufgrund sehr verschiedenartig ausgelöster Interferenzen von Beruf und Familie faktisch eher eine *Unplanbarkeit*. Eine „Normalbiografie" von Frauen als schematisches zeitliches Nacheinander von Ausbildung, Berufstätigkeit, Familienphase und Wiederaufnahme der Berufsarbeit konnte bereits für diese Generation von Frauen *nicht* empirisch bestätigt werden.

Die divergenten Rhythmisierungen resultierten aber nicht, wie oft unterstellt, aus den Einflüssen des „Strukturierungsmusters Familie". Vielmehr stehen sie in zumindest gleichem Ausmaß in einem engen Bezug zu den verschiedenen, weiblichen (!) Berufen. Diese sind in unterschiedlichem Ausmaß auf Vereinbarkeit angelegt, erzwingen so im negativen Fall Unterbrechungen. Zudem prägen sie, wie ebenfalls mit großer Eindeutigkeit gezeigt werden konnte, selbst spezifische Verlaufswegemuster mit größerer oder erschwerter Kontinuität.

Der Erwerbsverlauf differenziert sich also vor allem unter dem Einfluss der verschiedenen Berufe: „Wesentlicher Bestimmungsfaktor für die realisierte Erwerbsarbeit der Frauen sind nicht Familienereignisse, sondern der erlernte Erstberuf der Ehefrauen. Die Berufe produzieren markante Differenzen im Erwerbsverlauf, obwohl sie auf gleichem Ausbildungsniveau liegen und alle in weiblichen Arbeitsmarktsegmenten angesiedelt sind. Die Tragfähigkeit von vorfamilial aufgebauten Bildungsressourcen zeigt sich erst mit Blick auf das Gesamt des Lebenslaufs" (Born/Krüger/Lorenz-Meyer 1996, 283).

Dies gilt auch dann, wenn man Erwerbsverläufe von jüngeren Frauengenerationen hinzuzieht und die Zahl der Berufe ausweitet (Born 2001, 42). Die „Strukturierungsmacht" der Erstberufe bezieht sich vor allem auf die Chance, innerhalb des erlernten Berufes erwerbstätig zu bleiben oder aber eine Arbeit in berufsfremden Bereichen suchen zu müssen, dann oft unterhalb des Niveaus der ursprünglichen Ausbildung. Bei den nunmehr untersuchten Berufen zeigte sich, dass Krankenschwestern die höchsten Erwerbsanteile in ihrem gelernten Beruf aufweisen (zwischen 65 und 70%), der Friseurberuf sowie Berufe im Hotel und Gaststättengewerbe dagegen die geringsten Erwerbsanteile im Ausbildungsberuf (zwischen 25 und 35%). Dabei haben die Frauen den Arbeitsmarkt nicht verlassen, sondern sind in andere, ausbildungsfremde Tätigkeiten gewechselt, oft unterhalb der Sozialversicherungsgrenze (Born 2001, 44).

Dass arbeits- bzw. berufsstrukturelle Besonderheiten die zuerst benannten Diskontinuitäten von Erwerbs- und Familienarbeit stark beeinflussen, belegt ein Vergleich von Müttern und kinderlosen Frauen. In Berufen, in denen die kinderlosen Frauen entsprechend ihrer Qualifikation arbeiten, können auch Mütter in starkem Ausmaß in ihrem Ausbildungsberuf erwerbstätig sein. In jenen, in denen dies relativ wenig der Fall ist, gilt dies ebenfalls in gleicher Weise für beide Gruppen. Die Möglichkeit, kontinuierlich im erlernten Beruf beschäftigt zu sein, kann so gesehen auch als Indikator für die Vereinbarkeit von Beruf und Familie gelten. Diese (die Vereinbarkeit) hängt dabei offenbar nicht so sehr bzw. allein von der Möglichkeit zur Teilzeitarbeit ab, denn der Anteil an Teilzeitarbeitenden wies im Vergleich zwischen den Berufen wenig Unterschiede auf (ebd., 45). Es sind also offensichtlich nicht allein und maßgeblich die formalisierten „Vereinbarkeitsvoraussetzungen", die zu Kontinuität im weiblichen Lebensverlauf beitragen.

Strukturierungsmacht von Berufen

Vor diesem Hintergrund sehen wir uns im Folgenden verschiedene Berufe nochmals genauer und vor allem im Hinblick auf deren lebenslaufstrukturierende Wirkung an. Als Beispiele dienen uns wieder die im Abschnitt 8.2 bereits diskutierten Felder.

Wir beginnen diese Darstellung also mit einer Betrachtung von Männern im Frauen- und Frauen im Männerberuf. Die hier zentrale Frage ist dabei zum einen, auf welchen Wegen die jeweiligen „Minderheiten" in den *geschlechts(un)typischen* Beruf kommen, welchen Stellenwert dieser etwa in ihrer biografischen Planung oder ihrem „gefühlten Lebensentwurf" hat. Zum anderen geht es darum zu beschreiben und zu reflektieren, wie sie mit dieser Situation umgehen, etwa welche „Strukturierungsmacht" der „geschlechtsspezifische" Beruf auf ihren Lebenslauf ausübt.

Dabei fällt als erstes auf, dass im Falle der „getrennten Welten", also der hochgradig geschlechter*segregierten* Berufe die Berufseinmündung für die jeweilige Minderheit jeweils auf *Umwegen* erfolgt: Für die Mehrzahl der männlichen Krankenpfleger ist dieser Beruf eine „zweite Wahl". I.d.R. gingen ihr andere Berufsausbildungen voraus. Für Männer gibt es offenbar „keine Normalpfade in die Pflege" (Ummel 2004, 187). Vielfach, aber nicht immer, folgt der Einstieg in die Krankenpflege einem Scheitern in einem Wunschberuf. In den Fallanalysen ließen sich dabei aus den verschiedenen Verläufen keine eindeutigen Muster von Motivationslagen destillieren. Vergleichsweise eindeutig aber ist, dass männliche Krankenpfleger die Arbeit in der Pflege als eine „transitorische Phase" ihrer Biografie wahrnehmen. Sie streben einen Aufstieg innerhalb des Krankenhauses an oder wollen sich über Spezialausbildungen selbstständig machen. Dieser „transitorische Aspekt" fehlt in den Werdegängen und Planungen von Frauen weitgehend. Zudem gelten bei ihnen sowohl Berufsunterbrechungen wie Teilzeitarbeit als „normal". Beides wird dabei institutionell überwiegend gut abgesichert.

In das Berufsfeld der Informatik dagegen gelangen die Frauen auf Umwegen. Dabei weisen die Informatikerinnen im Durchschnitt eine höhere schulische Qualifikation auf als ihre männlichen Kollegen (Heintz et al. 1997, 136). Das wiederum deutet auf eine erhöhte Eintrittsschwelle für Frauen hin. Diese Geschlechterbarriere ist ihnen jedoch kaum bewusst. In der angesprochenen Untersuchung zeigten sich viele Informatikerinnen zu Ausbildungsbeginn überrascht, dass sie in den Ausbildungsklassen oft die einzige Frau waren. Dies war von ihnen in dieser Form nicht antizipiert worden. Bezüglich eines „beruflichen Vorankommens" nehmen sich die Informatikerinnen eher zurück, stehen sich bis zu einem gewissen Grade „selbst im Wege". (ebd., 143).

Aufgrund der technischen Entwicklung ist der Zwang zur permanenten Weiterbildung hoch, wobei aktives Weiterbildungsverhalten gleichzeitig ein Symbol für berufliches Engagement ist. Berufsunterbrechungen werden als problematisch angesehen, Arbeitszeitreduzierungen gleichgesetzt mit einem reduzierten Interesse am Beruf (ebd., 162). Es wird offenbar als mehr oder weniger selbstverständlich angesehen, dass Frauen nach der Geburt eines Kindes ausscheiden. Kontinuitätsfördernde Bedingungen sind dies nicht, gleichzeitig liegen allerdings noch keine belastbaren Verlaufs- bzw. Verbleibsstudien dazu vor.

Als gemeinsamen Nenner des *zweiten* exemplarisch diskutierten Bereichs behandelten wir programmatisch benannte, vielfach akzeptierte und in unterschiedlicher Weise institutionell durchgesetzte Gleichheits- oder *Gleichberechtigungsnormen*. So sind im öffentlichen Dienst vergleichsweise präzise Laufbahnregeln vorgegeben, die zunehmend „geschlechtergerecht" gehandhabt werden (sollen): Entsprechend lassen sich die beruflichen Werdegänge von Frauen und Männern etwa in die Richterlaufbahn aber auch in die anwaltliche Tätigkeit kaum unterscheiden (Gildemeister et al. 2003, 405f). Ähnliches gilt für die Polizei: Die Aufstiegswege sind formalisiert und normiert, die Verfahren auf Transparenz hin angelegt (Müller et al. 2007, 37). Trotz der starken vertikalen Segregationen – in Führungspositionen sind Frauen nach wie vor marginal – ist die Geschlechterdifferenz in Bezug auf den *allgemeinen* Berufsverlauf und die Zeiten der Beförderung unerheblich, wobei sich der Trend zur Anhebung der Einstiegsqualifikation für Frauen mit ihren höheren schulischen Bildungsabschlüssen durchaus positiv auswirken kann. Familienpausen, so sie eingelegt werden, sind institutionell stark abgesichert.

Die normalhin als „typisch" unterstellte Diskontinuität im weiblichen Lebenslauf durch Unterbrechungen der beruflichen Laufbahnen war dabei im Fall der beruflich erfolgreichen Juristinnen nicht festzustellen[36]. Keine von ihnen legte eine „Familienpause" ein. Stattdessen reduzierten sie im Falle der Geburt eines Kindes die Arbeitszeit, was sich jedoch auf die formelle Abfolge von Karriereschritten nicht auswirkte. Im Kontrast zu den institutionellen Absicherungen im öffentlichen Dienst wurden in der Anwaltschaft die Gestaltungsräume einer freien Praxis, auch im Sinne der Wahl geeignet erscheinender Tätigkeitsschwerpunkte, als Ressourcen genutzt. Insofern sind in beiden Feldern (Justiz und Anwaltschaft) fördernde, wenngleich sehr unterschiedliche Voraussetzungen der Ermöglichung beruflicher Kontinuität sowie der Entfaltung vollwertiger Beruflichkeit gegeben. Für die Polizei liegen entsprechende berufsbiografische Daten nicht vor[37].

Im Feld der *geschlechtsintegrierten* Ausbildungsberufe schließlich wurden vor allem kaufmännische Büroberufe untersucht. Eine entsprechende Ausbildung wird hier vor allem als Grundausbildung betrachtet, die mit branchen- oder funktionsspezifischen Weiterbildungen ergänzt werden soll und muss. Das Büro bietet beiden Geschlechtern die Möglichkeit einer geschlechtskonformen Berufswahl, mit fachlichen Bürotätigkeiten wird i.d.R. keine Vordefinition im Hinblick auf eine geschlechtliche Typik und Prägung verbunden. Es gilt (anders als das Sekretariat) weder als „weiblich" noch als „männlich". Die Modi der Einstiege in dieses Berufsfeld sind weitgehend gleich, spezielle, entsprechend darauf bezogene Eignungen oder Neigungen werden nicht gefordert (Heintz et al. 1997, Wilz 2002).

Eine Familienverpflichtung steht einer kontinuierlichen Beschäftigung auf dem Niveau der Sachbearbeitung nicht im Wege. Die Chance, hier nach einer familienbedingten Unterbrechung auf einer vergleichbaren Position wieder einzusteigen, ist hoch. Gründe dafür liegen zum einen in der Art der Arbeitsorganisation, die das Angebot einer über Teilzeitbeschäftigung hinausgehenden hohen

---

[36]   Ausstiegsmuster konnten nicht untersucht werden.

[37]   Es wurde aber eine Kohortenanalyse durchgeführt. Deren Ergebnisse „weisen darauf hin, dass sich die Berufsverläufe von Polizisten und Polizistinnen nicht signifikant nach Geschlecht unterscheiden; intervenierende Faktoren für das berufliche Fortkommen sind vielmehr der Zeitpunkt der Einstellung und das Bundesland" (Müller et al., 52, Fußnote 9).

Flexibilisierung der Arbeitzeit (z.T. auch des Arbeitsortes) ermöglicht. Zum anderen erfordern Sachbearbeitungstätigkeiten vielfach nur eine begrenzt spezifische fachliche Untersetzung, so dass entsprechend notwendige Aktualisierungen und Qualifizierungen sich in Trainings mit vertretbarem Aufwand und relativ schnell realisieren lassen. Die generell auf einen *Aufstieg* ausgerichtete „Normallaufbahn" beinhaltet dann aber verpflichtende Weiterbildungsstationen, legt die Übernahme prestigewirksamer Spezialaufgaben nahe und verlangt zudem oft nach geografischer Mobilität. Für Personen mit Familienverpflichtungen sind so erhebliche Karrierehemmnisse gegeben.

Die vorgestellten Beispiele zeigten damit die große Vielfalt und Vielgestaltigkeit der entstandenen (Lebens-)Wege und Optionen. Darin dokumentieren sich nicht zuletzt auch die Flexibilität sowie die Vervielfältigung von Geschlechterkonstruktionen. Im Querschnitt aber bleibt die Differenzierung nach Geschlecht trotz ihrer multiplen Gestalten und Ausgestaltungen und trotz „neutralisierter Zonen" weiterhin strukturbildend und orientierungswirksam. Im Zuge ihrer Herstellung öffnen sich zugleich Möglichkeiten für die Entstehung von Neuem wie für Reinszenierungen des Alten in neuen und bunten Gewändern.

Bis in die Gegenwart hinein erweist sich der lebenslaufstrukturierende Effekt von Berufen als hoch. Dieser stellte sich zwar einerseits für Frauen und Männer unterschiedlich dar und wirkt aus dieser Sicht daher differenzverstärkend, gleichzeitig und andererseits aber variieren Berufsverläufe nicht nur zwischen den Geschlechtern, sondern auch unter Frauen und unter Männern stark in Abhängigkeit vom Ausbildungsberuf. Wenn aber Lebensläufe schon mit der Berufswahl, den empirischen Verläufen der Berufswege, den darin möglichen Unterbrechungen und Umorientierungen u.ä.m. in so hohem Maße divergieren, dass *einheitliche* geschlechterbezogene und geschlechterkonstitutive Muster und Typen immer weniger auszumachen sind, so verwundert es nicht, dass sich diese Vielfalt nicht zuletzt in biografischen Selbstthematisierungen niederschlägt, dort u.U. sogar weiter potenziert. Denn Arbeit und Beruf sind, wie von uns entwickelt, zu einem Zentrum der Selbstbezüglichkeit der Individuen geworden, dienen in deren Orientierung auf sich selbst (das eigene Leben) als wesentliche Bezugspunkte. Selbsterzählte Lebensgeschichten verdeutlichen dies eindrücklich. Nicht zuletzt in diesen werden Brüche und Diskontinuitäten sichtbar, wahrgenommen und thematisch. Wie in der Einleitung bereits formuliert, geht es in narrativen biografischen Interviews daher an zentraler Stelle darum, ob und wie sie in der Erzählung verbunden und zu integrieren versucht werden.[38]

---

[38] Diesem Biografieverständnis liegt damit kein normativer Anspruch zugrunde, nach dem Biografien ein bestimmtes Ausmaß von Integration erreichen müssen oder sollen, sondern ein deskriptives Verständnis, in dem danach gefragt wird, wie die *Zumutung* der Herstellung von lebensge-

Biografische Thematisierungen

Biografische Erzählungen sind mit den in sie eingewohnenen berufsbiografischen Elementen als Fallstudien nicht zuletzt deshalb interessant, weil sie es ermöglichen, gerade Prozesse des beruflichen Werdegangs und weiterer Verläufe in dieser Dimension als ein Ergebnis des *individuellen* Umgangs mit den Gegebenheiten des jeweiligen Berufsfelds zu rekonstruieren. Verlaufsmuster, Weichenstellungen und Entscheidungen etwa werden i.a.R. in einen engen Zusammenhang mit Selbstkonzepten und Selbstdeutungen gebracht, der Entwicklung und Veränderung biografischer Identität. Eine von deren wichtigsten Komponenten stellt die Bewältigung des Spannungsverhältnisses zwischen der modernen Erwartung, das eigene Leben aktiv und planend zu gestalten und der faktisch begrenzten Möglichkeit, eine solche Kontrolle über dieses bzw. dessen heterogene Einflussgrößen zu gewinnen, dar. Zwischen den Polen von autonomer Verfügung und heteronomer Fremdbestimmung und -steuerung wiederum siedeln sich differenzierte Umgangsweisen und Selbsttypisierungen an, die ein „doing gender" und ein „gender typing" zum Ausdruck bringen können, etwa in der Art, wie Berufswahl, Berufsverlauf und Berufstätigkeit auf die eigene Person, eigene Wünsche, Pläne, Kompetenzen oder Handlungen bezogen wird. Dabei ist *die Erzählform* eine hochgradig voraussetzungsvolle und folgenreiche Strukturvorgabe für Selbstkonstruktionen, die ihrerseits − wie schon mehrfach betont − lebensgeschichtlich erworben wird bzw. werden muss.

In den Rekonstruktionen solcher berufsbiografischer Erzählungen wird zunächst sehr schnell deutlich, dass die Geschlechtszugehörigkeit an den verschiedenen berufsbiografischen Stationen (Berufs- bzw. Studienwahl, Ausbildungs- bzw. Studienabschluss, Berufseintritt, Spezialisierung, Weiterbildung etc.) eine jeweils *unterschiedliche* Rolle spielt. „Geschlecht" kann insofern nicht als einfache, konstant und in gleicher Weise „wirkende" Variable angesehen werden. Spielt in der Berufswahl in der Zeit der frühen Adoleszenz Geschlechtskonformität u.U. eine wichtige, wenn auch nicht notwendig bewusste Rolle, kann sie in der Entscheidung für ein Studienfach durchaus bereits zurücktreten. Im Studium kann die jeweilige Fächerkultur die Differenzierung nach Geschlecht überlagern (vgl. Kap. 7). Der Berufseintritt orientiert sich dann sehr oft an Gelegenheitsstrukturen („da war da eine Stelle frei") und erweist sich damit als in hohem Maße kontingent. Individuelle Schwerpunktsetzungen bilden sich oft erst im Zusammenhang mit einer jeweiligen beruflichen Praxis aus − und dies nicht notwendig mit Blick auf die Geschlechtszugehörigkeit.

---

schichtlicher Konsistenz und Kontinuität angesichts von Unsicherheit und Ungewissheit jeweils in den Erzählungen umgesetzt wird.

Sowohl im Berufseintritt als auch in Spezialisierungen bestehen freilich auf das Geschlecht bezogene Zuschreibungen und werden vielfach auch durchaus relevant, etwa wenn junge Anwältinnen mit der Auflage in Kanzleien eingestellt werden, das Familienrecht zu übernehmen oder Polizistinnen sich in der „Sitte" wiederfinden, obgleich das in der Ausbildung durchaus nicht angezielt war. Gleichzeitig zeigt aber gerade die Analyse von Biografien, dass versucht wird und es gelingen kann, sich von solchen Zuweisungen zu distanzieren und andere Wege zu gehen, womit nicht gesagt ist, dass diese sich als „intentional gestaltbar" erweisen. Vielfach münden solche Versuche auch in Kompromissen:

> So sagt etwa eine junge Rechtanwältin, die ursprünglich gar nicht Anwältin werden wollte sondern als Ziel eine „Tätigkeit im internationalen Bereich" anstrebte, dann aber zumindest das ungeliebte Familienrecht mit dem angestrebten internationalen Recht tauschen kann: „insofern ehm is es zwar nicht von der Richtung her das geworden, was es werden sollte, aber vom Themengebiet dann schon wieder ..." (Gildemeister et al. 2003, 124)

Diskontinuität in Lebensläufen von Frauen wird auch von ihnen selbst i.d.R. ihrer als selbstverständlich gesetzten Familieneinbindung zugerechnet, nicht dem erlernten Beruf (Born/Krüger/Lorenz-Meyer 1996). Dessen lebenslaufstrukturierende Implikationen setzen sich damit *hinter ihrem Rücken* durch. Im Bezug auf die Dimension der Familie haben wir in unseren eigenen Forschungen dabei sowohl die Antizipation familiärer Belastungen und entsprechender Arrangements als auch die Verweigerung von Antizipationen mit der Folge eines „Einbruchs" familiärer Verpflichtungen in die Berufslaufbahn gefunden.

Die Figur des „Einbruchs" lässt sich etwa am Beispiel eines Interviews mit einer Richterin rekonstruieren, deren Schilderung ihres Karriereverlaufs durch ein „Alles-steht-mir-offen"-Muster gekennzeichnet ist, bis sie sagt *„ ...ja, und dann war ich schwanger (lacht)". ... Und seitdem und seitdem arbeite ich halt dann nur noch halbtags ..." (Gildemeister et al. 2003, 105)* Veränderungen der Parameter in der Karriereplanung wurden von ihr nicht antizipiert, die diesbezüglichen Folgen einer Schwangerschaft ausgeblendet. Gerade junge, hochqualifizierte Frauen belassen es vielfach bei diesem Nebeneinander der „eigentlich" widersprüchlichen Anforderungen, verkürzen entweder die Zeitperspektive oder blenden die jeweils andere Seite aus. So sagt z.B. eine junge Rechtsanwältin auf die Frage nach ihren Vorstellungen zur Familiengründung: *„Also ich möchte' garantiert nich aufhörn zu arbeiten, das is ganz sicher, und solang es irgendwie geht, dass sich's vereinbarn lässt, würd' ich des machen, ich glaub' wenn ich die Entscheidung treffen müsste zwischen Familie und Beruf, würd sie zugunsten des Berufs ausfallen"* (Gildemeister et al. 2003, 106). Gleichzeitig geht sie aber völlig selbstverständlich davon aus, dass Frauen die Kinder versorgen und die „Vereinbarkeit" von ihnen zu erbringen ist. Während also traditionell der Berufsbezug von Frauen und dessen deren Leben strukturierende Wirkungen ungesehen blieb, scheint hier die (individualisierte) Berufsorientierung den Bereich der Familie auszublenden. Karriereorientierung lässt sich auch als Kampf gegen die Geschlechterprägung von Berufsfeldern verstehen, in denen eine solche von Frauen nicht vorgesehen ist, und sie erfordert in der Umsetzung hohes Engagement und eine entsprechende Überfokussierung. Das macht auch den Stellenwert eines entsprechend modifizierten Rahmens deutlich: Es gelingt in anderen Ländern nicht nur besser, weil entsprechende Stützen dafür bestehen, sondern auch, weil es üblich, „nichts besonderes" ist.

Planung oder Schicksalhaftigkeit, antizipierte oder reaktiv zu bewältigende Strukturveränderungen von Alltag und u.U. Biografie bringen differente Formen der Lebenspraxis zum Ausdruck. Diese wiederum resultieren aus und beeinflussen zugleich unterschiedliche Modi der Selbstreferenz und Inhalte des Selbstverständnisses. Einen Niederschlag findet dies nicht zuletzt auch in der *Art der Darstellung*, etwa der *Konstruktionsweisen von Geschichten*. So variiert etwa der Umgang mit der Spannung von intentionaler Planung und nicht kontrollierbaren Lebensumständen und Entwicklungen, z.B. der „Grad der Toleranz" gegenüber dieser. Unter bestimmten Voraussetzungen kann die Erzählform dann selbst als strukturgebendes Element der biografischen Konstruktion von Geschlecht interpretiert werden (Dausien 2001).

Modi der Selbstreferenz

In der genannten Hinsicht nämlich unterscheiden sich in allen Studien die befragten Frauen von den Männern. Frauen betonen die heteronomen Aspekte in den beruflichen Schaltstellen stärker als Männer und führen eigene Leistungen auf „glückliche Umstände" zurück. Die befragten Männer dagegen schildern ihre Berufsbiografie tendenziell als Abfolge autonomer Entscheidungen und planvollen Handelns. Sie streichen Eigenaktivität und Kontrolle heraus, so dass die Erzählungen des beruflichen Werdegangs sehr viel stärker den Charakter einer „Bewährungsgeschichte" bekommen, in denen Zufälle keinen Platz haben. (Dausien 1996, 2001; Born/Krüger/Lorenz-Meyer 1996, 285 , Heintz et al. 1997, 85f, Gildemeister et al. 2003, 110ff.). Es besteht eine klare Tendenz zur Vereindeutigung des Lebens, oft stehen sie sozial weitgehend unbezogen im Zentrum ihrer Erzählung, vergessen dabei bisweilen sogar die Erwähnung der eigenen Ehefrau.

Bei den Frauen dagegen tritt die Darstellung von Steuerungsimpulsen und der Kontrolle des Berufsweges sehr viel stärker zurück. Es wird zudem nicht versucht, die berufliche Entwicklung durchgängig als „logische Folge", etwa eigener Schritte, von ihnen selbst ausgelöster Entwicklungen oder etwa der klug in Rechnung gestellten Logiken des Vorangegangen darzustellen.

Ein dies erweiternder Befund ist, dass vor allem von Männern versucht wird, in den narrativen Rekapitulationen ihrer (Berufs-)Biografien ein Passungsverhältnis zwischen den je eigenen Motivationen und den vorgefundenen Bedingungen herzustellen. Dies geschieht dabei gerade dann, wenn Männer in „gegengeschlechtlichen" Bereichen arbeiten wie etwa in der Krankenpflege oder dem Familienrecht. So zeigt etwa Ummel, wie stark bei den männlichen Pflegern die Geschlechtszugehörigkeit für deren Biografien konstitutiv wird, eben *weil* sie die Irritation bewältigen müssen, in einem Beruf zu arbeiten, der das „falsche" Geschlecht hat. In den verschiedenen Varianten des „Coolness-Zuschreibungsprozesses" (vgl. oben) wird diese Irritation systematisch abgewehrt, die eigene Tätigkeit mit entsprechenden Motivationslagen in Zusammenhang gebracht und dabei zugleich aufgewertet (Ummel 2004, 195f). Auch im Familienrecht, in und mit dem ja unterstellt wird, dass vor allem Frauen spezifische Motivationen einbringen, wird in den Berufsbiografien der im Familienrecht tätigen Männer sehr gezielt die eigene Motivation in eine Passung zum Berufsfeld gebracht.

Bei den befragten Frauen erfolgte der Eintritt in das Familienrecht dagegen in der Regel sehr pragmatisch, bei ihnen bestand offenbar keinerlei Druck, den Verbleib in diesem Feld motivationsbezogen abzusichern und berufsbiografisch stringent einzuholen. Das bedeutet nicht, dass ihr „commitment", ihre innere Verpflichtung gegenüber dem Beruf geringer wäre als das „commitment" der um aktive Steuerung bemühten Männer – dafür, dass *sie* „Familienrecht machen" bedarf es nur keiner besonderen Begründung. Generell thematisieren sie sich und ihr Leben deutlich stärker als in Beziehung zu anderen stehend und darauf reagierend. Während Männer ihre Kontrollchancen in der biografischen Steuerung tendenziell überschätzen, unterschätzen Frauen ihre Chance zur aktiven Einflussnahme.

Mit der Analyse von Biografien bzw. Berufsbiografien verbunden ist immer wieder die Frage, inwieweit solche sich etwa in den Darstellungsmodi dokumentierenden Geschlechterdifferenzen nicht auch *Generationendifferenzen*[39] sind. So

---

[39] Gleiches gilt, dies sei nochmals betont, im deutschen Maßstab im Vergleich zwischen der BRD und der DDR. In Letzterer wurde in sehr spezifischer Form (etwa dem aus der politischen Hierarchie heraus induzierten „Leitbild der berufstätigen Mutter", vgl. 6.1) die Berufstätigkeit der Frauen gleichgewichtig neben die Familienarbeit und Mutterschaft gestellt und vielfältig gestützt und abgesichert. Gepaart war dies allerdings mit einer weitgehenden und dabei vor allem auch Kontrollaspekte transportierenden Vergesellschaftung der (primären) Sozialisation sowie einer Art staatlich verordneter Doppelbelastung für die meisten Frauen.

ist zu erwarten, dass z.B. in berufsbiografischen Darstellungen älterer Frauen die in den 50er und 60er Jahren des 20. Jahrhunderts sehr viel explizitere Verwiesenheit auf Haus und Familie sich in stärkerem Maße dokumentiert als bei Frauen der jüngeren Generationen. Diese Frage kann abschließend nicht beantwortet werden, denn dazu liegen zu wenige Forschungen vor. Für Richterinnen und Anwältinnen im Familienrecht kann eine solche Generationendifferenz (bezogen auf Westdeutschland!) indes an den Biografien sehr schön herausgearbeitet werden.

So wurde in diesen berufsbiografischen Erzählungen deutlich, dass Frauen, die nach Kriegsende Jura studierten – und damit kaum noch als heiratsfähig galten – völlig andere Erwartungen und Normen an Berufsorientierung und Berufstätigkeit herantrugen als die Generation, die in den 60er und 70er Jahr oder in den 90er Jahren studierte. Bei den interviewten Männern konnten in dieser Dimension keine entsprechenden Unterschiede festgestellt werden. Das in dem Projekt auf der Grundlage solcher berufsbiografischen Erzählungen entwickelte Generationenmodell besagt im Kern, dass für die älteren Generationen, die in der Nachkriegszeit ihr Studium begannen[40], sowohl Studium als auch Berufstätigkeit „exzeptionell" waren und sie sich ihrer Besonderheit auch bewusst waren. In der mittleren Generation mussten Frauen ein Studium bereits nicht mehr rechtfertigen, dagegen aber – noch – die Entscheidung, trotz einer Familie berufstätig sein zu wollen. Es bedurfte einiger „Sondermotivationen" politischer, religiöser oder auch moralischer Art, eine solche Entscheidung zu begründen. Erst in der jüngsten Generation, jener, die in den 80er und 90er Jahren studiert hat, hat sich eine auch anspruchsvolle Berufsausbildung und Berufsausübung weitgehend normalisiert und veralltäglicht.

Auf dieser Basis hat sich in den letzten Jahrzehnten ein kontinuierlich anwachsender Optionsraum für Frauen hergestellt – (fast) alles erscheint nunmehr möglich. In der Antizipation von Familienverpflichtungen aber werden diese Optionen wieder zurückgenommen, im Falle der Mutterschaft sehen sich Frauen in der primären Verantwortung und thematisieren dies auch als eine Spannung zu den Ansprüchen an eine anspruchsvolle Berufstätigkeit, eine professionelle Karriere. Genau diese Spannung wird dann wiederum zu einer wichtigen Ressource in der Reproduktion normativer, an die Geschlechtszugehörigkeit gebundener Erwartungen auch und gerade auf der Ebene der Biografie. Fehlende Modelle einer Vereinbarkeit produzieren für engagierte, an einer Integration beider Le-

---

[40] Angehörige der „Pioniergeneration", i.e. jene Frauen, die mit der Öffnung der Hochschulen ein Studium der Rechtswissenschaft begannen und auch in einem juristischen Beruf tätig wurden, konnten nicht mehr befragt werden, sie wären inzwischen über hundert Jahre alt. Unsere älteste Interviewpartnerin war 83 Jahre alt; sie hatte noch im Krieg begonnen zu studieren, konnte ihr Studium aber aufgrund ihrer jüdischen Herkunft erst im Nachkriegsdeutschland abschließen.

bensbereiche orientierte Frauen geradezu anomische Situationen: Für Ziele, die auch zunehmend gesellschaftlich popularisiert werden, bestehen keine gangbaren Wege.

Der mit und in den Biografien angesprochene Widerspruch konstituiert sich strukturell auf der Ebene der Institutionen, insbesondere auf der Grundlage spezifischer Verflechtungen von familialer (privater) Reproduktion und der Organisationen der Erwerbsarbeit. Insofern kommen wir nicht umhin, diesen Widerspruch im nächsten Kapitel systematisch aufzunehmen. Dabei nehmen wir in Kauf, die Dimension der Biografie (zunächst) zurücktreten zu lassen.

10 Beruf und Familie: Was wird wem und wann zum Problem?

10.1 Institution Familie: mehrschichtige Entwicklungen

Bezogen auf die Institution Familie gibt es immer wieder Versuche, in den Entwicklungen von Paarbeziehungen, Eheschließungsraten, Geburtenziffern, Trennungs- und Scheidungsquoten u.ä. einen eindeutigen Trend zu identifizieren, etwa den eines „Endes der Familie" oder ihrer „Unverwüstlichkeit". Im ersten Fall wird dann etwa argumentiert, die Individualisierung schwäche generell Paarbeziehungen und Familie, biografische Leitthemen wie das eines „eigenen Weges" stellten die individuelle Selbstverwirklichung in den Vordergrund der „reinen Beziehung". Die Zukunft in der Kinder nicht notwendig zum Lebensglück gehören und Sexualität nicht notwendig Heterosexualität heiße. Im anderen Fall wird darauf verwiesen, dass Familie als triadische und heterosexuelle Konfiguration die Basisinstitution der Entstehung von Formen menschlicher Gegenseitigkeit sei (Allert 1998, 280).

Die damit verbundenen Kontroversen lösen in der Regel emotionalisierte Debatten aus, was denn wann als „Niedergang" oder als „Fortschritt" zu deuten sei. Konsens besteht lediglich darüber, dass die Identifizierung der Familie mit der „Gemeinschaft der in einem gesetzlichen Eheverhältnis lebenden Eltern und ihrer Kinder" (Duden 1994) empirisch nicht mehr gültig ist, dieses Modell die in den 50er und 60er Jahren erlangte historische Sonderstellung verloren hat und zu einem Modell unter anderen geworden ist. „Verschwunden" ist die Familie aber nicht, vielmehr hat sich als Minimalkonsens die Bestimmung verbreitet, dass es bei „Familie" um einen „intergenerationelle(n) Zusammenhang von mindestens einer Elternperson und einem Kind, die in einem gemeinsamen Haushalt leben" (Sachverständigenkommission im Auftrag des BMFSFJ 2000, 28) gehe, so dass der Begriff nun auch nichteheliche (auch: gleichgeschlechtliche) Lebensgemeinschaften mit Kindern und Alleinerziehende mit Kindern ohne Lebenspartner im gemeinsamen Haushalt umfasst. Per definitionem wird damit primär die Generationendifferenzierung bedeutsam, *nicht* die Geschlechterdifferenzierung.[1]

---

[1] Der Anteil der gleichgeschlechtlichten Lebensgemeinschaften mit Kindern ist jedoch vergleichsweise gering. Nach Daten des Mikrozensus sind ca. 0,5% der ehelichen und nichtehelichen Lebensgemeinschaften gleichgeschlechtlich, davon leben in lediglich 12-16% der Haushalte Kinder (Eggen 2002, 231).

Akzeptanz und „Normalität" der verschiedenen Lebensformen differieren jedoch erheblich nach sozialen Milieus sowie – bezogen auf die BRD – im Ost-West-Vergleich. Neben unterschiedlichen Traditionen in Ost und West oder auch in verschiedenen Migrationskontexten hängt Existenz und Akzeptanz neuerer Lebensformen in hohem Maße mit dem Bildungsgrad zusammen: Bildung stellt – zumindest zu Beginn von Partnerschaften – insofern eine zentrale Scheidelinie dar, als sie vielfach einen *reflexiven Bezug* auf die in Frage stehenden Institutionen öffnet.

Trotz der inzwischen vergleichsweise offenen Definition von „Familie" zeigen die empirischen Untersuchungen in drei Dimensionen zwar in Einzelaspekten mitunter widersprüchliche, jedoch grundsätzlich belastbare und robuste Befunde:

- Die ungleiche Verteilung von unbezahlter Arbeit zwischen Frauen und Männern
- Die differenzielle Bedeutung von Elternschaft für Väter und Mütter
- Den stetigen Anstieg von Trennung und Scheidung und die Normalisierung von „Fortsetzungsfamilien".

Diesen drei Aspekten wollen wir im Folgenden noch einmal in knapper Form nachgehen, weil sie mit der Institution Familie auf das engste verknüpft sind und die genannten Probleme der „Vereinbarkeit" erst hervorbringen.

Ungleiche Verteilung unbezahlter Arbeit

In der Auswertung des „Bamberger Ehepaar-Panels" (Erhebungszeitraum 1988-2002) kommen Schulz/Blossfeld zu dem eindeutigen (allerdings auf Westdeutschland und die Lebensform der „Ehe" begrenzten) Befund, dass die Wahrscheinlichkeit einer Beteiligung der Männer an der Hausarbeit mit steigender Ehedauer deutlich sinke: „Je länger die Ehe andauert, desto mehr verfestigen sich geschlechtstypische arbeitsteilige Strukturen im Lebensalltag und desto schwieriger wird es, die Männer dazu zu bewegen, sich stärker zu beteiligen" (Schulz/Blossfeld 2006, 41). Dabei haben Ressourcen der Partner einen vergleichsweise geringen Einfluss: „Weder das Bildungsniveau, noch die Bildungsrelationen, noch die Erwerbstätigkeit, noch die Erwerbsrelationen, noch die Einkommensrelationen (haben) einen nennenswerten Effekt auf die Veränderung der

Beteiligung der Männer an der Hausarbeit" (ebd., 41).[2] Im Sinne einer Prozesslogik erweist sich insbesondere der Übergang zur Elternschaft als signifikant: Er „bremst" partnerschaftliche Arrangements aus.[3] Mit der Geburt weiterer Kinder verändere sich die Konstellation nicht, da die Arbeitsteilung sich in der Regel mit dem ersten Kind eingestellt und verfestigt habe.

Nach 14 Jahren dominiere über alle Bildungskonstellationen hinweg ein „stark traditionelles" Arrangement. Der Anteil der Paare, die partnerschaftliche oder „nicht-traditionelle" Strukturen aufweisen, sei besonders gering, wenn die Ressourcen der Frauen *größer* als die der Männer seien. Nur zu Beginn der Ehe habe die Bildung der Frauen einen stärkeren Einfluss auf die Wahrscheinlichkeit einer egalitäreren Arbeitsteilung. Eine hohe Bildung *beider* Ehepartner sei ein „Nährboden für partnerschaftliche Arrangements" (ebd., 46), jedoch werde dieser Effekt im Eheverlauf deutlich abgeschwächt.

Die Autoren folgern daraus, dass die Rolle von Ressourcen und ökonomischen Kalkülen in der Debatte über die häusliche Arbeitsteilung vielfach überschätzt werde. Es sei vielmehr die „Macht der Gewohnheit" (ebd., 46), die dazu führe, dass sich die Partner an geschlechterdifferenzierend typisierten Abläufen und Zuständigkeiten ausrichten und entsprechende Routinen ausbilden. Diese „Macht der Gewohnheit" kann wirksam werden, *ohne* dass sich das „Idealbild der Geschlechtergleichheit" aus den Köpfen der Beteiligten verabschiedet (ebd., 46).

Diese Befunde entsprechen im wesentlichen den in den 80er Jahren durchgeführten Untersuchungen von Arlie Hochschild (1989) oder von Fenstermaker/West/Zimmermann (1991), die über qualitative Studien zu dem Ergebnis kamen, dass Hausarbeit in so hohem Maße vergeschlechtlicht ist, dass auch offenkundig ungleiche Verteilungen nicht als Problem empfunden werden. Die Befunde stützen insgesamt die Thesen einer tiefgreifenden „Vergeschlechtlichung" von Hausarbeit im oben entwickelten Sinn: Hausarbeit erscheint nicht als Arbeit im Sinne von kompetenzbasiertem Tun, sondern als „dem Wesen" von Frauen entsprechend („was Frauen sind") und damit als Basis der Anerkennung des Geschlechtsstatus. Beteiligung oder Nichtbeteiligung an der Hausarbeit „macht" Menschen zu Männern und Frauen als ein Fundament des „Wir", einer eigenständigen sozialen Einheit, in der Ego und Alter nicht einfach als zwei

---

[2] Mit diesen Ergebnissen werden die ökonomischen Theorien zur Arbeitsteilung in der Familie und den darauf bezogenen Verhandlungstheorien „eindeutig" zurückgewiesen, sie eignen sich nicht zur Erklärung der Dynamik der häuslichen Arbeitsteilung.

[3] Die Chance auf „partnerschaftliche Arrangements" wachse allerdings, je später das erste Kind geboren werde, d.h. dann, wenn sich bereits ein gewisser Gewöhnungseffekt an partnerschaftliche Strukturen eingestellt habe. (Schulz/Blossfeld 2006, 42f).

Personen handeln, sondern als „zwei Hälften" eines als Ganzheit gedachten Paares (vgl. Kap. 8.1).

Die Untersuchungen aus den 90er Jahre zeigen darüber hinaus, dass mit der unbezahlten Arbeit von Frauen im Haushalt mehr verbunden ist als reine Haushaltstätigkeit wie Kochen und Abwasch sowie Wohnung, Wäsche und Kleidung reinigen (so die Operationalisierung im Bamberger Ehepaar-Panel). In die Arbeitsteilung involviert ist die Arbeit um das psychosoziale Wohlbefinden der Familie, auch bezeichnet als „Familien- und Sorgearbeit", „Beziehungs- und Gefühlsarbeit" oder „Care". Dazu gehört neben der Beziehungsarbeit in der Familie, die durchaus auch mit Haushaltstätigkeiten wie Kochen und dem Bereiten von Mahlzeiten verbunden ist,[4] auch die Aufgabe, das Verwandtschaftsnetz zu pflegen, Freunde einzuladen, „Paarnetzwerke" (Lenz) aufrecht zu erhalten, sich um die Eltern und Schwiegereltern zu kümmern, u.U. sie im Alter zu pflegen etc.

In noch stärkerem Maße als die Haushaltstätigkeit wird „Care" und „Gefühlsarbeit" als *Eigenschaft* von Frauen konzipiert, wobei in der Regel nicht gesehen wird, dass es sich bei „Care" um komplexe Interaktionsleistungen geht, die von Frauen als Teil ihres „Frauseins" selbstverständlich erwartet werden, die aber in keiner Weise „passive" weibliche Eigenschaften darstellen. Das In-Rechnung-Stellen von Gefühlen anderer, das Eingehen auf diese Gefühle, ihr „Management", das alles ist *aktives Handeln* und basiert auch in der Paarbeziehung in hohem Maße auf der in den Frauenberufen systematisch unterstellten Fähigkeit der Frauen, sich selbst zurückzunehmen und die Arbeit mit und an Gefühlen nicht als „Arbeit" wahrzunehmen und zu klassifizieren (Hochschild 1990, 93). Gerade die im Kontext von Fürsorge („Care") erbrachte Gefühlsarbeit ist neben der Visualisierung durch Kleidung, Frisur, Make-up geradezu konstitutiv für das „doing gender", in dem sich Frauen als Frauen herstellen. Der Ort dafür ist immer noch primär die Familie, auch in ihren offeneren Formen. Folge

---

[4]   Gerade die Zubereitung von Mahlzeiten ist nicht zu begrenzen auf den technischen Akt des Kochens, denn nach wie vor ist die gemeinsame Mahlzeit ein wichtiger Kristallisationspunkt des Familienlebens. In den 90er Jahren nehmen sich Familien sogar mehr Zeit zum gemeinsamen Essen. Die Dominanz der häuslichen Ernährungsversorgung scheint ungebrochen, auch wird an festen Mahlzeitstrukturen festgehalten, in der neben der Nahrungsaufnahme eben Gemeinschaft und Gespräche im Vordergrund stehen: „46% der männlichen Bevölkerung lassen sich im Jahr 2001/02 immer noch vollständig von Müttern, Großmüttern, Ehefrauen und Lebenspartnerinnen beköstigen. Sie kommen erst zum Essen in die Küche oder ins Esszimmer und beteiligen sich – lt. Selbstauskunft in ihrem Zeittagebuch – auch nicht am Tischdecken oder am Abwasch". Bei den 20-25jährigen Männern waren es in der Erhebung von 2001/2002 sogar 72%, die diesen Arbeitsbereich durchweg weiblichen Personen aus ihrer Herkunftsfamilie oder aber ihren Partnerinnen überlassen haben (Meier-Gräve/Zander 2005). Zur Bedeutung der Ernährung bzw. der gemeinsamen Mahlzeit als zentrale Familienrituale vgl. auch Kepler 1994, Frerichs/Steinrücke 1997.

ist ein markantes „Freizeitgefälle" zwischen Frauen und Männern und ein Über-
forderungssyndrom bei den Frauen (Hochschild/Machung 1990, 33).

Die jeweiligen Arrangements zur Arbeitsteilung werden Teil jener „Bezie-
hungsmythen", die dazu beitragen, die Paarbeziehung lebbar zu machen und
Spannungen in der Familie abzubauen (Hochschild/Machung 1990, 43ff). Viele
der in dieser Studie befragten berufstätigen Frauen waren schon dankbar, mit
einem Partner verheiratet zu sein, der ihre Wünsche hinsichtlich der Erwerbstätigkeit unterstützte. Im Vergleich zu anderen Frauen hatten sie das Gefühl, einen
„toleranteren" Partner geheiratet zu haben, so dass sie mehr Freiheiten und Möglichkeiten haben als ihre Mütter und Großmütter. Männer dagegen sehen sich in
der gleichen Untersuchung, was die Mithilfe bei der Hausarbeit anbelangt, als
relativ schlechter gestellt, obwohl sie durch die Erwerbstätigkeit ihrer Frauen
auch Vorteile haben.

Differenzielle Elternschaft

In den letzten dreißig Jahren ist das Bekenntnis zur „aktiven Vaterschaft" größer
geworden, die Bereitschaft an der Versorgung und Betreuung von Kindern teil-
zunehmen gewachsen. Es ist heute keine Seltenheit mehr, Vätern mit kleinen
Kindern auf dem Spielplatz oder beim Einkaufen zu begegnen. Man könnte daraus ablesen, dass Menschen, die tun, was Kinder brauchen, Vater oder Mutter
sein können, das Vater-Sein oder Mutter-Sein keinen gravierenden Einfluss auf
die Art der Beziehung zu den Kindern hat. So können sie sich z.B. in der Nähe
des Kindes aufhalten, so dass sie auf seine Signale reagieren können, ohne direkt
in Kontakt zu treten, sie können es tragen, wiegen, füttern, kleiden, baden, sie
können mit ihm spielen, ihm vorlesen. Wenn es krank ist, können sie es pflegen
und zum Arzt bringen, sie können es auf den Spielplatz begleiten oder mit ihm
zum Kindergarten oder zur Schule gehen. In all dem unterscheiden sich Mütter
nicht von Väter bzw.: sie müssen sich nicht unterscheiden.

Dort, wo diese Form egalitärer „Ko-Elternschaft" praktiziert wird, sind Väter i.d.R. von Anfang an in den Prozess des „Kinderbekommens" einbezogen, sie
nehmen Teil an der Geburtsvorbereitung und auch an der Geburt, sie teilen sich
die Betreuung des Neugeborenen etc. In Interviews mit Vätern, die in allen genannten Dimensionen eine umfassende Beziehung zu ihrem Kind aufbauen,
betonen diese, dass es für sie eine sehr wichtige und eine eher seltene Gelegenheit war und ist, die empfindsamen, verletzlichen, sorgenden Teile des Selbst zu
entwickeln. Viele sprachen davon, die Welt in einer ganz anderen und neuen
Weise zu erfahren, seit sie Vater geworden wären (Coltrain 1996, zitiert nach
Lorber 2005, 54). Wenn es in Untersuchungen manchmal heißt, dass es Vätern

leichter falle, nicht auf jede Bewegung ihrer Kinder zu achten und sie auch mal schreien zu lassen, so schreibt dazu ein anderer Vater:

> „Viel eher bin ich es, nicht Gail, der sich die stereotypen Müttersünden zu Schulden kommen lässt – die neurotische Sorge um Hannah's physisches und seelisches Wohl, das grundlose Wittern irgendwelcher Gefahren, die übermäßigen emotionalen Ansprüche und allgemein das Reagieren auf winzigste Signale. Kurz, auf Grund meiner eigenen Erfahrung – um von der umfangreichen ethnografischen und nicht ganz so umfangreichen historischen Literatur einmal abzusehen – sind mir doch Zweifel an der Natürlichkeit von „Mutter und Vater" in irgendeiner kulturell bedeutsamen Hinsicht gekommen (Laqueur 1990 zitiert nach Lorber 1999, 244).

Dennoch ist die „Ko-Elternschaft" von Vätern und Müttern in dieser egalitären Form vergleichsweise selten, aber sie ist möglich und wenn man sie lange genug sucht, findet man sie auch in der Realität (z.B. Risman 1998, Deutsch 1999). Nicht „die Natur" stellt Regeln für Elternschaft bereit, sondern die soziale Konstruktion von Elternschaft. Diese ist, wie wir in Kapitel 8.4 gezeigt haben, in so hohem Maße vergeschlechtlicht, dass sie mit der geschlechterdifferenzierenden Arbeitsteilung quasi in eins fällt. Das „sameness taboo", nach dem Männer und Frauen unterschiedlich zu sein haben, wird in und mit der differenziellen Elternschaft immer neu aktiviert.

Die in die soziale Konstruktion von Geschlecht eingelassene Konstruktion von Elternschaft bringt eine soziale Grundstruktur hervor, in deren Folge sich auch heute noch „Ko-Elternschaft" verorten und legitimieren muss, sie durchaus ähnlich wie geschiedene Eltern oder gleichgeschlechtliche Eltern in vielerlei Hinsicht als „abweichend" gilt. Die geschlechterdifferenzierende Organisation von Gefühlsarbeit und Fürsorge („Care") *bewirkt*, dass Männer ihren Bezug zu Kindern über ihre Funktion als „Hauptenährer" definieren und sich damit nur nachrangig in der Kinderbetreuung engagieren, während Frauen über die ihnen zugeschriebene primäre Bindung an Kinder zuständig für den gesamten sozialemotionalen Grundbedarf sind. Von daher bekommt ihre Erwerbstätigkeit in Bezug auf die Familie den Charakter von „Nachrangigkeit". Entsprechend unterschiedlich sind die Handlungsstrukturen: Für die einen ist es eine Pflichtaufgabe, die auch zeitökonomisch bewältigt werden muss, für die anderen ist es eine „Kür", d.h. sie engagieren sich in der Kinderbetreuung, wenn es ihren Präferenzen entspricht (Walter/Künzler 2002, 111, 114).

Nicht nur auf der faktischen, über objektivierbare Zeitbudgets strukturierten Ebene aber wird eine egalitäre „Ko-Elternschaft" im Sinne gleicher Funktionen verunmöglicht, sie wird auch von vielen Müttern und Vätern abgelehnt. Die „aktive Vaterschaft" soll keine „Mappies" hervorbringen, die sich von den Müttern kaum unterscheiden, sondern eine mit „Männlichkeit" verbundene und aus

„Männlichkeit" abgeleitete Spezifik von „Väterlichkeit" ermöglichen (Wolde 2005).

Männer „helfen" im Haushalt, gehen auch in der Kindererziehung den Müttern zur Hand, aber die Zeit, die sie mit den Kindern verbringen, verringert sich mit dem Alter und der Anzahl der Kinder. Nach den Ergebnissen von Walter/Künzler (2002) wenden Väter durchschnittlich 52 Wochenstunden für erwerbsbezogene Tätigkeit auf, Mütter 18 (ebd., 115). Das Mittel läge bei 35 Stunden. Würde aber bezahlte Arbeit in dieser Weise „gleich" aufgeteilt, dann wird keiner der Partner (ob männlich oder weiblich) eine konventionelle „männliche Karriere" machen können, weil nämlich keine (Ehe-)Frau zu Hause ist, die die Hausarbeit erledigt: „Both are workers in both spheres; both got the rewards of their work and of hands-on parenting. Both also get the fatigue, the boredom of performing household chores, the time crunch, the guilt that they are spending either too much or too little time with their children or on their work" (Lorber 2005, 61,). „Dual Career Couples" sind vor diesem Hintergrund inzwischen zu einem eigenständigen Forschungsfeld geworden, weil sie in gewisser Weise als Modellfall der Verwirklichung „modernisierter", egalitärer Partnerschaftsarrangements gelten (vgl. ausführlich Abschnitt 10.4).

Eines zeichnet sich indes bereits eindeutig ab: Wenn Mütter „gleichberechtigt" arbeiten, so wird das Problem in den meisten westlichen Ländern durch eine *Verteilung der Hausarbeit unter Frauen* gelöst, entweder in verwandtschaftlichen Netzwerken (Großmütter) oder (zunehmend) durch Delegation an Frauen mit schlechten Chancen auf dem Arbeitsmarkt, oftmals mit Migrationshintergrund.

Differenzielle Elternschaft, so wurde gezeigt, schlägt sich nieder in unterschiedlichen Handlungsstrukturen und entsprechend charakteristischen *Formen des Umgangs mit Kindern*. Ob der Schwerpunkt in den sogenannten „funktionalen Aktivitäten" (Pflege, Ernährung, Sauberkeit etc.) liegt oder aber im gemeinsamen Spiel und in gemeinsamen Unternehmungen, hat auch Folgen für die Beziehung zum Kind.[5] Als stabiler Befund stellt sich dabei interessanterweise heraus, dass Väter sich intensiver mit Jungen als mit Mädchen beschäftigen, Väter eine Präferenz für gleichgeschlechtliche Aktivitäten haben (Walter/Künzler 2002, 111). Damit sind wir von der Argumentation her wieder im Kapitel 2, den „frühen Jahren, ersten Schritten", in dem die geschlechterdifferenzierende Interaktion in Familien das Thema war. Auf diese Weise schließt sich ein Kreis, der nicht allein durch eine Veränderung oberfächlicher normativer Vorstellungen zu durchbrechen ist („wir behandeln unsere Kinder völlig gleich"), sondern in

---

[5]   Die Einzelbefunde fügen sich jedoch nicht zu einem einheitlichen Bild, so dass letztlich präzise Aussagen dazu nicht möglich sind (vgl. dazu Walter/Künzler 2002, 98).

Tiefenstrukturen von Interaktion ruht, die sich eben oft auch hinter dem Rücken der Handelnden durchsetzen.[6]

Trennung und Scheidung

Kein Paar, das zusammenzieht und kein Paar, das vor das Standesamt tritt, tut dies in der Absicht, die Beziehung möglichst bald zu beenden – in der Liebe gilt die Grundidealisierung unbegrenzter Dauer. Zugleich sind mit „Gleichheitsideal" und „Partnerschaftsmodell" andere Regulative wirksam geworden als in der romantisch gefassten Liebes- und Ehebeziehung: Wie oben bereits ausgeführt, impliziert „Partnerschaft" rationale Verhandlungen und eine „Tauschökonomie der Gerechtigkeit", setzt auf individuelle Ansprüche, Rechte und Interessen (Burkart/Koppetsch 2001, 440). Darin drückt sich generell eine Verschiebung der Bedeutung zwischen den beiden Polen aus: die Institution Familie bestimmt nicht mehr dominant die normativen Orientierungsmuster ihrer Mitglieder, wie das in der traditionellen Fassung vor allem für die Frauen der Fall war. Neben den „Erhalt der Familie" tritt Selbstschutz und Selbsterhalt sowie ein Interesse an „Selbstverwirklichung".

Diese Spannung zwischen der (auch in der Institution Ehe romantisch gedachten) „Einheit des Paares" und der Betonung von Individualität bzw. individuellen Rechten drückt sich unter anderem in den gestiegenen Scheidungsraten in westlichen Gesellschaften aus. In Deutschland haben sie sich seit den 60er Jahren kontinuierlich erhöht. Wurden 1960 in Westdeutschland knapp 50.000 Ehen geschieden, waren es 1990 über 120.000. Das entspricht zwei Ehescheidungen auf 1000 Einwohner/innen. Seitdem steigt die Rate kontinuierlich an, 2003 waren es 2,7 Scheidungen auf 1000 Einwohner/innen. In 50,4 % der Scheidungen waren minderjährige Kinder betroffen. Dabei liegt Deutschland mit der Scheidungsrate keineswegs in der Spitzengruppe, in Amerika liegt die Quote bei 4,2 Ehescheidungen. 57% der Anträge auf Ehescheidungen wurde von Frauen eingereicht, 36% von Männern und 7% entfielen auf eine gemeinsame Antrag-

---

[6]   In Barbara Rismans Untersuchungen heißt etwa egalitäre „Ko-Elternschaft" nicht automatisch, dass damit auch „nicht vergeschlechtlichte Kinder" entstehen: Sie erfahren zu Hause, dass Frauen und Männer gleiche Fähigkeiten haben und gleiche Rechte, zugleich erfahren sie im Kindergarten, peer groups und Familie, dass Mädchen und Jungen verschieden sind. So glauben sie, dass Mädchen und Jungen gegensätzlich sind, aber dass sie dann, wenn sie Männer und Frauen geworden sind, sich auf geheimnisvolle Weise in „Gleiche" verwandeln werden (Risman 1998, 140).

stellung. In den ostdeutschen Bundesländern ist die Verteilung noch etwas ausgeprägter (Statistisches Bundesamt 2006e, Cornelißen 2005).[7]

In diese Statistiken werden nur die formellen Ehescheidungen aufgenommen, aber nicht jede Ehe, die brüchig geworden ist, wird auf formellem Weg
geschieden. Die Rate enthält also nicht jene, die eine „Trennung von Tisch und
Bett" im gemeinsamen Haushalt leben, die offiziell getrennt leben, und sie umfasst auch nicht die Beziehungsauflösungen in nicht-ehelichen Lebensgemeinschaften. Da mit der „Paarbildung in Etappen" (Kap 8.1) im Lebensverlauf auch
mehr Partnerschaften eingegangen werden, wächst die Zahl der Trennungen. Das
bedeutet indes nicht notwendig ein „Allein-Leben". So ist die Wiederverheira-
tungsquote hoch bzw. bilden sich viele neue nicht-eheliche Lebensgemeinschaften. Die Familiensoziologie spricht hier von „serieller Monogamie". Mit der
Auflösung der Ehe wird nicht das Ziel einer befriedigenden Partnerschaft aufgegeben, die Orientierung an einer Liebesbeziehung als exklusiver Zweierbeziehung bleibt vielmehr weitgehend ungebrochen. Das gilt auch für den zunehmenden Anteil derer, die formal ledig bleiben. Wenn derzeit geschätzt wird, dass dies
auf 20-25% eines Jahrgangs zutreffen wird, so bedeutet das eben nicht, dass sie
als „ungebundene Singles" leben. Diese Lebensform ist gerade im mittleren
Alter vergleichsweise selten.[8] Zugleich wächst mit den ansteigenden Scheidungsraten und vermehrten Trennungen auch die Chance, nach einer Trennung
oder Scheidung einen neuen Partner zu finden.

Trotz ansteigender Scheidungsraten wird jedoch nach wie vor *die Mehrzahl*
der Ehen *nicht* geschieden, wachsen nach den Daten des Mikrozensus 2005 81%
der Kinder bei verheirateten Eltern auf. In weiten Bereichen der Mittelschichten
und vor allem auch im ländlichen Raum werden Scheidungen insbesondere dann,
wenn Kinder im Haus sind, soweit wie möglich vermieden.[9]

---

[7] Als Gründe für die angestiegenen Scheidungsraten wird in der Familiensoziologie vor allem
auch die Verlängerung der Lebenszeit und damit die verlängerte Dauer des Zusammenlebens angesprochen: früher wurden Ehen vielfach durch den Tod eines Partners beendet, heute erstreckt
sich die Möglichkeit eines gemeinsamen Lebens auf mehrere Jahrzehnte (Nave-Herz 2004, 70).

[8] Wenn in der Literatur von „Singles" gesprochen wird, dann ist damit in der Regel die Zunahme
der Ein-Personen-Haushalte gemeint. Diese Zahlen sagen aber sehr wenig über die Lebensform
von Personen aus. Sehr viele dieser „Ein-Personen-Haushalte sind unter den über 65-
jährigen Frauen lebt über die Hälfte allein. „Allein leben" als Lebensform stellt eher eine Übergangsphase im Lebenslauf dar, etwa bei jungen Erwachsenen, die noch in der Ausbildung sind,
bei Geschiedenen bis zu einer neuen Partnerschaft und eben bei Verwitwungen, wobei das „Alleinleben" vor allem für die Frauen zur Normalform wird, weil sie vielfach ihre Partner überleben (vgl. Burkart 1997, 147ff.).

[9] Generell sind die Scheidungsraten milieuspezifisch gebrochen, besonders hoch ist das Schei-
dungsrisiko in wirtschaftlich schwierigen Verhältnissen der unteren Sozialschichten sowie in sogenannten „individualisierten", großstädtischen Milieus der oberen Mittelschicht, in denen beide
Partner ein hohes Ausbildungsniveau haben. Zugleich wachsen aber auch die Scheidungsraten
nach langen Ehejahren, eben dann, wenn keine Kinder mehr zu versorgen sind (Statistisches

Bis in die 70er Jahr des letzten Jahrhunderts war das Scheidungsrecht durch das „Schuldprinzip" geregelt. Nur durch explizit „schuldhaftes Verhalten" eines Partners konnte eine Scheidung erreicht werden, der „nicht schuldige" Partner konnte die Scheidung faktisch verweigern. Als Scheidungsgrund galt vor allem Ehebruch, Alkoholismus, vor allem bei Frauen aber auch Vernachlässigung des Haushalts, „eheliche Pflichtverletzung" u.ä. Seitdem gilt in Deutschland und überwiegend auch im europäischen Ausland die „Zerrüttungsregel", nach der eine Ehe dann geschieden wird, „wenn sie gescheitert ist" (§ 1565 (1) BGB). Kriterium dafür ist, dass die Eheleute ein Jahr lang getrennt leben und beide mit der Scheidung einverstanden sind. Strittige Scheidungen, bei denen ein Teil die Scheidung verweigert, werfen für beide Partner indes nach wie vor erhebliche Probleme auf.[10]

Mit dem auf dem „Zerrüttungsprinzip" beruhenden Scheidungsrecht und den durch die öffentliche Diskussion sichtbar werdenden steigenden Scheidungsraten wird die Ehe in der Tendenz zu einer Bindung, die nur unter bestimmten Bedingungen aufrecht erhalten wird. In dem aktuell gültigen Ehemodell ist die *Möglichkeit* der Scheidung immer schon mitenthalten, keineswegs als angestrebtes Ziel, aber doch „als stille Option" (Beck-Gernsheim 1998, 31).

Der „Normalisierung der Scheidung" wohnt eine innere Dynamik inne, der zu Folge die Option untergründig auch in gesellschaftlichen Milieus oder Krei-

---

Bundesamt 2006d, Kap. 6.1.5). Da generell der Einzelne heute die längste Zeit seines Lebens in einer Partnerschaft ohne Kinder lebt, wird die Ehe oder auch die nicht-eheliche Lebensgemeinschaft mit Kindern zunehmend zu einer „transitorischen Lebensphase" des mittleren Erwachsenenalters (Nave-Herz 2004, 70).

[10]   Nach wie vor stellen in Paarkonflikten, Trennungen und Scheidungen sexuelle und häusliche Gewalt ein verbreitetes und gewichtiges Problem dar. Dennoch ist Gewalt nur ein vergleichsweise selten genannter subjektiver Scheidungsgrund, sie wird eher als „unerfreuliche Begleiterscheinung" des Trennungsprozesses angesehen. Von „Gewalt gegen Frauen" als einem sozialen Problem legen Beratungsstellen und Frauenhäuser nachdrücklich Zeugnis ab. Zugleich zeigt diese Art öffentlicher Reaktion und Skandalisierung, dass die Wahrnehmung von Gewalt in hohem Maße geschlechterdifferenzierend erfolgt und darin das Konstrukt „gewalttätige Männer" – „friedfertige Frauen" verstärkt. Die Datenlage hinsichtlich der Verbreitung geschlechtsbezogener Gewalt ist indes äußerst unzulänglich (Hagemann-White 2002). Seit einiger Zeit verdichten sich zudem die Hinweise, dass das „Dunkelfeld" erheblich ist und auch Männer von häuslicher Gewalt betroffen sind. Sie neigten jedoch sehr viel stärker zur Bagatellisierung und Neutralisierung entsprechender Erfahrungen. Für Männer als Opfer ihrer eigenen Partnerinnen gibt es kein Deutungsschema – hier wiederholt sich tendenziell ein Muster, das bereits oben im Abschnitt zur „sexuellen Initiation" angesprochen wurde: dort wurde herausgearbeitet, dass männliche Jugendlichen über keine Sprache und über keine Strategien verfügen, mit unerwünschter Annäherung von jungen Frauen umzugehen. In den Studien zu Gewalt wird erneut deutlich, dass für Männer eine „Opferrolle" nicht vorgesehen ist und es in ihrem Selbstbild keinen Platz für die Suche nach Hilfe und Unterstützung gibt (z.B. Gemünden 2003, Popp 2003). „Geschlecht und Gewalt" ist jedoch ein eigenes Thema, das wir hier nur aufrufen, aber nicht vertiefen können (zu einer konstruktionstheoretischen und kulturvergleichenden Perspektive vgl. Harvey 1997).

sen wirkt, in denen sie bislang noch wenig verbreitet ist. Eine unglückliche Ehe aufrecht zu erhalten, ist inzwischen auch eine „Entscheidung", gerät gegenüber Freunden, Verwandten aber vor allem auch im Selbstbezug unter Rechtfertigungszwänge (ebd.). In dieser inneren Dynamik ist zugleich angelegt, dass mit der Option eines Ausweges auch die *Ansprüche an Partnerschaften* wachsen: „Liebe" als Basis der Beziehung muss auch im Alltag erfahrbar sein, eine Beziehung gilt nur dann als „gelungen", wenn das Gefühl, geliebt und verstanden zu werden, immer wieder wechselseitig bestätigt wird. Je höher der Anspruch auf die Partnerschaft als „Glücksversprechen", desto eher wird die Beziehung überfordert und desto eher macht sich Enttäuschung breit.[11] Die Überfrachtung mit Glückserwartungen und die Scheidungsrate aber gehen Hand in Hand.

Vor allem in den sogenannten „individualisierten Milieus" (hoher Bildungsabschluss beider, großstädtische Lebensumwelt) werden die Risiken von Paarbeziehungen zunehmend bewusst, man versucht sich zu schützen, indem in verschiedener Hinsicht „vorgebaut" wird, man Eheverträge abschließt, in denen vor allem Vermögensbildung und Besitzverhältnisse bereits *vor* dem Eintritt in die Ehe geklärt sind. Das Wissen um „Scheidungsrisiken" lässt zudem gerade bei Frauen das Bewusstsein dafür steigen, wie wichtig die eigene Berufstätigkeit ist. Indem sie diese Berufstätigkeit aufrecht erhalten wollen, erleben sie sich weniger an die Ehe gebunden und können sich im gegebenen Fall dann auch „anders" entscheiden. „Risikomindernde Strategien haben scheidungsfördernde Wirkung", das ist der paradoxe Effekt der Bemühungen, einer Scheidung vorzubeugen (Beck-Gernsheim 1998, 41).[12]

Mit der oben genannten veränderten Bedeutung von Kindern in der Paarbeziehung und dem Wunsch nach „aktiver Vaterschaft" wachsen auch die Ansprüche an die Erziehung und an den Kontakt mit den Kindern. Ein oft beschriebenes Problem in diesem Zusammenhang liegt darin, dass sich Paarbeziehung und Eltern-Kind-Beziehung tendenziell auseinanderentwickeln, beide einer unterschiedlichen Logik folgen und beide in ihrer Handlungsstruktur geschlechterdifferenzierend ausgestaltet sind. Mit der Zunahme von Scheidungen aber ist die Dauerhaftigkeit der Vater-Kind-Beziehung tendenziell bedroht, denn in der Mehrzahl der Scheidungsfälle bleiben Kinder bei der Mutter,[13] auch wenn der Gesetzgeber ein gemeinsames Sorgerecht vorsieht. In vielen Fällen bricht die

---

[11] In diesem Sinne sprechen Beck/Beck-Gernsheim (1990) davon, dass die Liebe zur „neuen Religion" geworden ist, vor allem hier Lebenssinn und Lebensglück gesucht und erwartet wird.

[12] Ähnliches gilt für die Generationenfolge: Kinder, deren Eltern sich scheiden ließen, haben eine positivere Einstellung zur Scheidung als Reaktion auf eine unglückliche Ehe (Amato/Booth 1991).

[13] Zu geschlechterdifferenzierenden Mustern im Familienrecht vgl. Gildemeister et al. 2003, 151ff.

Beziehung zum Vater ab, wird zum Teil auch von der Mutter verhindert (Lucke 1990). Mit dem Beginn neuer Beziehungen entstehen für beide Partner „Zweitfa milien", in der oft schon Kinder sind, so dass es vor allem bei den Männern vermehrt zur Übernahme „sozialer Vaterschaft" kommt. Dadurch erweitert sich das Familien- und Verwandtschaftsnetz, wird aber zugleich sehr unübersichtlich und verlangt vom einzelnen eine in hohem Maße aktive Gestaltung. Die Kompetenz dazu ist sozial durchaus nicht gleichverteilt.

In der von uns eingenommenen Perspektive wirken Trennung und Scheidung vor allem als *Differenzierungsverstärker*. Die impliziten differenzbildenden Qualitäten des Familienalltags werden mit Trennung und Scheidung sichtbar, verschärft und wirken u.U. als mitversursachender Hintergrund für die Entstehung sozialer Benachteiligung und sozialer Ungleichheit. Der Differenzierung verstärkende Effekt lässt sich insbesondere im Hinblick auf (a) Statuserhalt, (b) Zuweisung der Kinder und (c) Selbstattributierung hinsichtlich des Scheidungsverlaufes illustrieren:

(a) Neben den emotionalen und praktischen Problemen stellt eine Scheidung vor allem auch eine hohe finanzielle Belastung dar. Selbst bei gut Verdienenden sinkt in der Regel für beide Seiten der Lebensstandard. Werden Unterhaltszahlungen erforderlich, ist der berufstätige Teil – i.d.R. die Männer – stärker in der Pflicht. Trotzdem impliziert eine Scheidung für Frauen mit kleinen Kindern einen erheblichen Statusverlust, viele werden durch die Scheidung zu Sozialhilfeempfängerinnen. Darin spiegelt sich die nach wie vor unterschiedliche Einbindung in die Erwerbsarbeit als einer Folge der geschlechterdifferenzierenden Arbeitsteilung. Frauen geben (oft auf eigenen Wunsch) die Erwerbsarbeit zugunsten der Familie auf, ohne dass Ehe und Familie ihnen eine früheren Jahrzehnten vergleichbare Versorgungssicherheit böte.

(b) Auch wenn gerade in der Rechtsprechung „ohne Ansehen der Person" ein Urteil gefunden werden soll, so ist in Scheidungsverfahren der geschlechterdifferenzierende Blick auf die beteiligten Personen durchaus ausgeprägt: Kinder, vor allem kleine Kinder, werden im Streitfall zumeist den Müttern zugesprochen (vgl. Gildemeister et al. 2003), Männer fühlen sich vor allem in Unterhaltsfragen in der Defensive.

(c) Blickt man auf die aggregierten Daten, so reichen mehr Frauen als Männer einen Antrag auf Scheidung ein (s.o.). Auch hier „arbeitet" also die Geschlechterdifferenzierung, teilweise jedoch in durchaus anderer als zunächst zu vermutender Weise. In einer amerikanischen Untersuchung wurden Erzählungen („narratives") über die Scheidung analysiert und ein Ergebnis davon ist, dass in diesen Erzählungen Frauen und Männer die „Geschlechtsadäquatheit" in ihrem Handeln, Verhalten und Erleben immer wieder herstellen. Auch wenn (in den USA ähnlich wie in Deutschland) mehr als die Hälfte der Scheidungen von Frauen eingereicht werden, man also annehmen könnte, dass *sie* die Initiatorinnen sind, so zeigt sich in ihren Erzählungen, dass sie sich vor allem in der Rolle der *Rea-gierenden* sehen.[14] Sie rahmen die Scheidung als eine „letzte Möglichkeit"; ihre einzige Macht bestand danach darin, die Beziehung bzw. die Ehe zu beenden (Walzer/Oles 2003, 346f). Und obwohl nach den Ergebnissen einer deutschen Untersuchung viele Männer von den Trennungsabsichten ihrer Frau überrascht werden (Zartler et al. 2004), sie oft gar nicht mitbekommen haben, dass die Beziehung gefährdet ist, zeigen sie sich in der amerikanischen Untersuchung in der Erzählung *über* die Scheidung als Personen, die den Prozess stets „unter Kontrolle" hatten. In dieser Untersuchung erwähnen fast alle Frauen in ihren Erzählungen die Beziehung des Partners zu den Kindern als einen Faktor, der sie in die Scheidung führte, Männer dagegen taten dies nicht: „While analyses of uncoupling discourse suggest an equitation of initiation with self-focus, we suggest that a missing piece of the story is the gender imbalances in marriage that result in interactions and behavior that become unacceptable for families as collectives and that push women to end marriages that are not easily inclined to end (...). For people who privilege the norm of individualism, the self focus and control previously identified in initiator narratives are congruent with justifying divorce. People who answer the expectations that they will consider the needs of others experience more tension around initiating and accounting for the end of marriage. Ironically, it may be this concern that motivates their actions." (Walzer/Oles 2003, 347f)

Die Effekte von Trennung und Scheidung bzw. der Umgang damit scheint retrospektiv die „Natürlichkeitsmetapher" erneut zu stärken, etwa, wenn es scheinbar „in der Natur des Sache" liegt, dass Frauen bei der Geburt von Kindern ihre Erwerbstätigkeit aufgeben, Kinder nach einer Trennung bei den Frauen bleiben und ihre Chancen, eine Erwerbstätigkeit aufzunehmen, durch Unterbrechung („Karriereknick") und Betreuungspflichten massiv eingeschränkt sind.

Frauen ohne Partner *sind* („immer schon") „arm und verlassen". Dass dies eine einfache Konsequenz der geschlechterdifferenzierenden Arbeitsteilung in der Familie ist und Frauen eben deshalb „arm und verlassen" sind, weil sie ihre

---

[14] Dabei geht es wie gesagt um die *Erzählung* über die Scheidung, nicht um das reale Verhalten in der Partnerschaft und in der Trennungssituation. Es sind nachträgliche Rekonstruktionen, in denen Brüche im eigenen Verhalten zu den unterstellten normative Erwartungen von den Interviewten immer wieder auch „geheilt" werden.

Berufstätigkeit aufgegeben oder eingeschränkt haben, diese Perspektive ist erst in Ansätzen entwickelt.

10.2 Erwerbsarbeit: Umbrüche in der Arbeitswelt

Wenn wir heute von „Erwerbsarbeit" sprechen, so bilden ebenso wie bei der „Familie" die mit der Industrialisierung entstandenen Verhältnisse, Strukturierungen und Arrangements den Ausgangspunkt. Mit der Industrialisierung verschärfte sich die Dynamik der Arbeitsteilung und brachte zum einen die Transformation von vielen Tätigkeiten und Aufgaben in die Organisationsform des Berufs mit sich, zum anderen brachte sie mit der Taylorisierung der Arbeitsprozesse die auf wenige Handgriffe reduzierte Fließbandarbeit hervor. Die zunehmende Rationalisierung beförderte für eine relativ lange historische Periode die Entstehung von Berufs- bzw. Arbeitsrollen, die durch je spezifische Kompetenzprofile und Zweckbestimmungen der Organisationen definiert waren, und in denen im Kontrast etwa zu ständischen Ordnungen soziale Bezüge und auch die Person des Arbeitenden ausgeblendet waren. Das was wir heute als personale Variablen bezeichnen, blieb damit weitgehend unbeachtet bzw. galt der Tendenz nach als *Störfaktor* in der Logik der Arbeitsorganisation. Dieses Differenzierungsprofil einer Trennung von Arbeit und Person galt als „typisch männlich" (vgl. Kap. 6), Frauen wurden zwar durchaus in den industrialisierten Arbeitsprozess einbezogen, blieben aber auf kaum qualifizierte Einfacharbeiten und „frauenspezifische" Tätigkeitsfelder begrenzt, die i.d.R. so schlecht entlohnt wurden, dass sie nicht existenzsichernd waren.

Die industriegesellschaftliche, später sozialstaatlich abgefederte Entwicklung kumulierte im Modell des (männlichen) „Normalarbeitsverhältnisses", i.e. einer lebenslangen, kontinuierlichen, sozialversicherungspflichtigen Beschäftigung auf der Basis eines erlernten Berufs und vor dem Hintergrund einer Arbeitsteilung im Privaten.[15] Eine „Gleichstellung" von Männern und Frauen war in diesem Modell nicht vorgesehen, ja, in gewisser Weise auch gar nicht denkbar, weil in dem spezifischen Modus der Konstruktion von Geschlecht Frauen

---

[15] Im Kapitel 9 haben wir unter Bezugnahme auf J. Acker die Organisationen der Erwerbsarbeit zugrundeliegende Fiktion des „abstrakten, körperlosen Arbeiters" aufgerufen, in dessen Leben die Erwerbsarbeit absolute Priorität einnimmt. Folge dieser Fiktion ist eine uneingestandene, quasi automatische Assoziation dieses „körperlosen Arbeiters" mit „männlicher Arbeitskraft". In Ackers Argumentation macht die *Möglichkeit* des Gebärens und der Übernahme von Familienpflichten Frauen zu „anderen" Arbeitnehmern als Männer.

und Familienarbeit qua „weiblicher Natur" in einander fielen und bei Frauen in diesem Sinne kein „herauslösbarer" Leistungsteil existierte.[16]

Was hat sich verändert?

Die damit angesprochenen institutionellen Grundkonstellationen unterliegen starken Veränderungsdynamiken. Darauf bezogene Analysen und Trendeinschätzungen kommen jedoch ähnlich wie bei der Familie zu recht unterschiedlichen und auch uneindeutigen Aussagen. Ein Teil sieht bereits das „Ende der Industriegesellschaft" gekommen (...), ein anderer Teil verweist auf das Beharrungsvermögen der industriegesellschaftlichen Strukturierungen, Verhältnisse und Institutionen (vgl. Deutschmann 2003).

Ein vergleichsweise weitgehender Konsens besteht darüber, dass mit der Verschärfung des Wettbewerbs auf globalisierten Märkten der Druck auf die Unternehmen hinsichtlich Kostensenkung und Effektivitätssteigerung gestiegen ist und diese darauf mit umfassendenden *Restrukturierungen* der Arbeitsorganisation (z.B. Dezentralisierungen und Flexibilisierungen) reagieren. Seit den 80er Jahren zeigt sich immer deutlicher, dass die vollzeitliche, dauerhafte Integration in den Arbeitsmarkt über ein sozialversicherungspflichtiges Arbeitsverhältnis auch für Männer nicht mehr selbstverständlich ist. Bezahlte Arbeit in diesem Sinne ist zu einem knappen Gut geworden.[17]

Geändert hat sich auch die *Struktur des Arbeitsmarktes*: Mit informations-, kommunikations- und prozesssteuernden Technologien verändert sich sowohl die Art der Arbeit als auch die zeitliche, räumliche und soziale Organisation. Parallel geht vielerorts die industrielle Produktion zurück, steigt die „immateriel-

---

[16] Dieser Konstruktionsmodus bildete das Denkgefängnis, in dem sich vor allem die erste (bürgerliche) Frauenbewegung zu Beginn des 20. Jahrhunderts verfing, die etwa in der „sozialen Mütterlichkeit" als Grundlage der sozialen Arbeit eine Chance sah, den eng gesteckten biografischen Rahmen für Frauen zu erweitern. Dies hatte einerseits eine enorme Wirkung hinsichtlich der Entstehung von Frauenberufen, anderseits wurden damit Frauen auch in anderen Berufen tendenziell „versozialarbeitet", auf eben jene Qualität „sozialer Mütterlichkeit" festgelegt (Gildemeister 2007). Die proletarische Frauenbewegung dagegen hat schon relativ früh „gleichen Lohn für gleiche Arbeit" gefordert, In diesem Zusammenhang ist immer wieder daran zu erinnern, dass sich mit der Aufklärung neben und mit der Polarisierung der Geschlechter auch die Idee der „Gleichheit" verbreitete, ohne die die aktuellen „Gender troubles" ebenfalls nicht denkbar wären.

[17] Dabei wird in der Debatte immer wieder darauf hingewiesen, dass der Gesellschaft nicht etwa „die Arbeit ausgeht": Aufgaben gebe es mehr als genug (so schon die Beiträge in Matthes 1983). Das Problem besteht in der Verteilung bezahlter und unbezahlter Tätigkeiten. Die Nachfrage nach Erwerbsarbeit ist in den letzten Jahrzehnten stärker angestiegen als das Angebot an bezahlten Arbeitsplätzen. Diese steigende Nachfrage hängt auch mit der zunehmenden Integration von Frauen in die Erwerbsarbeit zusammen.

le Arbeit" an. Die Erzeugung „immaterieller Produkte" wie Wissen, Information, Interaktion/Kommunikation etc. – oft auch als „Dienstleistungsarbeit" bezeichnet wirft das Problem der Objektivierung von Leistung und der Messbarkeit von Erfolg auf. Neue Fähigkeiten und Kompetenzprofile werden gefordert (Kommunikations- und Teamfähigkeit, Emotionale Intelligenz etc.). Diese Entwicklung bedeutet nicht, dass es die klassische „materielle Produktion" gegenständlicher Produkte – die industrielle Produktion – nicht mehr gibt, sie geht nur relativ gesehen zurück. Insgesamt korrespondiert dieser Prozess mit einer umfassenden Deregulierung insbesondere auch der industriellen Arbeitsbeziehungen. Vorgegebene und kontinuierlich erwartbare Laufbahnen sind seltener geworden, die Wahrscheinlichkeit, einen Beruf über das ganze Leben hinweg auszuüben sinkt. Gleichzeitig aber finden Entscheidungen und Weichenstellungen für eine berufliche Karriere lebensgeschichtlich vergleichsweise früh statt (vgl. Kap. 6.). Befristete, auch prekäre Beschäftigungsverhältnisse und (Schein-)Selbständigkeit nehmen zu und müssen biografisch integriert werden. Im Zuge dieser Entwicklungen tritt die bislang für Frauen typische Diskontinuität der Erwerbsarbeit nun zunehmend auch in männlichen Erwerbsverläufen auf.

Geändert habe sich zudem die *Semantik und das (normative) Verständnis von Arbeit*: Mit der Diagnose einer „normativen Subjektivierung der Arbeit" (Baethge 1991) wurden etwa Sinn- und „Selbstverwirklichungsansprüche" an die Erwerbsarbeit geltend gemacht; gleichzeitig haben sich lebensweltliche Perspektiven und Denkstile ökonomisiert (alles muss „sich rechnen").[18] Die Frage nach dem „Sinn" kommt zunehmend von der anderen Seite zurück: Arbeitnehmer *sollen* sich mit den Zielen ihres Unternehmens nicht nur identifizieren (das sollten sie schon in der Gründerzeit, etwa bei Krupp), sondern sie sollen ein „marktbezogenes Selbstverständnis" entfalten, i.e. Organisationsziele in die Person hineinnehmen (Voß/Pongratz 1998). Die Trennung von Arbeit und Person wird damit (partiell) zurückgenommen, die personalen Anteile bzw. „Subjektivität" werden von einem Störfaktor zu einem integrierten Moment des Arbeitsprozesses und vor allem zu einer Produktivitätsressource.[19] Mit dem sozialwissenschaftlichen Konstrukt der „Subjektivierung der Arbeit" wird angesprochen, dass

---

[18] Vor allem in der medial vermittelten Öffentlichkeit hat der Arbeitsbegriff eine enorme Ausdehnung erfahren: Bildungsarbeit, Wissensarbeit, Kommunikationsarbeit, Informationsarbeit, Sorgearbeit, Beziehungsarbeit, Erziehungsarbeit, Familienarbeit u.a.m.. Nahezu jede Form legitimer Tätigkeit kann so als „Arbeit" deklariert werden. Wenn kein Zugang zur Erwerbsarbeit besteht, dann eben als „Bürgerarbeit" oder „Familienarbeit" – allerdings verbürgt diese Art von Tätigkeit nach wie vor *nicht* den Status den Erwerbsarbeit bietet.

[19] Nach Voß/Pongratz werden Arbeitskräfte zunehmend zu Unternehmern ihrer selbst, zu sog. „Arbeitskraftunternehmern" (Voß/Pongratz 1998). Die Problematisierung der Knappheit der Arbeit überblendet dabei den Belastungsdiskurs, Arbeitsleid – wichtiges Thema der 70er und 80er Jahre des letzten Jahrhunderts –tritt in den Hintergrund.

alle Fähigkeiten, Interessen, Motivationsressourcen etc. der Individuen vom und im Unternehmen genutzt werden (sollen), wobei Frauen eine Vorreiterrolle eingeräumt wird (Nickel/Frey/Hüning 2003).

Bereits in dieser sehr holzschnittartigen und groben Skizzierung deutet sich an, dass mit dem Strukturwandel nicht nur Veränderungen der Arbeit sowie der Form ihrer Organisation einhergehen, sondern sie zugleich das arbeitsteilungsstützende Konstrukt einer *durchgängig* relevanten Zweigeschlechtlichkeit tangieren.[20] Sowohl hinsichtlich der Strukturen des Arbeitsmarkts als auch hinsichtlich der Semantik bzw. des normativen Verständnisses von Arbeit werden Veränderungen in der Relationierung von „Arbeit", „Organisation" und „Person" sichtbar, die zumindest auf der Ebene des Konstrukts die Geschlechterdifferenz einebnen und eine „Entgeschlechtlichung" von Arbeit ermöglichen.

„Entgeschlechtlichung" von Arbeit?

Dieser Tendenz zu „Entgeschlechtlichung von Arbeit" entspricht auch der Wandel der Terminologie: Ging es in der „Frauenförderung" noch primär um einen Abbau von vermuteten Defiziten auf Seiten der Frauen, so ging es in der „Gleichstellung" programmatisch bereits darum, vorhandene Barrieren für Frauen in der Arbeitswelt abzubauen. Auch das hat freilich bedeutet, dass stets nur „Frauen" zum Thema wurden, sie waren (und sind) „das Andere", das „Fremde", dessen Integration so recht nicht funktioniert (Gildemeister 2005). Mit ihnen entstanden Probleme, die es vorher in den Organisationen nicht gab.

In der praktischen Handhabung wurde die Gleichstellungsprogrammatik so ausgelegt, dass Gleichstellung für Betriebe dann gegeben sei, wenn Frauen nicht diskriminiert werden, i.e. in Einstellungen, Anerkennung und Aufstieg „Geschlecht keine Rolle" spielt. Jenseits des Diskriminierungsverbots wurde und wird für Gleichstellung das Problem der „Vereinbarkeit von Beruf und Familie" dominant. In den entsprechenden an Frauen gerichteten Angeboten der Unter-

---

[20] Zur Erinnerung: Das traditionelle, industriegesellschaftliche Modell des verberuflichten, organisationsbestimmten Arbeitnehmers basierte auf der Trennung von Arbeit und Person: Die Person tritt „hinter" die berufliche Kompetenz sowie die Zweckbestimmungen der Organisation zurück. Die Kompetenz dazu galt als „männlich". Die Differenzierung beruhte auf der Grenzziehung zur „Nichtarbeit" als dem „privaten". Die Arbeit der Frauen in Haus und Familie galt demzufolge nicht als „Arbeit", sondern als Ausdruck ihrer „Natur", als das, „was Frauen sind". Im traditionellen Männlichkeitsmodell werden Person und Arbeit also differenziert, im traditionellen Weiblichkeitsmodell dagegen identifiziert. Männliche Arbeit ist per se der Berufswelt zugeordnet, auf Differenzierung angelegt, „weibliche Arbeit" in Haus, Familie *und* Beruf auf Synthetisierung und Integration (Gildemeister/Robert 1999).

nehmen (Teilzeitarbeitsmodelle, Kinderkrippen) wird damit die gewohnte, unhinterfragte Verknüpfung von „Frau und Familie" erneut zementiert.

Dieser Blick bricht erst allmählich auf, zumindest ist dies die Absicht, indem nunmehr von „work-life-balance" und „diversity management" gesprochen wird. Im Begriff der „diversity", der darauf abzielt, dass Belegschaften in Zukunft nicht mehr sozial homogen sein werden und auch nicht sein sollen, sondern sich nach Alter, Geschlecht, Religion, sozialer und ethnisch-kultureller Herkunft, sexueller Orientierung und Lebensstil „diversifizieren", drückt sich jedoch noch sehr viel mehr aus: Es geht um nicht weniger als um jene grundlegenden Umbrüche in der Arbeitswelt und der Arbeitskultur, die oben angedeutet wurden und die Menschen in sehr unterschiedlicher Weise treffen, denn es treten in diesem Prozess erhebliche Ungleichzeitigkeiten und auch regionale Disparitäten auf.

Mit den beschriebenen Entwicklungen ist die Logik der „Vergeschlechtlichung von Arbeit" zwar nicht völlig ausgesetzt, aber sie hat sich, wie zu zeigen sein wird, verändert, vieles erscheint verwischt und wird z.T. neu relationiert. Mit „Diversity" und der Hereinnahme von personalen („subjektiven") Anteilen werden *potentiell* Definitionsmerkmale des „Weiblichen" systematisch in Konzepte „gleicher", nicht geschlechterdifferenzierter Beruflichkeit eingebracht. Eine offene Frage ist, inwieweit das Konzept des „Diversity managements" dennoch differenzierend wirkt, gerade weil es sich (erneut) auf sozial unterschiedliche „Klassen" bezieht und somit die Denkweise der „Eimermodells" (vgl. Einleitung) aktiviert anstatt einfach „Verschiedenheit" in Rechnung zu stellen. Im Einbringen von im traditionellen Sinn „personalen" Anteilen in das Berufsverständnis liegen noch mehr Möglichkeiten, differenzbildend zu wirken, etwa im Rekurs auf „geschlechtsspezifische Fähigkeiten", z.B. auf „männliche" Durchsetzungsfähigkeit und „weibliche" Diplomatie.

Diese Differenzbildungen sind jedoch *keine* zwingende Folge, beides – Diversity und Hereinnahme personaler Anteile – kann durchaus neutralisierend wirken. Dabei bleibt es freilich bei einer Neutralisierung, die sich hinter der Erscheinungsform von situativ enaktierten Symbolen der Geschlechtszugehörigkeit (Kleidung, Frisur, Schmuck, aber auch Verhaltensdimensionen wie Zurückhaltung, Freundlichkeit etc.) verbirgt.

Industriegesellschaftliche Strukturierungen wirken indes auch in der Entstehung von „Neuem" fort: nach wie vor sind die Sphären Erwerbsarbeit und Familie gegenläufig, einander ausschließend organisiert und gleichzeitig komplementär aufeinander verwiesen. Nach wie vor bildet die Erwerbsarbeit einen Gegenpol zur Familie und zum „Privaten" – diese Art der Relationierung wird ja nicht zuletzt auch mit der Zielsetzung einer „work-life-balance" angesprochen[21]. Es ist

---

[21]   Damit nehmen wir eine eher skeptische Haltung gegenüber der These der „Entgrenzung" zwischen Familien- und Erwerbsarbeit ein (vgl. z.B. Jurczyk/Lange/Szymenderski 2005). Weder die

daher nicht verwunderlich, dass sich große Aufmerksamkeit auf den Bereich der Arbeits*zeit*kultur richtet, neue Arbeitszeitmodelle entstehen, flexible Arbeitsformen, Telearbeit, Abbau von Karrierehemmnissen in der Teilzeitarbeit etc.

Nach wie vor werden jedoch Muster traditionell „männlicher Lebensführung" insofern belohnt, als vor allem in den qualifizierten Bereichen der Erwerbsarbeit Lebens- und Arbeitsstile gefordert sind, die für den Gegenpol „Familie" kaum Raum (und vor allem keine Zeit) lassen[22]. Unterschwellig gilt nach wie vor die Norm permanenter Anwesenheit (Hofbauer 2004, 55), die sich zum „Anwesenheitskult" steigern kann. Die Konkurrenz um knappe Aufstiegspositionen werde primär durch das Kriterium „zeitliche Flexibilität" entschieden, gemeinsam mit „hoher Mobilitätsbereitschaft" und „starker Karriereorientierung" (ebd.). In der „Zeitkonkurrenz" aber sind Menschen wiederum im Nachteil, die andere Verpflichtungen (oder Interessen) haben und insofern nicht völlig flexibel einsetzbar sind.

10.3 Interferenzen

Das (bürgerliche) Leitbild der Familie als Hort des „Privaten", als Reservat und Schutzraum vor dem „feindlichen Leben", in der die Hausfrau und Mutter „weise waltet" (vgl. Kap. 6.1.1, Fn) *ist* nicht zu „vereinbaren" mit einer auf Wettbewerb und Konkurrenz von Individuen und Unternehmen basierenden Ökonomie. Beide sind in ihrer jeweiligen Eigenlogik strukturell als Gegensätze – eben: polar – aufgebaut. In ihrem klassischen Zuschnitt stand Familie der Erwerbsarbeit gegenüber und war „Frauensache". Wie wir in den vorigen Abschnitten gesehen haben, hat „Familie" durchaus dramatische Veränderungen erfahren, und auch die Arbeitswelt bricht um. Dieser Prozess ist in keiner Weise abgeschlossen, jedoch blieb auch unter dem Veränderungsdruck bislang und wohl auch auf weiteres die Gegensätzlichkeit von Familie und Erwerbsarbeit erhalten.

Erwartung räumlicher Mobilität noch die Flexibilisierung der Arbeitszeiten implizieren, dass sich die beschrieben Relation von Gegenläufigkeit und Komplementarität verändert hat, auch wenn sich mit den skizzierten Veränderungen die Anforderungen an die Alltagsorganisation immer weiter erhöhen.

[22] So argumentiert A. Hochschild (2002) in ihrer sehr bekannt gewordenen Studie „Keine Zeit", dass in der von ihr untersuchten US-Firma zwar durchaus Unterstützungsangebote für Personen mit Kindern bestehen (Kinderbetreuung, Teilzeitarbeit etc.), aber die Frauen mit Recht antizipieren, dass das Verständnis bei den Entscheidungsträgern, solche Regelungen auch in Anspruch zu nehmen, nur sehr gering ist. Mit dem Ausbau firmenbezogener Freizeitangebote drehe sich das Verhältnis zudem in der Tendenz um: die Firma werde zunehmend zum „Zuhause" während „zu Hause" nur Arbeit wartet.

Beide Institutionen greifen auf den Lebenslauf zu, sie sind aufeinander verwiesen und strukturieren die Phase des Erwachsenenlebens als „Verhältnis zwischen zwei institutionalen Ordnungen" (Krüger 2001, 278). Biografisch gesehen
erzeugen diese beiden institutionellen Ordnungen und das damit verbundene
Zentralkonstrukt der Zweigeschlechtlichkeit erst das „Vereinbarkeitsproblem"
als ein Problem zwischen den Geschlechtern.[23]

Der Umbruch in beiden Institutionen hat für die Geschlechter derzeit durchaus unterschiedliche Implikationen: Für Frauen ist mit dem Ende der Versor-
gungsehe das Recht, aber auch die Zumutung einer Erwerbsarbeit verbunden, für
Männer bedeutet der Umbruch der Arbeitswelt die Gefährdung des überlieferten
und ihre „Ernährerfunktion" absichernden Normalarbeitsverhältnisses, zugleich
aber auch eine Freisetzung von der Pflicht zur Ernährerfunktion[24]. Männer haben
in diesem Umbruch derzeit noch keine Chance oder einen möglichen „Gewinn"
in dem Sinne gesehen, dass ihnen damit mehr Zugang zur Familie ermöglicht
würde. Frauen haben bislang recht einseitig die geschlechterdifferenzierende
Arbeitsteilung aufgekündigt, sie haben dafür die „Doppelbelastung" eingetauscht, die von ihnen in der Phase des mittleren Erwachsenenalters ein „Be-
reichsmanagement" abverlangt, das zur jeweiligen Eigenlogik beider Institutio-
nenbereiche quer liegt.

Das ist durchaus nicht für alle Frauen (und Männer) attraktiv, so dass vor
diesem Hintergrund auch immer wieder Gegenbewegungen auftreten, in der das
„natürliche" Dreiphasenmodell beschworen wird.[25] Doch selbst in diesem Modell wird faktisch anerkannt, dass der traditionelle Zuschnitt von „Erwerbsarbeit
und Familie" insofern relativiert ist, als die Orientierung auf eine vollwertige
Beruflichkeit in den biografischen Entwürfen einen zentralen Stellenwert einnimmt (vgl. Kapitel 5). Nicht akzeptiert wird in den Gegenbewegungen hinge-

---

[23]   Im Einzelfall – biografisch – wurde die strikte geschlechterdifferenzierende Trennung der Bereiche von Anfang an durchbrochen; Beispiele dafür sind etwa Schriftstellerinnen, Wissenschaftle-
rinnen, Medizinerinnen, Juristinnen u.a.m. Sie blieben aber eben Einzelfälle, die in ihrer Zeit
noch keine sozial relevante Wirkung entfalteten, da sie *zu* exzeptionell und als solche eben
„Ausnahmen von der Regel" waren.

[24]   Schon vor vergleichsweise langer Zeit hat Barbara Ehrenreich darauf hingewiesen, dass für
Männer damit auch ein Zugewinn von Freiheit verbunden ist; sie können ohne sozial diskriminiert zu werden leichter ein Leben ohne den Status und die Verpflichtungen der Ernährerrolle für
eine Familie leben (Ehrenreich 1984).

[25]   „Dreiphasenmodell" meint eine Berufstätigkeit bis zur Geburt des ersten Kindes, eine längere
Erziehungspause, im Anschluss ein sogenannter „Wiedereinstieg" in den Beruf. Die empirischen
Untersuchungen zeigten dazu, dass dieses Modell nur sehr selten umgesetzt werden konnte, die
Lebensläufe von Frauen vielmehr durch eine hohe Diskontinuität, mehrfache Ein- und Ausstiege
in den Beruf gekennzeichnet waren, (vgl. Kap. 9.3 sowie Dausien 1996). Hier lediglich von
„Präferenzen" von Frauen (Vollzeit, Teilzeit, Aussetzen, Wiedereinstieg, etc.) auszugehen, über-
sieht geradezu systematisch die strukturierende Bedeutung geschlechterdifferenzierender Arbeitsteilung im Lebenslauf.

gen, dass in der gesamten Entwicklung Ehe und Familie ihren quasi vorsozialen, „naturwüchsigen" Charakter verloren haben soll.

Nicht zuletzt über die Option der Kinderlosigkeit hat sich jedoch vor allem für Frauen ein größeres Spektrum biografischer Möglichkeiten eröffnet, u.a. auch die, dass Berufserfolg und Berufskarriere an die erste Stelle treten. Zugleich haben diese Optionen in der Öffentlichkeit zu einer scharfen Polarisierung von Familien (mit Kindern) und alleinstehenden oder kinderlosen Paaren geführt. Diese Polarisierung hat zum Hintergrund, dass Familienpflichten die Konkurrenzfähigkeit auf dem Arbeitsmarkt beeinträchtigen, Kinderlose den Ansprüchen etwa bezüglich der Arbeitszeit oder auch aufstiegsorientierter beruflicher Mobilität sehr viel leichter entsprechen können.

In den folgenden Abschnitten konzentrieren wir uns vor diesem Hintergrund zunächst auf *institutionelle* und „materielle" Strukturierungen. Ähnlich wie im vorigen Kapitel sollen diese hier vor allem gelesen und verstanden werden im Hinblick auf *Differenz bildende* Praktiken und Konstrukte. Beides steht in einem engen Zusammenhang und kann als Zirkel beschrieben werden: Bilder und Auffassungen von Geschlecht etwa gehen der Alltagspraxis sowie Institutionalisierungen ebenso *voraus*, wie sie als deren – diese bestätigenden – Ergebnisse sichtbar gemacht werden können („Institutionelle Reflexivität").

Hinsichtlich der objektivierten Dimensionen sozialer Wirklichkeit spricht F.-X. Kaufmann von einer „strukturellen Rücksichtslosigkeit gegenüber Familien", die auf den spezifischen Eigenschaften unseres Wirtschaftssystems beruht, „welche keine Rücksicht darauf nehmen, ob erwerbstätige Eltern Verantwortung übernehmen oder nicht" (Kaufmann 2005, 152f). Zentrales Moment dieser „strukturellen Benachteiligung" stellt die individuelle Entlohnung nach Leistungskriterien dar, wobei „als Leistung ausschließlich die Erwerbsarbeit gilt" (ebd., 154). Familiale Aufgaben wie Elternschaft oder Pflege kranker und alter Angehöriger stellen in dem Sinne keine „Leistung" dar, sie finden keine Anerkennung außerhalb der Familien. Für das Funktionieren der Organisationen der Erwerbsarbeit, ob Produktion, Distribution oder Dienstleistung, ist es grundsätzlich irrelevant, ob ein Arbeitnehmer Elternverantwortung hat oder nicht.

F.-X. Kaufmann geht dann noch einen Schritt weiter, indem er von einer „strukturellen *gesellschaftlichen* Rücksichtslosigkeit gegenüber Familien" spricht und damit nicht allein die Funktionsimperative der Marktwirtschaft und der Organisationen der Erwerbsarbeit meint, sondern auch eine Vielzahl sozialrechtlicher und sozialpolitischer Regelungen, die dem „individualistischen Paradigma" des Wirtschaftslebens folgen (ebd., 154). Faktisch das gesamte soziale System sozialer Sicherung ist auf das Modell des „männlichen Alleinverdieners" zugeschnitten, Rentenansprüche basieren in der gesetzlichen Rentenversicherung auf bezahlten Beiträgen, die Anerkennung von Kinderversicherungszeiten bietet einen Anreiz zu Erwerbspausen, das Ehegattensplitting impliziert finanzielle Anreize für die traditionelle Arbeitsteilung etc. (vgl. dazu Kaufmann 1995, 177ff, sowie auch Pfau-Effinger 2000).[26] Insofern liegt es auf der Hand, dass Kinderlosigkeit nicht nur mit einem Konkurrenzvorteil auf dem je aktuellen Arbeitsmarkt verbunden ist, sondern die Vorteile in lebenszeitlicher Perspektive *kumulieren*. Dies gilt zunächst unabhängig von der Geschlechterdifferenzierung, insofern müssten in dieser Hinsicht kinderlose Männer und Frauen „gleich" sein. Auch dann sind sie es jedoch nur vergleichsweise selten, denn an dieser Stelle wird die geschlechterdifferenzierende Segregation des Arbeitsmarktes wirksam und damit die implizite Schlechterstellung „weiblicher" Berufe und Arbeitsfelder (Kap 6.1).

Die im vorigen Abschnitt skizzierten Umbrüche in Arbeitswelt und Familie bieten dennoch eine Reihe neuer Handlungsoptionen, die jedoch von den Individuen/den Handelnden (aller Geschlechter) auch aufgegriffen, aktiv genutzt und gestaltet werden müssen. Das wiederum bevorzugt diejenigen, die biografisch mehr Kompetenzen erworben haben, z.B. nicht nur darum wissen, dass „Geschlecht" einen Unterschied macht, sondern auch, dass dieser „Unterschied" in den verschiedenen Kontexten mit unterschiedlichen Regulativen verknüpft ist, es daher *auch* „einen Unterschied macht", in *welchen Kontexten* ich mich bewege und in welcher Weise Geschlecht relevant (gemacht) wird.[27] Kann in den entsprechenden Kontexten das Wirksamwerden geschlechtlicher Kategorisierung etwa hinsichtlich der geschlechterdifferenzierenden Arbeitsteilung neutralisiert werden („degendering practices"), verschieben sich die Grenzen. Ob der gewonnene Raum genutzt werden kann, hängt dann wiederum eng mit den Zeitregimes in Erwerbsarbeit und Familie zusammen. Unter den gegebenen Bedingungen, wie sie etwa in den oben zitierten Zeitbudgetanalysen aufscheinen, sind Mütter deutlich im Nachteil. (Abschnitt 10.1).

Nach wie vor ist mit der ungleichen Verteilung der unbezahlten Arbeit in der Familie auch die ungleiche Verteilung der bezahlten Arbeit im Erwerbsbereich verbunden[28]. In der Diskussion um die Polarisierung von Familien und

---

[26]   Die Debatte um sozialstaatliche Regelungen und ihre Implikationen für Geschlechterverhältnisse können wir hier nicht aufnehmen; zentral ist hier nur der Hinweis, dass die gesamte Debatte um „Vereinbarkeit von Beruf und Familie" stets auf der Familienzuständigkeit von Frauen beruht und diese Unterstellung sich auch durch viele andere aktuelle Debatten zieht.

[27]   Etwas plakativ: Geschlecht wird auf einer Party in einer anderen Weise relevant als im Bewerbungsgespräch, der Konkurrenz um eine Aufstiegsposition oder im Scheidungsgerichtsprozess.

[28]   Und umgekehrt: „Je länger die bezahlte Arbeitszeit der Partnerin ist, umso mehr Hausarbeit übernehmen die Männer, wobei der Umfang ihrer eigenen Erwerbstätigkeit jedoch als Einschränkung wirkt: Sie reduzieren ihre Hausarbeit, wenn ihre bezahlte Arbeitszeit zunimmt. Dieser Befund ist familien- und sozialpolitisch brisant, besagt er doch, dass eine Angleichung der bezahlten Arbeitszeiten von Frauen und Männern – eine Ausweitung der Wochenarbeitszeit der Frauen und eine Reduktion der Wochenarbeitszeit für Männer – zu einer Enttraditionalisierung

Kinderlosen und die sinkenden Geburtenquoten wird stets *nur* die Frauener-
werbstätigkeit problematisch, nicht die männliche. Mit der oben skizzierten
„Zeitkonkurrenz" werden zudem erneut Barrieren geschaffen, die nicht durch
„Antidiskriminierungskampagnen" abgebaut werden können und ebenfalls das
„Vereinbarkeitsproblem" wiederum als Problem von Frauen erscheinen lassen.
Eben diese Konstellation führt zur oft konstatierten „begrenzten Integration" von
Frauen (Gottschall 1995) oder – biographisch gesehen – zu einer „befristeten
Normalität" der Berufsarbeit bei Frauen (Gildemeister et al. 2003).[29]

Derzeit lassen sich jenseits der traditionellen Arbeitsteilung, in der die
Frauen die Familienarbeit und Männer als Alleinverdiener die „Ernährerfunktion" übernehmen, drei verschiedene Grundmodelle für den Umgang mit der Kon-
fliktlinie „Beruf und Familie" identifizieren:

▪ Die berufstätige Hausfrau und Mutter. Die Verbindung von Beruf und Familie wird allein den Frauen überlassen, es ist ihre je individuelle Aufgabe,
die „strukturellen Rücksichtslosigkeiten" im Alltag auszubalancieren;
▪ Das „partnerschaftliche Arrangement", in der Haus- und Familienarbeit
symmetrisch aufgeteilt werden und dies auch die Arbeitszeit beider Partner
tangiert. Panelstudien und Zeitbudgetanalysen zeigen jedoch, dass die empirische Verbreitung dieses Modells gering ist;
▪ Das „Delegationsmodell", in dem vor allem höher qualifizierte und gut
verdienende Frauen (Paare) Familien- und Haushaltsaufgaben an andere
Frauen delegieren, und in dessen Folge ein Markt haushaltsnaher Dienstleistungen entsteht, die auch mit Erziehung, Fürsorge und Pflege verbunden
sind. Dies hat zur Folge, dass dann bei diesen „anderen Frauen" Vereinbar-
keitsprobleme entstehen, allerdings mit völlig anderen Konsequenzen.[30]

In allen Modellen werden in unterschiedlichem Ausmaß Institutionen relevant,
die Helga Krüger „Anlieger-" oder „Schatteninstitutionen" nennt. Sie sollen

---

der familialen Arbeitsteilung führen dürfte!" (Künzler 1993 zitiert nach F.-X. Kaufmann 1995,
177).

[29] Das Vereinbarkeitsproblem ist indes nur eine der Dimensionen, über die die „Besonderung" von
Frauen auf dem Arbeitsmarkt hergestellt wird, es ist wie die differenzielle Elternschaft Teil des
spezifischen Modus der Konstruktion von Geschlecht, der darin aber nicht aufgeht. Das „Gleichheitstabu" in der Binarität ist vielschichtig und kann auch an sehr überraschenden Stellen durchbrechen. Grundsätzlich gilt, dass nicht die Erwerbstätigkeit von Frauen ein Grund für eine ver-
minderte Geburtenrate sein muss, vielmehr zeigen die Zahlen aus anderen Ländern, insbesondere
Skandinavien aber auch den USA, dass eine hohe Erwerbstätigenquote mit einer hohen Fertili-
tätsrate einhergehen kann (vgl. Kaufmann 2005, 150).

[30] Mit dem Markt entsteht das Problem der internationalen Migration von Hausangestellten, die
ihre eigenen Kinder in der Obhut von Verwandten zurücklassen (vgl. Hirata 2005, 315ff sowie
Ehrenreich/Hochschild 2003).

„eigentlich" die Spannung zwischen den Bereichen mildern. Soziale Dienstleistungen, Kindergärten und Kinderbetreuungseinrichtungen, Schulen, Krankenhäuser, Altenbetreuung, aber auch Ämter, Geschäfte, Arztpraxen etc. Ihre „Funktionslogik" richtet sich aber bislang ebenfalls – in Teilen durchaus kontrafaktisch – daran aus, dass in der Regel eine Person *hauptsächlich* für familiale Belange zuständig ist. Sie folgen dem Zeitregime der Arbeitswelt und lassen damit Kollisionen zwischen unterschiedlichen Einbindungsmustern entstehen: zwischen Anforderungen der eigenen Erwerbsarbeit und den Öffnungszeiten von Kinderbetreuungseinrichtungen liegen Zeitregelungen der Schulen, Ämter, Arztpraxen, des Einzelhandels etc.[31] Die dort Tätigen haben ebenfalls ein Interesse an „normalen" Arbeitszeiten, die ihnen selbst auch die „Vereinbarkeit" von Beruf und Familie ermöglichen. „Familial induziert, setzen Schatteninstitutionen in ihren Verknüpfungslogiken die nach herkömmlichen Mustern gestaltete Familie als Institution voraus, standardisieren die biografischen Verläufe ihrer Mitglieder geschlechts-, alltags- und bedarfsdifferent und drücken von hierher der ‚Institution Lebenslauf' ihr Programm als nachhaltig ungleiches Geschlechterverhältnis auf" (Krüger 2001, 281).

Bei der gesamten Debatte um „work-life-balance" kann es daher nicht einfach um „Vereinbarkeit von Beruf und Familie" als ein Problem von Frauen gehen, sondern es geht um Veränderungen der Familien wie der Organisation der Erwerbsarbeit einschließlich der Anlieger- oder Schatteninstitutionen, *und* es geht um die Kompetenz zur Neutralisierung der Differenz, zu „*degendering practices*". Es geht um ein Familienmodell, in dem Erwerbsarbeit wieder sichtbar wird (wie schon in vorindustriellen Zeiten) und es geht um Arbeitszeitmodelle und Organisationskulturen, in denen nicht primär der Grad der zeitlichen Verfügbarkeit (Anwesenheit) zum ausschlaggebenden Faktor für Karrierechancen wird. Entsprechende Veränderungen wären zu unterstützen durch „Anliegerinstitutionen", die auch „außergewöhnlichen" Bedürfnissen Rechnung tragen können: Betreuung für kranke Kinder, Betreuung für Kinder auf Dienstreisen, in Ferienzeiten etc.

Voraussetzung für das Funktionieren eines solchen „magischen Dreiecks" (Erler 2005, 163) ist die gesellschaftlich durchgesetzte Haltung, die Erwerbstätigkeit beider Eltern als Normalfall zu akzeptieren und abzustützen. Solange dies nicht der Fall ist – und trotz aller Rhetorik geschieht ja etwa im Bereich der Betreuungsarrangements relativ wenig – ist es den individuell Handelnden überlassen, Lösungen in dem „eigentlich" nicht lösbaren Dilemma zu finden, d.h. es

---

[31] Bei der Debatte um Ladenschlusszeiten etwa geht es immer wieder zentral auch darum, dass an der Schnittstelle Verkäuferin mit Familie – Kundin mit Erwerbstätigkeit und Familie äußerst divergierende Interessen wirksam werden, die aber auf beiden Seiten sehr ähnliche Bedürfnisse nach verlässlichen und jeweils „passenden" Öffnungszeiten beinhalten.

müssen „lebenspraktische Entscheidungen" (Maiwald/Gildemeister 2007) getroffen werden. Damit sind Entscheidungen gemeint, in denen es weder um eine
Wahl zwischen definierten Handlungsoptionen nach abstrakten Rationalitätskriterien geht, noch um die Anwendung fachlichen Wissens, sondern um Entscheidungen, die sich auf zukunftsoffene Situationen beziehen, in denen dabei grundsätzlich viele verschiedene Alternativen möglich sind. Ihre Füllung muss unter
Zeitdruck und mit den je eigenen zur Verfügung stehenden Mitteln getroffen
werden. Ihre „Richtigkeit" oder „Stimmigkeit" bemisst sich vor allem an der
eigenen Lebensgeschichte und dem eigenen Lebensentwurf. In dieser Form müssen „lebenspraktische Entscheidungen" keineswegs als „Entscheidungen" bewusst werden. Vielmehr „ergeben" sie sich zumeist, entstehen „wie von selbst".

Gerade in diese „selbstverständlichen Entscheidungen" aber spielen, wie
schon oft betont, Geschlechterdifferenzierungen hinein: Die jeweiligen institutionellen Rahmenbedingungen (verstehbar als objektivierte Ressourcen) werden
von den Akteuren ebenso in Rechnung gestellt wie sie in ihrer Entscheidungsfindung auf je individuelle Ressourcen zurück greifen, die in ihren jeweiligen Bildungsprozessen verankert sind (Maiwald/Gildemeister 2007, 69f).[32] Solche biografisch ausgebildeten individuellen Bezugspunkte und Ressourcen können z.B.
die in Kap. 5.3 genannten „Lebensthemen" sein oder auch Leitbilder für Paarbeziehung und Familie, die etwa die Bereitschaft ein- oder ausschließen, Haus- und
Familienarbeit zu delegieren. Orientierungstypen und aus biografischen Prozessen resultierende Ressourcen variieren dabei stark mit jeweiligen sozialen Milieus.

---

[32] Auch solche praktisch-biografischen Entscheidungen können gefällt werden, ohne dass das
Gleichheitsideal in den Köpfen tangiert wird. Als Beispiel dafür kann eine Rechtsanwältin gelten, die „wegen zweier Kinder" in eine kleine Kanzlei wechselt, dort schwerpunktmäßig das Familienrecht übernimmt, die Arbeitszeit reduziert und all diese Entscheidungen aber nicht mit der
Geschlechtszugehörigkeit in einen Zusammenhang bringt. Auf den Einwand, dass dies vielleicht
„spezifisch weiblich" sein könnte, antwortete sie: „Ja nee, ich hätt' es nicht sein müssen, ich
hätt' genauso gut weitermachen können mit entsprechend einer Vorstellung" (Gildemeister et al.
2003, 69). Der Gleichheits-, Gleichberechtigungs- und Gleichwertigkeitsnorm als Selbstbild und
Geschlechterkonstrukt wird hier die Wahrnehmung von Fremddefinitionen und Einschränkungen
offenbar geopfert; damit verfestigt sich ein paradoxer Effekt und entzieht die Thematik einem
andersgearteten, etwa politisierenden Zugriff (Gildemeister/Robert 2003).

10.4 Differenzierungen

10.4.1 Milieu und Geschlecht

Bereits mehrfach wurde darauf hingewiesen, dass die soziale Differenzierung nach Geschlecht zwar durchgängig erfolgt und in diesem Sinne „omnipräsent" ist, die Art und Weise jedoch, *wie* differenziert wird und *wie* Geschlecht relevant gemacht wird, in verschiedenen sozialen Kontexten sehr stark variiert. In diesem Zusammenhang ist immer wieder der Zusammenhang von „Class and gender" diskutiert worden und in den letzten Jahren sind hierzu auch einige empirische Untersuchungen durchgeführt worden (im Überblick: Steinrücke 2005).

Inzwischen ist ein weitgehender Konsens dahingehend erzielt worden, dass „Geschlecht" nicht in „Klasse" aufgeht und vice versa. Beide Dimensionen sozialer Strukturierung sind nur in ihrer Verschränkung adäquat zu erfassen, wobei auch in Deutschland inzwischen noch eine dritte Dimension in diese Strukturierung hineinspielt: die ethnische Zugehörigkeit. Für die US-amerikanische Gesellschaft dagegen war „race" von Beginn an eine der „Achsen der Differenz" und der Ungleichheit. Dennoch werden wir uns im Folgenden auf „Geschlecht und Klasse" bzw. „Geschlecht und Milieu" konzentrieren, da insbesondere für den deutschen Sprachraum systematische empirische Analysen zur Verschränkung mit ethnischer Zugehörigkeit nur sehr punktuell vorliegen.

Eine der ersten Untersuchungen wurde in den 90er Jahren von Frerichs/Steinrücke auf der Grundlage des Bourdieuschen Klassenbegriffs durchgeführt (Frerichs 2000, Steinrücke 2005), i.e. neben ökonomischen Faktoren wurden Fragen des *Lebensstils* besonders berücksichtigt. Dabei kommen sie zu dem Ergebnis, dass etwa in der Dimension des Wohnens eindeutig Klassenunterschiede überwiegen, in dieser Dimension geben es „*keine* Eigenart des Lebensstils, die auf eine *durchgängige Geschlechtsgemeinschaft* beziehbar wäre" (Steinrücke 2005, 161). Jede Klasse entwickele zudem ihre eigene Form der Arbeitsteilung unter den Geschlechtern: „(...) unten zwar komplementär, in der Bewertung aber dennoch egalitär, in der Mitte radikal-egalitär und oben verbal-egalitär (...), aber subtil doch hierarchisch" (ebd.). Ähnliches gelte für den in den Klassen entwickelten „Habitus" des Paares: Frauen und Männer in einer Klasse seien sich sehr viel ähnlicher als Männer untereinander und/oder Frauen untereinander. Eine „durchgängige Geschlechtsgemeinschaft" ergebe sich vor allem in der Dimension der Erwerbsarbeit: „Die Frauen stehen innerhalb der gleichen Klassenlage immer eine Stufe tiefer" (161). Damit ist vor allem der berufliche Status und der Verdienst gemeint; Frauen verdienen i.d.R. etwa ein Drittel weniger als die Männer der gleichen „Klasse".

Hinsichtlich der Geschlechterdimension bilde sich eine Art „vergeschlecht-
lichter Klassenhabitus" (164) aus, der den Stellenwert der Erwerbsorientierung
und die Bedeutung affektiver Beziehungen betrifft: Relativ gesehen wiesen
Männer eine ausgeprägtere Erwerbsorientierung auf als Frauen – dies treffe jedoch immer nur *innerhalb* der jeweiligen Klasse zu. *Quer* zu den Klassen hat
etwa die Managerin eine stärkere Erwerbsorientierung als der Arbeiter oder Lehrer, ist der Arbeiter beziehungsorientierter als die Lehrerin oder die Managerin.

Frerichs/Steinrücke haben in ihrer Untersuchung *Individuen* in Paarbeziehungen befragt, nicht *Paare als Paare*. Damit zielten sie auf individuelle, klas-
senbezogene Ausprägungen von „Weiblichkeit" und „Männlichkeit", nicht auf
die sozialen Praktiken der Wirklichkeitskonstruktion im Beziehungskontext und
den darin eingewobenen Geschlechterdifferenzierungen. Diesbezüglich erweist
sich die Studie von Koppetsch/Burkart als ergiebiger, in der sie den als „Geschlechtsnormen" bezeichneten Regulativen in Paarbeziehungen im Milieuvergleich nachgehen. „Geschlechtsnormen" meint jene gemeinsam geteilten Erwartungen hinsichtlich Weiblichkeit und Männlichkeit, die in dem Sinne „latent"
sind, dass ihnen keine explizite Aufmerksamkeit gilt, sondern sie vorreflexiv-
selbstverständlich sind.

Ihre Ausgangsthese ist, dass Leitvorstellungen „legitimer Männlichkeit"
und „legitimer Weiblichkeit" in verschiedenen Milieus unterschiedlich definiert
sind und sich von daher auch die „latenten Regulative" – die „Geschlechtsnormen" – unterscheiden (Koppetsch/Burkart 1999, 11). Der wichtige und die Debatte in verschiedener Hinsicht erweiternde Beitrag dieser Studie liegt vor allem
darin, dass die Leitbilder und Codes von „Weiblichkeit" und „Männlichkeit" sich
nicht von der sozialen und ökonomischen Position isolieren, aber auch nicht aus
ihr „ableiten" lassen. „Geschlecht" sei nichts, was zu den Klassen und Milieus
lediglich hinzukomme, vielmehr bilde die jeweilige Ausformung der Geschlechterverhältnisse eine „Brückenfunktion zwischen ökonomischer Lebenslage und
kultureller Lebenspraxis (Lebensstilmuster, Familienleben etc.)" (ebd., 13). In
bestimmten Kontexten, wie etwa den „hochindividualisierten Dienstleistungsbe-
rufen" werden durch die Aufwertung der Stellung der Frau die ökonomischen
und kulturellen Grundlagen des Haushalts erhöht, in anderen Fällen wie etwa in
einem traditionellen Handwerkerbetrieb oder der Familie eines leitenden Ange-
stellten würde eine „Individualisierung der Geschlechter" eine Gefährdung der
Grundlagen dieser Haushalte bedeuten.

Bildung und Beruf spielen also nicht zuletzt über die Gestaltung der Geschlechterverhältnisse eine wichtige Rolle für die Ausgestaltung von Milieus:
über Bildung werden einerseits Gleichberechtigungsnormen und Gleichheits-
ideale vermittelt, Berufe dagegen sind – andererseits – in ihrer aktuellen Gestalt
in hohem Maße in dem Sinne „vergeschlechtlicht", dass mit ihnen (durchaus

wechselnde) Analogien zu den mit „Weiblichkeit" und „Männlichkeit" assoziierten Fähigkeiten und Figenschaften hergestellt werden (vgl. oben, Kapitel 6.1). In ihrer Studie unterscheiden Koppetsch/Burkart drei Milieus, das „traditionale Milieu mit patriarchalen Leitvorstellungen", das „familistische Milieu", das sich am historischen Ideal der bürgerlichen Familie und der entsprechenden „Polarisierung" der Geschlechtscharaktere orientiert und das „individualisierte Milieu", in dem Gleichheitsdiskurs, Partnerschaftscode und Selbstverwirklichungsansprüche die Vorstellung von der Paarbeziehung prägen[33]. Solche „den Milieus" als *konstitutiv* zugerechneten „Leitvorstellungen" oder „Codes" werden insofern handlungsrelevant, als die Akteure diese Codes in ihrem Handeln in Rechnung stellen, auch dann, wenn sie sie auf der praktischen Ebene unterlaufen: „In den Kodes werden Beziehungsideale formuliert, an denen sich die von uns interviewten Personen beim Versuch der Gestaltung ihrer Ehe und ihres häuslichen Lebens ausrichten. Die konkrete *Alltagspraxis* bietet jedoch in allen drei Milieus ein komplexeres und widersprüchlicheres Bild. Zwar vermitteln die Akteure zunächst durchweg den Eindruck, ihre Beziehungsideale zu verfolgen und sie mit einigen Abstrichen auch zu erfüllen. Bei genauerem Hinsehen werden jedoch systematische Abweichungen sichtbar, die eine grundlegende *Diskrepanz* zu den in den Kodes formulierten Idealen enthüllen" (ebd., 20). Konflikte oder Brüche ergeben sich etwa dann, wenn die Leitvorstellungen der Partner nicht übereinstimmen, z.B. ein „familistisch" orientierter Mann eine Frau aus „patriarchalem" oder „individualisiertem" Milieu heiratet – und umgekehrt.

Zur Illustration wiederum einige Auszüge aus dieser Untersuchung:

Traditionales Milieu

Herr Sitzke, ein 25jähriger Bäcker, antwortet in der Gegenwart seiner Ehefrau auf die Frage nach dem Wertverhältnis von männlicher und weiblicher Arbeit, von Beruf und Hausarbeit:

> „Ich sag' mal: 60:40 für mich, für einen Mann; weil erstens mal muss die Kohle stimmen, dass man erst mal die Miete zahlt, dass man überhaupt im Haushalt was machen kann. Und wenn der Mann keine Miete mit heim bringt kann ich auch keine

---

[33] Mit diesen Unterscheidungen wird nicht der Anspruch erhoben, eine „Milieulandkarte" nachgezeichnet zu haben, sondern lediglich die Aufmerksamkeit darauf zu lenken, *wie* Milieu und Geschlecht miteinander verflochten sind. So bleiben Lebensstile und Milieus in den Oberschichten unterbelichtet, in denen eine starke berufliche Ungleichheit zwischen den Partnern in die Gestaltung der Paarbeziehung eingreift und auch die von unteren Schichten, in denen die durch die „Ernährerrolle" abgesicherte Dominanz des Mannes durch soziale Abstiege und prekäre Lebenslagen vielfach ins Wanken gerät.

Wohnung bezahlen, dann kann sie mit denen 40% nix anfangen, kann die Wohnung net führen. Ich denk' schon, dass insofern der Mann schon wichtiger ist, dass erst mal das Finanzielle stimmt" (Koppetsch/Burkart 1999, 9).

Dieser Interviewauszug steht exemplarisch für Haltungen, wie sie im „traditionalen Milieu" typisch sind und von Koppetsch/Burkart im ländlichen Arbeiter- und Handwerkerbereich verortet werden. Hier folge aus dem höheren ökonomischen Wert der Berufsarbeit des Mannes quasi automatisch die Rollenverteilung innerhalb des Haushalts. Vor diesem Hintergrund ist sowohl die Arbeitsteilung selber als auch das Machtgefälle zwischen den Geschlechtern selbstverständlich, nicht legitimationsbedürftig und über jede Diskussion erhaben (ebd. , 69). Stärker als in anderen Milieus wird „Weiblichkeit" und „Männlichkeit" über Körperlichkeit (Kraft und Stärke als physischer Ausdruck von Männlichkeit) sowie über die räumliche Abtrennung, über den „Platz im Haus" bestimmt: *„Frauen in der Küche und Männer draußen"* (ebd., 69). Beides führe zu einer systematischen Trennung der Sphären „mitten durch die Familien". Diese Trennung äußere sich z.B. in Ansprüchen auf den „Platz am Kopfende des Tisches" oder Exklusivrechte an einem bestimmten Sessel und reiche bis hin zur Trennung im Wohnbereich wie etwa einem Hobbykeller „für ihn" und einem Nähzimmer „für sie". Überschreitungen werden von beiden Seiten als Bedrohung aufgefasst.

„Männlichkeit" errichte sich vor allem aus der Demonstration von „Unabhängigkeit", einer nahezu „phobischen Abwehr" mit der Berührung der weiblichen Sphäre. Die in der lokalen Gemeinschaft (vor allem auch der Verwandtschaft) gehaltenen Vorstellungen von „Ehre" und „Schande" beziehen sich insbesondere auch darauf, die Grenze zwischen den Geschlechtern nicht zu übertreten. Deshalb steht der „rituelle Patriarchalismus" (ebd., 68ff) im traditionellen Milieu im Dienst der eigenen Familie und nicht zuletzt deshalb bestehen auch Frauen mitunter rigide auf der Einhaltung von Konventionen, um einen Zweifel an der „Männlichkeit" ihres Ehemannes gar nicht erst aufkommen zu lassen. Wie aus dem einleitenden Zitat deutlich wurde, geht es in „Schande" und „Ehre" implizit immer auch darum, den Lebensunterhalt von Frau und Kindern bestreiten zu können, denn eine Frau, die „arbeiten muss", weil der Mann Probleme hat, bedrohe die Ehre des Mannes und der ganzen Familie (ebd., 74).

Ehe und Familie werden in diesem Kontext nicht als Bastion gegen eine „feindliche Außenwelt" verstanden, die Ehe basiert nicht in erster Linie auf emotionaler Verbundenheit und emotionalem Austausch, sondern stützt sich als „Zweckgemeinschaft" vor allem auf soziale Konventionen und ökonomische Erfordernisse. Zudem ist die Ehe im traditionellen Milieu in eine größere Gemeinschaft (Verwandtschaft, lokale Öffentlichkeit, Nachbarschaft) eingebunden. Da kein einheitlicher Maßstab für die Bewertung von Frauen und Männern

(Gleichheitsideal) vorliegt, ist die Ungleichheit der Geschlechter selbst der Maßstab, der der *Selbstbewertung* zu Grunde gelegt wird: „Die Unterlegenheit der
Frau ist hier ein kollektiver Status, der von allen anderen Frauen geteilt wird und
auf Grund äußerer Merkmale und formaler Rollenattribute eindeutig zu bezeichnen ist, dadurch aber *keine persönliche Diskriminierung* darstellt. Eine persönliche Identifikation mit der untergeordneten Rolle wird von der Frau nicht erwartet. Man gesteht ihr vielmehr zu, die ihrem Geschlecht auferlegten Grenzen in
ihrem eigenen Interesse zu unterlaufen, sofern sie das offizielle, nach außen
symbolisierte Statusgefälle nicht beeinträchtigt" (ebd., 81, Herv. dort). Unterschwellig haben Frauen daher durchaus subversive Strategien ausgebildet, Ver-
weigerungshandlungen und/oder Heimlichkeiten, mit denen sie – ohne öffentlich
die männliche Dominanz zu konterkarieren – durchaus erfolgreich ihre eigenen
Interessen verfolgen.

Familistisches Milieu

In den Fallanalysen zum *„familistischen Milieu"* ist die Ehe (und Familie) dagegen eine eigene, deutlich gegenüber der Außenwelt (und auch der Verwandtschaft) abgegrenzte Teilwelt, die sich in der Herstellung einer harmonischen
familialen Atmosphäre verwirklicht:

> „Es ist selbstverständlich, daß wir immer miteinander den Tisch abräumen, auch die
> Kinder nicht einfach vom Tisch davonrennen ... wenn jetzt mal Not am Mann ist,
> daß der eine für den anderen einspringt."

Hausarbeit ist hier gegenüber der Berufsarbeit deutlich aufgewertet, von dem
Mann wird eine freiwillige Beteiligung an der häuslichen Arbeit erwartet.
Grundsätzlich aber übernehmen die Frauen im Haus die Führung. Haus- und
Familienarbeit gilt programmatisch als der Erwerbsarbeit gleichwertig, wobei es
aber um eine *ideelle* Aufwertung geht, die nicht in Geldsummen ausgedrückt
werden kann und soll. Die Aufwertung der Hausarbeit beruht im Kern nicht auf
Anerkennung sachlicher Arbeitsleistung, sondern auf der „ideologischen Überhöhung alles Weiblichen" (ebd., 97). Ihr „Wert" liegt darin, dass sich in und mit
ihr Harmonie, Intimität, Familiensinn herstellen. Die Aufgabenverteilung entspricht den für selbstverständlich gehaltenen „Wesensunterschieden" von Frau
und Mann.
    Die Paare dieser Fallstudien waren durchweg verheiratet und hatten eine
mittlere bis höhere Schulbildung; in der Regel verfügte der männliche Teil über
einen höheren Bildungsabschluss und einen qualifizierteren Beruf, die Frauen

hatten zumeist „typische Frauenberufe" wie Erzieherin, Krankenschwester oder Hotelfachfrau erlernt und waren lediglich kurze Zeit (bis zur Geburt des ersten Kindes) oder auch gar nicht berufstätig. Die Ehen sind überwiegend statusinkonsistent, es besteht hinsichtlich des formalen beruflichen Status und des Bildungsniveaus in der Regel ein größeres Gefälle zwischen den Geschlechtern.

Berufstätigkeit und Familie wird gerade auch von den Frauen als „unvereinbar" dargestellt. Dabei ist stets die Familie, nicht das Individuum die relevante soziale Einheit: das Verfolgen eigener Interessen gilt tendenziell als nicht legitim, wird teilweise auch als „egoistisch" gebrandmarkt (ebd., 127); entsprechend richten sich alle ökonomischen und zeitlichen Investitionen auf den *gemeinsamen* Haushalt.

Wenn sich das „familistische Milieu" nun primär „im Medium der Atmosphäre" (101) realisiert, so impliziert das, dass die männliche Berufstätigkeit als ökonomische Grundlage der materiellen Versorgung ein Stück weit abgewertet wird. Diese Leitbildvorstellung lässt zunächst einmal offen, wer in der Familie die Führung übernimmt, und in den Fallanalysen zeigt sich, dass die innerfamiliale Machtverteilung durchaus nicht eindeutig ist, es in der Tendenz jedoch eher Männern gelingt, eigene Interessen durchzusetzen (ebd., 143).

Individualisiertes Milieu

Beispiel für ein „*individualisiertes Milieu*" ist die Familie Lichtenberg. Die Eltern sind verheiratet und haben zwei Kinder. Beide haben ein Universitätsstudium absolviert und vor allem während des Studiums in Wohngemeinschaften gelebt. Beide sind jetzt in anspruchsvoller Weise berufstätig. Zum Zeitpunkt des Interviews hat Herr Lichtenberg Erziehungsurlaub für das zweite Kind genommen, damit soll ein Ausgleich für den Erziehungsurlaub von Frau Lichtenberg anlässlich des ersten Kindes hergestellt werden. Die Berufstätigkeit von Frau Lichtenberg ist wie der Anspruch auf eine Gleichverteilung der Haus- und Erziehungsarbeit selbstverständlich. Die Rotation der Erziehungszeiten stellt nach ihrer beider Ansicht die geforderte Gleichheit her.

Herr Lichtenberg sagt:

> „Mit dem Erziehungsurlaub ... jetzt die letzten zwei Jahre ... hab' ich natürlich so das ganze Programm von der Hausarbeit also, das heißt, wenn morgens dann die Brigitte weggegangen ist zur Arbeit und die Kinder weggebracht sind ..." (ebd., 149).

Frau Lichtenberg sagt:

„Wenn ich dann abends nach Hause komm' dann fallen hier zwei Kinder über mich her." Und „obwohl ich jetzt arbeite, abends nach Hause komme und dann sind die Hausaufgaben noch nicht gemacht, also dann muss ich kommen, die böse Mama kommt abends und kontrolliert noch mal. (...) Ich sitze auch manchmal hier und lese dann Zeitung, aber, ich hab' keine Zeit, mal länger irgendwo mich zurückzuziehen, sondern dann bin ich eben hier als Person, die Ansprechperson für die Kinder." Auch morgens ist sie (...) für die Betreuung der Kinder zuständig. „Weil Charlotte wach wird ... und dann zieh' ich sie an, mach' Frühstück und dann müssen halt die Kinder fertig gemacht werden, also Karl für die Schule, muss ich halt dafür sorgen, dass er sich anzieht, da hilft dann aber Heiko, wenn er dann aufwacht (...), er kommt meistens später, aber wenn er dann da ist, dann hilft er auch mit, manchmal muss ich sagen, jetzt mach doch mal, aber es klappt jetzt eigentlich ganz gut, dass wir dann zusammen immer in wechselnden Positionen halt das erledigen, was da zu tun ist" (Koppetsch/Burkart 1999, 150f).

Die Formulierungen des „dann hilft er mit" verweisen darauf, dass viele Dinge nach wie vor in den Zuständigkeitsbereich von Frau Lichtenberg fallen. Sichtbar wird in diesem Zitat, dass die „erreichte Gleichverteilung" der häuslichen Pflichten darauf hinausläuft, dass Herr Lichtenberg etwa die Hälfte übernommen hat, im Prinzip aber auch nach seinem eigenen Anspruch „das ganze Programm" übernehmen wollte und sollte (ebd., 151).

Dem Leitbild des „individualisierten Milieus" zu Folge gehen hier zwei „autonome Subjekte" eine auf egalitärer Partnerschaft beruhende Paarbeziehung ein, die tendenziell „frei" von „Geschlechtsrollen" ist. Das schließt durchaus die Vorstellung ein, dass es zu Interessenkonflikten (etwa über die Verteilung der Hausarbeit) kommen kann, es schließt aber auch die Vorstellung ein, dass darüber partnerschaftlich zu verhandeln ist, bis ein Kompromiss gefunden wird. Gerade in der Fallanalyse „Lichtenberg" wird jedoch sehr augenfällig, wie sehr unterschiedliche Ansprüche an die Hausarbeit, Sauberkeits- und Ordnungsvorstellungen zur Falle werden. In der häuslichen Arbeitsteilung ist derjenige benachteiligt, der den höheren Standard durchsetzen will. Das gilt auch für Frau Lichtenberg: sie neige dazu, häufiger zu waschen, sie klage über die mangelnde Sorgfalt des Mannes beim Ankleiden der Kinder, dass z.B. mitunter die Hosen verkehrt herum waren, sie stelle beim Kochen die höheren Ansprüche etc. Umgekehrt entwickelt in diesem Fall der Mann durchaus spezifische Maßstäbe für die häusliche Ordnung, denn: „ also, ich räum sehr gerne auf (...) das ist auch etwas, was ich viel intensiver mache, wie das vorher Brigitte gemacht hat (...)" (ebd., 154). In diesem Bereich hat Herr Lichtenberg nun hohe Standards entwickelt, die die seiner Frau übertreffen.

Durch die Fallanalysen in diesem Milieutypus zieht sich hindurch, dass beide Geschlechter bestrebt sind, die sich in der Alltagspraxis vielfach durchsetzende Orientierung an der traditionellen Arbeitsteilung möglichst *zu kaschieren*. Das führt zu durchaus paradoxen Effekten: Wenn nur die Möglichkeit bleibe, die ungleiche Verteilung zu leugnen oder die Mehrbelastung der Frau als Ergebnis ihrer individuellen Neigung zu interpretieren, dann könne die erbrachte Mehrarbeit nicht mehr als Leistung in der Beziehung geltend gemacht werden, denn das würde gegen die gemeinsamen partnerschaftlichen Leitvorstellungen verstoßen. Frauen sind für die Nicht-Einlösung dieser Vorstellungen selbst verantwortlich. Damit können „Erfahrungen sozialer Abwertung von Weiblichkeit (...) in der Deutung des individualisierten Milieus nicht mehr in ein kollektiv typisierbares „Geschlechterschicksal" überführt werden" (ebd., 195).

Es bleibe im individualisierten Milieu insofern bei einer „Illusion der Emanzipation", während im traditionalen und im familistischen Milieu das traditionelle Geschlechterarrangement ohnehin nach wie vor gültig sei. In dieser „Illusion der Emanzipation" ist der Grundkonflikt die „Diskrepanz zwischen diskursiven und praktischen Normen" (197). Gründe für die Diskrepanz sehen Koppetsch/Burkart zum einen in der Macht der Gewohnheit, zum anderen aber generell in der Frage der „Macht". Vor dem Hintergrund, dass mit Gleichheitsideal und Partnerschaftskode überhaupt erst ein Bezugsrahmen der *Vergleichbarkeit* der Geschlechter entstanden ist, vor dem sich auch Männer behaupten müssen, bekommen nunmehr symbolische Unterschiede ein größeres Gewicht. Hausarbeit wird als Mittel der symbolischen Auseinandersetzung um den „sozialen Wert" der eigenen Geschlechtszugehörigkeit wichtig, und zwar vor allem dort, wo etwa eine Frau über einen *höheren* beruflichen Status verfügt. Der Statusverlust des Mannes werde dann durch *ihre* Mehrarbeit im Haushalt ausgeglichen. Wenn sich die symbolische Markierung der Geschlechtergrenze bei den häuslichen Aktivitäten bislang als unverzichtbar erweise (ebd., 198), so verweise dies vor allem darauf, dass die traditionelle „Höherwertigkeit" des Mannes offenbar nicht kampflos aufgegeben werde. [34]

---

34 Konzentriert man sich auf den Bereich der *hochqualifizierten* Arbeit der professionalisierten Berufe, in den in den letzten beiden Jahrzehnten vermehrt Frauen eingewandert sind, so kann der hier eher holzschnittartig vorgestellte Zusammenhang von „Geschlecht und Milieu" noch einmal sehr viel differenzierter betrachtet werden. Am Beispiel verschiedener Typen professionalisierter Berufe kann etwa auf der Grundlage von Fallstudien aufgewiesen werden, dass und wie von einer Veränderung der Arbeitswelt auch Geschlechterkonstrukte berührt werden. Zugleich zeigen diese Studien, in welch subtiler Weise Berufsförmigkeit und Arbeitskontexte mit Geschlechterarrangements „im Privaten" zusammenhängen. Inwieweit es sich bei diesen Entwicklungen im Ansatz um einen Wandel von *Modi der Vergesellschaftung* handelt, sich etwa in den Relationierungen von Arbeit, Person, Geschlecht sowie um Person und Organisation grundlegende Veränderungen abzeichnen, kann derzeit nicht abschließend beantwortet werden. Vgl. zu diesem Komplex ausführlich Gildemeister/Robert 2008.

In den von Koppetsch/Burkart analysierten drei Milieus kann sehr gut aufgewiesen werden, wie *unterschiedlich* „Geschlechternormen" als „latente soziale Regulative" ausgeprägt sein können. Die Komplexität erweitert sich noch einmal, wenn man die Grenzen etwas anders zieht und berücksichtigt, dass sozialökonomische Bedingungen biografisch entwickelte „Lebensthemen" (Keddi et al. 1999) und Beziehungsmodelle nicht *determinieren*. So können bei Managerpaaren im *mittleren* Management, also innerhalb des gleichen Milieus, durchaus unterschiedliche Leitvorstellungen aufgezeigt werden (Notz 2004). Auch wenn sich in den von Notz untersuchten Fällen *faktisch* immer wieder eine traditionelle Arbeitsteilung herstellte, so hing die Beziehungsgestaltung bzw. ihre „Sinnwelt" in hohem Maße davon ab, welchen Wert die Frauen auf ihre Berufstätigkeit und langfristige Berufsperspektive legten. Im sozio-ökonomischen Milieu des mittleren Managements konnten daher bei den untersuchten Paaren alle drei (wenn auch etwas anders nuancierte) Leitbilder identifiziert werden.[35]

Pragmatische Arrangements

In die Milieukonstitution spielt auch die Altersdimension bzw. Generationenlage hinein. Dadurch wird das Spektrum noch einmal erweitert. So fand M. Meuser (1998; 2006) in seiner Untersuchung zu „Geschlecht und Männlichkeit", dass *gerade* im Arbeitermilieu bei jungen Facharbeitern die Bereitschaft sehr hoch ist, zu einer *pragmatisch* motivierten egalitären Verteilung von Hausarbeit zu kommen – gerade sie hätten im Vergleich zu Studierenden die Irrelevanz der Differenz in dieser Hinsicht sehr viel stärker betont. Das scheint auf den ersten Blick den Befunden von Burkart/Koppetsch zu widersprechen, der Widerspruch löst sich jedoch ein Stück weit auf, wenn berücksichtigt wird, dass diese Bereitschaft *nicht* in diskursiven, politisch-moralischen Kategorien verhandelt wird, *nicht* auf

---

[35] Zu *Topmanagern* und ihren „Gattinnen" vgl. Böhnisch (1999 und 2003), die in ihrer Untersuchung zeigt, dass die dort sehr stark ausgeprägte geschlechterdifferenzierende Arbeitsteilung der Haltung der befragten Frauen in vollem Maße entsprach: Statt mit der Interviewerin „von Frau zu Frau über ihre Leben als Hausfrau und die für die Hausarbeit typischen Probleme zu sprechen, machten sie deutlich, dass sie nicht berufstätig sein wollen und stellten die Vorteile heraus, die ihnen aus ihrer Position erwachsen: Sie werden in ihren gesellschaftlichen Kreisen als Gattin anerkannt, verfügen über viel Geld, können einen großen Teil der materiellen Hausarbeit delegieren und haben Zeit, Dinge zu tun, die ihnen Spaß machen (...). Dass dies um den Preis der materiellen Anhängigkeit geschieht, wirkt nicht so schwer, weil die Männer so viel Geld verdienen, dass nur selten darum verhandelt werden muss" 2003, 186). Die These, dass vor allem jüngere Führungskräfte unter einen stärkeren Begründungsdruck für eine entsprechende Arbeitsteilung geraten und sie auch von Seiten der Partnerin unter Druck gesetzt würden („double squeeze"), konnte in der entsprechenden empirischen Studie nicht bestätigt werden (vgl. Liebold 2001).

der Intention beruht, zur Transformation von Geschlechterverhältnissen beizutragen, sondern in den praktischen Anforderungen des Alltags begründet ist:

> „Und zuhause bei mir is das genauso meine Freundin is genauso berufstätig wie ich und wenn ich Spätschicht hab ja dann werde ich dazu äh ich sach mal mehr oder wenich verdonnert wei ich's nicht so gerne mach (1) abzuwaschen (...) und staubzusaugen egal wir teilen uns die Hausarbeit meine Sachen muß ich auch selbst bügeln, das sind ganz normale Sachen ..." (Meuser 2006, 273).

Meuser folgert daraus, dass es vor dem Hintergrund beiderseitiger Berufstätigkeit zu einer „Desexuierung" des Handelns auf der Grundlage individualistischer Leistungslogik kommt und „Geschlechtergleichheit" sich hier nicht in einer institutionalisierten Dauerreflexion erschöpft: die egalitärere Praxis sei eher eine *unbeabsichtigte* Folge pragmatischer Arrangements. Die Forderung an den Partner sei nicht in dem Sinne „feministisch" motiviert, dass er „als Mann" auch einen Teil der Hausarbeit übernehmen solle. Er solle lediglich „als Individuum" seinen Part an der Hausarbeit übernehmen. Im Prinzip oder besser: als Möglichkeit ist diese Haltung bereits im ersten Zitat von Herr Seitzke aus der Untersuchung von Burkart/Koppetsch angelegt (s.o.), in dem die ökonomische Grundlage des Haushalts eine klare Priorität hat und die Dominanz des Mannes begründet. Mit „gleichem Beitrag" zu den Kosten des Haushalts ändert sich das – und da in den Haushalten der jungen Facharbeiter keine geschlechterpolitische Rahmung erfolge, sind – so Meuser – mit der Übernahme von häuslicher Arbeit auf ihrer Seite auch keine „habituellen Verunsicherungen" verbunden und der Konflikt in der Paarbeziehung entschärft.

Mit der Annahme, dass Leitvorstellungen und „Geschlechternormen" für die Milieus *konstitutiv* sind, wird es möglich, die über Geschlechterdifferenzierung vermittelte Ungleichheit einer differenzierteren Analyse zuzuführen als in einer bloßen (punktuellen) Gegenüberstellung von Frauen und Männern. Von daher wäre ein erneuter Blick auf das „pragmatische Arrangement" bei jungen Arbeitern im Prozessverlauf durchaus sinnvoll.

10.4.2 „Dual career Paare"

Im Abschnitt zu „Milieu und Geschlecht" ging es um den Zusammenhang von *sozioökonomischen Bedingungen als institutioneller Ebene*, den interaktiv und biografisch ausgestalteten Lebensstilen und den Geschlechterarrangements, die im Zusammenspiel aller drei Dimensionen hervorgebracht werden. Im nun folgenden Abschnitt verschiebt sich die Perspektive: Mit dem Stichwort „dual career" wird die dyadische (interaktive) Gestaltung in den Mittelpunkt gerückt, wobei jedoch auch hier die Karrierekonstellationen (als institutionelle Bedingungen) den Hintergrund bilden.

Mit „dual career" werden jene Paare angesprochen, bei denen beide Partner über einen hohen Bildungsabschluss und eine hochqualifizierte Berufsausbildung verfügen, eine hohe Berufsorientierung aufweisen und eine eigenständige Berufskarriere anstreben. Das unterscheidet sie von den sogenannten „Doppelverdienerpaaren", in denen zwar beide Partner erwerbstätig sind, aber bei denen in der Regel ein Teil auf Karriereambitionen verzichtet und die Familienarbeit übernimmt. Das sind in der Regel die Frauen dieser Paare.

Dass beide Eltern arbeiten, gehört inzwischen zur normalen Erfahrung von Kindern und Jugendlichen; damit ist jedoch, wie oben aufgewiesen wurde, die primäre Zuständigkeit von Frauen für die Haus- und Familienarbeit kaum erschüttert worden (vgl. Kapitel 10.1). Selbst bei biografisch ausgeprägten Karriereambitionen wirkt die Antizipation zukünftiger Familienverpflichtungen bei vielen (nicht: allen!) ausbremsend und auf jene wird versucht, Arrangements herzustellen, die – in den Augen der Frauen – eine „Vereinbarkeit" ermöglichen (vgl. Kapitel 6.3). Dieser „cooling out"-Prozess (Goffman 1952) wird vor und mit dem Übergang zur Familiengründung offenbar um so intensiver, je stärker das Geldargument bedeutsam gemacht wird, i.e. das Argument, nach dem derjenige primär für die Familienarbeit zuständig sein wird, der weniger verdient. Bei fast allen sogenannten „Frauenberufen" sind die Aussichten auf ein „Familienernährer-adäquates" Einkommen vergleichsweise gering.[36]

Bei Doppelkarrierepaaren stellt nun der Beruf für beide Partner nicht nur eine Quelle des Gelderwerbs dar, sondern auch eine der Entfaltung der eigenen Fähigkeiten und darauf bezogener Anerkennung. Mit der Bildungsexpansion und dem Ansteigen akademischer Abschlüsse bei Frauen wächst das Potential, dass beide Geschlechter durchaus vergleichbare Erwartungen und Wünsche an die eigene Berufslaufbahn haben. Gerade bei Studierenden stellen Doppelkarrieren sehr oft ein Modell für die von ihnen angestrebte Lebensform dar: Sie ist Ärztin, er Rechtsanwalt/sie ist Rechtsanwältin, er Versicherungsmathematiker/er ist Manager, sie Professorin oder sie sind beide in der Medizin, dem Journalismus oder anderen hochqualifizierten Berufen tätig. Dabei ist die „doppelte Karriere" gleichzeitig mit der Erwartung verbunden, ein über weite Strecken gemeinsames und gleichberechtigtes (Familien-)leben zu führen.

---

[36] Das bedeutet aber nicht, dass im Falle des besseren Einkommens von Frauen sich die Haus- und Familienarbeit tatsächlich anders verteilt, denn „Geld ist nicht gleich Geld" (Hirseland/ Herma/ Schneider 2005, 169). Es bedeutet lediglich, dass die *Chance*, dass Männer/Väter ihre Erwerbsarbeit reduzieren und sich an der Familienarbeit beteiligen, mit der Einkommensgleichheit beider Partner wächst (Kassner/Rüling 2005, 239 f).

Eine solche Erwartung erfüllt sich jedoch nicht automatisch, die jeweils konkreten Arbeitsteilungsarrangements sind zunächst mehr oder weniger offen und müssen ausgehandelt werden. Hertz bringt das Problem in ihrer Forschung zu „dual career couples" 1986 in die schöne Formulierung, dass es hier um *drei* Karrieren geht: Um die *seiner* Arbeit, um die *ihrer* Arbeit und um die ihrer *Paarbeziehung* bzw. Ehe (Hertz 1986, 29). Einer ihrer Interviewpartner erklärte ihr den Balanceakt zwischen Heirat und Karriere, indem er ihr den Unterschied seiner Ehe zu den traditionellen Ehen seiner Kollegen erklärt:

„There is this constant pressure of trying to balance things, constantly reassessing how much time we spend in family and careers (…) Every day, every week. Trying to figure out how much time to spend – whether I should be with the kids, or with Ann, or working. I know of men of my generation that basically work eighty hours a week on their careers, and their spouse is home in the kitchen and with the kids. Everything else is done by the spouse. And that is not possible in our household. The same goes for Ann. She competes in a world in which men also spend sixty or seventy hours a week working solely on their careers, and they don't have other pressures because their spouse take care of all those things. That's not her world. She can't work all the time because she has other responsibilities. So you make definite trade-offs. You both make a trade-off. It's also hard because we both frequently talk about it – how much trade off each one of us should be making, wether we are both making the same amount, or wether one of us feels that the other one is spending too much time on the job." (Hertz 1986, 56).

Diese Koordinationsleistung von „ihrer Arbeit, seiner Arbeit, der gemeinsamen Beziehung" kann nicht „ein für allemal" geregelt werden, sondern ist in hohem Maße abhängig (und verletzlich) von den jeweiligen Berufsphasen beider Partner und von dem Familienzyklus, da der Abstimmungsbedarf sich mit verschiedenen Karriereschritten und mit jedem Kind verändert, z.T. massiv ansteigt und ein gefundenes Arrangement dann neu ausgehandelt werden muss. In all den von Hertz untersuchten Fällen haben diese ein vergleichsweise ausgeklügeltes System von Regeln entwickelt, wie zu entscheiden ist und vor allem wie verhindert werden kann, dass Verhandlungen über Zeit und Karriereschritte zum Konflikt in der Paarbeziehung führen.[37]

---

[37] Grundsätzlich stellt sich das Problem bei gleichgeschlechtlichen Paaren durchaus ähnlich, denn auch für diese gibt es keine einfache Lösung, einen Ausgleich zwischen Erwerbs- und Hausarbeit herzustellen. Gleichgeschlechtliche Paare können jedoch nicht auf das sozial etablierte Muster der Arbeitsteilung und seinem normativen Bezug zur Geschlechtszugehörigkeit zurückgreifen, sondern hier hängt es davon ab, ob es den Paaren gelingt, das Muster der ungleichen Anerkennung beider Tätigkeitsbereiche außer Kraft zu setzen und die Übernahme von Haushaltstätigkeiten etwa als „verhinderte Erwerbsteilnahme" aufzuwerten (vgl. Schürmann 2005, 158).

Für Deutschland sind entsprechende Forschungen noch rar, Zahlen zu soge nannten „dual career"-Paaren und Familien liegen taktisch nicht vor, auch wenn es an Hinweisen darauf, dass diese Lebensform anwächst, nicht fehlt.[38] Eine der – ohnehin nur wenigen – Studien zu „Doppelkarrierepaaren" in Deutschland, die sich explizit mit der Bedeutung der Geschlechterdifferenzierung auseinandersetzt, ist die Studie von Behnke/Meuser (2003, 2005) zum „Vereinbarkeitsmanagement".

Die Autoren haben (heterosexuelle) Paare verschiedener Generationen gemeinsam interviewt. Gegenstand dieser Interviews war ihre Geschichte als Paar. Das gemeinsame Interview schließt von der methodischen Anlage her unterschiedliche Interpretationen nicht aus, die Partner richteten ihre Äußerungen daher nicht nur an die Interviewer, sondern oft auch wechselseitig aneinander. Auch im Paarinterview gibt es gewissermaßen drei Perspektiven: Ihre, seine, und eine gemeinsame, miteinander verwobene Geschichte beider Partner. Dabei ist die Art, wie sie ihre Geschichte erzählten, selber ein Datum: „Die Art, wie die Erzählung, der Diskurs organisiert werden, entspricht dem Arrangement, das die Partner miteinander getroffen haben bzw. ihrem Selbstverständnis" (Behnke/Meuser 2005, 127). Ein Ergebnis ist, dass die meisten Paare in ihrem Selbstverständnis ihr Zusammenleben als egalitäres, gleichberechtigtes Arrangement verstehen, eine traditionell asymmetrische Arbeitsteilung keinen Platz habe. Das treffe – so die Autoren – insofern zu, als das Modell des „männlichen Familienernährers" tatsächlich in allen Fällen konsequent verlassen wurde – aber: genau das bedeute nicht automatisch, dass damit ein egalitäres Paararrangement verbunden sei.

Vermutet wurde von den Autoren eine Generationendifferenz – diese betraf entgegen der Erwartung jedoch nicht die grundsätzliche Legitimität einer beruflichen Karriere von Frauen. Dieses Recht galt allen Befragten als selbstverständlich. Differenzen ergaben sich zwischen den Generationen vor allem in der Hinsicht, dass für die zum Interviewzeitpunkt etwa 60jährigen die Karriere des Mannes eine Vorrangstellung hatte und der gemeinsame Wohnsitz grundsätzlich in Abhängigkeit vom Arbeitsort des Mannes festgelegt wurde. Die Frauen waren neben ihrer Berufstätigkeit selbstverständlich für die Organisation des familialen Alltags und insbesondere auch für den *familialen Zusammenhalt* zuständig (168): „Die Bereitschaft der Frauen, die eigenen Karrierepläne denen des Mannes unterzuordnen, verweist auf klare Prioritäten. Für die meisten Frauen, ausnahmslos

---

[38] Behnke/Meuser weisen darauf hin, dass solche Hinweise vor allem aus der betriebswirtschaftlichen Forschung kommen, die sich schon früher als die Soziologie mit der Situation von „Doppelkarriere-Paaren befasst hat, nicht zuletzt, weil sich manches Großunternehmen zunehmend vor die Notwendigkeit gestellt sieht, bei der Einstellung von Führungskräften auch einen angemessenen Platz für den Partner zu finden (Behnke/Meuser 2003,163f).

für die Frauen der älteren Generation ist das partnerschaftliche, bzw. familiale Zusammenleben der übergeordnete Rahmen. Um das Zusammenleben nicht zu gefährden, machen sie Konzessionen – mit der Konsequenz, dass sie die eigenen Karrieremöglichkeiten nicht voll ausschöpfen" (Behnke/Meuser 2005, 129). Es ist ihre Aufgabe, das Gesamtarrangement, „das Ganze im Blick zu behalten" und die eigenen Handlungen darauf abzustellen. Sind Frauen dazu nicht bereit, so der Befund der Studie, erwiese sich das Paararrangement als latent gefährdet (Behnke/Meuser 2003, 170).

Bei den jungen Paaren im Alter von 30 bis 35 Jahren scheint diese Bereitschaft auf den ersten Blick nicht mehr selbstverständlich zu sein. Dazu wiederum illustrativ ein Beispiel aus dieser Studie: es geht um ein Paar, in dem beide Partner in der Wissenschaft arbeiten und bei dem sich nun für den Mann ein längerer Auslandsaufenthalt abzeichnet.

> „Das Paar sieht sich mithin vor die Aufgabe gestellt, ein Arrangement zu finden, wie sie ein gemeinsames Leben über größere räumliche Distanzen hinweg aufrecht erhalten können. Dass sie ihm an seinen Arbeitsplatz folgt, eine Lösung, die für Paare aus der älteren Generation typisch ist, steht nicht zur Diskussion. Allerdings berichtet sie, dass sie bereits bei den Bewerbungsgesprächen, die sie seinerzeit geführt hat, abgeklärt habe, ob die prospektive Stelle genügend zeitliche Flexibilität gewährt, um regelmäßig längere, über ein Wochenende hinausgehende Zeit für das Zusammensein mit dem Partner zur Verfügung zu haben. Der Mann berichtet, er habe sich seinerzeit darauf verlassen, dass ihm die Stelle im Ausland genügend zeitliche Freiräume lassen würde. Mit anderen Worten: Sie plant die gemeinsame Zeit, er verlässt sich bzw. hofft auf günstige Konstellationen. (...) Diese Planung oder vorausschauende Organisation hinsichtlich einer gemeinsamen Zukunft ist Sache der Frauen; die Partner haben jeweils ihre individuelle Karriereplanung als Faktum in die Welt gesetzt" (Behnke/Meuser 2003, 171).

In den Paarbeziehungen der jüngeren Generation geht es zunehmend weniger allein um die Alltagsorganisationen von Haushalt und Familienarbeit, sondern das „Vereinbarkeitsmangement" umfasst – im Sinne von „ihrer Arbeit, seiner Arbeit, der gemeinsamen Beziehung" – die Koordination zweier beruflicher Karrieren. In dem zitierten Interview erweist es sich primär als *ihre* Aufgabe, das Zusammenleben so zu managen, dass zwei Karrieren möglich werden. Auch und gerade in diesen Fällen der jungen Paare schafft bereits die Antizipation künftiger Elternschaft eine Verschärfung der Vergeschlechtlichung in der Wahrnehmung von Optionen. In den Interviews sind es *nur* die Frauen, die über die Möglichkeiten der „Vereinbarkeit" von Beruf und Familie nachdenken, wobei sich in den Zitaten neben der fraglosen Zuständigkeit auch eine große Unsicherheit ausdrückt, wie eine Vereinbarung zu realisieren ist: „Mal 'ne Zeit aussetzen, ganz klar, das ist kein Thema und dann (.) gute Frage (.) Tagesmutter, Kindergarten, irgendwas in der Richtung" (ebd., 171). Die männlichen Partner schweigen zu diesem Thema und für die jungen Frauen sind *nicht* ihre Partner die Adressaten für die Frage, wie eine solche „Vereinbarung" möglich ist, sondern primär *andere Frauen*, zum einen jene, die es bereits geschafft haben, Mutterschaft und Beruf zu verbinden, zum anderen aber jene, an die Haushalt und Kinderbetreuung möglicherweise zu delegieren sind. Insofern ist es gerade bei diesen jungen Paaren, die noch keine Familiengründung realisiert haben, vergleichsweise offen, was aus dem aktuell gleichrangig-egalitären Arrangement bei der Familiengründung wird.

Bei den jungen Doppelkarriere-Paaren zeigt sich im Vergleich zu den älteren Generationen noch eine weitere Veränderung: Für die jungen Frauen ist es keine Option mehr, ihre beruflichen Pläne an den Karrierebedingungen des Mannes auszurichten und auch ein Karrierevorsprung des Mannes ist in der Paarbeziehung nicht gefordert. Aber: ein Karrierevorsprung der Frau wird für diese tendenziell problematisch (Behnke/Meuser 2005, 132). Inwieweit eine solche Konstellation Schwierigkeiten bereitet, hängt allerdings auch von professionstypischen und berufsfeldspezifischen Unterschieden ab: Danach sind solche Paarbeziehungen eher gefährdet, in deren Berufsfeldern Karrierestufen eindeutig zugeordnet werden können, die Karrierestränge nebeneinander her laufen und *direkt* vergleichbar sind. Das schüre Rivalität.

Diese Bedingungen gelten im Alter von 30-35 Jahren vor allem im Managementbereich, weil hier die Einspurung in den „Führungskräftenachwuchs" relativ früh erfolgt, während etwa wissenschaftliche Karrieren in diesem Alter noch soweit am Anfang stehen, dass es eher möglich ist, berufliche Optionen offen zu halten. Auch spielt in diesem Feld das Modell einer „hegemonialen Männlichkeit" eine geringere Rolle und Erwartungen an eine „Normalbiografie" sind nicht in gleichem Maße ausgeprägt wie im Managementbereich.[39]

Zwei Karrierestränge und ein Paar- und Familienleben zu vereinbaren, scheint nach den Ergebnissen von Behnke und Meuser vor allem Paaren möglich zu sein, die freiberuflich tätig sind. Sie verfügen zum einen über größere Gestal-

---

[39]   In der Realisierung von Doppelkarrieren in Akademikerpartnerschaften spielt auch die Altersskonstellation eine Rolle: Zwar finden Solga/Rusconi/Krüger (2005, 46) keinen direkten Alterseffekt, was die *Chance* zur Verwirklichung einer Doppelkarriere betrifft, aber Alterskonstellationen können sich mit Geschlechtszuschreibungen verbinden. In „untypischen Alterskonstellationen" in denen die Frau drei und mehr Jahre älter ist als der Mann, hat sehr oft die Frau eine dominantere Berufsrolle, innerhalb der Paare ohne Kinder weisen altersuntypische Paare eine größere Egalität im Erwerbsverhalten auf. Auch hier wirken Kinder indes re-tradionalisierend (38). Auch Frauen mit viel älteren Partnern haben gute Chancen, einer professionellen Karriere nachzugehen (42). Die Studie (auf der Basis von Mikrozensusdaten) kommt ähnlich wie Behnke/ Meuser (2003) zum Ergebnis, dass Berufshomogamie in Akademikerpartnerschaften die Verwirklichung von „Doppelkarrieren" begünstigt (46).

tungsräume, zum anderen ist die relative Statusgleichheit in einer gemeinsamen Kanzlei, Praxis oder in einem gemeinsamen Projekt *entlastend*. „Im Unterschied zur freien Wirtschaft und zur Wissenschaft gibt es keine organisationsinternen formalen Hierarchien mit abgestuften Positionen auf einer Karriereleiter. Die Partner müssen sich folglich nicht an der Positionierung des je anderen „abarbeiten". Vor allem können die Männer von den organisatorischen Leistungen der Ehefrauen profitieren, weil diese das gemeinsame Berufs- und Familienleben optimieren. Der Erfolg des einen Partners geht nicht auf Kosten des Erfolgs des anderen" (Behnke/Meuser 2005, 134).

Bei aller Enttraditionalisierung, die das Modell allein dadurch impliziert, dass das Modell des „männlichen Familienernährers" nicht mehr zu vergeben ist, ist die Geschlechterdifferenzierung und die geschlechterdifferenzierende Arbeitsteilung damit dennoch nicht ausgesetzt: Zumindest in dieser Untersuchung wird das Modell nicht von den Männern getragen, sie lassen sich lediglich auf eine solche Familienform ein, überlassen die Gestaltung des „Gesamtarrangements" bzw. das „Vereinbarkeitsmanagements" dann ihren Partnerinnen. Die Frauen in diesen Beziehungen durchbrechen zwar einerseits tradierte Muster der Arbeitsteilung, bleiben aber dennoch – andererseits – in ihrem Rahmen, weil sie weitgehend selbstverständlich diese Zuständigkeit für das „Vereinbarkeitsmanagement" übernehmen.

Innerhalb der Berufswelt hat die Geschlechterdifferenzierung ein Stück ihrer Gestaltungsmacht und ihrer Ordnungsfunktion verloren, damit ist aber die Zuschreibung der Zuständigkeit für die Familien-, Sorge- und Beziehungsarbeit nicht automatisch auch schon „entgeschlechtlicht". Diese stellt sich offensichtlich immer wieder „wie von selbst" (Georg Simmel) her, ebenso wie die entsprechende Abstinenz der Männer gegenüber diesem Bereich. Dennoch kann der berufliche Bereich ein „Schrittmacher" sein. In den entsprechenden Studien gilt nahezu durchgängig, dass die Relativierung oder gar Aufhebung der Geschlechtstypik in den Arbeitsteilungsarrangements *nicht* von einem geschlechterpolitischen Gestaltungswillen der Beteiligten abhängig ist. Sie muss vielmehr als teilweise *unbeabsichtigte* Folge der Vereinigung zweier beruflicher Laufbahnen unter dem Dach einer Paarbeziehung interpretiert werden: „The couples' unease in dealing with an ambigious situation creates frustration as they try to make a reality fit an old model. Far from being the avant-garde of a social movement with an articulate vision of what they want to create, these couples are notable for their lack of ideological prescriptions about the quality of marital roles. Instead, combining two eqally demanding (and rewarding) careers, they simply practice such equality" (Hertz 1986, 33). Dabei bleiben einige Ecken und Kanten – Einfallstor für die Reproduktion von geschlechtlicher Differenzierung scheint immer wieder und primär die mit der „Vereinbarkeitsfrage" verknüpfte

Zeitfrage bzw. Zeitkonkurrenz. Schwierig wird es für die „Karriere" der Paarbeziehung aber offenbar vor allem dann, wenn Anforderungen an die Praxis der
Arbeitsteilung geschlechterpolitisch oder feministisch begründet werden. Ein
solcher Bezug scheint den konfligierenden Charakter der Anforderungen erheblich ansteigen zu lassen.

„Dual career"-Forschung hat bislang vor allem Fälle „erfolgreicher Paar-
biografien" untersucht, jedoch kaum gescheiterte. In beiden Fällen werden sowohl innerpartnerschaftliche Faktoren wie außerpartnerschaftliche Handlungsre-
striktionen bedeutsam. Über außerpartnerschaftliche Restriktionen ist bereits viel
bekannt – kaum ein Problem ist in dieser Hinsicht so gut beleuchtet wie die
„Vereinbarkeit von Beruf und Familie". Für die Forschung zu „Dual Career
Couples" als Träger sozialen Wandels aber ist es in einem sehr grundlegenden
Sinn wichtig, die sinnhaft basierten Strukturierungen von Beziehungen in der
Hinsicht in den Blick zu nehmen, dass auch diese es sind, die Handlungsoptio-
nen er- und verschließen.

10.4.3 „Working Poor"

Im letzten Abschnitt dieses Kapitels wenden wir uns einer Bevölkerungsgruppe
zu, deren Lebenslage eine zunehmende öffentliche Aufmerksamkeit gefunden
hat. Im Hinblick auf die angesprochenen Fragen der „Vereinbarkeit" mit der
Berufstätigkeit und die Art der Teilung der verschiedenen Komponenten der
Familienarbeit lässt sich zunächst konstatieren, dass hier nicht in gleichem Maße
auf stabile Milieustrukturen zurückgegriffen werden kann, wie bei den bislang
betrachteten Personenkreisen. Solche prekären Grundlagen des Alltags können
bei den Betroffenen eine lange Geschichte haben, aber auch erst im Verlauf der
(Familien-)Biografie aufgetreten sein und in der Folge zu Erosionen zunächst
ausbalancierter Arrangements geführt haben. Wir befassen uns damit an dieser
Stelle mit einer spezifischen Ausprägung besonders belasteter Lebenslagen und –
u.U. daraus entstehender – sozialer Randständigkeit. In der Folge einer weit
reichenden „Entstandardisierung der Erwerbsarbeit"[40] entstehen Beschäftigungsverhältnisse, die sich von tarifrechtlich gesicherten Normalformen der Arbeit
deutlich unterscheiden. Insbesondere sind sie zumeist besonders niedrig bezahlt,
diskontinuierlich und von ihren Inhalten her überwiegend im Bereich der Ein-

---

[40]   Über das tatsächliche Ausmaß der „Entstandardisierung von Erwerbsarbeit" besteht in der empirischen Forschung allerdings ein erheblicher Dissens. In den verschiedenen Untersuchungen damit befasster Institutionen finden sich sehr stark divergierende Zahlen, was u.a. auch damit zusammenhängt, dass bereits die Definitionen dessen, was eine „normale Beschäftigung ist", divergieren (vgl. FES 2006, 20).

facharbeiten angesiedelt. In den USA wird dies unter dem Stichwort der „Working Poor" diskutiert, in Deutschland bürgert sich neben der Bezeichnung einer „neuen Unterschicht" der Begriff „Neues Prekariat" ein, der vor allem auf eine entsprechende Untersuchung der Friedrich-Ebert-Stiftung zurückgeht (FES 2006). Die damit umschriebenen Entwicklungen betreffen beide Geschlechter. Dennoch ist die sich darin realisierende Geschlechterdifferenzierung nicht zu übersehen. Im Kapitel 6, in dem wir uns mit der Institution des geschlechtersegregierten Arbeitsmarkts befassten, wurde darauf hingewiesen, dass bereits das „sozialversicherungspflichtige Normalarbeitsverhältnis" (mit den Kriterien eines nicht befristeten Arbeitsvertrags, der Vollzeitarbeit und tariflicher Absicherung) eine „männliche Domäne" darstellt, die auf der Konstellation komplementärer Arbeitsteilung beruht, in der Frauen primär für Haus und Familie zuständig waren. Vor diesem Hintergrund galt für Frauen Berufsarbeit als sekundär, nachrangig. Für sie wurde vor dem Hintergrund normativierter Lebenslaufmodelle (Zweiphasen-Modell, Dreiphasen-Modell) angenommen, eine Erwerbsarbeit werde nur phasenweise, temporär und „ergänzend" ausgeübt (zur empirischen Relativierung dieses Bildes vgl. Kapitel 6 und 9).

In diesem bereits geschlechtersegregierten Arbeitsmarkt mit seinen Frauen benachteiligenden Strukturen entstand und entsteht nun ein weiterer Teilarbeitsmarkt mit hochgradig prekären Beschäftigungsverhältnissen wie etwa Mini- oder Midijobs, verschiedenen Formen von Teilzeitarbeit, befristete und Leih-Arbeit. Für Frauen, die sich selbst als „Zuverdienerinnen" verstanden und in diesem Selbstverständnis von den in ihrem sozialen Milieu vorherrschenden Normalformen, etwa einer Familie mit einem „Haupternährer", gestützt wurden, erschienen solche unsicheren Beschäftigungsverhältnisse und nicht existenzsichernden Löhne durchaus akzeptabel. Unter diesen Vorzeichen hat sich ein Markt sogenannter „atypischer Beschäftigungsformen" (FES 2006, 22) als eine Domäne von Frauen entwickelt, konzentriert vor allem auf gering qualifizierte Dienstleistungen. Als spezifisches Risiko dieses Niedriglohnsektors gilt, dass sowohl stabile als auch nur kurz dauernde Beschäftigungsverhältnisse eine längerfristige Integration in den ersten Arbeitsmarkt nicht befördern.

Darin liege – so die Autoren der zitierten Studie – solange kein Problem, als es bei einem „Zuverdienen" bleibt, das darin angelegte Geschlechterarrangement als solches akzeptiert wird und auch realisiert werden kann.[41] Es sei allerdings ein „prekärer Wohlstand", gebunden an spezifische soziale Voraussetzungen, insbesondere stabile Partnerschaften (ebd., 38). Die soziale Lage spitzt sich aber

---

[41] Im Kapitel 6.3 sind wir ausführlich darauf eingegangen, dass Frauen, die mit ihrer eigenen Berufssituation und Berufsperspektive unzufrieden sind, den Übergang zur Familienfrau mit einem Mann als Haupternährer durchaus positiv sehen.

sehr schnell zu, insbesondere dann, wenn die Funktion des „Familienernährers" aus den unterschiedlichsten Gründen wegfällt. Insofern verwundert es nicht, dass in allen Studien hervorgehoben wird, dass alleinerziehende Frauen das größte Verarmungsrisiko haben und in hohem Maße von sozialen Benachteiligungen betroffen sind (Hammer 2002). Unter solchen Bedingungen können stabile, mehr oder weniger unstrittige „Vereinbarkeitsarrangements" kaum noch ausgebildet werden.

Die Autorin Barbara Ehrenreich hat dazu in den USA ein „Selbstexperiment" durchgeführt (Ehrenreich 2001). Im Alter von etwa 55 Jahren verließ sie für mehrere Monate ihren gewohnten Lebenszusammenhang, auch ihre partnerschaftlich-gleichheitsorientierte Beziehung, und tauchte in die Arbeitswirklichkeit und Lebenswelt des Niedriglohnsektors ein, als Kellnerin, Putzfrau, Altenpflegerin und Verkäuferin. Ihr Ziel dabei war nicht, nachzuempfinden, wie Frauen sich in einer solchen Lage „wirklich fühlen". Viel mehr wollte sie zunächst lediglich herausfinden, ob und wie sie es schaffen würde, mit dem Verdienst ihre Ausgaben im Rahmen einer von vornherein angepassten, sehr bescheiden angelegten Lebensführung zu bestreiten.

Die Bereiche, in denen sie Arbeit fand, waren klassisch „feminisierte" Felder des Arbeitsmarktes, wobei ihr aber innerhalb dieses Sektors durchaus nicht alle Jobs zugänglich waren. Zusätzlich zur Geschlechtersegregation ist gerade auch dieser Bereich hochgradig ethnisiert. Viele der entsprechenden Jobs werden hauptsächlich von Menschen mit dunkler Hautfarbe gemacht. Als weiße Frau, zudem mit akzentfreiem Englisch, würde sie für „verschroben oder für eine verkrachte Existenz" gehalten werden (ebd., 13). In den Einstellungsinterviews stellte sie sich als eine Hausfrau vor, die nach vielen Ehejahren und einer Scheidung sich wieder auf dem Arbeitsmarkt versuchen muss. Damit waren auch die großen Lücken in ihrem Beschäftigungsverlauf erklärt. Diese Konstellation war für alle Arbeitgeber so plausibel, dass niemand nachfragte. Sie war „typisch" für diese Jobs. Arbeiteten Jüngere in diesen Bereichen, dann, weil sie entweder über keinerlei berufliche Ausbildung verfügten, mit dieser keine Arbeit fanden, oder aber sehr oft arbeitslose Partner und Kinder zu versorgen hatten.

Es waren stets „schwierige soziale Verhältnisse", in denen das „reguläre Arrangement der Geschlechter" weitgehend zusammenbrach, dafür aber sehr unterschiedliche Paardynamiken wirksam wurden. So hatten Frauen Angst, ihrem Partner eine Schwangerschaft mitzuteilen, weil damit das Leben noch schwieriger würde, sie nahmen Entbehrungen in Kauf, um den Partner nicht zu belasten oder auch, ihn im Gefängnis zu unterstützen. Daraus kann man verallgemeinernd folgern, dass gerade die jüngeren Frauen sich in ihrem Selbstverständnis durch einen Rückbezug auf ihre „eigentliche Tätigkeit" als Hausfrau und Mutter „retten". Dies ist die oder wird zur primären Quelle ihrer Identität, vor diesem Hintergrund ertragen sie die oft unwürdigen Arbeitsbedingungen und schwierigen Arbeitszeiten.

Sehr schnell gerät die Autorin in ihrem Selbstexperiment unter Druck, einen „Zweitjob" anzunehmen. Von dem Verdienst als Verkäuferin oder Kellnerin lassen sich die Ausgaben für Miete und Lebensunterhalt nicht bestreiten. In der gleichen Situation sind fast alle ihrer Kolleginnen, die nicht mit einem berufstätigen Ehemann oder Freund zusammenleben. Nicht zuletzt sind es immer wieder die Bedingungen auf dem Wohnungsmarkt, die sie dazu zwingen, praktisch jede Arbeit anzunehmen.[42] Für sie und für alle, die nicht „in geregelten Verhältnissen" leben, wird das Leben nämlich sehr viel teurer: Wer keine Kaution für eine Wohnung aufbringt, muss ein Zimmer mit wöchentlicher oder gar täglicher Miete bezahlen. Wer nur einen Raum mit bestenfalls einer Kochplatte hat, kann keine Vorräte kochen, isst Fastfood dort, wo es gleich auch warm gemacht wird. Hinzu kommen weitere besondere Belastungen. Wer etwa nicht krankenversichert ist, steht ohne ärztliche Grundversorgung und damit ohne verschreibungspflichtige Medikamente da. All diese Dinge zusammengenommen bewirken, dass ein Leben als „Working Poor" in vielerlei Hinsicht sehr viel teurer ist als in Haushalten mit ausreichendem Einkommen.

Eine weitere Erfahrung für sie ist, dass sie aufhört, als Person mit einem Namen zu existieren. Als Frau im Alter von mehr als fünfzig Jahren wird sie bei der Arbeit vor allem als Kellnerin, aber auch als Verkäuferin oder Haushaltsgehilfin zum „Baby", „Honey", „Blondy" oder auch einfach nur zum „Girl" (ebd., 17). Die Beschreibung solcher Erfahrungen plausibilisiert dabei auch ein Ergebnis der Untersuchung der Friedrich-Ebert-Stiftung. Gerade Menschen in prekären Arbeitsverhältnissen wählen als Kriterium „guter Arbeit" das Item: „Behandlung als Mensch durch Vorgesetzte" (FES 2006, 56).

Sie, die erfolgreiche Schriftstellerin, verliert in diesen Jobs jedes Gefühl von Kompetenz, Anerkennung und Verfügung über ihre eigenen Fähigkeiten. Alle diese Jobs, so schreibt sie, sind anstrengend, kein Job so leicht, wie er aussieht. Keine noch so miese Arbeit ist „unqualifiziert", stets müssen neue Techniken, neue Fertigkeiten, neue Terminologien erworben werden, um die jeweiligen Aufgaben ausführen zu können. Zudem müsse man sich in jeder Arbeitsstelle neu in einen sozialen Zusammenhang, einen „Mikrokosmos" einfügen. Alle diese Jobs sind körperlich anstrengend, einige gesundheitsgefährdend. Da sie aber stets zwei Jobs haben muss, kommt sie zu der Erkenntnis: „dass sie unmög-

---

[42] Diese Kolleginnen waren Weiße, hatten angelsächsische Vorfahren. Damit gehörten sie in der Tendenz zu einer Minderheit auf diesem Arbeitsmarkt. Dieser ist in den USA von Region zu Region verschieden besetzt, in einem dominieren Frauen aus der Karibik, in einem anderen Frauen spanischer Herkunft, in wieder anderen Schwarze (Ehrenreich 2001, 242).

lich an einem Tag zwei körperlich anstrengende Jobs bewältigen konnte, zumindest nicht auf einem akzeptablen Leistungsniveau" (Ehrenreich 2001, 201).
Als Fazit ihrer Arbeit formuliert die Autorin die Erkenntnis, dass in den
USA auch „harte Arbeit" keine Garantie (mehr) zum Überleben biete. Auch
dann, wenn sie hart arbeiten, härter als sie je für möglich gehalten hätten, erleben
sich Menschen als in Lebensbedingungen verstrickt, die sie selber nicht verändern können und in deren Bewältigung ihre Energie verdampft. Dabei sind es
keine „dramatischen" Geschichten, die Barbara Ehrenreich aus ihrem Selbstver-
such erzählt, es geht nicht um Leben und Tod, es geht nicht um dramatische
Traumatisierungen. Sie betont sehr nachdrücklich, dass schlecht bezahlte Arbeitskräfte keineswegs eine homogenere Gruppe sind als andere Leute, dass es
unter ihnen genau so viele lustige und intelligente Menschen gibt wie in anderen
Kreisen. Aber: sie sehen keinen Ausweg, keine Alternative. Sozialen Halt finden
sie daher eher in religiösen Sekten als in politischen Gruppierungen. Die beschriebenen Arbeitsbedingungen wirken mithin überfordernd, entstrukturierend
und demoralisierend. Damit aber greifen sie wichtige Grundlagen eines stabilen,
„gelingenden" Alltags an. Sowohl aufgrund ihrer Überrepräsentation in entsprechenden, „feminisierten" Sektoren des Arbeitsmarktes als auch im Hinblick auf
ihre traditionelle „Zuständigkeit" für diese Qualitäten in Familien- und Eltern-
schaftskonstellationen sind Frauen in besonderer Weise von den beschriebenen
Entwicklungen betroffen.

Im Vergleich zu den USA scheint die Situation in Deutschland weniger
dramatisch zu sein. Nach wie vor bestehen sozialstaatliche Rahmenbedingungen,
Grundsicherungen, insbesondere auch eine Absicherung von Krankheitsfällen.
Aber auch hier geraten Menschen vermehrt in den Einflussbereich der Prozesse
der „Flexibilisierung von Beschäftigungsverhältnissen" und sozial- wie arbeits-
rechtlicher Veränderungen und Erosionen. Dies aber erschwert die Planung und
Strukturierung anderer Lebensbereiche, nicht zuletzt der Familie, in hohem
Ausmaß. Bereits die Flexibilisierung der Arbeitszeiten verkompliziert die Koor-
dinierung mit Aufgaben der Versorgung der Kinder und der Familie. Sind Personen alleinerziehend, wird diese Frage geradezu existenziell. Die Erschwerung
oder gar Verunmöglichung, familiäre Aufgaben mit der Erwerbsarbeit zu „vereinbaren", nimmt dabei gerade jenen Frauen einen subjektiven Schutz, die sich
primär als Hausfrau und Mutter verstehen. Wird die „Vereinbarkeit" mit ihren
familiären Pflichten nicht gewährleistet, wird Erwerbsarbeit nur noch als Ausdruck einer Notsituation verstanden, als einer Ausnahme, die dem Druck der
Verhältnisse geschuldet ist.[43]

---

[43]   Die hier Erwerbstätigen sind oftmals (aber nicht nur) ausländischer Herkunft; mit ihrer Arbeit in
        privaten Haushalten ermöglichen sie das oben angesprochene „Delegationsmodell" der Verein-
        barkeit von Beruf und Familie, in dem Haus- und auch Betreuungsaufgaben so weit abgegeben

Folgt man den Ergebnissen der Arbeitsmarktforschung, finden sich zunehmend auch Männer auf dem feminisierten Teilarbeitsmarkt ungesicherter Beschäftigungsverhältnisse wieder. Für Frauen entsteht damit selbst hier eine Konkurrenz zu ihnen. Männer erleben dies zudem vielfach als eine Degradierung, oft
auch als „Zwangsfeminisierung" (FES 2006, 80). Aus ihrer Sicht sind sie gezwungen, eine Arbeit zu verrichten, die ihrer Auffassung nach „Frauenarbeit" ist.
Dies tangiert ihr Selbstkonzept und löst in der Folge neue Grenzziehungen aus.
Schließlich treffen die Formen prekärer Beschäftigung Männer in einem weiteren zentralen Element ihres Selbstverständnisses, nämlich „Ernährer" zu sein
oder sein zu können. Dabei gibt mancher offenbar eher die Partnerschaft (und die
Familie) auf, als diese Vorstellung einer „vollgültigen, regulären, männlichen"
Beschäftigung (ebd., 80).

In der Folge wirtschaftlicher Umbrüche und des Um- und Abbaus sozial-
staatlicher Leistungen entsteht derzeit offenbar eine sich verbreiternde und/oder
verfestigende Schicht pauperisierter Gelegenheitsarbeiter/innen. In dieser lösen
sich etablierte Lebensmodelle teilweise auf, an einigen Stellen dokumentieren
sich Neuschöpfungen, etwa von Milieustrukturen, nicht selten werden als Ge-
gengewicht gegen die Erfahrungen der Desintegration traditionalistische Vorgaben beschworen (im Sinne des Wunsches, „wieder so zu leben wie es früher ganz
natürlich war"). Entsprechend werden sehr heterogene Sinnquellen genutzt, nicht
selten auch solche ethnischer, nationalistischer, religiöser oder anderer sozialer
Sonderwelten. Die vor dem Hintergrund prekärer Beschäftigungsverhältnisse
entstehenden Modelle der Bewältigung und des „Unterlebens" sind vielfach sehr
viel individualisierter als Standardlebensläufe. Lebenspraktische Kompetenz und
Kreativität müssen notwendig sehr hoch sein, soll keine Krise entstehen bzw. auf
Dauer gestellt werden. Überlebenskünstler stehen neben stark verunsicherten,
bisweilen gebrochenen Menschen. Die strukturellen Belastungen scheinen dabei
für Männer und Frauen gleich zu sein. Zugleich stellen sowohl soziale Erwartungen wie biografisch gewachsene Selbstverständnisse jedoch für Frauen und
Männer in manchem Aspekt unterschiedlich akzentuierte Hintergründe dieser
Situation her. Ein wenig paradox scheint die bisherige Feminisierung prekärer
Arbeit sowie die besser stimmig zu machende Lebenskomponente des Engage-
ments in der Familie für viele Frauen eine *Ressource* darzustellen, die sie gegen
die angesprochenen Belastungen und Krisenpotentiale besser zu schützen vermag, als dies bei Männern der Fall ist.

(delegiert) werden, dass die Frauen dieser Familien einer qualifizierten Berufsarbeit nachgehen
können.

11 Alter und Altern: Novellen und Bilanzen

11.1 Alter und Geschlecht: verwandte Konstruktionen?

„Wenn die Erinnerung an die Jugend nicht wäre, so würde man das Alter nicht verspüren, nur, dass man nicht mehr zu tun vermag, was man ehemals vermochte, macht die Krankheit aus. Denn der Alte ist gewiss ein ebenso vollkommenes Geschöpf in seiner Art als der Jüngling" (Lichtenberg zitiert nach Saake 1998, 11).

Wie das Geschlecht ist auch das Alter eine Relationskategorie. Erscheint „das Weibliche" erst in der Abgrenzung zum „Männlichen", so das Alter erst in Abgrenzung zur Jugend. Wenngleich beim Vergleich von Jung und Alt sehr viel mehr messbare Unterschiede sichtbar werden, die stärker als im Fall von Geschlecht auf objektivierbare biologisch-physiologische Differenzen verweisen, bleibt als Gemeinsames der Aspekt der Definition, Zuschreibung und vor allem auch Wertung, der etwa aus einer Jahreszahl – dem Geburtstag – den oder die „Alte(n)" macht.

Wie für andere Kategorien, mit denen wir das Leben organisieren (etwa die der Jugend, des Geschlechts, der Familie), gilt auch für das Alter, dass dessen konkrete Erscheinungsformen, Ausgestaltungen und Interpretationen in historischer und interkultureller Perspektive außerordentlich vielfältig sind. Denn erst gesellschaftliche Prozesse konstituieren und konstruieren Lebensphasen (Linton 1942, Kohli 1992). Das Mittelalter kannte das, was wir unter Kindheit und Jugend verstehen, nicht. Einfache Gesellschaften unterscheiden z.T. bis heute nur zwei Altersklassen und binden den Übergang zwischen diesen nicht immer an das chronologische Lebensalter: Der Status des Vollmitglieds, wir würden sagen, Erwachsenen, wird dann für Nachrückende erst zugänglich, wenn in der Kohorte der Älteren ein Platz frei geworden ist.

Gibt es aber eine gesellschaftlich eingerichtete Lebensphase des Alters, so erfährt sie ganz unterschiedliche Deutungen und Wertungen. Sie kann vor allem mit Weisheit und Reife, aber auch mit Verfall und Einschränkungen in Zusammenhang gebracht werden, als Zeit oder Ausdruck persönlicher Entfaltung oder Phase der Befreiung von Pflichten, als ehrwürdig, mächtig oder magisch bzw. als minderwertig, abhängig und belastend aufgefasst und sozial institutionalisiert sein[1].

Im Vordergrund unserer Wahrnehmungen des Alters steht dabei zunächst einmal die gesellschaftliche Organisation von Abschnitten und Übergängen des Lebenslaufs. Die Einführung der Schulpflicht und die Verrentung an einer bestimmten Altersgrenze sind Beispiele dafür, die auf der Hand liegen. Damit ist aber nur eine Facette der Thematik angesprochen. Vor und parallel zu solchen institutionellen Verfestigungen lassen sich weitere Komponenten der Herstellung von „Alter" feststellen, die einen erweiterten Begriff von Institutionalisierungen ebenso fruchtbar erscheinen lassen, wie sie auf die Bedeutung der von uns ebenfalls immer wieder angesprochenen Ebenen der Interaktion und Biografie verweisen. Alter ist nicht zuletzt auch ein Ergebnis kommunikativer Interaktionen, in denen wir entsprechend, eben als alt, handeln und behandelt werden und so die Kategorie im Sinne eines „Doing Old" sozial erst herstellen und wirksam werden lassen. Selbstbezüge und Selbstthematisierungen in biografischer Perspektive wiederum greifen diese „Doing Old" zum einen auf, konstruieren es dabei aber immer auch mit.

Ähnlich wie bei der Kategorie Geschlecht birgt die konstruktionstheoretische Perspektive auf das Alter damit die Chance, die eingespielte aber unfruchtbare Dichotomie von „Natur und Kultur" überwinden zu helfen. Altern als naturwissenschaftlich definierbarer biologischer Vorgang beginnt mit der Geburt und endet mit dem Tod. Es ist zwar ein körperliches Geschehen, gleichzeitig aber durch und durch sozial geformt. Das Alter(n) ist uns nur zugänglich als soziales Konstrukt. „Wir altern nicht, weil unser Kopf, unser Körper es so will, sondern weil wir Veränderungen in unserem Denken und in körperlichen Prozessen mit der Kategorie „Alter" plausibilisieren. Eine Möglichkeit, solche Veränderungen zu erfassen, besteht darin, sie als ein Zeichen für Altern zu entschlüsseln" (Saake 1998, 11). Wie der Prozess erlebt und erfahren wird, wie er benannt, gedeutet, mit Bildern und Metaphern versehen, ja selbst chronologisiert wird, ist nicht primär von biologischen Prozessen determiniert, sondern von seiner sozialen Organisation. Dabei erweist sich, dass unser modernes „objektives Alter" als vom Erwachsenenalter durch deutliche Grenzen getrennte Lebensphase eine vergleichsweise neue Entwicklung ist.

Bleiben wir zunächst noch bei den kulturellen Bildern und Symbolen sowie den sozialen Praktiken eines „Doing Old". Die uns überlieferten Vorstellungen vom Alter sind nahezu durchgängig geschlechterdifferenziert: Auch wenn es immer wieder im Einzelfall „weise Frauen" (Äbtissinnen, Fürstinnen, Königinnen) gab (und gibt), so wird in der Tendenz Weisheit gepaart mit Erfahrung und

---

[1]   Ein Überblick über ethnologische und historische Forschungsbefunde in: S. de Beauvoir 1972, 34-183.

Macht eher Männern zugesprochen. Im Fall von Frauen dagegen rückt der körperliche Verfall im Altwerden (und die dadurch indizierte Unfruchtbarkeit) in den Vordergrund. Auch wurde (und wird) das Alter bei Frauen sehr viel früher angesetzt: Frauen galten noch in vergleichsweise junger Vergangenheit im Alter von Mitte Vierzig als „alt", eben dann, wenn ihre Reproduktionsfähigkeit endete, Männer erst zwanzig Jahre später, nämlich ab Mitte Sechzig.

Diese Formen des „Unterschiede-Machens" wurden vor allem in der Frauenbewegung der 70er Jahre des letzten Jahrhunderts als „double standard of aging" explizit thematisiert und bisweilen heftig kritisiert (paradigmatisch: Sontag 1979). So werde etwa die Frage: „Wie alt sind Sie?" für Frauen lebensgeschichtlich schon vergleichsweise früh zu einer Frage, die sie tendenziell in Verlegenheit bringt. In bestimmten Kontexten ist es nahezu tabuisiert, nach dem Alter einer Frau zu fragen.[2] Dieses Unbehagen habe nichts mit der Angst vor dem Tod zu tun, so Susan Sontag, einer Angst, mit der alle Menschen zu Zeiten konfrontiert sind, sondern mit entsprechenden Normierungen. Frauen haben eine „jugendliche Erscheinung" aufrecht zu erhalten, Anzeichen von Alter seien möglichst lange zu vertuschen. „The single standard of beauty for women dictates that they must go having a clear skin. Every wrinkle, every line, every grey hair is a defeat. (…) This is not to say that there are no beautiful older women. But the standard of beauty in a woman of every age is how far she retains, or how she manages to simulate the appearance of youth" (Sontag 1979, 9f).

Der soziale Wert von Frauen wird sehr viel stärker mit ihrer physischen Erscheinung verbunden als der von Männern. In einem offenbar Jahrhunderte überdauernden Verständnis sollen Frauen „schön" sein, Männer „bedeutend", so Georg Simmel 1911 (1983, 241f).[3] Schönheit aber wird gerade bei Frauen stark verbunden mit Jugend, oft auch verwechselt mit Attraktivität. „Alt" auszusehen empfinden viele Frauen, insbesondere wenn sie diesem Verständnis stark verhaf-

---

[2] Kontextspezifisch gilt das bis heute: In der konstituierenden Sitzung eines wichtigen Universitätsgremiums stellten sich die Mitglieder zunächst in knappen Worten mit Alter, Beruf, Familienstand vor. Nach der Vorstellung der ersten Frau, die ebenfalls ihr Alter angab, intervenierte der Vorsitzende dieses Gremiums deutlich irritiert, dass die „Damen unter uns" selbstverständlich ihr Alter bzw. ihren Geburtsjahrgang nicht angeben müssten.
Altersdiskriminierung erreicht indes auch Männer, bezeichnender Weise zuerst im Bereich der Arbeit. Eintrittsschwellen in Arbeitsorganisationen werden gesenkt, ein höheres Lebensalter wird nicht gleichgesetzt mit Erfahrung, sondern mit „Nicht-Vermittelbarkeit" bzw. „zu alt für den Job".

[3] „Schönheit" und „Bedeutendheit" werden allerdings sehr viel umfassender verstanden als im Zitat von Susan Sontag aufscheint. Simmel grenzt sich dezidiert ab gegen die „Banalisierung", in der von Frauen als dem „schönen Geschlecht" gesprochen werde. Simmel sieht Schönheit und Bedeutendheit vielmehr als eine „Polarität von Wesenswerten" (ebd.), in der „Schönheit" die „Einheit des Inneren und des Äußeren" meint, „Bedeutendheit" aber auf das nach außen gerichtete Tun und Wirken zielt.

tet sind, entsprechend als entwertend, bisweilen beschämend. Einen aktiven Umgang mit dem Alt-Werden zu finden, wird unter diesen Voraussetzungen für sie zu einer größeren Herausforderung als für Männer[4]. Auch dies gilt freilich nicht für alle: Das *traditionelle* Mutterbild konnte durchaus mit Jugendlichkeit (etwa auch im Sinne sexueller Anziehungskraft) konfligieren, ohne die Frau damit bereits als alt zu definieren. Mütter dürfen danach eben „mütterlich", eher auch „gereift" schön sein. Der Status der Hausfrau und Mutter schützte damit auch vor den strengen (Alters-)Kriterien einer öffentlich zu repräsentierenden Weiblichkeit.

Das in dem Stereotyp „Frauen altern, Männer reifen" ausgedrückte entsprechende Klischee hat auch heute nicht ausgedient. Eine Untersuchung in Großbritannien belegt, dass Frauen früher als „alt" wahrgenommen werden als Männer. In Betrieben galten sie spätestens mit 40 Jahren als „ältere Arbeitnehmer", die nicht mehr gefördert werden, in manchen lag diese Grenze sogar bereits bei 35 Jahren. Spätestens aber mit einem Alter von mehr als 50 Jahren waren Frauen in der Wahrnehmung von Managern und Personalverantwortlichen „alt" (Bernard et al. 1995, 61). Die unterschiedlichen Standards im „Alt-werden" drücken sich auch in unterschiedlichen Zugängen zur gesetzlichen Alterssicherung aus: Noch vor 10 Jahren konnten Frauen generell fünf Jahre früher als Männer aus dem Erwerbsleben ausscheiden – so sie denn daran teil hatten.

Nahezu durchgängig wird heute beklagt, dass die „postmenopausale Frau" in Öffentlichkeit, Literatur, Kunst, Medizin und Sozialpolitik bis in die neueste Zeit hinein ein „Randphänomen" geblieben sei (Hartung 2005). Dem entspricht etwa die Ambivalenz von Filmschauspielerinnen, die einerseits oft den Jugendkult ihres Mediums beklagen, weil es keine Rollen für ältere Frauen vorsehe, andererseits aber häufig zugleich betonen, dass sie sich immer noch „sehr sexy"[5] fühlen (und nicht etwa: weise).

Obwohl in diesem Sinne vielfach kritisiert wurde, dass auch die Gerontologie als „Alternswissenschaft" ältere Frauen nur wenig berücksichtigt habe und daher eher eine „Wissenschaft vom männlichen Alter(n)" sei, wurden dort auch alte Männer *als Männer* fast nie thematisiert. Erst in neuerer Zeit hat sich die „Männerforschung" dem Thema Alter(n) zugewandt. Auch für Männer gilt offenbar, dass Altwerden mit einem Verlust an Geschlechtlichkeit assoziiert ist und nicht zuletzt deshalb massiv abgewehrt wird. Der Verlust an „Männlichkeit" betrifft in ihrem Fall nicht primär die Attraktivität der äußeren Erscheinung,

---

[4]   Das gilt offenbar tendenziell auch für Menschen mit anderer sexueller Orientierung, etwa für homosexuelle Männer. Gerade in homosexuellen Kulturen haben jugendliche Attraktivität und Sexualität einen hohen Stellenwert. Zur Situation älterer homosexueller Männer vgl. Reimann/Lasch 2006.

[5]   So etwa Sharon Stone in einem Interview vom Februar 2007.

sondern ihre – wie es Simmel formulierte – „Bedeutendheit". „Männlichkeit" ist als öffentliche bedroht, wenn Präsenz und Einfluss schwinden, Männer aus der „aktiven" Männergesellschaft entlassen werden. Öffnen sich Chancen, nach dem Renteneintritt noch bis ins hohe Alter hinein an klassischen „Männerbünden" teilzuhaben, etwa in den Bereichen von Wirtschaft und Politik, der Sportverbände oder den verschiedenen Verbindungen und Clubs, so kann es ihnen durchaus gelingen, das „Alt-Werden" hinauszuschieben. Öffentlich sichtbare Beispiele finden sich in vielfacher Weise in der Politik.[6] Auf diese Weise wird zudem eine „Binnenhierarchie" unter Männern deutlich, die Connell als differente Grade „hegemonialer Männlichkeit" (Connell 1999) angesprochen hat.[7] An deren unterem Ende stehen jene, die den Belastungen und Zwängen eines „Männerlebens" nicht gewachsen waren. Bei diesen setzt im Kontrast zu den genannten Fällen eine „vorverlegte Frühalterung" ein (Fooken 1999, 448). Auch nachlassende Leistungskraft, nicht zuletzt sexueller Potenz, untergraben potentiell zentrale Aspekte der Darstellung von Männlichkeit, etwa das Dominanzverhalten. Die Chancen, dies zu kompensieren sind dabei ebenso ungleich verteilt, wie die, auch alternativen, Umgangsweisen damit. Wie bei den Frauen werden so als Ergebnis der neueren Männerforschung vielschichtige und äußerst heterogene Umgangsweisen mit dem Alter sichtbar.

Wie einleitend angesprochen, hat sich in Europa und der Bundesrepublik Deutschland ein Verständnis des Alt-Werdens durchgesetzt, das dieses eng mit der Lebensphase verbindet, die als „Ruhestand" definiert ist. Auseinandersetzungen mit diesem Thema und empirische Forschungen dazu konzentrieren sich vor allem auf Männer, etwa auf die Folgen ihres Statuswechsels zum „Rentner"[8]. Geht es um Frauen *und* Männer, werden vor allem soziale Ungleichheiten untersucht. Auch wenn diese als Folge komplexer und systematischer Prozesse der Geschlechterdifferenzierung zu verstehen sind, bleiben derartige Hintergründe zumeist ausgeblendet. Aufgrund der Forschungslage stellen wir in den nächsten Abschnitten daher zunächst einige von deren informativen Befunden vor. Dennoch geht es uns dabei weiterhin primär um den Prozess der Herstellung und

---

[6] Dies erfordert – auch bei Männern – eine sensible und subtile Austarierung der Selbstpräsentation. Als etwa der frühere italienische Ministerpräsident Berlusconi an seinem Feriensitz in sportlicher Kleidung und im weit offenen Hemd seine Brustbehaarung zur Schau stellend politische Gäste empfing, sah er im Urteil eines italienischen Medienvertreters aus „wie eine Siebzigjährige im Minirock".

[7] Anders als für die Jugendphase sind uns jedoch für ältere Männer keine Untersuchungen bekannt, in denen in vergleichbarer Weise die abgestufte Binnenhierarchie unter Männern explizit analysiert wurde.

[8] Diese Fokussierung hat in der Frauen- und Geschlechterforschung Kritik hervorgerufen, da entsprechende Untersuchungen damit Lebensverläufe und Biografien von Frauen ausblendeten bzw. sie aufgrund ihrer Anlage nicht erfassen konnten.

Konstruktion von Differenz, in diesem Fall ernent mit dem Akzent auf deren
Folgen, eben sozialer Ungleichheit.

11.2 Die Institutionalisierung des Alters als „Ruhestand"

Die Entstehung des Alters als eigenständiger Lebensphase ist Teil der skizzierten
Institutionalisierung des Lebenslaufs im Sinne einer chronologischen Gliederung
von Lebensphasen (Kohli 1985). Ebenso wie die Trennung von Erwerbsarbeit
und Familie[9] sowie die in sie eingewobene Teilung von „Arbeit" und „Nicht-
Arbeit", ist auch die moderne Institutionalisierung des Alters eng an die gesellschaftliche Organisation der Arbeit gebunden. Sie basiert entsprechend auf einer
Zäsur zwischen dem Status des Erwerbstätigen und dem des „Nicht-*mehr*-
Erwerbstätigen" als Erwerbsrentner. Personen, die nicht mehr oder nie erwerbstätig waren, treten in dem Sinne nicht in einen „Ruhestand" ein. Das gilt etwa für
Hausfrauen. Sie verfügen nur über einen abgeleiteten Rentenanspruch. Zudem ist
die Definition ihres Status' als zeitlich unlimitierter angelegt: Hausarbeit bestimmt keinen dem des Erwerbstätigen analogen Altersstatus. Die Implikationen
sind offenkundig. Der Familie kommt für eine Bestimmung des Alters als Ruhestand keine unmittelbare institutionelle Bedeutung zu. Im industriegesellschaftlichen Modell der ausdifferenzierten Haus- und Familienarbeit hat diese keinen
der Erwerbsarbeit vergleichbaren Stellenwert. Die soziale Position von Hausfrauen, die an letzterer nicht beteiligt waren, leitete sich primär aus derjenigen
ihrer Ehemänner ab. Gleiches galt für ihren Rentenstatus. Sie waren verwiesen
auf eine Hinterbliebenenversorgung, die *Witwen*-, nicht „Hausfrauenrente".

Dies ist auch bedeutsam mit Blick auf die stetig anwachsende Lebenserwartung. Mit dieser sowie Änderungen von Leistungsgesetzen kommt der angesprochenen Lebensphase eine zunehmende Bedeutung zu. Als Ende des 19. Jahrhunderts, genauer: im Jahre 1889 die Rentenversicherung eingeführt wurde, lag
deren Eintrittsgrenze bei einem Alter von 70 Jahren. Zwei Drittel der über 60jäh-
rigen Männer waren damals noch erwerbstätig und, auch wenn die Erwerbstätigkeit von Frauen noch vergleichsweise gering war, fast ein Viertel der Frauen
(Kohli 1992, 390). Die Chance, überhaupt die Zeit des Ruhestandes zu erreichen,
war also vergleichsweise gering. Nur ein Fünftel der Männer und ein Viertel der
Frauen wurden so alt, die meisten starben noch während ihrer Berufstätigkeit

---

[9]   Die Trennung von Familien- und Erwerbsarbeit hat in dem Kohli'schen Modell der „Institutionalisierung des Lebenslaufs" keinen expliziten Stellenwert. Arbeiten in der Frauen- und Geschlechterforschung haben dieses Modell deshalb kritisiert, weil die Art und Weise, wie Arbeit verteilt
und organisiert wird, ebenso ausgeblendet bleibt wie die Folgen, die damit für Lebensläufe und
Biografien verbunden sind (Krüger 1995, Dausien 1996).

(ebd.). Aktuell dagegen liegt die mittlere Lebenserwartung von Frauen, die heute geboren werden, bei 81,78 Jahren, und bei Männern bei 76,21 Jahren. Die nach dem Renteneintritt durchschnittlich verfügbare Lebenszeit hat sich mithin absolut sowie im Verhältnis zu den anderen Lebensphasen stetig verlängert. Aus einer Restzeit ist im 20. Jahrhundert eine Lebensphase mit vielgestaltigen Qualitäten und spezifischen eigenen Anforderungen geworden. Nicht zuletzt wurde das Alter, ein „goldener Herbst", zu einem wichtigen Element von Biografiekonstruktionen sowie zunehmend selbstverständlicher Erwartungen an ein erfülltes Leben.[10]

Zunächst allerdings lösen die angesprochenen Entwicklungen in der Öffentlichkeit vor allem sozialpolitische Debatten mit sichtbaren Konsequenzen aus. Diskussionen über das Rentensystem oder konkreter etwa die Veränderung des Renteneintrittsalters[11] thematisieren vor allem die wachsende Lebenserwartung, die zunehmende Zahl an alten Menschen sowie die Veränderung des Verhältnisses der Besetzungen der verschiedenen Altersgruppen (Kaufmann 2005, 47): Der Anteil der Kinder und Jugendlichen sinkt überproportional zum Anstieg desjeniger der Älteren, aus einer demografischen „Bevölkerungspyramide" mit einem breiten Sockel in der Altersgruppe von 0-20 wie zum Beginn des 20. Jahrhunderts wird ein „Pilz" mit einem Überhang der über 60jährigen.[12]

Die mit Bezug auf diese Entwicklungen begründeten sozial- und rentenpolitischen Umsteuerungen verdeutlichen dabei nicht zuletzt, dass und in welchem Ausmaß gesetzliche Regelungen an der Konstruktion von Lebensphasen mitwirken, sie Grenzen definieren, die damit in ihren Qualitäten als sozial Gesetzte und damit auch Verhandelbare sichtbar werden. Gerade an der Festsetzung derartiger

---

[10] Die Verlängerung der Lebenszeit trägt auch zur internen Differenzierungen der Lebensphase bei, etwa in der Form, dass in der sozialen Gerontologie zwischen „jungen Alten" und den „Hochbetagten" unterschieden wird, wobei Frauen bereits bei den über 65jährigen, vor allem aber bei den über 80jährigen die Mehrheit bilden (Baltes et al. 1999, 574, Backes 2004, 397).

[11] Wurde in Untersuchungen Ende der 90er Jahre und auch in denen zu Beginn des neuen Jahrtausends immer wieder betont, dass die materielle Lage der *aktuell* alten Menschen im historischen Vergleich im Durchschnitt recht gut ist und kein Grund zur Skandalisierung besteht (Tews 1993, Mayer et al. 1999, Kohli 2000, Tesch-Römer et al 2006), so geht seit einiger Zeit, wie ein Nachrichtensprecher formulierte, „ein Gespenst um in Deutschland": die Angst vor der Altersarmut. Diese hängt nicht nur mit der Erhöhung des regulären Renteneintrittsalters, sondern auch mit den veränderten Erwartungen an und Konzepten für das Alter zusammen.

[12] In der Berechnung von Kaufmann (2005) kamen im Jahr 2000 auf hundert 20-60jährige 43 Senioren, im Jahre 2050 werden es 95 sein, also mehr als das Doppelte (Kaufmann 2005, 46). In der öffentlichen Diskussion wird mit der Problematisierung dieser demografischen Entwicklung einerseits ein Bild entworfen, in dem alte Menschen eine Belastung für die Gesellschaft darstellen, andererseits wird das Bild des Alters aufgewertet. Darin werden die Möglichkeiten betont, weiterhin ein „produktives" Leben zu führen, in Familie und Gesellschaftsstruktur eingebunden zu bleiben. Bereits der Begriff der „Überalterung" aber ist ein normatives und wertendes Konstrukt.

Grenzen lässt sich zeigen, wie stark diese von Definitionen, Interpretationen und Diskursen abhängig sind. Gesetzgebungen und darauf bezogene Novellierungen (Gesetzesnovellen) kodifizieren und beeinflussen soziale Strukturbildungen und basieren dabei auf Konstruktionen ihres Gegenstandsbereichs. Nicht zuletzt die Verteilung der Chancen, entsprechende Konzepte und Kategorisierungen durchzusetzen, definiert dabei gesellschaftliche Machtverhältnisse.

In Verbindung mit den angesprochenen Tendenzen zeichnen sich einige wichtige Konsequenzen ab, die allerdings derzeit erst in Ansätzen sichtbar sind. Insgesamt scheinen sie auf eine weiter verstärkte Spreizung des Übergangs in den Ruhestand hinauszulaufen. Die Grenze zwischen dem Status „erwerbstätig" und „nicht-mehr-erwerbstätig" zu sein, wird fließender. Dies impliziert eine folgenreiche Aufweichung der Definition des Alters als „Ruhestand". Auch Rentner lassen sich zur Arbeit, in Teilen auch verstanden als Übernahme von gemeinnützigen gesellschaftlichen Aufgaben, anregen und sollen entsprechend aktiviert werden. Verschiedene sozialrechtlich eröffnete Optionen haben inzwischen zu einer Diversifizierung möglicher „Pfade" in den Ruhestand geführt. Insbesondere entstehen zunehmend Mischformen, etwa einer eingeschränkten Erwerbsfähigkeit, einer vorgelagerten Arbeitslosigkeit oder auch einer partiellen Rückkehr in die Erwerbstätigkeit nach Renteneintritt (zu Übergangspfaden in die Altersrente vgl. Engstler 2006). Dabei bestanden und bestehen zum Teil noch heute geschlechterdifferenzierende Regelungen und Praktiken. Gingen Frauen etwa vorfristig in Rente, wurden sie vom betrieblichen Personalmanagement vielfach in für sie ungünstigere Angebote (z.B. des „gleitenden Ruhestandes") „hineinkommuniziert", während andere Optionen ihnen vorenthalten blieben, wie etwa der „Vorruhestand" (Allmendinger 1990, 274, Fn 4).

Im Bezug auf Fragen der Ausgestaltungen und Folgen von Übergängen in den Ruhestand finden sich in der Forschungsliteratur fast ausschließlich Studien zu Männern, etwa deren „Pensionsschock", der den Übergang als krisenhafte Statuspassage und oftmals belastende Anpassungssituation fasste. Bei Frauen ging man, in der Regel implizit, davon aus, dass aufgrund der Familien- und Hausarbeit die Kontinuität gewährleistet, mithin keine „Statuspassage" zu bewältigen sei. Auch im Falle einer Erwerbstätigkeit kehrten sie aus einer solchen Perspektive betrachtet lediglich in ihren zentralen „natürlichen Lebensbereich" und auf ihren „angestammten" Status zurück.[13] Der Übergang in das Rentenalter

---

[13] Bei der lebenslaufbezogenen Altersforschung liegt bei Frauen das Gewicht auf der sog. „empty nest-Phase", die jedoch in der Regel früher einsetzt als das Ende der Erwerbstätigkeit. Der Eintritt in die Altersphase wird damit auf der Basis „privater" Haus- und Familienarbeit definiert, woraus dann selbstverständlich folgt, dass die „Altersphase" bei Frauen früher einsetzt. Dies ist auch ein Beispiel dafür, wie sehr die Geschlechterdifferenzierung in die Forschungspraxis eingewoben ist, ihr selbst keine Aufmerksamkeit mehr zukommt.

hätte so gesehen im weiblichen einen anderen Stellenwert als im (typischen) männlichen Lebenslauf. So heißt es etwa bei Kohli (1993) explizit, dass „auch für Frauen, die ihr ganzes Erwachsenenleben lang Erwerbsarbeit leisten, diese überwiegend nicht den gleichen Stellenwert wie für Männer hat. Es handelt sich nicht nur um Differenzen in der empirischen Ausprägung bestimmter Tatbestände, sondern um solche, die unterschiedliche theoretische Konzeptualisierungen erfordern. Da ein solcher systematischer Vergleich unsere Kapazität übersteigen würde und es uns darum geht, den Kontrast in reiner Form herauszuarbeiten, beschränken wir uns hier auf Männer" (Kohli 1993, 24).[14]

Trifft die These zu, dass es nicht so sehr um Erwerbsbeteiligung als solche, sondern primär um deren Stellenwert im Lebenszusammenhang und im Lebenskonzept geht, kann nicht erwartet werden, dass mit der (äußeren) Angleichung der Lebensverläufe von Männern und Frauen in den letzten Jahrzehnten (Sörensen 1990) die mit dem Übergang in den Ruhestand verbundenen Veränderungen sich ebenfalls quasi automatisch angleichen. Geschlechtersegregierter Arbeitsmarkt, Lebensgeschichte und Biografie generieren nach wie vor geschlechterdifferenzierte Muster von Verlaufs- und Bewältigungsformen im Übergang und entsprechend gilt es, die so entstehenden Phasierungen und Übergänge empirisch in den Blick zu nehmen. Das aber ist erst in Ansätzen der Fall. Zu erwarten ist allerdings, dass eine solche, differenzierungssensitive Forschung andere Ergebnisse erbrächte als die oben leicht satirisch skizzierte These einer dominanten Selbstdefinition im Status der Hausfrau.

Die Erfahrung von Kontinuität oder Diskontinuität im Übergang zum Ruhestand hängt bei Frauen wie bei Männern von der jeweils konkreten Konstellation, der eigenen Lebensgeschichte und der eigenen Lebenskonzeption ab: Die größere Vielfalt von Lebens- und Arbeitsbezügen von Frauen im Vergleich zu Männern ermöglicht zwar auf den ersten Blick generell mehr („strukturelle") Kontinuität in der Lebensform (im Sinne einer Kontinuität von Diskontinuität), auf den zweiten existiert aber vor allem auch zwischen Frauen heute eine sehr große Spannbreite möglicher Verlaufsformen (Clemens 2000, 155).[15] Dafür, dass

---

[14] In die Folgeuntersuchung wurden dann Frauen einbezogen – insbesondere mit Blick auf die „Pflege der Angehörigen".

[15] So unterscheiden sich z.B. die Zufriedenheitswerte von um 1920 geborenen Frauen in der Untersuchung von Allmendinger/Brückner/Sandel (1991) signifikant: „Frauen, die in berufliche Bildung investierten und später hauptsächlich erwerbstätig waren, sind wesentlich zufriedener (Mittelwert = 5,8) als Frauen mit abgeschlossener Berufsausbildung und hauptsächlicher Familienorientierung (5,0). Frauen ohne berufliche Ausbildung und Familienorientierung sind zufriedener (5,4) als Frauen ohne berufliche Ausbildung bei langer Erwerbsbeteiligung (5,1). Am wenigsten zufrieden sind Frauen, die Familien- und Erwerbstätigkeit miteinander kombinierten (Mittelwert = 4,6). Offensichtlich spielt also das Verhältnis zwischen eigenen Ressourcen und Einsatz dieser Ressourcen für die Zufriedenheit im Alter die entscheidende Rolle." (1991, 475). Die Ergebnisse legen den Schluss nahe, dass Frauen eine Aufgabe ihrer Erwerbsarbeit in späteren Phasen ihres

sich die Statuspassagen von Frauen in der Zukunft mit Blick auf die der Männer in der Vergangenheit verstehen lassen, spricht dabei wenig. Gerade an dieser Stelle des Lebenslaufs bricht dazu derzeit – und zudem weit über die Geschlechtergrenzen hinaus – zu vieles um.

Entsprechend lässt sich auch für das Alter von einer „Individualisierung" und „Biografisierung" sprechen. Der Ruhestand „(...) kann und muss stärker durch eigenes Handeln gestaltet werden. Die institutionellen Vorgaben dafür sind gering. Der Ruhestand kann damit eine Zuspitzung des Individualisierungsdrucks mit sich bringen – negativ als Unsicherheit und „Ortlosigkeit", positiv als Raum für eine „späte Freiheit (...)" (Kohli 2000, 18). Gerade für „junge Alte", die sich oft selbst nicht als „alt" bezeichnen, entstehen neue Handlungsspielräume und – wie in der Jugendphase – auch neue Projekte.[16] De-Institutionalisierungen, individualisierende Wahlen und Biografisierungen relativieren aber tendenziell nicht zuletzt auch Geschlechterkonstrukte. Wenn sich aktuell das Alter in dieser Hinsicht bislang noch stark traditionell darstellt, darf daraus nicht geschlossen werden, dass es so bleibt.

Folgen geschlechterdifferenzierender Arbeitsteilung im Alter

Wie angesprochen überwiegen gerade auch in den Beiträgen der Frauen- und Geschlechterforschung zu Fragen des Alters Untersuchungen sozialer Ungleichheit zwischen Frauen und Männern. Wenn wir im folgenden auf einige weitere wichtige Befunde Bezug nehmen, so vor dem Hintergrund der von uns entwickelten Diskussion der spezifischen Modi sozialer Konstruktion von Geschlecht und sich daraus herleitender differenzbildender sozialer Mechanismen und Praktiken. Dabei hat die geschlechterdifferenzierende Arbeitsteilung eine herausragende Bedeutung.[17]

Lebens (in denen Realisierungsmöglichkeiten in der Familienorientierung fehlen) bereuen, besonders dann, wenn Zeit und auch Wünsche und Erwartungen in die Berufsvorbereitungen investiert wurden. Männer dieser Kohorte werden dagegen nicht mit Entscheidungen für oder gegen eine Familie, für oder gegen eine Karriere konfrontiert (476). Für jüngere Kohorten gibt es vergleichbare Untersuchungen nicht.

[16] Mit diesen Veränderungen hat auch die Entdeckung von Alten als Konsumenten und Konsumentinnen zu tun: „Werbung macht diese kulturellen Muster auf besondere Weise sichtbar ...". (Kühne 2005, 253). Sie kommt zu dem Schluss: „Ein Paradigmenwechsel hinsichtlich der Darstellung von Alter und Alterwerden in unserer Gesellschaft zeichnet sich noch nicht ab. Denn es fehlen die Bilder, „die jenseits von Alters- und Jugendklischees eine ästhetische Eigenständigkeit entfalten". Bislang sei hier lediglich ein Anfang getan, was zumindest auf eine Erweiterung des Spektrums hindeute (ebd., 272).

[17] Wir beziehen uns dabei schwerpunktmäßig auf Untersuchungen zum Westen Deutschlands, der „alten" BRD.

Vor allem für die Frauen, die in den vergangenen Jahren das Rentenalter erreicht haben, war eine qualifizierte Erwerbsarbeit nur unter erschwerten Bedingungen möglich. Demzufolge konnte von ihnen in der Regel keine eigenständige materielle Existenzsicherung und oft auch kein Netzwerk außerfamilialer (Unterstützungs-)Beziehungen aufgebaut werden. Auf Frauen entfällt der größte Teil der Altersarmut. In der Konsequenz erweisen sich Frauen daher vielfach (aber nicht durchgängig) stärker von sozialen Problemen betroffen: Sie sind „häufiger materiell eingeschränkt, allein lebend bei eher prekärer materieller und immaterieller Ausstattung; sie müssen häufiger dazu verdienen oder familiale Leistungen erbringen, die ihrer gesundheitlichen Situation nicht (mehr) angemessen sind; sie sind häufiger chronisch krank, leben aber länger, so dass sie häufiger auf institutionelle Hilfe bis hin zum (Pflege-)Heimaufenthalt angewiesen sind (...). Während sie ihre Männer bis zum Tod betreuen und pflegen, stehen ihnen selbst derartige Hilfen seltener zur Verfügung. Sie beschließen ihr Leben mehrheitlich als Witwe oder Alleinlebende" (Backes 2004, 397).

Die „prekäre materielle Ausstattung" gilt dabei durchaus nicht nur oder primär für Frauen, die ihr Leben lang Hausfrauen waren. Diese – so zeigt die Berliner Altersstudie – sind nicht sehr viel schlechter gestellt als (ledige) Frauen, die länger und kontinuierlich berufstätig waren (Mayer et al. 1999, 606). Auch diese Frauen konnten in dieser Generation oft keine angemessenen Ansprüche auf eine Altersversorgung aufbauen. Dieses Phänomen begründet sich vor allem aus den genannten geringeren Chancen von Frauen, eine qualifizierte Ausbildung zu erhalten und einen entsprechend bezahlten Arbeitsplatz im geschlechtersegregierten Arbeitsmarkt zu finden.[18] Am schlechtesten gestellt sind geschiedene Frauen.

Die soziale Lage von Frauen und Männern resultiert mithin vor allem aus Prozessen der Geschlechterdifferenzierung in der Ausbildung und auf dem Arbeitsmarkt. Deren Folgen kumulieren im Alter sowohl im Hinblick auf die Benachteiligungen als auch im Hinblick auf die Vorteile, die mit kontinuierlicher qualifizierter Berufsarbeit verbunden sind. Männer sind im Durchschnitt materiell erheblich besser gestellt. Baltes et al. bringen das auf den knappen Schluss: „Bis heute lassen sich nur zwei wesentliche Geschlechtsunterschiede erkennen, die Frauen bis ins hohe Alter zu schaffen machen und sich negativ auf ihr Leben

---

[18] So verfügten 1994 11,3% der 60jährigen und älteren Männer über einen Fachhochschul- oder einen Hochschulabschluss, aber nur 3,8% der Frauen. Am anderen Ende der Skala besaßen 1991 15,9% der Männer über 60 keinen beruflichen Bildungsabschluss, bei den Frauen ab 60 war der Anteil dagegen 47,5% (Kruse 2002, 171). Geht man in ländliche Bereiche, fällt der Unterschied noch drastischer aus, hier ging das Gros der Frauen nach der Schule „ungelernt" in Stellung. Mit der Bildungsexpansion verändert sich die Situation für die in den sechziger Jahren Geborenen drastisch, wobei der Trend zur Höherqualifizierung bei den Frauen ausgeprägter ist als bei den Männern.

auswirken, nämlich der soziale Status und das Einkommen" (Dalles et al. 1999, 574). Schon immer galt das allerdings nicht im gleichen Maßstab für alle, weder für alle Frauen, noch für alle Männer[19]. Auch die Pluralisierung sozialer Lagen verstärkt sich mithin mit den neueren Prozessen sozialen Wandels weiter. Dennoch bleiben die unteren Ränge der Arbeits- und Einkommenshierarchie überwiegend Frauen überlassen und hier zunehmend den Migrantinnen.

Im Zuge des sozialen Wandels – sichtbar etwa an der zunehmenden Integration von Frauen in die Erwerbsarbeit, der Veränderung familialer Lebensformen oder der Pluralisierung biografischer Optionen – lösen sich Frauen nicht nur selbst aus der Begrenzung auf Haus und Familie, vielmehr *werden* sie auch gelöst. Dies geschieht nicht zuletzt durch Gesetzgebungen wie das neue Familien- und Scheidungsrecht oder die Rentenreform. Eine lebenslange Versorgung durch die Ehe/den Ehemann ist z.B. immer weniger zuverlässig erwartbar. Damit aber wird ein „abgeleiteter Status" – der, wie oben im Abschnitt 6.3 aufgewiesen, für manche Frauen immer noch eine Attraktivität hat – unsicher und tendenziell in Frage gestellt. Auch in den seit einigen Jahren angestoßenen Rentenreformen werden Familie und Familienarbeit trotz der Berücksichtigung von Kindererziehungszeiten bei der Rentenanwartschaft nur nachrangig berücksichtigt. Ein Grund dafür ist, dass ein Anspruch auf eine eigenständige Rentenversicherung nach wie vor primär über Erwerbstätigkeit erworben wird[20]. Damit sind all jene benachteiligt, deren Erwerbsbiografien Brüche, Diskontinuitäten, Ausfallzeiten u.ä.m. aufweisen, ein Umstand, der zwar zunehmend beide Geschlechter betrifft,

---

[19] So ist auch hier darauf hinzuweisen, dass sich die Lebens- und Arbeitsverhältnisse in Ost und West nicht zuletzt im Hinblick auf die Chancen der Partizipation an der qualifizierten Erwerbsarbeit unterschieden. Man könnte daher vermuten, dass im Osten die Lebensphase des Alters weniger geschlechtstypisch ausgeprägt ist als in den westlichen Bundesländern. Anders als in der BRD war in der DDR indes kein automatisches oder endgültiges Ausscheiden aus der Erwerbsarbeit mit Erreichen des Ruhestandsalters verbunden, sondern es wurde vielfach weiterhin gearbeitet, da die Renten relativ niedrig waren. Diese Notwendigkeit des Weiterarbeitens bedingte, dass sich soziale Problemsituationen auch dort vor allem bei Alleinlebenden, gesundheitlich beeinträchtigten und denen „armen" Frauen zuspitzten. Backes kommt zum Schluss, dass es Frauen in der DDR in einigen Bereichen besser als in der alten Bundesrepublik ging (eigene soziale Sicherung und soziale Integration in den betrieblichen (kollegialen, aber auch nachbarschaftlichen) Kontext, es ihnen in anderer Hinsicht aber auch schlechter ging, vor allem wegen des zumeist durch finanzielle Gründe bedingten Zwangs zur Weiterarbeit. Eine Angleichung der Lebenslagen beider Geschlechter habe es auch zu DDR-Zeiten im Alter nicht gegeben (Backes 2003, 19). Auch Untersuchungen zur Einkommenssituation in der DDR dokumentieren – deren Gleichheitspostulaten widersprechende – Unterschiede zwischen den Geschlechtern. Im Durchschnitt verdienten Frauen sowohl brutto wie netto 6% weniger als Männer (vgl. www.szlink.de/frauen, www.frauenlohnspiegel.de, beide vom 9.3.07).

[20] Mit einer Steuerfinanzierung wie z.B. in Schweden sind andere Gestaltungsspielräume verbunden, da die Alterssicherung damit aus dem Geschlechterdifferenzierungen verstärkenden Bezug auf die Arbeitswelt potentiell herausgelöst wäre.

aber nach wie vor besonders viele Frauen tangiert. Gerade die Rentenstrukturreform von 2001 ist ein Beispiel für den aktuellen, äußerst widersprüchlichen Prozess, dass nämlich trotz der expliziten Absicht vieler Beteiligter, für Frauen eine eigenständige Altersicherung zu begründen, von anderen am Leitbild der Ehe als Versorgungsinstitution festgehalten wird (Barkhold 2003).

Wie schon in der Lebensphase von Kindheit und Jugend, wachsen mit diesen Prozessen sozialen Wandels die Differenzen unter Frauen an, entspricht angesichts der Vielfalt und Differenzierung von Lebenslagen, Lebensentwürfen und Biografien eine einfache dichotome Kontrastierung von Frauen und Männern, männlichen und weiblichen Lebensformen immer weniger der sozialen Realität. Eine andere Frage ist, wie lange trotzdem die institutionell unterstellte „weibliche Normalbiografie" als ein geregeltes „Zwei-" oder inzwischen „Dreiphasenmodell" in den Köpfen der Handelnden als Deutungshorizont dient, als eine Folie, das eigene Leben sinnhaft zu ordnen und in diesem Sinne als „geschlechtsspezifisches" soziales Beziehungsgefüge zu denken. Und wie verhält sich dieser (normative) Sinnhorizont zu der oftmals konstatierten „Feminisierung des Alters" als einer neuen Relationierung von Frauen und Männern?

11.3 „Feminisierung" des Alters – Angleichung der Lebensformen?

Mit der These einer „Feminisierung" des Alters wird zum einen auf einen demografischen Tatbestand hingewiesen. Da Frauen eine höhere Lebenserwartung haben als Männer, besteht die Altersgruppe der über 75jährigen zu einem Dreiviertel aus weiblichen Personen, die „Altersgesellschaft" stellt maßgeblich eine „Frauengesellschaft" dar (Tews 1993, 29).[21] Die Folgen dieses quantitativen Übergewichts sind offensichtlich. So sind heute fast 90% der älteren Männer noch verheiratet. In aller Regel können sie damit mit der Hilfe und Unterstützung der Ehefrauen rechnen (ebd.). Strukturen und Erscheinungsbilder der Einrichtungen der Altenhilfe hingegen werden in starkem Maße durch eine Überrepräsentanz von Frauen geprägt. Sie werden entsprechend zu „feminisierten" Institutionen[22]. Dies gilt im Hinblick auf die Zusammensetzung sowohl der Bewohnerinnen als auch des Personals.

---

[21] Bei den über 85jährigen steigt deren Anteil weiter. Dies ist ein historisch gesehen relativ neues Phänomen. Zu den Gründen für die Unterschiede in der Lebenserwartung vgl. Höpflinger 2002, der die kürzere Lebensdauer von Männern primär auf die sozialen Formen des „Mann-Seins" und die damit verbundenen Muster der Lebensführung zurückführt.

[22] Dabei erweist sich die gängige Vorstellung, dass vor allem die über 80jährigen überwiegend in Heimen und Pflegeeinrichtungen leben, als falsch: Diese Form lebensweltlicher Separierung be-

Zugleich wird auf gesellschaftlicher Ebene versucht, die angesprochenen Ressourcen älterer Frauen für Aufgaben alltäglicher Unterstützung und Pflege erweitert zu nutzen. Die Forderung nach „weniger Staat" setzt nicht zuletzt auf eine Re-Familialisierung solcher Dienste. Und darin sind es überwiegend die Frauen, die bis ins hohe Alter hinein ein wesentliches Potential für alltagsnahe Hilfen darstellen, sei es in der Betreuung der Enkelkinder, die eine Erwerbstätigkeit der (Schwieger-)Tochter erst ermöglicht, in der Versorgung oder Pflege des Partners, in der ehrenamtlichen Tätigkeit in Sozialverbänden u.ä.m. Auch in diesem Sinne wird von einer Feminisierung des Alters gesprochen, der im zuletzt genannten Fall eine Feminisierung weiter Bereiche des Ehrenamtes im sozialen Bereich korrespondiert. Vor dem Hintergrund fiskalischer Engpässe, so wird bisweilen argumentiert, versucht die Sozialpolitik damit, alte Geschlechterstereotype zu reaktivieren und die Erfüllung entsprechender Erwartungen im Bezug darauf einzuklagen.

Einen anderen Akzent setzt die Beobachtung sich verändernder Erscheinungsformen des Alters im Sinne einer *Angleichung* der Geschlechter. Im Alter, so die These, gehe die Bedeutung der Geschlechterdifferenzierung deutlich zurück. Mit dem Ende der Erwerbsarbeit nähern sich danach auch in traditionellen Modellen der Lebensführung in Paarbeziehungen die Lebensstile von Frauen und Männern tendenziell an: „Der Verlust der Erwerbsposition bedeutet für die Männer – überspitzt gesagt – eine strukturelle „Feminisierung". Sie finden sich stärker auf die Ehe und Haushaltsführung als alltägliche Ordnungsschemata verwiesen. Es entspricht dieser Veränderung ihrer Lebenslagen, dass sie sich (...) auch in ihren psychischen Merkmalen verweiblichen: Es kommt im Alter zu einer gegenseitigen Annäherung der Geschlechtscharaktere" (Kohli 1990, 401). Die Berliner Altersstudie kommt zu ähnlichen Ergebnissen: Frauen und Männer gleichen sich in Persönlichkeitszügen und Verhaltensweisen an. An Frauen ließen sich vermehrt Verhaltenszüge beobachten, die konventionell der Dimension „Männlichkeit" zugerechnet werden (wie z.B. Assertivität oder Dominanz),

---

trägt bei den 80- bis 84jährigen lediglich 8,2%, bei den 85- bis 89jährigen 17% und bei den 90 Jahre und älteren sind es 31,3% (Kohli 2000, 22; Mayer et al. 1999, 605). Dass Alten- und Pflegeheime aber in hohem Maße feminisierte Organisationen sind – sowohl was die dort lebenden als auch die dort arbeitenden Personen betrifft – wurde bislang kaum thematisiert. In einem aufschlussreichen Aufsatz zu Lebenslagen stationär versorgter älterer Menschen (Schroeter 2002) findet die Geschlechterdifferenzierung bzw. Feminisierung keine Erwähnung. Nicht gesehen und nicht thematisiert wird in der Regel auch, dass sich beide Geschlechter auf diese Weise zu Beginn und am Ende der Lebensspanne in weiblich dominierten Kontexten befinden, was für männliche Individuen u.U. eine andere Bedeutung haben kann als für weibliche. Für die frühen Jahre, den Kindergarten und die Grundschule, haben wir das oben ausgeführt. Für das Alter gilt, dass Frauen als Nutzerinnen in den offenen und stationären Altenhilfeangeboten zahlenmäßig überwiegen und in beiden Bereichen auch bei den professionellen Dienstleistenden in der Überzahl sind.

Männer dagegen zeigten „feminine" Merkmale und Qualitäten (etwa emotionale Wärme und fürsorgliches Interesse). Auch Fragen nach der sozialen Integration wie etwa der Größe und Zusammensetzung der sozialen Netze ergaben mehr Ähnlichkeiten als Unterschiede. Die bei Frauen verstärkt auftretenden Gefühle der Einsamkeit lassen sich auf die Faktoren des Familienstands und der Wohnsituation zurückführen, nicht auf die Variable Geschlecht (Mayer/Baltes 1999, 578 und 589). Selbst hinsichtlich der Gesundheit sind die Unterschiede nicht so gravierend: Frauen scheinen zwar auf den ersten Blick durchschnittlich öfter krank zu sein, das liegt aber offensichtlich auch an einem statistischen Effekt: sie werden nämlich älter.[23]

Nach diesen Befunden könnte man annehmen, dass Geschlechterdifferenzierungen im Alter an Relevanz verlieren, sie zumindest in bestimmten Dimensionen des „Alltags der Geschlechter" nicht (mehr) relevant gemacht werden[24]. Wie weit dies durchgängig und auch für andere Bereiche und Konstellationen zutrifft, bleibt eine bislang erst begrenzt empirisch bearbeitete Frage: In welchem Umfang auch Männer ihre erkrankte Partnerin pflegen, wenn sie dazu noch in der Lage sind, ob die häusliche Arbeitsteilung symmetrisch wird oder neue Arbeitsteilungen entlang der Geschlechterlinie entwickelt werden, Männer etwa eher die außerhäuslichen Tätigkeiten übernehmen, sind einfache Beispiele für notwendige weitere Beobachtungen.

In einer Untersuchung aus der Mitte der 90er Jahre des vergangenen Jahrhunderts, die vor allem den Machtaspekt bei Ehepaaren im Ruhestand fokussier-

---

[23] In der Berliner Altersstudie finden sich in den Gruppen mit negativen Merkmalsausprägungen in den verschiedenen Dimensionen (Gesundheit und Krankheit, psychische Aspekte wie emotionale Befindlichkeit und subjektives Wohlbefinden, bis zu sozialen Merkmsalen wie z.B. Sozialprestige, empfangene soziale Unterstützung, Verwandtschaftsnetzwerke etc.) überwiegend Frauen. Dabei – darauf weisen die Autoren explizit hin – ist allerdings zu beachten, dass hier zwei Variablen *kumulieren*: die eher negativen Merkmalsausprägungen fanden sich vor allem in der Gruppe der über 80jährigen (der Hochbetagten) und in eben dieser Gruppe sind überwiegend Frauen (Mayer et al. 1999, 623).

[24] In der Perspektive einer sozialen Konstruktion von Geschlecht geht es, wie immer wieder betont, nicht um individuelle Unterschiede, sondern um soziale Praktiken des interaktiven „doing gender", die ihrerseits durch den jeweiligen Kontext geprägt werden. In unterschiedlichen Kontexten ist ein solches „doing gender" in durchaus unterschiedlichem Ausmaß und auch in unterschiedlicher Weise gefordert – solche Differenzen konnten sehr anschaulich etwa in den empirischen Studien zur Schule aufgewiesen werden. Hier und auch in anderen Studien zeigte sich, dass die *Zusammensetzung* der Gruppierungen eine Rolle spielt. „Doing gender"-Praktiken sind in gemischt geschlechtlichen Gruppen stärker ausgebildet als in gleichgeschlechtlichen Gruppen. Daraus ergibt sich auch vor dem Hintergrund ganz anderer theoretischer Perspektiven eine interessante Frage: „Wenn die Welt der älter werdenden immer auch eine „weibliche Welt" wird, bedeutet das dann auch, dass es immer weniger – nämlich weniger gemischt geschlechtliche – Kontexte gibt, die Geschlechtsunterschiede erst aufscheinen lassen? Ist das Vorherrschen gleichgeschlechtlicher Gruppen vielleicht der Grund, warum man bei Frauen im Alter häufiger durchsetzungsstarke behauptende Verhaltensweisen feststellen kann?" (Baltes et al. 1999, 592).

te, konnte zwar gezeigt werden, dass mancho entsprechend eingespielten Erwartungen durchaus relativiert und von der engen Bindung an das Geschlecht gelöst werden können. Die Verteilung der Hausarbeit allerdings erfolgte stets in engem Zusammenhang mit den Modi der Geschlechterkonstruktion in der Paarbeziehung (Gather 1996, 236). Geschieht die (neue) Verteilung von Aufgaben und Zuständigkeiten nicht konsensuell, dann scheint es in den Beziehungen weniger um eine Neuformulierung egalitärer Partnerschaft zu gehen als vielmehr um die Infragestellung der „alten", in der Zeit der Erwerbsarbeit gültigen Position des Mannes. Öffnen sich Spielräume für Frauen, so sei damit nämlich „unvermeidlich" eine „Entmachtung" des Mannes verbunden. Dies kennzeichne – so die Autorin – ein grundlegendes „Dilemma dieser ‚modernen' Beziehungen" (ebd. 235).

Die Offenheit „innovativer interaktiver Dynamiken" wird allerdings begrenzt durch eingespielte Habitualisierungen, die „Macht der Gewohnheit" sowie die darin angesprochene Wirkung der (gemeinsamen wie individuellen) Geschichte. In der zeitlichen Perspektive der Aufschichtung von Erfahrungen und ihrer Ordnung in vorhandenen Mustern des Alltagswissens liegt ohne Zweifel auch ein stabilisierendes Moment für die Lebenspraxis, die Orientierung im Alltag und das Selbstverständnis der handelnden Personen. Insofern kann die These einer „Feminisierung des Alters" nicht bedeuten, die Differenzierung nach Geschlecht sei unter Bedingungen des Ruhestandes ausgesetzt – vielmehr wird die in Bezug auf die Altersphase erfolgende Vergeschlechtlichung vor allem *als* „Feminisierung des Alters" thematisiert.

Die These verweist daher zunächst nur darauf, dass die Geschlechterdifferenzierung dort in modifizierter Weise erfolgt sowie insgesamt einen anderen Stellenwert erhält. Man könnte auch sagen: Hintergründe für diese Formulierung sind die angesprochenen Ambivalenzen. Das Leben im Ruhestand beruht etwa einerseits auf einer neuen Art des Einkommens, das z.B. den Status des „Ernährers" untergräbt. Mit der Nicht- Erwerbstätigkeit werden offensichtlich Eigenschaften wie Passivität, Inkompetenz, Konkurrenzunfähigkeit etc aktualisiert, die alle auf das *Stereotyp* des Weiblichen verweisen. Im „Doing gender" und im „doing old" werden offenbar Frauen und Alter als das „Andere" gegenüber Männlichkeit und Erwachsenenstatus positioniert. Damit wird erneut das Kulturell-Männliche zur Norm erhoben, das nunmehr die dieser Norm nicht (mehr) entsprechenden *Männer* marginalisiert.

Auf der anderen Seite bestehen Differenzierungen, die in der Erwerbsphase sich verfestigten, zumindest partiell fort. Untersuchungen dazu, die wie für die Schule oder die Jugendphase die Geschlechterdifferenzierung im Alter fokussieren, fehlen jedoch für den deutschen Sprachraum weitgehend. Und auch im angloamerikanischen Bereich stehen Untersuchungen des „aging as gendered process" noch in den Anfängen.[25]

11.4 Biografie

Gerade im und für das Alter gewinnt die mit den letzten Ausführungen angesprochene Dimension des Biografischen einen besonderen Stellenwert. Wir verstehen insbesondere ältere Menschen vor dem Hintergrund der Fülle ihrer Lebenserfahrungen und -ereignisse. Auch diese selbst machen zumeist stärker als in anderen Lebensphasen von der Möglichkeit biografischer Rückblicke Gebrauch, erinnern, interpretieren, bilanzieren ihre Lebensgeschichte als individuelle Gestalt und gestalten auf diese Weise zugleich ihre Individualität. Das überwiegend dazu genutzte Medium ist die Erzählung.

Biografische Erzählungen beziehen sich auf die empirischen Gegebenheiten der eigenen Lebensgeschichte und -erfahrungen. Zu deren Rekapitulation verwenden die Erzählenden zum einen die allgemeinen Regeln und „kognitiven Figuren" des autobiografischen Stegreiferzählens (Schütze 1984). Zugleich beziehen sie sich auf inhaltlich bestimmte Elemente ihres lebensweltlichen Orientierungswissens, auf Alltagstheorien, Wertehierarchien und dergleichen mehr. Beides, die Bestände des Alltagswissens wie die empirischen Lebenserfahrungen, sind dabei nicht zuletzt geprägt und strukturiert durch Prozesse und Konstrukte der Differenzierung und Bestimmung der Geschlechter. Bereits Kinderspiele und Schulfreundschaften, aber auch Ausbildung, Studium und berufliche Werdegänge sind, wie gesehen, durch sie gerahmt, in maßgeblicher Weise geformt und schlagen sich als entsprechend konturierte Erfahrung nieder. In diesen entstehen Bilder und Auffassungen von der eigenen Person, Konzepte des eigenen Selbst. Zugleich finden diese beim Rückblick auf die eigene Lebensgeschichte und deren Interpretation auch Anwendung. Sie *entstehen* im Verlauf der Lebensgeschichte, *steuern* aber auch deren Aneignung.

„Bin oder war ich „Handelnde(r)" und „autonom", oder aber gerate ich in meinem Leben immer wieder in schicksalhafte Verstrickungen, erleide ich etwas, bin ich etwa ein „Opfer meines Schicksals"? Bin ich durchsetzungsfähig, streitbar oder abhängig, gar ohnmächtig? Diese Beispiele stehen sowohl für Lebenserfahrungen als auch für Modi von deren rückblickender Thematisierung. Letzteres kann dabei, als gewachsenes Selbstverständnis, ebenfalls zur Grundlage weiteren Handelns werden. In all dem zeigen sich vor allem auch die Nieder-

---

[25] Dort haben sich allerdings feministisch inspirierte „age studies" entwickelt, in denen insbesondere auf Frauen bezogene Altersstereotype transparent gemacht werden (vgl. Kunow 2005, 34f.)

schläge von Geschlechterdifferenzierungen. Wie anhand vieler Beispielfelder gezeigt, schlägt diese sich als soziale Basisunterscheidung in den empirischen *Erfahrungen*, aber auch in deren *Thematisierung* sowie u.U. sogar in den *Konstruktionsweisen* biografischer Erzählungen nieder. Dies ist in Bezug auf die Analyse biografischer Erzählungen vielfach untersucht worden. Dabei richtete sich der Blick sowohl darauf, *wie* Geschlechterkonstruktionen in biografische Erzählungen eingebettet sind, als auch darauf, *wie* bereits die verwendeten narrativen Figuren Geschlechterkonstruktionen in sich tragen. Vor allem B. Dausien (1996; 2001) hat die These aufgestellt und empirisch unterlegt, dass und wie *Inhalte* aber auch die *Form* von Lebensgeschichten auf entsprechende Konstruktionsprozesse verweisen. Die Nutzung der Repertoires biografischer Selbstvergewisserung wie die Geschichten selbst werden schließlich auch mitgesteuert durch eine Generations- bzw. Kohortenspezifität von Erfahrungen. Für die heutigen älteren Generationen bildet etwa die durch zahlreiche Entbehrungen gekennzeichnete Kriegs- und Nachkriegszeit einen Horizont, vor dem sich ihre Auseinandersetzung mit dem Alter und mit sich selbst vollzieht.

Im Vergleich mit Jüngeren erscheint das Alter gekennzeichnet durch abnehmende Optionen und Ressourcen. Dies gilt für den Alltag wie für Zukunftsperspektiven. Berücksichtigt man, dass es in biografischen Erzählungen nicht um die einfache Summierung „aller" lebensgeschichtlichen Eindrücke und Erfahrungen geht, sie vielmehr auf Synthesen angelegt sind, eine „synthetische Qualität" aufweisen (Ahlheit/Hoerning 1989, 9), so wird plausibel, dass sich auch hier die Wahrnehmung des eigenen Lebens entsprechend verändert. Das Geschehene überwiegt die Zukunft, dominiert diese oftmals. Die Vergangenheit wird als einmaliges und eigenes Leben sichtbar und verstanden und darin oftmals auch als unentrinnbar erlebt. Angesichts abnehmender Optionen sowie im Bemühen, zu einer Integration und Synthese zu kommen, wird die Person mit ihrer eigenen Lebensgeschichte zunehmend „identisch": „So war's und so bin ich (geworden)". Bisweilen wird dabei das eigene Leben einmaliger und eindeutiger, als es „eigentlich" war, die biografische Erzählung zu einer Chiffre, zum Versuch einer umfassenden „Thematisierung von Subjektivität" (Kohli/Robert 1984, 499.

Neben narrativen, biografischen Interviews, mit denen in der Biografieforschung vor allem gearbeitet wird, sind in diesem Zusammenhang auch Materialien aus biografisch bezogenen sog. Schreibwerkstätten mit älteren Menschen sehr aufschlussreich, wie sie etwa als Bildungsangebote initiiert werden. Dies gilt insbesondere im Hinblick auf die Suche nach Niederschlägen und Spuren der Geschlechterdifferenzierung. Wolle man mehr darüber wissen, wie ältere Menschen sich verstehen, wie sie über sich selbst denken, aber auch, wie sie dieses

sozial kommunizieren – so die Ausgangsthese einer entsprechenden Untersuchung – sei die Gegenwart *anderer* von großer Bedeutung (Ray 1999).[26]
Im Ergebnis dieser Studie zeigte sich u.a., dass nichts schwieriger ist als ein einfaches Erzählen dessen, was geschah. Vielmehr stellte sich beim Erzählen im Rahmen von Erzähl- und Schreibwerkstätten eine Tendenz ein, das Leben ein Stück weit zu romantisieren. Es geht in ihnen nicht nur oder nicht so sehr um die Tatbestände und „Wahrheiten" des gelebten eigenen Lebens, sondern immer wieder und vor allem auch um normative Konstrukte, darum, wie das Leben (gewesen) sein *soll(te)*. Der Faktor „Alter" komme vor allem durch die viele Erzählungen strukturierende Unterscheidung von „damals" und „heute" hinein. Damit wird für das jetzige Leben eine Grenze markiert, das „damals" wird aus dem Lichte des „heute" rekonstruiert.

Mit dem genannten normativierenden Bezug öffnen sich die Erzählenden stark für gesellschaftlich konventionelle Muster, z.B. typische Elemente von Biografien und Figuren biografischen Erzählens. Diese aber sind wiederum vergleichsweise stark vergeschlechtlicht. So präsentieren Frauen sich nicht so sehr bzw. allein als souveräne, aktive oder gar heroische Personen, sondern thematisieren immer wieder innere Zustände, Empfindungen. Dabei mischen sich Strategien der Rechtfertigung durchaus mit Stolz auf die eigene Lebensführung. Die Erzählungen der Männer sind primär orientiert an „objektiven Daten", an „Fakten", und ihre Erzählstrategie zielt auf eine „vereinheitlichende", die Kontinuität des Lebenslaufs verdeutlichende Strukturierung. Dabei greifen sie vor allem auf Darstellungsweisen zurück, die sie als autonome und durchsetzungsfähig Handelnde ausweisen. Entsprechend treten bei den Frauen viele unterschiedliche Personen als wichtige Andere auf, während sich die älteren Männer nur auf wenige Personen beziehen, denen zudem eine sekundäre Bedeutung zugewiesen wird (Ray 1999, 60). Auch in den Modi ihres Erzählens stellen die Erzählenden mithin als solche empfundene Qualitäten der eigenen Geschlechtszugehörigkeit mit her.[27] Solche Konturierungen sind dabei zusätzlich in jeweilige lokale und

---

[26] Aus einigen der dargestellten Ergebnisse kann man folgern, dass in den Gruppen einige Normierungen bestanden, die offensichtlich vom Verhaltenskodex amerikanisch-kleinbürgerlicher Mittelschichten geprägt waren, so etwa die Tabuisierung direkter Darstellungen von Sexualität. Weitere Normierungen bezogen sich darauf, Erzählungen „altersangemessen" zu präsentieren, i.e. in einem seriösen, strukturierten Duktus. In den untersuchten Gruppen bildeten Frauen nicht nur eine deutliche Mehrheit, sondern sie setzten auch und vor allem diese Normierungen aktiv durch. Darin liege – bezogen auf öffentliche settings – eine durchaus „ungewöhnliche Machtdynamik" (Ray 1999, 59). Dieser Befund ist mit der oben aufgerufenen These einer „Feminisierung des Alters" durchaus verträglich.

[27] Neben der Geschlechtszugehörigkeit spielt auch die schicht- und die ethnische Zugehörigkeit eine Rolle: Männer der „working class" erzählen ihr Leben tendenziell in sozioökonomischen Kategorien, der Notwendigkeit „genug Geld zu verdienen". Frauen, insbesondere – so Ray – schwarze Frauen der „working class" thematisieren sich selbst in „survival narratives", fokussie-

soziohistorische Kontexte eingebettet, neben dem Alter und dem Geschlecht mithin auch typisch für Milieus. Darin wiederum zeigen sich Analogien zur Biografieforschung, die als Inhalt und Art der Erzählung beeinflussende Faktoren neben den entsprechend unterschiedlichen Lebensverläufen das Alter, die soziale Herkunft, die ethnische Zugehörigkeit und eben das Geschlecht benennt.

Ein wichtiger Schluss daraus soll abschließend formuliert werden. Wie jede Form der Reflexivität ist auch die biografische Selbstvergewisserung und Erzählung auf Formen, Ausdrucksgestalten und Deutungsangebote verwiesen, die sie überwiegend nicht selbst kreieren kann. Die Aneignung des eigenen Lebens als persönliche Geschichte und Geschichte der Person wird mit deren Hilfe erst *ermöglicht*, zugleich aber auch *begrenzt*. In der Rekapitulation und Präsentation von Biografien rücken diese notwendig in den Rahmen sozialer Sinnhorizonte wie etwa den von uns zentrierten der Geschlechterdifferenzierung. Zugleich ermöglichen sie aber dessen Wahrnehmung und mit der Wahrnehmung u.U. auch dessen Problematisierung und Veränderung. Wenn also das Alter sich in diesen Studien noch überwiegend traditionell zeigt, so sollte daraus nicht gefolgert werden, dass dies auch so bleibt.

---

ren Anwesenheit oder Abwesenheit von „Glück", mit den Herausforderungen des Lebens fertig zu werden – oder aber sie verstummen, nehmen an entsprechenden Angeboten gar nicht erst teil. Mittelschichtangehörige dagegen beschreiben ihr Leben „in terms of personal effort and agency" (ebd., 60).

12 Schluss

Bereits im Titel des vorliegenden Textes werden drei Betrachtungsebenen angeführt, auf die im Weiteren immer wieder Bezug genommen wurde, diejenigen der Institution, der Interaktion sowie der Biografie. Diese Bereiche beschreiben zunächst unterschiedliche Blickwinkel auf das eigentliche, inhaltliche Thema des Lehrbuches, nämlich das der Differenzierung der Geschlechter. Zugleich aber wurden sie in der Auseinandersetzung mit diesem in einen systematischen Zusammenhang gebracht. Es ging daher auch darum, sie allgemein, als Strukturierungsebenen des Sozialen mit jeweils spezifischen, eigenen Logiken zu verstehen, die für die Prozesse der Differenzierung der Geschlechter je besondere Kontexte darstellen und Konsequenzen haben. Und dabei sollte des weiteren deutlich werden, dass und wie diese Ebenen (dabei) zusammenwirken.

Dieses „Zusammenwirken" ist nicht determinativ zu verstehen. Vielmehr ergeben sich auf jeder der bezeichneten Ebenen potentielle Anknüpfungen, die die Einflüsse der jeweils anderen aufnehmen und in Rechnung stellen können, in unterschiedlichem Ausmaß auch müssen. Das Bild nicht fest gekoppelter Verbindungen soll auf die Spielräume hinweisen, die für Interpretationen, Entscheidungen, Handeln und Strukturierung auf jeder der angesprochenen Ebenen prinzipiell bestehen. Mit dieser Auffassung eines nicht determinativen Wirkungszusammenhangs wird eine Position bezogen, die struktur- und handlungstheoretische Komponenten einer soziologischen Grundlagentheorie miteinander in Beziehung zu setzen versucht. Nicht zuletzt auch dies sollte in der Auseinandersetzung mit dem thematischen Gegenstand des Lehrbriefs, der Geschlechterdifferenzierung, sichtbar werden.

Bereits aus dem gewählten Begriff geht dabei hervor, dass es nicht um die schematisierende Beschreibung eines als gegeben genommenen Unterschieds („weibliche" und männliche" Formen einer Spezies) ging, so, wie etwa Gattungsdarstellungen in einer zoologischen Inventarisierung angelegt sind. Vielmehr setzten wir aus wichtigen Gründen einen Schritt früher, vor den „Unterschieden" an. Wir fragten zunächst nach den sozialen *Praktiken des Unterscheidens* sowie deren Grundlagen. Dabei interessierten uns sowohl deren jeweiligen Inhalte wie die in ihnen wirksam werdenden strukturellen (institutionellen) Arrangements.

Zur Bearbeitung der so formulierten Fragen versuchten wir vor allem eine konstruktionstheoretische Sichtweise fruchtbar zu machen. Da es aus dieser Perspektive „den Unterschied" als solchen nicht gibt und konstitutionslogisch gesehen nicht geben kann, folgt daraus die *Notwendigkeit eines engen Empirie-bezugs* der Argumentationen. Was die Kategorie Geschlecht bezeichnet, muss und kann aus den Analysen der Prozesse und Kontexte ihrer Herstellung erst geschlossen werden. Dabei geht es um die *Art und Weise* der jeweiligen Konstruktion (z.b. diejenige im binären Modus: „Tertium non datur"), um spezifische *inhaltliche Füllungen* und auch „Erklärungen" der Geschlechterdifferenzierung („Frauen sind konstitutionell einem Hochschulstudium nicht gewachsen") sowie deren *Folgen,* etwa in Formen sozialer Ungleichheit.

Mit dieser Umkehrung der üblichen Blickrichtung wird der „gegebene Unterschied" sichtbar als *Ergebnis* sozialen Handelns, in seiner Verfestigung dann ebenso als dessen *Vorgabe.* Die Verarbeitung der entsprechenden Empirie erfolgte dabei aufgrund des Charakters eines Lehrbuchs in primär illustrativer Weise. Sie sollte Argumentationen veranschaulichen, bisweilen auch plausibilisieren. Im Kontext wissenschaftlicher Forschung, insbesondere auch konstruktionstheoretisch ausgerichteter, haben empirische Untersuchungen selbstverständlich einen anderen, systematischen Stellenwert[1].

Um die Herstellung, Nutzung, Verfestigung und Folgen der Kategorie Geschlecht differenziert zu beschreiben, bezogen wir uns auf die genannten drei Ebenen sozialen Handelns und sozialer Konstruktionsvorgänge, auf denen jeweils *eine* dieser Komponenten besonders gut sichtbar gemacht werden kann. Interaktionen, Institutionen und Biografien veranschaulichen so etwa Qualitäten der Offenheit und Kontingenz, Prozesse der Verfestigung und Normierung sowie Medien und Praxis der (Re-) Konstruktion.

Zugleich und quer zu diesen Dimensionierungen haben wir unsere Aufmerksamkeit auf Spezifika gesellschaftlich abgegrenzter Lebensphasen gerichtet und auch dabei gezielt Akzente zu setzen versucht. Insbesondere sollten so die je besonderen Bedeutungen und Relevanzen von Geschlecht in deren Kontext deutlich werden. In lebenszeitlicher Perspektive lässt sich etwa zeigen, dass Menschen in den verschiedenen Phasen ihres Lebensverlaufs mit *unterschiedlicher* Intensität auf die erwarteten „Spezifika" ihres Geschlechts bezogen und auf die Geschlechterdifferenzierung verpflichtet werden: sie sollen und können mal mehr oder mal weniger „weiblich" oder „männlich" sein .

Dabei hat sich in den Untersuchungen die Kindergartenzeit als die Zeit mit der rigidesten Geschlechterdifferenzierung erwiesen, während sich in der Schulzeit und vor allem im Studium sehr viel mehr neutralisierende Optionen (Ge-

---

[1]   Viele der in den Text aufgenommenen empirischen Untersuchungen sind so angelegt, dass die Modi der Konstruktion von Geschlecht und ihr Stellenwert im jeweils gegebenen Kontext im strengen Sinne *hergeleitet* werden, die Ergebnisse gerade keine „Illustration" vorab erstellter Thesen darstellen, so etwa die im ersten Kapitel aufgerufene Fallstudie von Kessler (1990) oder auch die Schuluntersuchung von Breidenstein/Kelle (1998), einige der Berufsfeldstudien u.a.m.

schlecht als „ruhende Ressource") öffnen. In Adoleszenz und Postadoleszenz gleichen sich biografische Entwürfe an bei gleichzeitiger Realisierung geschlechterdifferenter Berufseinmündungen. Im Erwachsenenalter hängt es in hohem Maße von Berufs- und Organisationskulturen ab, ob und wie Geschlecht relevant gemacht wird. Unabhängig davon setzt mit der Geburt eines Kindes eine Tendenz zu Vereindeutigungen und Retraditionalisierungen in Zuschreibung und Selbstdefinition ein. Im Alter verfestigen und vereindeutigen sich biografische (Re-) Konstruktionen bei gleichzeitiger Öffnung des interaktiven Raums und der Chance zur Neu-Aushandlung von Partnerschaften Auch in der zeitlichen Dimension eröffnen sich damit einerseits Spielräume. Andererseits wirken die Folgen der Geschlechterdifferenzierung auch kumulativ.

In all dem haben wir uns bemüht, zwischen klärender Verdeutlichung und falscher Vereindeutigung eine Balance zu finden. Dies gilt zunächst für die begriffliche Ebene. So überzeugend etwa Organisationen sich als Strukturen beschreiben lassen, so wichtig waren uns Verweise auf die in ihrem Rahmen stattfindenden Interaktions- und Aushandlungsprozesse. So offen sich eine kommunikative Interaktion im grundlagentheoretisch begründeten Prinzip auch darstellt, so wenig ist ihre jeweilige Ausgestaltung i.a.R. in die beliebige Verfügung ihrer Teilnehmer gestellt. Und so individuell eine Biografie auch erscheinen mag und erlebt wird, so fraglos ist sie in ihrem empirischen Verlauf wie den Modi ihrer Rekapitulation und re-konstruierenden Aneignung durch soziale Strukturvorgaben und Sinnhorizonte beeinflusst.

Und auch im empirisch gegenständlichen Bezug auf die Herstellungen der Kategorie Geschlecht und deren Folgen als „Geschlechterverhältnisse" ist es durchgängig wichtig, auf die *Mehrschichtigkeit, Widersprüchlichkeit* und *Unabgeschlossenheit* vieler der beschriebenen Prozesse hinzuweisen. Die für unsere Gesellschaften angesprochene *Gleichzeitigkeit von Differenz und Gleichheit* lässt sich in ihren Effekten auf vielen Ebenen des sozialen Lebens nachweisen, sei es im Alltag von Familien oder politischen Diskursen, anhand von Missverständnissen in Interaktionssituationen oder ambivalenten Selbstverständnissen Einzelner.

Im wechselnden Rahmen sozialer Interaktionen etwa öffnen sich den Teilnehmer wachsende Möglichkeiten, die Geschlechtszugehörigkeit in sehr unterschiedlicher Weise relevant zu machen, Institutionen versuchen gezielt, die strukturierenden Einschreibungen von Geschlecht zu überwinden, etwa in Gleichstellungsprogrammen, und auch für die Interpretation der individuellen Lebensgeschichte und eigenen Person sind äußerst heterogene Kontextualisierungen und Gewichtungen von Geschlecht möglich. Zugleich lassen sich bemerkenswerte Persistenzen der Geschlechtskategorie zeigen. Organisationen ziehen zur vermeintlichen Stabilisierung ihrer Strukturen äußere aber auch innere Grenzen, die sich auch an den auf die Person bezogenen Merkmalen ihres Personals festmachen, nicht zuletzt dem Geschlecht. Und im Kontext alltäglicher Interaktionen und biografischen Erzählens stehen neben Öffnungen und Veränderungen Versuche der Retraditionalisierung und Rückverzauberung des Geschlechterverständnisses und entsprechende Praktiken. Geschlecht erweist sich damit zunehmend als äußerst vielseitige und zugleich ungreifbar werdende Kategorie. In verschiedenen gesellschaftlichen Bereichen entstehende „neutralisierte Zonen" etwa stehen neben solchen, in denen rigide Naturalisierungen Bestand haben und durchgesetzt werden.

Dennoch befinden wir uns wohl in einem kaum reversiblen Prozess von deren Veränderung. Die Verbreitung und Popularisierung von Kontingenzerfahrungen etwa lässt sich schwer nur zurücknehmen. Versuche der Re-Traditionalisierung können die stattgefundenen Lernprozesse und Wahrnehmungsveränderungen kaum rückgängig machen. Sie werden vermutlich in der Form „inszenierter Tradition" dauerhaft mit Doppelbödigkeit ausgestattet und darin moderner sein als ihr eigenes Selbstverständnis.

Wie jede Ent-Traditionalisierung lösen solche Entwicklungen Selbstverständlichkeiten und damit Sicherheiten auf, werden unübersehbar komplexe gesellschaftliche Diskurse zunächst einmal darüber angestoßen, was Geschlecht „eigentlich ist". Je konkrete inhaltliche Füllungen werden auch so unvermeidlich vielfältig, plural. Trotz der darin angelegten Erosionen ist allerdings zu vermuten, dass Geschlecht auch weiterhin die Qualität eines orientierungswirksamen Merkmals behält, das in zunehmend beliebigen Konkretisierungen, endlich vielleicht nur noch als „kleinster gemeinsamer Nenner" situativer Ordnungsbildung auftritt. Diese gleichzeitige Relativierung und Bestandsvermutung stützt sich nicht zuletzt auf den Umstand, dass die Geschlechterdifferenzierung als tradiertes und wirkmächtiges „Superschema" für die Organisation von sozialen Interaktionen zugleich so selbstverständlich wie „unsichtbar" war und ist. Selbst explizite Aufmerksamkeit, die im Alltag zudem unpopulär ist, kann immer nur wenige ihrer Komponenten der Wahrnehmung und einem praktischen Diskurs zugänglich machen.

Unbeschadet der weiteren Begründung dieser zeitdiagnostischen Hypothesen verweisen sie ebenso wie das zuletzt entwickelte Argument aus der von uns gewählten wissenschaftlichen Perspektive zuallererst auf die Notwendigkeit weiterer und kontinuierlicher empirischer Beobachtungen gesellschaftlicher Prozesse, insbesondere auch in den von uns vorgestellten Dimensionen und Fragerichtungen.

13 Literaturverzeichnis

Abraham, Martin/Hinz, Thomas (Hrsg.) (2005): Arbeitsmarktsoziologie. Probleme, Theorien, empirische Befunde. Wiesbaden

Achatz, Juliane (2005): Geschlechtersegregation im Arbeitsmarkt. In: Martin Abraham/ Thomas Hinz (Hrsg.): Arbeitsmarktsoziologie. Probleme, Theorien, empirische Befunde. Wiesbaden, 263-301

Dies. (2008): Die Integration von Frauen in Arbeitsmärkten und Organisationen. In: Sylvia M. Wilz (Hrsg.): Geschlechterdifferenzen – Geschlechterdifferenzierungen. Wiesbaden, 105-139

Acker, Joan (1991): Hierarchies, Jobs, Bodies. A Theory of Gendered Organizations. In: Judith Lorber/Susan A. Farrell (Hrsg.): The Social Construction of Gender. Newbury Park/London/New Delhi, 162-179

Alheit, Peter/Hoerning, Erika M. (Hrsg.) (1989): Biographisches Wissen. Beiträge zu einer Theorie lebensgeschichtlicher Erfahrung. Frankfurt a. M.

Allerbeck, Klaus R./Rosenmayr, Leopold (1976): Einführung in die Jugendsoziologie. Theorien, Methoden und empirische Materialien. Heidelberg

Allert, Tilman (1998): Die Familie. Fallstudien zur Unverwüstlichkeit einer Lebensform. Berlin, New York

Allmendinger, Jutta (1990): Der Übergang in den Ruhestand von Ehepaaren. Auswirkungen individueller und familiärer Lebensverläufe. In: Karl-Ulrich Mayer (Hrsg.): Lebensverläufe und sozialer Wandel. Sonderheft der Kölner Zeitschrift für Soziologie und Sozialpsychologie, Opladen, 272-303

Dies./Brückner, Erika/Sandell, Amanda (1991): Zufriedenheit im Ruhestand. In: Karl-Ulrich Mayer/Jutta Allmendinger/Johannes Huinink (Hrsg.): Vom Regen in die Traufe. Frauen zwischen Beruf und Familie. Frankfurt a. M./New York, 460-481

Dies./Hackman, J. Richard (1994): Akzeptanz oder Abwehr? Die Integration von Frauen in professionelle Organisationen. In: Kölner Zeitschrift für Soziologie und Sozialpsychologie, Jg. 46, H. 2, 238-258

Dies./Podsiadlowski, Astrid (2001): Segregation in Organisationen und Arbeitsgruppen. In: Bettina Heintz (Hrsg.): Geschlechtersoziologie. Opladen, 276-307

Dies./Hinz, Thomas (2007): Geschlechtersegregation in Organisationen und die Lohndifferenz zwischen Männern und Frauen. In: Regine Gildemeister/Angelika Wetterer (Hrsg.): Erosion oder Reproduktion geschlechtlicher Differenzierungen? Widersprüchliche Entwicklungen in professionalisierten Berufsfeldern und Organisationen. Münster, 172-188

Amato, Paul/Booth, Alan (1991): The Consequences of Divorce for Attitudes Toward Divorce and Gender Roles. In: Journal of Family Issues 12, 306-322

Ariès, Philippe (1975): Geschichte der Kindheit. München

Aydt, Hilary/Corsaro, William A. (2003): Differences in Children's Construction of Gender Across Culture: An Interpretive Approach. In: American Behavioral Scientist 16, 1306 1325

Backes, Gertrud M. (2003): Frauen – Lebenslagen – Alter(n) in den neuen und alten Bundesländern. In: Monika Reichert/Nicole Maly-Lukas/Christiane Schönknecht (Hrsg.): Älter werdende und ältere Frauen heute: Zur Vielfalt ihrer Lebenssituationen. Wiesbaden, 13-34

Dies. (2004): Alter(n): Ein kaum entdecktes Arbeitsfeld der Frauen- und Geschlechterforschung. In: Ruth Becker/Beate Kortendiek (Hrsg.): Handbuch Frauen- und Geschlechterforschung. Theorie, Methoden, Empirie. Wiesbaden, 395-401

Badinter, Elisabeth (1992): Die Mutterliebe: Geschichte eines Gefühls vom 17. Jahrhundert bis heute. München; Zürich

Baltes, Margret M./Horgas, Ann L./Klingenspor, Barbara/Freund, Alexandra M./Carstensen, L.L. (^{2}1999): Geschlechtsunterschiede in der Berliner Altersstudie. In: Karl U. Mayer/Paul Baltes (Hrsg.): Die Berliner Altersstudie: ein Projekt der Berlin-Brandenburgischen Akademie der Wissenschaften. Berlin, 573-598

Barkhold, Corinna (2003): Frauen und Alterssicherung in NRW. In: Monika Reichert/Nicole Maly-Lukas/Christiane Schönknecht (Hrsg.): Älter werdende und ältere Frauen in NRW, 151-167

Baethge, Martin (1991): Arbeit, Vergesellschaftung, Identität. Zur zunehmenden normativen Subjektivierung der Arbeit. In: Soziale Welt 42, H. 1, 6-20

Beauvoir, Simone de (1972): Das Alter. Reinbek bei Hamburg

Beck, Ulrich/Brater, Michael (Hrsg.) (1977): Die soziale Konstitution der Berufe. Frankfurt a.M.

Ders./Beck-Gernsheim, Elisabeth (1990): Das ganz normale Chaos der Liebe. Frankfurt a.M.

Becker-Schmidt, Regina (1987): Die doppelte Vergesellschaftung – die doppelte Unterdrückung. In: Lilo Unterkircher/Ina Wagner (Hrsg.): Die andere Hälfte der Gesellschaft. Soziologische Befunde zur geschlechtsspezifischen Formen der Lebensbewältigung. Wien, 10-25

Dies./Brandes-Erlhoff, Uta/Rumpf, Mechthild/Schmidt, Beate (Hrsg.) (1983): Arbeitsleben – Lebensarbeit: Konflikte und Erfahrungen von Fabrikarbeiterinnen, Bonn

Dies./Knapp, Gudrun-Axeli/Schmidt, Beate (1984): Eines ist zu wenig – beides ist zuviel. Erfahrungen von Arbeiterfrauen zwischen Familie und Fabrik. Bonn

Beck-Gernsheim, Elisabeth 1998: Was kommt nach der Familie? Einblicke in neue Lebensformen. München

Behnke, Cornelia/Meuser, Michael (2003): Vereinbarkeitsmanagement. Die Herstellung von Gemeinschaft bei Doppelkarrierepaaren. In: Soziale Welt 54, 163-174

Dies. (2005): Vereinbarkeitsmanagement. Zuständigkeiten und Karrierechancen bei Doppelkarrierepaaren. In: Heike Solga/Christine Wimbauer (Hrsg.): „Wenn zwei das Gleiche tun ..." Ideal und Realität sozialer (Un-)Gleichheit in Dual Career Couples. Opladen, 123-140

Benninghaus, Christa (1999): Die Jugendlichen. In: Frevert Ute/Haupt, Heinz-Gerhard (Hrsg): Der Mensch im 20. Jahrhundert, Frankfurt a.M.; New York, 230-253

Berger, Peter L./Kellner, Hansfried (1965): Die Ehe und die Konstruktion der Wirklichkeit. Eine Abhandlung zur Mikrosoziologie des Wissens, in: Soziale Welt 16, 220-235

Ders./Luckmann, Thomas ([18]2004): Die gesellschaftliche Konstruktion der Wirklichkeit. Frankfurt a. M.

Bernard, Mariam/Itzin, Catherine/Phillipson, Chris/Skucha, Julie (1995): Gendered Work, Gendered Retirement. In: Sara Arber/Jay Ginn (Hrsg.): Connecting Gender and Ageing. A Sociological Approach. Buckingham/Philadelphia, 56-68

Berty, Karin/Fried, Lilian/Gieseke, Heide/Herzfeld, Helga (Hrsg.) (1990): Emanzipation im Teufelskreis. Zur Genese weiblicher Berufs- und Lebensentwürfe. Weinheim

Betzelt, Sigrid (2003): Grenzen der Entgrenzung von Arbeit und Leben? Exemplarische Befunde zu Alleindienstleistern in Kulturberufen. In: Jutta Allmendinger (Hrsg.): Entstaatlichung und Soziale Sicherheit. Verhandlungen des 31. Kongresses der Deutschen Gesellschaft für Soziologie in Leipzig 2002. CD-Rom. Opladen, 1-9.

Dies./Gottschall, Karin (2007): „Jenseits von Profession und Geschlecht? Erwerbsmuster in Kulturberufen". In: Regine Gildemeister/Angelika Wetterer (Hrsg.): Erosion oder Reproduktion geschlechtlicher Differenzierungen? Münster, 122-144

Beyer, Lothar (2005): Das Babybuch für neue Väter. Was Ihr Kind jetzt von Ihnen braucht. München

Bilden, Helga (1991): Geschlechtsspezifische Sozialisation. In: Klaus Hurrelmann/Dieter Ulich (Hrsg.): Handbuch der Sozialisationsforschung. Weinheim und Basel, 279-301

Dies. (2002): Sozialisationsforschung – mit Fokus auf der dichotomen Geschlechtskategorie? In: Erwägen-Wissen-Ethik Jg 13, H. 1, 27-28

Bischof, Norbert (1980): Biologie als Schicksal? Zur Naturgeschichte der Geschlechtsrollendifferenzierung. In: Ders./Holger Preuschoft (Hrsg.): Geschlechtsunterschiede. Entstehung und Entwicklung: Mann und Frau in biologischer Sicht, München, 25-42

Bischof, Norbert/Preuschoft, Holger (1980) (Hrsg.): Geschlechtsunterschiede. Entstehung und Entwicklung: Mann und Frau in biologischer Sicht, München

Blossfeld, Hans-Peter/Drobnic, Sonja (Hrsg.) (2001): Careers of Couples in Contemporary Societies. Oxford

Böhnisch, Tomke (1999): Gattinnen – die Frauen der Elite. Münster

Dies. (2003): Karriereressource Ehefrau – Statusressource Ehemann oder warum Frauen von Topmanagern keine berufliche Karriere machen. In: Ronald Hitzler/Michaela Pfadenhauer (Hrsg.): Karrierepolitik. Münster, 173-187

Born, Claudia (2000): Erstausbildung und weiblicher Lebenslauf. Was (nicht nur) junge Frauen bezüglich der Berufswahl wissen sollten. In: Walter R. Heinz (Hrsg.): Übergänge: Individualisierung, Flexibilisierung und Institutionalisierung des Lebenslaufs. Weinheim, 50-65

Dies./Helga Krüger (2001) (Hrsg.): Individualisierung und Verflechtung. Geschlecht und Generation im deutschen Lebenslaufregime. Weinheim und München

Dies. (2001): Modernisierungsgap und Wandel. Angleichung geschlechtsspezifischer Lebensführungen? In: Dies./Helga Krüger (Hrsg.): Individualisierung und Verflechtung. Geschlecht und Generation im deutschen Lebenslaufregime. Weinheim und München, 29-54

Dies./Krüger, Helga/Lorenz-Meyer, Dagmar (1996) (Hrsg.): Der unentdeckte Wandel. Annäherung an das Verhältnis von Struktur und Norm im weiblichen Lebenslauf. Berlin

Dies./Krüger, Helga (2001): Das Lebenslaufregime der Verflechtung: Orte, Ebenen und Thematisierungen. In: Claudia Born/Helga Krüger (Hrsg.): Individualisierung und Verflechtung. Geschlecht und Generation im deutschen Lebenslaufregime. Weinheim, München, 11-28

Braun, Christina von (2003): Wissen und Körper. In: Stefan Iglhaut/Thomas Spring (Hrsg.): Science + Fiction. Zwischen Nanowelt und globaler Kultur. Berlin, 148-168

Breidenstein, Georg/Kelle, Helga (1998): Geschlechteralltag in der Schulklasse. Ethnographische Studien zur Gleichaltrigenkultur. Weinheim und München

Brown, Lyn/Gilligan, Carol (1994): Die verlorene Stimme. Wendepunkte in der Entwicklung von Mädchen und Frauen. Frankfurt a. M.

Buchmann, Marlis/Eisner, Manuel (2001): Geschlechterdifferenzen in der gesellschaftlichen Präsentation des Selbst. Heiratsinserate von 1900 bis 2000. In: Bettina Heintz (Hrsg.): Geschlechtersoziologie. Opladen, 75-107

Budde, Jürgen (2003): Männlichkeitskonstruktionen in der Institution Schule. In: Zeitschrift für Frauenforschung und Geschlechterstudien 21/1, 91-101

Ders. (2005): Männlichkeit und gymnasialer Alltag. Doing Gender im heutigen Bildungssystem. Bielefeld.

Ders./Faulstich-Wieland, Hannelore (2005): Jungen zwischen Männlichkeit und Schule. In: Vera King/Karin Flaake (Hrsg.): Männliche Adoleszenz. Sozialisation und Bildungsprozesse zwischen Kindheit und Erwachsensein. Frankfurt a. M., 37-53

Bundesministerium für Bildung und Forschung (2000): Berufsbildungsbericht 2000. Berlin.

Dass. (2003): Berufsbildungsbericht 2003. Berlin

Dass. (2006): Berufsbildungsbericht 2006. Berlin

Burkart, Günter (1997): Lebensphasen – Liebesphasen. Vom Paar zur Ehe, zum Single und zurück? Opladen

Ders. (2002): Entscheidung zur Elternschaft revisited. Was leistet der Entscheidungsbegriff für die Erklärung biographischer Übergänge? In: Norbert F. Schneider/Heike Matthias-Bleck (Hrsg.): Elternschaft heute. Gesellschaftliche Rahmenbedingungen und individuelle Gestaltungsaufgaben. Zeitschrift für Familienforschung, Sonderheft 2. Opladen, 23-48

Ders./Koppetsch, Cornelia (2001): Geschlecht und Liebe. Überlegungen zu einer Soziologie des Paares. In: Bettina Heintz (Hrsg.): Geschlechtersoziologie. Opladen, 431-453

Butler, Judith P. (1991): Das Unbehagen der Geschlechter. Frankfurt a. M

Cahill, Spencer (1986): Childhood Socialization as a Recruitment Process. In: Sociological Studies of Child Development 1, 163-186

Charles, Maria (2003): Deciphering Sex Segregation. Vertical and horizontal inequalities in ten national labor markets. In: Acta Sociologica 46, S. 86-96

Chodorow, Nancy (1985): Das Erbe der Mütter. Psychoanalyse und Soziologie der Geschlechter. München

Clemens, Wolfgang (2000): Erwerbstätige Frauen im Übergang zum „Ruhestand" – Wandel oder Kontinuität der Lebenslage? In: Backes, G./W. Clemens (Hrsg.): Lebenslagen im Alter – Gesellschaftliche Bedingungen und Grenzen. Opladen, 139-158

Cockburn, Cynthia (1988): Die Herrschaftsmaschine. Geschlechterverhältnisse und technisches Know How. Berlin; Hamburg

Coltrane, Scott (1996): Family Man. Fatherhood, Housework, and Gender Equity. New York

Connell, Robert W. (1999): Der gemachte Mann. Opladen

Cornelißen, Waltraud (Hrsg.) (2005): Gender-Datenreport. Kommentierter Datenreport zur Gleichstellung von Frauen und Männern in der Bundesrepublik Deutschland im Auftrag des Bundesministeriums für Familie, Senioren, Frauen und Jugend. Erstellt durch das Deutsche Jugendinstitut e.V. in Zusammenarbeit mit dem Statistischen Bundesamt. München

Costas, Ilse/Roß, Bettina (2002): Die ersten Frauen an der Universität Göttingen. Pionierinnen gegen die immer noch bestehende Geschlechterhierarchie. In: Feministische Studien, H. 1, 23-39

Cramer, Franz Anton (2005): Die furchtlose Frau. In: DIE ZEIT, Nr. 1

Dannenbeck, Clemens/Stich, Jutta (2002): Sexuelle Erfahrungen im Jugendalter. Aushandlungsprozesse im Geschlechterverhältnis. Köln

Dausien, Bettina (1996): Biographie und Geschlecht. Zur biographischen Konstruktion sozialer Wirklichkeit in Frauenlebensgeschichten. Bremen

Dies. (2001): Erzähltes Leben – erzähltes Geschlecht? Aspekte der narrativen Konstruktion von Geschlecht im Kontext der Biographieforschung. In: Feministische Studien, H. 2, 57-73

Dies. (2004): Biografieforschung. Theoretische Perspektiven und methodologische Konzepte für eine re-konstruktive Geschlechterforschung. In: Ruth Becker/Beate Kortendiek (Hrsg.): Handbuch der Frauen- und Geschlechterforschung. Theorie, Methoden, Empirie. Frankfurt a. M., 314-325

Dies. (2004a): Sozialisation – Geschlecht – Biographie. Theoretische und methodologische Untersuchung eines Zusammenhangs. Wiesbaden

Dies. (2006): Repräsentation und Konstruktion. Lebensgeschichte und Biographie in der empirischen Geschlechterforschung. In: Sabine Brombach/Bettina Wahrig (Hrsg.): LebensBilder. Leben und Subjektivität in neueren Ansätzen der Gender Studies. Bielefeld, 179-211

Dies./Kelle, Helga (2005): Biographie und kulturelle Praxis. Methodologische Überlegungen zur Verknüpfung von Ethnographie und Biographierforschung. In: Bettina Völter/Bettina Dausien/Helma Lutz/Gabriele Rosenthal (Hrsg.): Biographieforschung im Diskurs. Theoretische und methologische Verknüpfungen. Wiesbaden, 189-212

Davies, Bronwyn (1992): Frösche und Schlangen und feministische Märchen. Hamburg

Dettmer, Susanne/Hoff, Ernst-H. (2005): Berufs- und Karrierekonstellationen in Paarbeziehungen: Segmentation, Integration, Entgrenzung. In: Heike Solga/Christine Wimbauer (Hrsg.): „Wenn zwei das Gleiche tun..." Ideal und Realität sozialer (Un-) Gleichheit in Dual Career Couples. Opladen, 53-76

Deutsch, Francine M. (1999): Halving It All. How Equally Shared Parenting Works. Cambridge

Deutsche Shell (2000) (Hrsg.): Jugend 2000. Opladen.

Deutschmann, Christoph (2003): Industriesoziologie als Wirklichkeitswissenschaft. In: Berliner Journal für Soziologie Nr. 4, Bd. 13, 477-498

Dietzsch, Ina/Dölling, Irene (1996): Selbstverständlichkeiten im biografischen Konzept ostdeutscher Frauen. Ein Vergleich 1990 – 1994. In: Berliner Debatte Initial, H. 2,11-20

Diezinger, Angelika/Rerrich, Maria (1998): Die Modernisierung der Fürsorglichkeit in der alltäglichen Lebensführung junger Frauen. Neuerfindung des Altbekannten? In: Mechtild Oechsle/Birgit Geissler (Hrsg.): Die ungleiche Gleichheit. Junge Frauen und der Wandel im Geschlechterverhältnis. Opladen, 165-184

Deutsches Jugendinstitut (2005): Zwölfter Kinder- und Jugendbericht: Bildung, Betreuung und Erziehung vor und neben der Schule. DJI-Bulletin 73. München

Dölling, Irene (2007): 'Geschlechter-Wissen' – ein nützlicher Begriff für die 'verstehende' Analyse von Vergeschlechtlichungsprozessen? In: Regine Gildemeister/Angelika Wetterer (Hrsg.): Erosion oder Reproduktion geschlechtlicher Differenzierungen? Widersprüchliche Entwicklungen in professionalisierten Berufsfeldern und Organisationen. Münster, 19-31

Dohm, Hedwig (1874): Die wissenschaftliche Emancipation der Frau. Berlin

Dornes, Martin (2006): Die Seele des Kindes. Entstehung und Entwicklung. Frankfurt a. M.

Douglas, Mary (1991): Wie Institutionen denken. Frankfurt a. M.

Eckert, Roland/Hahn, Alois/Wolf, Marianne (1989): Die ersten Jahre junger Ehen. Verständigung durch Illusionen? Frankfurt a. M.

Eggen, Bernd (2002): Gleichgeschlechtliche Lebensgemeinschaften. Erste Ergebnisse einer Untersuchung im Rahmen des Mikrozensus. In: Norbert F. Schneider/Heike Matthias-Bleck (Hrsg.): Elternschaft heute. Zeitschrift für Familienforschung, Sonderheft 2. Opladen, 215-234

Ehrenreich, Barbara (1984): Die Herzen der Männer. Auf der Suche nach einer neuen Rolle. Reinbek b. Hamburg

Dies. (2001): Arbeit poor. Unterwegs in der Dienstleistungsgesellschaft. München

Dies./Hochschild, Arlie (2003) (Hrsg.): Global Woman. Nannies, Maids, and Sex Workers in the New Economy. New York

Eliot, Lise (2001): Was geht da drinnen vor? Die Gehirnentwicklung in den ersten fünf Lebensjahren. Berlin

Engstler, Heribert (2006): Erwerbsbeteiligung in der zweiten Lebenshälfte und der Übergang in den Ruhestand. In: Clemens Tesch-Römer/Heribert Engstler/Susanne Wurm (Hrsg.): Altwerden in Deutschland. Sozialer Wandel und individuelle Entwicklung in der zweiten Lebenshälfte. Wiesbaden, 85-154

Erler, Gisela Anna (2005): Work-Life-Balance. Stille Revolution oder Etikettenschwindel? In: Anina Mischau/Mechthild Oechsle (Hrsg.): Arbeitszeit – Familienzeit – Lebenszeit: Verlieren wir die Balance?, Zeitschrift für Familienforschung, Sonderheft 5, Wiesbaden, 151-164

Faulstich-Wieland, Hannelore/Weber, Martina/Willems, Katharina (2004): Doing Gender im heutigen Schulalltag. Empirische Studien zur sozialen Konstruktion von Geschlecht in schulischen Interaktionen. Weinheim; München

Faust, Michael/Jauch, Peter/Notz, Petra (2000): Befreit und entwurzelt: Führungskräfte auf dem Weg zum „internen Unternehmer". München

Fausto-Sterling, Anne (1997): How to Build a Man. In: Michael S. Kimmel/Michael A. Messner (Hrsg.): Men's Lives. Boston, MA, 385-389

Fend, Helmut (1990): Entwicklungspsychologie der Adoleszenz in der Moderne. Bern; Stuttgart

Fendrich, Sandra/Fuchs-Rechlin, Kirsten/Pothmann, Jens/Schilling, Matthias (2006): Ohne Männer? Verteilung der Geschlechter in der Kinder- und Jugendhilfe. In: DJI Bulletin 75/2, 22-27

Fenstermaker, Sarah B./West, Candace/Zimmerman, Don H. (1991): Gender Inequality. New Conceptual Terrain. In: Rae Lesser-Blumberg (Hrsg.): Gender, Family and Economy: The Triple Overlap. Newbury Park, CA, 289-307

Fichera, Ulrike (1996): Die Schulbuchdiskussion in der BRD – Beiträge zur Neugestaltung des Geschlechterverhältnisses. Bestandsaufnahme und Sekundäranalyse. Frankfurt a. M.

Fooken, Insa (1999): Geschlechterverhältnisse im Lebenslauf. Ein entwicklungspsychologischer Blick auf Männer im Alter. In: Birgit Jansen/Fred Karl/Hartmut Radebold/Reinhard Schmitz-Scherzer (Hrsg.): Soziale Gerontologie. Ein Lehrbuch für Lehre und Praxis. Weinheim und Basel, 441-452

Foucault, Michel (1977): Sexualität und Wahrheit. Frankfurt a. M.

Ders. (1980): Die Ordnung der Dinge. Eine Archäologie der Humanwissenschaften. Frankfurt a. M.

Franke, Marion (2003): Die Teilzeitfalle für Frauen – Firewalls im Topmanagement. In: Ursula Pasero (Hrsg.): Gender – from Costs to Benefits. Wiesbaden, 194-209

Freidson, Eliot (2001): Professionalism: The Third Logic. Cambridge

Frerichs, Petra (2000): Die Arbeit der Anerkennung – Thesen und ein empirisches Beispiel zur Ungleichheit von Anerkennungschancen nach Klasse und Geschlecht. In: Ursula Holtgrewe/Stephan Voswinkel/Gabriele Wagner (Hrsg.): Anerkennung und Arbeit. Konstanz, 269-283

Dies./Steinrücke, Margareta (1997): Kochen, ein männliches Spiel? Die Küche als geschlechts- und klassenstrukturierter Raum. In: Irene Dölling/Beate Krais (Hrsg.): Ein alltägliches Spiel. Geschlechterkonstruktionen in der sozialen Praxis. Frankfurt a.M., 231-259

Fried, Lilian (1990): Kindergartenerziehung heute: Geschlechtstypisch oder geschlechtsflexibel? In: Karin Berty/Lilian Fried/Heide Gieseke/Helga Herzfeld (Hrsg.): Emanzipation im Teufelskreis. Zur Genese weiblicher Berufs- und Lebensentwürfe. Weinheim, 174-193

Friedrich-Ebert-Stiftung (2006) (Hrsg.): Prekäre Arbeit. Ursachen, Ausmaß, soziale Folgen und subjektive Verarbeitungsformen unsicherer Beschäftigungsverhältnis. Bonn

Fritsche, Yvonne/Münchmeier, Richard (2000): Mädchen und Jungen. In: Deutsche Shell (Hg.): Jugend 2000. Bd. 1. Opladen, 343-348

Fuchs, Werner (1983): Jugendliche Statuspassage oder individualisierte Jugendbiographie? In: Soziale Welt 34 (1983), 341-371

Ders. (1984): Biographische Forschung Eine Einführung in Praxis und Methoden. Opladen

Fuchs-Heinritz, Werner (1990): Biographische Studien zur Jugendphase. In: Karl-Ulrich Mayer (Hrsg.): Lebensverläufe und sozialer Wandel. Opladen, 58-88

Fuchs-Heinritz, Werner (2000): Lebensentwürfe. Eindrücke aus dem qualitativen Material. In: Deutsche Shell (2000) (Hrsg.): Jugend 2000. Bd. 2. Opladen, 311-395

Garfinkel, Harold (1967): Studies in Ethnomethodology. Cambridge

Gather, Claudia (1996): Konstruktionen von Geschlechterverhältnissen. Machtstrukturen und Arbeitsteilung bei Paaren im Übergang in den Ruhestand. Berlin.

Gautschi, Thomas/Hangartner, Dominik (2006): „Size Does Matter. Körpergröße, Humankapital und Einkommen." In: Soziale Welt 3, 273-294

Gehlen, Arnold (1961): Anthropologische Forschung. Reinbek bei Hamburg

Geissler, Birgit/Oechsle, Mechtild (1996): Lebensplanung junger Frauen. Zur widersprüchlichen Modernisierung weiblicher Lebensläufe. Weinheim

Gemünden, Jürgen (2003): Gewalt in Partnerschaften im Hell- und Dunkelfeld. Zur empirischen Relevanz der Gewalt gegen Männer. In: Siegfried Lamnek/Manuela Boatca (Hrsg.): Geschlecht – Gewalt – Gesellschaft. Opladen, 333-353

Gerhards, Jürgen (2003): Geschlechtsklassifikation durch Vornamen und Geschlechtsrollen im Wandel. In: Berliner Journal für Soziologie 13, 59-76

Ders.: (2003a): Globalisierung der Alltagskultur zwischen Verwestlichung und Kreolisierung. Das Beispiel Vornamen. In: Soziale Welt 54, 145-162

Gern, Christiane (1992): Geschlechtsrollen: Stabilität oder Wandel? Eine empirische Analyse anhand von Heiratsinseraten. Opladen

Giddens, Anthony (1988): Die Konstitution der Gesellschaft. Grundzüge einer Theorie der Strukturierung. Frankfurt a. M.

Ders. (1993): Wandel der Intimität : Sexualität, Liebe und Erotik in modernen Gesellschaften. Frankfurt a. M.

Gieß-Stüber, Petra/Voss, Anja/Petry, Karen (2003): GenderKids – Geschlechteralltag in der frühkindlichen Bewegungsförderung. In: Ilse Hartmann-Tews/Petra Gieß-Stüber/Marie-Luise Klein/Christa Kleindienst-Cachay/Karen Petry (Hrsg.): Soziale Konstruktion von Geschlecht im Sport. Opladen, 69-108

Gildemeister, Regine (1988): Geschlechtsspezifische Sozialisation. Neuere Beiträge und Perspektiven zur Entstehung des „weiblichen Sozialcharakters". In: Soziale Welt 39, 486-503

Dies. (2001): Soziale Konstruktion von Geschlecht. Fallen, Missverständnisse und Erträge einer Debatte. In: Claudia Rademacher/Peter Wiechens (Hrsg.), Geschlecht – Ethnizität – Klasse. Zur sozialen Konstruktion von Hierarchie und Differenz. Opladen, 65-87

Dies. (2005): Gleichheitssemantik und die Praxis der Differenzierung: Wann und wie aus Unterscheidungen Unterschiede werden. In: Ulrike Vogel (Hrsg.): Was ist weiblich – was ist männlich? Aktuelles zur Geschlechterforschung in den Sozialwissenschaften. Bielefeld, 71-88

Dies. (2005a): Geschlechtliche Kategorisierung und Gleichstellungsnorm: Tücken der Gleichzeitigkeit. In: Maria Funder/Steffen Dörhöfer/Christian Rauch (Hrsg.): Jenseits der Geschlechterdifferenz? Geschlechterverhältnisse in der Informations- und Wissensgesellschaft. München/Mering, 59-78

Dies. (2007): Soziale Arbeit als Frauenberuf. Wurden soziale Hilfstätigkeiten vergeschlechtlicht oder Frauen im Beruf versozialarbeitet? In: E. Jürgen Krauß/Michael Möller/Richard Münchmeier (Hrsg.), Soziale Arbeit zwischen Ökonomisierung und Selbstbestimmung. Kassel. 613-636

Dies./Robert, Günther (1999): Vergeschlechtlichung – Entgrenzung – Revergeschlechtlichung. Geschlechterdifferenzierende Arbeitsteilung zwischen Rationalisierung der Arbeitswelt und ‚postindustriellem Haushaltssektor'. In: Claudia Honegger/Stefan Hradil/Franz Traxler (Hrsg.): Grenzenlose Gesellschaft? Verhandlungen des 29. Kongresses der Deutschen Gesellschaft für Soziologie in Freiburg i. Brsg. Opladen, 110-126

Dies./Robert, Günther (2000): Teilung der Arbeit und Teilung der Geschlechter. In: Siegfried Müller/Heinz Sünker/Thomas Olk/Karin Böllert (Hrsg.): Soziale Arbeit. Gesellschaftliche Bedingungen und professionelle Perspektiven. Hans - Uwe Otto zum 60. Geburtstag gewidmet. Neuwied, Kriftel, 315-336

Dies./Robert, Günther (2003): Politik und Geschlecht. Programmatische Gleichheit und die Praxis der Differenzierung. In: Armin Nassehi/Markus Schroer (Hrsg.): Der Begriff des Politischen. Grenzen der Politik oder Politik ohne Grenzen? Baden-Baden, 133-156

Dies./Robert, Günther (2008): Die Macht der Verhältnisse. Professionelle Berufe und Lebensformen. Erscheint in: Martina Löw (Hrsg.): Macht und Geschlecht. Wiesbaden

Dies./Maiwald, Kai-Olaf/Scheid, Claudia/Seyfahrt-Konau, Elisabeth (2003): Geschlechterdifferenzierungen im Horizont der Gleichheit. Wiesbaden

Dies./Wetterer, Angelika (2007): Erosion oder Reproduktion geschlechtlicher Differenzierungen? Widersprüchliche Entwicklungen in professionalisierten Berufsfeldern und Organisationen. Münster

Goffman, Erving (1952): „On Cooling the Mark Out. Some Aspects of Adaptation and Failure." In: Psychiatry. Journal of the Study of Interpersonal Relations 15, 451-63

Ders. (1977): Rahmen-Analyse. Ein Versuch über die Organisation von Alltagserfahrungen. Frankfurt a. M.

Ders. (1983): The interaction order. In: American International Review 48, 1-17

Ders. (1994): Interaktion und Geschlecht. Frankfurt a. M./New York

Ders. (2001): Stigma. Über Techniken der Bewältigung beschädigter Identität. Frankfurt a. M.

Gottschall, Karin (1995): Geschlechterverhältnis und Arbeitsmarktsegregation. In: Regina Becker-Schmidt/Gudrun-Axeli Knapp (Hrsg.), Das Geschlechterverhältnis als Gegenstand in den Sozialwissenschaften. Frankfurt a. M./New York, 125-162

Dies./Betzelt, Sigrid (2003): Zur Regulation neuer Arbeits- und Lebensformen. Eine erwerbssoziologische Analyse am Beispiel von Alleindienstleistern in Kulturberufen. In: Karin Gottschall/G. Günter Voß (Hrsg.): Entgrenzung von Arbeit und Leben. München/Mering, 203-229

Gray, John (1998): Männer sind anders. Frauen auch. München

Güting, Damaris (2004): Die Thematisierung von Geschlechtszugehörigkeit in schulischen Interaktionen. Eine Analyse von ethnografischen Beobachtungen. In: Sylvia Buchen/Cornelia Helfferich/Maja S. Maier (Hrsg.): Gender methodologisch. Wiesbaden, 161-176

Gugutzer, Robert (2002): Leib, Körper und Identität. Eine phänomenologisch-soziologische Untersuchung zur personalen Identität. Wiesbaden

Gukenbiehl, Hermann (2006): Institutionen und Organisationen. In: Hermann Korte/Bernhard Schäfers (Hrsg.): Einführung in Hauptbegriffe der Soziologie. Wiesbaden, 143-160

Haberkorn, Rita (1993): Wer sich nicht wehrt, kommt an den Herd. Rollen und Rollenspiele im Kindergarten. In: Christian Büttner/Marianne Dittmann (Hrsg.): Brave Mädchen, böse Buben? Erziehung zur Geschlechtsidentität in Kindergarten und Grundschule. Weinheim/Basel, 62-74

Hagemann-White, Carol (1984): Sozialisation: Weiblich – männlich? Opladen

Dies. (1988): Wir werden nicht zweigeschlechtlich geboren .... In: Dies./Maria Rerrich (Hrsg.): FrauenMännerBilder. Männer und Männlichkeit in der feministischen Diskussion. Forum Frauenforschung Bd. 2. Bielefeld, 224-235

Dies. (1998): Identität-Beruf-Geschlecht. In: Mechtild Oechsle/Birgit Geissler (Hrsg.): Die ungleiche Gleichheit. Junge Frauen und der Wandel im Geschlechterverhältnis. Opladen, 27-42

Dies. (2002): Gewalt im Geschlechterverhältnis als Gegenstand sozialwissenschaftlicher Forschung und Theoriebildung. Rückblick, gegenwärtiger Stand, Ausblick. In: Regina Dackweiler/Maria/Reinhild Schäfer (Hrsg.): Gewalt-Verhältnisse. Feministische Perspektiven auf Geschlecht und Gewalt. Frankfurt a. M. New York, 29-52

Dies. (2005): Geschlecht als kulturelle und soziale Praxis. Aktuelle Fragen zwischen Sozialisation und Biologie. In: Ulrike Vogel (Hrsg.): Was ist weiblich – was ist männlich? Aktuelles zur Geschlechterforschung in den Sozialwissenschaften. Bielefeld, 32-47

Hahn, Alois (2000): Konstruktionen des Selbst, der Welt und der Geschichte. Aufsätze zur Kultursoziologie. Frankfurt a. M.

Hammer, Veronika (2002): Alleinerziehende im Gender-Diskurs. Unterschiede oder Gemeinsamkeiten bei Müttern und Vätern? In: Zeitschrift für Familienforschung, Jg. 14, H. 2 ,194-207

Hartmann-Tews, Ilse/Gieß-Stüber, Petra/Klein, Marie-Luise/Kleindienst-Cachay/Christa/Petry, Karen (2003): Soziale Konstruktion von Geschlecht im Sport. Opladen

Hartung, Heike (2005) (Hrsg.): Alter und Geschlecht. Repräsentationen, Geschichten und Theorien des Alter(n)s. Bielefeld

Harvey, Penelope (1997): Die geschlechtliche Konstitution von Gewalt. Eine vergleichende Studie über Geschlecht und Gewalt. In: Trutz von Trotha (Hrsg.): Soziologie der Gewalt. Opladen, 122-140

Hausen, Karin (1976): Die Polarisierung der „Geschlechtscharaktere". Eine Spiegelung der Dissoziation von Erwerbs- und Familienleben. In: Werner Conze (Hrsg.): Sozialgeschichte der Familie in der Neuzeit Europas. Neue Forschungen. Stuttgart, 363-401

Heintz, Bettina (2001) (Hrsg.): Geschlechtersoziologie. Wiesbaden

Dies./Nadai, Eva/Fischer, Regula/Ummel, Hannes (1997): Ungleich unter Gleichen. Studien zur geschlechtsspezifischen Segregation des Arbeitsmarktes. Frankfurt a. M./New York

Dies./Nadai, Eva (1998): Geschlecht und Kontext. De-Institutionalisierungsprozesse und geschlechtliche Differenzierung. In: Zeitschrift für Soziologie 27, 75-93

Helfferich, Cornelia (2005): „Das erste Mal." Männliche sexuelle Initiation in Geschlechterbeziehungen. In: Vera King/Karin Flaake (Hrsg.): Männliche Adoleszenz. Sozialisation und Bildungsprozesse zwischen Kindheit und Erwachsensein. Frankfurt a. M., 183-202

Dies./Kandt, Ingrid (1996): Wie kommen Frauen zu Kindern. Die Rolle von Planung, Wünschen und Zufall im Lebenslauf. In: BZgA (Hrsg.): Kontrazeption, Konzeption, Kinder oder keine. Dokumentation einer Expertentagung der BZgA. Schriftenreihe Forschung und Praxis der Sexualaufklärung und Familienplanung Bd. 6. Köln, S. 51-78

Henninger, Annette (2002): Neue Erwerbsformen, alte Geschlechterarrangements? Kritische Anmerkungen zum Verhältnis von „Arbeit" und „Leben" im Konzept des Arbeitskraftunternehmers. In: Anina Mischau/Mechthild Oechsle (Hrsg.): Arbeitszeit – Familienzeit – Lebenszeit: Verlieren wir die Balance?, Zeitschrift für Familienforschung, Sonderheft 5, Wiesbaden, 54-73

Dies. (2004): Freelancer in den Neuen Medien: Jenseits standardisierter Muster von Arbeit und Leben? In: Heike Kahlert/Claudia Kajatin (Hrsg.): Arbeit und Vernetzung im Informationszeitalter. Wie neue Technologien die Geschlechterverhältnisse verändern. Frankfurt a. M., 143-166

Herlyn, Ingrid/Krüger, Dorothea (2003) (Hrsg.): Späte Mütter. Eine empirisch-biographische Untersuchung in West- und Ostdeutschland. Opladen

Hertz, Rosanna (1986): More Equal than Others. Women and Men in Dual–Career Mariages. Berkley

Hildenbrand, Bruno (1999): Fallrekonstruktive Familienforschung. Anleitungen für die Praxis. Opladen

Ders. (2002): Der abwesende Vater als strukturelle Herausforderung in der familialen Sozialisation. In: Heinz Walter (Hrsg.): Männer als Väter. Sozialwissenschaftliche Theorie und Empirie. Gießen, 743-782

Hinz, Thomas/Abraham, Martin (2005): Theorien des Arbeitsmarktes: Ein Überblick. In: Martin Abraham/Thomas Hinz (Hrsg.): Arbeitsmarktsoziologie. Probleme, Theorien, empirische Befunde. Wiesbaden, 17-68

Hirata, Helena (2005): Überlegungen zur „Vereinbarkeit" von Familie und Beruf. Ein Versuch, das Terrain zu sondieren. In: Feministische Studien 23, 312-319

Hirschauer, Stefan (1993): Die soziale Konstruktion der Transsexualität. Über die Medizin und den Geschlechtswechsel. Frankfurt a. M.

Ders. (1994): Die soziale Fortpflanzung der Zweigeschlechtlichkeit. In: Kölner Zeitschrift für Soziologie und Sozialpsychologie, 45/4, 668-692

Ders. (2001): Das Vergessen des Geschlechts. Zur Praxeologie einer Kategorie sozialer Ordnung. In: Bettina Heintz (Hrsg.): Geschlechtersoziologie. Opladen, 208-235

Ders. (2003): Wozu 'Gender Studies'? Geschlechtsdifferenzierungsforschung zwischen politischem Populismus und naturwissenschaftlicher Konkurrenz. In: Soziale Welt 54, 161 182

Hirseland, Andreas/Herma, Holger/Schneider, Werner (2005): Geld und Karriere. Biographische Synchronisation und Ungleichheit bei karriereorientierten Paaren. In: Heike Solga/Christine Wimbauer (Hrsg.): „Wenn zwei das Gleiche tun ..." Ideal und Realität sozialer (Un-)Gleichheit in Dual-Career Couples. Opladen, 163-186.

Hochschild, Arlie Russell (1989): The second shift. Working Parents and the Revolution at Home. New York, N.Y.

Hochschild, Arlie Russell (1990): Das gekaufte Herz. Zur Kommerzialisierung der Gefühle. Frankfurt a.M./New York

Dies. (2002): Work-Life-Balance. Keine Zeit. Wenn die Firma zum Zuhause wird und zu Hause nur Arbeit wartet. Opladen

Dies./Machung, Anne (1990): Der 48-Stunden-Tag. Wege aus dem Dilemma berufstätiger Eltern. München

Höpflinger, Francois (2002): Männer im Alter. Eine Grundlagenstudie. Zürich

Hofbauer, Johanna (2004): Distinktion – Bewegung an betrieblichen Geschlechtergrenzen. In: Ursula Pasero/Birger Priddat (Hrsg.): Organisationen und Netzwerke. Der Fall Gender. Wiesbaden, 45-64

Hoff, Ernst-H./Dettmer, Susanne/Grote, Stefanie/Hohner, Hans-Uwe/Olos, Luiza (2007): Berufsverläufe und Lebensgestaltung. Differenzierung und Angleichung von Frauen und Männern in zwei hoch qualifizierten Berufen. In: Regine Gildemeister/Angelika Wetterer (Hrsg.): Erosion oder Reproduktion geschlechtlicher Differenzierungen? Widersprüchliche Entwicklungen in professionalisierten Berufsfeldern und Organisationen. Münster, 145-171

Hohn, Hans-Willy/Windolf, Paul (1988): Lebensstile als Selektionskriterien. Zur Funktion „biographischer Signale" in der Rekrutierungspolitik von Arbeitsorganisationen. In: Hanns-Georg Brose/Bruno Hildebrand (Hrsg.): Vom Ende des Individuums zur Individualität ohne Ende. Opladen, 179-207

Holzkamp, Klaus (1983): Grundlegung der Psychologie. Frankfurt a. M.

Honegger, Claudia/Heintz, Bettina (1984): Listen der Ohnmacht. Zur Sozialgeschichte weiblicher Widerstandsformen. Frankfurt a. M.

Hüller, Thomas (1993): Zum Umgang mit Geschlechtsidentifikationen in der Kindertagesstätte. In: Christian Büttner/Marianne Dittmann (Hrsg.): Brave Mädchen, böse Buben? Erziehung zur Geschlechtsidentität in Kindergarten und Grundschule. Weinheim/Basel, 44-55

Hunze, Annette (2003): Geschlechtertypisierung in Schulbüchern. In: Monika Stürzer/Henrike Roisch/Annette Hunze/Waltraud Cornelißen (Hrsg): Geschlechterverhältnisse in der Schule. Opladen, 53-82

IAB (2006): Berufe im Spiegel der Statistik. Beschäftigung und Arbeitslosigkeit 1999-2005 Nürnberg

Illouz, Eva (2003): Der Konsum der Romantik. Liebe und die kulturellen Widersprüche des Kapitalismus. Frankfurt; New York

Janz, Jan (2002): Die Entwicklung der Geschlechtsidentität im Eltern-Kind-Turnen. Diplomarbeit an der Deutschen Sporthochschule Köln

Jordan, Ellen/Cowan, Angela (1995): Warrior Narratives in the Kindergarten Classroom: Renegotiating the Social Contract? In: Gender & Society 9, 727-743

Jurczyk, Karin/Lange, Andreas/Szymenderski, Peggy (2005): Zwiespältige Entgrenzungen. Chancen und Risiken neuer Konstellationen zwischen Familien- und Erwerbstätigkeit. In: Anina Mischau/Mechtild Oechsle (Hrsg.): Arbeitszeit - Familienzeit – Lebenszeit: Verlieren wir die Balance?, Zeitschrift für Familienforschung, Sonderheft 5, Wiesbaden, 13-33

Kaiser, Astrid (2004): Gender in der Primarstufe des Schulwesens. Forschungsergebnisse und Handlungsstrategien In: Edith Glaser/Dorle Klika/Annedore Prengel (Hrsg.): Handbuch Gender und Erziehungswissenschaft. Bad Heilbrunn, 372-389

Kanter, Rosabeth Moss (1977): Men and Women of the Corporation. New York

Kassner, Karsten/Rüling, Anneli (2005): „Nicht nur am Samstag gehört Papa mir!" Väter in egalitären Arrangements von Arbeit und Leben. In: Karsten Hank/Angelika Tölke (Hrsg.): Männer – Das ‚vernachlässigte' Geschlecht in der Familienforschung. Wiesbaden, 235-264

Kaufmann, Franz-Xaver (1995): Zukunft der Familie im vereinten Deutschland. Gesellschaftliche und politische Bedingungen München

Ders. (2005): Schrumpfende Gesellschaft. Vom Bevölkerungsrückgang und seinen Folgen. Frankfurt a. M.

Kaufmann, Jean-Claude (1994): Schmutzige Wäsche. Zur ehelichen Konstruktion von Alltag. Konstanz

Ders. (2000): Rolle und Identität: Begriffliche Klärungen am Beispiel der Paarbildung. In: Sozialer Sinn, Jg.1, H. 1, 67-91

Kebbe, Anne (1993): Voneinander lernen, miteinander leben. Meine Erfahrungen zur geschlechtsspezifischen Erziehung im Kindergarten. In: Christian Büttner/Marianne Dittmann (Hrsg.): Brave Mädchen, böse Buben? Erziehung zur Geschlechtsidentität in Kindergarten und Grundschule. Weinheim/Basel, 34-43

Keddi, Barbara (2003): Projekt Liebe. Lebensthemen und biografisches Handeln junger Frauen in Paarbeziehungen Opladen

Dies./Pfeil, Patricia/Strehmel, Petra/Wittmann, Svendy (1999): Lebensthemen junger Frauen. Die andere Vielfalt weiblicher Lebensentwürfe. Eine Längsschnittuntersuchung in Bayern und Sachsen. Opladen

Kelle, Helga (1999): Geschlechterunterschiede oder Geschlechterunterscheidung? Methodologische Reflexionen eines ethnographischen Forschungsprozesses. In: Bettina, Dausien et al. (Hrsg.): Erkenntnisprojekt Geschlecht. Opladen, 304-324

Dies. (2001): „Ich bin der die das macht". Oder: Über die Schwierigkeit, doing gender Prozesse zu erforschen. In: Feministische Studien 19/2, 39-56

Dies. (2006): Sozialisation und Geschlecht in kindheitssoziologischer Perspektive. In: Helga Bilden/Bettina Dausien (Hrsg.): Sozialisation und Geschlecht. Theoretische und methodologische Aspekte. Opladen, 121-138

Keppler, Angela (1994): Tischgespräche. Über Formen kommunikativer Vergemeinschaftung am Beispiel der Konversation in Familien. Frankfurt a. M.

Kessler, Suzanne J. (1990): The Medical Construction of Gender. Case Management of Intersexed Infants. In: Signs 16, 3-26

Kessler, Suzanne J./McKenna, Wendy (1978): Gender. An Ethnomethodological Approach. Chicago

Klevenow, Gert Holger (1996): Geschlechtsspezifische Interessenschwerpunkte und berufliche Orientierungen in der Phase der Berufswahlvorbereitung. In: Karen Schober/Maria Gaworek (Hrsg.): Berufswahl. Sozialisations- und Selektionsprozesse an der ersten Schwelle. Beiträge des Instituts für Arbeitsmarkt- und Berufsforschung. Nürnberg, 97-113

Klitzing, Kai von (2002): Vater – Mutter – Säugling. Von der Dreierbeziehung in den elterlichen Vorstellungen zu realen Eltern-Kind-Beziehung. In: Heinz Walter (Hrsg.): Männer als Väter. Sozialwissenschaftliche Theorie und Empire. Gießen, 783-810

Knab, Doris (1990): Koedukationskritik als erster Schritt zur Koedukation. In: Universitas 9, 817-820

Knapp, Gudrun-Axeli (2003): Emanzen im Schonraum. Sozialpsychologische Anmerkungen zur Stereotypisierung eines Studiengangs und seiner Studentinnen. In: Carmen Gransee (Hrsg.): Der Frauenstudiengang in Wilhelmshaven. Facetten und Kontexte einer „paradoxen Intervention". Opladen 77-107

Kohli, Martin (1973): Studium und berufliche Laufbahn. Über den Zusammenhang von Berufswahl und beruflicher Sozialisation. Stuttgart

Ders. (1985): Die Institutionalisierung des Lebenslaufs. Historische Befunde und theoretische Argumente. In: Kölner Zeitschrift für Soziologie und Sozialpsychologie 37, 1-29

Ders. (1992): Lebenslauf und Lebensalter als gesellschaftliche Konstruktionen. Elemente zu einem Vergleich. In: Joachim Matthes (Hrsg.): Zwischen den Kulturen? Die Sozialwissenschaften vor dem Problem des Kulturvergleichs. Soziale Welt, Sonderband 8. Göttingen, 283-303

Ders. (2000): Altersgrenzen als gesellschaftliches Regulativ individueller Lebenslaufgestaltung: Ein Anachronismus? In: Zeitschrift für Gerontologie und Geriatrie 33, Supplement 1, I/15-I/23

Ders./Robert, Günther (1984) (Hrsg.): Biographie und soziale Wirklichkeit. Neue Beiträge und Forschungsperspektiven. Stuttgart

Ders./Freter, Hans-Jürgen/Langhennig, Manfred/Roth, Silke/Simoneit, Gerhard/Tregel, Stephan (1993): Engagement im Ruhestand. Rentner zwischen Erwerb, Ehrenamt und Hobby. Opladen

Koppetsch, Cornelia/Burkart, Günter (1999): Die Illusion der Emanzipation. Zur Wirksamkeit latenter Geschlechtsnormen im Milieuvergleich. Konstanz

Kortendiek, Beate (2004): Familie. Mutterschaft und Vaterschaft zwischen Traditionalisierung und Modernisierung. In: Ruth Becker/Beate Kortendiek (Hrsg.): Handbuch der Frauen- und Geschlechterforschung. Theorie, Methoden, Empire. Frankfurt a. M., 384-394

Kotthoff, Helga (1994): Geschlecht als Interaktionsritual? Nachwort. In: Erving Goffman: Interaktion und Geschlecht. Frankfurt a. M./New York, 159-194

Krappmann, Lothar/Oswald, Hans (1995): Alltag der Schulkinder. Beobachtungen und Analysen von Interaktionen und Sozialbeziehungen. Weinheim und München

Kreienbaum, Maria Anna (1995): Erfahrungsfeld Schule. Koedukation als Kristallisationspunkt. Weinheim

Krell, Gertraude (1998): „Vorteile eines neuen weiblichen Führungsstils." Zur Fragwürdigkeit einer derzeit vielstrapazierten Behauptung. In: Gertraude Krell (Hrsg.): Chancengleichheit durch Personalpolitik. Gleichstellung von Frauen und Männern in Unternehmen und Verwaltungen. Rechtliche Regelungen – Problemanalysen – Lösungen. Wiesbaden, 339-347

Kriwy, Peter/Komlos, John/Baur, Marieluise (2003): Soziale Schicht und Körpergröße in Ost- und Westdeutschland. In: Kölner Zeitschrift für Soziologie und Sozialpsychologie, Jg. 55, H. 3, 543-556

Krüger, Helga (1995): Dominanzen im Geschlechterverhältnis. Zur Institutionalisierung von Lebensläufen. In: Regina Becker-Schmidt/Gudrun-Axeli Knapp (Hrsg.): Das Geschlechterverhältnis als Gegenstand der Sozialwissenschaften. Frankfurt a.M./ New York, 195-219

Dies. (2001): Geschlecht, Territorien, Institutionen. Beitrag zu einer Soziologie der Lebenslauf-Relationalität. In: Helga Krüger/Claudia Born (Hrsg.): Individualisierung und Verflechtung. Geschlecht und Generation im Lebenslaufregime. Weinheim und München, 257-300

Krüger, Helga (2002): Territorien. Zur Konzeptualisierung eines Bindeglieds zwischen Sozialisation und Sozialstruktur. In: Eva Breitenbach et al. (Hrsg.): Geschlechterforschung als Kritik. Bielefeld, 29-47

Kruse, Andreas (2002): Gesund altern. Stand der Prävention und Entwicklung ergänzender Präventionsstrategien. Baden-Baden

Kühne, Bärbel (2005): Wrinkled ... Wonderful? Eine semiotische Erkundung neuer Altersbilder in der Werbung. In: Heike Hartung (Hrsg.): Alter und Geschlecht. Bielefeld, 253-276

Kuhlmann, Carola (2000): Alice Salomon. Ihr Lebenswerk als Beitrag zur Entwicklung der Theorie und Praxis Sozialer Arbeit. Weinheim

Kunow, Rüdiger (2005): „Ins Graue". Zur kulturellen Konstruktion von Altern und Alter,. In: Heike Hartung (Hrsg.): Alter und Geschlecht. Bielefeld, 21-44

Laing, Ronald D./Phillipson, Herbert/Lee, A. Russell (1976): Interpersonelle Wahrnehmung. Frankfurt

Landweer, Hilge (1994): Jenseits des Geschlechts? Zum Phänomen der theoretischen und politischen Fehleinschätzung von Travestie und Transsexualität. In: Institut für Sozialforschung (Hrsg.): Geschlechterverhältnisse und Politik. Frankfurt a. M., 139-167

Dies. (1994): Generativität und Geschlecht. Ein blinder Fleck in der Sex – Gender – Debatte. In: Theresa Wobbe/Gesa Lindemann (Hrsg.): Denkachsen. Zur theoretischen und institutionellen Rede von Geschlecht. Frankfurt a.M., 147-176

Laqueur, Thomas W. (1990): The Facts of Fatherhood. In: Marianne Hirsch/Evelyn Fox Keller (Hrsg.): Conflicts in feminism. New York und London

Leidner, Robin (1991): Serving Hamburgers And Selling Insurance. Gender, Work and Identity in Interactive Service Jobs. In: Gender & Society 1991/5, 154-177

Ders. (1993): Fast Food, Fast Talk. Service Work and the Routinization of Everyday Life, Berkeley

Lenz, Karl (1998): Soziologie der Zweierbeziehung. Eine Einführung. Opladen

Ders. (Hrsg.) (2003): Frauen und Männer. Zur Geschlechtstypik persönlicher Beziehungen. Weinheim und München

Ders. (2003a): Zur Geschlechtstypik persönlicher Beziehungen. Eine Einführung. In: Karl Lenz (Hrsg.): Frauen und Männer. Zur Geschlechtstypik persönlicher Beziehungen. Weinheim; München, 7-51

Liebold, Renate (2001): „Meine Frau managt das ganze Leben zu Hause ..." Partnerschaft und Familie aus der Sicht männlicher Führungskräfte. Wiesbaden

Lindemann, Gesa (2006): Die Emergenzfunktion und die konstitutive Funktion des Dritten. Perspektiven einer kritisch-systematischen Theorieentwicklung. In: Zeitschrift für Soziologie 35, 82-101

Linton, Ralph (1942): Age and Sex Categories. In: American Sociological Review 7, 589-603

Lorber, Judith (1999): Gender-Paradoxien. Opladen

Dies. (2005): Breaking the Bowls. Degendering and Feminist Change. New York

Lucke, Doris (1990): Die Ehescheidung als Kristallisationskern geschlechtsspezifischer Ungleichheit im Lebenslauf von Frauen. In: Peter A. Berger/Stefan Hradil (Hrsg.): Lebenslagen, Lebensläufe, Lebensstile. Sonderband 7 der Sozialen Welt. 363-385

Dies. (2006) (Hrsg.): Jugend in Szenen. Münster

Luckmann, Thomas/Sprondel, Walter M. (1972): Berufssoziologie. Köln

Maccoby, Eleanor E. (1999): The Two Sexes. Growing up apart, Coming together. Cambridge; Massachusetts

MacNaughton, Glenda (2000): Rethinking Gender in Early Childhood Education, London

Magoley, Nina (2004): Wie Herr Hundt Frauen fördert. In: taz, 23.6.2004, 3

Maier, Maja S. (2004): Zur Reproduktion von Zweigeschlechtlichkeit. Methodische Überlegungen zur Erforschung von homosexuellen Paarbeziehungen. In: Sylvia Buchen/Cornelia Helfferich/Maja S. Maier (Hrsg.): Gender methodologisch. Empirische Forschung in der Informationsgesellschaft vor neuen Herausforderungen. Wiesbaden, 249-266

Maier, Susanne (2005): Darstellungen von Ausbildungsberufen im Hinblick auf die geschlechterdifferenzierende Segregation des Arbeitsmarktes. Magisterarbeit. Tübingen

Maiwald, Kai-Olaf (2003): Die Bewährung von Paarbeziehungen in der Bewältigung des Alltags. Zur Struktur und Entwicklung der partnerschaftlichen Kooperation in Hausarbeit, Erwerbsarbeit und Kinderversorgung. Projektantrag an die DFG, Frankfurt

Maiwald, Kai-Olaf/Gildemeister, Regine (2007): Die Gleichzeitigkeit von Gleichheitsnorm und Geschlechterdifferenzierungen im Berufsfeld Familienrecht. Zur Bedeutung lebenspraktischer Entscheidungen. In: Regine Gildemeister/Angelika Wetterer (Hrsg.): Erosion oder Reproduktion geschlechtlicher Differenzierungen? Widersprüchliche Entwicklungen in professionalisierten Berufsfeldern und Organisationen. Münster, 56-75

Matlik, Matthias (1994): Zwischen Differenz und Gleichheit. Zur Tradition philosophisch-anthropologischer Wesensbestimmungen der Geschlechter. Dissertation. Bochum

Matthes, Joachim (1983) (Hrsg): Krise der Arbeitsgesellschaft? Verhandlungen des 21. Deutschen Soziologentages in Bamberg 1982. Frankfurt a. M.; New York

Mayer, Karl U./Baltes, Paul (1999) (Hrsg.): Die Berliner Altersstudie: ein Projekt der Berlin-Brandenburgischen Akademie der Wissenschaften. Berlin

Mead, George Herbert (1934): Mind, Self & Society. From the Standpoint of a Social Behaviorist. Chicago

Meier-Gräwe, Uta/Zander, Uta (2005): Veränderte Familienzeiten. Neue Balancen zwischen Männern und Frauen? In: Anina Mischau/Mechtild Oechsle (Hrsg.), Arbeitszeit – Familienzeit – Lebenszeit: Verlieren wir die Balance?, Zeitschrift für Familienforschung, Sonderheft 5, Wiesbaden, 92-109

Meuser, Michael (1998): Geschlecht und Männlichkeit. Soziologische Theorie und kulturelle Deutungsmuster. Opladen

Ders. (2006): Geschlecht und Männlichkeit. Soziologische Theorie und kulturelle Deutungsmuster. Wiesbaden

Ministerium für Gesundheit, Soziales, Frauen und Familie des Landes Nordrhein-Westfalen (2005) (Hrsg.): Abschlussdokumentation. Soziale Frühwarnsysteme in NRW – Ergebnisse und Perspektiven eines Modellprojekts. Münster

Müller, Ursula (1995): Frauen und Führung. Fakten, Fabeln und Stereotypisierungen in der Frauenforschung. In: Angelika Wetterer (Hrsg.): Die soziale Konstruktion von Geschlecht in Professionalisierungsprozessen. Frankfurt a. M./New York, 101-118

Müller, Ursula/Müller-Franke, Waltraud/Pfeil, Patricia/Wilz, Sylvia (2007): Zwischen De-Thematisierung und Vergewisserung. Geschlechterkonstruktionen im Organisationswandel am Beispiel Polizei. In: Regine Gildemeister/Angelika Wetterer (Hrsg.): Erosion oder Reproduktion geschlechtlicher Differenzierungen? Widersprüchliche Entwicklungen in professionalisierten Berufsfeldern und Organisationen. Münster, 32-55

Myrdal, Alva/Klein, Viola (1960): Die Doppelrolle der Frau in Familie und Beruf. Köln

Nave-Herz, Rosemarie (2004): Ehe- und Familiensoziologie. Eine Einführung in Geschichte, theoretische Ansätze und empirische Befunde. Weinheim/München

Nentwich, Julia (2000): Wie Mütter und Väter gemacht werden. Konstruktionen von Geschlecht bei der Rollenverteilung in Familien. In: Zeitschrift für Frauenforschung, Jg. 18, H. 3, 96-121

Nickel, Hildegard M./Frey, Michael/Hüning, Hasko (2003): Wandel von Arbeit – Chance für Frauen? Thesen und offene Fragen. In: Berliner Journal für Soziologie. 531-543

Nissen, Ursula/Keddi, Barbara/Pfeil, Patricia (2003): Berufsfindungsprozesse von Mädchen und jungen Frauen. Erklärungsansätze und empirische Befunde. Opladen

Nolteernsting, Elke (1998): Jugend, Freizeit, Geschlecht. Der Einfluß gesellschaftlicher Modernisierung, Opladen

Notz, Petra (2004): Manager-Ehen. Zwischen Karriere und Familie. Konstanz

Nunner-Winkler, Gertrud (2001): Geschlecht und Gesellschaft. In: Hans Joas (Hrsg.): Lehrbuch der Soziologie. Frankfurt a. M., 265-287

Oevermann, Ulrich (1996): Skizze einer revidierten Theorie professionalisierten Handelns. In: Arno Combe/Werner Helsper (Hrsg.): Pädagogische Professionalität. Untersuchungen zum Typus pädagogischen Handelns. Frankfurt a. M., 70-182

Ohlendiek, Lutz (2003): Gender Trouble in Organisationen und Netzwerken. In: Ursula Pasero/Christine Weinbach (Hrsg.): Frauen, Männer, Gender Trouble. Systemtheoretische Essays. Frankfurt a. M., 171-185

Ders. (2003a): Die Anatomie des Glashauses: Ein Beitrag zum Verständnis des Glass-Ceiling-Phänomens. In: Ursula Pasero (Hrsg.): Gender – From Costs to Benefits. Wiesbaden, 183-193

Organisation für wirtschaftliche Zusammenarbeit und Entwicklung (OECD) (2004): Lernen für die Welt von morgen. Erste Ergebnisse von PISA 2003. Paris

Ostendorf, Helga (2005): Steuerung des Geschlechterverhältnisses durch eine politische Institution. Opladen

Papanek, Hanna (1973): Men, Women and Work: Reflections on the Two Persons Career. In: American Journal of Sociology 78, 852-872

Pfadenhauer, Michaela (2003): Professionalität. Eine wissenssoziologische Rekonstruktion institutionalisierter Kompetenzdarstellungskompetenz. Opladen

Pfau-Effinger, Birgit (2000): Kultur und Frauenerwerbstätigkeit in Europa. Theorie und Empirie des internationalen Vergleichs. Opladen

Plessner, Helmuth (1928): Die Stufen des Organischen und der Mensch. Einleitung in die philosophische Anthropologie. Berlin

Pohl, Rolf (2005): Sexuelle Identitätskrise. Über Homosexualität, Homophobie und Weiblichkeitsabwehr bei männlichen Jugendlichen. In: Vera King/Karin Flaake (Hrsg.): Männliche Adoleszenz. Sozialisation und Bildungsprozesse zwischen Kindheit und Erwachsenen. Frankfurt a. M./New York, 249-266

Popp, Ulrike (2003): Das Ignorieren „weiblicher" Gewalt als „Strategie" zur Aufrechterhaltung der sozialen Konstruktion von männlichen Tätern. In: Siegfried Lamnek/Manuela Boatca (Hrsg.): Geschlecht – Gewalt – Gesellschaft. Opladen, 195-211

Preissing, Christa u.a. (1985): Mädchen in Erziehungseinrichtungen. Erziehung zur Unauffälligkeit. Opladen

Rapoport, Rhona/Rapoport, Robert N. (1969): The Dual Career Family. A Variant Pattern and Social Change. In: Human relations 22, 3-30

Roisch, Henrike (2003): Die horizontale und vertikale Geschlechterverteilung in der Schule. In: Monika Stürzer/Henrike Roisch/Annette Hunze/Waltraud Cornelißen (Hrsg.): Geschlechterverhältnisse in der Schule. Opladen, 21-52

Rabe-Kleberg, Ursula (1992): Frauenberufe. Zur Segmentierung der Berufswelt. Bielefeld

Dies. (1997): Professionalität und Geschlechterverhältnis. Oder: Was ist „semi" an traditionellen Frauenberufen? In: Arno Combe/Werner Helsper (Hrsg.): Pädagogische Professionalität. Untersuchungen zum Typus pädagogischen Handelns. Frankfurt a. M., 276-302

Dies. (1997): Frauen in sozialen Berufen – (k)eine Chance auf Professionalisierung? In: Barbara Friebertshäuser/Gisela Jakob/Renate Klees-Möller (Hrsg.). Sozialpädagogik im Blick der Frauenforschung. Weinheim, 59-79

Dies. (2003): Gender Mainstreaming und Kindergarten. Eine Expertise im Auftrag des Bundesministeriums für Familie, Senioren, Frauen und Jugend. Weinheim

Dies. (2005): Feminisierung der Erziehung von Kindern. Chancen oder Gefahren für die Bildungsprozesse von Mädchen und Jungen. In: Sachverständigenkommission

Zwölfter Kinder- und Jugendbericht (Hrsg.): Entwicklungspotentiale institutioneller Angebote im Elemementarbereich, Bd. 2. München, 135-172

Rahn, Sylvia (2001): Die Karrierisierung des weiblichen Lebenslaufs. Frankfurt a. M.

Ray, Ruth E. (1999): Social Influences on the Older Woman´s Life Story. In: Generations, 56-62

Reichertz, Jo (1994): „Ich liebe, liebe, liebe Dich!" Zum Umgang mit der Fernsehsendung: 'Traumhochzeit'. In: Soziale Welt 1/94, 1-23

Reimann, Katja/Lasch, Vera (2006): Differenzierte Lebenslagen im Alter. Der Einfluss sexueller Orientierung am Beispiel homosexueller Männer. In: Zeitschrift für Gerontologie und Geriatrie 39, 13-21

Reskin, Barbara F./Roos, Patricia A. (1990): Job Queues, Gender Queues. Explaining Women's Inroads into Male Occupations. Philadelphia

Ridgeway, Cecilia (1997): Interaction and the Conservation of Gender Inequality: Considering Employment. In: American Sociological Review 62, 218-235

Dies. (2001): Interaktion und die Hartnäckigkeit der Geschlechter-Ungleichheit in der Arbeitswelt. In: Heintz, Bettina (Hrsg.): Geschlechtersoziologie. Kölner Zeitschrift für Soziologie und Sozialpsychologie. Sonderheft 41, 250-275

Dies. (2004a): Status Characteristics and Leadership. In: D. van Knippenberg/Michael Hogg (Hrsg.): Leadership and Power. Identity Processes in Groups and Organizations. London, S. 65-78

Dies. (2006): Gender as an Organizing Force in Social Relations. Implications for the Future of Inequality. In: Francine D. Blau/M. B. Brinton/D. G. Grusky (Hrsg.). The Declining Significance of Gender? New York, 265-287

Riedel, Birgit (2005): Wer betreut Deutschlands Kinder? In: KJI Bulletin 73, 9f

Riessman, Catherine Kohler (1990): Divorce Talk. Women and Men make Sense of Personal Relationship. New Brunswick und London

Risman, Barbara J. (1998): Gender Vertigo. American Families in Transition. New Haven, Conn.

Robert, Günther (1997): Vom Nutzen der Unterschiede. Über Typisierungsarbeiten im Grenzland von Ost und West. In: Gruppendynamik, H.2, 139-152

Robert, Günther (2002):Vergesellschaftung durch Arbeit. Dresden

Ders./Stange, Doreen (2003): Jugend, Freizeit, Kultur und Sport. In: Freistaat Sachsen (Hrsg.): Expertisen zum zweiten Sächsischen Kinder- und Jugendbericht 2003, Bd III, 30-70

Roisch, Henrike (2003): Die horizontale und vertikale Geschlechterverteilung in der Schule. In: Monika Stürze/Henrike Roisch/Annette Hunze/Waltraud Cornelißen (Hrsg.): Geschlechterverhältnisse in der Schule. Opladen, 21-52

Rosenthal, Gabriele (2005): Die Biographie im Kontext der Familien- und Gesellschaftsgeschichte. In: Bettina Völter/Bettina Dausien/Helma Lutz/Gabriele Rosenthal (Hrsg.): Biographieforschung im Diskurs. Wiesbaden, 46-64

Saake, Irmhild (1998): Theorien über das Alter. Konstruktivistische Perspektiven der Alternsforschung. Opladen

Sachverständigenkommission im Auftrag des BMFSFJ (2000) (Hrsg.): Sechster Familienbericht. Familien ausländischer Herkunft in Deutschland. Leistungen – Belastungen – Herausforderungen. Berlin

Dies. (2005): Siebter Familienbericht der Bundesregierung. Familie zwischen Flexibilität und Verlässlichkeit. Perspektiven für eine lebenslaufbezogene Familienpolitik. Berlin

Sargent, Paul (2005): The Gendering of Men in Early Childhood Education. In: Sex Roles. A Journal of Research 52, 251-259

Schäffner, Wolfgang/Vogl, Joseph (1998) (Hrsg.): Herculine Barbin: Michel Foucault über Hermaphrodismus. Frankfurt a. M.

Schelsky, Helmut (1955): Soziologie der Sexualität. Über die Beziehungen zwischen Geschlecht, Moral und Gesellschaft. Reinbek

Scheu, Ursula (1977): Wir werden nicht als Mädchen geboren, wir werden dazu gemacht. Zur frühkindlichen Erziehung in unserer Gesellschaft. Frankfurt a. M.

Schiller, Friedrich (o.J.): Das Lied von der Glocke. In: Sämtliche Werke in sechs Bänden. Essen, 48-60

Schmidt, Gunter (1993): Jugendsexualität in den Neunziger Jahren. Eine Synopse in zwölf Thesen. In: Gunter Schmidt (Hrsg.): Jugendsexualität. Sozialer Wandel, Gruppenunterschiede, Konfliktfelder. Stuttgart, 1-11

Schneider, Barbara/Waite, Linda J. (Hrsg.) (2005): Being together, Working apart. Dual-career Families and the Work-Life Balance. Cambridge

Schneider, Norbert F./Rost, Harald (1998): Von Wandel keine Spur. Warum ist Erziehungsurlaub weiblich? In: Mechtild Oechsle/Birgit Geissler (Hrsg.): Die ungleiche Gleichheit. Junge Frauen und der Wandel im Geschlechterverhältnis. Opladen, 217-236

Ders./Krüger, Dorothea/Lasch, Vera/Limmer, Ruth/Matthias-Bleck, Heike (2001): Alleinerziehen. Vielfalt u. Dynamik einer Lebensform. Weinheim und München

Schreyer, Franziska (2008): Akademikerinnen im technischen Feld. Frankfurt/New York

Schroeter, Klaus R. (2002): Lebenswelten ohne (soziale) Hinterbühne. Die Lebenslagen stationär versorgter, pflegebedürftiger älterer Menschen unter dem Vergrößerungsglas einer feld- und figurationssoziologischen Betrachtung. In: Ursula Dallinger/Klaus R. Schroeter (Hrsg.): Theoretische Beiträge zur Alternssoziologie. Opladen, 141-168

Schürmann, Lena (2005): Die Konstruktion von 'Hausarbeit' in gleichgeschlechtlichen Paarbeziehungen. In: Heike Solga/Christine Wimbauer (Hrsg.): „Wenn zwei das Gleiche tun..." Ideal und Realität sozialer (Un-)Gleichheit in Dual - Career Couples. Opladen, 141-162

Schütze, Fritz (1981): Prozessstrukturen des Lebenslaufs. In: Joachim Matthes/Andreas Pfeiffenberger/Michael Stosberg (Hrsg.): Biografie in handlungswissenschaftlicher Perspektive. Nürnberg, 67-156

Ders. (1982): Narrative Repräsentation kollektiver Schicksalsbetroffenheit. In: Lämmert, E. (Hrsg): Erzählforschung. Ein Symposion. Stuttgart, 568-590

Ders. (1984): Kognitive Figuren des autobiographischen Stehgreiferzählens. In: Martin Kohli/Günther Robert (Hrsg.): Biographie und soziale Wirklichkeit. Neue Beiträge und Forschungsperspektiven. Stuttgart, 78-117

Ders. (2000): Schwierigkeiten bei der Arbeit und Paradoxien des professionellen Handelns. Ein grundlagentheoretischer Aufriß. In: Zeitschrift für qualitative Bildungs-, Beratungs- und Sozialforschung 1, 49-96

Schütze, Yvonne (1991): Die gute Mutter. Zur Geschichte des normativen Musters „Mutterliebe". Bielefeld

Schulz, Florian/Blossfeld, Hans-Peter (2006): Wie verändert sich die häusliche Arbeitsteilung im Eheverlauf? Eine Längsschnittstudie der ersten 14 Ehejahre in Westdeutschland. In: Kölner Zeitschrift für Soziologie und Sozialpsychologie 58, 23-49

Schwarzer, Alice (1975): Der „kleine Unterschied" und seine großen Folgen: Frauen über sich, Beginn einer Befreiung. Frankfurt a. M.

Seidenspinner, Gerlinde (1994) (Hrsg.): Frau sein in Deutschland. Aktuelle Themen, Perspektiven und Ziele feministischer Sozialforschung. München

Dies./Keddi, Barbara/Wittmann, Svendy/Gross, Michaela/Hildebrandt, Karin/Strehmel, Petra (1996): Junge Frauen heute. Wie sie leben, was sie anders machen. Opladen

Sigusch, Volkmar (2000): Vom König Sex zum Selfsex. Über gegenwärtige Transformationen der kulturellen Geschlechts- und Sexualformen. In: Christiane Schmerl/Stefanie Soine/Marlene Stein-Hilbers (Hrsg.): Sexuelle Szenen. Inszenierungen von Geschlecht und Sexualität in modernen Gesellschaften. Opladen, 227-249

Simmel, Georg (1902/1985): Weibliche Kultur. In: Heinz-Juergen Dahme/Klaus Christian Köhnke (Hrsg.): Schriften zur Philosophie und Soziologie der Geschlechter. Frankfurt a.M., 159-176

Ders. (1908): Soziologie. Untersuchungen über die Formen der Vergesellschaftung. Leipzig

Ders. (1911/1983): Weibliche Kultur. In: Jürgen Habermas (Hrsg.): Philosophische Kultur. Über die Abenteuer der Geschlechter und die Krise der Moderne. Gesammelte Essays. Berlin

Sørensen, Annemette (1990): Unterschiede im Lebenslauf von Frauen und Männern. In: Karl Ulrich Mayer (Hrsg.): Lebensverläufe und sozialer Wandel. Opladen, 304-321

Solga, Heike/Rusconi/Alessandra/Krüger, Helga (2005): Gibt der ältere Partner den Ton an? Die Alterskonstellation in Akademikerpartnerschaften und ihre Bedeutung für Doppelkarrieren. In: Heike Solga/Christine Wimbauer (Hrsg.): „Wenn zwei das Gleiche tun..." Ideal und Realität sozialer (Un-) Gleichheit in Dual - Career Couples. Opladen, 27-52

Sontag, Susan (1979): The Double Standard of Aging. In: Juanita H. Willians (Hrsg.): Psychology of women. New York

Sozialpädagogisches Institut Berlin (1999) (Hrsg.): Neue Maßstäbe. Mädchen in der Jugendhilfeplanung. Bundesmodell „Mädchen in der Jugendhilfe". Berlin

Spitz, René A. (1976): Vom Dialog. Studien über den Ursprung der menschlichen Kommunikation und ihrer Rolle in der Persönlichkeitsbildung. Stuttgart

Statistisches Bundesamt (2006) (Hrsg.): Im Blickpunkt. Frauen in Deutschland 2006. Wiesbaden

Dass. (2006a) (Hrsg.): Datenreport 2006. Zahlen und Fakten über die Bundesrepublik Deutschland. Wiesbaden

Dass. (2006b) (Hrsg.): Leben in Deutschland. Haushalte, Familien und Gesundheit. Ergebnisse des Mikrozensus 2005. Wiesbaden

Dass. (2006c): Studierende an Hochschulen. Wiesbaden

Dass. (2006d): Geschiedene Ehen nach Alter und Ehedauer – Deutschland. Wiesbaden

Dass. (2006e): Pressemitteilung über Zahlen zur Ehescheidung vom 8. Dezember 2006. Wiesbaden.

Steinlücke, Margareta (2005): Was ist weiblich, was ist männlich? In jeder Klasse etwas anderes! In: Ulrike Vogel (Hrsg.): Was ist weiblich – was ist männlich? Aktuelles zur Geschlechterforschung in den Sozialwissenschaften. Bielefeld, 152-173

Stich, Jutta (2005): Annäherungen an sexuelle Beziehungen. Empirische Befunde zu Erfahrungs- und Lernprozessen von Jungen. In: Vera King/Karin Flaake (Hrsg.): Männliche Adoleszenz – Sozialisation und Bildungsprozesse zwischen Kindheit und Erwachsensein. Frankfurt a.M./New York, 163-181

Strauss, Anselm L. (1978): A social world perspective. In: Studies in Symbolic Interaction 1, 119-128

Stürzer, Monika (2003): Geschlechtsspezifische Schulleistungen. In: Monika, Stürzer/ Henrike, Roisch/Annette, Hunze/Waltraud, Cornelißen: Geschlechterverhältnisse in der Schule. Opladen, 83-122

Dies. (2003a): Unterrichtsformen und die Interaktion der Geschlechter in der Schule. In: Monika, Stürzer/Henrike, Roisch/Annette, Hunze/Waltraud, Cornelißen: Geschlechterverhältnisse in der Schule. Opladen, 151-170

Dies. (2003b): Zur Debatte um Koedukation, Monoedukation und reflexive Edukation. In: Monika, Stürzer/Henrike, Roisch/Annette, Hunze/Waltraud, Cornelißen: Geschlechterverhältnisse in der Schule. Opladen, 171-186

Tervooren, Anja (2006): Im Spielraum von Geschlecht und Begehren. Ethnographie der ausgehenden Kindheit. Weinheim und München

Tesch-Römer, Clemens/Engstler, Heribert/Wurm, Susanne (2006) (Hrsg.): Altwerden in Deutschland. Sozialer Wandel und individuelle Entwicklung in der zweiten Lebenshälfte. Wiesbaden

Teubner, Ulrike (2002): Gendered Segregation and Work. In: Regina Becker-Schmidt (Hrsg.): Gender and Work in Transition. Globalization in Western, Middle and Eastern Europe. Opladen, 113-130

Tews, Hans Peter (1993): Neue und alte Aspekte des Strukturwandels des Alters. In: Gerhard Naegele/Hans Peter Tews (Hrsg.): Lebenslagen im Strukturwandel des Alters. Wiesbaden, 15-42

Thannen, Deborah (1997): Du kannst mich einfach nicht verstehen. Warum Männer und Frauen aneinander vorbeireden. München

Thimm, Katja (2004): Angeknackste Helden. In: DER SPIEGEL, 17.05.2004

Thorne, Barry (1993): Gender Play. Girls and Boys in School. Buckingham

Tölke, Angelika (1998): Beruflich erfolgreich durch Ehe und Familie? Der Zusammenhang von Lebensform und Berufskarriere. In: Mechtild Oechsle/Birgit Geißler (Hrsg.): Die ungleiche Gleichheit. Junge Frauen und der Wandel im Geschlechterverhältnis. Opladen, 131-150

Trappe, Heike (2006): Berufliche Segregation im Kontext. Über einige Folgen geschlechts-typischer Berufsentscheidungen in Ost- und Westdeutschland. In: Kölner Zeitschrift für Soziologie und Sozialpsychologie 58(1), 50-78

Dies./Rosenfeld, Rachel A. (2001): Geschlechtsspezifische Segregation in der DDR und der BRD. Im Verlauf der Zeit und im Lebensverlauf. In: Bettina Heintz (Hrsg.): Geschlechtersoziologie. Opladen, 152-181

Trautner, Hanns-Martin (2006): Sozialisation und Geschlecht. Die entwicklungspsychologische Perspektive. In: Helga Bilden/Bettina Dausien (Hrsg.): Sozialisation und Geschlecht. Theoretische und methodologische Aspekte. Opladen, 103-120

Tyrell, Hartmann (1987): Romantische Liebe. Überlegungen zu ihrer „quantitativen Bestimmtheit." In: Dirk Baecker/Jürgen Markowitz/Rudolf Stichweh (Hrsg.): Theorie als Passion. Niklas Luhmann zum 60. Geburtstag. Frankfurt a. M., 570-599

Ummel, Hannes (2004): Männer in der Pflege. Berufsbiographien im Umbruch. Bern

Van Gennep, Arnold (1909): Les rites de passage. Paris

Verlinden, Martin (1995): Mädchen und Jungen im Kindergarten. Köln

Voß, Günther/Pongratz, Hans J. (1998): Der Arbeitskraftunternehmer. Eine neue Grundform der Ware Arbeitskraft? In: Kölner Zeitschrift für Soziologie und Sozialpsychologie 50, 131-158

Wagner, Wolf (2003): Familienkultur. Hamburg

Walkerdine, Valerie/Lucey, Helen/Melody, June (2001): Growing up girl. Psychosocial Explorations of Gender and Class. Houndmille

Walter, Wolfgang (2002): Das „Verschwinden" und „Wiederauftauchen" des Vaters. Gesellschaftliche Bedingungen und soziale Konstruktionen. In: Heinz Walter (Hrsg.): Männer als Väter. Sozialwissenschaftliche Theorie und Empirie. Gießen, 79-116

Walter, Wolfgang/Künzler, Jan (2002): Parentales Engagement. Mütter und Väter im Vergleich. In: Norbert F. Schneider/Heike Matthias-Bleck (Hrsg.): Elternschaft heute. Gesellschaftliche Rahmenbedingungen und individuelle Gestaltungsaufgaben. Opladen, 96-119

Walzer, Susan/Oles, Thomas P. (2003): „Accounting for Divorce. Gender and Uncoupling Narratives." In: Qualitative Sociology 26, 331-349

Wetterer, Angelika (2002): Arbeitsteilung und Geschlechterkonstruktion. „Gender at Work" in theoretischer und historischer Perspektive. Konstanz

Dies. (2003): Rhetorische Modernisierung. Das Verschwinden der Ungleichheit aus dem zeitgenössischen Differenzwissen. In: Gudrun-Axeli Knapp/Angelika Wetterer (Hrsg.): Achsen der Differenz. Gesellschaftstheorie und feministische Kritik. Münster, 286-319

Dies. (2003a): Die Krise der Sozialisationsforschung als Spiegel gesellschaftlicher Modernisierungsprozesse. In: Zeitschrift für Frauenforschung und Geschlechterstudien 21, 3-22

Dies. (2004): Konstruktion von Geschlecht: Reproduktionsweisen der Zweigeschlechtlichkeit. In: Ruth Becker/Beate Kortendiek (Hrsg.): Handbuch der Frauen- und Geschlechterforschung. Theorie, Methoden, Empirie. Wiesbaden, 122-131

Dies. (2007): Erosion oder Reproduktion geschlechtlicher Differenzierungen? Zentrale Ergebnisse des Forschungsschwerpunkts „Professionalisierung, Organisation, Geschlecht" im Überblick. In: Regine Gildemeister/Angelika Wetterer (Hrsg.): Erosion oder Reproduktion geschlechtlicher Differenzierungen? Widersprüchliche Entwicklungen in professionalisierten Berufsfeldern und Organisationen. Münster, 189-214

Wharton, Amy S./Baron, James (1987): So happy together? The Impact of Gender Segregation on Men at Work. In: American Sociological Review 52, 574-587

Wilchins, Riki Anne (2006): Gender Theory. Eine Einführung. Berlin

Wilke, Bettina (2004): „Im Endeffekt ist es ein Trieb – es kommt nix anderes bei raus." Geschlechterkonstruktionen im Spiegel der Pornografie. In: Sylvia Buchen/Cornelia Helfferich/Maja S. Maier (Hrsg.): Gender methodologisch. Empirische Forschung in der Informationsgesellschaft vor neuen Herausforderungen. Wiesbaden, 267-282

Williams, Christine L. (1989): Gender Differences at Work: Women and Men in Nontraditional Occupations. Berkeley

Dies. (1993): Doing „Women's Work". Men in Nontraditional Occupations. Newbury Park

Wilz, Sylvia Marlene (2002): Organisation und Geschlecht. Strukturelle Bindungen und kontingente Kopplungen. Opladen

Wimbauer, Christine (2003): Geld und Liebe. Zur symbolischen Bedeutung von Geld in Paarbeziehungen. Frankfurt a. M.; New York

Winter, Reinhard/Neubauer, Georg (2005): Körper, Männlichkeit und Sexualität. Männliche Jugendliche machen „ihre" Adoleszenz. In: Vera King/Karin Flaake (Hrsg.): Männliche Adoleszenz. Sozialisation und Bildungsprozesse zwischen Kindheit und Erwachsensein. Frankfurt a. M./New York, 207-226

Wirth, Heike/Dümmler, Kerstin (2004): Zunehmende Tendenz zu späteren Geburten und Kinderlosigkeit bei Akademikerinnen. Eine Kohortenanalyse auf Basis von Mikrozensusdaten. Informationsdienst Soziale Indikatoren 32, 1-6

Witzel, Andreas/Kühn, Thomas (2000): Orientierungs- und Handlungsmuster beim Übergang in das Erwerbsleben. In: Walter R. Heinz (Hrsg.): Übergänge. Individualisierung, Flexibilisierung und Institutionalisierung des Lebensverlaufs. Zeitschrift für Soziologie der Erziehung und Sozialisation (ZSE), 3. Beiheft. Weinheim, 9-29

Dies. (2001): Biographiemanagement und Planungschaos. Arbeitmarktplatzierung und Familiengründung bei jungen Erwachsenen. In: Claudia Born/Helga Krüger (Hrsg.): Individualisierung und Verflechtung. Geschlecht und Generation im deutschen Lebenslaufregime. Weinheim und München, 55-82

Wolde, Anja (2005): Väter im Aufbruch? Deutungsmuster von Väterlichkeit und Männlichkeit im Kontext von Väterinitiativen. Dissertation. Tübingen

Wolffram, Andrea (2003): Frauen im Technikstudium. Münster

Yoder, Janice D. (1991): Rethinking Tokenism. Looking beyond Numbers. In: Gender and Society 5, 178-192

Zartler, Ulrike/Wilk, Liselotte/Kränzl-Nagl, Renate (2004): Wenn Eltern sich trennen. Wie Kinder, Frauen und Männer Scheidung erleben. Frankfurt a. M. und New York

Zinn, Jens (2000): Junge Arbeitnehmer zwischen Gestaltungsanspruch und Strukturvorgaben. Berufsverläufe, Handlungskontexte und berufsbiographische Gestaltungsmodi. In: Walter R. Heinz (Hrsg.). Übergänge. Individualisierung, Flexibilisierung und Institutionalisierung des Lebensverlaufs. Zeitschrift für Soziologie der Erziehung und Sozialisation (ZSE) 3. Beiheft. Weinheim, 30-49

Zinnecker, Jürgen/Behnken, Imbke/Maschke, Sabine/Stecher, Ludwig (2002): Null zoff – voll busy. Die erste Jugendgeneration des neuen Jahrhunderts. Opladen